HULA Leʻa

HAWAIIAN MELE 400

ハワイアン・メレ 400曲

鳥山 親雄

文踊社

は じ め に

　やっと夢だった2000曲訳詞に到達しました。最初の『ハワイアン・メレ 1001曲全集』が出版されたのは平成20年7月、そして2000曲に到達したのが平成29年9月、私も来年は米寿を迎える年になりました。長いサラリーマン生活とハワイ音楽DJの二股生活に別れを告げて、友人達とハワイアン・バンドを結成して人生の後半を楽しんだ時期もありました。しかし、プレイヤーとしての才能が無い事を反省し、冷たく仲間たちを裏切りハワイ民謡を研究する道を選びました。一緒に音楽を楽しんでいた仲間にお詫びすると同時に、この道に進ませてくれた友情に改めて感謝します。その時期に偶然お目に掛かったのが「Hula Le'a」という季刊誌を作りたいと言われた文踊社社長兼編集長の平井幸二氏でした。そして平井氏を連れて来てくださったのが、私が学生時代プロミュージシャンとしてリズム・ギターを担当していたハワイアン・バンド「寺部頼幸とココナッツ・アイランダース」で、ウクレレと歌を担当していた寺部震さんのお嬢さんの寺部恵子さんでした。人生どこで繋がっていくのか不思議です。そして、これが私の第二の人生の始まりになりました。時代の流れは不思議なもので、日本のハワイ音楽は、「ハワイ音楽を聴く、或いはダンスで楽しむ」という風習は消え去り、「ハワイ音楽はフラを踊る為にある」に生まれ変わっていました。

　Hula Le'aを読んで、フラの知識とハワイの新しい情報、ハワイの歌詞の意味を知りたいというフラ・ガールと演奏家が溢れています。沢山の読者に感謝すると同時に、平井幸二社長、コード付けに協力頂いたPolinaheの鶴岡和典氏、編集にあたり情熱を傾倒した橘田みどり氏、市川佐和子氏に厚く御礼申し上げます。

　　　　　　　　　　　　　　　　　　　　　　　　　　鳥山 親雄
　　　　　　　　　　　　　　　　　　　　　　　　　　平成29年9月吉日

CONTENTS

A

A He Nani Ke Ao Nei	16
A Kē-ō-kea Pāka	17
A Luna I Ka Pali	18
A Place Called Home	19
Āhea Nō Hoʻi Lā	21
ʻĀhihi Nani	22
Ahuwale Lanihuli	24
Aia I Kauaʻi Kō Lei Aliʻi	25
Aia I Lahaina	26
Aia I Lanipō	28
Aia I Molokaʻi Kuʻu ʻIwa	29
Aia I Niʻihau Kuʻu Pāwehe	30
ʻĀina Hānau	31
ʻĀina Wehi O Māʻili	33
ʻĀinamalu (Shady Land)	35
Aloaliʻi Street	36
Aloha Aku, Aloha Mai	38
Aloha Hōkeo	39
Aloha Kaimū	40
Aloha Kalanianaʻole	41
Aloha Kekaha	42
Aloha Koʻolau	43
Aloha Māmā	44
Aloha Nō Kona	46
Aloha Nō Pakalana	47
Aloha Wau Leinaʻala	48
Anahaki	49
ʻĀnō!	50
ʻAuhea Wale ʻOe E Ka ʻŌʻō	51
Awalau Hula	52

B

Be Still ʻOe	54

D

Don't Cry ʻOe	55

E

E Aloha Mai E Pele	56

CONTENTS

E ʻĪke I Ka Nani Aʻo Hāʻena Ē	58		Eō Mai ʻOe, E Poliʻahu	95
Ē Kahiki ʻĒ	60			
E Ke Keiki, E Iesu	62		**F**	
E Kipimana Kāne	64			
E Kuʻu Lei Hulu	65		Farewell For Just A While	97
E Kuʻu Lei, My Love	67		Fish And Poi	98
E Leialoha	69			
E Maʻalili Aʻe Nei	71		**H**	
E Mau (Let's Strive)	73			
E Nā Kini	74		Haʻaheo(Pride)	100
E Nā Punahele	76		Hahani Mai	102
E Nanea Mai	77		Haili Pō I Ka Lehua	104
E Nani Ē	78		Halehale Ke Aloha I Haʻikū	106
E Ola Mau E Poliʻahu	79		Halehuki	107
E Piʻi I Ka Nahele	80		Haleluia	108
E Pili Hoʻi Kāua	82		Hāliʻaliʻa Aloha	110
E Pili Mai ʻOe Iaʻu	84		Hāmākua Kihi Loa	112
Eia Au He Keiki Ē	85		Hāmama I Ka ʻIu	114
Eia ʻO Keʻanae	87		Hame Pila	116
ʻEliʻeli Ke Kumu ʻŌhiʻa	89		Hanalei I Ka Pilimoe	117
Eō E Wailuanuiahoʻāno	91		Hanohano Haʻikū	118
Eō Hāna	93		Hanohano Haleʻiwa(Haleʻiwa Hotel)	119

CONTENTS

Hanohano Hauʻula	121	He Leo Nani Nō Ia	149
Hanohano Kekaha	122	He Makana A Ka Puʻuwai	150
Hanohano Nō ʻO Kailua	123	He Mele I Ka Puʻuwai	151
Hanohano Nō ʻO Waimanālo	124	He Mele No Hina	153
Hanu ʻAʻala	125	He Mele No Kahealani	155
Harvest Of Rainbows	126	He Mele No Kāne	156
Hauʻoli Makahiki Hou	128	He Mele No Kauaʻi Kuapapa	160
Hāʻupu	129	He Nani Hāʻupu	162
Hawaiʻi Ākea	131	He Nani Kū Kiʻekiʻe	163
Hawaiʻi Keawe	132	He Wahine Uʻi	164
He ʻAnoʻi Aloha	133	He Wehi Aloha	166
He Aloha Awaiāulu	134	He Wehi No Pauahi	167
He Aloha Nō	135	Heha Lumahaʻi	169
He Aloha Nō Ka Lehua	136	Helani Falls	171
He Aloha Nō Ka ʻŪkiu	137	Heleleʻi Ka Ua	172
He Aloha Nō Kuʻu ʻĀina	138	Hihia Ke Aloha	173
He Aloha Nō O Hālawa	140	Hilahila ʻOle ʻOe	174
He Aloha Nuʻuanu	141	Hilo My HomeTown	175
He Aloha ʻOe, Ē Ka Lehua Ē	142	Hiu Nō Wau	176
He ʻIʻini Nō	144	Hoʻāla Hou Hawaiʻi	177
He Lei Aloha	146	Hoapili	179
He Lei No Kalanikuhihewa	147	Hoʻi Hou Mai	180

CONTENTS

Ho'i Mai Huli Ho'i Mai	181	Ipo Laua'e	215
Ho'i Mai Kāua E Pili	183		
Holomua Ē Hawai'i	185	**K**	
Home Paumalu	187		
Honolulu How Do You Do	189	Ka Hana Kamanā	216
Ho'oheno I Ka Pu'uwai	190	Ka Home Noho Paipai	217
Ho'oipo I Ka Malanai	191	Ka Huaka'i Pele	219
Ho'ole'ale'a	193	Ka Ipu Pala 'Ole	220
Ho'olehua Hula	194	Ka Lā 'Ōlinolino	222
Ho'omāke'aka	196	Ka Lae O Ka'ena	224
Hula	198	Ka Lei Aloha	225
Hula Baby	200	Ka Lei O Punahou	227
Hulupala	202	Ka Leimomi	228
		Ka Leo O Ka Moa	229
I		Ka Makualani	231
		Ka Mele Kuhikuhi	232
I Ka La'i O Kahakuloa	204	Ka Nani A'o Ke'ei	233
I Lā'ieikawai	205	Ka Nani Mae 'Ole	235
I Waikapū Ke Aloha	207	Ka Nani O 'Ano'i Pua	237
I Whisper Gently To You	209	Ka Nani O Ka Pali	238
'Ihikapalamaewa	211	Ka Nani O Pele	239
Imua Kākou	212	Ka 'Ōahi Nowelo	241

CONTENTS

Ka ʻOhaohala	242	Kāmakahala	275
Ka ʻOli O Lanikaula	243	kamakahikilani	276
Ka Poʻokela Aʻo Niʻihau	246	Kamanookalanipō	278
Ka Pua Hīnano	248	Kanaka Mahiʻai	280
Ka Pua Kiele	249	Kanaka Waiolina	282
Ka Uluwehi O Hilo	250	Kanaka Waipahē	284
Kaʻa Nā ʻAle	252	Kāneʻohe	286
Kaeo Hula	253	Kanipoaokalani	287
Kahaʻealeiakalewa	255	Kapalili	288
Kahi Pā Waiho Wale	257	Kapiʻolani Paka	290
Kahi Wahi (Place to Place)	258	Kauaʻi ʻĀina Uluwehi	291
Kāhiko Kapālama	259	Kauaʻi Nani Lā	293
Kahokulani	260	Kaulana Kāneʻohe	295
Kahua O Maliʻo	261	Kaulana ʻO Honokalani	296
Kahulilau	263	Kaupō	297
Kai Holu	264	Kawaihae	299
Kaʻiulani	266	Kawaihoa	300
Kalaekilohana Kīnohinohi	267	Kawaiokalena	301
Kalama	269	Ke ʻAla Aʻo Ka Hīnano	303
Kalapana I Ka Wā Kahiko	270	Ke Alanui Liliha	305
Kalaupapa	272	Ke Aloha Pauʻole ʻOe Naʻu	306
Kamaʻalua	274	Ke Hoʻolono Nei	307

CONTENTS

Ke Kaua A Kūkauakahi	309	Kuʻu Ipo Kuʻu Aloha Poina ʻOle (Ida's Hula)	340
Ke Kini ʻŌmole	311	Kuʻu Ipo Kuʻu Lei	341
Ke Kula Lehuʻula	313	Kuʻu Lei	342
Ke Mele Mauʻu	314	Kuʻu Lei Hulili	343
Ke Welina Mai Nei	315	Kuʻu Lei Lehua	344
Keanakolu	316	Kuʻu Lei Mokihana	346
Kekaʻa	318	Kuʻu Lei Pua Kenikeni	347
Kēōkea Pāka	319	Kuʻu Leo Aloha	349
Kīhei	320	Kuʻu Māla	350
Kīpuka	321	Kuʻu Manu Hoa Aloha	352
Kokeʻe Me Kalalau	323	Kuʻu Manaʻo Iā ʻOe	354
Kōkeʻe I Ka Laʻi	324	Kuʻu Olakino Maikaʻi	356
Komo Pono	326	Kuʻu Pua Gardenia	357
Kuhihewa	329	Kuʻu Pua ʻIlima	359
Kuko E Ka Manawa	330	Kuʻu Pua Kilihune	360
Kulaiwi	331	Kuʻu Pua Lei	361
Kūlia I Ka Nuʻu Fuji-san	332	Kuʻu Pua Lokelani	363
Kūliaikanuʻu	333	Kuʻu Pua Lovely	364
Kuʻu Hae Aloha	334	Kuʻu Pua Sakura	366
Kuʻu Home	335	Kuʻu Puni	367
Kuʻu Iʻa	336		
Kuʻuipo, Aloha Wau Iā ʻOe	338		

009

CONTENTS

L

Lānaʻikaula	369
Leʻa Nō Kāua	371
Legend Of The Rain	373
Lehelehe Blues	375
Lehua Beauty	376
Lehua Beauty	377
Lei Ana ʻO Kohala	378
Lei Ana ʻO Maui	380
Lei Kiele	381
Lei Lihilihi Lehua	382
Lei Liko Ka Lehua	383
Lei Maile	384
Lei Moʻaulahiwa	385
Lei Niolopua	386
Lei O Hāʻena	388
Lei O Piʻilani	390
Lei Onaona	391
Lei Pakalana	392
Lei Wili A Ke Aloha	393
Leialoha	394

Leolani	396
Love And Honesty	397
Lovely Sapphire Of The Tropics	399
Lovely Tiare Tahiti	401

M

Maʻemaʻe Molokaʻi(Molokaʻi Jam)	403
Mahalo Iā ʻOe, E Maui	405
Maikaʻi Ka Ua I Nuʻuanu	406
Makakilo	407
Makawalu Ke Ānuenue	408
Makawao	409
Mākua	410
Māluakiʻiwai Ke Aloha	412
Mānoa Wai Kamahaʻo	413
Manu Leʻa	415
Matsonia	416
Maui Kamahaʻo	418
Maui Nani	420
Maui Under The Moonlight	421
Mauinuiakama	422

CONTENTS

Mauna Alani(Orange Mountain)	424		My Dede	458
Mauna Kahālāwai O Maui	425			
Maunalua He Inoa	426			
Mauna‘olu	428		**N**	
Me Ke Aloha Pumehana	430		Nā ‘Ai Ono	459
Me Moloka‘i(Ka Mana‘o Nō Iā)	431		Nā Hana A Ka Lā‘ī	462
Mea Pā‘ani Kinipōpō	432		Nā Kipikoa(Stevedore Hula)	464
Mele Aloha	435		Nā Kolokolo Ka Lani	466
Mele Aloha	436		Nā Makani ‘Ehā	467
Mele Aloha	437		Nā Manu ‘Ia	470
Mele Ho‘okipa	439		Nā Manu O Ke Kaona	471
Mele Kōkī	440		Na Nalu Kua Loa	472
Mele No Kahului	442		Nā Pana Kaulana A‘o Hilo	474
Mele No Nā Kamali‘i	443		Nā Pua Mōhala	475
Mika Lawai‘a	444		Nā Wai Kaulana	477
Mōkapu I Ka Mālie	446		Nā Wehi ‘O Wailuku	479
Moku O Ka Rose	448		Nāhiku	481
Moku Ola	450		Nāmolokama Medley	482
Mokuhulu	452		Nanea Kō Maka I Ka Le‘ale‘a	484
Moloka‘i ‘Āina Kaulana(Hālawa)	453		Nani Koleka	485
Mo‘okū‘auhau	454		Nani Kōloa	487
Moonlight Swim	456		Nani Ni‘ihau	488

CONTENTS

Nani Noe 'Ailana	490	Ō Mai 'O 'Emalani	521
Nani O Kīpūkai	492	'O 'Oe Kahi Mea Nui	522
Nani 'Oahu	493	'O 'Oe Nō Paha Ia	524
Nani Wai'anae	495	'O Pele Ko'u Akua	525
Nani Waimea I Ka 'Uhiwai Lā	497	'Ohelo Beauty	527
Nani Wale Mānoa	499	'Ōkole Ma Luna	528
Napo'ona Mahina	500	Olehaleha Ku'u Maka I Ke Ahi Pele	530
Na'u Nō I Pa'a Ke Aloha	501	Oli Mahalo	532
Naue I Ka Pule	503	'Ōmata Pahe'e Te Aloha	533
Ne'ene'e Mai A Pili(Cuddle Up Closer)	504	'Ōpelu	535
Nihoa	506		
No Luna	508		
No Nā Hanauna	510		
No Nā Kau A Kau	511	**P**	
No Uka Ke Aloha	513		
		Pa'ani Kanali'i	536
		Pakalana	538
O		Pakalana Sweet	539
		Palauea	540
		Pana	542
'O Ka Uwe A Ke Aloha	514	Paniau	543
'O Kea'au I Ka 'Ehu O Ke Kai	515	Paumalū	545
'O Kēia 'Āina	517	Pau'ole Ka 'I'ini	546
'Ō Kīlauea	519	Pehea Lā	547

CONTENTS

Pillow Talk Hula	549
Pō Mahina	551
Polehoonalani	552
Pololei ʻOʻiaʻio / Nā Moku ʻEhā	553
Pua Hahani	555
Pua Kiele	556
Pua Kiele	557
Pua Mōhala I Ka Wēkiu	558
Pua Nani Aʻo Hawaiʻi	560
Pua Nāʻū	562
Pua Tulipa	564
Pualani	565
Puka Mai Ana Ka Lā Ma Puna	566

R

Rose Onaona	567

S

Shower Tree	568
Small Girl Hula	570

Sweet Lei Mamo	571
Sweet Wehi O Sāmoa	573
Swish Sway Hula	574

T

Ta Pua Elama	575
Tahitian Lullaby	576
Telephone Hula	577
The Bullet Train Song(Liko Pua Hau)	579
The Palm Trees Sing Aloha	580
This Is Hawaiʻi	581
Toad Song	582
Tropical Baby	584
Tūtū Aloha	586

U

Ua Liko I Kō Aloha	587
ʻUheʻuhene	588
Uluhia Nā Pua	589
ʻUmia Ka Hanu I Ka Laʻi A Ke Aloha	591

CONTENTS

Wahi Mahalo	593
Wahinekoʻolau	594
Wai Pālua	595
Waiakanaio	596
Waiakeakua	598
Waiānuenue	600
Waikolu	601
Waikūʻauhoe	602
Waimea I Ka Laʻi	603
Wainiha	605
Waipiʻo Pāeaea	607
ジャンル別曲目一覧	609

本書の使い方

■曲について

曲は、アルファベット順に並んでいます。オキナ（'）は読みの順序には含めていません。
タイトル名がいくつもある場合は、できるだけ原曲に従いました。

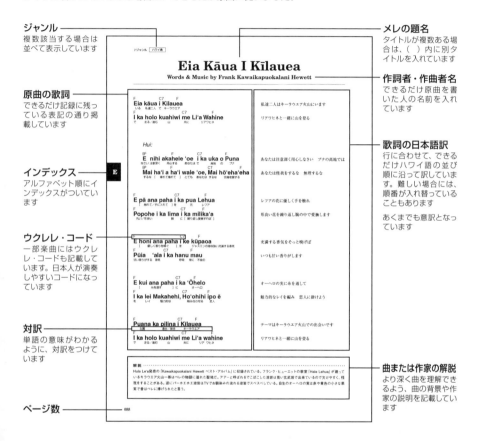

ジャンル — 複数該当する場合は並べて表示しています

原曲の歌詞 — できるだけ記録に残っている表記の通り掲載しています

インデックス — アルファベット順にインデックスがついています

ウクレレ・コード — 一部楽曲にはウクレレ・コードも記載しています。日本人が演奏しやすいコードになっています

対訳 — 単語の意味がわかるように、対訳をつけています

ページ数

メレの題名 — タイトルが複数ある場合は、（ ）内に別タイトルを入れています

作詞者・作曲者名 — できるだけ原曲を書いた人の名前を入れています

歌詞の日本語訳 — 行に合わせて、できるだけハワイ語の並び順に沿って訳しています。難しい場合には、順番が入れ替わっていることもあります

あくまでも意訳となっています

曲または作家の解説 — より深く曲を理解できるよう、曲の背景や作家の説明を記載しています

■ジャンルについて

カヒコ	…古典フラで踊られることがあるもの	オリ	…多くの場合、踊りを伴わないもの
ハパハオレ	…英語で歌われているもの	子ども向け	…子供向けの内容のもの
ハワイ諸島	…ハワイの島々全般について歌っているもの	乗り物	…船、車など乗り物についてのもの
○○○島	…表示の島について、またはその島を舞台としたもの	讃美歌	…キリスト教の神々や聖人を讃える内容のもの
王族	…王朝時代の王族について歌っているもの	クリスマス	…クリスマス・ソング。クリスマスを歌ったもの
神話	…ペレ神話など、ハワイに伝わる神話に基づいた内容のもの	日本	…日本について歌っているもの

015

A He Nani Ke Ao Nei

Composed by Alice Namakelua   Arrangement by Natalie Ai Kamauu

A

```
    C    F    C    F       C       G7    C
Iluna lā, iluna lā, nā manu o ka lewa
  高く      高く    [   鳥達   ] の   空/上空
    F        G7    C
Kikaha i ka lani
  舞い上がる    に     空
```
高く高く　大空の鳥達

空高く舞い上がる

```
    Am   E7   Am   E7     Am   E7      Am
Ilalo lā, ilalo lā, nā pua o ka hōnua
  低く      低く    [  花々 ] の    土地/地球
    F        G7    C
Mōhala mai i ka lā
[ 満開になる  ] で    太陽
```
低く低く　大地の花々

太陽で花開く

```
    C    G7    C   G7   C   G7     C
I ke kai lā, i ke kai lā, nā i'a o ka moana
に    海  に    海  [ 魚達 ] の   海原
    F        G7    C
Ka moana o ka Pakipika
  海原    の    太平洋
```
海に海に　海原の魚達

太平洋の海原

```
    C    A7   Dm   G7     C   G7  C
I uka lā, i uka lā, nā ulu lā'au
に   高地      高地    [  木々は成長する  ]
    F        G7    C
Nā Koa i ka nahele
[ コアの木々 ] に    森
```
高地に高地に　木々は成長する

森にコアの木々

```
    C    F       C    F      C   G7    C
Ha'ina mai ka puana lā, A he nani ke ao nei
  告げる      主題        そして です  美しい  世界 ここ
    F        G7    C
Nā manu kīkaha i ka lani
[  鳥達  ]  滑空する   を    空
    F        G7    C
Nā pua mōhala mai i ka lā
[  満開になってくる花々      ] で   太陽
    F        G7    C
Nā i'a o ka moana Pakipika lā
[ 魚達 ] の [    太平洋       ]
    C        G7    C
Nā koa i ka nāhele
[ コアの木々 ] の中の    森
    F        G7    C
A he nani ke ao nei
そして だ  美しい     世界 ここ
```
物語は終わります　ここ、世界は美しい

空を滑空する鳥達

太陽で満開になる花々

太平洋の魚達

森のコアの木々

そして、ここ、世界は美しい

解　説

この歌の原曲は、ハワイ文学の研究家、Mary Kawena Pukuiの「Ke ao nani」。主題を単調に繰り返して、Ha'inaのコーラスで、1番から歌われた歌詞を総まとめにしている。「Ke ao nani」はNatalie Ai Kamauuが最初に踊った曲だ。当時5歳のAiは、小さな指でKala'auを持って踊ったという。先生のAunty Aliceは、全ての曲を熱心に指導してくれた。

♪ジャンル [ハワイ島]

A Kē-ō-kea Pāka

Composed by Leimana Abenes

A

G   E7
Aloha ʻia nō ʻo Kē-ō-kea Pāka
[愛される] とても は   ケーオーケア   公園

A7
He pāka hoʻohihi a ka malihini
だ 公園   からみ合わせる の   旅人

Am7   D7
Hiehie nō ʻoe kau mai i luna
美しくなる とても 貴方は [上に置かれて]

ケーオーケア公園はとても好かれています

旅人達が集う公園です

貴方は白い砂浜の上に広がりとても美しい

G   E7
Me nā māla pua e kaulana nei
で [菜園／農園] 花 [有名だ]

A7
Uluwehi i ka lau o ka niu
青々と茂る緑 で   葉 の   椰子

Am7   D7   C G
Holunape aʻe ana me ka makani
[風に揺れる草木] で   風

花園としても有名です

椰子の葉は青々と茂り

風で葉が揺れています

G   E7
Nanea nō hoʻi ke lohe i kai
くつろぐ [本当に] 聞く を 海

A7
E hawanawana aʻe nei
[囁く] 今

Am7   D7   C G
Hoʻopulu i ka ʻili o ke anuanu
湿る が   肌 の   涼しい

潮騒を聴いてとても寛ぎます

あれが囁く海です

涼しさで肌が湿ります

G   E7
Haʻina ʻia mai ana ka puana

物語は終わります

A7
He pāka hoʻohihi a ka malihini
です 公園   からみ合わせる の   旅人

Am7   D7   C G
Kē-ō-kea Pāka kou inoa ia
ケーオーケア   公園   貴方の 名前 これは

旅人達が集う公園です

ケーオーケア公園　これは貴方の名前です

解説‥‥
ハワイ島コハラ地区にある海岸公園と湾。コハラにある湾は白い砂の海岸なのでKea（白い）と名付けられている。実に優しい言葉で書かれた歌なので、子供達に踊らせたい曲だ。

♪ジャンル [オアフ島]

A Luna I Ka Pali
Words by Kaui Dalire　Music by Kupu D-N, S.Naʻauao

A　　　　　D　　　　A
A luna i ka pali ʻo Nuʻuanu
　の　頂上　に　[　　ヌウアヌ・パリ　　]
　　　F#m　　　B7　　　　　　　Bm7　　E7
Ka ua noe i ka makani kolonahe
　　[　霧雨　]で　[　　　穏やかな風　　]
A　　　　D　　　　　A
Kau mai ka haliʻa nō ʻoe
[　鎧える　]　[突然蘇る愛思い出]　貴女の
　　E7　　　　　　　　　　　　　A
ʻIke maka i kuʻu one hānau ē
[　眺める　]を　私の　[　生まれ故郷　]よ

　　C　　　F　　　　C
Eia me aʻu kō aloha
　ある　共に　私のもの　貴女の　愛
　　　　Am　　　D7　　　Dm7　G7
Hoʻolali i ka pili ʻaoʻao
ピカピカ光らせる　に　　接合　　側
　C　　　　　　F　　　　　C
Pōpoʻi mai ana i kuʻu maka
[　　覆われている　]　を　私の　　目
　G7　　　　　　Gm7 C7
Pāpalu i ka lihilihi
[　裸を隠すように　]　　まつ毛

　F　　　　Dm7　　　　　G7　　Em A7
He nui ke aloha nō ka ua liʻiliʻi
です　大きい　　愛情　[　　小雨　　　]
　Dm7　　　　　　　G7　　　　Gm7 C7
He nui ke aloha nō ka ua ʻĀpuakea
です　大きい　　愛情　　　　　雨　アープアケア
F　　　　　Dm7 G7　　　Em A7
Honi mau i kuʻu papalina
キッスする　永遠に　に　私の　　頬
Dm7　　　　G7　　　　　　C E7
Pili mau i kuʻu puʻuwai
[　何時まで一緒　]　　私の　　　心

　A　　　　　　D　　　　　　　A
ʻOhuʻohu ʻo Lanihuli i ke ao ʻōpua
　霧がかかる　は　ラニフリ　で　雲の全種類　雲
　　　F#m　　B7　　　　　Bm7 E7
He ʻōpua aloha i ka mālie
です　　雲　　愛する　中で　　静けさ
　　　A　　　　　　D　　　　A
Hanohano i ke alo o ke kuahiwi
威厳ある　で　正面　の　山
　E7　　　　　　　　　　　A
He kupu aloha, aloha ē
です　新芽　愛する　　愛　よ

ヌウアヌ・パリの頂上に

穏やかな風で霧雨が

貴女との愛の想い出が突如蘇ります

私の生まれ故郷を眺めていると

貴女の愛は私と共にあります

私の横で光り輝いて

私の目を覆っています

私のまつ毛を隠すように

小雨は大きな愛情です

アープアケア雨は大きな愛情です

私の頬を何時も濡らします

私の心の中で何時までも一緒です

雲の中でラニフリは霧に覆われていきます

静けさの中で愛する雲です

山の正面に威厳を齎します

最愛の新芽（若々しい愛する人）です　愛よ

解説‥‥

ゲスト・シンガーとしてRobert Cazimero が歌っている。若手のミュージシャンにとって、自分たちの曲を大先輩に歌ってもらえたのは、実力を高く評価されたからだろう。歌詞2番の3行目の頭、Pōpoʻiと歌われているが、Mary Kawena Pukuiの辞書にはpoʻi (cover,lid) だけで記載されている。4行目の出だしの言葉がPāpaluなので、言葉の遊びだろう。ヌウアヌ峠展望台の上に聳えるラニフリは常に雲に覆われて、すぐ風に吹かれて姿を見せる小高い場所だ。

♪ジャンル　ハパオレ

A Place Called Home
Composed by Kapono Nā'ili'ili

C　　　　　　　Am7　F　　　　G7
Looking out on the city feeling so alive　　　見渡すと生き甲斐を感じる町

C　　　　　Am7
Just to sit and reminisce about　　　街角に座って見渡せば

F　　　　G7
Childhood times　　　幼い時代の

　　　　　C　　　　Am7
When I seem to recall the days　　　私は過ぎ去った日々を想い出す

F　　　　　　　G7
I would spend back home　　　私の想い出は家に戻り

C　　　　　　Am7
I'd think of my family and friends　　　私は家族と友人の事を思い浮かべます

　　　F　　　　　　　G7
In this place that I love the most　　　私の大好きなこの場所で

(Chorus)

　　　　　　Em　　　　　C
Brings me back to where I'm from　　　私がどこの出身者か思い出させます

　　Em　　　　C
You feel so much love　　　貴方は沢山の愛情を感じます

　　　　　　　　F　　　　　　　G7
And now I can hardly wait to be with you again　　　そして今、私は早く再びこの土地に住みたいと願います

G7　　　　　　C
In this place called home　　　私の家と呼ばれるこの土地に

C　　　　　　Am7　　F　　　　G7
Looking out on the city lights seeing all the change　　　町の灯を眺めれば全てが変わっています

C　　　　　　Am7　　　F　　　G7
From a wondrous paradise to this city state　　　素晴らしい楽園から州の町へ戻れば

　　C　　　　Am7　　F　　　　　G7
There are so many memories flowing through my mind　　　私の心の中に流れている沢山の想い出の中に

C　　　　　　　Am7
Just to think of the days that passed　　　過ぎ去った日々の事を思い浮かべます

　　F　　　　　　　　G7
And how they've changed my life　　　どのように世間は私の人生を変えたのでしょうか

019

A

(Chorus)

Gm7   F
I never will forget that day   私はその日を決して忘れません

Gm7   F
Tutu took me out to play   おばあちゃんは遊びに連れて行ってくれました

G#m7   F#
Telling me stories of a time that no longer exists 私には二度と戻らない日々の物語でしょうか

Am7   G7
But I know those memories still live   でも私にはそれ等の想い出が今も残っています

(Chorus)

G7   C
In this place called home (×4)   私の家と呼ばれるこの土地に

解説‥‥
2014年に発売された新人、Kapono NaʻiliʻiliのCDに収録されている可愛らしい曲。遠く離れて再び戻った故郷の想い出を歌っている。同じ
アルバムにはボサノバで弾く古いハワイ民謡などもあり、名曲を現代に残したいという意欲が感じられるアルバムだ。

Āhea Nō Hoʻi Lā

Composed by Alvin Kaleolani Isaacs

A   E7
Āhea nō hoʻi lā
何時　[　強めの不変化詞　]　　　　　　　　　　何時?

A   E7
Pehea nō hoʻi lā
どうですか／どうやって　　　　　　　　　　　どうなの?

A   D
I hea nō hoʻi lā
[　　　　どこで　　　]　　　　　　　　　　　どこで

B7   E7
Kāua e ke aloha ?
私達二人　[　　愛し合おう　　]　　　　　　　私達愛し合うの?

A7   F#7
Mai hoʻolohilohi mai nō hoʻi lā
するな　[　　待たせておく／遅くする　]　　　　待たせないで

B7   D   E7
Mai hoʻopunipuni mai nō hoʻi lā ʻeā
するな　[　　嘘をつく／騙す　　]　　　　　　騙さないで

A   E7
Āhea nō hoʻi lā
何時?

A   E7
Pehea nō hoʻi lā
どうなの?

A   D
I hea nō hoʻi lā
どこで

B7   E7   A
Kāua e ke aloha ?
私達愛し合うの?

解説 ･･･

作詞作曲家そして演奏家のAlvin Kaleolani Isaacs の、軽快な乗りの良い曲。同様のフィーリングの曲で　「Auhea ʻoe」、「Hoʻomalimali」
等がある。特に「Auhea ʻoe」 とこの作品とは似ているので、メドレーで演奏される事が多い。

♪ジャンル　オアフ島

‘Āhihi Nani
Composed by Randol K. Ngum

A

B♭
He u‘i nō ‘oe
です　[とても美しい]　貴女は
E♭　　　　　　　　　　　B♭
‘Āhihi nani o Lanihuli
アーヒヒ　美しい　の　　ラニフリ
Gm7　　　　　　C7
Lei wehi ha‘aheo
[　レイで飾る　]　誇り高く
F7　　　　　E♭　　B♭
Ka poli a ke aloha
胸　の　　　アロハ

貴女はとても若々しく美しい

ラニフリに咲く美しいアーヒヒ・レフアの様に

誇り高くレイで飾り

胸に愛をまとう

B♭
Ka beauty o ka uka
美しい　の　高地
E♭　　　　　　　　　　　B♭
Wili ‘ia me ka ua ‘Āpuakea
[　絡まれて　]　で　雨　アープアケア
Gm7　　　　　　　　C7
Ha‘a ana i ka mālie
[　踊る　]に　優しく／穏やかに
F7　　　　　　E♭　　B♭
Ke kolonahe Ko‘olau
コロナヘ風　　コオラウ山脈

高地の美しさ

アープアケアの雨に濡れて

優しく踊っています

コオラウ山脈に吹き寄せるコロナヘ風

B♭
‘O ‘oe ku‘u wehi
です　貴女は　私の　飾り付け
E♭　　　　　　　　B♭
Punahele ‘oe o ke kapa Maile
お気に入り　貴女は　の　[マイレの葉が一面に茂る場所]
Gm7　　　　　　C7
Ho‘owiliwili ana
とぐろを巻く
F7　　　　　E♭　　　B♭
I ka hana a ke aloha
で　　お仕事　の　　愛

貴女は私の飾り付けです

マイレが一面に茂る場所（沢山のお弟子さん）
の貴女はお気に入り

私達はマイレ（お弟子さん）に囲まれています

私たちは、愛のお仕事（アロハの心でフラを踊る）

B♭
Ha‘ina e ka u‘i
告げる　よ　若々しい美しさ
E♭　　　　　　　　　B♭
‘Āhihi nani o Lanihuli
アーヒヒ　美しい　の　ラニフリ
Gm7　　　　　　C7
Lei wehi ha‘aheo
[　レイで飾る　]　誇り高く
F7　　　　　E♭　　B♭
Ka poli a ke aloha
胸　の　　アロハ

若々しい美しさの物語

ラニフリに咲く美しいアーヒヒ・レフアの様に

誇り高くレイで飾り

胸に愛をまとう

Ending:

E♭　　　F7　　B♭
'Āhihi nani mine
アーヒヒ　　美しい　　私の

私の美しいアーヒヒ・レフア

'Āhihi beauty you are mine
アーヒヒ　　美しい　　貴女は　です　私のもの

美しいアーヒヒ・レフア　貴女は私のもの

A

解 説··

クムフラ Randol K. Ngum のアルバム「Kawehi a ku'u kino」で紹介されている。彼の作品では、「E Wai'anae」や「Hana」が、Pandanus Clubの演奏で1987年に大ヒットし、日本でも多くのフラ・ダンサーに踊られていた。スケールの大きな踊りで多くのファンに愛されていたクムだ。曲はオアフ島コオラウにだけ咲く、アーヒヒに飾られる可愛いフラを愛する人達の物語。(カッコの中はハワイ独特のカオナ [ダブル・ミーニング] の部分)
作詞 Mary Kawena Pukui、音楽 Maddy Lamの「Pua 'Āhihiは」有名だ。

023

♪ジャンル　オアフ島　カヒコ

Ahuwale Lanihuli
Composed by Chad Takatsugi

A

Ahuwale Lanihuli kau kehakeha
人目にさらす　ラニフリ　置く　誇り高く

ラニフリは誇り高く聳えています

Ka makua kuahinahina i ke oho
親　　　銀髪をした　　が　頭髪

銀色の髪をした親のように

Maika'i ē ka ua ki'owao
良い／満足　　雨　キオヴァオ

素晴らしい　キオヴァオ雨

E ma'mae ai nei pua 'Āhihi
[　清潔に手入れをする　]　花　アーヒヒ

アーヒヒ・レフアを綺麗に手入れしてくれます

He makani kolonahe kō luna iho
です　風　　穏やかな風　貴方の　頂上　下

コオラウの頂上から下方まで穏やかな風が

Pā nahe maila i ke kulu aumoe
吹く　優しい　そこに　に　[　夜更け／真夜中　]

真夜中にそこに優しく吹いてきます

'Aiki iho nei ka lā Kupanihi
薄暗く明るくなる　今　　太陽　クパニヒ峰

クパニヒ峰を太陽が薄明るく照らす

Pua rose ku'u hoa o ka malu kī
[　バラの花　]　私の　友人　の　　　日陰　キーの木

バラの花よ　キーの木陰の私の友人

Aloha Nu'uanu me he ipo ala
愛する　ヌウアヌ　共に　です　恋人　そこに

ヌウアヌは恋人のように愛情豊かです

No Keahonui lā he inoa
為の　　ケアホヌイ　　です　名前

ケアホヌイの名前歌

He inoa no Keahonualanakila

ケアホヌアラナキラの名前歌です

解説‥‥‥
作者のChad Takatsugiは長女のKeahonualanakilaの為に作曲した。Nu'uanuの山々から愛される人だけが感じる自然への感謝の気持ちを
娘に贈った。山の厳しい環境に対する保護と愛情、自分達の家を囲む自然の美しさを讃えた曲だ。

♪ジャンル カウアイ島 カヒコ

Aia I Kaua'i Kō Lei Ali'i
Traditional

Aia i Kaua'i kō lei ali'i
ある に カウアイ島 貴女の レイ 王様

カウアイ島に王女のレイがあります

Ka luna ki'eki'e o Hā'upu
高地 威厳のある の ハーウプ山

ハーウプ山の威厳ある高地

A he pua a he wohi nāu, e Kawelo
そして です 花 そして だ 元気 貴女の よ カヴェロ

そして花、貴女の為の最高の飾り付けです
カヴェロよ (Royal Family)

Ke ali'i mahamaha 'ia i ka wai
王 [休息させる] で 水

王女は水で癒されます

'O ka wai kaulana o kemamo
です 水 有名な の ケマモ

ケマモの有名な水です

A he wai e inu nou, e kalani
そして だ 水 [飲む] 貴女の よ カラニ

そして貴女の飲む水です 王女よ

Eia ka pua e Manō kalani
ある 花 よ マノー 天国

ここにマノーの花があります 王女よ

Ke kumu ali'i ou kūpuna mai
[代々の王] 貴方の 祖先達

貴女の代々の首長の祖先達

Ha'ina e ka wohi nona ka lei
告げる よ 神聖な 彼女の レイ

貴女の神聖なレイのお話です

'O Lili'u i ka walu o nā lani
です リリウ 8代目 の [代々の王]

リリウオカラニ 8 代目の首長よ

解説 ‥‥

カウアイ島の美しさはカラーカウア王の時代から王家の王女達に愛され、多くのKahikoで歌われている。歌の最後で8代目の王と歌われているが推測すると次のような理由からか？ ハワイ王朝カメハメハ大王〜カメハメハ2世（リホリホ）〜3世（カウイケアオウリ）〜4世（アレキサンダー・リホリホ）〜5世（ロット・カプーアイヴァ）［カメハメハ時代終わる］〜6番目の王ルナリロ〜7番目のカラーカウア王〜8代目のリリウオカラニ王女〜1894年7月4日ハワイ王朝滅亡。 最後に8代目の王と歌っているのはカメハメハ1世から数えたのだろう。

♪ジャンル マウイ島

Aia I Lahaina

Composed by Akoni Akana

A

(Oli)

He aloha nō, He aloha lā,
です　愛　です　愛
愛です　愛です

Aloha ē lā Hawai'i
愛する　　　ハワイ
愛しています　ハワイ

Mai Hawai'i nui a Ke ahe lā
から　ハワイ　偉大な　そして　そよ風
偉大なハワイから　そよ風が

'īke one ne'ene'e ho'i hā
知る　浜辺　ゆっくり来る　　呼吸する
ゆっくり息をしている浜辺を知ります

Eia ho'i 'o Hau lā
ある　強める　が　ハイビスカス
ハイビスカスが咲き

Ua 'ike 'ala Lokelani
[　知った　]　香気　ロケラニ
ロケラニの香気を知りました

Ahe lani nui ola hālala
そよ風が吹く　空　大きな　生命　低く折り曲げる
大空にそよ風は吹き、地上に低く生命はあります

Ka hele iho o ka kahālāwai. U u…lā , I i…
そよ風が吹く　不変化詞　の　　　小川
小川にそよ風は吹く

(Mele)

F　　　B♭　　　F　　　　C7
Aia i Lahaina, Kau i ka la'i, lā
そこに　が　ラハイナ　置く　中に　静寂
そこに、ラハイナの静寂さ

F　　　　　B♭　C7　　　　　B♭ F
Kaulana ka inoa 'O Malu-'ulu-o-lele, lā
有名だ　　　名前　は　マルウルオレレ（穏やかなラハイナ地区）
マルウルオレレは有名な名前です

(Ho'i)

C7　　　　F
E ho'i ka nani lā
[　戻ろう　]　光輝
栄光を取り戻そう

B♭　C7
I kēia wahi pana, lā
に　この　場所　名高い場所
この名高い場所に

B♭　　　C7　　　　F
Auhea wale ana 'oe, lā
[　どこにいますか　]　貴方は
貴方は何処にいますか？

B♭ F　C7　　　　F
Kihawahine, lā
キハワヒネ
キハワヒネよ（メスのトカゲ／幸運の女神）

	F	Bb	F	C7

Aia i Hau'ola, i Keawaiki, lā
そこに　ハウオラ　で　ケアヴァイキ

そこにハウオラ、　そこにケアヴァイキ

| F | Bb | C7 | Bb | F |

Pā i ka ua, 'O Ka'aula, lā
触れる　が　雨　です　カアウラ雨

雨で濡れます　カアウラの雨で

| | F | Bb | F | C7 |

Aia i Pa'upa'u, i Kau mai luna, lā
そこに　パウパウ　[　高く聳える　]

そこにパウパウ山　高く聳える

| F | Bb | C7 | Bb | F |

Pili ka makani, 'O kaua'ula, lā
共にいる　風　です　カウアウ

風はお友達　カウアウラ風です

| | F | Bb | F | C7 |

Aia i Moku'ula, I ka lua o Kiha, lā
そこに　モクウラ　で　穴　の　キハ (伝説のトカゲ)

そこモクウラでキハの穴

| F | Bb | C7 | Bb | F |

Noho i ka loko, 'O Mokuhinia, lā
住む　に　中に　です　モクヒニア

中に住むモクヒニア池です

| | F | Bb | F | C7 |

Aia i nā lani, I Lua'ehu, lā
そこに　[　天国　]　で　ルアエフ

そこに天国　ルアエフで

| F | Bb | C7 | Bb | F |

Kaulana ka inoa, 'O Malu-'ulu-o-Lele, lā
有名だ　名前　は　マルウルオレレ

有名な名前はマルウルオレレ

解説

Pa'upa'u　ラハイナルナの近くにある780メートルの山。通常Mount Ballと呼ばれている。

Hau'ola　ラハイナにある古代のサーフィン・エリア

Keawaiki　ラハイナにある灯台

Lua'ehu　ラハイナ地区に1862年に建てられた司教の学校でLua'ehu School と言われた。1871年にホノルルに移転し'Iolani school として、知られている。

Malu-'ulu-o-Lele　ラハイナにある公園。野生のパンの木、バナナ (Lele) が茂る緑豊かな木陰の公園。昔ラハイナ地区をLeleといった。お馴染みのHe aloha nō 'o Honoluluで歌われている。尚、古代このバナナを女性が食べることはカプだった。

ラハイナは西マウイ島にある歴史的聖地。1820年～1845年までハワイ王国の首都。19世紀になり捕鯨船の基地としてラハイナ町は繁栄したが、キリスト教宣教師達としばしば衝突し砲撃を受けた。その名残の石垣は今も残る。1824年一般人に解放された初のミッション・スクールが開校した。ラハイナは地理的に南／北回帰線内に挟まれた熱帯に位置し、正午ごろ物の影が伸びなくなる。これをラハイナ・ヌーンという。

♪ジャンル　マウイ島

Aia I Lanipō

Words by Kalikolīhau Paik　Music by Kellen Paik

A

G　　　　　　D7　　　　G
Aia i Lanipō kuʻu manaʻo
　ある　に　　ラニポー　私の　　思考/願望　　　　　　　私の想い出はラニポーに何時までも残ります

C　　　　G　　　　D7　　　G
Kahi pō i ka hāliʻaliʻa ē
　[Lanipō] 中に　　突然蘇る想い出　　　　　　　　沢山の想い出が残る場所です

Hui:

F　　　　　　　　A7
ʻEʻe kuahiwi kāua
　　　[　　山に登る　] 私達二人は　　　　　　　　　　私達二人は山を登り続けます

D7
A i ke kuamauna
　そして　　　山の頂上　　　　　　　　　　　　　　　そして頂上に

G7　　　　　　F　G7　C
I laila kāua e ʻike ai　(x2)
　[そこで] 私達二人 [　見ている　]　　　　　　そこで私達は眺めます

G　　　　　　　　D7　　　　G
Maka Leha kāua i nā Lehua
　[驚きであたりを見渡す] 私達　を [レフアの花々]　　私達はレフアの花々の美しさを
C　　　　　　G　　　D7　　　G　　　　　　　　　　驚きの気持ちで眺めると
Kukupu i ka papali kū ē　(x2)
　芽を出す　で　　　崖　　建つ　　　　　　　　　　急斜面の崖に繁茂しています

G　　　　　　　　D7　　　　　G
Haʻohaʻo i ka uluna palaʻā
　不思議な/驚いた　枕/クッション　　パララーシダ　　　　パララーシダが繁殖するベッドの様な眺めに驚き
C　　　　　G　　　D7　　G
Lau ʻauliʻi kapalili lā　(x2)
　葉が出る　デリケートな　胸のときめき　　　　　　　そのデリケートな芽生えに胸がときめきます

G　　　　　　　　D7　　　　G
Na ke aheahe i hoʻolalelae
　によって　　そよ風　　せき立てる/強力に押し進める　　　私達はそよ風にせき立てられます
C　　　　　G　　　　　D7　　　　G
E hahani ana i ka nui kino ē　(x2)
　[　静かに歩を進める　] で　[　　全身　]　　　　全身を柔らかく包まれて

G　　　　　　　　D7　　　G
ʻO ʻoe a ʻo au kau i ka niʻo
　[貴女です] の　は　私　置くに　　頂上　　　　　私と貴女は頂上に立っています
C　　　　G　　　　　D7　　　　G
Hiehie i ka uluwehiwehi ē　(x2)
　人を引付ける　が　　青々とした草木の緑の茂み　　　青々と繁る緑の葉に素敵に飾られて

解説……………………………………………………………………………………………
マウイ島のラハイナに聳えるLīhau山（1278M）の頂上の名前をラニポーと言う。作者が子供時代を過ごしたカイムキの家の遥か彼方にある。『Mauʻumae』はハイキング・コースとして有名だ。子供の頃、友人のIokepa Badisと二人で山に登り、レイを作る花を摘みながら楽しい日々を過ごしていた想い出を歌にした。

028

♪ジャンル モロカイ島

Aia I Moloka'i Ku'u 'Iwa
Traditional

Gm
Aia i Moloka'i ku'u 'iwa
ある に モロカイ島 私の イヴァ鳥

モロカイ島に私のイヴァ鳥はいます

Gm
I ka la'i wale o Kalaupapa
に 穏やかな とても の カラウパパ

カラウパパのとても穏やかな場所に

Hui:

Gm
E pāpā 'ōlelo kāua
[二つのものを接触させる] 話す 私達二人

私達二人でお話ししましょう

Gm
'O ia i ka mana'o i 'anei
[そうです] 願望 [ここに]

そうだ 私達の願いを

Gm
'O Moloka'i Nui A Hina
です [女神ヒナの偉大なモロカイ島]

女神ヒナの偉大なモロカイ島

Gm
'O ke kū a Mokuho'oniki
です 立つ の モクホオニキ

小さなモクホオニキ島が浮かんでいます

Gm
He 'iniki welawela ka ia lā
です (恋の)痛み 熱い/興奮 この 太陽

太陽で焦げ付きそうです (恋の思いで痛みます)

Gm
'Āla'a kou kū 'ike aku
ハワイ固有の大木 貴方の 立つ [眺める]

アーラアの大木が立っているのが見えます

Gm
Kai i ka lena ka moana
海 で ストレッチ 海洋

海原はストレッチしているように流れ

Gm
Ha'ina 'ia mai ka puana

物語は終わります

Gm
Aia i Moloka'i ku'u iwa
ある に モロカイ島 私の イヴァ鳥

モロカイ島に私のイヴァ鳥はいます

解説·············
モロカイ島ハーラバ地区の岬に浮かぶ二つの小島 (高さ61メートル) がある。たいした景色ではないのでドライブの際、ちょっと眺めれば良い。一つを埋葬の島、他をブタのオーブンの島と呼ぶ。別名、恋人が締め付ける島と言われる。歌詞の内容から推測するとMele ma'iと推測されるが如何？

029

♪ジャンル　ニイハウ島

Aia I Niʻihau Kuʻu Pāwehe
Traditional(Auana version)

A

Em　　　　　B7　　　Em
Aia Niʻihau kuʻu pāwehe
　ある　　ニイハウ島　　私の　ニイハウ島で作られるマカロア・マットやドンブリ
Em　　　　　　　B7　　　Em
Ka moena i paheʻe a i kuʻu ʻili
　　マット　　表面がつるつるした　　私の　肌

そこニイハウには、
私のパーヴェヘ・マットがあります

私の肌に滑らかなマットです

Em　　　　　　B7　　　　Em
Hana noʻeau a ka mikioi
働く　　巧みな　　の　　技能や腕前
Em　　　　　　B7　　　　Em
Ka makani nowelo piko o Lehua
　風　　調べる／探求する　　頂上　の　レフア島

巧みにミキオイ（熟練者）によって作られます

レフア島の頂上から知識を追求する風が吹く

Em　　　　　　B7　　　Em
ʻElua maua me ke ʻala
〔　私達二人は　〕　共に　　香気
Em　　　　　B7　　　　Em
Me ka ʻulu hua noho i ka hāpapa
共に　　パンの木　果実　　留まる　に　薄い地面でおおわれている岩層

私達二人は甘い香りの中にいました

薄い土で覆われた土地に
パンの木の実がなっています

Em　　　　　　　B7　　Em
Kau aku ka maka e ʻike maka
〔　置く　〕　　　目　〔　見て解る／理解する　〕
Em　　　　　B7　　　　Em
I ke kō ʻeli lima o Halaliʻi
サトウキビ　掘る　腕　の　ハラリイ

自分で見て理解したくなりました

ハラリイの腕で掘ったサトウキビ

Em　　　　　　　B7　　　Em
ʻAilana o kaʻula home o nā manu
　島　　の　カウラ島　　家　の〔　鳥達　〕
Em　　　　　B7　　　Em
A ka nāulu e hoʻoipo nei
そして　　シャワー　〔　愛撫している　〕

カウラ島は沢山の鳥達の住処だ

そして突然降って来るシャワーに愛撫されている

Em　　　　　B7　　　Em
Haʻina ʻia mai ana ka puana

Em　　　　　B7　　　Em
Aia i Niʻihau kuʻu pāwehe
　ある　　ニイハウ島　　私の　ニイハウ島で作られるマカロア・マットやドンブリ

物語は終わります

そこニイハウには、
私のパーヴェヘ・マットがあります

解説‥‥‥
2014年9月に発売されたクアナ・トレス・カヘレのCD「Kahelelani Niʻihau」で、Auana version で歌われている。「HAWAIIAN MELE 1001」で、Kahiko version を紹介したが、長い歌詞だった。Auana Versionではかなり短縮されている。
ニイハウ島の充分に成熟していない(maka loa)繊維から織られた特産のマットを、Moena(マット) Pāweheと呼ぶ。

♪ジャンル ハパハオレ

'Āina Hānau

Composed by Nathan Aweau

A   E
There is a place for us all,　　　　　　私たちの場所があります

　　C#m　　　　　B
mine lies beyond the skies　　　　　　雲の彼方に

　　　　F#m G#m A　　B7　E
there you will find, e ku'u pu'uwai (My heart)　　そこで貴方は見つけます　私の心を
　　　　お一 私の　　　　　心

A   E
There is a place for us all,　　　　　　私達みんなの土地があると

　　C#m　　　　　B
mine lies across the shores　　　　　　私の場所は岸の彼方にあります

　　　　F#m　G#m　A　　B7　E
there you will feel ka makani pā'ili　　そこで貴方は肌にふれる風を感じます
　　　　　　　　　風　　　肌に吹く

(breeze upon your face)

(Chorus)

　　A　　　　　　　　C#m
'Āina Hānau, yonder I see,　　　　　　生まれ故郷　彼方に見えます
[　　生まれ故郷　　]

　　　　　　　　　F#m
Kai lewa ku'u pu'uwai (My wandering heart),　さすらう私の心
[　さすらう　]　私の　　　心
A　　　B7　　　　　　E
No more longing to be　　　　　　　　これ以上の思いはないでしょう

A   E
There is a place for us all　　　　　　私達みんなの場所があります

　　　　C#m　　　　B
of bright green and blues abound,　　明るい緑と青がある場所

　　F#m G#m　A　B7　　E
e hi'i 'ia maila e Hawai'i　　　　　　ハワイよ　貴方を私の腕に抱きしめます
[抱きかかえる]　そこで　よ　　ハワイ

(Hawai'i hold you in my arms)

A

(Bridge)

F#m   G#m
Over mountain, over rainbow,   山の彼方　虹の彼方

A   E
i ka mele 'āina(it sing to me)   大地の歌を（それは私に歌います）
を［   大地の歌   ］
F#m
Stormy oceans,   荒れた海

F#7   B7
Love is waiting for me....   愛は私を待っています

             A   E
Here is place for us all,   みんなの場所はここにあります

             C#m   B
mine lies beyond the stars,   星の彼方の私の場所

                 F#m G#m
there you will find my heart's   そこで貴方は私の心を見つけるでしょう

A   B7 E
dreams for you   貴方への私の夢を

解説･･
この曲は、2016年度、Nā Hōkū Hanohano Awards（ハワイのレコード大賞）で、「Song of the year」を受賞した曲。ハワイ人らしい内容
の曲だ。この曲とは別件だが2016年度の「Alubum of the year」はジャズ・シンガーのJimmy Borgesが受賞、全曲アメリカ本土のヒット曲
が網羅されたアルバムがハワイNo1の座を勝ち取った。受賞2日後、癌で逝去。80歳だった。

♪ジャンル [オアフ島]

'Āina Wehi O Mā'ili
Words by Eric Lee Music by Eric Lee, Danny Naipo

A

G
Iā 'oe ku'u mana'o ē
[貴方に] 私の　　 思い

私の貴方への思い

D7　　　　　　　　G
'Āina wehi o Mā'ili
陸地 飾りつけた の　　マーイリ

マーイリの魅惑的な陸地

C　　　　　　　　G　　　E7
He li'a wale e huli ho'i aku
です 強い憧れ [　　帰りたい　] 方向語

私はいつも帰りたいと憧れています

A7　　　　D7　　 G
Ku'u home aloha ē
私の　　 家　　 愛する

愛する我が家に

G
Ke 'ike 'ia 'o Ka'ala
[眺めるとき] は　カアラ

カアラ山を眺める時

D7
Kuahiwi kū kilakila
山　 立つ　荘厳に／雄大に

壮大に聳える山は

C　　　　　　　　　G　　　　E7
Ua wehi 'ia me ka Maile lau li'i
[飾り付けられた]　で　 マイレ 葉 小さい

小さなマイレの葉で飾られています

A7　　　　D7　　　 G
He nani ke 'ike aku
です 美しい [　　眺める　]

眺めれば美しい景色です

G
Ke holu nape o ka lau o ka niu
[草木などが揺れる] の　　 葉 の　 ヤシ

ヤシの葉は揺れ動く

D7
I ka makani 'olu'olu
で　　 風　 涼しい／爽やかな

爽やかなそよ風で

C　　　　　　　　　G　　　　E7
E hū mai ana ka 'ehu o ke kai
[感情が波のように押し寄せる]　 飛沫 の　 海

海の波が押し寄せ気持ちも高まり

A7　　　　D7　　　 G
He 'ala hu'ihu'i ē
です 香気 心に甘く

心に甘く香気も漂います

G
Hoa mai kō leo nahenahe
[心が休まる] 貴方の 声　　 優しい

心が休まる貴方の優しい声

D7　　　　　　　 G
I ka nehe a ke kai
で　 サラサラいう音 の　　 海

海のサラサラ囁く音

C　　　　　　　　　G　　　　E7
Walea mālie i ke one 'olu'olu
寛ぐ　 穏やかに　で　 砂浜　涼しい

涼しい砂浜で寛ぐ

A7　　　　D7　　　 G
Mehana i ka lā
暖かい　 が　　 太陽

太陽が暖かい

033

A

G
Puana ʻia me ke aloha
[主題を告げる] 共に　　　　愛情

愛情と共に主題を告げます

D7
ʻĀina wehi o Māʻili

マーイリの魅惑的な陸地

C　　　　　　　　G　　　　　E7
He liʻa wale e huli hoʻi aku

私はいつも帰りたいと憧れています

A7　　　　　D7　　G
Kuʻu home aloha ē

愛する我が家に

解説‥‥
作者はオアフ島のワイアナエ海岸で生まれ育っている。いつも街に出かけ長距離を車で往復していた。しかし、家に帰れば、この歌のように
自然に溢れた景色が慰めてくれた。作者は自分が生まれ育った町へ讃歌を捧げた。
ホノルルから西に向かうとナナクリ、マーイリ、ワイアナエ、マカハと海岸沿いに、ハワイ人の町が続く長閑な地区だ。後方にはワイアナエ山
が聳えている。

034

♪ジャンル [オアフ島]

ʻĀinamalu (Shady Land)
Composed by Rene Brooks

A

```
 C                  F   Fm  C
ʻAuhea wale ʻoe, e ʻĀinamalu
[   聞いてください ]  貴方  よ   アーイナマル
    A7      D7     G7       C
Kuʻu home aloha ma ka lihi kai
  私の    家   愛する  で [  海辺  ]
```
聞いてください貴方　アーイナマルよ

海辺に建つ私の愛する家

```
 C                F   Fm  C
ʻIke aku i ka nani o ia home
[  眺める  ] を    美しい の この  家
    A7      D7        G7         C
Ma ka malu o ka lau niu ē holu nape aʻe nei
 で  木 陰  の    葉  ヤシ よ [ 草木等が揺れる ] 方向語 今
```
見てください　この家の美しさを

揺れ動くヤシの葉陰で

```
 C               F       Fm      C
Kāua wale nō e hoʻoipoipo nei
[   私達二人  ] [    愛し合いましょう  ]
    A7      D7          G7        C
Ko aloha konikoni nei i ka puʻuwai
 貴方の  愛の   ときめき  今  に   心に
```
私達二人　愛し合いましょう

心に　今ときめく貴方の愛

```
 C                    F      Fm      C
Kaulana ka inoa o Kahalelaukoa
  有名な     名前  の    カハレラウコア
    A7      D7    G7          C
Makuahine aloha o ka lehulehu
    母      愛する  の    大衆
```
カハレラウコアの名前は有名です

皆さんの愛する母です

```
 C                F     Fm  C
E ō mai ʻoe e Keoki ʻĪʻī
[  答えて下さい ] 貴方は よ   ジョージ   イー
    A7  D7      G7        C
Keiki aloha o Hawaiʻi nei
 子供  愛する  の   ハワイ   ここ
```
貴方は答えて下さい　ジョージ・イーさん

ハワイの愛される子供

```
 C                F   Fm  C
Haʻina ka inoa ē ʻĀinamalu
 告げます     名前   よ   アーイナマル
    A7      D7     G7       C
Kuʻu home aloha ma ka lihi kai
  私の    家   愛する  で [  海辺  ]
```
アーイナマルの名前を告げます

海辺に建つ私の愛する家

解説・・
1960年代に活躍した歌手、チャールズ・K・L・デービスの「AT HOME」というLPから選曲した。この曲はジョージとジュリア・ブラウン夫妻のオアフ島Kaʻalawaiにある家に贈られた曲。ハワイの人は色々なものに名前を付ける習慣がある。愛する家、庭、部屋、木々等に名前を付けて楽しんでいるようだ。

♪ジャンル　オアフ島

Aloali‘i Street
Composed by Howard & Olana Ai

A

F　　　　　　　　　　F7
Mahalo nō o ku‘u home
[　ありがとう　]の　私の　家
B♭　　B♭m　F
‘O ‘Aiea
です　アイエア

F
Hāli‘ali‘a aloha mae ‘ole
突如思い出す愛の想い出　[比べるものがない]
　　　　G7　　　　　C7
I ka pā polinahe
に　[心地よく吹く静かなそよ風]
B♭　　　　　A7
Māpu leo ia ka pi‘o
漂っている　声　この　　弓形
Dm　　　　　　　G7
He popohe ma‘ane‘i
です　丸い　　　ここに
F
Mā‘ike nō
知っていますね

C7　　　F
Aloali‘i Street

私の家に感謝します

アイエアにある

素晴らしい愛の想い出に比べるものはありません

心地よく吹く静かなそよ風に

弓なりに声は高まり

ここに丸い輪を作ります

知っていますね

アロアリイ　ストリート

F　　　　　　　　　F7
Nani Ka‘ala hemolele
美しい　カアラ山　　神聖な
B♭　　　　　　　B♭m F
Kau i ka maka
置く　に　　目に/景色
F
Ka wahine ma pu‘u poni
女性　　で　[紫色のアウトライン]
　　G7　　　　　　C7
I ka malu a‘o ka ‘ōpua
に　穏やかな状態　の　　雲
B♭　　　　　A7
Hanohano ka ‘ewe kapu
光栄ある　出生地　神聖な
Dm　　　　　G7
O Kakūhihewa
の　カクーヒヘヴァ首長
F
Mā‘ike no
知っていますね

C7　　　F
Aloali‘i Street

神聖な美しいカアラ山

美しい景色（私のベッド・ルームから眺めると）

紫色のアウトラインの女性

雲の下で穏やかに横たわる

光栄ある神聖な出生地

カクーヒヘヴァ首長の

知っていますね

アロアリイ　ストリート

F　　　　　　　　　　　　F7
Ho‘onani (i) kahiko o ke akua
栄光を与える　(に)　古代の　の　神様
B♭　　　　B♭m　F
E wai ola ē
よ　水　生命

神様の古代の栄光を讃えよう

生命の水よ

A

F
Ona ‘ia e nā manu
[夢中にさせた] よ [鳥達]

鳥達を夢中にさせて

G7   C7
Ho‘opulu i ka ua noe
潤らす が [霧雨]

霧雨が運んで潤した

B♭   A7
Nā manu lele i ka ‘iu,
[鳥達] 飛ぶ で 神聖な空

神聖な空を舞う鳥達

Dm   G7
Hau‘oli ‘oli nei
[楽しく] 今

楽しそうに飛んでいる
(私のベッド・ルームから眺めると)

F
Mā‘ike no

知っていますね

G7   F
Aloali‘i Street

アロアリイ　ストリート

解説··

Kumu Hula Olana Ai とご主人Howardの共作。Aloali‘i Streetの自宅での寛いだひと時を歌っている。素晴らしい豪邸が想像される歌詞
だ。

Aloha Aku, Aloha Mai

Composed by Keo Woolford

A

    D   G   D
Helele'i i ka ua Tuahine
散らばって降る [　　　ツアヒネの雨　　]

         D   G   D
Me ka waimaka o ka lani e
共に　　涙　　の　　　天国

    D   A7   D
Aloha aku, aloha mai, aloha e
愛　去り　　愛　来る　　愛よ

ツアヒネ雨が降って来る

天国の雨の様に

愛は去り　愛は来る　愛よ
（愛は与えれば愛は戻る）

       D   G   D
Ka lani, 'ākea, Ka lani ha'aha'a
空　　広い　　空　　低く

         D   G   D
Mai uka a ke kai 'olu mālie
から　高地　　海　爽やかな　穏やかな

    D   A7   D
Aloha aku, aloha mai, aloha e
愛　去り　　愛　来る　　愛

広い空　低い空

高地から穏やかな爽やかな海まで

愛は去り　愛は来る　愛よ
（愛は与えれば愛は戻る）

Hui:

G   D   G   D
Eia no au, aia no 'oe, e ho'i mai 'oe
ここに　私　そこに　貴方 [　戻って来る　]　貴方は

G   D   A7
I ka poli aloha o Hawai'iakea
に　胸　愛　の　心の広いハワイ

          D   G   D
Wehi mau i ka uluwehiwehi,
飾り付ける　常に　で　青々と繁る草木の緑

         D   G   D
Ka lani 'ākea, Ka lani ha'aha'a
空　広く　　空は　低く

    D   A7   D
Aloha aku, aloha mai, Aloha e
愛　去り　　愛　来る　　愛

ここに私　そこに貴方　貴方は戻ります

心の広いハワイの愛の胸の中に

青々と繁る緑の草木に常に飾られている

広い空　低い空

愛は去り　愛は来る　愛よ
（愛は与えれば愛は戻る）

解説‥‥‥

ハワイで2013年12月17日に公開されたHAWAII映画「THE HAUMĀNA」の主題歌。歌手はRobert Cazimero、作詞作曲はMichael Lanakila CasupangとKeo Woolford、音楽監督 Shawn Pimentalだ。
映画の中で、高校生がコンペに向けて練習していたカヒコは「E Hawai'i Ākea」というチャントで、ラストに掛かる曲が「Aloha Aku, Aloha Mai」だったので、「Aloha Aku, Aloha Mai」がこの映画のキーワードだ！と思いました。

© by HULATION
All rights reserved. Rights for Japan controlled by Little Star Copyright Management

Aloha Hōkeo

Words by Hoakalei　Music by Kalikolīhau Hannahs

A

C
'Auhea wale 'oe, e ka ua lā
[聞きなさい] 貴方は よ 雨

G7　　　　　**C**　　**C7**
Ku'u pili 'ao'ao i ka uka lā
私の 寄り添う 集団 の 丘

F　　　　　　**C**
Ua like a'e 'oe me ka Lehua lā
[美しい] 貴方は 共に レフア

G7　　　　　　　**C**
Onaona maka o ka wai lani lā
魅惑的に 光景 の 水 空の

貴方は聞きなさい　雨よ

丘で仲間は寄り添い

貴方はレフアの花のように美しく

雨の中で魅惑的に輝く

C
A ke kai nō kāua lā
そして 海 私達二人

G7　　　　　**C**　　**C7**
Hao ka makani 'ekolu lā
風や雨が激しくなる 風 三つ (風と私達)

F　　　　　　　**C**
'Akahi ka pilina, ua hihi lā
初めて 結合 [からみ合わせた]

G7　　　　　　　**C**
Huli mai ka i'a, moe kaka'a lā
[探してくる] 新鮮な食物 寝る 転がる

そして海辺で私達二人

風雨が激しくなってくる

初めての抱擁

新鮮な食べ物を探すように　横になる

C
Kāua i kula ua ko'eko'e lā
私達二人 で 平地 [雨の寒さで冷えた]

G7　　　　　　**C**　　**C7**
Ke aloha hōkeo, ku'u kapa lā
[密かに大切にする愛情] 私の タパ布

F　　　　　　　**C**
Mahana ke aloha, ua halehale lā
暖かく感じられる 愛情 [そびえ立つ]

G7　　　　　　　**C**
Ka 'eha lima 'ole ka i hahani lā
四つ [腕がない] [～した人] 軽やかに動く

雨の寒さで冷えた平地に私達二人

密かに大切にする愛情　私のタパ布の様に

愛情は暖かく　燃え上がる

愛情の予想外の軽やかなタッチ (英訳参照)

C
Ha'ina ke aloha halehale lā
告げる 愛情 そびえ立つ

G7　　　　　**C**　　**C7**
Ka maka 'alohi o ka Lehua lā
[キラキラ輝く目] の レフア

F　　　　　　　**C**
E ho'i mai kāua e pili ai lā
[帰りましょう] 私達二人 [ぴったり寄り添って]

G7　　　　　　　**C**
'O ke aloha hōkeo, ku'u wehi lā
です [密かに大切にする愛情] 私の 装飾

確固たる愛の物語

レフアの花のように輝く目

私達二人で帰りましょう　ぴったり寄り添って

貴方のそっと大切にする愛情は私の大事な飾り物

解説‧‧

可愛らしい愛の物語。題名にも登場するhōkeoは瓢箪の器等々と書いてある辞書もあるが、Mary Kawena Pukuiの辞書にある「To cherish
secretly as love」を使ったほうが、訳詞がとても爽やかになる。ハワイ民謡では同じ言葉を使って、二重の意味を込める場合が多い。この
ような歌詞をカオナといい、かなり多くの歌で使われている手法。人生を楽しむ、おおらかなハワイ民族性と言える。この曲の場合、3番の
「hōkeo」と「kapa」が気になる単語。

039

♪ジャンル ハワイ島

Aloha Kaimū
Composed by G-Girl Keli'iho'omalu

A

D · · · D7 G · · D
Aloha a'e au 'o Kaimū
好きです · · 私は · は · カイムー

私はカイムーが大好きです

B7 · · · E7 · · · A7 · · · D
Pō'ai kēia 'āina me ku'u aloha
取り囲む · この · 島 · で · 私の · 愛

私の全ての愛でこの島を取り囲みます

G · · · · D · · A7 · · · · D
Pō'ai kēia 'āina me ku'u aloha
取り囲む · この · 島 · で · 私の · 愛

私の全ての愛でこの島を取り囲みます

D · · · · D7 G · · · D
Māka'ika'i ka po'e malihini
見物に行く · · · · 人々 · 旅人

旅人達は見物に行きます

B7 · · · · E7 · A7 · · D7
'O ke one kaulana o Kaimū
です · 砂浜 · 有名な · の · カイムー

カイムーの有名なブラック・サンド・ビーチを

G · · · · D · · A7 · · · D
Ke one kaulana o kaimū
砂浜 · 有名な · の · カイムー

カイムーの有名なブラック・サンド・ビーチ

D · · · · D7 G · · · D
Eia i kaimū e ka lā loa
ある · カイムー · よ · [古き日]

古き日のカイムーに戻れば

B7 · · · · E7 · A7 · · D
'Ike 'oe ka loko kaulana o Lonowai
見る · 貴方は · 池/湖 · 有名な · の · ロノワイ

水の神ロノの有名な池を見るでしょう

G · · · · D · A7 · · · D
Loko kaulana o Lonowai
池/湖 · 有名な · の · ロノワイ

ロノワイ神の有名な池

D · · · · D7 G · · · · D
Hanohano e ka home o ka wā kahiko
誉れ高い · よ · 家 · の · 時代 · 古い

誉れ高い古き日の家

B7 · · · E7 · A7 · · · D
Puna paia 'a'ala o ka hala
ブナ · [パンダナスの香りが漂う森の中の木陰の休息地]

パンダナスの香りが漂う森の中の木陰の休息地ブナ

G · · · · D · A7 · · D
Puna paia 'a'ala o ka hala
ブナ · [パンダナスの香りが漂う森の中の木陰の休息地]

パンダナスの香りが漂う森の中の木陰の休息地ブナ

D · · · · D7 G · · D
Ha'ina ku'u mele o kaimū

カイムーの私の歌を告げます

B7 · · · · A7 · · · · D
Pō'ai kēia 'āina me ku'u aloha

私の全ての愛でこの島を取り囲みます

G · · · · D · A7 · · · · D
Pō'ai kēia 'āina me ku'u aloha

私の全ての愛でこの島を取り囲みます

解説・・
Kaimūはハワイ島カラパナ地区にあり、波と黒砂で有名。1750年頃火山の爆発で溶岩が流れ込みブラック・サンド・ビーチが出来た。サーフィン・エリアは昔ホーエウ又はカポホと呼ばれていたが、今はカイムーと呼ばれる。1990年G-Girl Keli'iho'omaluのCD「Aloha Kaimū」に収録されている。

040

♪ジャンル 王族

Aloha Kalaniana'ole

Composed by Mālia Craver, Val kepilino

C   C7 F   C
He mana'o he aloha no ka lani ali'i   これは願望です　王子の愛情です
　だ　　　願望　　だ　　愛情　　の　　[高位にある首長＝王子]
C G7   F C
Ka 'elele kaulana i Wahinekona   ワシントンに下院議員として選出され
　　使者　　有名な　で　　ワヒネコナ

C   C7 F C
Ua 'imi 'ia e 'oe me ke ahonui   貴方は忍耐強く捜しました
　[　捜された　]によって貴方 共に　　忍耐強い
C   G7   F C
I kahua kupa'a no nā 'oiwi Hawai'i ハワイ民族の確実な基盤を作る為に
　基礎　　不動の／誠実な　の　[　ハワイ民族　]

C   C7 F   C
Nā 'āina ho'opulapula no kona lāhui aloha 王子が愛するハワイ民族復興の為に与えた自作農地
　[ハワイ人復興の為に与えられた自作農地]　彼の　民族　最愛の
C G7   F C
Na ēwe o ka 'āina au i mana'o nui ai 王子が考え抜いたハワイで生まれた人達の土地
　出生地　の　　土地　期間[　熟考した　]

C   C7 F   C
'A'ole mākou e poina i kau hana maika'i 私達は貴方のとても良い仕事を決して忘れません
　～しない　私達　[　忘れる　]を 彼の　仕事　とても良い
C G7   F C
E ola kou inoa ka 'elele i Wahinekona ワシントンで下院議員を務める貴方の名前は永遠です
　よ 生命　貴方の　名前　　使者　で　　ワヒネコア

C   C7 F   C
Ha'ina mai ka inoa ke ali'i lokomaika'i 寛大な首長の名前を告げます
　[　告げます　]　名前　首長　寛大な／優しい
C G7   F C
E mau ka ho'omana'o o Kalaniana'ole カラニアナオレの名前は永遠に記憶されます
　よ　永遠に　　　思い出される　の　カラニアナオレ

解説‥‥‥‥‥‥‥‥‥‥‥‥‥‥‥‥‥‥‥‥‥‥‥‥‥‥‥‥‥‥‥‥‥‥‥‥‥
クヒオ王子は1871年生まれ、カウアイ島最後の王カウムアリイの曾孫。フルネームは、プリンス・ジョナ・クヒオ・カラニアナオレ・ピイコイ。ハワイ王朝7代目のカラーカウア王の后、カピオラニ王妃が伯母で、カラーカウア王夫妻の養子となる。カラーカウア王の妹でありハワイ王朝最後の君主リリウオカラニ女王からは第一王位継承者に指名されていたが、1893年にハワイ王朝は滅亡した。1902年、クヒオ王子はハワイ準州唯一のアメリカ下院議員に選出され、1922年に50歳で亡くなるまで常に選出され続けた。プリンス・クヒオの偉大な功績は、1921年に制定された「ハワイアン・ホームステッド法」。ハワイアンの血が50パーセント以上あるハワイ州民に20万エーカー（約809平方km）の公有地を無料分譲するというハワイアン擁護の法令であり、'Āina ho'opulapula（ハワイ人復興の為に与えられた自作農地）といわれ多くのハワイ民謡で歌われている。1919年、アメリカ議会にハワイ立州法案を初めて提出したのも王子で、ハワイ準州は1959年に念願のアメリカ合衆国50番目の州に昇格した。

♪ジャンル カヒコ

Aloha Kekaha
Traditional

Aloha Kekaha ke ‘ike mai
　愛する　　ケカハ（地名）　　[　眺めれば　]

愛するケカハを眺めれば

Makani kolonahe i ka ‘ehu kai
　風が吹く　　心地よい風　　で　[　海飛沫　]

海飛沫で心地よい風が吹く

Ka lei Mokihana e moani nei
　レイ　　モキハナ　　[風 が甘い香りを運んでいる]

風が運ぶ甘い香りはモキハナのレイ

I wili ‘ia me ka Maile li‘ili‘i
[　編まれた　]　共に　　[　マイレの小さな葉　]

マイレの小さな葉と共に編まれている

Ke one kani a‘o Nohili
　　[　砂浜の音　]　の　　ノヒリ海岸

ノヒリ海岸の砂浜の足音

Pā mai ka makani ahe mālie
[　吹いて来る　]　　風　　静かに吹く風　穏やかに

穏やかな風が吹いて来る

Aloha Ni‘ihau o Kahelelani
　愛する　　ニイハウ島　　の　　カヘレラニ貝

愛するカヘレラニ貝のニイハウ島

He u‘i kaulana puni ka hōnua
です　美しい　　有名な　　取り巻いた　　土地

島を取り巻く有名な美しさ

解 説‥‥‥
2013年度メリー・モナーク・フェスティバル50周年記念のフラ・カヒコ部門でカウアイ島から出場したKumu Leinā'ala Pavao Jardinの
Hālau Ka Lei Mokihana o Leinā'alaが踊った。曲を作ったニイハウ島生まれのMāmā Aneの家は、カウアイ島とニイハウ島の間を流れる海
峡から優しい風が吹くカウアイ島ワイメア地区Kekahaにある。静かな海の飛沫が打ち寄せ、丘の上からモキハナが甘く香り、マイレの小さな
葉が茂っていた。

♪ジャンル 　モロカイ島

Aloha Koʻolau
Composed by Dennis Kamakahi

A

G   C   G
Aloha Hālawa i ka nāulu
愛する ハーラバ 中の にわか雨
D7   G
Hoapili o ke ʻala o ka ʻawapuhi
お友達 の 香気 の ジンジャー

突然シャワーが降る愛するハーラバ

ジンジャーが香るお友達

G   C G
He ʻāina maikaʻi ʻo Wailau
です 土地 ご機嫌な は ワイラウ
D7   G
Me ke kuahiwi nani o Olokuʻi
共に   山 美しい の オロクイ

ワイラウは素晴らしい土地だ

オロクイの美しい山と共に

G   C G
Maʻemaʻe Pelekunu i ka ʻehu kai
魅惑的な ペレクヌ で [海飛沫]
D7   G
Hiaʻai ka manaʻo o ka lehulehu
とても満足する 思考 の 大衆

海の飛沫でペレクヌは魅惑的だ

人々の思いはとても満足している

G   C G
Maikaʻi Waikolu i ka māʻeʻele
ご機嫌だ ワイコル で 痺れるような寒さ
D7   G
Hoʻopumehana i ka puʻuwai hāmama
暖かくする   を 心 開いている

寒さで痺れるようなワイコルはご機嫌だ

解放されている心を温めます

G   C G
Puana ka inoa o Molokaʻi
テーマ 名前 の モロカイ島
D7   G
Aloha Koʻolau i kaʻu ʻike
愛する コオラウ で 私の 見る

モロカイ島がテーマです

私の見るコオラウは大好きです

解説・・
同名のAunty Alice Namakeluaが書いたオアフ島のKoʻolauを描いた名曲があるが、この曲はDennis Kamakahiが祖父の故郷、モロカイ島の美しさを讃えた曲。彼はモロカイ島の風が吹き寄せる地区の美しさを書いた。それは祖父の為であり、彼自身もモロカイ島を愛しているからだ。皆様がご存知、「Wahine ʻilikea」も、モロカイ島のホノウリバイの海岸を書いた曲だ。

♪ジャンル 子供向け

Aloha Māmā
Composed by Puakea

A

D
E Māmā ē
[お母さん] よ

A7   D
He wahine kupanaha ʻoe
です 女性 驚くほどの あなたは

  お母さん

  貴女は驚くほどの素晴らしい女性です

A7   D
He nohenohea i ka maka
です ハンサムな が 容姿

  容姿がとても美しい

A7   D
O nā pua lei ē
の [子供達]

  子供達にとって

D
E Māmā ē
[お母さん] よ

  お母さん

A7   D
ʻO ʻoe ka lei mililani
です あなたは [賞賛するレイ]

  貴女は賞賛されるレイです

A7   D
A he wehi no ke ao akea
そして だ 飾る 世界 広々した

  広々した世界を飾るレイです

A7   D
E haʻaheo mau ai
 誇り高い 永遠に

  永遠に誇り高く

G   D
E Māmā ē
[お母さん] よ

  お母さん

A7   D
E mahalo mau ana au iā ʻoe
 感謝する 常に 私は に 貴女

  私は貴女に何時も感謝しています

G   D
E Māmā ē Māmā
[お母さん] よ

  お母さん

A7   D
ʻO ʻoe nō ka ʻoi o nā ʻoi
です 貴女 [ナンバー・ワンの中の最高]

  貴女はナンバー・ワンの中でも最高です

A7   D
ʻO ʻoe nō ē ka ʻoi
です 貴女は [ナンバー・ワン]

  貴女はナンバー・ワン

D
E Māmā ē
[お母さん] よ

  お母さん

A7   D
Kū mau ka nani o ke ola
[永遠に] 美しい の 生命

  生命の美しさは永遠です

A7   D
I kō ʻano lokomaikaʻi
貴女の 性質 優しい／寛大

  優しい心の持ち主だからです

A7   D
Uluhia au iā ʻoe
 感動する 私は を 貴女

  貴女に私は感動します

A

D
E Māmā ē
[　お母さん　]よ

お母さん

A7　　　　　　　　　　　　D
'Olu nō kō poli pumehana
爽やかな　貴女の　　心　　暖かい

爽やかな貴女の暖かい心

A7　　　　　　　　　　D
Ma ke apo mau o kō aloha
中で　　抱きしめる　常に　の 貴女の　愛

何時も貴女の愛の抱擁の中で

A7　　　　　　　　D
Au e ho'ola'i nei
私は　[　　穏やかに平静でいる　　]

私は穏やかに過ごしています

G　　　　　　D
E Māmā ē Māmā
[　お母さん　]よ

お母さん　お母さん

A7　　　　　　　　　　　　　　D
E mahalo mau ana au iā 'oe
[　ありがとう　]　常に　　　私は　に 貴女

貴女に私は何時も感謝しています

G　　　　　　D
E Māmā ē Māmā
[　お母さん　]よ

お母さん　お母さん

A7　　　　　　　　　D
'O 'oe ka 'oi o na 'oi
です 貴女は [　ナンバー・ワンの中の最高　]

貴女はナンバー・ワンの中の最高です

A7　　　　　　　　D
'O 'oe nō ē ka 'oi

貴女はナンバー・ワンです

A7　　　　　　　　D
'O 'oe nō ē ka 'oi

貴女は最高です

解説··
お母さんに心から感謝を捧げる歌。お母さんは世界中の子供から愛される存在だ。美しく思いやりある優しいお母さん、ありがとう。ナー・レ
オ・ピリメハナのアルバム「Nā Leo」から選曲。

© by PUAKEA NOGELMEIER MUSIC
All rights reserved. Rights for Japan controlled by Little Star Copyright Management

♪ジャンル ハワイ島

Aloha Nō Kona
Composed by Kuana Torres Kahele

A

G
Aloha nō Kona   コナは大好きだ
好きだ　とても　コナ
D7　　　　　　　G
He ʻāina kohea   穏やかな気候の土地
だ　土地　穏やかな気候
C　　　　　　　G
ʻIke ʻia ka pae ʻōpua   雲の集団が見られます
[見れらる]　集団　雲
D7　　　　　　　G
I ka hono aʻo Kailua   カイルア湾の付近で
で　隣接　の　カイルア

G
E hele ana   行きます
[行く]
D7　　　　　　　G
I ka ʻohi weu ma kai   海にハーブス魚がいます
に　[ハーブス魚]　に　海   （魚を釣りに行って不漁だった＝Herbs fish＝不漁）
C　　　　　　　G
Aia ma Ōnea Bay   オーネア湾で
ある　で　[オーネア湾]
D7　　　　　　　G
Huki aʻe nei i ka ulua   ウルア魚を釣り上げた
[網を引く]　で　アジ科食用魚

G　　　D7　　　　　　　G
Mahalo i ka hale o nā aliʻi   有り難う 王様達の家
有り難う　に　家　の　[王様達]
C　　　　　　　G
ʻO Moku-ʻai-kaua   モクアイカウア
は　モクアイカウア
D7　　　　　　　G
I ka maka aʻe Huliheʻe   フリヘエの正面に建っている
に　正面　フリヘエ

G　　　D7　　　　　　　G
Haʻina ʻia mai ana ka puana   物語は終わります
C　　　　　　　G
Aloha ʻia ʻo Kona   コナは愛される
D7　　　　　　　G
Kai ʻōpua i ka mālie   穏やかさの中のコナの海と雲
海　雲　に　穏やか

解説・・・

Hele ana i ka ʻohi weuweu　本来の言葉の意味はハーブを収穫に行くと言う事だが、魚を釣りに行って不運だったことを言う。
Moku-ʻai-kaua　ハワイ島コナ、カイルアの山側、森林地帯の名前。しかし、その山の木材を運んで、カイルア・コナに教会が建てられ同じ名前が付けられたという。4000人の協力を得て、ハワイ王国のクア・キニ知事によって決定、1837年に建設された。オリジナルの教会はカアフマヌ王女により1823年に建設され、1835年焼失したと記されている（1820年に宣教師が渡来）。
Huli-heʻe　ハワイ島カイルア・コナにあり、1838年カアフマヌ王妃と彼女の兄弟、知事クア・キニによって建設された。プリンセス・ルースがしばらく住んでいたが、後にカラーカウア国王のサマーハウスとして使用され、名前がHiku Lani Haleと名付けられた。

Aloha Nō Pakalana

Composed by Anthony K.Conjugacion

F   Bᵇ   F D7

Moani ke 'ala o ka pua mai 'o Kina　　　中国から花の甘い香りが風に乗って運ばれてくる
風が香りを運ぶ　　香気　の　　　　　花　から　[　中国　]

Gm　　　　　　　F

Ki'ina mai ke aloha　　　愛情を連れてくる
[　とってくる　]　　　愛情

C7　　　　　　　F

Aloha nō Pakalana　　　愛らしいパカラナの花よ
愛する　　とても　パカラナ（キンコウボク）

F   Bᵇ   F D7

Kūlana māhiehie e ke hoapili　　　魅惑的に揺れる　親しいお友達
揺れる／傾ける　　魅惑的な　　　よ　　　親しい仲間

Gm　　　　　　　F

Wili 'ia me Pīkake　　　ピーカケの花と編まれ
[　編まれる　]　　と　　ピーカケ

C7　　　　　　　F

Lei pili 'ia nō ka 'oi　　　組み合わされたレイは最高だ
[　レイに編まれる　]　[　最高だ　]

F   Bᵇ   F D7

Ka 'oi nā pua mai Kahikina　　　東の方向から来た最高の花
最高　[　花々　]　から　　　東の方

Gm　　　　　　　F

Hiki mai e ha'aheo ai　　　誇り高く到来した
[　到着する　]　[　誇りを持って　]

C7　　　　　　　F

Mau wehi ai no nā kau　　　常に飾られている　永遠に
永遠に　　飾る　そこに　[　常に　]

F   Bᵇ   F D7

Kaulana ku'u lei i ka puana 'ia　　　有名な私のレイのお話
有名な　　　私の　レイ　[　折り返し句を告げる　]

Gm　　　　　　　F

Ka pua mai 'o kina　　　中国からの花
花　から　[　中国　]

C7　　　　　　　F

Aloha nō Pakalana　　　パカラナの花は大好きだ
愛する　　とても　パカラナ

C7　　　　　　　F

He nani maoli nō !　　　本当に美しい
だ　美しい　[　本当に　]

A

解 説‥‥

2016年4月に発売されたRa'iātea HelmのCDに収録されている。彼女が2004年に録音したCDにもPakalanaという曲が入っているが異な
る。Natalie Aiも同じようなPakalanaの曲を作曲して歌っているが、同名異曲。しかしどの曲も全く同じような内容。ハワイの人はこの花を好
むようだ。Pakalanaがハワイに到来したのは、まだ中国が支那と呼ばれていた時代の事だ。

Aloha Wau Leina'ala

Words by Rodgers L.L. Naipo Sr　Music by M. Lowe, B. Yu, S. Oshiro

A

G　　　　　　Am7
Aloha wau Leina'ala
愛しているよ　私は　　レイナアラ

レイナアラちゃん　私は貴女を愛しています

C　　　　D7　　G　　D7
Auhea mai, 'o ku'ulani
どこから　来る　は　私の天国

どこから来たの　私の素敵な人

G　　　　　　　　　Am7
I kou maka e piha hau'oli
貴女の　　目　よ　充分　幸せ

貴女の目はとても幸せだ

C　　　　D7　　　G
He aloha, e honi iā 'oe
愛してる　　　キス　　　貴女に

貴女にキスしたい

G　　　　　　Am7
Aloha wau Leina'ala
愛しているよ　私は　　レイナアラ

レイナアラちゃん　私は貴女を愛しています

C　　　　D7　　　　G　D7
E ho'okahi mana'o iā 'oe
よ　ただ一つ　心　に　貴女

ただ一つの心は貴女に

G　　　　　　　　Am7
Ma ku'u poli, e mai 'oe
に　僕の　胸　[いらっしゃい]　貴女

僕の胸に　いらっしゃい

C　　　D7　　G
No ke aha, aloha iā 'oe
[　何故かな　]　好きです　[　貴女が　]

何故かな　貴女が大好きです

Eb　　　　　　　　　　　Bb
E ku'u ipo, e maliu mai, Ke onaona
よ　[　恋人　]　[　聞いてください　]　魅惑的な

恋人よ　聞いてください　魅惑的な人

Cm　　　　　　　　Ab　Bb
'Ike 'ia, mai nei, o pu'uwai
見て　来る　ここに　の　心

見て　ここにきて　心の人

Cm　　　　　　　　　Bb
Onaona ka makani, iā 'oe nei
心地よい香気　　風　　[　貴女に　]　今

風に漂う心地よい香気　今、貴女に

Am　　　　　　　D7
He 'ala 'ike, no hele iā 'oe
だ　香気　知る　から　くる　[　貴女に　]

貴女に漂う香気です

G　　　　　　Am7
Aloha wau Leina'ala
愛しているよ　私は　　レイナアラ

レイナアラちゃん　私はあなたを愛しています

C　　　　D7　　　　G D7
I mana'o iā 'oe, e hiki nō
から　心　を　貴女　[　わかりました　]

貴女を心から愛していることがわかりました

G　　　　　　Am7
Ia nei ma 'anei, iā 'oe
[　今　]　[　ここで　]　[　貴女に　]

今、ここで、貴女に

C　　D7　　G
Hele nō ke kai nani
行きましょう　[　〜の人　]　素晴らしい

一緒に行きましょう　素晴らしい人

解説･･
この曲の作者は、叔父が大事にしている音楽収集の資料を掘り返し、偶然その中からこの歌を見つけた。その曲は可愛いレイナアラという
少女を歌った曲だった。それは可愛い娘に対する父親の愛情を表現し、自分が結婚する少女の親に対する感謝の曲だと書かれていた。

♪ジャンル モロカイ島

Anahaki

Words by Amy hānauali'i Gilliom　Music by Amy hānauali'i Gilliom, Michael Ruff

A

```
 D              D7    G              D
Aia i Molokai ku'u 'āina ho'oheno
 ある に  モロカイ島  私の  大地   愛する
 G              D       E7       A7
E nonoho ana kahi 'Iwa ho'ola'i
 [  住んでいる ]  場所  イヴァ鳥  穏やかに
 D              D7    G              D
I kū halakau i ka pali a'o Mo'omomi
 に立つ  高く座る に  崖 の    モオモミ
 G              B7      E7   A7   D
E kakali ana a e māpu i ona huapala
 [  待っている ] [  急降下する  ] に  彼女の  恋人／美しさ
```

モロカイ島は私の愛する大地

穏やかにイヴァ鳥が住んでいる島

モオモミの崖に高く停まっている

待っていれば美しい恋人は急降下して

```
 D              D7    G              D
Lu'u a'e nei lāua i kahi poho kai
 飛び込む [  たった今 ] 彼らは に  場所 [  流れる海 ]
 G              D       E7       A7
A ho'onipo a'e i ka malu o ka pali
 そして  求愛する  で   隠れ場 の   崖
 D              D7    G              D
Hāku'i ana ka po'ina a ka nalu
 [  打ち付ける ]   砕ける波 の  波
 G              B7      E7   A7   D
'A'ole mea na'e hakuko'i nei loko
 ない  物  ～の他に  勢いよく流れる  今  中を
```

彼らは流れる海に、直ぐ飛び込んで来る

そして崖の隠れ場で求愛する

崖に打ち付ける波は当たって砕ける

勢いよく流れる波以外に何もない

```
 D              D7    G              D
Ho'okahakaha kahi manu i ona hulu
 列をなして行進する  場所  鳥  で  彼女の  羽
 G              D       E7       A7
I ka 'ula wena o ke ano ahiahi
 中を  赤い  輝き の  [  夕暮れ時 ]
 D              D7    G              D
Puni a'e ana i ka 'ehu o ke kai
 [  取り巻く ] が  飛沫 の  海
 G              B7      E7  A7   D
A ahuwale kāne e ake nei
 そして  さらされた  男  [  願って／望んでいる ]
```

イヴァ鳥は羽ばたいて列をなして飛んで行く

夕暮れ時の赤く輝く空を

海飛沫が取り巻く

そして彼の願望は知られているようだ

```
 D              D7    G              D
Puana ke aloha, hali 'ia e ka makani
 主題   愛情  [  運ばれる ] によって  風
 G              D       E7       A7
No ka 'Iwa ho'ola'i i ku'u ho'oheno
 為に  イヴァ鳥  穏やかにさせる  私の  愛する
 D              D7    G              D
Me a'u 'oe a puaaneane
 共に  私の  貴方  時が終わるまで
 G              B7      E7  A7   D
I ia poho kai a'o Anahaki
 に  この [  流れる海 ] の  アナハキ
```

風に運ばれる愛情がテーマ

私の愛する穏やかなイヴァ鳥のために

貴方は私と永遠に　時が終わるまで

アナハキの緩やかに流れる海で

解説‥‥
難しいハワイ語で状況描写が歌われるが、モロカイ島は広くて地名が判り難い島だ。歌のタイトル「Anahaki」は、山の中腹、モロカイ飛行場のある場所と認識していたが、モロカイ島生まれのAmyが海のそばと歌っているから、かなり広いエリアがAnahaki地区なのだろう。道路マップを片手にドライブしたが場所探しにかなり苦労した想い出がある。しかし歌われている様に自然の美しさは別格だ。

© by HANAIALI'I RECORDS INC All rights reserved. Rights for Japan controlled by Little Star Copyright Management
© RUFF MIX MUSIC and PUNAHELE PRODUCTIONS,INC. The rights for Japan assigned to FUJIPACIFIC MUSIC INC.

'Ānō !

Composed by Jereny K.Hopkins

A

G   A#dim
'Ānō, 'eā, 'eā,　　　　　　　　　　　今だ　それぞれ
今

G   A#dim
Hana malū, 'eā, 'eā,　　　　　　こっそりと　それぞれ
行動する　人目を忍んで／こっそりと

G   C
I 'ane'i, 'eā, 'eā,　　　　　　　　ここで　それぞれ
[　ここで　]

G   D7   G
E pili mai e ke aloha　　　　　ピッタリ寄り添おう　愛しい人よ
[ピッタリ寄り添おう]　オー　　愛

C   G
'Eleu, 'eleu mai nō, 'eā, 'eā,　　早く　早くして　それぞれ
機敏な

C   A7   D7
Hō'ike mai a i kou nani, 'eā, 'eā　貴女の美しさを見せて！　それぞれ
[　見せる／示す]　そして を　貴女の　美しさ

解説‥‥‥
Alvin Kaleolani Isaacsの名曲「Āhea Nō Ho'i Lā」は絶えず恋人に呼びかけた。何時、如何、何処で、私達は一緒になるの？と。 この単純
な愛の呼び掛けに、Alvinの甥の息子Jereny K.Hopkins が、続編として「'Anō」という曲を書いた。音楽家の血筋は世代を通じて受け継がれ
ているようだ。

♪ジャンル　王族　カウアイ島　カヒコ

'Auhea Wale 'Oe E Ka 'Ō'ō
Unknown

A

'Auhea wale 'oe e ka 'Ō'ō
[　　どこにいるの　]　貴女は　よ　　オーオー鳥

貴女はどこにいるの　オーオー鳥よ

Manu leo nahe o ka uka
鳥　　声　優しい　の　　丘／森

森の優しい声の鳥は

No uka ke 'ala 'iliahi
から　高地　　香気　イリアヒ

高地からサンダル・ウッド (イリアヒ＝白檀)
の香気

Kāhiko i ka lau lā'au
飾り付ける　で　　葉　　森林

森林の木の葉が芳香を漂わせる

Ua naue mai 'oe i 'ane'i
[　行進してくる　]　貴女は [　ここに　]

貴女は私とここにいらっしゃい
（naue＝フラで腰を回転する意味もある）

A kau i ke ano ahiahi
そして実現する [　　　　夕暮れ　　　　]

夕暮れが来るまでここにいましょう

Huli ho'i i Hānai-a-ka-malama
[　戻ろう　]　に　　ハーナイアカマラマ

ハーナイアカマラマに帰りましょう

Mālama 'ia iho ke aloha
[　大切に育てる　]　愛情

そして私たちの愛を大切にしましょう

I hoa pili no ko kino
[　親密な友人　]　為の　貴女の　体

貴女の永遠の親密なお友達

La'i ai ka nohona o ke ao
平穏　ある (aia)　所在する地　の　　世界

平和が世界に貴方と共にある限り

Ha'ina ka puana i lohe 'ia
告げる　　　主題　[　聞かされた　]

聞いた話の全てが主題です

'O 'Emalani nō he inoa
です　エマラニ王女　です　名前歌

エマラニ王女の名前歌です

解説:‥‥‥
カウアイ島を愛したエマラニ王女を讃えた曲。王女がワイアレアレ山を登頂した時に書かれたという。頂上を取り囲むアラカイ・エリアは深い
森に覆われ、昔は可愛い鳴き声をしたオーオー鳥が生息していた。王室のケープを作る為に狩猟され絶滅の一途を進む。1800年代の後期、
イギリスのハンター達に狩り尽くされ、絶滅したという。
4番のHānaiakamalamaは、オアフ島、Queen Emmaのサマーハウスの事。Honoluluのヌウアヌ山側にある。パリ・ハイウェイを登って直ぐ
の右側。
1847年にH.A.Peirce が建築、カメハメハ1世のアドバイザーとして活躍したJohn Youngの息子、王女の叔父に当たるJohn Young 2世に
売却され，エマ女王は資産を相続して、避暑地と社会的センターとして使用していた。1890年にハワイ政府に売却され、1911年このエリア
は公園となった。1915年修繕され博物館として公開されている。

♪ジャンル　ハワイ島

Awalau Hula
Words by Keawe Lopes　Music by Chad Takatsugi

A

G7　　　　　　C7　　　　F
Aia i Awalau ka la'i 'ōpua
ある　に　アワラウ　　穏やかな　　雲

穏やかな雲がアワラウにあります

G7
Ke kumu wai o ka 'ālewalewa
[　川の水源　]　の　　浮かんでいる

空に浮かぶ川の水源

C7　　　　　　F
Hā'alewa ē ka hololua
荷物を背に運ぶ　　　走る

空中に浮かんで移動します

G7　　　　　　　　C7　　　F
Holo ē ka hā'ale wai o ka li'ulā
進む　　揺れ動く　水　の　蜃気楼／黄昏

蜃気楼のように揺れ動く水の光景は素晴らしい

G7
Me he ua noe pō maila i ka maka
共に　です　[　霧状の雨　]神々の領域 そこに　に　　目

目に映る神々しい霧雨と共に

C7　　　　F
'Ike 'ia a'o Mānā
[　見せられる　]　は　　マーナー

あなたが見る景色は全てマーナー（地名）です

G7　　　　　　　　　　C7　　　　F
Nānā i ke kai huku 'ale o ka moana
見る　を　海　塊　波　の　　大洋

大洋の波のうねりを見ます

G7
Kuhi maila ē ka pono a he aho loa
強調する　ここで　　正しく そして だ　紐　長い

長いラインが正しい波だと強調しています

C7　　　　　F
He pōkole ka loa'a
だ　短い　　手に入る

短い波のラインは容易に見ることができます

G7　　　　　　　　　C7　　F
Loa'a ē ka uhi nalo 'ole i ka 'āina
見つけ出す　　覆うこと [　無くならない　]　　土地

この土地には、いつも噴煙が漂っています

G7
Kainō 'o kāua me ka'i nei lā
私が思います　は　二人　で　[一定の足取りで進む]

私達二人と同じだと思います
同じような足取りで歩く私達と

C7　　　　　F
Nalo paha ia mea
見えなくなる　多分　この　物／人

多分　全てのものは隠されているのですね

G7　　　　　　　　　C7　　　F
Mea 'ole ē ka wai maka o ka Lehua
[　重要でない　]　[　涙／ここでは蜜　]　の　　レフア

レフアの蜜は取るに足らないものです

G7
Wai hone e he'e nei, nuku o ka manu
[　甘い蜜　]　[垂れ下がっている]　嘴　の　　鳥

鳥の嘴から垂れ下がっている甘い蜜のように

C7　　　　　F
'O ka 'Iwa ku'u aloha
です　イヴァ鳥 私の　愛

（でも）イヴァ鳥は私の愛なのです

052

G7
He aloha ka puana a e lohe ‘ia
です　愛情　　主題　　[　聞かされる　　]

主題は愛情です　聞かされた話です

G7
He aniani o ka pololei ka ‘oia‘i‘o
です　透明　の　　正しい　　　真実／確実

真実は正しいことの投影です

C7
E ‘onipa‘a pono ai
ぐらつかない　確実に

確実にとらえることが大切です

A

解 説・・

作詞のDr.Keawe Lopes はハワイ大学のハワイ語の先生であると同時に、Tracie & Keawe Lopes夫妻でKa Lā ‘Ōnohi Mai O Ha‘eha‘eを
運営して、メリー・モナーク・フェスティバルでも、毎年上位に入賞し素晴らしい実績を残している。Keawe Lopesのハワイ文化に対する知識
が充実した作品と言える。因みに ‘Iwa 鳥は、軍艦島と呼ばれ、カッコイイ男性の代名詞だ。

♪ジャンル ハワイ島

Be Still 'Oe
Traditional

B

B♭   F
Nani Waipi'o i ka la'i
美しい　　ワイピオ　中で　　静けさ
C7   F
E kāhelahela nei
[　　一面に広がっている　　]
B♭   F
I ke alo a'o ka Palai
が　　　全面　　の　　パライ・シダ
C7   F
Kāu ia e nanea nei
貴方の　[　　　寛いでいる　　　]

美しい静かなワイピオ渓谷

一面に広がっています

パライ・シダが

貴方は寛いでいます

B♭   F
Be still 'oe, e ke aloha
[　　静かに　]　貴方は　　愛する人
C7   F
A e nape mālie nei
そして　　揺れる　穏やかに
B♭   F
A he aha kou makemake
そして [　なんです]　貴方の　　望み
C7   F
Au a'e hana aku ai
貴方の　[　　　行動する　　　]

貴方は静かに　愛する人よ

穏やかに揺れています

貴方の望みは何ですか

貴方がしたいことは何でしょう

B♭   F
Nani wale ku'u 'ike 'ana
美しい　とても　私の　[　見る　]
C7   F
Ka nohea o ka Tuberose
形良い　　の　　ツバローズ
B♭   F
He moani 'ala i ku'u poli
です　[　風に漂う甘い香り]　に　私の　胸
C7   F
Me he ipo e like ai
共に　　だ　恋人　[　似ている　]

私の見つめる貴方はとても美しい

ツバローズの美しさ

私の胸に漂う貴方の甘い香り

恋人と一緒にいるようです

解説
2013年のMark YamanakaのCD「Lei Maile」の挿入歌。あまり知られていない古いハワイ民謡だが、ワイピオ渓谷の美しさを讃えた名曲。緑の草木と渓流、点在するタロイモ畑、伝説ではハワイ最初の首長、リロ王が統治した地区だと語り継がれている。

Don't Cry 'Oe

Composed by Kaipo Frias

Mele ka'i（序曲）

'O ka 'eha a ke aloha ke lalawe nei
です　　　　痛みの　　　愛　　［打ちのめされている　］

愛の痛みで私は打ちのめされています

Eia lā i loko, i ku'u manawa
ある　［中に　］に　私の　　時期／年代

それは心の中にあります　私の年頃の

'O ka 'eha ē! Auē ho'i ē !
です　　　痛み　　［　まあ、ひどい　］

心が痛い！　まあ、ひどい！

D

```
C              G7        C
'Auhea 'oe, e ku'u darling
[ 聞いてくださいあなた ] ねー 私の    恋人
```

聞いてください　あなた、ねー　恋人よ

```
C                    G7        C
A he aha nei hana a ka wai maka
そして[なんですか?]  今   行動 の  [  涙   ]
```

何なの？　この流れでる涙は？

```
C          G7        C
E ho'opulu ana i ou pāpālina
[   濡らしている   ] を 私の    頬
```

私の頬を濡らしています

```
C              G7        C
Mai huli aku 'oe e ke aloha
～するな [ 戻っていく ] あなたは      愛
G7           C
'Ae, 'eā, 'eā
```

あなたは戻ってはいけません　この愛に

はい　そうですね！

```
C
Don't cry 'oe, e ku'u sweet
```

泣かないであなた　愛しい人よ

```
C                   G7
Kou 'eha'eha ke pā mai nei
あなたの   痛み   [   経験している  ]
C
I ku'u poli come mai 'oe
に 私の   胸  [ いらっしゃい ]  あなた
```

私も同じようにあなたの痛みを経験しています

あなたは私の胸にいらっしゃい

```
G7
Ho'olono i ke konikoni a nei pu'uwai
耳を傾ける   に        ときめき そして 今    心
G7         C
'Ae, 'eā, 'eā
```

そして私の心のときめきを聞いてください

はい　そうですね

解説・・

「Pride of Punahele」というCDをご存知ですか？　1998年に発売されたCDで、ビッグ・スター、Keali'i Reichel、Uluwehi Guerrero、Kekuhi Kanahele等、スターの歌声が集められたCDだ。その中にKekuhiが歌っている面白い曲があったので紹介しよう。彼に振られた女性が、新しいボーイフレンドの胸に抱かれる愉快な物語だ。

♪ジャンル ハワイ島

E Aloha Mai E Pele
Composed by Harriet Kepilino Fernandez

D7
E aloha mai, e Pele
[　　愛してください　　] よ　ペレ

愛をください　女神ペレ

G7　　　　　　　　　　　　C
Ka wahine lewa i ke ahi
　　　女性　　浮かぶ　の中に　　火

火の中に浮かぶ女神

E7　　　　　　　Am D7
Nuha ʻinoʻino nō ʻoe
不機嫌　　傷ついた　　貴女

貴女の傷ついた怒り

G7　　　　　　　　　　　C
Me kou lava neʻe mālie
共に　貴女の　溶岩　[気まぐれに這いずる]

気まぐれに流れ落ちる貴女の溶岩と共に

D7
Kaulana nei kou inoa
　有名です　今　貴女の　名前

貴女の名前は有名です

G7　　　　　　　　　　C
Ma nā wahi pū a pau
　で　[全ての場所で] 共に [破壊される]

全ての場所を破壊します

E7　　　　　　　　Am　　D7
Holo mākou me ka waimaka
走る　　私達は　　共に　　　涙

涙と共に私達は走ります

G7　　　　　　　　　C
Mai kuʻu ʻāina aloha
から　私の　　土地　愛する

愛する私の土地から

　　　　D7
Hiʻiakapoliopele
ヒイアカポリオペレ (通常は Hiʻiakaikapoliopele)

ヒイアカポリオペレ

G7　　　　　　　　　C
Kāu mea i aloha ai
　私の　　人　[愛していた]

私の愛していた人

E7　　　　　　　　Am　　　D7
E alakaʻi ʻoe a ʻike pono
[導きなさい] 貴女は の [正しい理解]

正しい道へ貴女は導きなさい

G7　　　　　　　　　　C
Ke aliʻi wahine o ka honua
　　[女王] の 地球

地球の女王

D7
Ke hulali nei ke ahi
[煌めいている] 火

煌めいている火

G7　　　　　　　　　C
Me kou lava neʻe mālie
共に　貴女の　溶岩　[気まぐれに這いずる]

気まぐれに這いずる貴女の溶岩と共に

E7　　　　　　　　Am　　D7
Huli aku mākou a i luna
[振り返る] 私達は [頂上を]

私達は頂上を振り返り

G7　　　　　　　　　C
ʻIke i ka nani poina ʻole
見る　を　　美しい　[忘れ得ぬ]

忘れ得ぬ美しさを見ます

D7
Ha'ina mai ka puana　　　　　　　　　　物語は終わります

　　G7　　　　　　　　　　C
E ō e Pele i kou inoa　　　　　　　　答えてください　貴女の名前を
［答えて］よ　　ペレ　を　貴女の　　名前
E7　　　　　　　　　　　　Am　　　　D7
Pu'uwai kaumaha o ka lehulehu　　大衆の悲しい感情に
　感情　　　悲しい　　　の　　　大衆
G7　　　　　　C
Aloha nō i ka 'āina　　　　　　　　私達は大地が大好きなのです
［　大好きです　］が　　　大地

解説··
ハワイの詩人、Puakea Nogelmeierの名訳を参考にした。ハワイ人達は今も女神ペレの存在を信じ生きている。2015年のハレマウマウ火口の噴火で、ハワイ島に住む親友の知人は新築の家が流れくる溶岩で全焼した。被害は2軒のみで、女神の溶岩は方向を変え移動したという。彼は「女神ペレの望みだから仕方ない」と語っていたと聞く。

♪ジャンル ハワイ島

E 'Ike I Ka Nani A'o Hā'ena Ē
Composed by Kawaikapuokalani Hewett

(Oli)

E hia'ai i ka nani　　　　　　　　　　美しさを喜んでいます
[喜んでいる]　　　美しい

O Hōpoe i ka Lehua　　　　　　　　　レフアの中のホーポエ
　ホーポエ　中で　　レフア

Ka wahine ha'alewa　　　　　　　　　揺れ動く女性
　　女性　　　　揺れ動く

Ka ha'a la i ke kai　　　　　　　　　海辺で踊っている
　膝を曲げて踊る踊り　で　　海

Ke niniau lā i ke one　　　　　　　　浜辺でゆっくり踊っている
[滑らかに動く]　で　　浜辺

I ke kai nupanupa o Hā'ena　　　　　ハーエナの波立っている海辺で
　　　波立っている

Naue i uka, Naue i kai　　　　　　　丘で揺れ　海辺で揺れ
　揺れる　で　丘　揺れる　で　海

Naue ka ha'a o Kīlauea　　　　　　　キーラウエア火山の近くで踊り揺れる
　揺れる　　　踊り　の　キーラウエア

Lei ka wahine i Ka Lehua　　　　　　レフアの花で女性は飾る
　レイで飾る　　女性　で　　　レフア

'Oaka ka lani　　　　　　　　　　　　天国は光り輝き
　輝く　　　天国

Naka ka honua ē　　　　　　　　　　地球は揺れ動く
　揺れる　　　地球

(Melody)

　　F　　　　　　　　C7　　　F
E 'ike i ka nani a'o Hā'ena ē　　　　ハーエナの美しさを見よう
[見よう]を　　美しさ　の　ハーエナ（フラ・ダンサーの名前）
　　F　　　　　　　　　　　　C7　　　F
Ka wahine hula le'a lā, Hula le'a me Hōpoe　楽しく踊る女性
　　女性　　踊る　楽しく　　踊る　楽しく　共に　ホーポエ　　ホーポエと一緒に楽しく踊っている

(Hui)

　　C7　　　　　F
Ke ha'a lā i ke kai o Nānāhuki　　　ナーナーフキの浜辺で踊っている
[踊っている]　で　　海　の　ナーナーフキ
　　C7　　　　F
I ke kai hanupanupa　　　　　　　　波立っている海
　　海　　波立っている

C7　　　　　　　　　　　　**F**　　　　　**Dm**
Ho‘oheno ka pilina, Ka pilina a kāua
可愛がる／愛する　　繋がり　　　　繋がり　　の　私達二人

二人の信頼し合う友情　私達二人の心の繋がり

G7　　　　　　　**C7**　　　　　**F**
Ka pilina me ke aloha a mau loa.....
繋がり　　と　　愛情　　の　［　永遠の　］

永遠の繋がりと友情で結ばれています

F　　　　　　　　　　　**C7**　　　　　**F**
Hōpoe ka Lehua lā,　Ulu wehi a‘o Puna
ホーポエ　　　レフア　　［青々とした緑の草木が茂る］の　プナ

ホーポエのレフア、美しくブナに咲き乱れ

F　　　　　　　　　**C7**　　　**F**
Wehi lei aloha, Pili i ku‘u poli
飾り付ける　レイ　愛　　一緒に　に　私の　胸

愛のレイをかけて、この胸に抱く

F　　　　　　　　　　　　**C7**　　　　　**F**
Polinahe i kou leo nia, ‘A‘ala me ka Maile
快く静かな　で　貴女の　声　静かな　芳しい香り　と共に　　マイレ

貴女の声は心地よく静か　マイレと共に芳しく

F　　　　　　　　　**C7**　　　**F**
Moaniani mai ana i ke ahiahi
［　　漂う香り　　　］に　　夕暮れ

夕暮れに漂う香気

F　　　　　　　　　**C7**　　　**F**
Ahi wela ko‘u aloha, Eia lā i loko
［　赤熱した　］　私の　　愛　　ある　［　中に　］

赤熱した私の愛　私の胸の中に

F　　　　　　　　　　**C7**　　　　　**F**
Hā‘ena‘ena e ka li‘a nou, e ku‘u pua
ハーエナエナ　よ　穏やかな　貴女の　よ　私の　花

ハーエナエナ、貴女の安らぎの場所　私の花よ

F　　　　　　　　　**C7**　　　**F**
Puana e ka nani a‘o Hā‘ena ē
主題　を　　美しさ　の　　ハーエナ

主題はハーエナの美しさを見よう

F　　　　　　　　　　　**C7**　　　　**F**
Ka wahine hula le‘a lā, Hula le‘a me Hōpoe
女性　　踊る　楽しく　　踊る　楽しく　共に　ホーポエ

楽しく踊る女性、ホーポエと一緒に楽しく踊っている

解説 ・・・

Oli は、1996年、Kawaikapuokalani Hewett が演奏したCD「Ka pilina」の「E hia‘ai i ka nani o Hōpoe」で歌われているOli を引用している。但しCDでは Naue ka ha‘a o Puna と詠唱されているが、今回は O kīlauea と語られる。又、メロディー部分の歌詞が削除されている為、原曲とは歌詞の構成が異なっているが、若さに溢れた音楽家の二世達の素敵な演奏を楽しみたい。

Ē Kahiki ʻĒ

Composed by Lin Manuel Miranda

C   Dm
ʻIke maka i ka ʻalihi lani   水平線の彼方の空を眺め
見る　目　を　　水平線 空／天国

        Am
Hāliʻaliʻa   突然蘇る想い出
突然蘇る（愛の）想い出

              F
Noʻonoʻo iho nō   想いにふけります
想いにふけった

C   Dm
Kuʻu nohona kuʻuna   私の寛ぐ住処
私の　住居　　寛いだ

        Am   F
Kuʻu iʻini nō ka hoʻokele ō   私の好みは航海です
私の　[欲望／好み]　航海／帆走

             Am
Huli aku nei, huli mai nei nō   振りかえり振り向いて
[　振りかえる　] [振り向いた] 　強意

        G
He meheuheu, ʻoia wale nō   通り過ぎた航跡　その通りです
です　通った跡　[その通りだ]

              C
He ʻāina ʻē, e kāhea mai nei   大地です　大声で叫んでいます
です　土地　はい [大声で叫んでいる]

        Fm
Ē Kahiki ʻē   カヒキへ
よ　カヒキ　　へ

Hui:

      C   Am   G
ʻO ke kai pili mai me ka lani o luna   高い空と海が結びつくところ
です　海　接合する　から　と　　空　の　高い

        Am   F
ʻAuhea ʻoe, mōʻiu ʻoe   貴方は何処なの？　貴方は遥か彼方に
何処なの　貴方は　遠く離れた　貴方は

                C   G
Hele waʻa, e Moana i ka ʻāina o lalo   カヌーは進む　風下の大地に向かう海原よ
行く　カヌー　よ　海洋　　陸地　の 風下の／下へ

        Am
Eō mai ō   答えてください
[答えてください]

       Fm
I ka holokai ʻana i Kahiki   カヒキに向かう船乗りに
に　船乗り／航海する事　に カヒキ

C G Am F
ʻŌ ʻō ʻō ʻō   遠い　遠い　遠い　遠い
彼方 彼方 彼方 彼方

C   Dm
He ʻohana kēia
です   家族   これは

これは家族です

            Am
He mauli ola
です [生命／魂]

生命です

               F
He hauʻoli maʻamau
です 幸福   通常の／普通の

普通の幸せです

C   Dm
Kēlā kuleana
それは 権利／責任

それは権利です

                           F
Hoʻomaopopo, kamaʻāina ʻoia mau
解する   その土地に生まれた人 [いつも同じように]

何時も同じようにその土地っ子達と仲良くします

         A
Hoʻokele au i ke kai koʻo
航海する 私は を 海 波立つ

波立つ海を私は航海して

          G
Holomua au, ʻoiaʻiʻō nō
前進する 私は [真実に、確実に]

私は進む 確実に

                   C
He aliʻi wau, hele aku nō
だ 首長 私は [進んで行く]

私は首長だ 進んで行く

        Fm
Hiki paha nō
出来る 多分

私はきっと出来ます

(Hui)

    C
ʻIke mai, haka mai i ka lā koʻili
[感じて] [じっと見つめる] を 太陽 輝る

感じて 輝く太陽をじっと見つめます

         Am
Ka ʻili kai, hohonua (ke) kai
  [海の表面] 世界／地球   海

海面 海の世界

     C
Ō mai, hea mai i ke kai malino
はい [呼んでいる] が 海 穏やかな／静かな

はい、穏やかな海が呼んでいる

             Am
Mai ʻōa ʻō
[あちこちで大声を出す] 彼方

彼方から大声で呼んでいる

        Fm
Hele aku nō, ʻoia iho nō
[行く] [同じように／その通り]

行くぞ いつもの通り！

解 説
「モアナと伝説の海」の主題歌のハワイ語版「Ē Kahiki ʻĒ (How Far I'll go)」。トレイシー・ケオララニが歌うビデオが、2017年4月12日に公開され、多くのフラ・ファンの心を掴んだ。日本の舞台で沢山のフラ・ガール達が踊るだろう。

♪ジャンル 讃美歌 クリスマス

E Ke Keiki, E Iesu

Composed by Kawaikapuokalani Hewett

G   C   G   D7
E ke keiki, e Iesu, e moe mālie,
よ   子供   よ   イエス [寝なさい] 穏やかに

子供よ、イエスよ　穏やかに休みなさい

G   C   G   D7   G
Ma ka poli o Malia, e maluhia
で   胸   の マリア様 [とても穏やかに]

マリア様の胸で　とても穏やかに

G   C   G   D7
E ke keiki, e Iesu, e moe mālie,
よ   子供   よ   イエス [寝なさい] 穏やかに

子供よ、イエスよ　穏やかに休みなさい

G   C   G   D7   G
Kiaʻi aku ʻo Iokepa, ma luna ou
[世話をする]   は   ジョセフ   で   上で   貴方の

ジョセフは貴方を世話します

G   C   G   D7
E ke keiki, e Iesu, e moe mālie,
よ   子供   よ   イエス [寝なさい] 穏やかに

子供よ、イエスよ　穏やかに休みなさい

G   C   G   D7   G
Eia aʻe nā kahuhipa, me nā aliʻi ʻekolu
[ある] [羊飼い達]   共に [王様達]   三人

羊飼い達と三人の王様がいます

G   C   G   D7
E ke keiki, e Iesu, e moe mālie,
よ   子供   よ   イエス [寝なさい] 穏やかに

子供よ、イエスよ　穏やかに休みなさい

G   C   G   D7   G
Ka hōkū ʻā loa ma ka hikina, ka hōʻailona
お星様 輝く 最高に で   東   サイン/象徴

東の輝く星はサイン（貴方の出生の）です

G   C   G   D7
E ke keiki, e Iesu, e moe mālie,
よ   子供   よ   イエス [寝なさい] 穏やかに

子供よ、イエスよ　穏やかに休みなさい

G   C   G   D7   G
Hīmeni mai nā ʻanela, pōmaikaʻi kēia ao
[讃美歌を歌う] [天使達   ]   幸運な   この   日

天使達は賛美歌を歌う　この幸運な日

062

Hui:

C   G
Haleluia, Haleluia,
　ハレルヤ　　　　ハレルヤ

    D7   G
Ua hānau mai ko kākou Hoʻōla,
[誕生した   ] [私たちの] 救世主

     C   G
Haleluia, Haleluia,
　ハレルヤ　　　　ハレルヤ

D7   G
E ʻoliʻoli pū kākou
[喜ぼう] [皆で一緒に]

ハレルヤ　主を讃えよう

誕生しました　私達の救世主

ハレルヤ　主を讃えよう

皆で喜ぼう

E

解説··

Kawaikapuokalani Hewettらしい可愛らしいクリスマス賛歌。この歌詞で子供達は主キリストの物語を理解できるだろう。

Kawaikapuokalani Hewettは、従来Loeaの尊称で親しまれていたが、2017年6月から尊称をLoeaから同意語のLehuaに変更し、Lehua Kawaikapuokalani Hewettとなりました。

♪ジャンル　オアフ島

E Kipimana Kāne
Composed by Bill Kaiwa

　　　　F　　　B♭　　F
Haʻaheo nō hoʻi au,
[　とても誇り高い　]　本当に　私は
　B♭　　　　　　　　　　　F
E ʻike i ka nani o Hāʻena
[　眺めて　]を　　　美しい　の　ハーエナ
　A7　　　　　　　　　　Dm
Pūia i ke ʻala onaona
甘い香りがする　　　　香気　　甘い香り
　　　　　C7　　　　　　　　B♭ F
I Hāʻena, Hāʻena i Hōpoe
で　　ハーエナ　　　ハーエナ　が　ホーポエ

私はとても誇り高く思います

ハーエナの美しさを眺めて

甘い香りが漂う

ハーエナ、ハーエナ、ホーポエの家

　　　　　　F　　　B♭　　F
Māhie kou hale nani
魅惑的な　貴方の　家　美しい
　B♭　　　　　　　　　　　F
Malu i ka uluwehiwehi
平穏な状態 中に　　　青々とした草木の緑
　A7　　　　　　　　　　　　Dm
Kani nahenahe nā manu i laila
音　　優しい　[　鳥たち　]　[　そこに　]
　　　　　C7　　　　　　　B♭ F
I ka nahele i ka ulu lāʻau
に　　森　　中に　[　ラウアエ・シダ　]

魅惑的な貴方の美しい家

青々とした緑の草木が茂る穏やかさの中に

そこに鳥達が優しく囀っています

ラウアエ・シダの茂る森の中

　　　　　　F　　　B♭　　F
Malaila i ka loko wai
[　あそこに　]　で　[　水の中　]
　B♭　　　　　　　　　　F
Hoʻohei au i nā ʻanae
罠で捕える　私は　を [成長したボラ]
　A7　　　　　　　　　Dm
Anuanu ka wai uliuli
涼しく心地よい香り　　水　海も濃い青
　　　　C7　　　　　　　B♭ F
Pupue i ke koʻekoʻe
身をかがめる　で　　冷たく寒い

あそこに、水の中で

私は成長したボラを捉えます

濃い青色の海も涼しく心地よい

冷たくて身をかがめます

Ending:

　　　　B♭　　C7　　　F　　　　B♭　C7 F
Nui kou lokomaikaʻi, E Kipimana kāne
大きな　貴方の　　　優しさ　　　　シンプソンさん
　　　　B♭　A7　Dm　　　　　　G7　　　　　C7
No kou hoʻokipa mai laʻu kou hoʻokipa mai
為に　貴方の [親切にもてなす] 私の為に　貴方の [楽しませる]
　　　　　　　B♭　　　　F　　　B♭
No laila haku au i kēia mele
為に　そこで　詩　私　この　　歌
　　　C7　　　　　　　　　B♭ F
No kou home nani i Hāʻena
為に　貴方の　家　美しい　で　ハーエナ

とても優しい貴方　シンプソンさん

貴方は私を歓迎し、親切に楽しませてくれました

そこで、私はこの歌を作りました

ハーエナの貴方の美しい家の為に

解説
ハワイ民謡の詩人で一時代を築いたビル・カイバの作品を紹介しよう。彼のゆったりした、都会を離れ、ハワイの素朴な素晴らしさを讃える歌は多い。この詩はオアフ島西端の地ハーエナを讃え、シンプソンさんに招かれた幸せな一時を語っている曲だ。

E Ku'u Lei Hulu

Composed by Kawaikapuokalani Hewett

G   G7
He aloha ku'u lei hulu ē
です　愛情　　私の　レイ　鳥の羽

   私の鳥の羽は愛情です

C
Kau ana lā i ka heke ē
[　置く　]　に　最良/最善

   最高位に置かれます（とても誇り高い）

G
He wehi nō ku'u kino ē
です　装飾　　私の　体　お一

   私の体の装飾品です

D7   G
Eia i ka poli kau ho'ohiehie
ある　に　心/胸　置く　美しくする

   美しくするために私の心のそばに飾ります

     G   G
He lei kahiko mai nā kūpuna mai
です　レイ　古い/昔の　から　[　先祖たち　]　方向語

   先祖達から伝わる昔からのレイです

C
Mai nā ali'i o Hawai'i nei
から　[　首長達　]　の　ハワイ　ここ

   ここハワイの王族達から伝えられた

He lei mae 'ole, he lei makamae
です　レイ　[　枯れない]　です　レイ　尊い/最愛の

   決して枯れないレイ　尊いレイです

    D7   G
He lei milimili me ka mālamalama
です　レイ　愛撫される　共に　　輝きと啓蒙

   輝きと啓蒙と共に愛撫されるレイです

   G   G7
E mau ana lā kou ola ē
[　永遠なれ　]　貴方の　生命　お一

   永遠なれ　貴方の生命

C
E ka lei hulu o nā manu ē
よ　レイ　鳥の羽　の　[　鳥達　]

   鳥達の羽のレイよ

G
I wili 'ia mai me ke aloha ē
[　編まれる　]　共に　　愛情

   愛情（Aloha）を込めて編まれました

D7   G
E ku'u lei lani, poina 'ole ē
よ　私の　レイ　壮麗な　[　忘れない　]

   私の壮麗なレイ　忘れることはありません

   G   G7
Puana ke aloha ku'u lei hulu ē
主題　　　愛情　　私の　レイ　鳥の羽

   私の鳥の羽のレイへの愛情がテーマです

C
Kau ana lā i ka heke ē
[　置く　]　に　最良/最善

   最高位に置かれます（とても誇り高い）

G
He wehi no ku'u kino ē
です　装飾　　私の　体

   私の体の装飾品です

D7   G
Eia i ka poli kau ho'ohiehie
ある　に　胸　置く　美しくする

   美しくするために私の心のそばに飾ります

D7　　　　　　　　　　**G**
Eia i ka poli kau ho'ohiehie
あるに　　胸　置く　美しくする

D7　　　　　　**G**
E ku'u lei hulu ē
よ　私の　レイ 鳥の羽

D7　　　　　　　**G**
He aloha nō, He aloha nō
です　愛情　強意 です　愛情　強意

美しくするために私の心のそばに飾ります

私のレイ・フルよ

愛情です　愛情です

E

解説···

レイ・フル或いはフェザー・レイと呼ばれるレイは、とても美しくそしてエレガント、ハワイの人々にとって大きな価値があり、大きな愛を鳥の羽のレイは表します。作者は2016年にドイツでこの曲をつくりました。

E Kuʻu Lei, My Love

Composed by Kuana Torres Kahele

```
D            G    A7      D
ʻAuhea lā ʻoe, e kuʻu lei
   何処にいるの    貴女は  よ  私の  レイ
D            G    A7      D
Mau loa aʻe nō kuʻu haʻehaʻe
[    永遠に    ]   僕の    強い憧れ
Bm              F#m        G       A7
E nanea nō kāua i ke kulu aumoe
[  リラックスしよう  ]  僕達二人  に  [  薄明かり／真夜中  ]
Bm              F#m        G        A7
E nanea nō kāua  i ka ʻolu o ka uka ʻeā
[  リラックスしよう  ]  僕達二人  に    爽やかな  の  高地
```

貴女は何処にいるの
僕の美しい飾り付け（レイ）よ

永遠に私の強い憧れです

夜更けの薄明かりの中で
僕達二人リラックスしましょう

高地の爽やかさの中で
僕達二人楽しく過ごしましょう

Hui:

```
D              G  A7  D           G  A7
Hoʻoheno hoʻi ʻoe, e kuʻu pua lanakoi
  愛撫する／愛する  強意  貴女  よ  僕の  花    大きな憧れの
D            G      F#7    Bm
He lei nani hoʻi, nani nō
  だ  レイ  美しい  強意  美しい  強意

E kuʻu lei
 よ  僕の  レイ
            Bm              E7              G
He mea more than I've asked for in this lifetime
  だ  人／物  [   以上   ]  僕がした  求めた  為に  中で  この    人生
A7   D
My love
   僕の  愛
```

僕は心から貴女を愛します
僕の大きな憧れの花です

本当に美しい貴女 とても美しい貴女

僕の美しい飾り付け（レイ）よ

僕が人生の中で求めてきた最高の貴女です

僕の愛

(English)

```
D
So many nights have passed me
G      A7         D
by as I dreamt of you
D                        G      A7
I want you here right by my side cause
        D
I'm in love with you
Bm
So many nights seem long and
F#m        G              A7
restless without you close to me
```

僕は貴女を夢見て沢山の夜を過ごしてきました

僕は何時でも貴女のそばにいたい

何故って僕は貴女に夢中だから

夜ごと夜ごと、何時でも

貴女なしでは心が憩えません

Bm   F#m
I want to hold you in my arms forever and   僕は永遠に貴女を抱きしめたい、

G   A7
never let you leave   貴女を決して離さない

        A7
My love   僕の愛

(Chorus)
D   G   A7
I want to hold you in my arms   僕の腕の中に貴女を抱きしめて

D   G   A7
I wanna feel your gentle touch   僕は貴女の優しい肌触りを感じたい

D   G   F#7 Bm
You're all I ever wanted, my love   貴女は今まで僕が望んだ全てなのです

E ku'u lei,   僕のレイよ

        Bm   E7   G
you're all I ever wanted in this lifetime   貴女は今まで僕が望んだ全てなのです

A7   D
My love   僕の愛

解 説‥‥
素晴らしく美しい愛の歌。クアナ・トレスのCD「KĀHELE」に収録されている。ハワイ語と英語の歌詞がつけられた珍しい作品。ハワイ語の
詞と英語の詞とは全く内容が異なるが、素敵な愛を語っている。この曲はCDが発売される前にiTunesで聞くことができた。彼自身も愛着を
感じていたのだろう。貴方が夢見る素晴らしい恋を歌う。

E Leialoha

Composed by Eric Lee

```
E                A        B7
'Auhea 'oe e maliu mai
  [ どこにいるの貴女は ]    [ 聞いてください ]
E                A        B7
E Leialoha, e ō
 よ   レイアロハ    [ 答えて ]
E                A        B7        E
He pua u'i ka 'ike aku, e ō
 だ  花  綺麗な      [ 見れば ]
E                A        B7
He wehi hiwa no ia lei
 だ  装飾   選ばれた人  の  この レイ
        E                A      B7
He lei launa 'ole, e ō
 だ  レイ   [ 出会うことのない ]
E                A        B7
Kau i ka nani, kū i ka la'i
 置く を      美しさ  留まる が      穏やかさ
        F#m           B7      E
O nā mākua aloha ē
貴女の [    両親    ]   愛する
```

貴女はどこにいるの　聞いてください

レイアロハよ

見つめれば貴女は若々しい美しい花だ

貴女は選りすぐられたレイです

貴女は再び出会うことのない美しいレイです

美しく、穏やかさが漂っています

貴女の愛する両親によって

Hui:

```
        E              B7
He li'a, he 'i'ini
 だ  強い憧れ   欲望
A              B7
E pili mai
 [ 貴女を抱きしめる ]
        E        D        B7
E Leialoha, e ō
 よ    レイアロハ
        C#m              G#m
'O 'oe ka wahine
 です  貴女は        女性
A                    G#m
Na mākuahine
 為の      母親
        F#m           A          B7      E
E 'ike mau ai, e pili mau ai, e ō
  [  永遠に理解する  ]  [    抱きしめる    ]
```

私の強い憧れです

貴女を抱きしめます

おー　レイアロハ

貴方は女性です

お母さんの全てを受け継ぐ女性です

何時迄も親の愛を理解して　抱きしめましょう


```
        E                A        B7
'O ke ola hou e pua mai nei
 です   生命  新しい  [    今、現れてくる  ]
E                A        B7
Na Kealoha, e ō
 為に    ケアロハ
        E                A        B7      E
Kealauokalani, e pua mai ē, e ō
ケアラウオカラニ      [    現れてくる    ]
```

新しい生命が、今、生まれてきます

ケアロハの為に

ケアラウオカラニ　お入り下さい

    E   A   B7
Pōmaika'i ka lei na ke Akua　　　　このレイ（人）は神様に祝福されます
祝福される　　　　　　　　　　レイ　によって　　　　神

   E   A   B7
E pūlama mau, e ō　　　　　　そして何時迄も世話をします
[　世話をする　]　常に

   E   A   B7
E mau ia lei 'o Keolahou　　　　ケオラホウは永遠のレイです
[　永遠なれ　]　この　レイ　さん　ケオラホウ

A   B7   E
No nā kau a kau　　　　　　　何時迄も永遠に
[　季節から季節へ、永遠に　　　　]

Ending:

   E   B7
He li'a, he 'i'ini　　　　　　　私の強い憧れです
だ　強い憧れ　　欲望

A   B7
E pili mai　　　　　　　　　　貴女を抱きしめます
[　貴女を抱きしめる　]

   E   D   B7
E Leialoha, e ō　　　　　　　おー　レイアロハ
よ　　レイアロハ

       C#m   G#m
'O 'oe ka wahine　　　　　　　貴女は女性です
です　貴女は　　　　女性

C#m   G#m
Na mākuahine　　　　　　　　お母さんの全てを受け継ぐ女性です
為の　　　母親

   C#m G#m   D7   E
E Leialoha e ō, e ō, e ō, e ō　　レイアロハよ
よ　　レイアロハ

解説···
愛で世代を結ぶレイ。家族が耐え忍ぶ様々の事も、レイによって結ばれていく。この歌は家族の愛の繋がりを永遠に香るレイに例えた曲だろ
う。ハワイの人々は、香り高い美しいレイに、永遠に途切れることのない家族の愛を感じるのだ。

© 2009 by TuneCore Digital Music.
All rights reserved. Used by permission.
Print rights for Japan administered by TuneCore Japan KK

♪ジャンル   オアフ島   神話

E Ma'alili A'e Nei
Composed by Kawaikapuokalani Hewett

A
'O ka lā welawela   熱い太陽だ
です   太陽   熱い
E7   A
I Kamananui   カマナヌイで
で   カマナヌイ
D   A
Pili pono i ka 'āina   土地にぴったりと寄り添っている
[ぴったりくっ付く] に   土地
E7   A
E ma'alili a'e nei   冷やしましょう
[冷やしましょう   ]
E7   A
E ma'alili a'e nei   冷やしましょう
[冷やしましょう   ]

A
Pā ana ka makani   風が吹く
吹く   風
E7   A
He Pu'uka'ala   プウカアラ風だ
だ   プウカアラ風
G   A
Kokololio lā i luna   上空に突然風が吹く
突然風が吹く   [上空に]
E7   A
E ma'alili a'e nei   冷やしましょう
[冷やしましょう   ]
E7   A
E ma'alili a'e nei   冷やしましょう
[冷やしましょう   ]

A
Ho'opulu 'ia ka lae   岬を湿らせる
[湿らせる   ]   岬
E7   A
'Ōlinolino   キラキラ輝いている
キラキラ輝く
D   A
Me ka 'ehukai o Pua'ena   プアエナの海飛沫と一緒に
共に   海飛沫 の   プアエナ
E7   A
E ma'alili a'e nei   冷やしましょう
[冷やしましょう   ]
E7   A
E ma'alili a'e nei   冷やしましょう
[冷やしましょう   ]

E

071

```
     A
I ke kula o Lauhulu                ラウフルの平原で
  で   平原の   ラウフル
 E7            A
Hui hope Hi'iaka                   ヒイアカが戻ってくる
[  戻ってくる ]  ヒイアカ
  A                A
E aloha aku iā Ka'ala              カアラ山にさよならを告げに
[  さよならを告げる ]  に  カアラ山
 E7    A
E ma'alili a'e nei                 冷やしましょう
[   冷やしましょう  ]
 E7    A
E ma'alili a'e nei                 冷やしましょう
[   冷やしましょう  ]


     A
Aloha ka manu Iwa                  大好きなイヴァ鳥
 好きだ  [   イヴァ鳥  ]
 E7        A
I ka u'i lani                      美しい空を
 を  美しい 空
  D               A
Kīkahakaha mālie                   穏やかに滑空する
  滑空する   穏やかに
 E7        A
E ma'alili a'e nei                 冷やしましょう
[   冷やしましょう  ]
 E7        A
E ma'alili a'e nei                 冷やしましょう
[   冷やしましょう  ]
```

解説‥‥

カワイカプオカラニ・ヒューエットのペレの神話に基づく曲。一番下の最愛の妹、ヒイアカがペレの命令でカウアイ島に王子ロヒアウを迎えに行く時の物語だろう。オアフ島のカアラ山に吹く風「プウカアラ風」、そしてカアラ山も歌われている。オアフ島からカウアイ島に渡る旅路の物語だろう。

E Mau (Let's Strive)

Composed by Alvin Kaleolani Isaacs, Sr.

C
E mau ko kākou lāhui e ho‘omau
[努力しよう]　の　私達　民族　[持続する／続ける]
G7　　　　　　　　　　　　　C
E mau ko kākou ‘ōlelo e ho‘omau
[努力しよう]　の　私達　言葉　[持続する／続ける]
Dm7　　　　　　G7　　　　　C
E mau ka hana pono o ka lāhui
[努力しよう]　[　幸せな仕事　]　　民族
Dm7　　　　　　　　G7　　　　　　C
E mau ke ea o ka ‘āina i ka pono
[努力しよう]　主権　の　　土地　中に　　正義
　　Dm7　　G7　　C
E ka pono o ka ‘āina
よ　　繁栄　の　　島

ハワイ国を持続できるよう
私達ハワイ民族は努力しよう

私達のハワイ語が残るよう努力しよう

ハワイ民族の幸せな仕事ができるよう努力しよう

正義の中に私達の土地の主権が
あり続けるよう努力しよう

島の繁栄よ

C
Ho‘ulu ka pono o ka ‘āina e ho‘ulu
奮起させる　繁栄　の　　島　[奮起しよう]
G7　　　　　　　　　　　　　C
Ho‘ōla ka nani o ka ‘āina e ho‘ōla
救う／癒す　美しさ　の　　島の　[　癒す　]
Dm7　　　　　　　G7　　　　　C
Ho‘ōla la ho‘oūlu la ho‘ōla la
救う／癒す　　燃えて　　救う／癒す
Dm7　　　　　　　　G7　　　　　　C
E mau ke ea o ka ‘āina i ka pono
[努力しよう]　主権　の　　土地　が　　正義
Dm7　　　　　　　G7　　　　　C
E mau ke ea o ka ‘āina
[努力しよう]　主権　の　　土地

土地で正しさを鼓舞して　島を繁栄させよう

土地の美しさを大切にして、島の生命を癒そう

私たちの土地の主権を回復しよう

正義がもう一度土地の主権を取り戻すよう
努力しよう

正しいことは行わなければなりません

解説··

伝説的な作詞作曲家のAlvin Kaleolani Isaacs, Sr.は、有名なスラック・キー・ギター奏者Att Isaacs、そしてスチール・ギター奏者のBarney Isaacsの父親だ。多くのコミカルな曲を残しているが、このように祖国を愛する曲も1941年に書いていた。祖国を愛し、カホーラヴェ島の返還運動で命を亡くしたGeorge Helmの愛唱歌だった。

© Copyright by CRITERION MUSIC CORP
All Rights Reserved. International Copyright Secured.
Print rights for Japan controlled by Shinko Music Entertainment Co.,Ltd.

E Nā Kini

Composed by Ernest Kala

C
E nā kini o ka ‘āina e ala mai (a e ala pū)
よ [大勢の人々] の　　土地　[立ち上がれ]　そして[立ち上がれ] 共に

　　　　　　　　　　　　　　　　　　　　G7
E nā mamo ‘o Hawai‘i nei e ala mai (a e ala pū)
よ [人達]　は [ここハワイ] [立ち上がれ]　[立ち上がれ] 共に

C　　　　**C7**　　　　　　　　　　**F**
A i mua e nā poki‘i a inu i ka wai ‘awa‘awa
そして [前進] よ [弟妹/年下の子連] 飲む　を　　[アヴァアヴァ酒]

　　G7
A e mau ka lanakila, e nā kini o ka ‘āina
そして [前進しよう] 勝利　よ [大勢の人々] の　　土地

　　　　G7　　　　　　　　　　　　　　　**C**
E nā mamo ‘o Hawai‘i nei e ala mai (a e ala pū)
よ [人達]　は [ここハワイ] [立ち上がれ]　[立ち上がれ] 共に

ハワイ王国の大勢の人々よ　立ち上がれ
（共に立ち上がれ）

ハワイ人達よ　ハワイは　立ち上がれ
（共に立ち上がれ）

そして前進しよう、若い弟妹達よ　アヴァ酒を飲もう

そして勝利に向かって前進しよう　土地の大勢の人々よ

ハワイ人達よ　ハワイは　立ち上がれ
（共に立ち上がれ）

Hui:

C
I ka lawe, (lawe a lilo) i ka pono, (pono a mau)
運搬　[ひたむきに]　　正義　　正義 の 永遠

C
Paio nō ka pono ē, e nā kini o ka ‘āina
戦う　　正義 よ [大勢の人々よ] の　　土地

G7
I ka lawe, lawe a lilo
運搬　[ひたむきに]

G7
I ka pono, pono a mau
に　正義　正義 の 永遠

G7　　　　　　　　　　　　　　　**C**
Ua mau ke ea o ka ‘āina i ka pono
[不変です]　主権 の　　土地 中に　正義

G7　　　　　　　　　　　　　　　**C**
Ua mau ke ea o ka ‘aina i ka pono
[不変です]　主権 の　　土地 中に　正義

勝ち取ろう　（ひたむきに）正義のもとに
（永遠の正義で）

正義の戦いだ　土地の大勢の人々よ

勝ち取ろう　ひたむきに

正義のもとに　永遠の正義よ

土地の主権は正義によって永続する
（有名なハワイ王国の座右の銘）

土地の主権は正義によって永続する

C **C**
E nā mokupuni 'o Hawai'i nei e ala mai (a e ala pū)
よ [島々] は [ここハワイ] [立ち上がれ][立ち上がれ] 共に

ここハワイの島々よ　立ち上がれ（共に立ち上がれ）

C **G7**
E nā mano kini a lehu e ala mai　(a e ala pū)
沢山の 人々 多数の [立ち上がれ] [立ち上がれ] 共に

多数の群衆と人々よ　立ち上がれ（共に立ち上がれ）

C **C7** **F**
Mai Hawai'i 'o Keawe a Kaua'i 'o　Manokalani
から ハワイ島 [ケアヴェ] そして カウアイ島 [マノカラニポー首長]

ケアヴェ首長のハワイ島からマノカラニポー
首長のカウアイ島まで

G7
'Onipa'a mau,　'Onipa'a mau
固着した／ぐらつかない 団結して 永遠に

常に揺るがず　永遠に団結して

G7
E nā mokupuni 'o Hawai'i nei
よ [島々] 'o ハワイ ここ

オー　ここハワイの島々よ

G7 **C**
E nā mano kini a lehu e ala mai (a e ala pū)
沢山の 人々 多数の [立ち上がれ] [立ち上がれ] 共に

多数の群衆と人々よ　立ち上がれ（共に立ち上がれ）

E

解説

アメリカ合衆国が武力を持ってハワイ王国を併合する行為に対し、ハワイ民族の強烈な反戦の意思を歌っている。ハワイ諸島の南端の島ハワイ島の首長ケアヴェ、北端のカウアイ島の首長マノカラニポー、2人のチーフも歌詞に登場する。しかしハワイ王朝は1898年8月12日、時のアメリカ合衆国大統領ウィリアム・マッキンリーが、ハワイのアメリカ合衆国領への編入を宣言、同日、イオラニ宮殿に掲げられていたハワイ王国国旗が降ろされて星条旗が揚げられた。この時、古来のハワイ住民らは悲しみの声をあげたと伝えられる。これによりハワイはアメリカ合衆国の準州として編入され、王国の約100年間の歴史は完全に幕を閉じた。

E Nā Punahele

Composed by Mary Kamahele Boyd

           F   C7   F
E nā punahele, e aloha kākou
よ　[　肩に抱かれた子供　]　[　愛そう　]　私達皆

C7   F   B♭   F C7 F
I kekahi, i kekahi, eō
に　　他にも　　　　他にも

祖父母の肩に抱かれた子供達
私達皆で可愛がろう

          F   C7   F
No ka mea, No ke Akua
[　何故なら　]　為に　　　　神様

C7   F   B♭   F C7   F
Mai ke aloha, mai ke aloha, eō
から　　　愛情　　　から　　　　愛情

何故なら　愛の為に神様はいます

愛情から　愛情はお互いに

          F   C7   F
E puana, e aloha kākou
よ　テーマ　よ　　愛　　私達の

C7   F   B♭   F C7 F
I kekahi, i kekahi, eō
に　　他にも　　に　　他にも

テーマは私達の愛です

お互いに　お互いに

解 説 ···

Punaheleには、人気者の意味もあるが、この曲は祖父母の肩に抱かれた可愛い子供の事。おばあちゃんと子供「Nā mele o Tūtū and me」
というCDに収録されている。Mary Kawena Pukui女史の辞書によれば、可愛い子供達は祖父母の肩で運ばれて、皆の人気者になるので
Punaheleと呼ぶと書かれている。

E Nanea Mai

Composed by Eric Lee

E   A   E
E ku'u ipo makamae e ho'oheno nei
よ [恋人] 最愛の [愛撫している]   私が愛撫している最愛の人

A   E   F#7 B7
Me ka 'olu'olu o kou nui kino
共に 爽やかさ の 貴方の [全身]   貴女の体の爽やかさ

E   E   A E
E pili hemolele, e pili pono nō
[寄り添おう] 完全に [寄り添おう] [完全に] しっかり寄り添いましょう　完全に抱き合いましょう

A   E B7   E
E nanea mai, e nanea mai
[リラックスして] [楽しもう]   リラックスして　楽しもう

E   A   E
He wehiwehi 'oe ke 'ike aku
だ 飾り付ける 貴女は [眺めれば]   見つめれば貴女は美しい飾り付け

A   E   F#7 B7
Me ka Puakenikeni e moani nei
共に プア・ケニケニ [香りを運んでくる] ケニケニの花の香りを運んでくる

E   E   A E
He lei launa 'ole e walea ai
です レイ [比べるものがない] [魅惑的な] 魅惑的な姿は比べるものがありません

A   E B7   E
E nanea mai, e nanea mai
[リラックスして] [楽しもう]   リラックスして　楽しもう

E   A   E
Ke 'upu a'e nei i ka u'i palena 'ole
欲望／愛慕 今 に 若々しい美しさ [無限の] 私は貴女の無限の若々しい美しさを愛慕します

A   E   F#7 B7
Hanu mai ē i ke 'ala onaona
[呼吸する] よ 香気 心地良く香り良い 貴女の吐息　心地よく香り良い

E   E   A
Auē! Kahi pulu i mehana ai
おー 場所 濡らす [暖かくなった] おー　寒さと湿気の場所でも暖かくなります

A   E B7   E
E nanea mai, e nanea mai
[リラックスして] [楽しもう]   リラックスして　楽しもう

E   A   E
Puana 'ia mai nou ku'u mele ē
[告げます] 貴女のもの 私の 歌   貴女に捧げます　私の歌を

A   E   F#7 B7
E ku'u ipo makamae e ho'oheno ai
よ [恋人] 最愛の [愛撫している]   私が愛撫している最愛の人

E   E   A E
E pili hemolele, e pili pono nō
[寄り添おう] 完全に [寄り添おう] [完全に] しっかり寄り添いましょう　完全に抱き合いましょう

A   E B7   E
E nanea mai, e nanea mai
[リラックスして] [楽しもう]   リラックスして　楽しもう

解説··
Eric Lee得意のパターンの讃歌。彼の作品には愛しさに満ちた愛の歌が多い。作品を集めた2枚組みのCDが発売されているが、全てがこの曲と同様、愛する女性を褒め称えた曲だ。自然の風物を描いた作品は見当たらない。詩の中に描かれることがあっても、愛しい女性を讃える形容詞句となっている。

© 2009 TuneCore Digital Music. All rights reserved. Used by permission. Print rights for Japan administered by TuneCore Japan KK

E Nani Ē

Composed by Gertrude Kaʻahapu

F
E nani ē nani ē
おー 美しい おー 美しい おー
G7
Aloha wau iā ʻoe
愛する 私は を 貴方
Gm7   **C7**
He aloha ka mea nui
だ 愛 [大切なこと]
Bᵇ   **Bᵇm**   **F**
Ke hiki mai hiki mai
[来れば] [来る]

美しいね、美しいね

私は貴方が大好きだ

大切な物は愛だ

それはいつ来るの　来ます

F
E nani ē nani ē
おー 美しい おー 美しい おー
G7
Hauʻoli au iā ʻoe
嬉しいです 私は に 貴方
Gm7   **C7**
E kaʻu mea e liʻa nei
よ 私の 人 [憧れている]
Bᵇ   **Bᵇm**   **F**
E ka ʻiʻini a loko
よ [好み] [中の]

美しいね、美しいね

私は貴方に会えて嬉しいよ

貴方は私の憧れの人

心の中の深い切望

F
E ō mai e nani ē
[答えてね] よ 美しい
G7
I neia mele nō
に この 歌
Gm7   **C7**
He liʻa nohenohea
です 憧れ 愛らしい
Bᵇ   **Bᵇm**   **F**
Aloha wau iā ʻoe
愛する 私は を 貴方

答えてください　美しい人

この歌に

可愛らしい憧れです

私は貴方が大好きだ

解説 ⋯⋯⋯⋯⋯⋯⋯⋯⋯⋯⋯⋯⋯⋯⋯⋯⋯⋯⋯⋯⋯⋯⋯⋯⋯⋯⋯⋯⋯⋯⋯⋯
Melelani Serenadersの演奏で知られる優しい愛の歌。アルバム「E Hula mai」に収録されている。優しい言葉で綴られた歌詞だから直ぐ覚えられる。多分フラの振りも簡単だと思う。トライしてはいかが？

E Ola Mau E Poliʻahu

Composed by Kawena ʻUlaokalā Mann

    E   A
Haʻaheo ʻoe i ka ʻiu o luna
<small>誇り高く　貴女は 中で　神聖　の　高地</small>　　　　　神聖な高地で貴女は誇り高く

        B7   E
Me ka lei ʻōpua I ke anu
<small>共に　レイ　雲　中で　寒い</small>　　　　　　　　　寒さの中で雲のレイを掛けている

  E
Ke iho kēhau huʻihuʻi ke kilihune
<small>下方　霧／雪　冷たい／寒い　　　かすかな雨</small>　降雪と冷たい微かな雨

      B7
Pumehana me ke aloha nō ʻoe
<small>暖かい　と共に　　愛情　　貴女</small>　　　　　　貴女の愛情と共に暖かい思いやり

      B7   E
Kū nei iʻō Ka hanohano
<small>立つ　今　そこに　　誇り高く</small>　　　　　　　今、誇り高くそこに聳えています

                  B7   E
Laha ʻoe ka uluwehi Kō ahu
<small>拡大した　貴女は　青々と茂る草木　貴女の　祭壇</small>　貴女は青々と茂る草木で貴女の祭壇を広げました

      F#7   B7
Nā poʻe Hawaiʻi i ala mai,(Malama mau)
<small>[　ハワイの人々　] [　目覚める　]</small>　　　　　現世代のハワイの人々　目覚めよう
　　　　　　　　　　　　　　　　　　　　　　　　（貴女は注意し続けてくだい）
E   B7   E
E aloha nō ʻoe, E Poliʻahu
<small>よ　愛　　　貴方　よ　　ポリアフ</small>　　　　　　貴女への愛　私達の女神ポリアフよ

      A   B7   E
Kō wahi hiehie i ka ʻikena
<small>貴女の　場所　美しくする　　見る事</small>　　　　　眺めればひと際美しい貴女の場所

      A   B7   Am
Mai keia wa a i ka wa mamua
<small>から　[　この時　]　まで　[　未来　]</small>　　　　現代から未来まで

  E   B7   E
E ola mau, E Poliʻahu
<small>[　生きよう　]　永遠に　よ　女神ポリアフ</small>　　　生きよう永遠に　私達の女神ポリアフよ

      E   A
Kiʻekiʻe loa, Kou wahi akua
<small>高い事　　高い　貴女の　場所　女神</small>　　　　　最高に傑出した　女神の住処

      B7
Nana aʻe au Kupaianaha
<small>見つめる　を　私は　驚くべき／信じられない</small>　　信じられない貴女の美しさを見つめます

  E
I laila kō aloha
<small>[　そこに　]　貴女の　愛情</small>　　　　　　　　そこに貴女の愛情と

      A
Hoʻihi i ka malama
<small>神聖さ　中に　　配慮</small>　　　　　　　　　　　私達のために神聖な貴女の配慮があります

      B7   E
E mau a e ola, Kou nani
<small>[　永遠なれ　] [　生命よ　]　貴女の　美しさ</small>　永遠の生命よ　貴女の美しさ

解説‥‥‥‥‥‥‥‥‥‥‥‥‥‥‥‥‥‥‥‥‥‥‥‥‥‥‥‥‥‥‥‥‥

作詞作曲者カヴェナ・ウラオカラー・マンの先生、カワイカプオカラニ・ヒューエットは、女神ポリアフに関する数々の歌を書いている。彼の詩で私たちは女神ポリアフを想像し、親しさを感じている。この曲はクム、カヴェナのマウナ・ケアと女神への願いと祈りだ。今、ハワイでは世界各国の協力を得てマウナ・ケア山頂に、世界最大級の望遠鏡を建設するTMT計画が進められている。景観を損なうことは女神への冒涜だとハワイの多くのクムフラ、生徒達、そして多くの住民達が反対運動を繰り広げている。法廷闘争となり2015年12月2日（現地時間）ハワイ州最高裁判所は、世界最大の望遠鏡「30メートル望遠鏡」（TMT）を建設するための許可が無効であるとの判決を下した。しかし、今後も、法廷闘争が継続すると予想され、"NO TMT"と叫びハワイの人達は反対運動を続けている。

♪ジャンル　カヒコ

E Pi'i I Ka Nahele
Traditional

O kū o kā

O ka naue i laila
　　　揺れる　［そこで］

そこで揺れる

E pi'i i ka nahelehele
［内陸に進もう］に　　　森林

森林がある内陸の高地へ行こう

E 'ike iā Pua'ulu
［見よう／知る］を　プアウル

皆でプアウルを見よう

Nānā　　iā Maunaloa
［観る／観察する］を　マウナロア

そしてマウナロアを眺めよう

Lei ana i ka 'ōpua
［レイで飾る］　で　　雲

雲で飾られた

Hia'ai wale ka mana'o
［とても喜んだ／感激した］　　心

私の心は夢心地です

I ka Maile i ka nahele
で　　マイレ　中の　　森

森のマイレで

I ke 'ala honi i ka ihu
に　　香気　匂う　に　　鼻

芳香の甘い香り

Pūia 'ala i ka hanu mau
［ 甘い香りのする ］に　　　呼吸　常に

吸い込まれる甘い香水のように

E hili i ke Kupukupu
［紐を通す］　に　　クプクプシダ

クプクプシダに紐を通して

I ka lei ho'ohiehie
に　　レイ　人を惹き付ける／惚れ惚れする

惚れ惚れするレイを編む

Hi'ilei i ka poli
［レイを愛する人］　胸　　(Hi'i＝子供などを腕に抱き抱える)

私の胸に優しく置かれます

I pūlama 'ia ē
に［ 世話される／保護される ］

愛と共に大切にされます

Ilihia　　　au i ka nani
畏敬の念に打たれる　私は　に　　美しいもの

私は美しさに畏敬の念を抱いています

I ka 'ōlapa kū ki'eki'e
て　　オーラパの木　立つ　高貴な／威厳がある

それほど威厳があるオーラパの木

I ka naue mālie
て　　　揺れる事　　穏やかに

穏やかに揺れて

I ka makani Pu'ulena
で　　　風　　　　　プウレナ

プウレナ風で

'Ōpua mai ka Lehua
[このような雲が生じる]　　　　レフア

レフアはその蕾を贈り

Māhuahua wale i ka 'āina
たくましく成長する　　とても　に　　　土地

土地と共にたくましく成長します

He 'āina ulu wehiwehi
です　　　土地　[　緑が青々と茂る　]

緑が青々と茂る大地です

Ho'o'ulu'ulu lei o Laka
　　集める／加える　　レイ　の　女神ラカ

女神ラカの祭壇

O kū o kā

O ka naue i laila
　　　　揺れる　[　そこで　]

そこで揺れる

He inoa no Laka
です　　名前　の　　女神ラカ

女神ラカの名前歌

Ka wahine o ka hula
　　　女性　　の　　フラ

フラの女神

解説·・・・

Pua'uluはAunty Edith Kanaka'oleがKawaikapuokalani Hewettに種々の薬草やフラに関する植物の知識を授けてくれた場所。そこは
Hewettにとって素晴らしい場所で、フラの女神ラカの姿を感じとることができた。彼がPua'uluを訪れてから既に30年以上経つが、そのとき感
じたフラの女神ラカに対する畏敬の念に変わりはないと語っている。同じ名前のノーズ・フルートのための曲があるが全く関係ないカヒコ。

081

E Pili Hoʻi Kāua

Composed by Louis "Moon" Kauakahi

Eia   **au, e kuʻu Lani**   [C]
ここにいる　私は　　よ　私の　　天国

私はここよ　私の天国よ

Maliu mai i   **kuʻu poli**   [C]
[心に止める／好意を持って見る]　　[私の心]

私の心の中に何時も抱きしめています

I ka ʻolu o ke aheahe   [G7] [C]
中で　　爽やかな　の　　　　そよ風

そよ風の爽やかさの中で

I ke kulu o ke aumoe   [G7]
に　　[　　　夕暮れの早い時間　　　　]

夕暮れ近い頃に

ʻE lā, ʻeā lā, ʻeā   [G7] [C]

トゥーララ　ラー

E pili hoʻi kāua   [G7] [C]
[しっかり寄り添う]　　私達二人

私達二人　寄り添いましょう

ʻO ke kai hāwanawana   [C]
です　　[　　　　囁く海　　　　]

囁く海

Kō leo nahenahe   [C]
貴女の　声　　　優しい

貴女の優しい声

ʻO nā hōkū kau mai i luna   [G7] [C]
です　[　お星様　]　[　　高く置かれる　　]

お星様は空高く輝き

Kō maka hūlalilali   [G7] [C]
貴女の　瞳　　　　煌めく

貴女の煌めく瞳

ʻE lā, ʻeā lā, ʻeā   [G7] [C]

トゥーララ　ラー

E pili hoʻi kāua   [G7] [C]
[　寄り添いましょう　]　　私達二人

私達二人　寄り添いましょう

Ha'ina mai ka puana　　C

物語は終わります

Nou, e ku'u Lani　　C
貴女の為に　よ　私の　　　天国

貴女の為に　私の天国よ

I ka mehana a ke aloha　　G7　　　　C
　　太陽の暖かさ　　の　　　　愛情

愛情の暖かさの中で

I ke kulu o ke aumoe　　G7　　　　C
で　　［　　夕暮れの早い時間　　　　］

夕暮れ近い頃に

'Ea lā, 'ea lā, 'eā　　G7　　　　C

トゥーララ　ラー

E pili ho'i kāua　　G7　　C
［　寄り添いましょう　］　　私達二人

私達二人　寄り添いましょう

E

解 説

2017年5月に発売されたホオケナの新しいアルバム「Ho'okena 3.0」から選曲した。2016年後半、市場からCDが姿を消し始めたが、ベテラン音楽家にとっては、音楽史を飾る楽曲として世に残したいのだろう。そしてハワイ音楽を愛する私達にとって大事な音源だ。作詞作曲歌手として素晴らしい活躍を続けているMoon Kauakahiの可愛らしい作品を紹介しよう。

E Pili Mai 'Oe Ia'u

English Words & Music by Irmgard Āluli   Hawaiian Words by R. Lokomaikaiokalani Snakenberg

Eb   Ab   Eb   Bb7
E pili mai 'oe ia'u
[寄り添おう] 貴方 私に   私に寄り添って　貴方

Eb   Cm   Bb7
Eia au e pili mai nei
ここに   私 [何時も寄り添っている]   ここにいます　貴方にぴったり寄り添って

Fm   Bb7
Nonoe aku au iā 'oe
[懇願する   ]   私は貴方にお願いします

Fm
E mālama,
[～の世話をする]   お世話をします

Bb7   Ebdim Bb7
E mālama, kou kino
[大切にする   ] 貴方の 体   貴方自身を大切にしてください

Eb   Bb7
E pili mai 'oe ia'u
[寄り添おう] 貴方 私に   私に寄り添って　貴方

Eb   Eb7 Ab
E pili mai kāua i kēia aloha
[寄り添おう] 私達二人 で この   愛   この愛と共に私達二人寄り添いましょう

Bb7   Eb C7
E noho mai... e noho mai 'oe e pili
[結婚しましょう] [住みましょう]   結婚しましょう　（一緒に住みましょう、貴方）

Fm   Bb7   Bb
I kēia aloha no nā kau a kau
を この   愛 [永遠に／季節から季節へ   ]   この愛を永遠に

解説・・
マウイ島プアマナに住んでいたファーデン・ファミリーは子宝に恵まれ、両親と13人の子供達、全員が音楽家だった。家族のエマ、エドナ、
マーガレット、ダイアナとアネットの兄弟たちと両親で音楽を楽しむ日常だった。特にFarden Irmgard Āluli (1911～2001)は作曲家として優
れた才能に恵まれ、400曲ものアイランド・ソングを残し、2001年10月に90歳の生涯を閉じた。住居の楽しさを書いた「プアマナ」はエバ・
グリーンの名曲だ。

Eia Au He Keiki Ē
Traditional

G
Eia au he keiki ē
ある　私は　だ　子供　よ

僕はここにいるよ　子供さ

G
I aloha nui ʻia ē
[　　とても愛されている　　]

とても可愛がられています

E7　　　　　　A7
Na ka makua ē
よって　　　親

両親に

D7　　　　G
Me nā kūpuna ē
共に　[　祖父母達　]

祖父母にも

G
ʻAʻohe oʻu hopo ē
ない　私の　恐怖

怖いことは何もありません

G
I ke alo makua ē
で　　正面　両親

両親と一緒の時に

E7　　　　　A7
Hoʻokahi leo ē
ただ一つの　　声

両親からの一声で

D7　　　　G
Ua lawa au ē
[　充分だった　]　僕は

僕には充分です

G
Nani nā kūpuna ē
綺麗な [　祖父母　]

僕の祖父母は尊敬する人達

G
He mea hiwahiwa ē
だ　[　大好きな人　]

大好きです

E7　　　　A7
E haʻaheo ai ē
[　誇りをもって大切にする　]

尊敬して大切にしています

D7　　　　G
Nā moʻopuna ē
[　孫達　]

孫達から

G
Aloha hoʻi au ē
好き　とても　僕は

僕は大好きです

G
I kuʻu ʻohana ē
が　僕の　家族

僕の家族が

E7　　　　A7
Pōmaikaʻi wale ē
[　とても幸せ　]

とても幸せです

D7　　　　G
Ke keiki ʻohana ē
子供　家族

家族達の子供で

G
Haʻina ka puana ē　　　　　　　　　　　物語は終わります

G
Eia au he keiki ē　　　　　　　　　　　　僕はここにいるよ　子供さ
ある　私は　だ　子供　よ
E7　　A7
I aloha ʻia ē　　　　　　　　　　　　　　とても可愛がられています
[　とても愛されている　]
D7　　　　　G
Na kuʻu ʻohana ē　　　　　　　　　　　僕の家族達に
によって　僕の　　　　家族

E

解説‥‥‥
一家団欒、幸せな家族。子供の心は素晴らしい家族の愛で育まれる。

♪ジャンル　マウイ島　カヒコ

Eia 'O Ke'anae
Composed by Haunani Ka'uahi Judd

Eia 'o Ke'anae
ある　は　ケアナエ

ここはケアナエ

Ku'u one hānau ē-'eā
私の　[　生まれ故郷　]　ランラン

私の生まれ故郷　ランラン

Eia nā nani
ある　[　多くの美しさ　]

とても美しい

O ku'u 'āina ē-'eā
の　私の　土地　ランラン

私の住む土地　ランラン

I 'Awapuhi onaona
ジンジャー　心地よい香気

心地よいジンジャーの香り

I halihali mai nei ka makani ē-'eā
[　運んでくる　]　風　ランラン

風が運んできます　ランラン

Kū kilakila wailele o Waikani
聳える　荘厳に　滝　の　ワイカニ

ワイカニ滝は荘厳に聳え

Ua piha waipuna me ka 'ōpae ē-'eā
十分な　湧き水　共に　エビ　ランラン

溢れる湧き水にエビがいます　ランラン

Ke kani a ke kai
音　の　海

潮騒

Nā i'a ā 'opihi ē-'eā
[　魚　]　そして　オピヒ貝　ランラン

魚とオピヒ貝

Kaulana nā lo'i
有名な　[タロイモ栽培の水を引いた段丘]

有名なタロイモの段丘水耕畑

E ulu kalo no nā po'e ē-'eā
よ　成長する　タロ　為に　[　人々　]　ランラン

人々の為にタロイモは成長します　ランラン

I ho'i ke aloha o Ke'anae
[　戻る　]　愛　の　ケアナエ

愛はケアナエに戻ります

Ho'okipa no nā malihini ē-'eā
温かく来訪者をもてなす　[　旅人達　]　ランラン

旅人達を温かくもてなします　ランラン

Puana kou inoa ʻo Keʻanae
主題　貴方の　名前　です　ケアナエ

主題は貴方の名前　ケアナエです

Kuʻu one hānau ē ē-ʻeā
私の　[　生まれ故郷　]　おー　ランラン

私の生まれ故郷　ランラン

解説‥‥
マウイ島の美しいケアナエ半島は観光地ハナへ向かう道路の途中にある素晴らしい景色の場所。ここに住むハワイ人の先祖達は渓谷の下深く穴を掘り、淡水を湧き出させて肥沃な土地を育てたと言われる。現在住民達はタロイモ、バナナ、ヤムイモを沢山栽培して生計を立ている。

♪ジャンル [マウイ島] [カヒコ]

'Eli'eli Ke Kumu 'Ōhi'a
Composed by Kuana Torres Kahele

'Eli'eli kūlana ke kumu 'Ōhia
[　しっかりと根深い　]　　　木　　オヒア

オヒアの木はしっかりと根深く

Hihia a pa'a i ka pali ki'e loa
抱かれる　[　しっかり　]　に　　崖　[高いこと／気高く]

そびえ立つ崖にしっかり抱かれています

Kīkaha mālie nā manu i luna
空を飛ぶ　静かに　[　鳥達　]　に　上

崖の上空を鳥達が静かに飛び

Kīkaha mālie nā manu i lalo
空を舞う　穏やかに　[　鳥達　]　[　下方へ　]

鳥達は穏やかに空を舞い降りてきます

E

'O Kiha-pi'ilani ka hua a Pi'ilani
です　　キハピイラニ　　　卵　　の　ピイラニ首長

ピイラニ首長の子供はキハピイラニです

He 'ili lā-kea 'ōnini ko Kiha
です　肌　白い肌　完璧な　の　キハ

キハの完璧な白い肌

Ke kua 'o Maui ha'i mai ke kapu
神　は　マウイ　[　語る　]　神聖な／禁断の

神、マウイは（山の）神聖さを語りました

Mai loko mai o ke kupa Ka'eokūlani
くる　[中へ]　方向語　の　　国民　カエオクーラニ

カエオクーラニの人々に向けて

He ali'i 'o Keawe-kekahi-ali'i-o-ka-moku
だ　首長　は　　ケアヴェケカヒアリイオカモク

ケアヴェケカヒアリイオカモクは首長です

He hoa kūpa'a 'alo'alo ahuahu
だ　友人　しっかりした　　一緒にいる　健康な／精力的な

健全な一緒にいる確かな友人です

Ua lohe 'ia ka leo, ka lupo o Kīwa'a
[　聞いた　]　　声　　時を誤って鳴くの　キーヴァア鳥

キーヴァア鳥が時を誤って鳴く声を聞きました

He kani kūpaukolo, he kani āiwa
だ　音　　響き渡る　　だ　音　神秘的な禁忌

響き渡る音　それは神秘的な禁忌な音です

Kū mai ka lani, ke ali'i 'o Kiha
[　立つ　]　首長／天国　首長　は　キハ

首長は立ち上がれ　キハ首長

Ke ali'i ho'one'enu'u a'o Pi'ilani
首長　　高い地位の人　　の　ピイラニ

ピイラニの高い地位の首長

089

He mele, he inoa no Kiha-pi'ilani
だ　歌　だ　名前　為の　　キハピイラニ首長

歌です　キハピイラニの名前歌です

Ke ali'i o ka uaua pali ki'e loa
首長　の　　神秘の　崖　[とても高い]

とても高い神秘の崖から来た首長

O ka pali kahakea, ka pali ke kapu
の　崖　高い崖　　　崖　　禁忌

高い崖の　禁忌の崖の

Nui, a nui ke kapu o Kauhi-kea ē
偉大な　偉大な　禁忌　の　カウヒケア　おー

偉大な　偉大なカウヒケアの禁忌の崖

He inoa no Kihapi'ilani
だ　名前歌　為の　　キハピイラニ

キハピイラニ王の名前歌です

E

解説‥‥
この名前歌 (Mele inoa) は、マウイ島の湾の神として知られるピイラニ首長の有名な息子、キハピイラニの為に書かれた。多くの物語でハワ
イ人は彼に尊敬の念を抱いている。彼の色白な傷のない完璧な肌は美しく、Kauhikea崖に相応しいものだと言い伝えられる。
Kīwa'aというマウイの山の上に住む鳥は鶏のような声を出して鳴くというが、新しい王が座に就く時にだけ、その事を知らせるために鳴くと言
い伝えられる。
鳥が鳴くのは新しい王が神の様な神聖さと強さを持つ証しだと言われた。
5番 Keawekekahiali'iokamokuは、ハワイ諸島を支配する首長 Keawe の事。
8番 Kauhi-kea　マウイ島Ha'ikū地区の山と推測する。

♪ジャンル [カウアイ島] [カヒコ]

Eō E Wailuanuiahoʻāno

Composed by D.Kale Kauʻi

Kiʻekiʻe o Wailuanuiahoʻāno
荘厳な／高い　の　ワイルアヌイアホアーノ

カウアイ島のワイルアヌイアホアーノ地区は壮大だ

I ka Waiʻōpua makani o Wailua
中で　ワイオープア　風　の　ワイルア

ワイルアに吹く風ワイオープアの中で

Kaulana nui nā aliʻi i hānau ʻia
有名な　とても　[　首長達　] [　生まれた　]

有名な多くの首長が誕生した土地

Ma kahi ʻo Pōhaku Hoʻohānau
で　場所　は　ポーハク　ホオハーナウ

ポーハク・ホオハーナウ
（誕生石 Pōhaku hānau）で

Lei ana nā pua i ka Lauaʻe
[　レイを編む　] [　花々　] で　ラウアエシダ

ラウアエシダで花々をレイに編む

Me ka ua Kilinahe o Kālepa lā
共に　雨　優しい穏やかな　の　カーレパ

優しく　カーレパの穏やかな雨と共に

Ulu pono nō kēia ʻāina aualiʻi
成長する [繁栄する]　この　土地　王／首長

この首長の土地は繁栄する

Me ke ʻala o ka Maile i ka Mokihana
共に　香気　の　マイレ　で　モキハナ

マイレとモキハナの香気と共に

Noho ʻo Hikinaakalā i kahakai
住む　は　ヒキナアカラー　に　海辺

ヒキナアカラーは海辺に住む

I ka lā wena ʻulu (i) hoʻopuka mai
太陽 [　赤く輝く　] に [　太陽が昇って来る　]

太陽が真っ赤に燃えて昇って来る浜辺に

ʻAnoʻai ke welina (e) kuʻu hoapili
挨拶する [　愛情ある挨拶　] よ　私の　親友

愛情あるご挨拶　私の親友よ

Piʻi aʻela kāua i ka uka (aʻela=aʻe + lā)
[　歩いて登る　] 私達二人に　高地

私達二人は高地に歩いて行こう

Ma uka i ka heiau ʻo Poliʻahu
で　高地　に　ヘイアウ　は　ポリアフ

高地にあるのは女神ポリアフのヘイアウ

Ahuahu me ka niu i ke aheahe
急速に成長する　椰子　に　そよ風

そよ風に椰子の木は成長し

A he ua Kiʻowao e noho mālie
そして　だ　雨　キオヴァオ [　穏やかに住む　]

そしてキオヴァオ雨が静かに降っている

Me nā leo kanileʻa o nā manu mele
共に [　楽しげな声　] の [　鳥達　] 歌

歌う鳥達の楽しげな鳴き声と共に

E

Eō e Wailuanuiaho'āno
答えて　よ　　　　ワイルアヌイアホアーノ

答えてください　ワイルアヌイアホアーノよ

Ano wale i ka lei pua laha 'ole
[　威厳に打たれる　]　に　　レイ　花　[稀な／選りすぐった]

選りすぐった花のレイで威厳に打たれます

'O 'oe ke aloha o kēia wahi
です　貴方　　　　愛情　　の　[　この場所　]

貴方はこの場所で愛される人です

Kēia wahi kaulana o Kaua'i
[　この場所　]　有名な　の　カウアイ島

カウアイ島のこの有名な場所

He inoa no Wailuanuiaho'āno
です　名前　　　　　ワイルアヌイアホアーノ

ワイルアヌイアホアーノの名前歌

E

解説‥‥‥
Wailuanuiaho'ānoの名前は、私達に深い関心と敬意を呼び起こす。とても神聖なワイルアは数百年の間、カウアイ島の王族達の歴史に彩られた地域だ。沢山の歴史と物語がこの土地に残っている。曲を歌っているレイラニ・リベラボンド、作詞作曲のD.Kale Kau'iも、この島で生まれ育った。KaleはHālau Hula 'O Lailaniの生徒だ。彼等は生まれ古郷のWailuanuiaho'ānoに思いを寄せる。

♪ジャンル　マウイ島

Eō Hāna

Composed by Kamaka Kukona

E7   A
Eō Hāna i ka Uakea
答えて　ハーナ　中の　　ウアケア (ハーナに降る白い霧雨)
    E7   A
Noenoe ku'u kapa 'ahu 'ohu i ka pali
霧が掛かる　私の　タパ布　コート　霧　を　崖
   A   D
Aia i Hāmoa i ka 'ehukai
ある　に　ハーモア　が　　海飛沫
B7   E7   A
A he wehiwehi ho'i i ka ulu Hala
そして　だ　青々と茂る緑　本当に　が　　[ハラの並木]

答えてください　ウアケアの霧雨に濡れるハーナ

崖を私のタパ布のコートのような
ウアケアの霧雨が覆う

海飛沫のハーモア海岸に

パンダナスの並木が青々と繁る

Hui:

E

   E7   A
'O Hāna i ka māli'e
です　ハーナ　中の　　穏やか
   E7   A
'O Hāna i ka ua noenoe
です　ハーナ　中の　[　霧雨　]
       A   D
'O 'oe a 'o wau i 'ane'i
です　貴女　そして　です　私　[　ここに　]
B7   E7   A
Eō mai 'oe i kou inoa
[　答えて　]　貴女は　を　貴女の　名前

穏やかなハーナ

霧雨に濡れるハーナ

私と貴女はここに

貴女は答えて　貴女の名前を

   E7   A
Ala a'e ka Hīnano wehi 'aumoe
ある　上に向かう　女神ヒーナノ　飾る　　夜
   E7   A
'O 'ena ku'u li'a nou e kaha'i
です　シャイな　私の　憧れ　貴女の為　[文化のヒーロー]
       A   D
Ha'i ana nā nalu pae i ke one
[　壊れた　][　波　]　浜に打ち寄せる　　浜
B7   E7   A
'O ke one kaulana e nene'e ai
です　浜辺　有名な　[少しずつ気まぐれに前進する]

女神ヒーナノは夜空を飾ります

私の憧れはシャイな神話のヒーロー　貴女のために
（英訳：憧れは良く語られる人で印象付けられる）

波は砕け浜辺に飛び散る

有名な気まぐれに動く砂浜です

       E7   A

Kau aku ku'u maka i ka 'ōnohi

[　置かれる　] 私の　　　目 に　　　　　中心

        E7   A

Hia'ai i ka nani o pu'u Ka'uiki

満足する　に　　美しい の　[　カウイキ岬　]

   A   D

I kilohana 'oe no ku'u kino

に　キロハナ 貴女は 為に 私の　体

B7   E7

'O Ka'ahumanu lā nō he inoa

です　カアフマヌ后　日 強め です　名前

私の目は最果ての日の出に向けられ

カウイキ岬の美しさに満足します

それはキロハナ布の様に暖かい光を
私の体に照射します

カアフマヌ王妃の誕生の土地　貴女の名前歌です

解説:···

この曲は、実際にマウイ島のハーナの海岸で、カウイキ岬の突端の小島の端から太陽が昇る美しさを見ないと翻訳が難しい歌詞だ。ハーナ・ホテルの部屋にフロントから日の出の時刻がFaxされる。「明日の日の出は5:20」という具合だ。眠い目を擦りながら丘を下り、白い砂浜から眺める。夕暮れに山から下りて来る白い霧、そして早朝の荘厳な日の出。一見の価値がある。

Hāmoaはハーナ地区にある小さな町、海岸にサーフィン・エリアがある。

♪ジャンル ［ハワイ島］ ［神話］

Eō Mai 'Oe, E Poli'ahu
Composed by Kawaikapuokalani Hewett　訳詞 えりさ 岡田 マン

```
    G           D   A7      D
'Auhea wale ana 'oe, e Poli'ahu,          あなたはどこにいるの、ポリアフよ
[      どこにいるの        ] あなたは よ 雪の女神ポリアフ
    G       A7      D       A7        D
ka wahine noho i ke anu, a'o Mauna Kea    マウナ・ケアの寒さの中に住む
    女性       住む  の中に    寒さ  [の]  マウナ・ケア山
    G           D       A7      D
I Mauna Kea ka wahine i ka wēkiu          彼女はマウナ・ケアの高みにいます
に  マウナ・ケア山     女性   に   頂上
    G      A7      D      A7       D
'A'ahu 'ia i ke kapa a 'o ke kēhau        雪のブランケットにくるまって
[  毛布で体を覆って ] で   タパ布  [の]    霧／露
```

Hui:

```
    G      D  A7      D
Eō mai 'oe, e Poli'ahu                    ポリアフよ、こたえておくれよ
[ 答えてください] あなた よ ポリアフ
    G  A7       D      G          A7  D
Eō e ka wahine, kau i ka 'iu'iu           答えておくれよ、高い所から
答える よ   女性       住む に    遠い
```

```
    G                   D
Kēhau ka pua Māmane                       マーマネの花は朝露に覆われて
露の雫     花   マーマネ
A7                D
I ka hikina a ka lā                       昇る日の光よ
に   東方   の  太陽
    G    A7           D
ka lā ho'opumehana,                       暖かい太陽の光よ
  太陽   暖かくする／暖める
A7               D
Pili  me ke aloha                         愛で一緒になろう
ピッタリつく で     愛情
    G          D      A7              D
He aloha ku'u 'ike o ka manu Palila,      視界に入ってくる美しいパリラ鳥
です   愛   私の  認識  の   鳥   パリラ
G        A7      D   A7        D
Manu ho'oipoipo, lele ho'ole'ale'a        可愛い恋人は、幸福そうに羽ばたく
鳥    愛撫する／求愛する  羽ばたく 面白く遊ぶ／興じる
```

   G   D   A7   D

He lei ho‘ohali‘a nou e Poli‘ahu   ポリアフ、あなたへの想い出のレイ
です レイ   蘇る愛の想い出 あなたの よ   ポリアフ

         G   A7   D   A7   D

ka wahine noho I ke anu, a‘o Mauna Kea   マウナ・ケアの寒さの中に住む女性よ
女性   住む   の中に   寒さ   [の]   マウナ・ケア山

   G   D   A7   D

He lei ho‘ohali‘a, nou e Poli‘ahu,   ポリアフ、あなたへの想い出のレイ
です レイ   蘇る愛の想い出 あなたの よ   ポリアフ

         G   A7   D   A7   D

ka wahine noho i ke anu, a‘o Mauna Kea   マウナ・ケアの寒さの中に住む女性よ
女性   住む   の中に   寒さ   [の]   マウナ・ケア山

解説···

Kawaikapuokalani Hewettの話。「私はいつも、雪の毛布にくるまって暮らす女神ポリアフが住むマウナ・ケアの降雪に夢中になってしまいます。毎朝、ママネの花にしたたる朝露や、昇る日の光や、パリラ鳥の羽ばたく可愛らしさ等の光景をながめ、新たな一日の始まりは、ポリアフの神秘に感謝して始まります」

♪ジャンル ハパハオレ

Farewell For Just A While

Words by Jack Brooks Music by Tahitian Traditional

F   B♭
Farewell for just awhile   さよなら　しばしの別れ

C7   F
We're parting with a smile   私達は笑顔を浮かべながら別れます

F7   B♭
Dreams will keep me near you   夢があなたの近くに私を置くから

C7   F
Farewell for just awhile   さよなら　しばしの別れ

F   B♭
It's time for us to say farewell for just awhile, しばしの別れを告げる
             （私達の）時がきました

For just a little while   ほんのしばらくの間の

C7
So let's be thankful that we're parting そして私達が微笑みながら別れる事に
             感謝しましょう
      F
with a smile,

It's easy when you smile   あなたが微笑むのは、易しいこと

F
I'll miss you so but dream will keep me あなたがいないのはとても寂しい、でも夢があ

B♭   なたの近くに私を置くでしょう　私は知っています
near you, I Know

C7   F
We'll meet again farwell for just awhile, 私達は再び会えるでしょう　少しの間だけお別れね

For just a little while   ほんの少しの間だけ

F

解説 ･･･
原曲はタヒチの別れの曲「マルルア・ヴァウ」だが、ジャック・ブルックスが1950年、英語の歌詞を付け、ハワイでも歌われるようになった。
有名なラジオ番組「ハワイ・コールズ」のラスト・ソングに使用され、前半のメロディー以降のブリッジのメロディー（It's time for us to say
以降）が輪唱され、美しいハーモニーで演奏されていた。日本では駐留軍のラジオ放送「ハワイ・コールズ」で、毎週土曜日夜8時30分から聞
くことができた。日本人のハワイ音楽好きのTūtūにとって、懐かしい思い出の曲だ。

♪ジャンル ハパハオレ

Fish And Poi
Composed by G.Veikoso , M.Grande

A   F#m   D   E7
I've been many places tasted all the flavors   世界中で色々な味を食べてきた

A   F#m
There's one thing I can't understand is   何故か私が満足する様な食べ物がありません

D   E7
why I'm never satisfied

A   F#m   D
There's nothing like the feeling when you   それでも食べることへの憧れは尽きません

E7
start craving

A   F#m   D
Flashbacks reminiscing about that one very   思い出すのは、まずタロイモ料理

E7
first lu'au

       D   E7
Soon as I start to head back home   すぐに家に帰って始めよう

      D   E7
I call my braddahs up on the phone   まず友人達を電話で呼んで

         D   E7
We're heading down to that special place   俺達のたまり場に行こう

        F#m   E   D
Where you can bulk up for days   いつもお腹いっぱい食べられる場所に

(Chorus)

        A   F#m
I like my fish & poi, I'm a big boy   魚、そしてポイが好き、俺は大食漢

D   E7
Lomi salmon, pipikaula, extra large lilikoi   ロミロミ・サーモン、ピピカウラ、特製の大きいリリコイ

A   F#m
Squid or chicken lu'au don't forget the laulau   イカやチキン・ルアウ、ラウラウを忘れるな

D   E7   A
Beef or tripe stew just to name a few (oh yeah)   他にも牛と胃袋シチューなど

A   F#m

No can forget papa's speciality

パパの特製も忘れちゃいけないよ

D   E7

And mama's poi mochi

ママのポイ餅もね

A   F#m

Smoke meat, shoyu poke with rice

燻製肉、醤油味のポケ、そしてご飯もね

D   E7

Can make a bad day feel real nice

悪い日をとても良い日と感じることができるよ

D   E7

I'm flashing back all over again

俺は全てが思い出されます

D   E7

I know you feel what I'm feeilng within

一度食べれば、きっと俺と同じはず

D   E7

And every local boy would agree

土地っ子は皆、頷くはずさ

F#m   E   D

That it's just the Hawaiian in me

だって同じハワイアンだから

(Chorus)

RAP

(Me said) Me come from Hawaii me love de fish & de poi

ハワイからフィッシュとポイを愛する男が

Me eat nuff food 'cuz me real big boy

ずっと食べ続けりゃ、お前も俺も大食漢

Only the local boys hafe know what we need

ローカルボーイズは美味しいものを知っている

They serve up food extra scoop of everything 'cuz

グルメな情報にはめっぽう強い

I love de fishes baby I love the poi

俺はポイも小魚も大好きさ

With pipikaula extra rice on de side

それに、ピピカウラと大盛りご飯があれば

Hawaiian food is like a rollercoaster ride

ハワイ料理はまるでローラーコースターのようさ

And me not goin' stop until dis Hawaiian tired

俺は飽きるまで、食べるのを止めないよ

解説‥‥‥‥‥‥‥‥‥‥‥‥‥‥‥‥‥‥‥‥‥‥‥‥‥‥‥‥‥‥‥‥‥‥‥‥‥‥‥

ビッグ・スターになったSean Na'auaoの1997年から愉快な曲を見つけた。ハワイ人らしい食べっぷり、思いっきりハワイ料理を楽しんでいる様子が目に浮かぶ。ポイ餅という表現も初めて知った。蒸し立てのタロ芋のことかな？

Ha'aheo (Pride)

Composed Tomoyasu Hotei Hawaiian words by Puakea Nogelmeier

(1st Verse)

G   Em
Eia ho'i au, e leha ana i ka lani lā
ここで　　　私は　[　チラリと見る　]を　　　　空

D   C   D7   G
I ka hōkū ho'ohihi o ka hema
星　　　からみ合わせる　の　　　南

G   Em
Ua ho'ohiki, e mino'aka mālie mau,
[　誓った　]　[　微笑んでいる　]　穏やかに　　常に

D   C   D7   G
I loko nō o kahi, e hihia ai
[　　中に　]　の　　一つ　[　いざこざを起こす　]

私はここで空を見上げています

光り輝く南の星を

何時も穏やかに微笑む事を誓いました

どんないざこざが起きても

(1st Chorus)

    Em   Am
la'u e mana'o ai iā 'oe, ei nei,
私の　[　考える(強意)　]　に　　貴方　[　貴方　]

C   D7   G
Kulu waimaka i ka 'eha lā
[　涙がこぼれる　]　で　　痛み

        Bm   Em
Moemoeā i ka hōkū, pule i ka mahina nō
夢見る　を　　星　　祈る　　　月

A7   Am7   D7
Noho nō au me ke kaumaha, ooh!
住む　　私　と　　　捧げる

貴方、貴方への私の想い

切なくて涙がこぼれ落ちます

星に夢を　月に祈ることを

私は捧げる為に生きています

(2nd Verse)

              G   Em
I kēia wā 'ānō, 'o ko'u aloha nō iā 'oe,
この　時代　今/現在　です　私の　　愛　　を　貴方

D   C   D7 G
Ko'u ha'aheo, ei nei
私の　　　誇り高い　[　貴方　]

今は、貴方を愛し続けていることが

私の誇りです　貴方への

(2nd Chorus)

    Em   Am
'O 'oe, ei nei,   ka i a'o mai
です　貴方　[　貴方　] [ka mea i〜をした人] [　教える　]

C   D7   G
No ke kū'oko'a me ka meha lā
為に　　独立/自由　　と　　寂しさ/孤独

        Bm   Em
A hiki mai ka pō 'o 'oe ka i apo mai,
そして [こちらに来る]　夜　は　貴方　を [肩を抱きしめる]

貴方です、貴方。貴方は教えてくれました

自由と孤独を

夜が訪れると　貴方は肩を抱きしめる

A7   Am7   D7
I kuʻu hokua haʻalulu ē ooh !   私の身震いする肩を
を　　私の　　　　肩　　　揺れる／身震いする

(2nd Verse)

D7   G   Em
I kēia wā ʻano, ʻo koʻu aloha nō iā ʻoe,   今は、貴方を愛し続けていることが
この　　時代　今／現在　です　私の　　愛　　を　貴方
D   C   D7　G
Koʻu haʻaheo, ei nei   私の誇りです　貴方への
私の　　誇り高い　　[　貴方　]

H

解説‥‥
布袋寅泰が作詞作曲し、今井美樹が歌ってヒットした日本のJ-POPを、ハワイの若手グループWaipunaが、有名な作詞家Puakea Nogelmeierに
ハワイ語の作詞を依頼し、アルバム「E mau ke aloha」で紹介している。愛する人への一途な思いを歌う素敵な曲になっている。

Hahani Mai
Words by Kaipo Frias at Kaumaui   Music by Kekuhi Kanahele

```
      G7                F  C
E hahani mai e ku'u pili
[ 軽く触れる／静かに歩く ]よ [ 私の愛しい人 ]
      G7           F       G7       C
E hahani mai ho'oipoipo kāua
[ 軽く触れる／静かに歩く ]    愛撫する      私達二人
      G7
A kau mai ke ahiahi
そして [ 来るまでの期間]  夕暮れ
  Am           G7
He ahi wela ko loko
 だ 火  興奮した [ 私の中の ]
C           F        Fm
I loko o ku'u manawa
[ 中の ]  の 私の     核心
  A7            D7      G7
Ku'u manawa e 'ena nei
 私の   核心  [ 輝いてくる ]
F    C    F    C    E7        Am
'Ena'ena ke aloha ke 'ike iā 'oe
 輝く       愛  [ 見れば ]を  貴女
```

優しく静かに歩いておいで　私の愛しい人

優しく静かにおいで　私達二人が愛し合えるように

夕暮れが来るまでに

私の体は火のように燃えています

私の心の中で

私の体中が輝いています

貴女を見ると愛が輝きます

```
      G7                F  C
E hahani mai e ku'u pili
[ 軽く触れる／静かに歩く ]よ [ 私の愛しい人 ]
      G7           F        G7       C
E hahani mai ho'oniponipo kāua
[ 軽く触れる／静かに歩く ]    愛撫する      私達二人
G7                C
Ā hiki mai ke aumoe
まで [ 来る ]     真夜中
  Am              G7
Ua kulu aumoe e ku'u pili
[  真夜中が来て  ]よ [ 私の愛しい人 ]
C                 F        Fm
Ku'u wahi lani kau keha i luna
私の  場所  天国 置く 高い／誇り [ 上に ]
  A7         D7          G7
I lalo ho'i au e kolomanu nei
[  正に下に ]  私は [  招かれた小鳥のように動く  ]
F    C    F   C      E7          Am
I mua ou, i mua o kou alo mahina ē
[前に／前進] 貴女の [ 前に／前進 ]   貴女の   正面       月
```

優しく静かに歩いておいで　私の愛しい人

優しく静かにおいで　私達二人が愛し合えるように

そして真夜中が来るまでに

真夜中がきました　私の愛しい人よ

私の憧れの人は　高い天国にいます

そして、私は貴女の下で小鳥のように動きます
（謙虚に私は振舞います）

貴女の前で　月のように素晴らしい貴女の輝きの前で

```
      G7                F  C
E hahani mai e ku'u pili
[ 軽く触れる／静かに歩く ]よ [ 私の愛しい人 ]
      G7           F      G7       C
E hahani mai i kaunu ho'i kāua
[ 軽く触れる／静かに歩く ]    愛撫する      私達二人
      G7           C
A pio nā hui hōkū
そして 捉えた [    星の集まり    ]
  Am                G7
Ho'okahi wale hōkū o luna
[   ただ一つの   ]  星  の  高い
```

優しく静かに歩いておいで　私の愛しい人

優しく静かにおいで　私達二人が愛し合えるように

アーチ形の天空を星が埋め尽くし

高い星がただ一つ

C   F   Fm
No luna mai ho‘i ka ua   雨はとても高い空から
[から]　高い　[　とても　]　雨

A7   D7   G7
Ua nāulu ho‘ohala ‘ole iā ‘oe   貴女に突然にわか雨を降らせて
[にわか雨が降る]　[時が過ぎない=突然の]　に　貴女

F   C   F   C
Hō mai ko ihu i alo pū   正面でじっとしている貴女にキスをします
[与える／行く]　貴女の　キス [　正面で動かずに　]

E7   Am
Ka hanu a ke aloha   愛の吐息
呼吸　の　愛

    G7   F C
E hahani mai e ku‘u pili   優しく静かに歩いておいで　私の愛しい人
[軽く触れる／静かに歩く]　よ　[私の愛しい人]

     G7   F   G7   C
E hahani mai i ho‘okahi kāua 優しく静かにおいで　私達二人が愛し合えるように
[軽く触れる／静かに歩く]　で　ただ一つ　私達二人

 G7   C
Hīpu‘u ‘ia e ke aloha   愛情で二人が結びつけられます
[結びつけられる]　によって　愛情

F   Fm   C
I ho‘okahi kāua   優しく静かにおいで
[軽く触れる／静かに歩く]

E7   Am
Hi‘ipoi ‘ia e kealoha   愛情で可愛がられて
[可愛がられて]　によって　愛情

    G7
E hahani mai   優しく静かに歩いておいで
[軽く触れる／静かに歩く]

H

解説 ・・
Makakehauの有名な愛の物語から曲は作られたと言われている。若い二人の美しい愛の物語があるのだろう。物語がわかれば楽しい訳詞
ができるのだが残念。

© MOUNTAIN APPLE COMPANY INC
All rights reserved. Used by permission.
Rights for Japan administered by HOTWIRE K.K.

♪ジャンル　ハワイ島

Haili Pō I Ka Lehua
Composed by Konia　Music by Charles K. Hopkins

A
E ō e Lili'u i ko inoa
[答えて] よ　リリウ を 貴女の 名前
E7　　　　　　　　　　　　　　A
Nani Haili pō i ka lehua
美しい　ハイリ　夜 で　レフアの花
A
Noho ia 'ala i ke onaona
留まる この 香気　心地よい香り
E7　　　　　　　　　　　　A
Honi ke kupa i ke 'ala
甘い　　よく精通している　香気

答えてください　リリウオカラニ王女
貴女の名前を

レフアの花で　美しいハイリの夜

心地よい香気が留まり

そこに行く人はその甘い香りをよく知っている

Hui 1:

A
Waiho 'ē nō i ka poli o ka ipo hīnano
置いていく ある所から離れてから　胸 の　[大好きなヒーナノ]
E7　　　　　　　　　　　　　A
Nānā aku he nani wale nō ka nahele
[眺めれば] だ [とても美しい]　森林
A
Ilihia 'o ko'a i ka maika'i o ka pua
スリルを感じる 聖地 の 素敵な の 花
E7　　　　　　　　　　　A
I kui au a ho'olawa i ko aloha
[レイに編む] 私は 十分に供給する [貴女の愛]

私は大好きなヒーナノを胸に付けて来てしまった

貴女は眺めています　森林の素敵な美しさを

花の美しさの中で聖地はスリルを感じさせる

私は貴女の愛する花を十分に摘んでレイを編む

A
E ō e Lili'u i ko inoa
[答えて] よ　リリウ を 貴女の 名前
E7　　　　　　　　　　　　A
Nani Kīlauea pa'a i ka noe
美しい　キーラウエア　固着した で　霧
A
Pō luna o Uēkahuna i ke 'ala
[高地] の　ウエーカフナ 中の　香気
E7　　　　　　　　　　　A
Nalo akula nā lehua ne'e i ka papa
見えなくなる (= aku) [レフア] 少しつつ で　表面

答えてください　リリウオカラニ王女
貴女の名前を

霧で覆われるキーラウエア火山は美しい

ウエーカフナの高地は香気で溢れ

溶岩の地層へ忍び寄るレフアの茂みが、
見えなくなった

Hui 2:

A   E7
'Ike 'ole au i nā hala o Halaaniani
[見えない] 私は を [ハラアニアニのハラの木々]

 私はハラアニアニの木立を見ていない

E7   A
I ke ālai 'ia mai e ka ua Nahunahu
[風等が優しくくる] によって 雨 ナフナフ

 ナフナフ雨が優しく降ってきた為に

 A
E ake au e ho'i mai ka Pu'ulena e pili
[望む] 私は [帰りましょう] プウレナ風 [ピッタリ寄り添って]

 私は優しいプウレナ風に寄り添って帰りたいと思う

      E7   A
E moe aloha māua me ka moani
[寝ましょう] 愛 私達二人 と 風に運ばれる香り

 モアニ風（香りを運ぶ風）と
 私達二人は愛の中で横たわろう

解 説··
この曲はリリウオカラニ王女のために作曲された。Hailiはハワイ島Hiloの近くにある鳥たちが集まる場所。1番のHuiで歌われるヒーナ
ノの花は王女の白人の夫、John Dominisの事。2番のUēkahunaは火の女神ペレにソリ滑りで挑戦した聖職者の名前を付けた場所。
Kamehameha Alumni Glee ClubのCDで聴ける。訳詞は基本的にMary Kawena Pukuiのテキストを参考にした。

♪ジャンル カヒコ

Halehale Ke Aloha I Haʻikū
Traditional

Halehale ke aloha i Haʻikū
高い／崖　　　愛情　　ハイクー

ハイクーの頂上に愛情はある

Aniani mai kōna aloha
［涼しい風が心地よく吹く］彼の　愛情

彼の愛情は心地よい涼しい風

Ma luna mai ʻo ʻĀwilikū
で　上方　から　は　アーヴィリクー

アーヴィリクーの頂上

Ke poʻi a ke kai aʻo Kapaʻe
波が砕ければ　　海　の　カパエ

カパエの海で波が砕け

Kai ʻauʻau a ka mea aloha
［　流動する海　］そして［　愛の手段　］

愛される人の泳ぐ場所

Kōna aloha kāwalawala
彼の　　愛情　　力で押す

力強く押しだす彼の愛は

ʻOni ana i ka manawa me he puhi ala
動く　で　　時期／時代　共に　だ　ウナギ　そこで

ウナギのように揺れ動き

Kūʻululū e ka pua o ka manu
冷たい　　花　の　鳥

鳥の羽は冷え込み

I ka ua Pehia mai ma ka pali
雨　ペヒア　から　で　崖

崖から激しく降る冷たい雨ペヒアで

ʻO Keawe, ʻo Keawe, ʻo Keawe ʻoʻopa
無力になる

ケアヴェ、ケアヴェ、無力になるケアヴェ

E neʻe nei ma kahakai
［　気まぐれに前進する　］で　浜辺

浜辺で気まぐれに前進し

ʻO Kamakaʻeha ka honua nalu a
です　カマカエハ　　土地／地球　波

波に乗るカマカエハ

Kāhea: A pae ʻo Kamakaʻeha i ka nalu
浜に上がる　は　カマカエハ　で　波

カマカエハは波でサーフィンをしています

解説
有名なCD「Ancient Hula Hawaiian Style」に入っている有名なカヒコ。解説によれば、フラダンサーなら誰でも知っている「Hula hoʻi」と記されている。エキサイティングな踊りを終え、ステージを去る時に踊るという。

♪ジャンル ハワイ島

Halehuki
Composed by Helen Desha Beamer

Hui:

C7　　B♭　F C7　 F
Nani wale Halehuki
美しい　本当に　　ハレフキ
A♭dim B♭ C7　　　Bdim C7
Ku'u home e kū nei
私の　　家　　[　建っている　]
　　　　　　C7
I ka 'owē nehe mai
[　　木の葉、波などがサラサラいう　　　]
　　　　　B♭　 F
A ka wai o Wailuku
そして　水　の　　　ワイルク
C7 B♭ F　　 C7　B♭F
la home i pili 'ia
この　　家　[　寄り添っている　]
　　　　D7　　　　　 Am　 D7　Gm D7
Me ka nani o ka bougainvillea
　と　　美しい　の　　ブーゲンビリア
Gm G#dim F B♭　 F　　Gm7 C7　　 F
Pumehana ku'u home i ke aloha
温かい　　　私の　　 家　で　　 愛情

なんと美しいハレフキ

私の家は、ここに建っています

波のサラサラいう音

そしてワイルクの海

この家は（海に）寄り添って飾られています

ブーゲンビリアの美しさと共に

私の家は私のアロハで温かいのです

　　F　　 C7　　 F
Uluwehi ku'u home
青々と茂る緑の草木　私の　　家
　　　　F　　A7　　　 Dm
Kū kilakila i ka lihi wai
建つ　威厳を持って　[　　水辺　]
F7　　　 B♭　　　　 F
Wai kaulana o ia uka
水　　　静かな　の　この　陸地
　　　　　 G7　　　　Gm7 C7
I ka uluwehi o Halehuki
の中の　青々と茂る緑の草木　の　ハレフキ
　　F　　　　C7　　F
la home kau i ka 'olu
この　家　　置く　中に　穏やかな
　　　　　F　　A7　　　 Dm
Home ho'okipa i ka malihini
家　　温かく客をもてなす　　旅人
F7　　 B♭ Bdim　　F　　　　 B♭　 F
I laila au ho'ohihi i ka nani
[　そこでは　]　私は　からみ合わせる　　美しさ
F C7 F
O ia home
の　この　　家

青々と茂る緑の中の私の家

水辺に威厳を持って建っています

陸地から静かな（ヒロの）海

ハレフキの青々と茂る緑の草木の中で

穏やかに建つ私の家

訪問者を何時も温かくもてなします

そこでは、私は美しさの一部です

この家の

解説‥‥‥
有名な作曲家Helen Desha Beamerの作品。彼女は夫のPeter Carl Beamerと5人の子供達とハワイ島ヒロに住んでいた。自分の家の
ために書いた1953年の作品。家の場所はワイルア川沿いで、ヒロの町と繋がるWainaku Bridgeのそばに立っていたという。息子のMahi
Beamerの歌で知られている。

Haleluia
Composed by Kuana Torres Kahele

D   Bm
Eia nō ʻo haku ē
[ここにあります]　は　　主
　　　　　　　　　　　　　　　　ここに主はいます

D　　　　　　　　　　　　　Bm
Hānau hou mai ka lani ē
誕生する　新しく　方向語　　天国
　　　　　　　　　　　　　　　　天国から主が新しく誕生します

G　　　　　A7　　　D　　　A7
E hoʻonani aʻe nō kākou
[　ほめ讃える　]　強意　私達は
　　　　　　　　　　　　　　　　私達はほめ讃えましょう

D　　　　Bm　　A7　Bm　　　　　D
ʻO nei ʻo Kristo kō kākou hoʻōla ē
です　ここ　は　キリスト　[　私達の　]　救う／癒す
　　　　　　　　　　　　　　　　私達を救うキリストはここに

A7　　　　F#m　　　　　　Bm
Ka makua lani kō ke ao
[　　天なる父　　]　[　世界の　]
　　　　　　　　　　　　　　　　世界の天なる父

Hui:

　　　　G　　　　　Bm
Haleluia, Haleluia
　　　　　　　　　　　　　　　　ハレルヤ　主をほめ讃えよ

　　　　G　　　　D A7 D
Haleluia, Haleluia
　　　　　　　　　　　　　　　　ハレルヤ　主をほめ讃えよ

D　　　　　　Bm
E hele mai kākou ē
[　来なさい　]　　私達
　　　　　　　　　　　　　　　　私達は行きます

D　　　　　　　Bm
A ʻike i ka mōʻī kane
そして　見るを　[　支配者　]
　　　　　　　　　　　　　　　　そして新しい支配者を見ます

G　　　　　A7　　　D　　　A7
Hānau hou aʻo Betelehema
誕生する　新しく　で　　ベツレヘム
　　　　　　　　　　　　　　　　ベツレヘムで誕生する

D　　　　Bm　A7　Bm　　　　　　　　　　D
He nani ka hua a ka Virgin Mary, nani nō
だ　美しい　果実／卵　　　聖女マリア　　[　とても美しい]
　　　　　　　　　　　　　　　　とても美しい子供は聖女マリアの子
　　　　　　　　　　　　　　　　とても美しい

A7　　　　F#7　　　　　　Bm
Ka makua maoli kō ke ao
　　神父　　純粋の　[　世界の　]
　　　　　　　　　　　　　　　　世界の真実の神

D　　　　　　　Bm
Hosana, hosana mau
賞賛　　　　賞賛　　永遠に
　　　　　　　　　　　　　　　　賞賛　永遠に賞賛しよう

D　　　　　　　　Bm
Aloha aʻe kō luna ao
愛する　[　世界の上の　]
　　　　　　　　　　　　　　　　世界の上に愛を

G　　　　A7　　　　D　　　A7
I Ke aliʻi nani o lehova
に　王様　美しい　の　エホバ
　　　　　　　　　　　　　　　　エホバの美しい王に

D　　　　Bm　A7　Bm　　　　　　　D
E Mililani aku i ka haku o nā haku ē
[　賞賛する　]を　　主　　の　[　主人達の　]
　　　　　　　　　　　　　　　　私達は王達の主を讃えます

  A7   F#7 Bm
Ā halelū nā ʻānela nona   そして天使達も賛美歌を歌います
そして　賛美歌を歌う [　エンジェル達　] それらのもの

   D   Bm
ʻO Iesu ka Mesia   メシアはイエス・キリストのことです
  です　イエス   メシア

   D   Bm
E hiʻilani uku iā ia   我々は彼を崇拝しましょう
 [崇拝する] を　彼

G   A7   D A7
Ma ka lā Sabati, haleluia   誕生の日に　主をほめ讃えよう
 に 日 誕生   ハレルヤ

D   Bm A7 Bm   D
Hoʻonani i ka Makua lani o nā lani i luna 一番高い天国の父なる神をほめ讃えましょう
[ほめ讃える] で [天なる父] の [世界の] に 高い

A7   F#7 Bm
Ka hoʻōla kō ke ao   世界の救世主を
  救う／癒す [世界の]

解説‥‥‥

オリジナル・ソングはカナダのシンガー・ソング・ライター、Leonard Cohenの書いたもの。ハワイ語の歌詞をKuana Torres Kaheleが書いた。日本人がよく耳にする「ハーレルヤ、ハレルヤ、ハレルヤ」とは違う曲。

Hāli‘ali‘a Aloha

Composed by Eric Lee

F
I laila i ka ‘iu o uka lā
[そこに／で]　とても高い　の　内陸

内陸に聳えるとても高い山で

B♭
Aia kāua i ka la‘i
ある　私達二人 中に　静寂さの

静寂の世界に私達二人

F　　　　　　　　　　　　　　　C7
Moe a‘e nei i ka ‘olu o nā palai
横たわる　今　中で　柔らかい　の　[パライシダ]

柔らかいパライシダに横たわって

B♭　　　　C7
Ninipo mai kāua lā ‘eā
憧れる／愛する　私達二人

私達二人は愛し合っています

F
Moani ke ‘ala onaona lā
風に漂う香り　香気　甘い香り

甘い香りが漂う

B♭
O ka uluwehi i ka nahele
の　青々と茂る緑の木々 中の　森

青々と茂る緑の森の中で

F　　　　　　　　　　　　　　C7
E hanu iho nei, e hanu lipo a kēnā
[　呼吸する　]　今　[呼吸する]　暗青色　の　そこの

素敵な香り、森の暗青色な空気を吸って

B♭　　　　C7　　　　F
Ninipo mai kāua lā ‘eā
憧れる／愛する　私達二人

私達二人は恋をしています

F
Ke pā mai nei ka ua noe lā
[　風が吹いてくる　]　[　霧雨　]

風が吹いて霧が立ち込めてきます

B♭
Aheahe ka makani ‘olu‘olu
静かに風が吹く　風　爽やかな

そして穏やかな風が吹いて

F　　　　　　　　　　　　C7
Hu‘ihu‘i mā‘e‘ele i ka ‘ili ē
冷やす　寒さでかじかむ　が　肌

私達の肌は冷えてかじかみます

B♭　　　　C7　　　　F
Ninipo mai kāua lā ‘eā
憧れる／愛する　私達二人

私達二人は恋をしています

F
Ke pi‘o mai ke ānuenue lā
[　虹が弓形に掛かる時　]　虹

弓形の虹が現れるとき

B♭
Mehana ho‘i kāua e ka ua
[　とても温まる　]　私達二人　で　雨

私達二人は雨で温まり

F　　　　　　　　　　　C7
I ka pilina, i ka pili aloha
で　粘着すること　で　[愛のある関係]

私達はぴったり寄り添い、愛しあう

B♭　　　　C7
Ninipo mai kāua lā ‘eā
憧れる／愛する　私達二人

私達二人、恋をしています

F
Puana ʻia me ke aloha lā
[　句を告げる　]　共に　　　　　愛情　　　　　　　　　　愛の私のメッセージが、詠唱されます
B♭
No ka hāliʻaliʻa aloha
為に　　[　優しく記憶された愛　]　　　　　　　　　　優しく記憶された愛の為に
F　　　　　　　　　　　　　　　C7
I laila i ka ʻiu o uka lā
[そこに／で]　とても高い　の　内陸　　　　　　　　　内陸に聳えるとても高い山で
B♭　　　　　　　　C7　　　　F
Ninipo mai kāua lā ʻeā
憧れる／愛する　　私達二人　　　　　　　　　　　　　私達二人は愛し合っています

H

解説‥‥‥
Eric Lee の「Anthology 1994-2014」に収録されている。彼の曲は優しい歌詞で、愛に溢れる曲が多い。音楽界の先輩、Mākaha sonsの
Louis "Moon"Kauakahi そして Jerome Kokoに捧げられている。

♪ジャンル　ハワイ島

Hāmākua Kihi Loa
Composed by Kuana Torres Kahele

C　　　　　　　　F
'O Hāmākua kihi loa
です　　ハーマークア　外側の角　大きい
G7　　　　　　F　　C
'Āina i ka wakawaka
土地　　　　　　突き出る／鋭い
C　　　　　　　　F
Kahi o nā manu 'Iwa
場所　の　[　鳥達　]　イヴァ鳥
G7　　　　　F　C
E ho'ola'la'i ai
　　静止させる

ハマクア・コーストは長いカーブを作り

陸地は厳しい崖になっています

イヴァ鳥が住む場所で

空中に静止しています

C　　　　　　　　F
E 'ike aku i ka nani
[　眺める　]　を　　美しさ
G7　　　　　　　F　C
Kahi wailele o Akaka
場所　　　滝　　の　アカカ
C　　　　　　　　F
Māka'ika'i mau 'ia
見物に行く　　　常に
G7　　　　　　　F　C
E ka po'e malihini
によって　人々　　旅人

美しさを眺めて下さい

アカカの滝の

しばしば訪れます

旅行者達が

C　　　　　　　　F
Kaulana nō 'o Hakalau
　　有名な　　は　ハカラウ
G7　　　　　　　　F　C
Noho mai i ke onaona
留まる　来る　が　　甘い香り
C　　　　　　　F
Ke kai ne'e mālie
　　海　先に押し進む　静かに
G7　　　　　　F　C
Nenehe i ka 'ili'ili
さらさら音を立てる　　小さな小石

ハカラウは有名

甘い香りが漂い

穏やかに流れて行く海

小石がサラサラ音を立てています

C　　　　　　　　F
Uliuli mau 'o Umauma
常緑植物　常に　は　ウマウマ
G7　　　　　　　F　C
Heha i ka noe polohina
不活発な　　　霧　灰色／霧
C　　　　　　　F
I laila au e 'ike ai
[　そこに　]　私は[　　見る　]
G7　　　　　　F　C
I ka maile a'o ia uka
を　　マイレ　の　この　高地

ウマウマは常に緑の植物が茂っています

灰色の霧の中にどんよりと

私はそこで見ます

この高地のマイレを

C   F
Hanohano hoʻi Waipiʻo
 誉れ高い 本当に ワイピオ渓谷
G7   F C
I ka ua Waʻawaʻahia
で 雨   ワアワアヒア
C   F
Pāhihi mai ʻo Hiʻilawe
 [崖を流れ落ちる] は ヒイラヴェ滝
G7   F C
He nani poina ʻole
 だ 美しい [忘れ得ぬ]

ワイピオ渓谷は本当に誉れ高い

ワアワアヒア雨の中で

ヒイラヴェ滝は流れ落ちる

忘れ得ぬ美しさです

C   F
Haʻina mai ka puana

物語は終わります

G7   F C
ʻO Hāmākua kihi loa
 です ハーマークア 外側の角 大きい
C   F
Kahi o nā manu ʻIwa
 場所 の [鳥達] イヴァ鳥
G7   F C
E hoʻolaʻilaʻi ai
  静止させる

ハマクア・コーストは長いカーブを作り

イヴァ鳥が住む場所

空中に静止しています

H

解説 ··
毎年恒例のメリー・モナーク・フェスティバル (2013年で50周年) がハワイ島ヒロ市で開催される。当地を訪れた人々が足を伸ばすのが、こ
こで歌われるアカカの滝経由、ハマクア・コースト沿いに北上、ワイピオ渓谷、ヒイラヴェの滝を見てヒロ市に戻るのがお決まりのコースだ。
その雄大な自然の景色は、ハワイ島の美しさを深く心に刻み付ける。Hakalauはホノムー地区にある渓谷と湾の町。

♪ジャンル オアフ島

Hāmama I Ka ‘Iu
Composed by Mailani Makainai

A F#m7 D   E7   A   F#m7 D E7
Mau loa ku‘u ‘i‘ini e ‘ike hou iā ‘oe
[変わらない] 私の 憧れ [見たい] 再び [貴方を]
　　　　　　　　　　　　　　　　　　　　　　貴方をもう一度見たい私の憧れは変わりません

A   F#m7   D E7
Mai ka lā hiki a ka lā kau
から [太陽が昇る] そして [日没する]
　　　　　　　　　　　　　　　　　　　　　　太陽が昇ってから沈むまで

D   E7   D   E7
Kū kilakila i ke alo pali o nā Ko‘olau
[荘厳に立つ] に   正面 崖 の [コオラウ山脈]
　　　　　　　　　　　　　　　　　　　　　　コオラウ山脈の崖の正面に荘厳に聳えています

A   F#m7   D E7 A
‘O Hāmama i ka ‘iu
です ハーママ滝 中に 神聖
　　　　　　　　　　　　　　　　　　　　　　ハーママ滝はとても神聖です

A F#m7 D   E7   A   F#m7
E kilohi au i kou nani, nani kamaha‘o
[探す] 私は を 貴方の 美しさ 美しさ 驚くほどの
　　　　　　　　　　　　　　　　　　　　　　私は貴方の美しさを探します　驚くほどの美しさを

D   E7   A   F#m7
Kū ho‘okahi, poina ‘ole
立つ ただ一つで [忘れられない]
　　　　　　　　　　　　　　　　　　　　　　ただ一人で聳え流れ　私は忘れられません

D   E7   D   E7
I ku‘u maka i ka mālia, konikoni
に 私の 目 中に 穏やかに 心がときめく
　　　　　　　　　　　　　　　　　　　　　　穏やかに私の目に映り　心がときめきます

D   E7 A   F#m7   D E7   A
I ka pu‘uwai ‘o Hāmama i ka ‘iu
に   心 は ハーママ滝 中に 神聖
　　　　　　　　　　　　　　　　　　　　　　心にとても神聖なハーママ滝

A   F#m7   D   E7   A   F#m7 D
Onaona wale ka Awapuhi melemele
甘い香り とても ジンジャー 黄色い
　　　　　　　　　　　　　　　　　　　　　　黄色いジンジャーのとても甘い香り

D E7 A   F#m7
Kahiko i ke alahele
飾る を 道
　　　　　　　　　　　　　　　　　　　　　　それは道を飾ります

D   E7   E7
He loa ka pi‘ina i uka, āhea lā
です 長い 登り道 へ 高地 風に吹かれる
　　　　　　　　　　　　　　　　　　　　　　高地への長い登り道です　風に吹かれて

E7   D   E7
E ho‘i kāua e pili
[出発しよう] 私達二人 [一緒に]
　　　　　　　　　　　　　　　　　　　　　　私達二人で登りましょう　一緒に

A   F#m7   D E7 A
‘O Hāmama i ka ‘iu
です ハーママ滝 中に 神聖
　　　　　　　　　　　　　　　　　　　　　　ハーママ滝は神聖です

        A F#m7 D E7   A   F#m7
Hea aku no au, e ō mai ʻoe
[呼び掛ける   ] 私は [答えてください] 貴方は

          D   E7
ʻO Hāmama i ka ʻiu
です   ハーママ滝   中に   神聖

A   F#m7 D
Ka wai huʻihuʻi anu
     水   冷たい   涼しい

      E7   D   E7
I ka ʻili lua ʻole paʻa pono
に   肌 [比べる物がない] [密接に保つ愛情]

           D   E7
I ke aloha
中に   愛情

A   F#m7   D E7 A
ʻO Hāmama i ka ʻiu
は   ハーママ   中に   神聖

私は呼び掛けます 貴方は答えてください

ハーママ滝は神聖です

涼しく冷たい水

私の肌に比べる物がない親しみを感じさせます

愛情の中に

神聖なハーママ滝は

解説··

ハーママ滝は、オアフ島コオラウ山脈から、カハルウ町に流れ降る川の源泉だ。道路も完備されていない山の中で流れ落ちる滝。カイルア
に住む作曲者のマイラニも、滝への再訪を憧れの歌に残したのだろう。ハワイ諸島には人が近づけない自然の美しい場所が沢山残されてい
る。2013年に発売されたMailaniのCD「Manawa」に収録されている。

Hame Pila
Composed by Charles Ka'apa

G   C   G
Kaulana mai nei kahi hame pila lā　　　ハメ・ピラは有名だ
[　　　有名な　　　]　一つの　[　ハメ・ピラ　]
D7
Ka ipu honehone me ka huapala lā,　　　恋人のような甘い音がする楽器です
[　甘い音がする瓢箪　]　共に　　美しい/恋人
D7　　G
Huapala lā　　　恋人よ
美しい/恋人

G   C   G
A he hewa iho 'oe i ka 'ama'ama lā　　　そして貴方はボラの食べ方を間違えています
そしてだ　[　間違え　]　貴方を　を　　ボラ魚
D7
He i'a lāwalu ho'omoemoe lā,　　　ティー・リーフで巻いて、横たわせて焼く魚です
だ　魚 ティー・リーフで巻いて焼く　横たわせる
D7　　G
Moemoe lā　　　横たえましょう
寝る/横たえる

G   C   G
A e iho au i Waialua lā　　　私はワイアルアに降ります
そして [降りる] 私は に　　ワイアルア
D7   G
I laila iho au haupa iho 'ai lā,　　　そこで思う存分食べます
[　あの場所で　]　私は [　思う存分食べる　]
D7　　G
Iho 'ai lā　　　食べます
[　食べる　]

G   C   G
Inā 'o mine ku'u lio holo lā　　　もしも馬が自分の馬ならば
もしも〜ならば 私のもの　私の　馬　走る/乗る
D7   G
Mea 'ole ke 'alu iho nā pali lā,　　　崖の下り坂は問題ではありません
[　重要でない　]　下り坂　[　崖々　]
D7　　G
Nā pali lā　　　崖だ　崖だ
[　崖々　]

G   C   G
Ha'ina 'ia mai ana ka puana lā　　　物語は終わります
D7   G
Kaulana mai nei kahi hame pila lā,　　　ハメ・ピラは有名だ
D7　　G
Hame pila lā　　　ハメ・ピラだ！

解説‥‥
この曲は1923年にジョニー・ノーブルが著作権登録しているがCharles Ka'apaが作詞作曲のハワイ民謡。ハメ・ピラという楽器は不明。この曲は2重の意味を持ったハワイ独特のKaonaと言われている。ボラは魚ではなく、可愛い女性だろう。1960年頃まではよく演奏されていたが、最近は全く演奏されない。女性を侮辱するようなKaonaだが、ハニー・カリマの軽快な演奏が有名だった。Waialua崖はモロカイ島のハーラヴァに実在する地名。強烈な山岳なので馬で移動するのも大変だろう。

© Copyright by CRITERION MUSIC CORP All Rights Reserved. International Copyright Secured. Print rights for Japan controlled by Shinko Music Entertainment Co.,Ltd.

♪ジャンル　カウアイ島

Hanalei I Ka Pilimoe

Words by Devin Kamealoha Forrest　Music by Kalani Pe‘a

      D
Hia‘ā a‘e ku‘u wahi moe
眠れない　よ　私の　[　　ベッド　　]

      D　　　　　　　　　　　　　A7
Hia‘ai i ka nani ‘o Māhealani
感激した　に　　美しい　が　　満月の夜

私のベッドで眠れません

満月が美しく感激して

      D
Kōaniani mai e ka Moa‘e
[そよ風が吹いて来る]　　よ　　　貿易風

     D　　　　　　　　　　　A7
Pā ‘olu i ke kula a‘o Wai‘oli
風が吹く　爽やかな　　平野　の　　ワイオリ

モアエ風が吹いてくる

ワイオリの平原に爽やかな風が吹く

      D
‘Oli‘oli nō au e ‘ike maka
[喜び／楽しみ]　　私は　[　直接見る／目撃する]

     D　　　　　　　　　A7
Ka hulili o ka wai no Kaliko
目も眩むばかりの光　の　　水　の　　カリコ

この光景を見て私は喜び楽しみました

カリコの水は目も眩むばかりに光り輝く

      D
He pua nō au i poni ‘ia
です　　花　　私は　を[～の頭の上を飾られる]

     D　　　　　　　　A7
E ‘ike i ka la‘i ‘o Pilimoe
[眺めよう]　を　穏やかな　は　　ピリモエ

頭の上を飾る私は花です
(英訳＝私は、特に選ばれた花です)

ピリモエの穏やかさを眺めよう
(英訳＝夕暮れの美しさを眺めよう)

      D
Ha‘ina ‘ia mai ana ka puana

     D　　　　　　　　　　A7
Lua‘ole Hanalei i ka pō la‘i
比べるものがない　　ハナレイ　　夜 心のやすらぐ／静かな

主題は告げます

心安らぐ静かな夜はハナレイに比べるものは無い

H

解説・・
面白い曲構成で、各バースを異なったメロディーで繰り返し歌っている。綺麗なメロディーで踊る人は同じ歌詞を異なった振り付けで踊ることが出来るかも知れない。カウアイ島ハナレイの素敵な美しさが見事に表現されている。タイトルではKa Pilimoeと書かれているが、4番のPilimoeは‘o Pilimoeと書かれているので地名と思われる。タイトルのKa Pilimoeだと、ベッドで／夢で／ベッドで寄り添って、という意味になる。HanaleiのWai‘oli には1841年に建築されたキリスト教の伝道所があった。その功績を伝える為、ホノルルのマノアに可愛らしい食堂「Wai‘oli」がある。

© 2016 by TuneCore Publishing.
All rights reserved. Used by permission.
Print rights for Japan administered by TuneCore Japan KK

117

♪ジャンル　オアフ島

Hanohano Haʻikū
Composed by Zachary Alakaʻi Lum

F
Hanohano Haʻikū ke ʻike aku
威厳ある　　　ハイクー　［　眺めれば　］
　　　　　　　　　　　　G7
　　　　　　　　　　　　　　眺めれば威厳あるハイクー地帯

C7
Hiʻi-poli ʻia e nā pali hāuliuli
［胸に抱かれる］　によって［　崖々　］深い緑／浅黒い
　　　　　　　　　　　F
　　　　　　　　　　　　深い緑の崖々の深い緑の胸に抱かれています

F
Huli aku nānā iā Keahiakahoe
［振り返る］　〜を見る　を　ケアヒアカホエ
　　　　　　　　　　G7
　　　　　　　　　　　　ケアヒアカホエを振り返れば

C7
Lei ana i ka ʻohu kau i ka piko
［レイを掛けている］　霧　青く　に　　頂上
　　　　　　　　　　　　　　F
　　　　　　　　　　　　頂上に青く霧のレイを掛けている

F
Piʻo maila i luna ke ānuenue
虹がアーチ形に架かる　［　上に　］　　虹
　　　　　　　　　　　G7
　　　　　　　　　　　　虹が空にアーチ型に架かっています

C7
Hoapili me nā wailele aʻo ia uka
親友　共に　［　数々の滝　］　の　この　高地
　　　　　　　　　　　　　F
　　　　　　　　　　　　高地の数多くの滝のお友達です

F
Ua noho a kupa lā i laila
［　住んでいた］　の　原住民　［そこに／で］
　　　　　　　　　　G7
　　　　　　　　　　　私はここに住んでいた土地っ子です

　　　G7
I ia ʻāina hānau poina ʻole
で この［　生まれ故郷　］［　忘れ得ぬ　］
　　　　　　　　　　　F
　　　　　　　　　　忘れ得ぬ生まれ故郷で

F
Haʻina ka puana a i lohe ʻia
［　主題を告げる　　　］　そして［　聞かされた　］
　　　　　　　　　　G7
　　　　　　　　　　　テーマを繰り返します　聞いてください

C7
Hanohano Haʻikū ke ʻike aku
威厳ある　　　ハイクー　［　眺めれば　］
　　　　　　　　　　　　F
　　　　　　　　　　　眺めれば威厳あるハイクー地帯の話を

H

解説··
オアフ島カネオヘ地区ヘエイアにあるハイクーは荘厳な山岳地帯。ここが作者Zachary Alakaʻi Lum、そして彼ら家族の生まれ故郷だ。しばしば滝のように流れ落ちる雨と空に大きく架かる虹を眺めます。私達土地っ子にとって忘れがたい故郷だと作者は語っている。地名を地図で調べたが不詳。多分パリハイウェイをカネオヘに下って行く付近だろう。

♪ジャンル　オアフ島

Hanohano Hale'iwa (Hale'iwa Hotel)
Traditional

G7　　　　　C　　　　　　　　G
Hanohano Hale'iwa kū kilakila
　有名な　　　ハレイワ　　　建つ　荘厳に／雄大な

　　　　　D7　　　　　　　G
Ka hōkele e kū i ka lihi kai
　ホテル　[建っている]に　[　海辺　]

有名なハレイワ　雄大に建っている

海辺に建つホテル

G7　　　　　C　　　　　　　G
He makana hiwahiwa no Anahulu
　です　贈り物　　可愛い　　の　アナフル

　　　　　D7　　　　　　G
A ka malihini a'e kipa mai ai
　そして　　旅人　　[　訪ねてくる　]

アナフルの可愛い贈り物です

そして旅人が訪れます

G7　　C　　　　　　G
E 'ike i ka nani o ia home
　[　見て　]　を　美しさ　の　この　家

　　D7　　　　　　　　　G
Kiliwehi i ka pua o ke Ko'olau
　反響する／響く　に　花　の　コオラウ

この家の美しさを見てください

綺麗にコオラウの花として知られます

G7　　　C　　　　　　　G
Lei ana Pua'ena i ka 'ehu kai
　[レイをかける]　プアエナ　で　[　海飛沫　]

　　D7　　　　　　　G
Ua wali ke one o Māeaea
　[細かく潰した]　砂浜　の　マーエアエア

海飛沫でプアエナにレイをかけましょう

マーエアエアの砂浜の細かい砂で

G7　　C　　　　　　　　G
Eia mai 'o Pi'ehu me ka hiehie
　[ここにくる]　は　ピエフ　共に　人目を引きつけること

　　D7　　　　　　　　G
Pu'uwai wai'olu me ka nahenahe
　心　涼しい／快適な　共に　優しい／調子の良い

ここピエフはとても人の目を引きつけます

快適な心持ちと優しさで

G7　　　C　　　　　　　G
He ho'ohie nō 'o Kahālo'ipua
　です　人目を引きつける　は　カハーロイプア

　　　D7　　　　　　　　G
Ka makuahine a'o nei lehulehu
　お母さん　　の(現在の状態)　大勢／多数の

カハーロイプアは活動的で人目を引きます

お母さんをはじめ多くの人の

G7　　　C　　　　　　　　G
Ka piano hone i ke kakahiaka
　ピアノ　甘い　に　　　朝

　　D7　　　　　　　　G
Ho'oheno 'ia e ka u'i Kāhili
　[愛される／可愛がられる]　によって　美しい　カーヒリ

朝、甘いピアノの音が響きます

美しいカーヒリで甘く奏でられます

G7   C   G
Ka hola ʻelima o ke ahiahi　　　夕暮れの 5 時には
　時刻　　5　の　　夕暮れ

D7   G
ʻAnapa ka uila hana kupanaha　　　灯りが輝き、信じられない光景です
　きらめく　　　電気　仕事　驚くべき／信じられない

G7   C   G
ʻO ka hae Hawaiʻi kaʻu aloha　　　私の愛するハワイの国旗です
　です　旗　ハワイ　私の　　愛する

           D7   G
E kaunu nei me ka hae o Maleka　　　アメリカの国旗と共に愛されています
[　愛されている　]　共に　旗　の　アメリカ

G7   C   G
Haʻina ʻia mai ana ka puana　　　物語は終わります

           D7   G
Haleʻiwa e ka home i ona ʻia　　　ハレイワ　私を夢中にさせた家です
　ハレイワ　よ　　家　[　夢中にさせた　]

解説・・
ハレイワ・ホテルが過去存在したことを知っている人は少ないと思う。私もこの歌で初めて裏オアフにホテルがあったことを知った。この曲はホテルが営業を始めた日に作曲されたという。車で行動しない人は日曜日だけ定期的に運行される列車を利用して宿泊したようだ。良き時代のハワイの風物詩といえる。

♪ジャンル オアフ島

Hanohano Hauʻula
Composed by Matt Sproat

Hui:

D   A
ʻO ka makani Lanakila hoʻohihi puʻuwai ē   私の心をうっとりさせるハウウラに吹くラナキラ風
です   風   ラナキラ   絡み合わせる   心

B7   E7
I ke one kaulana o kuʻu home hānau ē   有名な私の生誕の地
で   浜辺   有名な   の   私の   家   生誕の

A   E7   A
Kaulana ē, Ke kai i ka mālie ē   有名です　穏やかな海
有名な   海 中の   穏やかな

A   E7   D
Ka nani o nā pua, ka wai o ka ola   美しい花々　生命の水
美しい   の [花々]   水   の   生命

A   E7   A
Uluwehiwehi o Hauʻula ē   ハウウラ町に青々と緑に茂る草木
青々と緑の草木が茂る   の   ハウウラ

A   E7   A
Hoʻohihi ē, ka nani o Kaliuwaʻa ē,   絡み合わせます　カリウヴァア渓谷の美しさと
絡み合わせる   美しい   の   カリウヴァア

A   E7   D
Wai kahe mālie i nēia wahi kapu,   川の水はこの神聖な場所を穏やかに流れ
[流れる水] 穏やかに で この   場所   神聖な

A   E7   A
Nani wale ʻo Hauʻula ē   ハウウラ町はとても美しい
[とても美しい] は   ハウウラ

A   E7   A
Mau loa ē, nā minoʻaka o ka hoʻokipa ē, 尽きることのない歓迎の微笑み
[とても多くの]   微笑み   の   歓待すること

A   E7   A   D
Nā hoaloha kānaka haʻaheo,   多くの友人達と誇り高いハワイ人
[友人達]   ハワイ人   誇り高い

A   E7   A
Lua ʻole ʻo Hauʻula ē   ハウウラは比べるものがない美しい場所です
[優れた／無比の] は   ハウウラ

A   E7   A
Poina ʻole ē ka makani nihinihi pali ē   忘れ得ぬ崖を忍びやかに吹き抜ける風
[忘れ得ぬ]   風   そっと忍びやかに   崖

A   E7   A   D
Ke ʻala onaona o ka Hala i ka uka,   高地に茂るハラの木の魅惑的な香り
香気 甘い／魅惑的な   の   ハラの木 で   高地

A   E7   A
Hanohano ʻo Hauʻula ē   ハウウラは栄光ある町です
栄光ある   は   ハウウラ

解説‥‥‥‥‥‥‥‥‥‥‥‥‥‥‥‥‥‥‥‥‥‥‥‥‥‥‥‥‥‥‥‥

Huiで歌われる風 Lanakilaは、オアフ島のKoʻolau loa (コオラウ山脈の北側) に吹き寄せる風の名前で、作者の生誕の地は風光明媚なオアフ島の美しい海沿いのカハナ地区にあるHauʻula町だ。彼は自分が生まれた神聖で神秘的な土地に多くの感謝を捧げ、この歌を作曲した。2番のKaliuwaʻaは神話で豚の神様の住処として知られるSacred fallsがある場所だ。

♪ジャンル カウアイ島

Hanohano Kekaha
Composed by Kuana Torres Kahele

F7　　　　　　Bb　　D7　　　　G7
Hanohano Kekaha i ka mālie
　光栄ある　　　ケカハ　　の中の　　　静けさ

F　　　　　　　　　C7　　　F
'Āina kaulana o Kaumuali'i
　土地　　有名な　　の　　カウムアリイ

静けさの中の光栄あるケカハ

カウムアリイ（首長）の有名な土地です

F7　　　　　　Bb　　D7　　　　G7
Holu nape ka lau o ka ulu niu
[　草木が揺れる　]　　葉　の　[　椰子の葉　]

F　　　　　　　　C7　　　F
I ke ahe makani Moeāhua
で　　そよ風　　風　　モエアーフア

椰子の葉がそよ風に揺れる

モエアーフアそよ風で

F7　　　　　　　Bb　　D7　　　　G7
Ua 'ike i ka wehi a'o ka moana
[　見た　]を　　飾り付け　の　　　海

F　　　　　　C7　　　　　F
Ka lei nēnē hiwa o Kahelelani
　レイ　可愛がる　最愛の　の　カヘレラニ

海辺の飾り付けを見ました

カヘレラニの最愛の可愛らしいレイです

F7　　　　　　　Bb　　D7　　　G7
Nani wale ka 'ikena ma Kekaha
[　とても美しい　]　見ること／景色　で　　ケカハ

F　　　　　　　　C7　　　F
I ka 'ehu o ke kai hānupanupa
で　　飛沫　の　　海　　押し寄せる

ケカハで眺める景色はとても美しい

打ち寄せる海の飛沫で

F7　　　　　　Bb　　D7　　G7
Ha'ina 'ia mai ka puana

F　　　　　　　　C7　　　F
'Āina kaulana a'o Kaua'i
　土地　　有名な　　の　　カウアイ島

物語は終わります

カウアイ島の有名な土地

解説‥‥
カウアイ島南西ワイメア地区ケカハ・ビーチ公園がある海辺の町の美しい景色を歌った曲。優しいそよ風Moeāhuaが吹き寄せる場所として
知られる。Kuana Torres KaheleのhālauとMama Ane Kanaheleの住む特別な場所だ。1番で歌われるKaumuali'i（1778年〜1824年）は
カウアイ島とニイハウ島の最高の統治者として知られている。1810年にカメハメハ大王がハワイ王国建国まで、1794年〜1810年、カウアイ
島23代目の首長。島を戦乱から救った名君。

♪ジャンル [オアフ島]

Hanohano Nō 'O Kailua
Composed by Chinky Māhoe

C
Hanohano nō 'o Kailua i ka mālie
[　とても誉れ高い　]　は　カイルア　中に　　静けさ
静けさの中にカイルアはとても誉れ高い

G
'Ike i ka nani o ka manu 'Iwa
見る　を　美しい　の　　鳥　イヴァ鳥
イヴァ鳥の美しさを眺めます

D7
'Ihi'ihi nō ho'i nā 'Iwa kaulana
[敬意を持って取り扱う]　[　イヴァ鳥達　]　有名な
敬意を込めて取り扱う有名なイヴァ鳥

D7
Kaha mālie i luna o ka 'āina
[　穏やかな場所　]　に　上　の　　土地
穏やかな土地の上を優雅に羽ばたく

C
He 'āina kaulana 'o Kalapawai
だ　土地　有名な　は　カラパヴァイ
カラパヴァイは有名な街

G
Ka 'āina 'ihi kapu i ka wā kahiko
土地　敬意を払う　神聖な　を　　時代　古代
古代の土地に神聖な敬意を払う

D7
He ali'i nui 'o Kuali'i noho ai
だ　[　王様　]　は　クアリイ　住居 (前文を指す)
古代の神聖な王様クアリイの住居だ

D7　　　　　　　　　　　　　　　G
Mawaena o ka ulu niu ua wehi 'ia
中央の　の　[ヤシの並木][　飾られている　]
ヤシの並木の中央に飾られている

C
Maika'i wale nō 'o Kawainui
[とても満足だ / キリッとして立派]　は　カワイヌイ
とても美しいのはカワイヌイだ

G
I ka pā kolonahe o ke Ko'olau
中で　[　穏やかな風　]　の　コオラウ
コオラウの穏やかな風に吹かれて

D7
Kahe ana ka wai o Kawainui
流れる　　　水　の　カワイヌイ
カワイヌイ川の水は流れる

D7　　　　　　　　　　　　　　G
I ka hono o Kailua kahe mālie
に　湾　の　カイルア　場所　穏やかな
穏やかなカイルア湾に

C
Ki'eki'e ka pali 'o Ko'olaupoko
高い　　崖　は　コオラウポコ
コオラウポコ崖は高く

G
I ka ulu o ka hala māhiehie
に　[　ハラの並木　]　魅惑的な
魅惑的なハラの並木に

D7
Puana 'ia mai no ke one kaulana
[　主題と告げる　]　の　浜辺　有名な
主題は有名な浜辺のお話です

D7　　　　　　　　　　　　　G
'O Kailua, 'āina kau i ka hano
です　カイルア　土地　置く　を　栄光ある
カイルア　栄光ある土地

解説・・・
この曲はオアフ島のウィンド・ワードサイドにあるカイルア湾の美しさを讃えた曲。コオラウ山脈からカワイヌイ川が流れ込み、神聖なイヴァ
鳥が大空を飛んでいる。クアリイ首長は1700年以前統治していた。沢山のヤシの木が茂ることでも知られる世界屈指の絶景だ。

♪ジャンル [オアフ島]

Hanohano Nō ‘O Waimanālo
Composed by Kale Hannahs

G   C G
Hanohano nō ‘o Waimanālo,
 光栄ある   は ワイマナロ

C   G   D7
I ka ‘āina ho‘opulapula ē
で 土地 ハワイ人の復興の為に王から与えられた土地

G   C   G
E ola, e nā pua ‘o Waimanālo
よ 生命 よ [花々] は ワイマナロ

D7   G
He ‘āina kaulana ē
だ 土地 有名 おー

ワイマナロは光栄ある町

王様から与えられたハワイ人の自作農地で

生命よ　ワイマナロは花々（人々）よ

有名な土地です

G   C G
E ‘ike aku i ka nani
[眺める] を 美しい

C   G   D7
O ka moku o Mānana ē
の 島 の マーナナ

G   C   G
A puni i ke kai hānupanupa
そして 取り巻く[波立つ海   ]

D7   G
Me ka nalu hāla‘i ē
共に 波 穏やかな

美しさを眺めよう

マーナナの島の

波立つ海に囲まれて

穏やかな波と共に

Em   B7
E kū ha‘aheo e nā kānaka
[立て] 誇り高く よ [ハワイ人達]

Em   B7   Em D7
Mai ka ‘āina o Kananiana‘ole
から 土地 の カナニアナオレ王子

G   C   G
Ka home nani o nā kānaka maoli
 家 美しい の [ハワイ人] 本当の

D7   G
Ka ‘āina ho‘opulapula ē
 土地 ハワイ人の復興の為に王から与えられた土地

誇り高く立ち上げれ　ハワイ人達よ

カナニアナオレ王子から頂いた土地から

ネイティブ・ハワイ人達の美しい家

王様から与えられたハワイ人の自作農地よ

G   C G
Eō mai e Waimanālo
[答えて]よ ワイマナロ

C   G   D7
Ka ‘āina mai ke Akua ē
 土地 から 神様

G   C   G
E ola, e nā pua ‘o Waimanālo
よ 生命 よ [花々] は ワイマナロ

D7   G
He ‘āina kaulana ē
だ 土地 有名

答えて下さい　ワイマナロ町よ

神様から与えられた土地で

生命よ　ワイマナロの花々（人々）よ

有名な土地です

解説………
作詞作曲したKale Hannahsは、第50回メリー・モナーク・フェスティバルの仕事が終わり、オアフ島に戻り、自分たちのグループが演奏する曲のインスピレーションを得る為、西海岸に向かってドライブした。マカプウ・ビーチやワイマナロを眺め、ハワイ人としてのインスピレーションが浮かび、この曲を書いたという。2013年末に発売されたWaipunaのCD「Nāpili」に収録されているが、メンバーが一人増え、Kale Hannahs, David Kamakahi, Matt Sproat のトリオになっている。

♪ジャンル　オアフ島

Hanu ‘A‘ala

Words by Puakea Nogelmeier　Music by Kamaka Kukona

G   C
‘A‘ahu ‘o Mānoa i ka ‘ahu o te tuahine
覆う　　は　マーノア　で　　コート　の　　トゥアヒネ
　　　マーノア渓谷はトゥアヒネ雨のコートで覆われて

G
Ke kāhiko maila i ka Lehua o ka uka wehi nei
美しい装飾品 そこに／から　レフア　の　　高地 飾り付け 今
　　　高地を飾り付けるレフアの花は美しい装飾品です

D7   C
He wehi nō ia no Akāka kau mai i luna (u~u~u)
です 飾り付け この の　アカーカ [　高く聳える　]
　　　アカーカ高地の飾り付け　高く聳えています

Hui:

D7   C   D7   C
I leo, o ka leo ka‘u e li‘a nei
音声 の　音声 私の [強く憧れている]
　　　声です、私の強く憧れている声のようです

Em   C   Am7   G
‘O ia ‘ala anuhea i holo nō ia (u~u~u)
です この　香気 心地よい香り　流れる　それ
　　　この漂う心地よい甘い香気がその総てです

G   C
Akāka ke aloha e māpumāpu mai nei ē
アカーカ 愛情 [　風に吹かれて漂う香気　]
　　　大好きなアカーカ高地
　　　風に吹かれて甘い香りが漂います

G   C
Māpu maila me he leo ‘a‘ala
漂う香気 ここに 共に です 声 香りよい
　　　ここに漂う香気、香りよい声のようです

D7   C   G
E honehone mai ana i ka poli aloha ē
[　甘く人の心に訴える　] に　胸 愛情
　　　愛情ある胸に、甘く心に訴えてきます

C   G
Aloha ē
愛
　　　愛よ

解説…………………………………………………………………………………………

この曲は有名な作詞家Puakea Nogelmeierが、マウイ島を拠点に活動するKumu hula, Kamaka Kukonaの教室、Hālau o ka Hanu Lehua
に、2004年8月15日にプレゼントしたオリ、Ka Hanu Lehua o Mānoa。メロディーを付けて2013年にCD「Hanu ‘A‘ala」で発表、見事
2014年度のNā Hōkū Hanohano Awardsで、Graphics Award、Male Vocalist of the Year、Most Promising Artist(s) of the Yearの3部
門を受賞した。AkākaはMānoa Valleyに聳える高地。

© by PUAKEA NOGELMEIER MUSIC
All rights reserved. Rights for Japan controlled by Little Star Copyright Management

♪ジャンル ハバハオレ

Harvest Of Rainbows
Composed by C.Mcburney, Cyril Pahinui

C
When the moonlight whispered to the sea　　　月の光に海が輝けば

F
I'll remember you weren't there　　　貴女がいなかった事を思い出す

G7
Of wonder nights and waitfulness,　　　不思議な夜、待ちぼうけ、

C　　G7
empty stops, no tender kiss　　　車も無く、優しいキスもない

C
Then I came upon your island,　　　それから僕は貴女の島に来た

F
enchanted by your smile　　　魅惑的な君の微笑みで

G7
My heart was taken by a gentle breeze,　　　僕の心はここちよいそよ風に誘われて

C　　C7
I belonged here all the while　　　僕はここにやってきた

F　　　　　　　　　　　　　　Em7
Turns my life has taken, to find you are the one　　　僕の人生は変わってしまった
　　　　　　　　　　　　　　　　　　　　　　　　貴女が大切な人だと判ったから
A7　　　　　Dm7　　　　　　G7
You are the harvest of rainbows,　　　貴女は虹の収穫者

C　　G7
reflection of the sun　　　太陽の照り返し

H

You move so**C**fty through my midnight 　　　貴女は僕の真夜中をそっと過ぎて行く

Staying there behi**F**nd my eyes 　　　僕の目の中に残して

I've forg**G7**otten all my troubles 　　　トラブルはみんな忘れてしまった

I've forgotten why I **C** cry **G7** 　　　何故泣いたのか　忘れてしまった

Now all **C** my days have Sunday's peace, 　　　今、僕の毎日は、日曜日の長閑さだ

We're drinking time as w**F**ine 　　　過ぎ行く時をワインの様に飲み干して

Clouds w**G7**ink at us as they float by, 　　　雲は流れ去り僕達にウインク

stars see us and they **C** shine 　　　星々も僕達を眺めて輝いている

H

解説‥‥‥‥‥‥‥‥‥‥‥‥‥‥‥‥‥‥‥‥‥‥‥‥‥‥‥‥‥‥‥‥‥‥‥‥‥‥

1984年、ピーター・ムーン・バンドのCD「Spirit Lover」に収録のハパハオレ・ソング。後にKanikapila Records「Backbone」というCDで
再発売されている。2013年に発売されたCDで、リーダーのピーター・ムーンの息子と、作曲したシリル・パヒヌイが共演しているのも不思議
な巡り合わせだ。

♪ジャンル ハパハオレ

Hau'oli Makahiki Hou
Composed by Alfred Peles

G   D7
Hau'oli Makahiki Hou
おめでとう   年   新しい

   D7   G
Happy New Year what I mean

   E7   A7
From Hawai'i, Land of flowers

     A7   D7
Brilliant rainbow, Palm trees green

G   D7
Hau'oli Makahiki Hou

        D7
Ring out the old

        B7
Ring in the new

     E7   A7
Should old aquaintance be forgot
（古い友人ほど親密ではなく仕事などの関係で知っている人）

         G
Happy New Year

A7   D7 G
Same to you

ハウオリ・マカヒキ・ホウ

新年おめでとうの意味ですよ

ハワイから　花の島から

鮮やかな虹　緑色の椰子の木

ハウオリ・マカヒキ・ホウ

過ぎ去ったものを送り出し

新しく来るものを迎えよう

親しくない知人は忘れよう

新年おめでとう

あなたもね

解説······················

(エセル中田作詞)
ハウオリ・マカヒキ・ホウ　　ハワイの言葉
南の花咲き　　ハウオリ・マカヒキ・ホウ
楽しいお正月　　友と語ろよ
ニュー・イヤー　君に

ハワイのクリスマス・ソングMele kalikimakaと同様、新年を祝う歌もある。日本で、デビュー当時のエセル中田がMele kalikimakaとHau'oli
Makahiki houの2曲をEP盤で歌っている。ハワイではヒットせず、あまり知っている人はいない。新年を迎えて「親しくない人は忘れよう」
は、かなりオシャレな発想と思うが？ 最後のフレーズで「蛍の光」のメロディーが少し出てくるのが面白い。

♪ジャンル [カウアイ島] [カヒコ]

Hāʻupu

Traditional

Aloha ka luna o Hāʻupu,
今日は　　　　高地　の　ハーウプ

ハーウプ高地にご挨拶

ʻUpu mai ka manaʻo ʻike iā Hulēʻia,
[思い焦がれる]　　心　見る　を　フレーイア

私の心はフレーイアを眺める憧れで一杯です

Ka waiho kāhela a Niumalu
[一面に広がっている]　　ニウマル

ニウマルが一面に広がっています

I ka mālie, mālie ka māmaka nō
中に　静けさ　静けさ　水平線の彼方まで運ぶ杖

静けさ、穏やかな天気

Eia lā i ka moana
ここにある　に　海洋

ここに海があります

Nānā ʻia aʻe o ka ulua me na ka liʻi,
[見られる/知られる]　の　アジ　と　為の　首長

首長の為のアジが捕獲されたと言われる海

O hōʻea mai auaneʻi kaikoʻo o ka moana,
[時期が来て到来する]　間も無く　流れの強い海　の　海洋

海洋は間もなく流れが強くなって来るでしょう

Kau aku ka manaʻo nō ka hua kīpā,
[置いていく]　　心　[Chee-fah 中国の賭け事]

そして、心を chee-fah ゲームに集中して

Kahi pola laiki hoehoe ka waha,
一つの　丼　米　息を吸ってヒューと吐く　口

飯茶碗に息を吸ってはヒューと吐き出します

Kahi pola laiki hoehoe ka waha,
一つの　丼　米　息を吸ってヒューと吐く　口

飯茶碗に息を吸ってはヒューと吐き出します

Hoʻi nele au i ke kula o Malumalu,
帰る　無しに　私は　に　平原　の　マルマル

私は、手ぶらでマルマル平野に戻ります

Ua malu kuʻu kino
[遠慮がちな]　私　体

手のつけられない私の体

Ua pā i ka leo
[届いた]　が　声

私はあなたの命令によって制止されます

Ka noho nō a ka ua kēwai i ka uka
座席　そして　雨　ケーヴァイ　に　高地

ケーヴァイにわか雨は、高地に居残り

Makani aloha o kuʻu ʻāina
風が吹く　愛する　の　私の　土地

私の土地の愛する風が吹く

Ke huli hoʻi nei au ke kula wale o Puhi,
[向きを変え来る/探してくる] 私は　平原　大きい　の　プヒ

私はプヒにある大きな平原に帰るところです

Ka waiho kāhela i ke kula o Hololā,
置き場　一面に広がっている　平原　の　ホロラー

ホロラーの平原が一面に広がる場所

Ke ālai ana a Kahoaea ma mua
[妨害する]　の　カホアエア　[前に]

目の前にカホアエアがあって見ることが出来ません

He kula maikaʻi kula o Waikanono,
だ　平野　良い/立派な　平野　の　ワイカノノ

ワイカノノ平野は素敵な平野です

He kula maikaʻi kula o Waikanono,
だ　平野　良い/立派な　平野　の　ワイカノノ

ワイカノノ平野は素敵な平野です

Kū nō a kapalikea he ihona o Lawaʻi,
　立つ　　　　カパリケア　　だ　傾斜／降下　の　　ラヴァイ

カパリケアは聳え　ラヴァイの傾斜面

He piʻina ikiiki o Kalāheo
　だ　登り　強烈な不快　の　カラーヘオ

カラーヘオの上り道は急勾配

Hoʻoheo ana mehe wahine
　誇り高い／自慢する　～のように　女性

私の心の中で不貞な女性のように悩ませます

manuahi ala i kuʻu poli,
　無料の／不貞の　中で　私の　　心

I ka ʻī aʻe, kau aku ka manaʻo no Wahiawā
　で　［話す］［義務を課す］　　思考　の　ワヒアヴァー

私に話しかけ、ワヒアヴァーまでの距離を思い出させることで

Ka noho mālie nō akā ua ili,
　住居　穏やかな　しかし ［悲しみがふりかかる］

穏やかな住居　でも悲しみが湧き上がります

He wahi aloha noʻu a no ia lā kekahi
　だ　場所　愛情の　私の為に　そして　彼女　ただ一つの

それは私のため、彼女のためにも愛情があるからです

Amamau

さあ、頑張ろう

解説‥‥

このKahikoは中国人がハワイ諸島に渡来した後にできた曲。何故なら歌詞の中に中国の賭博遊びの hua kīpā = Chee-Fah が歌われているからだ。ホノルルを中心に流行したと伝えられている。夢、勘が、このゲームの面白さだったようだ。幸せな人は「馬の頭—poʻo lio」「龍—moʻo lani」「売春する女性—wahine laikini」という商品があったという。Chee-Fahは予想でお金を胴元に預けて、各々のプレーヤーは遊んだ。馬券と同じようです。当選者には一口当たり手数料を差し引いて1ドル50セント支払われたと記述されているが、多くの人は夢も希望も失って帰宅した様だ。歌の内容はエマ王女がカウアイ島Malule, Hanapēʻpē Valleyを旅した時の物語だ。Mary Kawena Pukuiの著書「Nā Mele'welo. Song of our Heritage」を参考にした。

Hāʻupu　　カウアイ島リフエ地区にある高地の名前。
Hulēʻia　　Hulāʻiaともいう。リフエ地区にある小川の名前。
Niu-malu　リフエ地区にある海岸と丘。
Puhi　　　リフエ地区にある小川がある町。
Kahoaea　リフエ地区とコーロア地区の境界にある丘（友達の来る丘）。

Hawai'i Ākea

Composed by Keo Woolford, Michael Lanakila Casupang

	Bb	Cm7	Bb	Bb7

E Hawai'i ākea, 'o 'oe he hulilau
よ　　ハワイ　　広々した　　　です　貴方　　です　　　お母さん

広々したハワイよ　貴方は私のお母さんです

　　　　Eb　　　　F7　　　　Dm7 G7
He manawa kūpono a kāua
です　　時間　　　価値ある　の　私達二人

私達が再会する価値ある時です

　　Cm7　　　　　　Dm7
Ho'i mai ka lani mai
[　帰ってくる　]　　天国　から

天国から帰ってきて

　　　Cm7　　　　F7　　Bb
Noho i ka mehana o ka poli
住む　の中に　　温かい　　の　　胸

貴方の胸の温かさの中に住みます

　　　　Bb　　　　　Cm7　　　　Bb　　　Bb7
Launa 'ole kou nani, ke kilohi aku wau
[　比べられない　]　貴方の　美しさ　[　じっと見つめる　]　私は

貴方の美しさに比べる物はありません
私はじっと眺めます

　　　Eb　　　　F7　　Dm7 G7
Ho'ōla i ka ua Tuahine
あがなわれる　で　[　トゥアヒネ雨　]

トゥアヒネ雨で癒される

　　Cm7　　　　　Dm7
He 'eha mai loko mai
です　[　痛くなる　]　[　中に来る　]

胸の中の痛みです

　　Cm7　　　　F7　　Bb
Mau nō ke aloha i ka poli
[　永遠　]　　　愛情　の中に　　胸

胸の中に愛情は永遠です

　　　Bb　　　　　Cm7　　　Bb　　　Bb7
Hō'ike aku 'oe i ke ao o nā akua
[　見せる　]　貴方は　で　世界　の　[　神々　]

神々の世界で貴方は示します

　　　Eb　　　　F7　　Dm7 G7
I nā pua onaona kamaha'o
中に　[　花々　]　心地よい香気　驚くほどの

驚くほど心地よく香る花々の中で

　　Cm7　　　　　　Dm7
Ho'ohihi ka mana'o uluwehi
魅せられる　　　心　青々とした美しい

青々とした美しい心に魅せられて

　　Cm7　　　　F7　　Bb
Ho'opili i ke aloha o ka poli
ぴったり寄り添わせる　　愛情　の　胸

私達は永遠に貴方の愛する胸に寄り添います

解説 ‥‥

ハワイで2013年12月17日に公開されたHAWAII映画「THE HAUMĀNA」の主題歌。歌手はLehua Kalima、ギター伴奏はShawn Pimental、作詞作曲はKumu hulaのMichael Lanakila CasupangとKeo Woolford、音楽監督 Shawn Pimentalだ。自然の美しさに溢れるハワイは母親の胸の中の様に素晴らしいと歌っている。
この映画の監督Keoは、次のように説明してくれた。「ハワイで育って、数年間ハワイを離れて生活して（本土で俳優の活動をしていたから）、またハワイに戻ってきたら、ハワイと自分のコネクションを強く感じるようになったんだ。ハワイの風、海、花、香り、景色、ハワイの全てと自分はコネクションがある。ハワイは自分を産んだお母さん。自分とコネクションがあるハワイ全部のことが、Hawai'i Ākea。ハワイの全てを表しているんだよ」と。

© by HULATION
All rights reserved. Rights for Japan controlled by Little Star Copyright Management
© MOUNTAIN APPLE COMPANY INC
All rights reserved. Used by permission.
Rights for Japan administered by HOTWIRE K.K.

♪ジャンル ハワイ島

Hawai'i Keawe
Composed by Kuana Torres Kahele

F   C7   B♭ F
'O ku'u lei Lehua o Hawai'i Keawe
です　私の　レイ　レフア　の　ハワイ　ケアヴェ首長
ハワイ・ケアヴェ首長の私の大切なレフアのレイ

F   C7   B♭ F
Ka'u mea nō ia a'e pūlama nei
私の　物　　この [　大事にする／世話をする　]
私の大切な世話をするレイ（物）です

F   C7   B♭ F
Onaona ka maka iā Pana'ewa
[　温和で目に優しい　] が　パナエヴァ
パナエヴァの景色が目に優しい

F   C7   B♭ F
A me ka Maile 'a'ala, 'a'ala ho'i i ka ihu
[　そして　]　マイレ　甘い香り　甘い香り とても に　鼻
そしてマイレの甘い優しい香り、甘い香りが鼻に

F   C7   B♭ F
Beauty 'o Waiākea i ka ua Kinailehua
美しい　は　ワイアーケア　中で　雨　キナイレフア
ワイアーケアはキナイレフア雨の中で美しい

F   C7   B♭ F
Kahi o nā laumāewa a'o ka Palai
場所　の [　葉が風で揺れている　]　の　自生のシダ
自生シダの葉が風に揺れる場所

F   C7   B♭ F
Na wai e 'ole ka nani o ka 'Awapuhi
[　誰が　]　～でない　美しい　の　アワプヒ
誰がアワプヒの美しさを否定しますか?

F   C7   B♭ F
A me ka lei kui 'ia, he nani poina 'ole
[　そして　]　レイ [　編む　] だ　美しい　[　忘れ得ぬ　]
そしてレイに編まれて、忘れ得ぬ美しさ

F   C7   B♭ F
Ha'ina 'ia mai ka puana i lohe 'ia
[　告げる　]　テーマ　を [　聞かされた　]
聞こえる話がテーマです

F   C7   B♭ F
No ke aloha mae 'ole iā Hawai'i Keawe
為に　アロハ [　永遠の　]　に　ハワイ　ケアヴェ
ハワイ・ケアヴェ首長への永遠の愛情の為に

解説
2014年4月に発売されたKuana Torres KaheleのCD「Hawai'i Keawe」から紹介。副題にMusic for The Hawai'i Islandsと書かれている。
シリーズ物のCDで、順次ハワイ諸島の島々を取り上げてCDを制作している。このCDは生まれ故郷のハワイ島のみ取り上げている。

He ʻAnoʻi Aloha

Composed by Kale Hannahs

D   G   D   G
Aia ka laʻi o ke kulu aumoe
ある   穏やかさ の   [真夜中   ]

真夜中の静けさの中で

Em   A7   Em   A7   D
Ninipo nō au i kou aloha, he ʻanoaʻi aloha
に憧れる／愛する 私は に 貴女の   愛   だ   憧れ   愛

あなたの愛を私は望みます　愛の憧れです

D   G   D   G
Auhea kuʻu lei, ʻiʻini nō wau
どこにいるの 私の レイ 欲望   私の

私の愛しい人はどこにいるの　私の憧れの人は

Em   A7   Em   A7
E hoʻi mai e ke aloha, e hoʻi mai ē
[帰ってきて] よ   愛   [帰ってきて] ねー

帰ってきてください　私の愛しい人、帰ってきて！

Hui:

G   A7   D   Bm
E kiss me once again my love

もう一度キスして　私のあなた

G   A7   D
Let me feel your warm embrace

もう一度あなたの温かい抱擁を

G   A7   D Bm G   A7   D7
E honi mai e kuʻu ipo, e kuʻu pili aloha
[キスして] よ [恋人] よ   私の [愛情のあるお付合い]

キスして　恋人よ　私の愛しい人よ

D   G   D   G
Eia ka puana no ka beauty aumoe
ある   主題   の   美しい   夜遅く

美しい真夜中のテーマがあります

Em   A7   Em   A7
Ninipo nō au i kou aloha, he ʻanoʻi aloha
に憧れる／愛する 私は に 私の   愛   だ   憧れ   愛

あなたの愛を私は望みます　愛の憧れです

解 説‥‥‥
愛する人への思いを込めて書かれたのだろう。真夜中に独り寝の寂しさが愛しい人に呼びかけています。去って行った恋人に想いが募ります。2014年に沢山の歌手と共に自作を含め過去の名曲を綴ったアルバム「E mau Ke Aloha」(by Waipuna) に収録されている。

♪ジャンル　オアフ島

He Aloha Awaiāulu
Composed by Puakea Nogelmeier

D
Aia i Nuʻuanu ke aloha
ある　に　　ヌウアヌ渓谷　　　　愛
A7　　　　　　　　　　　　　D
I ka poli wewehi aʻo nā pali
が　　胸　　飾る　　　の［　渓谷　］

愛情はヌウアヌ渓谷にあります

渓谷の緑で飾る胸の中に

D
Pāpahi mai ke Kilikilihune
［飾る／栄誉を与える］　　軽い雨／シャワー
A7　　　　　　　　　　　　D
ʻO ka ua Hāʻao aʻo Lanihuli
です　雨　ハアオ雨　の　　ラニフリ

キリフネの軽い雨で飾られ

ラニフリのハアオ雨を浴びています

Hui:

G　　　　D　　　A7　　D
Awaiāulu mai ke aloha
［確実に結ばれる　　　］　　　愛情
G　　　　D　　　　　A7　　　　　D
Ke kaunu konikoni mau o loko nei
　　求愛　　　鼓動する　　常に　の　中　今

愛情は確実に結ばれます

今、心の中に鼓動する求愛

D
E huli mai ʻoe a pili kāua
［向きを変えて来る　］　貴方は そして寄り添って私達二人
　　A7　　　　　　　　　　　D
E Kuʻumakanalani ālohaloha
よ　　クウマカナラニ　　　　　最愛の
D
Aloha nā kila o Waolani
愛情　　封印された　の　　ワオラニ
E7
I ka leo honehone aʻo ka Moaʻe
　　声　耳に心地よく静かな　　の　　モアエ風

貴方は戻って来て、
そして私達二人は一緒になります

最愛のクウマカナラニよ

ワオラニの高地の封印された愛情

モアエ風の耳に心地よく静かな声

D
Lei ʻo uka i ka ʻohu
レイをかける　丘　で　　霧
A7　　　　　　　　D
Lei ʻo loko i ke aloha
レイを掛け　中に　で　　愛

霧で丘はレイを掛け

愛で心の中も飾ります

D
Haʻina ka puana me ka hoʻoheno
告げる　　主題　　共に　　　愛慕
　　A7　　　　　　　　　　　D
No Kuʻumakanalani aʻo Nākila
為に　　クウマカナラニ　　の　　ナーキラ

愛情と共に主題を告げます

ナーキラさんのクウマカナラニの為に

解説‥‥‥

Dwayne Nākila と Marti Kuʻumakanalani steele の為に、Puakea Nogelmeier が作詞作曲した永遠の愛を讃えた歌。彼等は2010年に結婚し幸せな人生をヌウアヌ渓谷で過ごしている。彼らの家にアワイアーウルと名前が付けられた。Awaiāuluとは、結婚式のネクタイの様に確実に結びつくという意味がある。

He Aloha Nō

Composed by Kawaikapuokalani Hewett　訳詞 えりさ 岡田 マン

C　　　　　　　　G7　　　　C
He aloha, he aloha, he aloha nō
です　愛　です　愛　です　愛　強意
　　　　　　　　　　　　　　　　　愛、とにかくも

C　　　　　　　　　　G7　　　　C
He aloha nō ke ola mai kalani mai
です　愛　強意　生命　[　天から来る　　]
　　　　　　　　　　　　　　　　　天から来る愛よ

F　　　　C　　　　G7　　　　C
He aloha ke kāhiko a ʻo ke akua
です　愛　美しい飾りつけ　[　の　]　神様
　　　　　　　　　　　　　　　　　神様の無償の愛

C　　　　　　　　G7　　　　C
I hiʻilei ʻia hiʻipoi mau nō
[　運ばれる　]　可愛がる　[　永遠に　]
　　　　　　　　　　　　　　　　　雨がもたらす命よ
　　　　　　　　　　　　　　　　　レイの様に愛らしく永遠に愛でよう

C　　　　　　　　　G7　　　　　C
E naue, e naue, e naue mai ʻoe
[行進する／揺れる]　　話し手の方に来る　貴方は
　　　　　　　　　　　　　　　　　もっと近くへお寄り

C　　　　　　　　G7　　　　C
E naue e pili e kuʻu ipo ē
[　一緒になって　]　よ　[　恋人　]　おー
　　　　　　　　　　　　　　　　　愛する人よ、もっと近くに来ておくれ

F　　　C　　　G7　　　　C
Polinahe ka pa ana mai
心地よく静かな　[　風が吹いてくる　]
　　　　　　　　　　　　　　　　　優しいプウレナの風が

C　　　　　　　　　G7　　　　　C
A ka puʻulena i ka lehua e
そして　プウレナ風　中に　レフア
　　　　　　　　　　　　　　　　　レフアの花を包み込む

C　　　　　　　　G7　　　　C
E nanea e nanea e nanea kāua
[　楽しもう　]　　　私達二人
　　　　　　　　　　　　　　　　　さあ、楽しませておくれ

C　　　　　　　　　G7　　　　C
E nanea i ka nani i ka uluwehiwehi
を　　美しさ　中で　青々と茂る緑の草木
　　　　　　　　　　　　　　　　　植物の瑞々しさと美しさを

F　　　　C　　　G7　　　　C
Kupu aʻe ka liko kupu mau nō
新芽　若葉　芽を出す　[　永遠に　]
　　　　　　　　　　　　　　　　　葉を永遠に芽吹かせる、若いつぼみよ

C　　　　　　　　G7　　　　C
Uwe ka lani, ola ka honua
泣く　天国　生きる　地球
　　　　　　　　　　　　　　　　　天国が泣いて、地球は生き続けるだろう

解説・・

この曲はKawaikapuokalaniの家族の絆の強さと愛情の深さを歌っています。雨降って地固まるように、私達家族のお互いへの愛情が、私達の家族の絆をよりいっそう強くしました、とKawaikapuokalaniは語っています。

♪ジャンル ハワイ島

He Aloha Nō Ka Lehua
Words by Kalikolīhau Hannahs Paik   Music by Kellen Paik

```
A                    D
He aloha nō ka Lehua                       レフアの花への愛情です
 だ      愛情        レフア
E7              D    A
E ola mau i ka lewa                        天空に永遠に生き続けましょう
生き続けよう   永遠 に    天空／天国
A            C#7     F#m B7
Helele'i i ka ua li'ili'i                  優しい雨がパラパラ降って
パラパラ降った      雨 少ない／僅かな
Bm        E7        A
E 'alohi nei i ka 'ohu                     花は霧の中でキラキラ輝いています
[ キラキラ光っている ] で    霧／露
```

```
A                    D
He pua pūnono ka Lehua                      レフアは赤い色の鮮やかな花です
 だ    花  鮮やかな赤色   レフア
E7               D    A
Hōpoe Lehua ki'e i ka luna                  高地に高貴なレフアの花は十分に発育して
十分に発育した  レフア  高貴な に   高地
A          C#7    F#m B7
Pulupē i ka uakoko                          小川の水色が変わる程の雨でびしょ濡れになっても
びしょ濡れ で  小川の水が赤色に変わる程の激しい雨
Bm        E7         A
Ka pua wehiwa o uka                         高地に咲く誇り高く優れた花です
[  より優れた花  ] の   高地
```

```
A                    D
Hia'ai wale ke 'ike nei                     眺めればとても楽しい
〜に喜んだ   とても  [  眺めている  ]
E7                D    A
Nā Lehua kilipohe i ka uka                  高地で霧や雨に濡れてカッコ良いレフアの花々
[レフアの花々]   霧や雨に濡れてカッコ良い   高地
A            C#7          F#m B7
Walea ka manu i ka 'ula                     赤色に鳥は心を奪われています
没頭する   鳥 に    赤色
Bm        E7         A
O ka maoli pua i ka 'iu                     頂上に自然に咲く花の
 の   自然の  花 に   頂上
```

```
A                    D
Ha'ina mai ka puana                         繰り返し告げます
E7                F#m B7
He aloha nō ka Lehua                        レフアの花への深い愛情です
です     愛情        レフア
A          C#7    F#m   B7
Ka pua e hi'ipoi nei                        大切に愛されている花
        花  [ 大切にされている ]
B7       E7        A
I ka poli o ke kuahiwi                      山の胸（心）の中で
中で  心／胸 の    山
```

解説··
2016年のクーパオアのアルバム「Ho'okele」から選曲した。高地に咲くオヒアレフアの美しさを讃えた曲だ。火の女神ペレの流れ出る溶岩
によって生まれた大地から、創造的な新しい芽を出し、その創造された大地から最初に生まれた植物、それぞれ新しい生気と回復力を象徴し
ている素晴らしい大地の贈り物だ。2016年末頃から原因不明の細菌により腐食が始まり、現在感染したオヒアの木は伐採されハワイ島は
対策に追われている。

♪ジャンル ┃ マウイ島 ┃

He Aloha Nō Ka ʻŪkiu
Composed by Cody Pueo Pata

    F   B♭   F
Linohau Piʻihou i ka nani
美しく飾り付けた   ピイホウ 中で   光彩
             C7   F
I Kāhiko i ka ua ʻUlalea,
で 飾り付けて が   雨   ウラレア
    F   B♭   F
Nipo aku ka manaʻo i ka pua
[〜に憧れる] 願望   花
             C7   F
Nohenohea i ka maka o ka wao
外見が美しい が 光景 の 森林に覆われた地形

光彩の中でピイホウは一際美しく飾り付けている

ウラレア雨が飾り付ける

花に思いを込めて

森林地帯の光景は美しい

Hui:

  C7   F   B♭   C7   F
ʻElua māua. ʻEkolu i ke kilihune ua
二つ 私達二人は   三つ で   キリフネ雨

私達は二人、キリフネ雨が降って三人になります

     F   B♭   F
Kaulana ē ka hana a ke Kiu
有名です   渓谷 の   キウ
      F   C7   F
Ka makani kupa hoʻi o ka ʻāina,
  風   原住民 本当の の   大地
    F   B♭   F
Lauahe ʻāhai lono o ka uka
ラウアヘ風 運び去る 情景 の 高地
            F   C7   F
E hoʻohaehae ana lā i ka Nāulu
[吠えさせる／唸らせる] が ナーウル風

キウの渓谷は有名です

大地にマウイの島の風が吹き付ける

高地の情景を変える木の葉を揺らすラウアヘ風

ナーウル風が唸り声を上げています

     F   B♭ F
He aloha nō ka ua ʻŪkiu
です   愛   雨   ウーキウ
       F   C7   F
E koʻiawe mai ana i ʻaneʻi,
[移動してくる雨] [ここ]
     F   B♭   F
He pukukuʻi i lua hoʻi i ke anu
です 集まり   仲間   寒い／涼しい
     F   C7   F
He ʻiniki hoʻolaʻelaʻe puʻuwai
です 愛の痛み 晴れ上がる   心

森林を濡らすウーキウ雨は愛情です

ここに移動してくる雨

涼しさの中で仲間達が集まります

心が晴れ上がる愛の痛みです

解説‥‥
Kula地区の緑に囲まれた山間部の美しさを讃えた曲。ʻŪkiuは、マウイ島のMakawaoに吹く冷たい北風。Kiuは、マウイ島の高地、緑が美しいkula地区に吹く風でHāmākuapokoの囁きという。この地にあるKula Rodgeは有名な古いホテルだ。このKula街を経て高地を目指して登れば、Haleakalā火山、右手に遥か彼方に海を眺めて進めばUlupalakua牧場に到着する。

♪ジャンル マウイ島

He Aloha Nō Ku'u 'Āina
Composed by Cody Pueo Pata

F
Kaulana e ka inoa, lā
有名です　　　名前
　　　　　　　　　G7
'O Maui loa, Moku a'o Kama, lā
です　マウイ　偉大な　島　の　カマ
F
Kilakila Haleakalā,
雄大な　　ハレアカラー山
C7　　　　　　　　　　**F**
Hanohano 'o Kahālāwai
誉れ高い　は　カハーラーヴァイ山

有名です　その名前は

偉大なマウイ島　カマの島

雄大なハレアカラー山

カハーラーヴァイ山は誉れ高い

Hui:

　　　　B♭　　　　　　　**F**
He aloha no ku'u 'āina, lā
　です　愛情　　私の　　土地
　　　　G7　**C7**　　**F**
'O Maui nō e ka 'oi
　です　マウイ島 [　ナンバー・ワン　]

私の土地　愛する土地

マウイ島は最高です

　　　　F
Ka Malu-'ulu-a'o-Lele i Lahaina, lā
マル・ウル・アオ・レレ公園　に　　ラハイナ
　　　　　G7
Kaulana Nā Hono o kā'anapali, lā
有名な　　湾　　の　カアナパリ
　　　　　　　　F
Nā Wai 'Ehā a'o Wailua,
[四つの水] の　ワイルア
C7　　　　　　　　　　**F**
Hāmākuapoko i ka 'Ūkiu
ハーマークアポコ　　　ウーキウ雨

ラハイナにあるマル・ウル・アオ・レレ公園

有名なカアナパリの海岸

ワイルアの四つの水

ウーキウ雨が降るハーマークアポコ

　　　　　　　F
Ua Pe'e Pūhala a Hāmākualoa, lā
[　ペエ・プーハラ雨] の　ハーマークアロア
　　　　G7
Ā lau nā wai a'o Ko'olau, lā
そして 沢山の　水　の　コオラウ
Ō Hāna i ka 'Uakea,
　F
です　ハーナ　　ウアケア (白い霧)
C7　　　　　　　　　　　**F**
Ke kā'ili Aloha o Kīpahulu
[　カーイリ・アロハ風] の　キーパフル

ハーマークアロアのペエ・プーハラ雨

貿易風が吹き寄せる高地の沢山の雨

白い霧が降りてくるハーナ

キーパフルのカーイリ・アロハ風

　　　　F
'O Kaupō, he 'āina 'a'ā, lā
です　カウポー　です　土地　デコボコしたアーアー溶岩がある

カウポーは道路が波打 (凹凸) っている

G7
I uka, i kai nā Kahiki-Nui, lā
に　高地　に　海　　　カヒキヌイ地区（Ahupua'a on Maui）

F
Moa'e pāluku o Honua-'ula
モアエ風　　連打する　　の　　ホヌア・ウラ

C7　　　　　　　　　　**F**
A'o Kula i ka Nāulu
は　　クラ　　に　　ナーウル雨

高地と海　カヒキヌイ地区

ホヌア・ウラに吹き付けるモアエ風（貿易風）

ナーウル雨が降るクラ高原

F
Ha'ina mai ka puana, lā

　　　　　　G7
'O Maui Loa, moku a'o Kama, lā

　　F
Kilakila Haleakalā,

　　　　　C7　　　　**F**
Hanohano 'o Kahālāwai

物語は終わります

偉大なマウイ島　カマの島

雄大なハレアカラー山

カハーラーヴァイ山は誉れ高い

解説・・・
マウイ島在住のクムフラ、Pueo Pataが書いたマウイ島ご当地ソング。美しいマウイ島の美しい光景を次々に紹介している。この歌は説明より、踊る方、歌う方が地図を片手に、夢を抱いてマウイ島巡りを楽しむことが大切だ。但し、実際に出かけてレンタカーを使用の場合は、走行できないエリアがあるので、もしも場所を見物したいのなら、調べてから出発した方が良さそうだ。Moku a'o Kamaという呼び名はマウイ島への詩的で愛情がこもった呼び名だ。

♪ジャンル [モロカイ島]

He Aloha Nō O Hālawa
Composed by G. Kalehua Krug

A   C#m
He aloha nō 'o Hālawa　　　　　　　　ハーラヴァ渓谷が大好きだ
だ　[　大好き　]　が　ハーラヴァ

D   E7
I ka 'ehukai kakahiaka　　　　　　　　朝の海飛沫
　　　海飛沫　　　朝

A   C#m
Ua la'ikū ka nohona　　　　　　　　住居の凄い静けさ
[　凄い静けさ　]　　住居

D E7 F   G A
Ma ia 'āina ko'o pali　　　　　　　　直立した崖
で　この　土地　直立した　崖

A   C#m
I haka kau Moa'ula　　　　　　　　モアウラ滝をじっと眺める
じっと見つめる　モアウラ滝

D   E7
I ke ano ahiahi　　　　　　　　夕暮れ時に
に　[　夕暮れ　]

A   C#m
He nani ka 'auina　　　　　　　　急斜面は美しい
だ　美しい　　　急斜面

D   E7 F   G A
A ka lā pi'o lani　　　　　　　　そして空に弓形に輝く太陽
そして　太陽　湾曲した　空

A   C#m
Ha'ina ka inoa　　　　　　　　名前を告げます
告げます　　名前

D   E7
O ka 'āina 'o Hālawa　　　　　　　　ハーラヴァ渓谷の大地の
の　　　土地　は　ハーラヴァ

A   C#m
He 'olu lau makani　　　　　　　　とても静かな風だ
だ　[とても静かな]　風

D E7 F   G A
I pā aheahe mai　　　　　　　　静かに吹き寄せる風
吹く　静かな風　　来る

Hui:

D
Ka Ehukai, Ka la'ikū　　　　　　　　海飛沫　凄い静けさ
海飛沫　　　凄い静けさ

Dm   G   A   A7
Ke Ho'opali, Haka'ano, Moa'ula,　　ホオパリ(崖)、ハカアノ(平坦な海岸)、モアウラ(滝)
ホオパリ　　ハカアノ　　モアウラ

D   C#m F#m Bm   E7
Laumakani nā makani o Hālawa　　そしてハーラヴァに吹き寄せる沢山の風
沢山の風　[　風　]　の　ハーラヴァ

解説‥‥‥‥‥‥‥‥‥‥‥‥‥‥‥‥‥‥‥‥‥‥‥‥‥‥‥‥‥‥‥‥‥‥‥‥‥

モロカイ島西側のハーラヴァ地区。ここは人を寄せ付けない山岳と高い波が打ち寄せる静寂の地。海辺は流木が打ち上げられ、海底は溶岩で覆われる。打ち寄せる波は崖で高い飛沫を上げ、振り返れば山奥にモアウラ滝が流れ落ちる。人間を寄せ付けない静寂と大自然が存在する。1885年エマ王女が逝去された時、暴風は、浜辺を赤く染め洗い直したと伝えられる。

♪ジャンル　オアフ島

He Aloha Nuʻuanu
Composed by Lista Takatsugi, Chad Takatsugi

G　　　　　　　　C　　　　　　G
He aloha Nuʻuanu kaʻu ʻike
　です　　　愛　　　ヌウアヌ　　　私の　　認識／視野
C　　　　　　　　　　　　　　G　　　D7
I ke kāwelu haʻa i ka ʻolu
　　　カーベル草　　踊る　中で　　静けさ／爽やか

私の知るヌウアヌは愛です

静けさの中でカーベル草は踊り

G　　　　　　　C　　　　　G
Luhiehu lāʻī e liko nei
　美しい　　　ティーの葉　［露で輝いている］
D7　　　　　　　　　　　　　G
A he liko nō au no Lanihuli
　そして　だ　子供／子孫　私は　の　　ラニフリ

露で輝くティーの葉は美しい

そして私はラニフリの子孫です

Hui:

C　　　　　　　G
Aloha kuʻu ʻāina
　愛する　　私の　　　土地
D7　　　　　　　G
Aloha wale ē
　愛する　　とても

愛する私の土地

大好きな土地よ

G　　　　　　C　　　　　　　　G
Huli hoʻi Hānaiakamalama
　［　戻る　］　　　ハーナイアカマラマ
C　　　　　　　　　　　　　　G　　　D7
Lamalama ia noho i ke kapu
　輝いて見える　　この　休息／休養　　　神聖な
G　　　　　　　　C　　　　　　G
ʻO ka pua ʻāhihi e mōhala mai
　です　　　花　　アーヒヒ　　［　満開になってくる　］
D7　　　　　　　　　　　G
Mālama ʻia e kō Pūnāwai
　［　保護されて　］によっての　　プーナーヴァイ

ハーナイアカマラマに戻る

神聖な休息は輝かしい

満開になってくるアーヒヒ・レフアの花

プーナーヴァイの人々に守られて

G　　　　　　　　C　　　　　　　　G
Waiwai kuʻu ʻāina e waiho nei
　宝　　私の　　　大地　　　［今、置かれている］
C　　　　　　　　　　　　　　G　　　　D7
Honehone ē ka leo pāheahea
　甘い／心地よい　おー　　　声　　叫ぶ／招く
G　　　　　　　C　　　　　G
He hea kēia no kuʻu ʻāina
　だ　朗誦する　これは　　の　私の　　　土地
D7　　　　　　　　　　　　　G
He aloha Nuʻuanu i kaʻu ʻike
　です　　　愛　　　ヌウアヌ　　　私の　　認識／視野

今、目の前に広がる私の大地は宝です

心地よく招く声

これは私の土地の吟唱です

私の知るヌウアヌは愛です

解説‥‥
Chad Takatsugiは2000年〜2004年頃まで、素晴らしいコーラス・グループAleʻaを結成していたが解散、2015年11月久しぶりにソロ・アルバムを発表した。素晴らしい歌声、演奏、そして作品で健在ぶりを発揮している。この曲は2012年9月、奥さんがクムフラのMāpuana De Silvaからウニキを授かった時、作曲された。Lanihuliはヌウアヌ・パリの頂上。

He Aloha ʻOe, Ē Ka Lehua Ē

Composed by Kawaikapuokalani Hewett

A   E7   A
He aloha ʻoe, ē ka Lehua ē
です 愛 あなたは よ レフア おー
                                     あなたは愛です　レフアよ

A   E7   A
Kuʻu ipo, Kuʻu pua, Kuʻu lei ē
私の 恋人 私の 花 私の レイ おー
                                     僕の恋人　僕の花　僕のレイよ

D   A   E7   A
He aloha ʻoe, ē ka lehua ē
です 愛 あなたは よ レフア おー
                                     あなたは愛です　レフアよ

D   A
Ē sweet pua, ē ka lilo
よ 可愛い 花 よ 夢中
                                     可愛い花よ　夢中です

E7   A
Naʻu hoʻi ʻoe
[僕のものだ] あなたは
                                     あなたは僕のもの

      A   E7   A
Ē hoa pili ʻoe me ka Maile ē
よ [親友] あなたは と マイレ
                                     あなたとマイレは親友です

       A   E7   A
I wili ʻia hoʻokahi e hoʻohiehie
[編まれて] ただ一つ [美しくなる]
                                     マイレと一緒に編まれて一つになり美しくなる

D   A   E7   A
He hoa pili ʻoe me ka Maile ē
だ [親友] あなたは と マイレ
                                     あなたとマイレは親友です

D   A
E sweet pua e ka lilo
よ 可愛い 花 よ 夢中
                                     可愛い花よ　夢中です

E7   A
Naʻu hoʻi ʻoe
[僕のものだ] あなたは
                                     あなたは僕のもの

A   E7   A
Kau i ka poli e hoʻoipo ē
置く に 胸 [愛撫する]
                                     胸に飾って愛撫しよう

A   E7   A
Naʻu e pūlama lā i hiʻilei
私の [可愛がろう] に 所持している
                                     僕はあなたを可愛がり、レイにかけている

D   A   E7   A
Kau i ka poli e hoʻoipo e
置く に 胸 [愛撫されて]
                                     胸に飾って愛撫しよう

D   A
E sweet pua e ka lilo
よ 可愛い 花 よ 夢中
                                     可愛い花よ　夢中です

E7   A
Naʻu hoʻi ʻoe
[僕のものだ] あなたは
                                     あなたは僕のもの

A   E7   A
Hoʻohihi ka manaʻo poʻina ʻole
絡み合わせる 心 [忘れられない]
                                     忘れ得ぬ心に絡みつくレイ

A   E7   A
Ka heke o nā lei ʻoe i aloha ē
最善の レイ あなた 愛情
                                     あなたは僕が愛したレイの中でも最高

```
 D          A            E7        A
Ho'ohihi  ka  mana'o  po'ina  'ole              忘れ得ぬ心に絡みつくレイ
  絡み合わせる            心    [   忘れられない   ]
 D               A
E  sweet  pua  e  ka  lilo                       可愛い花よ　夢中です
 よ  可愛い      花   よ     夢中
 E7              A
Na'u  ho'i  'oe                                  あなたは僕のもの
[   僕のものだ   ]  あなたは


 A                    E7           A
Ha'ina  'ia  mai  ka  puana  ē                  物語は終わります

 A                          E7         A
He  aloha  'oe,  Ē  ka  lehua  ē                あなたは愛です　レフアよ
    です    愛    あなたは  よ    レフア   おー
 D       A           E7        A
Hāina  'ia  mai  ka  puana  ē                   物語は終わります

 D               A
E  sweet  pua  e  ka  lilo                       可愛い花よ　夢中です
 よ  可愛い      花   よ     夢中
 E7              A       E7      A   E7      A
Na'u  ho'i  'oe.  E  ho'i  'oe.  E  ho'i  'oe   あなたは僕のもの
[   僕のものだ   ]  あなたは
```

H

解 説••
2015年発売されたSean Na'auao「Lehua Beauty」に収録されている可憐な軽いテンポの踊りたくなる気分の曲。可憐なレフアはあなたの
ことでしょうか。

He ʻIini Nō

Composed by Kale Hannahs

G   C
He ʻiʻini nō, ua pā ʻo loko nei,　　憧れが心の中に浮かびます

C   D7   G
Ua lilo i kou nani ē　　貴女の美しさに夢中です

G   C   D7
He ʻiʻini nō i kou mau maka　　貴女の美しい目に燃え上がります

C   D7   G
He hōkū ma ka hikina lā　　貴女は東方に輝く星だ

G   C   D7
He ʻiʻini nō, ua pā ʻo loko nei,　　欲望が心の中に浮かびます

C   D7   G
Ua lilo i kou leo ē,　　貴女の声に夢中です

G   C   D7
He ʻiʻini nō, i kou nui kino,　　貴女の全てに憧れます

C   D7   G
He pali kū i ka lani ē　　大空にそびえる崖です

G   C   D7
Hoʻohihi ka manaʻo, puni i ka ʻanoʻi　　心を絡み合わせ　欲望を支配しましょう

C   D7   G
Kapolili nō ka puʻuwai　　心は楽しみで弾みます

G   C   D7
Hoʻohihi ka manaʻo, i ka ʻanoʻi aloha,　　心を絡み合わせ　愛の欲望の中で

C   D7   G
Me ke ahi o loko nei　　心に燃える火と共に

Hui:

Em   Am
Ma ʻanei mai, e pili kāua,　　ここにいらっしゃい　私達二人寄り添いましょう

C   D7   G
E kamaʻāina lā　　仲の良いお友達

Em   Am
Ma ʻaneʻi mai, e hoʻoipo ai,　　ここにおいで　愛し合いましょう

C   D7   E7
A hiki maila ka lā　　太陽が昇るまで

```
A            D       E7
Eia  nō,  kēia  mele
    ある   この    歌
D      E7              A
He  ‘i‘ini  mau  iā  ‘oe
だ   欲望    常に   [ 貴女に ]
A            D       E7
Eia  nō,  kēia  mele
    ある   この    歌
D      E7              A
He  ‘i‘ini  mau  iā  ‘oe
だ   欲望    常に   [ 貴女に ]
D                      Bm          E
‘Auhea  ‘oe, e  ku‘u  sweet  memory
聞いてください  貴女 よ  私の   甘い      思い出
D           E7       A
‘O  ‘oe  ka  ‘i‘ini  mau
です  貴女     欲望    常に
```

この歌があります

貴女は永遠の憧れです

この歌があります

貴女は永遠の憧れです

聞いてください　私の甘い思い出を

貴女は永遠の憧れです

解説・・・
日本人のハワイアン歌手IZUMIがWAIPUNAと共演した2014年のCD「E MAU KE ALOHA」から選曲した。彼女の澄んだ声が、甘い初恋
を楽しむ様に聞こえてくる。超一流のハワイ人歌手が各々1曲ずつ歌っているアルバムに選出されたIZUMI。益々の活躍に期待したい。

♪ジャンル ハワイ島

He Lei Aloha
Words by Devin Kamealoha Forrest, Kalani Peʻa　Music by Kalani Peʻa

C　　　　　　F　　　　C
Hihimanu Hilo i kuʻu pua
贅沢な／荘厳な　ヒロ　で　私の　花　　　　　　　　　私の大好きな花でヒロ市は荘厳だ
F　　C　　　　　　　　G7
I ka pua loke kau i ka ʻōnohi
で　花　バラ　置く　に　中心（虹の断片「キラキラ輝く」）　私の大好きなバラの花はキラキラ輝いています
C　　　　　　F　　　　C
Hiaʻai ka manaʻo i ke kiu
感激した　心　　で　キウ風（程よく冷たい北風）　　　程よく冷たいキウ風は心地よい
F　　　C　　　　　G7　　　C
Ka makani hiwahiwa o ka ʻāina
風　最愛の／お気に入り　の　　土地　　　　　　　　この土地のお気に入りの風です

Hui:

Am　　　　　　　E7　　Am
Pūlamahia ka huahekili
世話をする　海岸に咲くナウパカの珍しい名前　　　　ナウパカの花は愛されます
Am　　　　　E7　　　Am
I pili ka poli a hemoʻole
寄り添って　胸／心　の　完全な／欠点なく　　　　　心に寄り添ってしっかり保たれ
Am　　　　　E7　　Am
E ʻole ou malu lani lā ē
〜がなければ　貴方の　保護　天／神　〔強意〕　　　神様の保護、貴方のおかげです
Am　　　　　E7　　　　Am
ʻAʻohe anu, ʻaʻohe maʻeʻele
〜でない　寒い　〜でない　寒さで感覚を失う　　　　ここには寒さは無く寒さで感覚を失う事もありません

C　　　　　F　　　C
Ua pakele mai kahaone
〔　逃れた　〕から　砂浜　　　　　　　　　　　　　砂浜から去っていく
F　　C　　　　　G7
I ka pōpoʻi mai o nā nalu
〔　覆ってくる事　〕の　〔多くの波〕　　　　　　　多くの覆い被さる波は
C　　　　F　　　　C
ʻAʻole nō e paulilo ana
ない　強意〔　完全に取っていく　〕　　　　　　　砂を洗い流すことはできません
F　　C　　　G7　　　C
I ke āʻā kūpaʻa o ka ʻāina
アーアー溶岩　しっかりした　の　　土地　　　　　　土地に埋まる硬いアーアー溶岩で

C　　　　　　F　　　C
Haʻina ka puana aʻi lohe ʻia
告げる　　　主題　（＝i）〔聞かされた〕　　　　　聞かされた物語がテーマです
F　　C　　　　G7
Kou inoa hanohano (kau) i ka ʻiu
貴方の　名前　誇り高い　〔置く〕を　神聖な場所　　神聖な場所に誇り高い貴方の名前
C　　　　　F　　　C
ʻIuʻiu kūlana o ia pua
高貴な　場所／境遇　のこの　花　　　　　　　　　高貴な場所に咲く花は
F　　C　　G7　　　C
ʻO Naupaka nō i ka wēkiu
です　ナウパカ　強意〔　最高位　〕　　　　　　　最高のナウパカの花です

解説
ヒロ湾の浜辺に咲くナウパカの花びらに降るカニレフア（雨の名前）の音は、恋人の心の響きのようだと歌っている。毎年メリー・モナークの時、海岸に面した大通りでパレードが開催されるが、大通りと長い砂浜との間には金網が張られ浜辺に行く人は見当たらない。長い防波堤で波を止め、海が静かなのでカヌーの練習に最適な海岸だ。泳いでいる人を見たことがない。この海岸で有名なハワイ民謡は「Hilo One」だ。歌われているナウパカの花を意識して眺めたことはないが、海辺に多く咲いている小さな花の群れなのであちらこちらに可愛らしく茂っているのだろう。

© 2016 by TuneCore Publishing. All rights reserved. Used by permission. Print rights for Japan administered by TuneCore Japan KK

♪ジャンル [オアフ島] [カヒコ]

He Lei No Kalanikuhihewa
Words by Louis "Moon" Kauakahi, Keʻala Ching

Ano ʻai Oʻahu o Kalanikakuhihewa
[威厳に打たれる] オアフ島 の カクヒヘヴァ王

オアフ島はカクヒヘヴァ王に敬意を表します

Mokupuni kaulana hui nā aliʻi
島 有名な 集会 [王様達]

王様達の集会の為の有名な島

I lei wehi lei nani ka ʻāhihi
で [レイで飾る] レイ 美しい アーヒヒ

アーヒヒの美しいレイで飾って

Kohu like hulu manu hulu melemele ē
[外見が似ている] 羽 鳥 羽 黄色

黄色い鳥の羽に外見が似ています

I laila aku hoʻi i Nuʻuanu
[正にそこで] に ヌウアヌ

そこヌウアヌで

Kahi pā ahe ka makani kolonahe
場所 [そよ風が吹いてくる] 穏やかな風

穏やかな風が吹いてくる

ʻAʻala kupukupu me ka ʻawapuhi
香りが漂う シダ と ジンジャー

シダとジンジャーの香りが漂い

Hoapili me ka maile o Waokanaka, ē
親しい/親密な と マイレ の ワオカナカ

ワオカナカのマイレに絡まれています

Na ke kilikilihune e hoʻopulu ʻili
為に 飛沫 [濡らす] 肌

飛沫で肌が濡れる

ʻO Waipuhia nani ke ʻike aku
です ワイプヒア滝 美しい [眺めれば]

眺めれば美しいワイプヒア滝

Pili hoʻi me ka ua Pōaihiale
[親しい仲間] と [ポーアイヒアレ雨]

ポーアイヒアレ雨と親しいお友達です

Ma nā pali uliuli ua wehi ʻia, ē
で [崖] 草木の緑 [飾られた]

草木の緑で覆われた崖

Wewehi Lanihuli kau i ka hano
飾り付ける ラニフリ 置く に 威厳がある/華やかさ

華やかにラニフリを飾り付ける

I ka nani hoʻohenoheno lua ʻole
で 美しい 愛らしくする [優れた/無比の]

比べる物がない愛らしい美しさで

Kāhiko ʻia maila e ka ua noe
[飾られる] そこで によって [霧雨]

霧雨に飾られる

Noe kamahaʻo i ka ʻiu o luna, ē
霧が掛かる 驚くほどの に 神聖な場所の 頂上

頂上の神聖な場所に驚くほどの霧が掛かる

Ma luna o nā pali o ke Koʻolau
[上で] の [崖々] の　　コオラウ

Ulu pūhala i ka ʻohu lipolipo
成長する　パンダナス　　霧　薄暗い

Puīa ʻala ke ʻala o ka lauaʻe
甘い香りのする　香気　の　ラウアエ・シダ

He ʻiʻini nui ia e hoʻi i laila, ē
だ [大きな憧れ] この [戻る][そこに]

コオラウの連なる崖の上で

深い猛烈な霧の中にパンダナスは成長する

ラウアエ・シダの甘い香りが漂い

そこに帰りたいという願望を引き起こす

Eō, e Oʻahu o Kalanikakuhihewa
答えて　おー　オアフ島　の　　カクヒヘヴァ王

Ma lalo o ka malu o ka ʻIolani
[下へ] の　　隠れ場　の　　天国の鷹

Nā ʻaumakua e kiaʻi ʻia mai
[家族や自分が信仰する神々] [入念に見てください]

Nā kūpuna e alakaʻi mau, ē
[私達の祖先][先導して] 永遠に

答えてください、カクヒヘヴァ首長のオアフ島

天国の様な鷹の翼の下で

私達が信仰する神々、どうかお護りください

私達の祖先よ　私達を永遠に導いてください

解説⋯⋯
2015年以来演奏活動を中止したMākaha Sonsのルイス・ムーン・カウアカヒは、近年楽曲を多々書いている。2016年5月発売になった
Kumu Chinky MāhoeのCDに数々の作品を提供している。彼はダリル・ルベヌイの門下生なのでフラも達者だ。今回は珍しくKeʻala Ching
とKahikoも書いている。1番で'Āhihi(Lehua)のレイが歌われているが、オアフ島のコオラウ山脈の高地に咲く花で、ハワイ島のレフアに似て
いる花だ。2番のWaokanakaは内陸の地でなかなか人が訪れないエリアを指す。

He Leo Nani Nō Ia

Composed by Kamakakehau Fernandes

G   D   G
Ua lohe nō wau i ka leo o ka manu
[聞こえました   ]   私は   が   声   の   鳥

私は鳥が呼びかけているのが聞こえます

G
E ʻeuʻeu mai nei iaʻu
[今元気付ける／今勇気付ける   ]   私を

私を元気付けています

D7   G
Me kona leo puni ē
で   彼の   声   取り巻く

四方八方から

G   D7   G
ʻOia nō kā ka leo o ka manu ʻElepaio
[はいその通り]   の   声   の   [エレパイオ鳥   ]

はい、そうなんです　エレパイオ鳥の声です

G
E kahea mai nei iaʻu
[呼びかけて来る   ]   私に

私に呼びかけます

D7   G
Me kona leo kani nō
で   彼女／彼の   声   [鳴り響く   ]

美しく鳴り響く声で

Hui:

C   Cm   G   E7   A7
Kuhi aku kuhi mai ke kani ia ala
[あちら、こちらへと身振りで示す   ] [さえずれば   ]   この   道

この声は　私をあちらこちらで案内します

D7   G
E ka manu kuahiwi
よ   鳥   山

山のエレパイオ鳥よ

G   D7   G
He mele kēia o kuʻu manu ʻElepaio
です   歌   この   の   私の   鳥   エレパイオ

私のエレパイオ鳥の為の歌です

G
E kahea mai nei iaʻu
[呼びかけてくる   ]   私に

私に呼びかけます

D7   G
He leo hilinaʻi ē
です   声   信じている

私を信じている鳴き声です

解説・・

ライアン・カマカケハウ・フェルナンデスは2013年ナー・ホークー・ハノハノ・アワードでCD「WAHI MAHALO」がExtended Play賞（45回転[EP]賞）を受賞した。アメリカ本土リトル・ロック・アーカンスで生まれたアフリカ系アメリカ人だ。家族と共に少年時代マウイ島に転居、クラ・カイアプニにあるキング・ケカウリケ・ハイスクールを卒業した。美しいファルセット・ボイスの黒人歌手。エレパイオ鳥はハワイ民謡によく登場する鳥だが、学術的にハワイに棲息するエレパイオは、ヒタキ類の仲間、日本で言うホオジロ系統の鳥の様だ。ハワイ島、オアフ島、カウアイ島と異なったヒタキ類の鳥がいるという。

♪ジャンル クリスマス

He Makana A Ka Puʻuwai

Composed by Louis "Moon" Kauakahi

G   D7   C   G
He nani lua ʻole, e ka pua Kalikimaka
だ 美しい [優れた/無比の] よ   花   クリスマス
C   D7   G D7
He nani ʻoe ke ʻike aku
だ 美しい 貴方は   [眺めれば]
G   D7
He makana kamahaʻo
だ 贈り物   驚くほどの/不思議な
      C   G
(He) makana i ʻoi aʻe
だ   贈り物   最も良い/素晴らしい
      C   D7   G
He makana a ka puʻuwai
だ 贈り物 の   心/気持ち

G   D7   C   G
Mohala mai ʻoe i ke kau Kalikimaka
[満開になる] 貴方は に   季節   クリスマス
      C   D7   G D7
Me ka beauty, ua launa ʻole
共に   美しく   [非常に優れた/凌駕されない]
G   D7
He makana aloha
だ 贈り物   アロハ
      C   G
(He) makana like ʻole
だ   贈り物   [似たものがない]
      C   D7   G
He makana a ka puʻuwai
だ 贈り物 の   心/気持ち

G   D7   C   G
Eia kuʻu mele poina ʻole
ここに 私の   歌   [忘れ得ぬ]
C   D7   G D7
Nou, e ka pua kalikimaka
貴方へ よ   花   クリスマス
G   D7
He makana kamahaʻo
だ 贈り物   驚くほどの/不思議な
      C   G
(He) makana aloha
だ   贈り物   アロハ
      C   D7   G
He makana a ka puʻuwai
だ 贈り物 の   心/気持ち

ひと際優れた美しさ　クリスマスの花よ

眺めれば貴方は美しい

驚くほどの贈り物

素晴らしい贈り物

心からの贈り物です

クリスマスを迎えると貴方は咲き誇る

とても優れた美しさで

アロハの贈り物

似たものがない贈り物

心からの贈り物です

ここに私の忘れ得ぬ歌があります

貴方へ　クリスマスの花よ

驚くほどの贈り物

アロハの贈り物

心からの贈り物です

解説
2015年10月に発売されたマーク・ヤマナカとクーパオアが共演のクリスマス・アルバムから選曲した。作詞作曲はマカハ・サンズの創始者、
ルイス・ムーン・カウアカヒだ。ムーンらしい優しい言葉で綴られた歌詞とメロディは素晴らしいクリスマスを感じさせてくれる。

♪ジャンル ハワイ島

He Mele I Ka Puʻuwai

Words by Moses Crabbe, William J.Sheldon, David Nape   Music by Kyle Kaliko Chang, Robert Cazimero

G
Hōʻea mākou iā Keāhole
到着する　　私たちは　に　ケアーホレ
C　　　　　　　　　　　　　G
Ke ala o Kaʻiminani ē
道　の　　カイミナニ
D7
Wehiwehi o nā Pua Melia
飾りつける　の［　数々のプアメリア　］
D7　　　　　　　　　　　　G
Me ka ulu niu haohao
共に　［ココナッツの木］　若い
Em　　B7　　Em　　Cm
Piʻi i uka iā Kalaoa
登る　に　高地　で　カラオア
G　　　C　　　　G
Kau i Kona kai ʻōpua
置く　中に［　コナの海にかかる雲　］
Em　　　B7　　　　　E7
E alakaʻi me ka holomua
［　案内する　］　で　　前進 (holo i mua)
A7　　　　　　　D7
Uluwehi pua ʻAʻaliʻi
青々と茂る草木　花　　アアリイ

ケアーホレに私達は到着しました

カイミナニ道路よ

沢山のプアメリアが咲いている

若いココナッツと一緒に

カラオアで高地に登ると

穏やかに雲がたなびくコナの海

案内して前へ進もう

アアリイの花が茂る青々とした緑の土地

H

G
Nani wale Waimea i ka ua noe
［　とても愛らしい　］　ワイメア　中の　［　霧雨　］
　　　C　　　　　　　　　G
Ka lokomaikaʻi o ka hoa ē
［　優しい／好意　］　の　　友人
D7
ʻĀina hoʻoheno e hiʻipoi nei
土地　　愛する　［　育てている／可愛がる　］
D7　　　　　　　　G
ʻUpu aʻe Kīpuʻupuʻu
繰り返される思い　キープウプウ
Em　　　B7　　　　　　Em　　Cm
Mahalo Māhukona kai huʻihuʻi
ありがとう　マーフコナ　　海　寒い／冷え冷えする
G　　　C　　　　　G
Ke kono nei nā kupaʻāina
［　招いている　］［　原住民達の土地　］
Em　　　B7　　　　　E7
He ʻakaʻaka a he leʻaleʻa
です　陽気な騒ぎ　そして　　楽しい
A7　　　　　　　　D7
Piha me ka leo hauʻoli
充ちた　で　　声　幸福な／楽しい

霧雨の中にワイメアはとても愛らしい

友人の優しい好意よ

愛する土地は大切に育まれています

キープウプウの雨が繰り返し思い出されます

ありがとうマーフコナ　リフレッシュする海

土地の人たちが招いています

陽気な騒ぎ　楽しいひと時

楽しい話し声に溢れている

151

G
He mana'o lōkahi haku 'ia nei
です　　心　　和合／調和　[作り上げる] 今

調和した心がここにあります

C　　　　　　　　　　G
Ka huaka'i i Kohala ē
　　旅行／行進　に　コハラ

この滞在地からコハラまで

　　　D7
Puana ke welina e mau ana
テーマ　　愛情のこもった挨拶　[常に変わらない]

テーマは常に変わらない愛情ある思い出です

D7　　　　　　　　G
He mele i ka pu'uwai
です　　歌　　中の　　　心

私達の心の歌です

D7　　　　　　　　G
He mele i ka pu'uwai
です　　歌　　中の　　　心

私達の心の歌です

解 説・・

The Brothers Cazimero 2008年のCD「Destiny」に収録されている。Cazimero一族はハワイ島のコハラ出身だと聞く。友人達とコハラ地区に旅して楽しい日々を過ごしたのだろう。作詞者に沢山の名前が書かれているのは、旅行した仲間達かもしれない。

CDでは、この曲に続き有名な民謡 Ka inu wai「Kohala march」が演奏され、メドレーになっている。

Keāhole　ハワイ島プナ地区にある地名。

Kalaoa　ハワイ島コナ地区にある地名。

Māhukona ハワイ島コハラ地区にある地名。ビーチ公園がある。

© MOUNTAIN APPLE COMPANY INC
All rights reserved.　Used by permission.
Rights for Japan administered by HOTWIRE K.K.

♪ジャンル モロカイ島

He Mele No Hina
Composed by Kamakakēhau Fernandez

A
Aia hoʻi i Molokaʻi
ある　強意　に　モロカイ島

D
Ka heke a o nā pua
最良の　[そして] [　花々　]

A　　　　　　　　　　　D
Ma nā lei makamae, E hāliʻaliʻa mai nei
で　[レイ]　最愛の　[　愛の想い出が蘇る　]

モロカイにあります

最高の花の土地

最愛のレイ　今、私の愛の想い出が蘇ります

A
Aloha e Hina
愛す　よ　ヒナ

E7　　　　　　　　　A
Molokaʻi nui a Hina
モロカイ島　偉大な　女神ヒナ

愛するヒナよ

女神ヒナの偉大なモロカイ島

A
Aia i Hālawa
ある　が　ハーラヴァ

Bm7
Kaulana o Moʻoʻula
有名な　の　モオウラ滝

A
Kū ka nani I ke awāwa
立つ　美しく　に　渓谷

西モロカイにハーラヴァ渓谷があります

モオウラ滝は有名です（巨大な蜥蜴の神様
Moʻoʻula は渓谷に美しさを残しています）

渓谷に美しく聳える

Bm7
E hoʻowali ia ka wai me ka moana
[土壌を滑らかにしている]　水　共に　海

E7　　　　　　A
Molokaʻi nui a Hina

海と共に滝の流れ落ちる水は
土壌を滑らかにしている

女神ヒナの偉大なモロカイ島

A
Aia i Pālāʻau
ある　パーラーアウ

Bm7
Ka wahi kapu o ka leo Nānāhoa
場所　神聖な　の　声　ナーナーホア

A
ʻOluʻolu mai ka huʻihuʻi
[爽やかになる] 来る　寒い/涼しさ

そこはパーラーアウ

神聖なナーナーホア石の声がする場所

涼しくなり爽やかだ

Bm7
E ʻike iho iā Kalaupapa
[眺める] 下方に　を　カラウパパ

E7　　　　　　A
Molokaʻi nui a Hina

カラウパパを見下ろして

女神ヒナの偉大なモロカイ島

A
Haʻina ia mai ana

お話しします

Bm7
ka puana ē

主題を

153

E7

Aloha e Hina

愛するヒナよ

Moloka'i nui a Hina

女神ヒナの偉大なモロカイ島

解説···
Pālā'au & Nā-nā-hoa　モロカイ島のカウナカカイ地区の高地、エアポートの近くにある地名。モロカイ島を訪れる人は、その高地から遥か
彼方の下方に広がる美しいカラウパパ地区を眺め、断崖に囲まれて人生を閉じたハンセン氏病の患者の悲惨な人生を忍ぶ。近くにある首長
ナーナーホアの男根ka-ule-o-Nānāhoaも有名だ。
ハーラヴァ海岸に抜ける峠から山の彼方に偉大なハーラヴァ滝が眺められる。運が良ければ3本の滝が眺められると言うが、水不足で2本
しか見えない。

He Mele No Kahealani

Composed by Alden Levi

B♭   F   C7   F
He u'i nō 'oe 'o Kahealani
です　美しい　　貴女　は　　カヘアラニ

       B♭   F   C7   F
Ku'u wehi mau nō i ku'u kino
私の　飾り付け　常に　　を　私の　体

       B♭   F
Hū a'e   ka mana'o poina 'ole
[感情が波の様に高まる]　　　心　[　忘れ得ぬ　]

C7
Pili kou aloha i ka pu'uwai
くっ付く　貴女の　　愛　に　　　心

カヘアラニ　貴女は若々しく美しい

私の体を常に飾り付ける

忘れ得ぬ思いは波の様に高まり

心の中に貴女の愛はしっかり結びついています

       B♭   F   C7   F
Ke lohe mai nei i kou leo
[　　聞こえて来る　]　が　貴女の　　声

       B♭   F   C7   F
E like me ka makani a he 'olu'olu
[同じ様だ]　と　　　風　そして　だ　爽やか

       B♭   F
Noho pū kāua i ke aumoe
[一緒に住む]　私達二人　で　　夜遅く

C7
Nanea wale ana i ku'u poli
寛ぐ　　とても　が　私の　　腕／胸

貴女の声が聞こえてきます

風と同じ様に、そして爽やかです

夜遅く私達二人は一緒に

私の腕の中でゆったり寛ぎます

H

       B♭   F C7   F
Ha'ina 'ia mai 'ana ka puana

       B♭   F   C7   F
Ku'u wehi mau no 'o Kahealani
私の　飾り付け　常に　を　私の　　体

       B♭   F
Hu a'e ka mana'o poina 'ole
感情が波の様に高まる　　心　[　忘れ得ぬ　]

C7   F
Pili kou aloha i ka pu'uwai
くっ付く　貴女の　　愛　に　　　心

物語は終わります

私の体を常に飾り付ける

忘れ得ぬ思いは波の様に高まり

心の中に貴女の愛はしっかり結びついています

解説 ··

カヘアラニといえば、ニイハウ島の輝く貝のレイを思い出すが、この曲は、そのレイにも負けない若々しい女性の愛の歌だ。貴女はカヘアラニ
のレイの様に私を永遠に飾り付けてくれると歌っている愛の讃歌。

♪ジャンル カヒコ

He Mele No Kāne
Traditional

He ui, he nīnau:
　質問　　　　疑問

質問疑問です

E ui aku ana au iā ʻoe,
　[　質問する　]　私は　に　貴方

私は貴方に質問です

Aia i hea ka Wai a Kāne?
　ある　に　どこ　　水　の　カーネ

カーネの水はどこにありますか?

Aia i ka hikina a ka lā,
　ある　に　　東方　の　　太陽

太陽が昇る東方にあります

Puka i Haʻehaʻe,
　門　　ハエハエ

ハエハエの門です

Aia i laila ka Wai a Kāne
　ある　[　そこに　]　水　の　カーネ

カーネの水はそこにあります

E ui aku ana au iā ʻoe,
　[　質問する　]　私は　に　貴方

私は貴方に質問です

Aia i hea ka Wai a Kāne?
　ある　に　どこ　　水　の　カーネ

カーネの水はどこにありますか?

Aia i Kaulana a ka lā,
　ある　に　[　浮いている　]　の　太陽

浮いている太陽の向こうに

I ka pae ʻōpua i ke kai,
　　集団　　雲　の　　海

海の雲の固まりの中に

Ea mai ana ma Nihoa,
　[　上昇する　]　で　ニホア島

ニホア島の雲が形作る所に

Ma ka mole mai ʻo Lehua;
　で　　底／源泉　の　レフア島

レフア島の底に

Aia i laila ka Wai a Kāne
　ある　[　そこに　]　水　の　カーネ

カーネの水はそこにあります

E ui aku ana au iā ʻoe,
　[　質問する　]　私は　に　貴方

私は貴方に質問です

Aia i hea ka Wai a Kāne?
　ある　に　どこ　　水　の　カーネ

カーネの水はどこにありますか?

Aia i ke kuahiwi, i ke kualono, i ke awāwa,
　ある　に　山　に　山頂に近い地域　に　絶壁に

山に　山頂に近い地域に　絶壁に

i ke kahawai;
　に　山峡／渓谷

山峡に

Aia i laila ka Wai a Kāne
　ある　[　そこに　]　水　の　カーネ

カーネの水はそこにあります

E ui aku ana au iā 'oe,
[　　質問する　] 私は に 貴方
私は貴方に質問です

Aia i hea ka Wai a Kāne?
ある に どこ　　　水 の カーネ
カーネの水はどこにありますか?

Aia i kai, i ka moana, i ke Kualau,i ke ānuenue
ある に 海 に　　太洋 に 海風のシャワー に 虹
海に 大海原に 海風の飛沫に 虹に

I ka pūnohu, i ka ua koko, i ka alewalewa
に 発生する霞 に [低い弓形の虹]に 流れ
湧き出る霞に 低い弓形の虹に 流れに

Aia i laila ka Wai a Kāne
ある [そこに]　水 の カーネ
カーネの水はそこにあります

Ka Inoa: Ka Lā:
名前　　　太陽
名前:太陽

Aia i hea ka Wai a Kāne ?
ある に どこ　　　水 の カーネ
カーネの水はどこにありますか?

The Water of Kāne:
カーネの水

E ui aku ana au iā 'oe,
[　　質問する　] 私は に 貴方
私は貴方に質問です

Aia i hea ka Wai a Kāne ?
ある に どこ　　　水 の カーネ
カーネの水はどこにありますか?

Aia i luna ka Wai a Kāne
ある に 高地　　　水 の カーネ
カーネの水は高地にあります

I ke 'ōuli, i ke ao eleele, I ke ao panopano
に 自然/兆し 雲 黒い 雲 うす黒い
自然の青い空に 黒い雲に うす黒い雲に

I ke ao popolohua mea a Kāne lā, e!
雲　　紫がかった青 物 の カーネ
カーネの神秘的な紫がかった青い雲に

Aia i laila ka Wai a Kāne
ある [そこに]　水 の カーネ
カーネの水はそこにあります

E ui aku ana au iā 'oe,
[　　質問する　] 私は に 貴方
私は貴方に質問です

Aia i hea ka Wai a Kāne ?
ある に どこ　　　水 の カーネ
カーネの水はどこにありますか?

Aia i lalo, i ka honua, i ka Wai hu,
　ある　に　下に　に　　　地球　に　　[噴出する泉]

下にあります　地球に噴出する泉に

I ka waikaua Kāne me Kanaloa
　に　水の神社　カーネ　と　カナロア

カーネとカナロアの水の神社（流路に）

He waipuna, he wai e inu, He Wai e mana,
　だ　湧き水　　水　[飲もう]　だ　水　[超自然の力だ]

湧き水だ　飲もう水だ　マナを与える水だ

He wai e ola, E ola nō, ʻeā!
　だ　水　[生命だ]　[　生命だ　]　本当に

生命の水　生命だ

Ka Inoa: Ka Lā: Ka Manawa:
　名前　　太陽　　時の流れ

名前：太陽：人生

E ui aku ana au iā ʻoe,

私は貴方に質問です

Aia i hea ka Wai a Kāne?

カーネの水はどこにありますか？

Aia i luna ka Wai a Kāne
ありますに　高地　　水　の　カーネ

カーネの水は高地にあります

I ke ʻōuli, i ke ao eleele, i ke ao panopano
に　自然/兆しに　　雲　黒い　に　雲　うす黒い

自然の青い空に　黒い雲に　うす黒い雲に

I ke ao pōpolohua mea a Kāne la, e!
　　雲　紫がかった青　物　の　カーネ

カーネの神秘的な紫がかった青い雲に

Aia i laila ka Wai a Kāne
ある　[そこに]　　水　の　カーネ

カーネの水はそこにあります

E ui aku ana au iā ʻoe,
[　質問する　] 私は　に　貴方

私は貴方に質問です

Aia i hea ka Wai a Kāne?
ある　に　どこ　水　の　カーネ

カーネの水はどこにありますか？

Aia i lalo, i ka honua, i ka Wai hu,
ある　に　下に　に　　地球　に　[噴出する泉]

下にあります　地球に噴出する泉に

I ka waikaua Kāne me Kanaloa
　に　水の神社　カーネ　と　カナロア

カーネとカナロアの水の神社（流路に）

He waipuna, he Wai e inu, He Wai e mana,
　だ　湧き水　　水　[飲もう]　だ　水　[超自然の力だ]

湧き水だ　飲もう水だ　マナを与える水だ

he Wai e ola, E ola no, ea!
だ　水　[生命だ]　[生命だ]　本当に

生命の水　生命だ

Ka Inoa: Ka Lā: Ka Manawa:
名前　太陽　時の流れ

名前：太陽：人生

Haʻehaʻe Kaulana-a-ka-lā
憧れ　　西方にある星の名前

憧れ　西の空に輝くカウラナアカラー星

Paeʻōpua i ke kai Nihoa(Bird island) Pūnohu Ua koko
風に流される雲　　海　ニホア島　　　　発生する　　〔低く架かる虹〕

ニホア島の海に懸かる風に流される雲、低い虹

解説··

天国の東の入口。太陽は朝、ハワイ島の東端のクムカヒ近くのハエハエからドームの様な天国の空に昇る。ハワイの人々は海面から引き出される様に昇る太陽に「Kahikina a ka lā (日の出)」そして水平線に沈む太陽に「Kau lana a ka lā」と名付けた。地平線の彼方にあるカウアイ島の北西にある小さな岩のニホア島にも明るい雲、日本でいう後光が射し、神様の重要な行事を予告すると語る。事実、猛烈な雨が降り、地面や山肌で赤色になった水が流れ出す時、虹がかかった。そしてこれらの事や神聖な首長の出生を記録する事はカフナに要求された。

Kāneの水のある場所を要約すれば

Kai i ka moana ＝ Sheets of rain, Rainbows, Mists

I luna ＝ Clouds in rain

i lalo ＝ Under grounds wells streams water for man's blessing and life

水の神、カーネ神とカナロア神兄弟は二人で旅行し、マウイ島のケアナエを訪問した時、喉の渇きを訴える人達の為に杖で地面を叩いて泉を噴出させたという神話が伝わっている。

Chant type : Mele Inoa　Chant style : Kānaenae　Hula Type : Hula Noho

毎回　E ui aku ana au iā 'oe, Aia i hea ka Wai a Kāne?

私は貴方に質問です　カーネの水はどこにありますか？

と繰り返されるが、この部分は毎回Vampを繰り返すと聞く。

♪ジャンル　カウアイ島

He Mele No Kaua'i Kuapapa
Words by Ipolani Vaughan　Music by Weldon Kekauoha

C　　　G7　　　　　C
Aia nō ma Kaua'i kuapapa ē
ある　強意　に　カウアイ島　　積み重ねた　　それ

G7　　　　　　　　　C　　　G7　　　　　C　C7
Pana o Wailua nui e 'ike ai ē
有名な場所　　ワイルア　大きい［e〜ai 強意を表す、眺める］

F　　　　　　E7　　　Am　　　　　D7
Ka Hikina-a-ka-lā ma Hauola ē
［　　東方に昇る太陽　］　で　　ハウオラ

C　　　　　　G7　　　　　C
A ka napo'o na ma Nohili ē
そして　［太陽が沈む事］　　で　　ノヒリの海

ハワイ諸島最古の島　カウアイ島

神聖なワイルア川（Wailua-nui-a-ho'ano）を眺める

ハウオラ崖の東に太陽は昇り

西海岸ノヒリの海に沈む

C　　G7　　　　　C
Pi'i a'e i nā pali kū i ka la'i ē
登る　方向語　に　［　聳える崖々　］　の中に　　穏やか／静寂

G7　　　　　　C　　　G7　　　　　C　C7
Kilohi ana i ka lae o Ke'e
［　じっと眺める　］　を　　岬　の　　ケエ

F　　　　　　E7　　　Am　　　　　D7
I ka malu 'olu o ka ulu hala ē
で　　平穏な　爽やかな　の　　［成長したハラの木］

C　　　　　　G7　　　　　C
Kani 'ana nā pahu no Laka ē
［音はする事］　［複数のパフ］　の　　女神ラカ

静寂な連峰の崖を登り

ケエ岬をじっと眺める

静かに茂る爽やかなハラの木陰で

女神ラカのパフの響き

C　　G7　　　　　C
Kau a'e nā maka i luna loa ē
置く　方向語　［　目　］　［上の方を］　遥か

G7　　　　　　　　C　　　G7　　　　C　C7
La'a 'o Wai'ale'ale i ka'u 'ike ē
神聖　は　　ワイアレアレ山　私の　　眺める

F　　　　　　E7　　　Am　　　　　D7
Kīpuni mau 'ia o Ka-wai-kini ē
取り囲む　常に　受け身　の　　カワイキニ高地

C　　　　　　G7　　　　　C
I ka 'ohu kolokolo o 'Alaka'i
で　　霧　　這う　　の　　アラカイ湿地帯

遥か彼方の高地を眺めれば

私の眺めるワイアレアレ山は神聖だ

カワイキニ高地は何時も取り囲まれている

アラカイ湿地帯の風に吹かれ這い進む霧で

C　　　　G7　　　　　C
'A'ala mai nā pua o Hā'ena ē
［香ってくる］　［　花々　］　の　　ハーエナ

G7　　　　　C　　G7　　　　　C　C7
Haku 'ia nā lei hiwahiwa ē
［編まれる］　　［複数のレイ］　可愛い／最愛の

F　　　　　E7　　　　　Am　　　　D7
Onaona wale ia me he ipo lā ē
心地よく香り良い　とても　この　と同じく　　恋人

C　　　　　G7　　　　　C
Hī 'i'ini ko'u ke hanu 'ia mai
流れる　欲望　私の　［　　匂いを嗅げれば　］

ハーエナで花々の香りが漂って来る

可愛いレイに編まれて

恋人のようにとても心地よい甘い香り

芳しい香りに私の思いは募ります

```
      C            G7        C
Mi'i  'o Limahuli  i ka la'ikū  ē          とても静かなリマフリは可愛らしい
可愛らしい は        リマフリ で    とても静か
G7          C          G7      C  C7
Uluwehiwehi  i nā pua 'ie'ie  ē             イエイエの花々が青々と緑に茂り
青々と緑が茂る    が    [ 花々 ]  イエイエ（篤）
     F        E7        Am      A7
Home ia a nā manu e walea ai ē             小鳥達が寛いでいる家
家  この の [    鳥達  ] [  寛いでいる   ]
               C          G7         C
Lana ka mana'o ke 'ike maka ē              眺めれば心は弾む
浮かんでいる     心       [   眺めれば   ]


         C        G7        C
Ma ka pali kū ha'aheo 'o Makana ē          マカナは誇り高く聳える崖
で      崖  聳える 誇り高く は   マカナ
G7       C      G7       C  C7
'A'ā welo nā 'ōahi pāpala ē                燃え盛る小枝の束を投げ下ろした崖
燃える 浮動する  [古代のkauaiの風習で崖より燃え木を投げつけること]
    F          E7     Am      A7
Nā mahana ke ahi lele i ka pō ē            夜、暗がりを飛ぶ火の贈り物
[複数の贈り物]      火 飛ぶ/跳ねる    夜
             C         G7         C
Lele a'e ana lū iho i ke kai               海に跳ね飛んで落ちていく
[   跳ね飛ぶ   ] [投げ落とす] に    海


     C    G7          C
Ha'ina 'ia mai ana ka puana ē              主題は告げます
G7          C    G7       C  C7
'O ka moku o Kaua'i kuapapa ē              ハワイ諸島最古の島　カウアイ島
です     島   の  カウアイ島 積み重ねた
     F          E7         Am       D7
Ha'ina hou mai ana ka puana ē              もう一度主題を告げます
          C       G7          C
No Kaua'i kuapapa he inoa ē                一番古いカウアイ島に捧げる　名前歌
```

解説・・・

ウェルドン・ケカウオハが2007年に出したCD「Ka Lehua 'ula」に収録されているカウアイ島讃歌。2006年10月にイポラニ・ヴァーンが作詞、ウェルドン・ケカウオハが作曲、アレンジメントしている。沢山の地名が出てくるので、カウアイ島の地図を片手に歌いながら島巡り、最後にマカナで愛の火祭りを楽しみましょう。物語では、若い男達が海に落ちる火の束を、カヌーに乗って奪い合った。そして勇気もある成功者は、王族に招待される栄誉を受けたと伝えられる。しかし恋人の前で落ちて来る火の束を奪い合い激しい愛を伝えたという伝説の方が好きだ。

♪ジャンル カウアイ島 カヒコ

He Nani Hā'upu
Traditional

He nani Hā'upu i ke ahe ka makani
だ 美しい ハーウプ で 微風 風

微風が吹く美しいハーウプ

Ke hi'i 'ia mai lā no ka wai o Kemamo
[抱きかかえる] 水 の ケマモ

ケマモの水に抱かれて

Ke nānā iho 'oe i lalo o Hulē'ia
[眺めれば] 貴方が [下に] の フレーイア

貴方がフレーイアの上で下を見つめれば

A me he moena pāwehe ala o Mokulē'ia
[そして] です マット 幾何学的な模様 小道 の モクレイア

モクレーイアの小道は
幾何学的な模様のマットに見えます

He nani nō mai Līhu'e, a Wailua
です [美しい] から リーフエ そして ワイルア

リーフエからワイルアまで美しい

'A'ohe wahi ka ua nāulu i ke kula
ない 場所 [にわか雨] で 平原

平原でにわか雨が降らない場所は他にない

Ua pili pono iho lā ia i Kamananui
[しっかり寄り添った] で カマナヌイ

それはカマナヌイの近くにあり

Ke ho'onui mai lā Pua'ena a i luna
[大きくする/増大する] プアエナ [高く]

高地にプアエナは広がっています

I kani hone aku lā i ke kula a'o Nohili
で [楽しい音] 方向語 で 平原 の ノヒリ

ノヒリの平原で楽しい音がします

A me he lei hulu mamo ala ka uka o Halemano
[そして] だ [鳥の羽のレイ] 小道 高地 の ハレマノ

ハレマノ高地 小道はマモ鳥の羽のレイのようです

'Eā lā. 'Eā lā. 'Eā

エアラー エアラー エア

He mele no Kaua'i
だ 歌 為の カウアイ島

カウアイ島の為の歌です

解説
1999年のアルバム「Moemoeā」に収録されているカヒコ。カウアイ島の自然の美しさを讃えている。CDで歌手として紹介され、名前は
Māhealani Uchiyamaと書かれているが、写真を見ると完全なカナカ女性の顔をしている。国際ダンスのために非営利団体ウチヤマ・セン
ターを運営し芸術的なディレクター、クムフラとして、年齢を問わず伝統的なトレーニングを行っているとの事。

♪ジャンル [オアフ島]

He Nani Kū Ki'eki'e

Composed by Nathan Aweau

```
     A              D        E7    D   E7
Ka  'Ilima  i  ka  piko  o  O'ahu
     イリマ   で  丘または山の頂上  の  オアフ島
                                          B7
'Āina  ua  kaulana  a  me  ho'onani (lā)
 土地   [     有名だ    ]  [ そして ] 美しくする／名誉を与える
```

イリマの花はオアフ島に誇り高く咲き

この有名な土地を、美しく飾っています

Hui:

```
     Bm    C#m   D   E7    A
He  nani  kū  ki'eki'e (ē)
です  美しい  立つ  気高い／威厳ある
```

気高い美しい私の島 (家)

```
     A              D      E7    D  E7
Hanohano  Ka'ala  e  kū  mailā
光栄ある／気高い   カアラ山  [  聳える ]  穏やかに
                                          B7
Ka  makani  'olu'olu  nahenahe  ihona
 風     爽やかな      優しい     降下
```

光栄あるカアラ山は穏やかに聳え

吹き下ろす優しい爽やかな風

```
     A           D      E7     D  E7
'Ehu  o  ke  kai  a'o  Waikiki
飛沫  の    海    の    ワイキキ
                                          B7
Ke'ala  ho'olu'olu  i  ka  pu'uwai (lā)
香気      休息させる    を         心
```

ワイキキの海飛沫

心を癒す香りがします

```
     A            D       E7    D   E7
Ha'ina  'ia  mai  ka  puana (lā)
物語は終わります
                                          B7
'Āina  ua  kaulana  a  me  ho'onani (lā)
 土地   [     有名だ    ]  [ そして ] 美しくする／名誉を与える
```

物語は終わります

この有名な土地を、美しく飾っています

解説 ···

2016年 Bass Plus Music Arts から発売されたNathan Aweau 「'Āina Hānau」から選曲した。易しいハワイ語で作詞されているので、歌詞も覚えやすくフラガールには嬉しい曲。よく訪れるオアフ島讃歌だからトライしたら如何？

He Wahine Uʻi

Composed by John K. Almeida

C
ʻAuhea, ʻauhea wale ʻoe
注意して　　　注意して　　とても　　貴女は

D7
E ka pua, E ka pua Lokelani
よ　　花　　よ　　　花　　　ロケラニ (野バラ)

G7
A he nani, a he nani nō ʻoe
そして だ　美しい そして だ　美しい　　とても　貴女は

G7　　　　　　C
He wahine uʻi
　だ　　　女性　若々しい美しさ

気をつけて　とても気をつけて　貴女は

花よ　ロケラニの花よ

美しい　貴女はとても美しい

若々しい美しい女性だ

C
ʻAuhea, ʻauhea wale ʻoe
注意して　　　注意して　　とても　　貴女は

D7
E ka pua, E ka pua Mokihana
よ　　花　　よ　　　花　　　モキハナ

Hana aʻe, hana aʻe nō wau
　仕事する　　　　仕事する　　　　私は

G7　　　C
Lei hoʻoheno
レイ　愛する／愛撫する

気をつけて　とても気をつけて　貴女は

花よ　モキハナの花よ

私は作ります　私はレイを編みます

レイを愛撫します

C
ʻAuhea, ʻauhea wale ʻoe
注意して　　　注意して　　とても　　貴女は

D7
E ka pua, E ka pua Kukui
よ　　花　　よ　　　花　　　ククイ

G7
Kui aʻe, kui aʻe nō wau
繋ぐ　　　　繋ぐ　　　　私は

G7　　　　　　　　　C
A lawa kou lei e ka ipo
確実に結び付く　貴女の　レイ　よ　　恋人

気をつけて　とても気をつけて　貴女は

花よ　ククイの花よ

私は編みます　私はレイに編みます

貴女のレイが結びつくまで　恋人よ

C
ʻAuhea, ʻauhea wale ʻoe
注意して　　　注意して　　とても　　貴女は

D7
E ka pua, E ka pua Violeta
よ　　花　　よ　　　花　　ヴァイオレット

G7
Leka mai, leka mai ʻoe iaʻu
[　手紙が来る　]　　　貴女は　　私に

G7　　　　　C
Auwē ka auwē ʻako
あらまあ　　　　あらまあ　押さえがたい欲望

気をつけて　とても気をつけて　貴女は

花よ　ヴァイオレットの花よ

手紙が来ます　手紙が来ます　貴女は私に

あらあら　どうしましょう

C
'Auhea, 'auhea wale 'oe
注意して　　注意して　とても　貴女は

気をつけて　とても気をつけて　貴女は

D7
E ka pua, E ka pua 'Ilima
よ　　花　　よ　　花　　イリマ

花よ　イリマの花よ

G7
'Elima, 'Elima o'u pō
五つ　　五つ　私の　夜

五つ　私は五つの夜を過ごしました

G7　　　　C
Ho'i nele a'e
本当に　欠けた／〜なしに

そして後に何も残りません

H

解 説···
1935年ジョニー・ノーブルのハワイアン・ソング・ブックに記載されている名曲。この本の各フレーズ1行目の訳詞は、2013年末に発売されたCyril PahinuiのCDの解説「あなたの為に、これはあなたの為に」を引用した。著名な学者、メアリー・カヴェナ・プクイ女史のHawaiian Dictionaryに記載された訳詞は「今、注意しなさい、あなた」となっている。本当の意味は作曲者にしかわからないという事。ロケラニ、モキハナ、ククイ、ヴァイオレット、イリマ、5つの花、可愛らしい5人の女性との一夜の物語という事だ。

♪ジャンル　オアフ島

He Wehi Aloha
Composed by Kalani Pe'a, Devin Kamealoha Forrest

G　　　　Am　　　　C　　　D7 G
Ua kili iho mai he wehi aloha
[　　静かに雨が降ってきた　　]　だ　飾り付け　愛情

C　　　　　　　G　　Em
E ka ua kehau anuhea
よ　　雨　　霧/露　涼しく心地よい香り

Am　　　　D7
'O hea kāua e luana a'e?
[どこに =i hea]　私達二人　[　気楽に楽しもう　]

G　　　　　D7　　　　　　G
I mau ka 'olu o ka nui kino
[　前に！]　しなやか　の　　[　全身　]

静かに降る雨は愛情の飾り付けです

涼しく心地良く香る霧雨よ

私達二人が気楽に楽しめるのはどこ？

全身の爽やかさで進もう

Hui:

C　　　　　　　G
Ua wili, ua pili pono kāua
[　結びつけた　]　[寄り添わせた]　しっかり　私達二人は

D7　　　　　　　　G
Ka ua kehau wehi aloha
　　[　霧雨の雫　]　飾る　愛情

C　　　　　　G　　　E
I Waolani 'oe e luana a'e
　ワオラニ　　貴女は　[　気楽に楽しもう　]

Am　　　　D7　　　　　　　G
A 'ike i ka nani 'o Maunawili
そして眺める　を　　美しい　は　　マウナヴィリ

Am　　　D7　　　　　　　G
A 'ike I ka nani 'o Maunawili
そして見る　を　　美しい　は　マウナヴィリ

結びついて　私達二人はしっかり寄り添いました

霧雨の雫は愛の飾り付けです

ワオラニで貴女は楽しもう

そしてマウナヴィリの美しさを眺めよう

そしてマウナヴィリの美しさを眺めよう

G　　　　　C　　D7 a'o　　G
Ua noa　　ka uka a'o Waolani
[カプから解放された]　　高地　の　　ワオラニ

C　　　　　　　　　G　E
E noenoe ai nei 'ohu kēhau
[　霧がやってくる（強意）]　　霧　　霧の雫

A　　　　D7　　　　　G
'O 'oe nō ku'u wahi lani
[　貴女です　]　私の　場所　　天国

G　　　　　D7　　　　G
E ohaoha ai 'o Maunawili
[楽しみ/喜びを与える]　は　マウナヴィリ

ワオラニの高地で禁忌から解放されて

霧が一面に広がってきた　霧の雫だ（ハワイの愛情の表現）

貴女です　私の天国です

そしてマウナヴィリは悦びを与えてくれる

(Hui)

解説‥‥‥
愛の霧に包まれた高地。緑に囲まれたワオラニ、そしてマウナヴィリは愛し合う二人に素晴らしい幸せを運んでくれた。ハワイの高地の森は
自然が育んでくれたエネルギーに溢れている。若い二人の幸せな光景が目に浮かぶ。ハワイ民謡で霧が流れれば、愛の表現になる。2016年
に発売されたKalani Pe'aのCD「EWalea」に収録されている演奏ではKumu hula Nani Lim Yapが協力している。

© 2016 by TuneCore Publishing.
All rights reserved. Used by permission.
Print rights for Japan administered by TuneCore Japan KK

♪ジャンル　王族

He Wehi No Pauahi
Words by Kahikina De Silva　Music by Chad Takatsugi

A
Aia i Honolulu ku'u pōhaku
ありますに　ホノルル　私の　石
　　　　　　　　　　　　　　　　私の石はホノルルにあります

G　　　　　A　　　　E7　　　A
'O Pauahi-lani-nui ku'u haku ia
です　パウアヒ・ラニ・ヌイ　私の　支配者
　　　　　　　　　　　　　　　そしてパウアヒ王女は私の支配者です

D　　　A　　　　E7　　A
Wahine alualu waili'ulā
女性　人の後に続く　幻影
　　　　　　　　　　　　　　　私の求める幻の人です

D　　　A　　　E7　　　G　A
A loa'a i Kahuailanawai
そして　見つけ出す　カフアイラナワイ
　　　　　　　　　　　　　　　そしてカフアイラナワイで見つけ出せます

A
Nāu nō 'o Hāpu'u a me Hauola
[　　貴女の為に　　]　ハープウ　[　と　]　ハウオラ
　　　　　　　　　　　　　　　ハープウとハウオラは貴女のために

G　　　　A　　　E7　　A
E ho'oulu ai i ka ua Ki'owao
[　奮起させている　]　で　[　キオヴァオの雨　]
　　　　　　　　　　　　　　　キオヴァオ雨が奮い立たせます

D　　　A　　　　E7　A
Hoapili ia no ka 'Ōlauniu
親友です　　　の　　オーラウニウ
　　　　　　　　　　　　　　　それはオーラウニウ雨の親友です

D　　A　　　E7　　G　A
Makani hali 'alo o Kapālama
風が吹く　運ぶ　一緒にいる　　カパーラマ
　　　　　　　　　　　　　　　ホノルルに吹く風カパーラマが一緒に運んできます

H

A
Ma'ema'e e ka hanu a'o ka Palai
純粋な／魅惑的な　よ　呼吸　の　パライシダ
　　　　　　　　　　　　　　　パライシダの呼吸は新鮮でリフレッシュしてくれます

G　　　　A　　　E7　　A
Ho'ohiwahiwa ana i Kaulanapua
[　　装飾する　　]に　カウラナプア
　　　　　　　　　　　　　　　カウラナプアで貴女を飾り付けます

D　　　A　　　　E7　A
Wili 'ia me ke 'ala a'o ka Maile
[　巻かれて　]　と　　香気　の　　マイレ
　　　　　　　　　　　　　　　マイレの香気に絡まれて

D　　A　　　E7　　G　A
I wehi kāhiko nou e ka lani
飾り付け　装飾　貴女の為に　よ　天国
　　　　　　　　　　　　　　　貴女の為の飾り付けとして　王女よ

A
Pua rose kaukahi ka'u i aloha
花　バラ　一つの　私の　で　愛
　　　　　　　　　　　　　　　一輪のバラの花を私は愛しています

G　　　　A　　　E7　　　A
Sila 'ia　kō aloha no nā kamalei
[しっかり閉じ込める]貴女の　愛　為の　[　子供達　]
　　　　　　　　　　　　　　　それが子供達への貴女の愛情を明らかにします

D　　A　　　E7　　A
Kuini nō 'oe i ku'u maka
女王　貴女は　で　私の　目
　　　　　　　　　　　　　　　私が見つめる貴女は女王です

D　　A　　　E7　　G　A
E 'imi i ka pono o ka lāhui
[　探す　]を　　正義　の　民族
　　　　　　　　　　　　　　　ハワイ民族の正義のために模索しています

A
Eia ka puana a'i lohe 'ia
ここにある　　　　主題　　［　聞かされる　　］

ここに主題があります　聞きましょう

G　　　　　A　　　　　　E7　　　A
Ku'u lei Rose a'o Haleakalā
私の　　レイ　バラ　の　　　　ハレアカラー

私のハレアカラーのバラのレイ

D　　　A　　　　E7　　A
Puana hou mai kou inoa
［　　再び主題を　　］　貴方の　名前

再びテーマを　貴女の為の名前歌です

D　　　　A　　　　　　E7　　　G　A
No Pauahi-lani-nui lā e ō mai
為に　　　パウアヒ・ラニ・ヌイ　［　　答えてください　　］

パウアヒ・ラニ・ヌイの為に　答えてくだい

H

解説・・・
Kumu hula、Kahikina De Silvaがカメハメハ・スクールの創始者Bernice Pauahi Bishopに対する思いを綴った曲。未来のハワイを背負って立つ貧しいハワイ人の子供達の為に、カメハメハ・スクールはBernice Pauahi Bishop個人の財産で設立された。ハワイ王族の一員だったBerniceは、王家同士の婚姻を好まず、カメハメハ5世からの求婚を断り、アメリカ人のチャールズ・リード・ビショップと18歳の時結婚した。結婚後まもなく父パキ、母コニアが世を去り、王族の莫大な遺産を相続、社会の為に多大な貢献をした。

♪ジャンル カウアイ島

Heha Lumaha'i

Composed by Kuana Torres Kahele

F
Hanohano ke 'ike aku
華やかな 〔 眺めれば 〕
眺めれば華やかな景色

B♭ F
I ka nani a'o Lumaha'i
美しい の ルマハイ
ルマハイの美しさ

B♭ F
Me ka Lehua pua nani i luna
共に レフア 花 美しい 〔 上方に 〕
見上げればレフアの花の美しさと共に

A7 Dm
I ke alo o Lulu'upali
に 正面 の ルルウパリ
ルルウパリの正面に

F
Kaulana nō nā pua
〔 有名だ 〕〔 花々 〕
有名な花々です

B♭ F
O Ma'ihilaukoa
の マイヒラウコア
マイヒラウコアの

B♭ F
Kaulana pū nā ulu o Wehi
有名だ 〜共に〔 椰子 〕の ヴェヒ
ヴェヒの椰子林と共に有名です

A7 Dm
E malumalu mai ana
〔 平穏な状態にある／保護されている 〕
保護されて平穏な状態です

F
Huli aku nei kāua
〔 振り向く 〕 私達二人
私達二人は振り向いて

B♭ F
A nānā I luna
そして 眺める 〔 上の方を 〕
上の方を眺めます

B♭ F
I ka Hala 'ula'ula o ka pū Hala
を ハラ 赤色／褐色 の 〔パンダナスの茂み〕
パンダナスの赤褐色に色付いた茂みを

A7 Dm C7 F
Onaona I ka ihu, e moani nei
甘く香る に 鼻 〔 風に漂う甘い香り 〕
風に漂う甘い香り

F
E luana a ho'onanea
〔 寛ごう 〕そして 平穏な時を過ごす
平穏な時間を寛ぎましょう

B♭ F
I ke ahe 'olu'olu
中で そよ風 爽やかな
爽やかな風に吹かれて

B♭ F
A ka makani Haukoloa
そして 風 ハウコロア
ハウコロア風です

A7 Dm
He nanea, e walea ai
です 魅惑的な 〔 気楽に楽しんでいる 〕
魅惑的です 気楽に楽しみましょう

F
Hea aku nō au
[　朗吟する　] 私は
B♭
E ō mai ‘oe
[　答えてね　] 貴方は
B♭　　　　　　**F**
Puana a‘e nei i ka ha‘ina
　　　　主題　　　　　を　　　告げる
A7　　　　　**Dm**
O ia wahi aloha
[何時もの]　場所　　大好きな
C7　　　　　　　　　　　　**F**
Heha Lumaha‘i I ka noe
不活発な　　ルマハイ　　　が　　　霧

私は呼び掛けます

貴方は答えてください

物語を告げます

大好きな場所

霧の中の物憂いルマハイ

解説:⋯⋯⋯⋯⋯⋯⋯⋯⋯⋯⋯⋯⋯⋯⋯⋯⋯⋯⋯⋯⋯⋯⋯⋯⋯⋯⋯⋯⋯⋯⋯
栄光と誇りある霧の中の、アラヘアカラー山の美しさを讃える歌。昔、この山はハレアカラー山と呼ばれていた。ルマハイはカウアイ島のハ
ナレイ地区にある渓谷と小川、海岸の地区。ここに茂るパンの木はメネフネのWeliが育てたと言い伝えられる。フラを踊る方ならハワイ民謡
「Lumaha‘i」はご存知ですね。

♪ジャンル　マウイ島

Helani Falls

Words by Anns Kawalaea Fautt　Music by John Louis Sabey

D　　G　　　　　D
Ua nani wailele o Helani
[　美しい　]　滝　　の　　ヘラニ
E7　　　　　A7　D
Me ke kaimana e hulali ana
共に　　ダイアモンド　[光る／煌めいている]

可愛らしいヘラニ滝

煌めいているダイアモンドのようです

D　　G　　　　　D
Ma ka pali o Haleakalā
に　　崖　の　ハレアカラー山
E7　　A7　　D
Kuahiwi nani o Maui
山　　美しい　の　マウイ島

ハレアカラー山の胸に抱かれて

マウイ島の美しい山

D　　G　　　　D
Ka lewa a ka nāulu
空　　の　にわか雨が降りがちな雲
E7　　　　　　A7　　D
'Ike pono 'ia ka nani o Helani
見る　[　確かに　]　　美しい　の　ヘラニ滝

雨雲は空に浮かび

ヘラニ滝の美しさが眺められます

D　　　G　　　　D
Noho mai i ka 'iu ku'u 'āina hānau
[住む／滞在する]　に　神聖な 私の　[　生まれ故郷　]
E7　A7　　　　　　D
Mokulau i ka 'ehu o ke kai
モクラウ　中に　　飛沫　の　　海

私の神聖な生まれ故郷に滞在してください

モクラウは海飛沫の中に
（英訳　Mokulau is in the sea spray）

D　　G　　　　D
Ha'ina 'ia mai ana ka puana
E7　　　　　　A7　　D
'Ike pono 'ia ka nani o Helani
見る　[　完全に　]　　美しい　の　ヘラニ滝

物語は終わります

ヘラニ滝の美しさをはっきり眺めます

解 説‥‥‥
マウイ島のハレアカラー山にあるヘラニ滝を讃えた曲。1952年にホノルル市役所の公園とリクリエーションを管理する部門が、美しい土地を讃える曲のコンテストを開催し、1位に入賞した曲。マウイ島から離れて暮らす作者Anna Kawalaea Fauttが、懐かしいHaleakalā、Mokulau、Hanaを偲んで作詞したという。

Helele'i Ka Ua
Words by Amy Hānaiali'i Gilliom, Adrian Kamali'i   Music by Willie K

Em   C   G   D7
Helele'i ka ua mai ka lewa lani
雨がパラパラ降った　　雨　から　　　　上空　空／天国

Em   C   G   B7
E pō'ai 'ia me nā Kūpuna
[　取り囲まれる　]　と共に　[　祖父母達／祖先達　]

Em   C   A7   C
E kū a'e me ka palaina
[　立ち上がれ　]　共に　　　謙虚／混乱

Em   C   G   D7
Ke kali nei no ka la'ikū ē
[　待っている　]　為に　　　穏やかな／平和

高い天国から雨がパラパラ降ってくる

祖先達に取り囲まれて

謙虚に立ち上がり

穏やかな平和な時を待っています

Em   C   G   D7
E huli hele me ka 'ano aloha
[　あちこち探そう　]　共に　[　　愛の兆し　]

Em   C   G   B7
Kakali i ka wana kau lani
待つ　　　夜明けの様な光　置く　　天国

Em   C   A7   C
E ho'āhonui no ke ala pono
[　辛抱する／持ちこたえる　]　　　道　　正しい

Em   C   G   D7
Pono nō i ke ala o nā kūpuna
[　正しく　]　を　　道　　の　[　祖先達の　]

Em   C   G   B7
Pono nō i ke ala o nā kūpuna

彼らは愛の兆しを探し

天国の夜明けの光を待ちます

正しい道を歩むよう頑張ろう

祖先達が歩んだ正しい道を

祖先達が歩んだ正しい道を

Em   C   G   B7
E nā kama ha'aheo, kū a'e i ka pono
よ　[　子供達　]　　誇り高い　[立ち上がれ]　を　　　正しい道

誇り高い子供達よ　正しい道を歩もう

U u u u

解説‥‥
2014年12月に発売されたAmy Hānaiali'iとWillie K が再び組んで録音されたNew CD「AMY & Willie K Reunion」で歌われている。これがハワイ音楽の現代版なのかな？と思わず叫びたくなる演奏だ。歌は祖先を敬い努力を重ねようという素晴らしい歌詞だ。

♪ジャンル　オアフ島

Hihia Ke Aloha
Composed by Mailani Makainai

C
Hihia ke aloha i He'eia
からみ合わせる　愛情　に　ヘエイア
カイルア地区にあるヘエイア海岸が大好きだ

C
Eia ho'i au i ka lihikai
ある　まさに　私は　に　水際
私は水際にいます

F　　　　　　　　　C
Kai he'ehe'e i ka 'ili
海　ツルツルする　で　肌
海水でツルツルする私の肌

Dm　　　　　　　G7　　　C
Ilihia ho'i au i kou nani
[畏敬の念にうたれる]　私は　貴方の　美しさ
私は、貴方の美しさで畏敬の念にうたれ

Dm　　　　　　G7　　　　C
Aia 'o Mā'eli'eli i ka mālie
ある　は　マーエリエリ　の中の　静けさ
穏やかなマーエリエリ

C
He lei nou i kui 'ia
だ　レイ　貴方の　に　[編まれる]
レイは貴方の為に編まれます

C
I makana na ka nohea
へ　贈り物　為の　ハンサムな人
ハンサムな人への愛の贈り物

F　　　　　　　　　　C
Heahea mai ka makani
[何度も招いて暖かくもてなす]　風
風は何度も暖かく貴方を招きます

Dm　　　　　　　G7　　　C
I ke kai māne'one'o
で　海　性的に刺激する
楽しませてくれる海で

Dm　　　　　　G7　　　　C
Aia 'o Mā'eli'eli i ka mālie
ある　は　マーエリエリ　に　穏やかに
穏やかなマーエリエリ

C
Ha'ina kou wehi i He'eia
告げる　貴方の　飾り付け　で　ヘエイア
ヘエイアで貴方の美しさを告げる

C
Eia ho'i au i ka lihikai
ある　まさに　私は　に　水際
水際に私はいます

F　　　　　　　　　C
Kai he'ehe'e i ka 'ili
海　ツルツルする　で　肌
海水でツルツルする私の肌

Dm　　　　　　　G7　　　C
Ilihia ho'i au i kou nani
[畏敬の念にうたれる]　私は　貴方の　美しさ
私は、貴方の美しさで畏敬の念にうたれ

Dm　　　　　　G7　　　　C
Aia 'o Mā'eli'eli i ka mālie
ある　は　マーエリエリ　の中の　静けさ
穏やかなマーエリエリ

H

解説・・・
カイルア海岸の美しさは世界で5本の指に入るといわれる。作詞作曲のマイラニは、ここで生まれた。Mountain Apple Company専属の可愛
い女性歌手だ。マーエリエリは、オアフ島のカネオヘにある崖の名前。ハワイ伝説に語られる水の神様、カーネとカナロアがこの崖をとつ
ま先だけで登ったと伝えられる。

© MOUNTAIN APPLE COMPANY INC
All rights reserved. Used by permission.
Rights for Japan administered by HOTWIRE K.K.

♪ジャンル ハパハオレ

Hilahila 'Ole 'Oe
Traditional

F7   B♭
Hilahila 'ole 'oe
[恥ずかしくない] 貴方は   貴方、恥ずかしくないの？

B♭   F
Hilahila 'ole 'oe
[恥ずかしくない] 貴方は   貴方、恥ずかしくないの？

F   C7
Ha'alele i kou aloha
 場所を去る 貴方の 愛   貴方の愛を残して出ていった

C7   F
I waho i ka ua
[外へ] に 雨   雨が降る外へ

F7   B♭
Wehe mai i ka puka
[開く] を   ドア   ドアを開けて

B♭   F
A holo aku au i loko
そして [進んで行く] 私 に 中   そして私は家の中に戻ります

F   C7   F
Ua anu ho'i au, ua mā'e'ele
[寒い] 本当に 私 [寒さでかじかんだ]   私はとても寒かった　寒さでかじかんだ

F7   B♭
Oh, what a shame   ああ、恥ずかしい

B♭   F
A miserable shame   哀れな恥ずかしさ

F   C7
To leave your honey   あなたは可愛い人を残して去って行く

C7   F
Outside in the rain   雨の降る外へ

F7   B♭
Oh, won't you open that door   おや　貴方はドアを開けたいの？

B♭   F
And let him in   そして彼を部屋の中へ

F   C7   F
For he is freezing into his skin   凍りついている彼の肌

解説 ⋯⋯⋯⋯⋯⋯⋯⋯⋯⋯⋯⋯⋯⋯⋯⋯⋯⋯⋯⋯⋯⋯⋯⋯⋯⋯⋯⋯⋯⋯⋯⋯⋯⋯⋯⋯⋯
恋人達の痴話喧嘩の愉快なお話。外は寒くて雨が降っている。チョットした行き違いで、彼はドアを開けて憤然として出て行ったが、肌は凍りつきそうに寒かった。ドアを開けて部屋に戻れば、やはり暖かい愛が待っている。

♪ジャンル　ハワイ島　ハパハオレ

Hilo My Home Town
Composed by Betty Lou Yuen

     C
Come along, join the throng   いらっしゃい　皆と一緒になって

     C
Visit my Aloha Land   私のアロハ町を訪問してください

     G7
Take a train, or a plane   電車や飛行機に乗って

     G7
Travel any way you can   どんな方法でも旅行出来ますよ

     C
See the smiling faces   笑顔に会ってください

     C
Of the many races   沢山の仲間達の

     F
You'll be smiling too   貴方もきっとニッコリしますよ

     D7
You will want to linger   貴方はきっと長居したいと思います

     D7
Learn to do the hula   フラを学んで下さい

     G7
Make some whoopie too   ちょっとヤッホーしますよ

     C
Start the day, wear a lei   最初の日はレイを編みましょう

     C
And a colored mu'umu'u   そしてカラフルなムウムウを着て

     G7
Hear the crowd sing aloud,   群衆が大声で歌うのを聞いて下さい

     G7
"Aloha nui to you!"   貴方へ沢山のアロハを

     F   Fm
For there's no place on earth   地球上にこのような場所は他にありません

     C   A7
Where friends prove their worth   どこで友人の価値がわかりますか？

     D7 G7   C
More than Hilo, my home town   ヒロはより良い　私のホーム・タウンです

     D7 G7   C
More than Hilo, my home town!   ヒロはより良い　私のホーム・タウンです

解説···
1930年代に行われたコンペティションで優勝したヒロ市讃歌。

Hiu Nō Wau
Traditional

C
Hiu　　nō wau a naʻu ʻoe
愛することに努める　私は　そして　私の物　貴女は

私は大好きなのです　貴女は私の物

C　　　　　　　　　　**Dm7 G7**
Lawe nō wau a lilo
運ぶ　　私は　　夢中にさせる

私は貴女に夢中です

Dm7　　　**G7**　　　　**Dm7 G7**
Hiu nō wau a naʻu ʻoe
突進する　私は　そして　私の物　貴女は

私は大好きなのです　貴女は私の物

Dm7　**G7**　　**C**
Ua uʻo ia ua paʻa
[　　所有した　　]　[　固着させた　]

しっかり抱きしめます

C
Nani ka ʻōpua
美しい　　　雲

美しい雲の地平線

C
Hiki ahiahi
来る　　夜

それは夜訪れます

C　　　　　　　　　　　　**Dm7 G7**
A ka manaʻo e liʻa nei
そして[　　願望／思考　]　[熱心に望んでいる]

そして思いは大きな憧れです

Dm7　　　**G7**　　　**C**　　**G7**
Hoʻohenoheno ana Ke aloha
[　　　愛撫する　　　]　　　愛

愛撫します　愛です

Dm7　　　**G7**　　　**C**
Inā　Kāua, e ka hoa
もしも〜ならば　　　よ　　友人

私たち二人だけなら　大好きなお友達

解説‧‧
2015年10月に発売された「Mākaha Sons Memoirs（マカハ・サンズ伝説）」、Jerome Kokoの歌、Daniel Hoのプロデュース・演奏で発売
された。珍しいHiu Nō Wau が収録されていたので紹介する。原曲は3番まである長い曲で、3番の歌詞など、真面目に訳すのを憚るような
内容の歌詞だ。ハワイ音楽の著名な研究家（故）Mary Kawena Pukuiも1番だけ訳して、2、3番は避けている。JeromeもHuiの部分と1番だ
けを聞かせている。

♪ジャンル ハパハオレ

Ho'āla Hou Hawai'i
Composed by Leon Siu, Malia Elliott

E ala, e ala, a a'ahu i ka ikaika,
[　目覚めなさい　] そして 衣服を着る を　強い

e ka lima o 'io....
よ　腕　の　鷹

C　　　　　Em　B♭　　　　　C
Hear the ancient voice calling in the wind,
古代のハワイの声が風を呼んでいるのを
聞きなさい

　　Dm　　　　　F　　　　C　G7
From the cliffs of old Ka Lae to Na Pali
カラエ岬 (ハワイ島南端) から
ナ・パリ・コースト (カウアイ島北端) まで

F　　　　C
Time to wake up dreamer,
夢見る人を起こす時間だ

F　　　　B♭
Move on to the dawn,
夜明けよ　来い

　F　　G7　　　F　　C
Awaken, stand up and be strong !
目覚めて　立ち上がり　力強く

Chorus #1:

　　G7　　　　　　　C
Ho'āla hou ! Rewake it's a new day !
目覚める　新しく
　　G7　　　　　　　　　　　C
再び目覚めよう!
再び目覚めよう　新しい日のために
Ho'āla hou ! Shake the sleep from your eyes
再び目覚めよう!
貴方の目から眠気を追い出そう
　　G7　C
Ho'āla hou !
再び目覚めよう!

E ala, e like me ia nā lā mamua,
起きなさい [同じように]　と　[　　昔の日々　　]
起きなさい　昔の日々と同じように

I nā hanauna kahiko loa aku ho'i
に [　先祖達　] 古代　長い　方向語　強意
私達の昔々の先祖達の時代と

C　　　　Em　B♭　　　　C
Nani o Hawai'i, Aloha 'āina nō
美しい　の　ハワイ　愛する　大地
ハワイの美しさ　愛する大地

Dm　F　　　　　C　G7
Spirit moving through Hawai'i
ハワイに流れ動く勇気

F　　　　C
Children of the rainbow
虹の子供達

F　　　　B♭
Join their hearts as one
彼らの心と一緒になろう

F　　G7　　　F　C
Sailing ever proudly for the sun !
誇りを持って太陽 (希望) に向かって
出発しよう

Chorus #2:

Ho'ala Hou! Rewake it's a new day! （G7 ... C）
再び目覚めよう！
再び目覚めよう　新しい日のために

Ho'ala hou! Rising up from the valleys! （G7 ... C）
再び目覚めよう！　渓谷から日は昇る

Ho'ala hou! Ho'ala hou! （G7 ... C）
再び目覚めよう！再び目覚めよう！

Bridge:

Come alive with Aloha! （B♭ ... C）
アロハの心で生き生きしよう

Let it flow endlessly, （B♭ ... C）
果てしなく流れに乗ろう

Let our voices rejoice （B♭ ... F）
私達の声で喜ぼう

From the island of the sea! （C ... G7 ... C）
海の島からの

Chorus #3:

Ho'āla Hou! Reawake it's a new day! （G7 ... C）
再び目覚めよう！
再び目覚めよう　新しい日のために

Ho'āla Hou! Rising up from the valleys! （G7 ... C）
再び目覚めよう！渓谷から日は昇る

Ho'āla Hou! Riding high on a rainbow! （G7 ... C）
再び目覚めよう！虹は高く架かる

Ho'āla Hou! From the mountain to the sea! （G7 ... C）
再び目覚めよう！山から海まで

Ho'āla Hou! Ho'āla Hou!... （B♭ ... C）
再び目覚めよう！再び目覚めよう！

解 説
1995年のAloha Festivalsで入賞したLeon Siu と Malia Elliottの作品。受賞に際して「古代のカヌーに乗って太陽に誘われた祖先を讃えた名曲だ」と讃えられている。同年にThe Sunday Mānoaの名曲「He Hawai'i Au」も受賞している。

♪ジャンル 子供向け

Hoapili
Traditional

G
'O hoapili ku'u 'īlio
です　友達　僕の　犬

僕の犬は友達だ

G
Ku'u hoa i ka pā'ani
僕の　友達　で　　遊び

彼は僕の遊び友達

G
Holo aku a ho'iho'i mai
[　走っていく　] そして [　戻ってくる　]

走って行って戻ってきます

G　　　　　　　D7　　G
I ka'u mea e kiloi nei
を　僕の　　物　[　投げつける　]

僕がものを投げると

Hui:

D7　　　　　　　G
'Ehā ona wāwae
4つ　彼のもの　足

4本足で

D7　　　　　G
Hulu 'ele'ele
体毛　　黒い

黒い毛並み

D7　　　　　　　　G
Konikoni ka huelo
動悸する　　尾

尻尾を振って

D7　　　G　　D7　　　G
Ke 'ike mai, Ke 'ike mai
[　　見れば　　]

何時でも僕を見れば

G
'O hoapili ku'u 'īlio
です　友達　僕の　犬

僕の犬はお友達

G
Ku'u hoa kia'i hale
僕の　友人　見張り　家

僕の友達は見張り番

G
'Aoa 'o ia i mā malihini
吠える [　彼は] に [　訪問者達　]

訪問者達に吠えます

G　　　　　　D7　　G
Me kona leo weliweli ē
共に　彼の　　声　　怖がって

怖がらせる声をあげて

解説··
家庭で飼っている犬は可愛い。子供にとって大好きな遊び仲間だ。大人にとっても癒しのお友達だろう。一緒に遊んで見張りをする可愛いワンチャンの物語。

Ho‘i Hou Mai

Composed by Kawika Alfiche

```
G                C    D7          G
E nene‘e mai, ma ku‘u poli mai
[  ゆっくりいらっしゃい  ]  で  私の  [ 胸に ]
G                C        D7       G
Ho‘i hou mai kāua e ku‘u pūliki e
[  私に戻っておいで  ]  私達二人  よ  私の  チョッキ／ベスト
```

ゆっくりいらっしゃい　私の胸の中に

私の所に戻っていらっしゃい
私達二人　私のベストのように

```
G                C   D7      G
E pili kāua, me ka mahina
[寄り添おう]  私達二人  [      お月様と共に      ]
G                C        D7        G
Ho‘i hou mai kāua i ka nanea e
[  私に戻っておいで  ]  私達二人    気楽に過ごすこと
```

寄り添いましょう　私達二人　お月様と一緒に

私の所に戻っていらっしゃい
私達二人　気楽に過ごそうよ

```
G                 C      D7         G
E henoheno nei, e noho mālie
[      愛している      ]  [  住もう  ]  穏やかに
G                C        D7        G
Ho‘i hou mai kāua i ho‘oipo e
[  私に戻っておいで  ]  私達二人  [愛し合っていました]
```

いつも愛しているよ　穏やかに住みましょう

私の所に戻っていらっしゃい
私達二人　愛し合っていたじゃない

```
G              C    D7          G
E hea aku au, eō mai ‘oe
[   呼びかける   ]  私は  [ 答えて ]  貴方は
G                C        D7      G
Ho‘i hou mai kāua e ku‘u pili e
[  私に戻っておいで  ]  私達二人  [  私の親しい関係  ]
```

私は呼びかけます　貴方は答えて

私の所に戻っていらっしゃい
私達二人　私達は親しい関係よ

解説 ⋯⋯⋯⋯⋯⋯⋯⋯⋯⋯⋯⋯⋯⋯⋯⋯⋯⋯⋯⋯⋯⋯⋯⋯⋯⋯⋯⋯⋯⋯⋯⋯⋯

愛は様々な形で現れる。この曲は特別な試練に耐えた愛を、歌っているのだろう。愛は色々な形で訪れる。お互いの愛は年を重ねるにつれて
高まり、今、再び結ばれる。作曲家／歌手のKawika Alfiche 2枚目のCD「Kale‘a」に収録されている。

Ho‘i Mai Huli Ho‘i Mai

Composed by Alvin Kaleolani Isaacs

C   D7
Ho‘i mai huli ho‘i mai
[帰って来い]向きを変える

Dm   G7   C
Ke aloha ho‘i mai
愛情   [帰って来い]

C   D7
Ho‘i mai huli ho‘i mai

Dm   G7   C
Ke aloha ho‘i mai

      A♭   C
‘O ‘oe nō ku‘u pua
[あなたです] 私の 花／恋人

C
Ku‘u milimili
私の   最愛の人

      A♭   Dm
‘O ‘oe nō ku‘u lani
[あなたです] 私の   天国

         G7
Poina ‘ole
[忘れ得ぬ]

C   D7
Ho‘i mai huli ho‘i mai

Dm   G7   C
Ke aloha ho‘i mai

C   D7
Ho‘i mai huli ho‘i mai
[帰って来い]向きを変える

Dm   G7   C
Ke aloha ho‘i mai
愛情   [帰って来い]

帰っておいで　向きを変えて

私の愛する人　帰ってきて

帰っておいで　向きを変えて

私の愛する人　帰ってきて

あなたです　私の愛する人は

私の最愛の人

あなたです　私の恋人

忘れられません

帰っておいで　向きを変えて

私の愛する人　帰ってきて

帰っておいで　向きを変えて

私の愛する人　帰ってきて

C   D7
Ne'e mai ne'ene'e mai
[少しずつ進む] [少しずつ進む]　　　　　ゆっくりおいで　慌てないで

Dm7   G7   C
Ne'e mai ku'u lei
[少しずつ進む] 私の レイ/恋人　　　　　ゆっくりおいで　私の愛しい人

C   D7
Ne'e mai ne'ene'e mai　　　　　　　　ゆっくりおいで　慌てないで

Dm   G7   C
Ne'e mai ku'u lei　　　　　　　　　　ゆっくりおいで　私の愛しい人

       A♭   C
'O 'oe nō ku'u pua
[あなたです] 私の 花/恋人　　　　　　あなたです　私の愛する人は

C
Ku'u milimili
私の 最愛の人　　　　　　　　　　　　私の最愛の人

       A♭   Dm
'O 'oe nō ku'u lani
[あなたです] 私の 天国　　　　　　　あなたです　私の恋人

Dm   G7
Poina 'ole
[忘れ得ぬ]　　　　　　　　　　　　忘れられません

C   D7
Ne'e mai ne'ene'e mai　　　　　　　　ゆっくりおいで　慌てないで

Dm   G7   C
Ne'e mai ku'u lei　　　　　　　　　　ゆっくりおいで　私の愛しい人

C   D7
Ne'e mai ne'ene'e mai　　　　　　　　ゆっくりおいで　慌てないで

Dm   G7   C
Ne'e mai ku'u lei (x3)　　　　　　　　ゆっくりおいで　私の愛しい人

解 説

1978年のLP「Alvin Kaleolani Isaacs & Sons」に収録され、クムフラ、キモ・アラマ・ケアウラナが素晴らしい英文に翻訳しているコミック・ソング。2000年に'Elua KāneがCD「Paddle to the Rising Sun」で再録音している。単純な言葉の繰り返しで、楽しさが倍増するアイザックス得意のスタイルの曲。

♪ジャンル　オアフ島

Hoʻi Mai Kāua E Pili
Composed by Chinky Māhoe, Eric Lee

```
     G                    D7
He  uʻi  nō ʻoe e kuʻu ipo            貴女はとても可愛らしい　僕の恋人よ
です 若くて美しい    貴女は よ 僕の  恋人
        Am            D7
Kuʻu lei pua mae ʻole                 僕の決して枯れない花のレイ
僕の  レイ 花 [ 枯れない ]
     C        D7      G
Hoʻi mai kāua  e pili                 帰りましょう　僕達ピッタリ寄り添って
[ 帰ろう ]   僕達 [ピッタリ寄り添って]
```

```
        G                    D7
E maliu  mai ʻoe e kuʻu ipo           聞いて下さい　貴女　僕の恋人よ
[  聞いて下さい  ]   貴女 よ 僕の 恋人
        Am            D7
I ka pō Māhealani                     満月の夜に
に    夜  満月の夜
     C        D7    G
Hoʻi mai kāua e pili                  帰りましょう　僕達ピッタリ寄り添って
```

```
        G                     D7
E nanea  pū kāua e kuʻu ipo           僕達二人リラックス　僕の恋人よ
[ 気楽にする ] [ 僕達二人は ] ね 僕の  恋人
        Am            D7
I ke one a ke kai                     浜辺で
で    浜辺 の   海
     C        D7    G
Hoʻi mai kāua e pili                  帰りましょう　僕達ピッタリ寄り添って
```

```
        G                      D7
ʻO ka pō ahe ʻolu e kuʻu ipo          穏やかな風が吹く夜　僕の恋人よ
です   夜 [ 穏やかに吹く風 ] よ 僕の  恋人
        Am            D7
O ka makani Malanai                   マラナイ風の
の     風   マラナイ
     C        D7    G
Hoʻi mai kāua e pili                  帰りましょう　僕達ピッタリ寄り添って
```

```
        G                    D7
Puana ʻia mele e kuʻu ipo             歌のテーマです　僕の恋人よ
[ 主題を告げる ]   歌 よ 僕の  恋人
        Am            D7
Na ke Akua e mālama                   神様を尊びましょう
為に    神様  [ 尊ぶ ]
     C        D7    G
I ka pilina a ke aloha                この愛の結びつきで
で    結合 の   愛情
```

H

G   D7
Puana hou ia mele e ku'u ipo
[もう一度告げる   ] この   歌 よ 僕の   恋人

もう一度歌いましょう　僕の恋人よ

        Am   D7
Ku'u lei pua mae 'ole
僕の   レイ 花 [枯れない]

僕の決して枯れない花のレイ

C   D7   G
Aloha wau 'ia 'oe
愛します   僕は   [貴女を]

僕は貴女が大好きです

C   D7   BmE7
My darling my sweet, aloha

僕の恋人　僕の愛する人

        Am7   D7
My sweet Pīkake lei

僕の愛する人　ピカケ・レイ

C   D7   G
He lei ho'oheno mau ai
です レイ   愛する [永遠に]

僕の永遠に愛するレイです

解 説··

クム、チンキー・マーホエと歌手／作曲家エリック・リーの合作。とても微笑ましく愛らしい曲だ。4番のMakani Malanaiは、オアフ島のカイ
ルアに吹く優しい風の名前。カイルアの海辺は恋人と二人で楽しみたい美しい海岸だ。

Holomua Ē Hawaiʻi

Composed by Willie Kahaialiʻi

D   G
Holomua ē Hawaiʻi,
前進   よ   ハワイ

    Em   D
ʻO ʻoe ʻo wau pū makaʻu ʻole
です 貴方 です 私 一緒に [恐れない／驚かない]

    D   G
He leo kū lanakila
です 声 示す 勝利

    Em   D
I mua mau, nā keiki o ka ʻāina
[前進] 常に [子供達] の 土地

ハワイよ　前進しよう

貴方と私は一緒です　恐れるものはありません

勝利の声をあげましょう

永遠に前進しよう　土地っ子達

     Hui:

       G   D
     I mua aloha
     [前進] 愛情／アロハ

       G   D
     I mua ka poʻe
     [前進] 人々

       G   A7
     I mua ka ʻuhane
     [前進] 魂／精霊

       G   D
     I mua ʻāina
     [前進] 土地

       G   D
     I mua ikaika
     [前進] 強い／力

       G   A7
     I mua ē nā pua, ē ē
     [前進] [花々＝人々]

アロハの中を前進

人々は前進

魂込めて前進

私たちの土地を進もう

力強く前進

ハワイ人達よ　前進

D   G
Holomua ē Hawaiʻi,
前進   よ   ハワイ

    Em   D
ʻO ʻoe ʻo wau pū makaʻu ʻole
です 貴方 です 私 一緒に [恐れない／驚かない]

D   G
E ʻonipaʻa ko Hawaiʻi
しっかりした／ぐらつかない 貴方の ハワイ

Em   D
Hoʻokuʻikahi, i mea ē Hawaiʻi
団結します 人／物 よ ハワイ

ハワイよ　前進しよう

貴方と私は一緒です　恐れるものはありません

貴方のハワイ　しっかり立ち上がりましょう

団結しましょう　ハワイの人々よ

D   G
Holomua ē Hawai‘i,
前進／進歩   よ   ハワイ

    Em   D
O ‘oe ‘o wau pū maka‘u ‘ole
です 貴方 です 私 一緒に [恐れない／驚かない]

    D
He mele ao nā pua
です   歌   の [花々＝人々]

     Em   D
E Pili me nā kūpuna a pau
[寄り添おう] と [祖先達／祖父母達] [全て／完全に]

ハワイよ　前進しょう

貴方と私は一緒です　恐れるものはありません

私達の為の啓蒙の歌です

私達を私達の全ての祖先に結びつけましょう

解説··
この歌を最初に歌ったのは有名な歌手ウィリー・K、そして、ケネス・マクアカーネ・プロダクションが製作した。ホオケナのメンバーは、今回の自分達のコーラスで、ハワイ人が一体となってゴールを目指そうと問いかけている。

♪ ジャンル [オアフ島]

Home Paumalu
Composed by B. Maka'iau, Robert Cazimero

```
G                C  G
Aloha i ku'u home
  愛する    を 私の      家
G                    C  G
Kau i ka la'i ma laila
建っている     静かに  [ そこに ]
G                      A7
E ho'okipa ana i nā malihini,
  [  楽しませている  ] を [  訪問客達  ]
G    D7        G  A7 G     D7        G
E nanea mai nei, e nanea mai nei
[   気楽に楽しんでいる   ]
```
私の愛する家は

そこに静かに建っています

訪問客達を楽しませ

お客様は魅惑的な一時を過ごします

```
G                   C  G
E kipa mai i ke aheahe,
[    訪問する   ] が      そよ風
G                   C  G
Ho'olohe i ka lau niu
 聞かされる   を    葉  ヤシ
G                        A7
I ka 'olu o nā pua like 'ole,
  爽やかさ の [  花々 ] [種々の／あらゆる]
G    D7        G  A7 G     D7        G
E moani mai nei, e moani mai nei
[   風に漂って来る   ]
```
訪問客を楽しませる様に、
そよ風は歓迎し寛がせます

聞いて下さい ヤシの葉と

爽やかな色とりどりの花々の囁きを

風に漂う甘い香り 風に漂う甘い香り

```
G                    C  G
Ho'opili mai nā makamaka,
[  いっしょにさせる  ]   気楽に受け答えできる友人達
         G              C  G
E 'ai a inu a kena
[ 食べて ] そして 飲んで そして  癒した
G         A7
Launa i'o i'ane'i,
 友好的な    あそこに   ここ
G    D7        G  A7 G     D7        G
E hiamoe mai nei, E hiamoe mai nei
[      眠るまで      ]  (1回目は hiamoe を nap と歌っている)
```
気楽に話し合える友達がいっしょになって

食べて飲んで癒して

仲の良い友達があそこに ここに

至る所で寛いで満足し 結局居眠りするまで
友人の集会は続きます

```
G              C  G
Kahea mai ke kai,
[  大声で叫ぶ  ]  海
G                  C  G
Hu'ihu'i i ka 'ili e
  寒い    が    肌
G              A7
E ko'i'i  ke 'a'ali'i,
[男性の生殖器に活力を与える]  王様
G    D7        G  A7 G   D7        G
E ho'ala mai nei, E ho'ala mai nei
[  目が覚めてくる／起きてくる  ]
```
海が呼んでいます

肌の寒さで

それが王様に活力を与え

もう一度飲み直そうと起こします

```
G              C  G
Puana kēia mele                          この歌の主題です
   主題    この    歌
G               C  G
No Paumalu e                             パウマルの我が家の為の歌
為の     パウマル
G                      A7
E hoʻokipa ana i nā malihini,            訪問客達を楽しませ
[     楽しませている    ] を [    訪問客達    ]
G    D7       G  A7 G    D7         G
E nanea mai nei, e nanea mai nei          お客様は魅惑的な一時を過ごします
[      気楽に楽しんでいる      ]
```

解説 ···

ロバート・カジメロの軽快な愉快な曲。飲み放題で語り合う友人達。時の過ぎるのを忘れて飲み明かす気の置けない仲間達。彼等はパウマルに建つ家に集まる。ロバート・カジメロがピアノを弾きながら楽しそうに歌っている。

© MOUNTAIN APPLE COMPANY INC
All rights reserved. Used by permission.
Rights for Japan administered by HOTWIRE K.K.

♪ジャンル　オアフ島　ハパハオレ

Honolulu How Do You Do
Composed by Philip F.Phelps

G
Honolulu how do you do　　　　　　　　　ホノルル　ご機嫌いかが？

G　　　　　　D7
Honolulu glad to see you　　　　　　　　ホノルル　会えて嬉しいね

B7　　　　　　　　Em
I love you sunshine honest I do　　　　　僕は日差しが大好き　ほんとだよ

A7　　　　　　　　　　D7
That's why you see me, smiling at me　　何故って　太陽は僕に微笑み掛けているから

G
You're the flower of mother earth　　　　あなたは大地の母です

　　　E7　　　　　Am
We've got to lift hat to you　　　　　　　僕らは帽子を高くかざします

　　Am　　　E♭7　　G　　　E7
I love your mountain trees, ocean breeze　大好きな山の木々、海の風

　　A7　　　　D7　　　　　　G
Honolulu, I'm wild (crazy) about you　　ホノルルが好きで気が狂いそう

H

解説‥‥
ハワイでは殆ど聞く事が出来ない名曲の一つ。Nā Maka がメドレーの中で演奏しているCDがある。日本では1930年代、灰田晴彦とニュー
モアナでベティ稲田（二世歌手）がレコーディング、その後バッキー白方とアロハ・ハワイアンズで演奏され、日本ではハワイ音楽の古典とし
て知られている。ベティ稲田が歌っていた日本語の歌詞を紹介しよう。作詞者不明。
ホノルル　ハウ　ドゥ　ユー　ドゥ、
私の恋人　忘れ得ぬ故郷、　懐かしの島国
恋しき想い出　花咲く丘よ、　　青き空海原よ　ホノルル夢の国

Ho‘oheno I Ka Pu‘uwai
Words by Kenneth Makuakāne, Cliff Ahue   Music by Kenneth Makuakāne

E   G#m   A
Auhea wale ‘oe ‘eā
[どこにいるの] 貴女は それ！

貴女はどこにいるの？　それ！

      B7   E
Ku‘u lei Awapuhi
私の   レイ   ジンジャー

私のジンジャー・レイ

A   B7   G#m   C#m
I ka wehi o ka uka
    装飾   の   高地

高地の飾り物

F#7   B7
Milimili ‘oe
恋人   貴女

貴女は愛しい人です

A   B7   G#mC#m
E lei ho‘oheno
よ レイ   可愛らしい

可愛らしいレイ（恋人）よ

F#m   B7   E
Ho‘oheno i ka pu‘uwai
   可愛がる   中で   心

心から愛しています

G#7   C#mF#7
Ke ‘ala ‘o nā pua
    香気 は [花々]

花々が香気を漂わせる

F#m   B7   E
I uka ‘iu‘iu
で 高地 高貴な／遠い

高貴な高地です

E   G#m   A
Lohe kākou i kou leo ‘eā
聞く   私達は   を 貴女の 声 それ！

貴女の声を私達は聞きます

      B7   E
E ho‘āla mana‘o
[目がさめる] 心／願望

願望が目覚めます

A   B7   G#m   C#m
I ka pua o ke ola
に   花 の 生命（生きている）

生命の花に

 F#7   B7
Eō i kou inoa
答えて を 貴女の 名前

貴女の名前を答えてください

解説······························
ケネス・マクアカーネを中心に結成されたパンダナスクラブ、1997年の作品。高地に咲くジンジャーの美しさ、甘い香りを讃えた心優しい曲。何故か最近踊っているフラ教室を見かける。

Ho‘oipo I Ka Malanai

Composed by Natalie Ai Kamauu

Hui:

F　　　　　　Fm
He mana‘o, he aloha
　だ　　　願望　　　　だ　　愛

　　　　C　　　　　　A
No ka ipo ku‘u lei
為の　　恋人　私の　レイ

F　　　　　　G7　　B♭
Ho‘oipo i ka Malanai
愛撫する　　に　　　マラナイ風

顧望　そして愛

恋人の為の　私のレイ

マラナイ風に愛撫されて

F　　　　　　　C
Wehiwehi i ka waokele
飾り付ける　　で　　　高地の森

F　　　　　　　　　C
Nani nō ke ‘ala henoheno
美しく　とても　　香気　可愛がる／愛する

D7
Ka beauty hemolele
　　美しい　　　完全な／神聖な

Dm　　　　　　G7
‘Awapuhi mine
アワプヒ　　　私の

高地の森は飾り付ける

とても美しく愛らしい香気で

完璧な美しさ

私のジンジャーの花

F　　　　　　　　C
Hoapili o ka noe Ki‘owao
親しいお友達　の　　霧　　キオヴァオ

F　　　　　　　C
Ho‘opulu ‘ia ka nahele
[　湿らせる　]　　　森

D7
Ka beauty poina ‘ole
　　美しい　[　忘れ得ぬ　]

Dm　　　　　　G7
‘Awapuhi mine
アワプヒ　　　私の

キオヴァオの霧は私のお友達

森を潤してくれる

忘れ得ぬ美しさ

私のジンジャーの花

(Hui)

F　　　　　　　C
Pō‘ai ‘ia e ke anuhea
[　囲まれる　]　によって　　涼しく心地よい香り

F　　　　　　　C
Ho‘owalewale ‘ia mai
[　誘惑される／惑わされる　]　　方向語

D7
Ka beauty launa ‘ole
　　美しい　　[　並ぶものがない　]

Dm　　　　　　G7
‘Awapuhi mine
アワプヒ　　　私の

涼しく心地よい香りに囲まれて

私を誘惑する

並ぶものがない美しさ

私のジンジャーの花

F   C

Ahuwale nō ka mana'o   願いは明らかです
[～にさらす   ]   願望

F   C

Ua 'ehu wale i ka lā   太陽の飛沫を一杯浴びて
[飛沫を浴びて] とても で   太陽   （英訳 Ua 'ehu= 黄金色になって）

D7

Ka beauty pau'ole   終わりない美しさ
     美しい   終わりない

Dm   G7

'Awapuhi mine   私のジンジャーの花
 アワプヒ   私の

(Hui)

B♭   F

Eō mai ku'u lei makamae   答えてね、私の最愛のレイ
[答えてください] 私の   レイ   最愛の

B♭   F

Ka nani i'o ō   純粋な美しさ
   美しい 純粋な／真の

B♭   B♭m

Ku'u pua, ku'u lei   私の花　私のレイ
私の 花   私の   レイ

F

'Awapuhi mine   私のジンジャーの花
 アワプヒ   私の

解説・・・・・・・
愛する人をジンジャーの花に例えた愛の賛歌。貴方は永遠に私の物と歌っている。ハワイ民謡で永遠の愛を歌う時に使われる言葉がたくさ
ん出てくるので覚えておくと良い。hemolele, poina 'ole, launa 'ole, pau'ole等だ。
Malanai　オアフ島コオラウ山脈とカイルア、カウアイ島、マウイ島ハナに吹く風の名前。
Ki'owao　風と霧を伴う冷たい山雨。

♪ジャンル マウイ島

Hoʻoleʻaleʻa
Composed by Nathan Aweau

G
Hele lua iō Waimea
　行く　　仲間　　に　　ワイメア
ワイメアに一緒に旅行しよう

G
Pae   i ka heʻe nalu (eā)
波乗りで浜に上がる [　　　　　波乗り　　]
浜辺で波に乗りましょう

　　Hui:

D7   G
E hele hoʻoleʻaleʻa ana kākou (ʻeā)
[　　　楽しく遊びに行こう　　　] 私たち皆
皆んなで楽しみに行きましょう

G
Hele lua iō Haleakalā
　行く　　仲間　　に　　ハレアカラー火山
皆んなで一緒にハレアカラー火山に行きましょう

G
Holoholo paikikala iho (lā)
　乗車して行く　　滑って　　下へ
自転車に乗って山を下りましょう

G
Hele lua iō lā lae nā pali
　行く　　仲間　　に　　岬　[　崖　]
皆んなで一緒にサウス・ポイントの崖に行きましょう

G
Kāua   lele ʻōʻō, lulu poʻo (lā)
　私達は　[最初に足を水に入れて跳ねる] 静かに　頭
私達は最初に足を水に入れて跳ねて、落ち着きます

G
Haʻina ʻia mai ana ka puana
物語は終わります

G
Hele lua ma nā wahi āpau
　行く　　仲間　　で　[　　すべての場所　]
どこでも一緒に旅行しましょうね

解説・・
2015年にBass Plus Music Artsから発売された Nathan AweauのCDから選曲。このアルバムは殆ど自作の曲が収録されている。どの曲
も子供達のために歌っているのかと想像される可愛らしい曲。自然を愛し、ハワイの素晴らしさを讃えた曲ばかりだ。

Ho'olehua Hula

Composed by Sean Na'auao, K.Raymond

F   B♭   F
Moani ke 'ala Hinahina lā
[風に漂う甘い香気   ]   ヒナヒナ
       F   B♭   C7
I ka pā mai a Hilia'e
に [風が運んでくる] の   ヒリアエ風
       F   B♭   F
Puahili 'ia i lei aloha lā
[レイに編まれる] に レイ 愛する
      F   C7   F
Ho'olei ka lei 'ohu'ohu ē
レイをかける   レイ   霧が掛かる

ヒナヒナの甘い香りが風に漂う

ヒリアエ風が運んでくる

愛するレイに編まれて

霧がかかるようにレイをかける

          F   B♭   F
'Opua 'ohu'ohu kau i luna lā
雲   霧が掛かる   置く [上に]
     F   B♭   C7
Pili i ka pali Pāne'ene'e
一緒になる   崖   パーネエネエ
      F   B♭   F
He ua ne'epapa a he ola ē
だ 雨   全体で動く そして だ 生命
F   C7   F
'Āina nopu i ka lā ē
土地 膨らむ／増える   太陽

上の方に霧のように降りてくる雲

パーネエネエ崖で霧も雲と溶け合い

霧と雲が動けば水となり生命が与えられる

太陽を浴びて大地は肥える

         F   B♭   F
Pa'ē mai ka leo o kūpuna lā
[耳を叩く]   声 の   祖先達
    F   B♭   C7
Loina pa'a ua lohe 'ia ē
規則／風習 確かな [聞かされた   ]
      F   B♭   F
Ho'olohe i ka kani kioea lā
従う   に   音   ハワイ蜜吸鳥
       F   C7   F
Manu lawe ō o Ho'olehua ē
鳥   運ぶ 答える   機敏な／力量ある

これは私たちの祖先が話した事です

これは祖先が伝えた確かな風習です

ハワイ蜜吸鳥の声に従いましょう

祖先が伝えた事に答えよう　機敏な対応で

|F| |Bb| |F|
Hoʻolehua kuʻu home lā
ホオレフア　私の　家

|F| |Bb| |C7|
Ka ʻāina hoʻopulapula ē
土地　復興する

|F| |Bb| |F|
Puana ʻia mai ka haʻina lā
主題を告げます

|F| |C7| |F|
ʻAla Hinahina i ka Hiliaʻe
香り良い　ヒナヒナ　に　ヒリアエ

ホオレフアは私の愛する家です

復興するハワイの土地です

主題を告げます

ヒリアエ風のヒナヒナの甘い香り

解説··
2001年のSean NaʻauaoのCD「Holomua」に収録されている。今のハワイ音楽ファンには、ジャワイアンといってもピンと
こないと思うが、当時ハワイ音楽とレゲエのリズムが合体し、新しいリズム感覚の音楽が大流行していた。ホノルルに行って
もラジオから流れる音楽はほとんどジャワイアンだけだった。

© MOUNTAIN APPLE COMPANY INC
All rights reserved. Used by permission.
Rights for Japan administered by HOTWIRE K.K.

♪ジャンル　子供向け

Hoʻomākeʻaka
Composed by James K. Kaholokula Sr.

C
ʻAkaʻaka ʻaka kai
　　笑う　　　笑う　海　　　　　　　　　　笑って笑って　笑う海

C
Hiʻu i luna, poʻo i lalo
　尻尾　[　上に　]　頭　[　下に　]　　　　尻尾を上に　頭を下に

G7
ʻUmiʻumiʻumi, ʻumiʻumiʻumi
　　頬ひげ　　　　　　頬ひげ　　　　　　頬ひげ生やして

G7　　　C　　　G7　　　　C
ʻEā ʻeā ʻeā, ʻEā ʻeā ʻeā Tra la　　それそれ　それそれ　トゥラ　ラ

（答え：玉葱）

C
Miomio, welawela
　尖って　　　熱い　　　　　　　　　　尖って熱い

C
Piko ʻole, unahi ma loko
[　へそでない　]　うろこ　[　中の　]　　おへそでないよ　中のうろこだよ

G7
He iʻa ʻulaʻula, ʻulaʻulaʻula
　だ　魚　赤い　　　　赤い赤い　　　　　赤い魚だ　赤い　赤い　赤い

G7　　　C　　　G7　　　　C
ʻEā ʻeā ʻeā, ʻEā ʻeā ʻeā Tra la　　それそれ　それそれ　トゥラ　ラ

（答え：赤唐辛子　チリ・ペッパー；平らな目盛り、薄い色の種）

C
Noʻonoʻo maʻemaʻe
　考える　　　純粋な考え　　　　　　　粋な考え

C
Kanaka waha nui
　人　　口　　大きい　　　　　　　　　大きな口の人

C
Kanaka leo nui
　人　　声　大きな　　　　　　　　　　大きな声の人

G7
Laho lewalewa, I ewa i ka lewa
　広々した　揺れる　に　不安定に　揺れる　広々した空で揺れて　ジャンジャン揺れて

G7　　　C　　　G7　　　　C
ʻEā ʻeā ʻeā, ʻEā ʻeā ʻeā Tra la　　それそれ　それそれ　トゥラ　ラ

（答え；教会のベル；英語も同じでジャンジャン）

C
Ha‘ina ‘ia mai ana ka puana

主題を告げましょう

C
Hi‘u o ka pū, ‘o ka pū o ka hi‘u
尻尾 の カボチャ です カボチャ の 尻尾

G7
Kū ke pilo māhanahana
立つ 臭い匂い 2倍

カボチャの尻尾　尻尾のカボチャ

耐え難い香りは2倍に広がり

G7　　　C　　G7　　　C
‘Eā ‘eā ‘eā, ‘Eā ‘eā ‘eā Tra la

それそれ　それそれ　トゥラ　ラ

（答え：聞き取れないほどのオナラ、
お尻のトランペット、それは英語で上品に言えば
南からの微風です）

H

解 説・・
判じもの、或いはハワイの謎解き遊びの歌。日本語でもハワイ語でも謎解き言葉は楽しいもので、この歌は、ハワイ語の謎解き遊びだとい
う。古いハワイ文化を良く理解できない私達には解らない部分が多いが、何となく楽しくなる歌。昔は大人と子供達が一緒になって、囃し言
葉で楽しんだそうだ。タイトルの「Ho‘omāke‘aka」は、コミックという意味。

197

Hula

Composed by Mary Kawena Pukui, Noelani Māhoe

Dm
Makemake nō anei ‘oe
[　～して欲しいのですか？　　　] あなたは
　　　　　　　　　　　　　　　　　　　　貴女はフラを学びたいですか

D7　　　　　　Gm
E a‘o i nei mea a he hula
[　　学ぶ　　　] 物　の　フラ
　　　　　　　　　　　　　　　　　　　　フラを学びましょう

B♭　　　　　　　　　F
Me ka no‘eau a mikimiki ‘oi
[　巧みな／賢い　] そして　活動的な　優れた／最も良い
　　　　　　　　　　　　　　　　　　　　清楚で最高に活動的な

　　　B♭　　　　C7　　　　F
Ka hula ana a ka Hawai‘i
　　　フラ　　　　の　　　　ハワイ
　　　　　　　　　　　　　　　　　　　　ハワイのフラ・ダンスを

Dm
Pēnei a e kuhi ai
このように そして [　身振りする　]
　　　　　　　　　　　　　　　　　　　　この様に身振りをします

D7　　　　　　Gm
Hana nō a ‘olu nā lima
動作する　　　そして しなやかな　　　手
　　　　　　　　　　　　　　　　　　　　貴女の手をしなやかに動かして

B♭　　　　　　　　F
Ke ki‘ina maika‘i a ke wāwae
　　カニ歩き　　素晴らしい　の　　　足
　　　　　　　　　　　　　　　　　　　　足は巧く横歩きします

　　　B♭　　　　C7　　　　F
E kohukohu pono iho ai
　外見／相応しい　[　正しい動き　]
　　　　　　　　　　　　　　　　　　　　そして正しい動作にコーディネートしましょう

　　Dm
E ho‘onaue mālie a‘e
　　振り動かす　穏やかに　横に
　　　　　　　　　　　　　　　　　　　　穏やかに振り動かそう

D7　　　　Gm
I kō kīkala a lewa
を　貴女の　腰・臀部　揺れる
　　　　　　　　　　　　　　　　　　　　揺れる貴女のヒップ

B♭　　　　　　F
Huli ‘ākau a ho‘i i ka hema
向きを変える　右　そして 戻る　　　左
　　　　　　　　　　　　　　　　　　　　右に揺らせて　左に揺らし

　　　B♭　　　　C7　　　　F
He good fun mai ho‘i kau
だ　　良い　[　楽しくなる　] [最高を表す不変化詞]
　　　　　　　　　　　　　　　　　　　　これは最高の楽しみです

Dm
Kāmau mai e ka ‘ūwehe
[　～し続ける　] 　　ウエヘ
　　　　　　　　　　　　　　　　　　　　ウエヘを加えて

D7　　　　　Gm
I ka hela me kaholo
で　　ヘラ　と　　カホロ
　　　　　　　　　　　　　　　　　　　　次にヘラ、そしてカホロ

B♭　　　　　　　F
Ka‘apuni a‘e kāua a puni
島を一周するというステップ　私達二人　　周囲
　　　　　　　　　　　　　　　　　　　　私達二人カアプニ・ステップで至るところへ

　　B♭　　　　C7　　　　　F
‘O ka round-the-island mai kēia
です [　　島を一周する　　] から　ここ
　　　　　　　　　　　　　　　　　　　　このステップは　島を一周するといいます

Dm
Ha'ina mai ana ka puana　　　　　　　　物語は終わります

D7　　　　　　　　　　Gm
No ka hula kaulana o Hawai'i　　　　　ハワイの有名なフラ・ダンスです
為の　　　フラ　　有名な　の　　ハワイ

B♭　　　　　　　　　　F
Huli 'ākau a ho'i i ka hema　　　　　　右に揺らせて　左に揺らし
向きを変える　　右　そして　戻る　　　左

　　　　　B♭　　　　　　C7　　　　F
He good fun mai　kēia　　　　　　　　これは最高の楽しみです
だ　良い　［　楽しくなる　］最高を表す不変化詞

H

解説 ···
1987年にNoelani MāhoeはMary Kawena Pukuiの養女、Nāmaka Baconに「貴女が利用する事が出来たお母さんの歌はありますか?」
と尋ねた。彼女はNoelaniにノートに詞を書いて渡した。1951年4月の事だった。そして彼女は告げた。"貴女はメロディーを書きなさい"。

♪ジャンル ハパハオレ

Hula Baby
Composed by Natalie Ai Kamauu

My mamma taught me how to do the hula (Am)　　　私のママはフラの踊り方を教えてくれました

To take you round the island to and fro (Am / E7)　　あなたは連れて行きます

She taught me right, you better hold on tight (Dm)　ママは正しく教えました
あなたはより適切に理解します

This buggy don't know how to take it slow (E7 / Am)　この小さい乳母車は
どうやったら遅くなるのか知りません

Like my grandma did down in 'Cisco (Am)　　　　私のおばあちゃんがシスコで降りたように

Her ami nearly caused a hurricane (Am / E7)　　彼女のアミは台風を引き起こします

Cause when she got down low, (Dm)　　　　　彼女が腰を低くして踊る時、
風が吹き始めます

the winds began to blow

And nothing could stop the rain (E7 / Am)　　そして誰も雨を止められません

I've got lovely hands graceful (Dm)　　　　鳥が飛ぶ様に優雅な愛らしい手で踊れば

as the birds are flying

I'm your sweet leilani e (Am)　　　　　私はあなたの甘い天国のレイです

Wanna go back to my little grass shack? (Dm)　私の小さな藁葺き小屋に帰りたい？

It's down by the bay (E7)　　　　　　海辺に在る

Chorus:

Am
I'm your hula, your hula baby　　　　　　私はあなたのフラ　あなたのフラ・ベイビー

E7　　　　　　　　　　　　*Dm*
My mamma taught me what to do the hula　　私のお母さんはフラの踊り方を教えました

Dm
I'm your hula, your hula baby　　　　　　私はあなたのフラ　あなたのフラ・ベイビー

E7　　　　　　　　*Am*
I'm gonna thrill you through and through　　私のママを完璧にゾクゾクさせます

Am
I'm your hula, your hula lady　　　　　　私はあなたのフラ　あなたのフラ・レディ

E7
My mamma taught me what to do　　　　　私のお母さんはフラの踊り方を教えました

Dm
I'm your hula, your hula lady　　　　　　私はあなたのフラ　あなたのフラ・レディ

E7　　　　　　　　　*Am*
You'll be mine before the song is through　　歌が終わる前にあなたは私のものです

Am
My mamma taught me how to do the hula　　私のお母さんはフラの踊り方を教えました

Am　　　　　　　　　　　*E7*
She taught me how to bring you to your knees　　彼女はどのように膝を使うかを教えてくれました

Dm
Cause when I start to sway, you begin to pray　　私が腰を揺らし始めると　あなたは祈り始めます

E7　　　　　　　*Am*
To slow the shaking of the cocoa trees　　ココアの樹のゆっくり揺れる様に

Am
Your eyes are mine and I see right through yah　　あなたの目は私のもの　私は完全に判りました

Am　　　　　　　*E7*
My dancing throws you in a dizzy whirl　　私のフラはあなたをフラフラにします

Dm
The playful ocean, mimics the motion　　お茶目な海はモーションの真似をして

E7　　　　　　*Am*
Of a sassy little hula girl　　　　　生意気な可愛いフラの女の子

解 説••

今は、ビッグ・スターになったナタリー・アイ・カマウウ。まだ子供の頃、父親はワシントンのタコマ空軍基地に勤務していました。その当時、彼女が家に帰るとお父さんが何時も歌って、お母さんが踊っていました。そして私も何時の日か、踊って歌ってみたいと思ったそうです。お母さんは有名なクムフラ、オラナ・アイです。

Hulupala

Traditional

F
Kuhi ana nō paha ʻoe
[　想像する　]　多分　貴方は
　　　　　　　　　　　　　　　貴方は多分想像するでしょう

F　　　　　　　　　　　C7
He ʻike kaʻamola mai nei
だ　経験／認識 [　ぐるぐる回る　] 　今
　　　　　　　　　　　　　　　ぐるぐる回る経験です

F
Ua hilo kaʻā kolu ʻia
[より合わせる] [三つ編みにした／三倍の]
　　　　　　　　　　　　　　　三つ編みにより合わせて

C7　　　　　　　　　　F
Pau kauna o ka noʻonoʻo
終わった　置く　の　　　思考／熟慮
　　　　　　　　　　　　　　　多くの思いと共に編まれるのは終わりました

Hui:

F
Neʻeneʻe mai a　　pili
[　すり寄ってくる　]そして びったり寄り添う
　　　　　　　　　　　　　　　すり寄って　びったり寄り添って

F　　　　　　　　　C7
E ka ihu o ka makamaka
よ　キッス　の　　　欲望
　　　　　　　　　　　　　　　欲望のキッスよ

F
Naʻu e nowelo aku
私の為に [　探し求めよう　]
　　　　　　　　　　　　　　　私の為に　探し求めましょう

C7　　　　　　　　　F
Halakau ʻoe i ka lio hulupala
高く座る　貴方は に　　馬　　薄茶色
　　　　　　　　　　　　　　　薄茶色の馬に貴方は跨がって

F
*Mai kaena hewa ʻoe
～するな　自慢する　誤り　貴方は
　　　　　　　　　　　　　　　貴方は無駄な自慢をしないで

F　　　　　　　　　C7
He iki kaʻamola mai nei
だ　少し [　　ぐるぐる回る　　]
　　　　　　　　　　　　　　　ぐるぐる回るのはちょっとだけ

F
Ua hilo kaʻa kolu ʻia
[より合わせる] [三つ編みにした／三倍の]
　　　　　　　　　　　　　　　三つ編みにより合わせるように

C7
Pau kauna o ka noʻonoʻo
終わった　置く　の　　　思考／熟慮
　　　　　　　　　　　　　　　多くの思いと共に編まれるのは終わりました

*Another version

F
Mai kaena hewa 'oe
〜するな　自慢する　　誤り　貴方は

貴方は無駄な自慢をしないで

F　　　　　　　　　　　　　　C7
He 'ike hanahana poahi
だ　　経験　　　　激しい　　　回転／くるくる回る

くるくる回る激しい経験です

F
Eia mai Laumiki
[　ここに来る　]　活動的なうなぎ

活動的なうなぎがここにいる

C7　　　　　　　　　　　　F
'O ka puhi noi'i nowelo
です　　　　うなぎ　知識を求める　知識のために覗き見る

知識を求めて覗き見するうなぎです

解説‥‥‥
非常に古い歌だと言われる驚くべきカオナ（二重の意味をもつ歌）。身近にいる貴方に強烈に寄り添うお話。歌は、「Ne'ene'e mai a pili」と
も呼ばれる。ここまで歌うかと言いたい。Na Mele O PanioloというHawaiian Cowboy Songs Collectionで聴ける。

♪ジャンル ｜マウイ島｜

I Ka La'i O Kahakuloa
Composed by Nathan Aweau

D   D/C Bm   Bm/A G G/F# Em   A7
He aloha ka liko pua Lokelani
です 好き 蕾 花 バラ

バラの花の蕾が大好きです

D   D/C Bm   Bm/A E7/G#
Ke 'ala onaona o e Rose
香気 風に漂う の バラ

風に漂うバラの甘い香り

D/F#   G
E hali'a a aloha o e ia nei
[突然蘇る想い出] の 愛 の [あなた]

突然蘇るあなたへの愛の想い出

Hui:

    Bm   Bm/A E7/G#
O ke ho'omāhie wahi pana
の 魅惑的な 場所の 有名な

魅惑的な有名な場所の

    D/F#   D/F Em A   D
I ka la'i o Kahaluloa (e'ā)
を 静かな の カハクロア おー

カハクロアの静けさを

D   D/C   Bm Bm/A Em   A7
He nani nō ka 'ikena, Kahakuloa
だ 美しい 見ること カハクロア

カハクロアの眺めは美しい

D   D/C   Bm Bm/A E7/G#
Kea he a ka makani (lā)
透き通った だ の 風

優しくタッチする風

    D/F#   G
Nanea 'o'oki aku
寛ぐ [実施する]

感じ取る喜び

D   D/C   Bm Bm/A G G/F#   Em A7
Ha'ina mai ka puana o ku'u pu'uwai
[告げる] 主題 の 私の 心

私の心の話です

D   D/C   Bm Bm/A E7/G#
No ko'u Kahakuloa aloha
の 私の カハクロア 愛する

私の愛するカハクロア

    D/F#   G
Nou mau ko'u moe 'ana
あなたの物 常に 私の 夢

私の夢（常にあなたのもの）です

解説 ･･

2016年度Nā Hōkū Hanohano AwardsでSong of the yearを獲得したNathan Aweauのアルバム「'Āina Hānau」の1曲目に収録されている曲。西マウイ島の北側、Pu'u Koa'eの麓にある入り江の町Kahakuloaは山の麓の緩やかな斜面にある小さな村だ。入り江に聳えるオデコの様な絶壁が、彼方のモロカイ島からもはっきり見える。もしも津波が来たらと思うと怖くなる様な自然と共に生きる村だ。

♪ジャンル　ハワイ島

I Lā'ieikawai
Composed by Kuana Torres Kahele

C　　　　　　　F　　　　C
Nani nā loko wai kai o Lehia
美しい　[　中　]　[　海の水　]　の　レヒア

美しいのはレヒア海岸公園の海
（歌詞英訳　塩気のある池）

G7　　　　　　　　F　　　C
Wai 'ānapanapana hulali i ka lā
水　　光る／きらめく　光る／輝く　　太陽

太陽を浴びて光り輝く水

C　　　　Em　　　　　Am　　F
Hō'oma mai nā hua hala i luna
[　実が熟す　] [　パンダナスの木々　] で [高地]

高地でパンダナスの木々が実を付けています

G7　　　F　C
I Lā'ieikawai
で　　ラーイエイカヴァイ

ラーイエイカヴァイで

C　　　　　　　F　　　　C
Aia ka papaiāulu makani
ある　　　　そよ風が吹く　　　風

そよ風が吹いてくる

G7　　　　　　F　　　C
Ke kū mai nei lā i ka Maile
[　立っている　] 中に　　　静けさ

静けさの中に立っていると

C　　Em　　　　　Am　　　F
Moani mai ke 'ala o ka Laua'e
[　漂う香り　]　香気　の　　ラウアエシダ

ラウアエシダの香気が風に漂い

G7　　　F C
Punia e ke aloha
取り巻く　　　愛情

愛情に囲まれます

C　　　　　　F　　　C
Ua kili'opu i ka pili lā'au
[愛し合った楽しい時]　ぴったり付く　森林

森林でぴったり寄り添い愛し合った楽しいひと時

G7　　　　　　F　　　C
Me ka paia 'ala a'o Pana'ewa
共に　[　香りが漂う場所　]　の　　パナエヴァ

パナエヴァの香気が漂う場所で

C　　Em　　　　Am　　　F
Paoa ke 'ala o ka līpoa
強い香気　　香気　の　　リーポア

強い香りはリーポアの香気です

　　　G7　　　　　　　　FC
E ani mai ana i ka ihu
[　　さし招く　　] で　　キッス

キッスするように招きかけてきます

I

205

```
C                    F            C
Ha'ina 'ia mai ana ka puana
```
物語は終わります

```
G7                    F         C
'O nā mea nani a'o ka Lehia
  です  [  多数の美しい物  ]  の      レヒア
```
レヒアの沢山の美しいお話です

```
C           Em          Am        F
I laila wale ho'i ku'u mana'o
  [     正にここにある   ]  私の     心
```
私の思いは正にここにあります

```
G7        F  C
I Lā'ieikawai
  に    ラーイエイカヴァイ
```
ラーイエイカヴァイに

I

解説‥‥

ハワイ島出身の歌手・作曲家のクアナ・トレスの作品。ハワイ島のレヒアの池、パンダナスの木立、パナエヴァの林、海藻リーポアの香りなど語られている。パナエヴァは海から離れた内陸部にあるので、海藻の香りが風にのって来るのか疑問だ。まあ、ロマンチックな物語として楽しもう。有名な神話「ラーイエイカヴァイ」、美しい女神はオアフ島のライエから逃げて、ハワイ島の天空の高地、パリウリに住んだと言われている。

Lehia　　ハワイ島ヒロ街から西へ、直ぐに Keaukaha Beach Park, そしてその先に Lehia Beach Park がある。

Panaewa　ヒロの街からボルケーノに向かう道筋の左側の林の先にあり、植物園、象のいない動物園がある。Kahiko「Panaewa」は有名だ。

♪ジャンル　マウイ島

I Waikapū Ke Aloha

Traditional

D7
I Waikapū ke aloha
で　　ワイカプー　　　　　　愛
　　　　　　　　　　　　　　　　　　愛はワイカプーにあります
D7　　　　　　　　　　　　　G
Ka makani kokololio
　　　風　　　　　　ココロリオ
　　　　　　　　　　　　　　　　　　ココロリオ風のワイカプー
C　　　　　　　　　　　　G
Pili　i ka poli nahenahe
ピッタリ寄り添う　　　胸　　　優しく
　　　　　　　　　　　　　　　　　　優しく胸に寄り添います
D7　　　　　　　　　　　　G
He ‘inikiniki　mālie
だ　鋭く身を切る様な（恋の痛み）穏やかな
　　　　　　　　　　　　　　　　　　優しい恋の痛みの様に

D7
I Wailuku iho ‘oe
で　　ワイルク　　　　貴方は
　　　　　　　　　　　　　　　　　　貴方はワイルクで
D7　　　　　　　　　　G
I ka piko a‘o ‘Iao
で　　頂上　　の　イアオ渓谷
　　　　　　　　　　　　　　　　　　イアオ渓谷の頂上で
C　　　　　　　　　　　G
Lihilihi o ka pua Rose
花びら　の　　花　　バラ
　　　　　　　　　　　　　　　　　　（マウイの有名な）バラの花びら
D7　　　　　　　　　　G
He ‘inikiniki　mālie
だ　鋭く身を切る様な（恋の痛み）穏やかな
　　　　　　　　　　　　　　　　　　優しい恋の痛み

D7
I Waiehu iho ‘oe
で　　ワイエフ　　　　貴方は
　　　　　　　　　　　　　　　　　　貴方はワイエフで
D7　　　　　　　　　　　　　　G
Ka makani Hō‘eha‘eha　‘ili
　　　風　　ホーエハエハ風（苦痛を課する風）肌
　　　　　　　　　　　　　　　　　　ホーエハエハの風（肌を痛くする風）
C　　　　　　　　　　　G
Me ka uhiwai a‘o uka
共に　　濃霧　　の　　高地
　　　　　　　　　　　　　　　　　　高地の霧と一緒に
D7　　　　　　　　　　G
He ‘inikiniki　mālie
だ　鋭く身を切る様な（恋の痛み）穏やかな
　　　　　　　　　　　　　　　　　　優しい恋の痛み

D7
Waihe‘e kāua
　　ワイヘエ　　　私達二人
　　　　　　　　　　　　　　　　　　私達二人ワイヘエで
D7　　　　　　　　　G
Ka makani kili‘o‘opu
　　　風　　　　キリオオブ
　　　　　　　　　　　　　　　　　　キリオオブの風
C　　　　　　　　　　　G
Me ka wai a‘o Eleile
共に　　湧き水　の　エレイレ
　　　　　　　　　　　　　　　　　　エレイレの湧き水と共に
D7　　　　　　　　　　G
He ‘inikiniki　mālie
だ　鋭く身を切る様な（恋の痛み）穏やかな
　　　　　　　　　　　　　　　　　　優しい恋の痛み

D7
I Lāhainā iho ‘oe
で　　ラハイナ　　　　貴方は

　　　　　　　貴方はラハイナで

D7　　　　　　　　　　G
Ka makani Kaua‘ula
　　　風　　　　　カウアウラ

　　　　　　　カウアウラの風

C　　　　　　　　　　　　G
Me ka malu ‘ulu a‘o Lele
共に　［　ブレッド・フルーツ　］　の　　レレ

　　　　　　　レレのブレッド・フルーツと共に

D7
He ‘inikiniki　mālie
だ　鋭く身を切る様な（恋の痛み）穏やかな

　　　　　　　優しい恋の痛み

D7
Ha‘ina mai ka puana

　　　　　　　物語は終わります

D7　　　　　　　G
No Nā Wai ‘Ehā
の　　　水　　　四つ

　　　　　　　四つの湧き水の為に

C　　　　　　G
E ho‘i nō e pili
［　帰りましょう　］　［一緒にね］

　　　　　　　帰りましょう　何時までも寄り添って

D7　　　　　　　　　　G
He ‘inikiniki　mālie
だ　鋭く身を切る様な（恋の痛み）穏やかな

　　　　　　　穏やかな肌の寒さを経験して

I

解説‥‥
歌詞の内容は、同じハワイ民謡のWaikapuと殆ど変わらない。この歌の場合、マウイ島の観光地ラハイナが加わっている。同じ風でもワイル
ク・サイドとラハイナ・サイドでは（地図で場所を調べてください）感覚が異なると思えるが同じ様に肌を刺す冷たい風と歌われている。とい
う事は風の名前を借りた恋の歌、カオナと言える。歌いながら二人でマウイ島旅行をしては如何ですか。

208

I Whisper Gently To You

Composed by Kaʻupena Wong

F7   B♭
E thrill mai ʻoe i kuʻu kino
[スリルを感じる] 貴方は に 私の   体   ワクワクする私の体

B♭   F
E kuʻu love onaona
よ 私の   愛情 温和で優しい   私の温和で優しい愛情よ

F   G7
Ahuwale hoʻi ka manaʻo
明らかな かなりの   思い   これは確かな私の思いです

C7   F
I whisper gently to you
私   囁く   優しく に   貴方   私は貴方に優しく囁きます

F7   B♭
E honi mai e kuʻu ipo
[キッスしよう] よ [恋人]   キッスしましょう　恋人よ

B♭   F
E kuʻu maka onaona
おー 私の   眼   魅惑的な   おー　私の魅惑的な眼

F   G7
A he beauty maoli i ke alo
そして だ 美しい   本当に に   表面   そして私の体は本当に美しい

C7   F
I whisper gently to you   私は貴方に優しく囁きます

F7   B♭
Nā lima me nā lima
[腕と手   ]   指と腕を絡めて

B♭   F
Pā ʻili mai ke aloha
触れる 肌   から   愛情   愛情を込めて肌に触れる

F   G7
Hōʻike mai i ke ala
[見せる   ] を   道   どうしたらいいの?

C7   F
I whisper gently to you   私は貴方に優しく囁きます

F7   B♭
Pulupulu nā ʻiwa uka
湿っている [イヴァ・シダ] 高地   高地のイヴァ・シダは湿り

B♭
Māloʻeloʻe e ka lāʻau
固い/使い古された よ   樹木/植物   固く強い樹木

F   G7
E hoʻi mai ke aloha
[帰りましょう]   愛情   愛の世界に戻りましょう

C7   F
I ka ʻolu o ke ahiahi
中を 爽やかな の   夕暮れ/夜中   夕暮れの涼しさの中を

F7   B♭
Puana mai ka puana   主題を告げます
[告げる   ]   主題
B♭   F
E ku'u love onaona   私の温和で優しい愛情よ

F   G7
Ahuwale ho'i ka mana'o   これは確かな私の思いです

C7   F
I whisper gently to you   私は貴方に優しく囁きます

I

解 説··
作者のKa'upena Wongは、この曲について「誰かのために書いた曲ではない、私が抱いたファンタジーだ」と書いている。内容はかなりセク
シーな歌詞で、セックスはどうしたらいいの？という内容だ。

♪ジャンル 　マウイ島

'Ihikapalamaewa

Composed by Kuana Torres Kahele

F7　　　　　　　B♭　　　　　F
'Ike aku i ka nani o ka 'āina
[　眺める　] を　　美しい　の　　土地

大地の美しさを眺めます

　　　C7　　　　　　F
Po'iu nō 'o 'Ihikapalamaewa
輝かしい／高い　は　イヒカバラマエヴァ

イヒカバラマエヴァはとても輝かしい

F7　　　　　B♭　　　　　　　F
Hao ka makani aheahe 'olu'olu
風が強くなる　　風　　静かに吹く風　爽やかな

爽やかな静かな風が吹き寄せて

　　　　C7　　　　　　　　F
Hoholu nape ana ka lau o ka niu
[　草木などが揺れる　]　葉　の　　ヤシ

ヤシの葉も風に揺れている

F7　　B♭　　　　　　　F
Niniu 'o Maui pō i ke 'ala
ぐるぐる回る　は　マウイ　花の香りで　香気

マウイ島は花の香りで一杯です

　　　C7　　　　　　　F
A he lei mau loa no ku'u kino
そして　だ　レイ　[　とても沢山の　] 為の　私の　体

そして私の体を飾る沢山のレイ

F7　　　B♭　　　　　F
Pipi'o mai lā ke ānuenue
[　弓形に懸かる　]　虹

虹は弓形になって

　　　C7　　　　　　　F
Pi'o a'e i luna o Maui loa
弓形になって　[　空に　] の　[　偉大なマウイ島　]

大きなマウイ島の空に懸かる

F7　　B♭　　　　　F
I luna māua a'o 'Iao
[　上に　] 私達二人は　の　イアオ渓谷

私達二人はイアオ渓谷の上に

　　　C7　　　　　　　　　F
E 'ike ana i ka pali o kauwa'upali
[　眺めている　] で　頂上　の　カウワウパリ

カウワウパリの頂上で眺めています

F7　　　B♭　　　　　　　F
Ha'ina 'ia mai ana ka puana

物語は終わります

　　　C7　　　　　　F
Po'iu nō 'o 'Ihikapalamaewa
輝かしい／高い　は　イヒカバラマエヴァ

イヒカバラマエヴァはとても輝かしい

解説‥‥‥
イヒカパラマエヴァは、マオリやマウイで古代呼ばれていたマウイ島の名前だ。伝統的な聖歌「Mele a Paku'i」の中で引用されている。この
名前を重要視する必要はないが、マウイのそよ風のように軽く記憶しておくのも良いだろう。
しかしマウイ島はハワイの歴史上の有名な島と記憶しておく必要はある。西マウイ島にあるラハイナは有名な歴史的聖地。1820年〜1845
年までハワイ王国の首都。19世紀になり捕鯨船の基地としてラハイナ町は繁栄した。
また、虹の島としても知られている。

♪ジャンル ハパハオレ

Imua Kākou
Traditional

G7 C E7 AmC7
We are the native of Hawai'i nei   私達は、ハワイ人です

    F
The native of the land   土地っ子です

F   G7
And the Kingdom of Hawai'i nei   そして、ここはハワイ王国です

   C
That was overthrown   王国は征服されました

E7   Am C7
Illegally and criminally   不法に　そして犯罪的に

  F G7 C
In the year of 1893   1893年に

Chrous:

C7 F
We must join together   私達は団結しなければいけません

F   C
We must stand together   私達は一緒に立ち上がらなければいけません

   D7
We must work together   私たちは一緒に働かなければいけません

      G7
To build a stronger nation   より強い国を作りましょう

   C
Imua kākou, Imua   私達は前進しよう　前へ

E7 Am
Imua kākou, Imua   私達は前進しよう　前へ

C7   F
Ka lāhui o Hawai'i nei   ハワイ民族は今

G7 C
Imua Kākou   私達は前進しよう

G7   C
This land will be together   この土地は一つです

E7   Am   C7
For our children in the future   未来の子供達の為に

C7   F
They will be the ones to carry   彼らは伝える人です

F   G7
This kingdom of Hawaiʻi   このハワイ王国を

       C
Imua kākou, Imua   私達は前進しよう　前へ

E7   Am   C7
Go forward for our children   私達の子供の為に前進しよう

          F
Ka poʻe o Hawaiʻi nei   ハワイ人達よ

G7   C
Imua kākou   私達は前進しよう

G7   C
Aloha nō, ka poʻe   大好きです
_{愛する　とても　　　　人達}

E7   Am C7
O Hawaiʻi nei   ここハワイの
_{の　　ハワイ　ここ}

         F
Na ke akua, ka pono   神様と正義によって
_{～によって　　　神様　　　　　正義}

         G7
No kēia aina ā pau   この全ての土地の為に
_{の為に　この　　土地　[　全ての　]}

       C
Imua kākou, Imua   私達は前進しよう　前へ

E7   Am
Me ke akua, Imua   神様と共に　前へ
_{共に　　　神様　　　前}

C7   F
Imua kākou, Imua   私達は前進しよう　前へ

G7   C
Me ke akua   神様と共に

G7   C
Prayer is the answer,   祈りは答えです

E7   Am C7
Not violence, or hatred   暴力でも憎悪でもありません

C7   F
Let God's strength be our strength   神様の力は私達の力です

F   G7
Together we can bear all things   神様と一緒に全ての物事を進めることができます

              C
Imua kākou, Imua   私達は前進しよう　前へ

E7   Am
Imua me ke akua, Imua   神様と共に進もう　前進
 前進   共に   神様   前進
C7   F
Ka Ohana o Hawai'i nei   ここハワイの家族
  家族   の   ハワイ ここ
G7   C
Imua me ke akua   神様と共に進もう

解説··
ハワイ島のカラパナ地帯で歌われていたハワイ王朝滅亡の悲しみを歌った曲を見つけた。ハワイ人達は神を信じ未来を見つめ、子供達にハワイ民族の未来を託していた。ハワイ島カラパナで活躍していたG-Girlが1993年に歌っていた。

Ipo Laua‘e

Composed by W.A.Kiha

D　　　　　　　　　　　**G**　　　　　**D**
‘Auhea wale ‘oe, e ka ipo laua‘e lā ē
[　　　貴女はどこにいるの　　　]　よ　　　恋人　最愛の／可愛らしい

貴女はどこにいるの　可愛らしい恋人よ

D　　　　　　　　　　**A7**
Ku‘u hoa ha‘iha‘i ‘ōlelo
僕の　友達　いちゃついて　　話す

いちゃついてお話しできるお友達

D　　　　　　　　　**G**
Pāpā leo pū kāua lā ē
二つの物を接触させる声　　僕達二人

僕達は抱き合って仲良くお話しします

D　　　　**A7**　　　　　**D**
A ‘o ko‘u time pono kēia
そして　です　僕の　　時　　確かな　　これは

今こそ、僕の時間です

D　　　　　　　　　　**G**　　　　　**D**
E ku‘u ipo, Ku‘u aloha lā ē
よ　僕の　恋人　　僕の　　愛　　ランラン

恋人よ　愛しい人よ　ランラン

D　　　　　　　　　　**A7**
A ‘o ko‘u chance pono kēia
そして　です　僕の　　チャンス　確かに　　これは

まさに、これは僕のチャンスだぞ

D　　　　　　　　　　**G**
Kiss me, my Darling, ho‘omau ihola ē
[　キッスして　]　　　　　　繰り返して　(iho+lā 行動の後)

キッスして　可愛い人　何度も何度も

D　　　　　　**A7**　　　　　　　**D**
Eia kāua i ka pili o ke ao
ある　僕達二人　　　ピッタリ寄り添って　　昼の光

僕達二人ピッタリ寄り添って日の光が落ちるまで

D　　　　　　　　　　　**G**　　　　**D**
Kō leo nahenahe ka‘u aloha lā ē
貴女の　声　　優しく　　僕の　　愛

貴女の優しい声は僕の大好きな囁き

D　　　　　　　　　**A7**
I ka pane ‘ana mai ia‘u nei
[　　　答え　　　]　僕に　　今

貴女が僕に答える時

D　　　　　　　　　　　**G**
Hō a‘e kāua i ka uka waokele lā ē
[上に向かう]　僕達二人　に　　高地　降雨地帯

二人で高地の森へ急ぎましょう

D　　　　　**A7**　　　　　　**D**
E hua‘i pau ai nā ‘ai a ka u‘i
[完全に流れ出す(未来形)]　[食べ物=主権]の　　若さ

僕達の若さが再び流れ出すかもしれません

D　　　　　　　　　　**G**　　　　**D**
‘Auhea wale ‘oe, ku‘u aloha lā ē
[　　聞いてください　]　貴女は　僕の　　愛

聞いてください貴女　僕の愛を

D　　　　　　　　　**A7**
A e lohilohi ‘apa mai nei
そして [　焦らさない捕まえて来て　]

グズグズしないで捕まえて

D　　　　　　　　　　**G**
A e wiki mai ‘oe e ‘apa nei lā ē
そして [　急いで来て　]　貴女 [　捕まえて来て　] ランラン

急いで来て　貴女、捕まえに来て　ランラン

D　　　　**A7**　　　　　**D**
‘O loa‘a kāua i ka māka‘ikiu
逮捕する　僕達二人　が　　秘密警察の風

マーカイキウ (秘密警察) 風が僕達を
捕まえにくるよ

解説 ···

マウイ島の若い音楽夫妻、Līhau & Kellenが古い恋の物語を歌っている。民謡の大御所Bill Kaiwaに教わったようだ。親の目を盗んで恋を
楽しむ二人、森の中で二人の愛はエスカレートして行く。心配した両親が森に探しに行くという構図が想像される愛の歌だ。Laua‘eといえば
すぐにラウアエ・シダを思い浮かべるが、「最愛の／可愛らしい」という意味があることを初めて知った。

♪ジャンル 子供向け

Ka Hana Kamanā
Traditional

C
Eia mai au ‘o Hili Hāmale
[ここにいます] 私は さん [カナヅチ]
G7　　　　　　　　　　　　　　　　C
Hiu nei, hiu nei, hili nei i ke kui
[荒々しく]　　　　[打ち付ける] に　　釘

僕はここだよ　カナヅチさん
荒々しく　荒々しく　釘に打ち付けて

C
Eia mai au ‘o Pahilolo
[ここにいます] 私は さん　ノコギリ
G7　　　　　　　　　　　　　　　C
Olo nei, olo nei, ‘oki nei i ka lā‘au
[キーキー鳴る]　　　　[切り離す] を　　木材

僕はここだよ　ノコギリさん
キコキコ鳴らして　キコキコ鳴らして
木材を切り離す

C
Eia mai au ‘o Ko‘ikahi
[ここにいます] 私は さん　カンナ
G7　　　　　　　　　　　　　　　C
Pahu nei, pahu nei, kahi nei i ka papa
[押して]　　　　[薄く削る] を　　平面

僕はここだよ　カンナさん
押して　押して　平らに薄く削りましょう

C
Eia mai au ‘o Ana ‘Iliwa
[ここにいます] 私は さん [測量に使う水水平器]
G7　　　　　　　　　　　　　　　C
Ana nei, ana nei, kau nei ka hu‘a wai
[測って]　　　　[落ち着かせて] [水の泡]

僕はここだよ　測量水平器さん
測って　測って　水のあわ粒を落ち着かせて

C
He aha kēia e pa‘ahana nei
[何?]　これは [せっせと働いている]
G7　　　　　　　　　　　　　　　C
Hiu nei, olo nei, ka hana kamanā
[荒々しく] [キーキー鳴る] [大工仕事]

これは何？せっせと働いて
荒々しく　キーキー鳴らして　大工仕事さ

K

解説 ･･
子供達がカナヅチやノコギリ、カンナに水準器、大工道具を使って工作の授業です。何が出来上がるのかな？

Ka Home Noho Paipai

Composed by Kenneth Makuakāne

E7   A
Auhea wale ʻoe
[何処にいるの   ] 貴方は

貴方はどこにいるの

A   E
Ka home noho paipai
  家   [ロッキング・チェアー]

私のロッキング・チェアーの家

G#7   C#mA   E   B7   E
Ka lei ʻo nā hoʻaloha mae ʻole
  レイ は [友人達   ] [永遠の／枯れない]

永遠のお友達は私のレイ

E7   A
E pili mai ʻoe
[寄り添いましょう] 貴方

貴方は私と住みましょう

A   E
ʻO kuʻu home aloha
です   私の   家   愛する

私の愛する家です

G#7   C#m   A
Kū kilakila ʻoe
立つ   荘厳に   貴方は

貴方は勇ましく立っています

E   B7   E
I Kukuna ʻo ka lā
中で [太陽の光線   ]

輝く太陽の光を浴びて

E7   A
Ke ʻala ʻo ka makani
  香気   は   風

風は香りを運び

A   E
Konikoni i ka ʻili
 冷え冷えする が   肌

肌は冷え冷えします

G#7   C#m   A
E hoʻoheno nei
[愛撫しよう] 今

愛し合いましょう

E   B7   E
Ke pili mai mau loa
[一緒にいる] [永遠に   ]

何時までも一緒に

K

E7   A
Ka hana ke aloha
　　　仕事　　　　　愛

愛のお仕事

A   E
Ka home noho paipai
　　　家　　[　ロッキング・チェアー　]

ロッキング・チェアーの家で

G#7   C#m   A
Ha'ina kou inoa
　　告げる　貴方の　名前

貴方の名前を告げましょう

E   B7   E
No nā kau a kau
[　　季節から季節へ、永遠に　　　]

何時までも　　何時までも

K

解説‥‥

1977年Kenneth Makuakāneの作品。Pandanus Club全盛期の可愛らしい愛の歌だ。「Noho Paipai」という有名なハワイ民謡があるが、これも愛の歌ではあるがちょっとエロティックで、この「Ka Home Noho Paipai」とは全く違う曲。
また、この曲のレコーディグメンバーは、
Lead Vocal：Gary Haleamau
Backgraund Vocal：Chris Keliiaa、Alden Levi、Kenneth Makuakāne
Lead Guitar：Roddy Lopez
Guitars：Kenneth Makuakāne
Bass & Ukulele：Chris Keliiaa
という豪華な顔ぶれだ。

♪ジャンル [神話] [カヒコ]

Ka Huaka'i Pele

Composed by Mark Keali'i Ho'omalu

'E'ehia ke ka'i a ka uwila i ka lani
畏敬の念を起こさせる　導く　の　　稲妻　　の　　空

畏敬の念を抱かせる空の稲妻の行列

Hāka'i lua i ka hikina
一人で移動する 二番目　　　東

そして東の空に移動して行く

Hō'a'a hou 'ia i ke ahi
[　新しく火をつけさせる　] に　　火

火を新しくつける為に

Hoelo 'ia ka 'ō'ō, ilalo
[　火で突っつく　]　　採掘棒　　下へ

採掘棒（シャベル）で地中にある火を突っつく

Kapu kū aku ka uahi
神聖にした [舞い上がる]　　　煙

舞い上がる煙は神聖です（圧倒されます）

Kapu kū aku i ke ahi
　　　　　　　　　火

舞い上がる炎は神聖です（圧倒されます）

Hua'ina kū aku la
湧き上がる [　立ち上がる　]

湧き上がる炎

I ka wahine kuni ahi
が　　女性　 [火をつける]

女性が火をつける

Nānā i 'eli aku ka lua i "Kaua'i"
見る を [穴を掘る]　　下に　で　カウアイ島で

カウアイ島で穴を掘っていた

"O'ahu," "Maui," "Hawai'i"
オアフ島で　　マウイ島で　　ハワイ島で

オアフ島で　マウイ島で　ハワイ島で

Hua'ina kū aku la
湧き上がる [　立ち上がる　]

高く湧き上がる

I ka wahine kuni ahi
が　　女性　 [火をつける]

女性が火をつける

Ā 'eli'eli noho 'o Pele i Hawai'i
そして [　掘り起こし住む] は　ベレ　で　ハワイ島

ハワイ島でペレは深く掘り起こして住む

Ā ua 'ikea !
そして [　知られた　]

そしてペレは知られた

He inoa nō Pele
だ　名前　の　ペレ

彼女の名前は女神ペレ

K

解説 ··

遠いカヒキからハワイに渡って来たペレの神秘。ペレは姉の夫、海の神Namakaokaha'iと仲良くなり、姉の怒りを誘いカヒキから逃げて来
た。そしてニイハウ島、オアフ島、マウイ島、更にハワイ島まで住居を求めて移動したという。この移動説は北から南へとハワイ諸島が誕生し
て行く経過と一致している。神話の真実性を証明している様な物語だ。

Ka Ipu Pala ʻOle

Composed by Chad Takatsugi

Into:

Em
He wahi mele no ka ipu pala ʻole lā　　　熟れていないヒョウタンのための歌
です　場所　歌　為の　　ヒョウタン［　熟れない　］

Am　　　　D7
Auē lā ē !　　　　　　　　　　　　　　　ああ！ああ！ああ！

G　　　　　　　　　C　　　G
ʻAʻai wale ē ka lei ʻokika lā　　　　　　ランのレイは、本当にとても鮮やかな色です
鮮明　とても　おー　　レイ　ラン

C　　　G
Auē lā ē !　　　　　　　　　　　　　　　ああ！ああ！ああ！

G　　　　　　　　　A7
ʻAʻohe naʻe ʻaʻala o ia pua lā　　　　　（でも）この花の良い匂いが今はしません
～でない　今でも　香り良い　の　この　花

D7　　C　G
Auē lā ē !　　　　　　　　　　　　　　　ああ！ああ！ああ！

G　　　　　　　　　　C　　　G
A he hulu nani ko kahi Pīkake lā　　　　一羽のクジャクの美しい羽です
そして　です　羽　美しい　の　一羽　クジャク

C　　　G
Auē lā ē !　　　　　　　　　　　　　　　ああ！ああ！ああ！

G　　　　　　　　　　A7
Hana kuli naʻe kona leo kanikani lā　　（でも）鳴き声は何時も耳に騒々しく腹が立ちます
行動する　耳に騒々しい　今も　　彼の　　声　音

D7　　C　G
Auē lā ē !　　　　　　　　　　　　　　　ああ！ああ！ああ！

G　　　　　　　　　　C　　　　G
ʻAuana akula ka moku peʻa　　nui lā　　大きく向きを変えて船は彼方此方に向きを変えて
［　彼方此方に　　］　行く(aku)　船　向きを変えて進むこと　進みます

C　　　G
Auē lā ē !　　　　　　　　　　　　　　　ああ！ああ！ああ！

G　　　　　　　　　A7
Lululu naʻe i ka poholua ʻole ʻia　　　（でも）風がとても静かで船の帆が
とても静か　今も　［　船の帆が大きく揺らされない　］　大きく揺らされる事はありません

D7　　C　G
Auē lā ē !　　　　　　　　　　　　　　　ああ！ああ！ああ！

G   C   G
Haʻina ʻia mai ana ka puana lā   主題を告げます

C   G
Auē lā ē !   ああ！　ああ！　ああ！

G   A7
No ka ipu pala ʻole noho mai i uka lā   高地に茂っている熟れていないヒョウタンの為に
　為に　　　ヒョウタン [　熟れない　] [　住んでいる　] に　高地に
D7   C G
Auē lā ē !   ああ！　ああ！　ああ！

解説‥‥‥
世の中には上辺は良いが、理想的に行かないことが多々あります。失望することは、人々の考えが過度の思い過ごしをして、良い面ばかり考える結果、なんだ！と思うことが多いようです。人間世界にありがちな過度の期待感を比喩した怪作？

Ka Lā ʻŌlinolino

Composed by Kuana Torres Kahele

     F   B♭   F
E hapalua ʻeono ana lā　　　　　　　6時30分近づけば夜が明ける
　半分　　　　6時

    C7   F
Mai ʻelima.... mai ʻelima　　　　　　5時が…　5時が来る
　　5時

       B♭   F
E hoʻonani i ka moana Pākīpika　　太平洋が美しくなります
　美しくする が　　　[　　　太平洋　　　]

         C7   F
Ke kukuna ʻo ka lā ʻōlinolino　　　光り輝く太陽の光線で
[　　　太陽光線　　　　]　　光り輝く

       F   B♭   F
ʻĀkala ʻulaʻula i luna lilo i laila　　そこ、遥か彼方の大空がピンク色に染まり
　ピンク色　　赤色　[　遥か上に　]　[そこで／そこに]

       C7   F
I ke ke ao.... i ke ke ao　　　　　　夜が明ければ…　夜が明ければ
[　夜が明ければ　]　[　夜が明ければ　]

       B♭   F
E hoʻonani ʻoe i ke kai mālie　　　貴方は美しく輝かせます　穏やかな海を
　美しくする　　貴方は を　　海　　穏やかな

         C7   F
Honihoni ana e pili mau loa　　　　永遠に寄り添ってキッスするように
　キッスする　[　寄り添って　]　[　永遠に／常に　]

Hui:

       C7   F
Kukuna o ka lā, kukuna o ka lā ʻōlinolino　太陽の光　光り輝く太陽の光線
[　　太陽光線　　]　　　　　　　　　光り輝く

    F   C7
ʻŌlinolino a ke ʻālohilohi　　　　　キラキラ照り映えるその輝き
　光り輝く　　の　　キラキラ照り映える

    C7   F
ʻĀlohilohi e hoʻolaʻe kuahiwi　　　キラキラ照り映える快晴の山
　キラキラ照り映える　　天候が晴れ上がる　　山

         F   C7
ʻAe ke kuahiwi, ʻae ke kuahiwi　　そうです　山々は、そうです　山々は
　はい　　山

    C7   F
E hoʻonani ʻoe i ke kualono　　　山頂まで貴方は美しく照らします
　美しくする　　貴方は を　　山頂に近い付近

        F   C7
ʻAʻohe lihi launa mai kūlipolipo　　陰る景色は何処にもありません
[　少しも境界に遇わない　]　から　暗い場所

    C7   F
E hoʻoniponipo aʻo ka lā　　　　　太陽は思い焦がれ求愛しています
　求愛する／思い焦がれる　　　太陽

	F		B♭		F	

Puana ka inoa ua lohe 'ia
主題　　　名前　　［　聞いた　　］

テーマは太陽の光線です

	C7			F	

Ka 'ihi'ihi lani... ka 'ihi'ihi lani
［　神聖な／威厳在る天国　］

威厳在る天国の輝き…
威厳在る天国の輝き

		B♭			F	

E ho'onani i ka moana Pākīpika
美しくする　　を　［　　　太平洋　　　］

太平洋を美しく輝かせる

	C7			F	

Ke kukuna o ka lā 'ōlinolino
太陽の光線　　の　　太陽　　光り輝く

光り輝く太陽の光線

解説・・
2013年度末のハワイ映画「THE HAUMĀNA」に挿入されたNā Palapalai のギターリスト・ヴォーカル、Kuana Torres Kahele の作品。サウンド・トラックとしてCD化されているが、2006年度のNā Palapalai のCD「Ka Pua Hae Hawai'i」の1曲目に録音されている。軽快な曲で太陽光線の素晴らしさを讃えた曲だ。古いハワイ民謡で「Kukuna O Ka Lā」という曲もあり、熟語として使われる。

♪ジャンル ハパハオレ

Ka Lae O Ka'ena
Traditional & Hui lyrics by Eddie Kamae

G   C
Ka lae o ka'ena e hui ai kāua
岬 の　　カエナ　［ 集まろう ］ 私達二人

     D7   G
Kō aloha welawela kō aloha ia'u nei
貴女の　愛情　　熱い／興奮した　貴女の　愛　　私に　現在を表す

            G   C
Me 'oe ho'i au e ho'oipo ai
と　貴女　（強意）私は　［ 愛撫する／求愛する ］

     D7   G
Hoa pili o ka 'āina malihini
［ 親密な友人 ］ の　　土地　　見慣れない

カエナ岬で私達二人は会いましょう

貴女の熱い愛情、私への貴女の愛

貴女と私は愛し合うでしょう

外国の土地の私の親しいお友達

Hui:

     D7   G
Eyes so blue, love so true

目はとても青く、愛は真実です

     D7   G
Pretty feet, Across the street

かわいい足、通りを渡って

         G   C
Her name is Nova, And I adore her

彼女の名前はノヴァです、
そして私は彼女を敬慕します

          D7   C
Her mother keeps a little candy store

彼女の母親は小さい菓子屋をもっています

        G   C
'Auhea 'oe ka'u e li'a nei
何処にいるの　貴女　私の　［ 憧れている ］

     D7   G
Nā hola pau i pili mau 'ia
［ 過ぎ去った多く時間 ］［ 常に一緒にいられた ］

            G   C
E ho'omana'o ana i kou leo nani
［ 　　思い出す 　　］ を 貴女の　声　　美しい

     D7   G
A pa'a mau nei i ku'u pu'uwai
そして 保持する　常に　今 中に 私の　心

貴女は、どこにいますか？ 憧れの貴女

私は、誰と過ぎ去った時間を何時も
一緒にいたのでしょうか？

私は、貴女の美しい声を思い出します

そして、今も常に私の心の中で思い浮かべています

解説
2013年9月モロカイ島でポノというローカルの歌手が唄っていた素晴らしい曲。家に帰って調べたら、1971年に発売された名盤『ソング・オブ・ハワイ』Eddie Kamae, Joe Marshall, Gabby Pahinui, Moe Keale, David Rogers が演奏している名曲だった。ハワイの土地っ子が白人女性と熱烈な恋をして、悲恋に終わる歌詞も実に可愛らしい。

♪ジャンル カウアイ島

Ka Lei Aloha

Composed by Manu Boyd

D   Bm   Em   A7
Māpu mai ka Hala, liko ka Lehua
[甘い香りが漂って来る]   ハラ [レフアの蕾   ]

甘いハラの香りが漂い　レフアが芽生え

A7   D   G   D
'A'ala ka Maile, pulu i ka ua
香りよい   マイレ   濡らした で   雨

マイレの香りは漂い　雨が濡らします

D   D7   G
Nu'a wale ka Palai me ka Laua'e
[積み重なった]   パライシダ と   ラウアエシダ

パライシダとラウアエシダが生い茂り

B♭   D
'O ka lei ia o Makana
です [飾り付け] の   マカナ

カウアイ島のマカナ地区を飾る

A7   D G D
He makana ia lā 'eā 'eā
です   贈り物   それは

それは大切な贈り物です

A7   D
Na ku'u aloha ē
の   私の   愛

それは私の愛の贈り物です

D   Bm   Em   A7
No ka lei aloha ku'u ho'ohihi
為に   レイ 愛 私の   絡み合わせる

私の心づかいは、愛のレイの為に

A7   D   G D
No ka manu hulu nani a'o Alaka'i
の為に   鳥 羽 美しい の   アラカイ

アラカイの美しい鳥の羽の為に

D   D7   G
'A'noi iki nei ku'u mana'o
切望する 僅かに   私の   思考／願望

私の思いは僅かに望んでいます

B♭   D
E 'ike iā Kawaikini
[見たい] を   カワイキニ

カワイキニ（ワイアレアレ山の最高地）を見たいと

A7   D G D
Kau kehakeha lā 'eā 'eā
置く   非常に高い

とても高地に在る

A7   D
'O ka u'i kau mai luna
です   美しい [高く聳える   ]

高く聳える美しい山です

K

D   Bm   Em   A7
'Ike i ke ahi welo i nā pali
見る を   火 風の中ではためく   崖

崖の中で風にはためく火（松明）を見て

A7   D   G D
Ho'owelo mai nei i ka pu'uwai
感情を刺激する   を   心

私の心は刺激されます

D   D7   G
E waiho mālie 'oe i ka nani
[そばに置く] 静かに   貴女は を   美しさ

美しさを貴女は穏やかに横たえる

B♭   D
Sweet lei Mokihana
甘い レイ   モキハナ

私を飾る甘いモキハナのレイ

A7   D G D
Me ka Hīnano lā 'eā 'eā
共に   ヒーナノ

ヒーナノのレイと共に

A7   D
Ku'uipo ahi nō ia
恋人   火   この

それは火の様な私の恋人

| D   Bm   Em   A7 |
'O ka lei Hala me ka Laua'e
です　　レイ　ハラ　共に　　　ラウアエシダ

| A7   D   G   D |
Lei Lehua wili i ka Palai
[　レフアのレイ　]　編む　で　　パライシダ

| D   D7   G |
Ha'ina 'ia mai ana ka puana

| B♭   D |
No ka lei aloha
為の　　　レイ　愛情ある

| A7   D G D |
Aloha 'oe lā 'eā 'eā
愛する　　貴女は

| A7   D |
Manokalanipō
首長　マノカラニポー

ハラと共にラウアエシダはレイに

パライシダで編むレフアの花のレイ

物語は終わります

愛のレイの為に

貴方を愛します

首長　マノカラニポー

K

解説‥‥‥
レフア、ハラ、ラウアエ、パラパライ、そしてモキハナ等、カウアイ島に捧げられた植物だ。ハーエナ・ポイントの火祭り、ワイアレアレ山の最高峰カワイキニの高地に降る土砂降りの雨。島の植物は育まれレイになり恋人達を飾る。カウアイ島のマカナに伝わる燃える木の束を崖から投げ落とし、奪い合う愛の物語がさり気なく語られている。

Ka Lei O Punahou

Composed by Mary Kawena Pukui, Irmgard Aluli

F   A7   D7
Ha'aheo mākou i ka mele aku
誇り高い　　　　私達は　　　　［　　歌うこと　　］

私達は誇り高く歌う

G7   C7   F
E ka pua Lilia o Kapunahou
よ　　　花　　ユリ　　の　　　カプナホウ

カプナホウのユリの花よ

F   A7   D7
Kō 'ala onaona e maoani nei
の　　香気　　心地よい香気　［　風に漂っている　　］

風に漂う心地よい甘い香気

G7   C7   F
He ki'ina no'eau na ke aloha
です　　取得　　巧みな／賢い　為に　　　　愛情

私達の愛の為に賢さを求める

F   A7   D7
Ua 'alo 'ia e 'oe me ka 'ahonui
［　一緒にいる　　］よって　貴方　共に　　我慢強い／忍耐

貴方は忍耐強さを持って生まれてきました

G7   C7   F
Na ka pono o nā kama o ka 'āina
為に　　正義／真実　の　［　子供達　　］　の　　土地

土地っ子の子供達の正義のために

F   A7   D7
A eia kō lei a e lei ai
ある　［貴方のレイ］　の　［　レイを掛ける　］

貴方が掛けるためのレイがここにあります

G7   C7   F
'O ke aloha pau 'ole o nā makamaka
です　　愛情　　［　終わりない　］　の　［　親密な友人達　　　］

親しい友達からの永遠の友情のために

F   A7   D7
Ha'ina ka inoa ua lohe 'ia
告げる　　名前　　［　聞かされた　］

聞かされた名前歌です

G7   C7   F
E ka pua Lilia o Kapunahou
よ　　　花　　ゆり　　の　　　カプナホウ

カプナホウのユリの花よ

解説

この歌は名前歌で、Laura Pratt Bowersという歴史的なホノルルのプナホウ・スクールで最高に尊敬された人に捧げられている。Bowers夫人は、夫と協力して長年プナホウ・カーニバルを成功させた。最初にこの曲を演奏したのは、彼女の引退記念で1964年のことだった。

♪ジャンル 日本

Ka Leimomi
Composed by Kuana Torres Kahele

A7   D
'Auhea wale ana 'oe
[注意してください] 貴女は
    A7   D
E ka pua nani a'o kipā
よ 花 美しい の 千葉
       A7
Ku'u pua lei 'ano lani
私の 花 レイ [素晴らしい]
 A7   D
He nani e makaheki ai
だ 美しい [魅惑する]

貴女は気をつけて下さい

千葉の美しい花よ

私の素晴らしい花のレイ

魅惑する美しさ

   A7   D
He pua lē'i 'oe, e ke hoa
です 花 満ちた 貴女は よ 友人
       A7   D
Me ka lau hunehune laumāewaewa
共に 葉 細っそりした   風に揺れる
    D7   G
'A'ole o kana mai kou u'i
~でない の 10 くる 貴女の 美しさ
     D A7 D
E ke ālohaloha ē
よ   alohaの重複形

貴女は美しさに満ちた花　私の仲間を惹きつけます

その風に揺れるデリケートな葉で

貴女の美しさに及ぶものはありません

その偉大な愛情よ

    A7   D
Alia a'e 'oe, e ku'u makamaka
待って下さい 貴女 よ 私の   親密な友達
      A7
E nanea, e walea ana
[楽しんで] [気楽な時を過ごす]
   D   A7
I ka hone mai a ka manu Palila
に [耳に心地よく] の 鳥 パリラ
A7   D
I ka hale 'o ke 'ala Beauty
に 家 さん [ケ・アラ・ビューティー(美しい香気)]

待ってください　私の親しいお友達

楽しんで　気楽な時を過ごしましょう

パリラ鳥の鳴き声も耳に心地よく

ケ・アラ・ビューティーさんの家のように

   A7   D
He pua lē'i 'oe, e ke hoa
です 花 満ちた 貴女は よ 友人
       A7   D
Me ka lau hunehune laumāewaewa
共に 葉 ほっそりした   風に揺れる
    D7   G
Ha'ina ka puana me ka ha'aheo
告げる 主題 共に 誇りを持つこと
     D A7 D
No ka pua Leimomi ē
為に 花 レイモミ

貴女は美しさに満ちた花　私の仲間を惹きつける

その風に揺れるデリケートな葉で

誇り高くテーマを語ります

レイモミ花の為に

解説・・・
日本の千葉県に住み、歌手／作詞作曲家、クアナ・トレス・カヘレの仕事で陰の力となり協力しているSaki Leimomi Kahelelani Ochiaiさん
に捧げた曲。この曲は日本の琴の音色の美しさに惹かれ作曲したという。日本でも大橋節夫とハニーアイランダースが1965年頃自作の曲に
琴を交えて演奏した事がある。クアナ・トレスの作品で祖父母と過ごした思い出を歌う「Ke 'Ala Beauty」という曲がある。

Ka Leo O Ka Moa

Composed by Johnny Lum Ho

C
I ka pō, i ka pō me ke ao lā　　　　夜に　夜に　昼も
に　夜　に　夜　共に　　昼

G7　　　　　　　　C
'A'ohe maka hiamoe　　　　　　　　眠らないお目々
ない　目　眠る／眠り込む

Hui:

C
'O, 'O, 'O, he moa kuakahi lā　　　オー　オー　オー　最初の雄鶏のヒナ鳥 (の声)
です　鳥のヒナ　一度／ひとつずつ

F　　　　　　　　G7　　　C
'O, 'O, 'O, he moa kualua　　　　オー　オー　オー　2番目の雄鶏のヒナ鳥(の声)
です　鳥のヒナ　2番目の／第2回

C
Ka hīmeni, ka hīmeni 'ana lā　　　歌を　歌いましょう
歌（hula を踊らない）

G7　　　　　　　　　C
Nā leo kani honehone　　　　　　　耳に心地よい静かな歌を
声　音　耳に心地よく静かな

C
Ua ala he 'ala onaona lā　　　　　香気が漂い目はバッチリ
[　起きた　]　です　[　　香気が漂う　　]

G7　　　　　C
Ka pua 'ala aumoe　　　　　　　　それは夜咲くジャスミン，貴女の香気です
花　香気　夜遅く（真夜中頃）

C
Ka mahina, mahina mālamalama　　お月さま　明るく輝くお月さま
月　　月　　明るい／光る

G7　　　　　　　　　C
O beautiful Māhealani　　　　　　おー　美しい　満月のお月さま
美しい　　　満月

C
I ka lā, ka puka 'ana mai　　　　朝の　太陽が現れる
日　[　　現れる　　]

G7　　　　C
I ka hola 'elima　　　　　　　　　5時に
に　時刻　5つ

C
Hoʻi paha nō kāua lā
帰る／行く 多分 私達二人

G7   C
Ka maka hiamoe
目 眠る／眠り込む

二人で家に帰りましょう

お目々は眠ります

解説‥‥
夜中に貴女のジャスミンの香りがして満月の光が世界を照らす時。夜の素敵な楽しみの時間をジョニー・ラム・ホーは語っている。ユーモラス
にこの歌の中で素敵な夜を過ごしましょう。1番鳥が鳴きました、そして2番鳥が。

♪ジャンル　ニイハウ島

Ka Makualani
Composed by Ane Kelley Kanahele

G　　　　　　　　　　C　　　　　　　G
'O ka Makualani ko'u alakai
です　　　　天なる父　　　　私の　　　案内人

私の人生の案内人は天なる父です

D7
A nānā e kia'i me ke aloha
そして　気にかける　［見張りする］　共に　　　愛情

愛情を込めて見守ってくれます

G　　　　　　　　C　　　　　　G
Aloha ku'u lei o Kahelelani
愛する　　私の　　レイ　の　　　カヘレラニ

愛する私のカヘレラニのレイ

D7
Ku'u lei e kaulana nei
私の　　レイ　［　　　有名だ　　　　］

私のレイはとても有名です

G　　　　　　　C　　　　　　G
Ua hana iā 'oe me ke aloha
［　形作られた　］　［貴方は］　で　　　愛情

愛情を込めてレイは編まれ

D7　　　　　　　　　　　G
I lei ho'ohihi no ku'u kino
　　　絡み合わせる　　為の　　私の　　体

私の体を飾るただ一つのレイです

G　　　　　　　C　　　　　　　G
He u'i mai 'oe nō ke kai one
です　美しい　がくる　貴方は　［　　砂浜　　　］

貴方は海辺の砂浜から美しく

D7
He u'i kaulana a puni ka honua
です　美しい　　有名な　　の　取り巻いた　　地球／土地

地球を取り巻く世界でも有名な美しさです

K

G　　　　　　　C　　　　　　G
Ha'ina 'ia mai ana ka puana
物語は終わります

D7
Ku'u lei pūpū e kaulana nei
私の　　レイ　　貝　　　［　　　有名だ　　　　］

私の貝のレイは有名です

解説・・
ニイハウ島の海岸で拾われるニイハウ・シェルを編んだレイは有名だ。島に住む婦人たちが根気よく小さな貝を編んでいる。外来者を受け入れない個人所有のニイハウ島に今も伝わる文化財だ。砂と波で洗われ磨かれた自然の輝きは比べるものがない。Makualani、Kahelelaniと重ねた言葉の遊びも楽しい曲。

♪ジャンル 子供向け

Ka Mele Kuhikuhi
Composed by Kupuna Maile Lum Ho Vargo

C
Noho i lalo, kū i luna
座る [下に] 立つ [上に]

座って 立って

C
Huli aku, Huli mai ē
向きを変える 向こうへ 向きを変える こちらへ
　　　　　　　　　　　　　　　　G7

向こうへ行って こちらへ来て

G7
Noho i lalo, Kū i luna

座って 立って

G7
'Oni mai, 'oni mai ē
動く こちらへ 動く こちらへ
　　　　　　　　　　　C

動いて 動いて

C
Ne'e i mua, ne'e i hope
這う [前へ] 這う [後へ]

前に這って 後に這って

C
I waena kū mai ē
[中央に] [立ち上がる]
　　　　　　　　　G7

真ん中で立って

G7
'Oni mai, huli mai
動く 来る 向きを変える 来る

動いて 戻って

G7
'Oni mai, huli mai

動いて 戻って

G7
Auē ke aloha ē !
なんと！ 可愛いらしい
　　　　　　　　　C

なんて 可愛いの！

K

解説・・
最初は子供達にハワイ語を教えるために作られたが、後にある教室で Kupuna Team のレッスンにも使われるようになったという。日本人の
感覚では理解しにくいが、ハワイ語には動詞の後ろに、行動する方向をつける習慣がある。自分を中心に置いて、自分が動く方向や所在する
物の位置を示すのに使われることが多い。日本人には苦手な文法の一つだ。

♪ジャンル ハワイ島

Ka Nani A'o Ke'ei

Composed by Kahualaulani Mick, Iakona Shimizu

C7　　　F　　　G7　　　　C
Hā'upu'upu me ke aloha
　　思い出す　　　で　　　　愛情

愛情の日々を思い出す

C7　　　F　　　G7　　　C
I ka nani a'o Ke'ei
　で　　　美しさ　　の　　　ケエイ

ハワイ島ケエイ海岸の美しさで

F　　　　G7　　Em　　　Am
Eia 'oe i ka poli
ある　　　貴方　　に　　　胸／心

あなたの心に残る

F　　　G7　　　F　C
I laila ka 'ano'i
[　そこに　]　　　憧れ

ケエイ海岸への憧れ

F　　　　　G7　　Em　　　Am
'O ke ākea o ia 'āina
です　　　　広々した　[　この　]　土地

広々した土地です

F　　　　　　G7　　　　　　C
Me ke uili(uli) o ke kai
共に　　　　海の濃い青　　の　　　海

海の暗青色と共に

F　　　　G7　　Em　　　Am
Na pōhaku pa'a kahiko
為に　　　石　　　堅固たる　　古代

古代からの岩礁

F　　　G7　C
Hāli'ali'a nei
[　突然思い出す愛の思い出　]

突然思い出す愛の思い出

C7　　　F　　　G7　　　　C
Pā aheahe ka 'olu'olu
[　そよ風が吹く　]　　　爽やかな

爽やかなそよ風は吹き

C7　　　F　　　G7　　　　　C
A ho'okipa mai nā kama'āina
そして[　　楽しませる　]　[　　土地っ子達　　]

土地っ子達は楽しんでいます

F　　　　G7　　Em　　　　Am
'O ka kakani a me ka ua
です　　　騒々しい　[　そして　]　雨

激しい雨が降り

F　　　　G7　　　F　C
I nanea ho'i au
[　寛がせる　]　とても　私は

私はとても寛ぎます

F　　G7　　Em　　　　　Am
Aia paha me ka mahina
ある　　多分　共に　　　月

夕暮れに月が昇り

F　　　G7　　　　　　C
I ke anu o Mauna loa
で　　　寒い　　の　[　マウナ・ロア　]

マウナ・ロア山は寒さの中に聳え

F　　　　G7　　　　　Em　Am
Ke ho'omana'o nei u'i wale
[　　思い出させている　　]　美しい　とても

とても若々しい美しさを思い出しています

F　　　G7　　　　C
Ka liko a ke kai
輝く　　の　　　　海

輝く海での

```
C7          F      G7    C
Ho'i kāua pilialoha
  帰る    私達二人  愛情と共に寄り添う
C7          F      G7    C
I ka nani a'o Ke'ei
  で    美しい   の   ケエイ
F      G7   Em      Am
Eia 'oe i ka poli
 ある  貴女の 中に    胸
F      G7     F  C
I loko ke aloha
 [  中に  ]      愛情
```

愛情でビッタリ寄り添って私達二人で帰りましょう

ケエイの美しさの中を

胸に抱かれる貴女

愛し合う思いの中で

解説‥‥‥
2006年に発売されたCD「Wehiwehi Hawai'i」から選曲。Iakona Shimizuは、ワシントンで生まれ4歳の時ハワイに渡ってきたハワイ島のケ
アラケクアで育った音楽家。この地名は有名なハパ・ハオレ・ソング「My Little grass shack in Kealakekua Hawai'i」に出てくる海岸なの
でご存知の方も多いと思う。

Ka Nani Mae ‘Ole
Composed by Eric Lee

F
‘O ku‘u pua nani nō
です　私の　花　美しい　とても

とても美しい私の花

F
Nohea i ka maka nei
顔立ちが整った　　最愛の人　今

最愛の人はとても美しい

F　　　　　　　　　Bb
A he wehi o uka lā
そして　です　飾り付け　の　高地

高地の飾り付けです

Bb　　　　　　　　C7
No nā kau a kau
[　季節から季節に／永遠に　]

季節から季節へ

F
‘O ku‘u pua nani nō
です　私の　花　美しい　とても

とても美しい私の花

F
Popohe i ka la‘i
形の良い　中で　　静寂

静けさの中で形良く

F　　　　　　　　　Bb
I lei ho‘ohiehie
レイ　美しくする／なる

とてもエレガントなレイ

Bb　　　　　　　　C7
E ho‘oheno mau ai
[　　　永遠に愛そう　　　]

永遠に愛します

Hui:

C7　　　　　　　Cm
‘O ka nani mae ‘ole
です　　美しい　[枯れることない]

永遠に枯れることない美しさ

F7　　　　　　　　Bb
Hali‘a nei i ka mana‘o
[突然蘇る愛の思い出]　に　　　心

私の心を愛の思い出で魅了します

Bb　　　　　　　Eb
A he milimili ‘oe
そして　です　最愛の　　貴女

貴女は最愛の人

F7　　　　　　　Eb
Nohea i ka pu‘uwai
可愛い　　に　　心／感情

私の心に愛しい人

K

C7   F

Hū a'e nei ke aloha
[感情が波のように押し寄せる]   愛

愛する思いが波のように押し寄せます

F   B♭   F

No ia nani lua 'ole
為に この 美しい [優れた／無比の]

比べるものがないこの美しさ故に

F7

Palena 'ole ka 'ano'i
[無限の／制限なしの]   愛情／欲望

私の愛に限りはありません

Gm   C7

E pili mau nō
[ぴったり付く] 常に とても

あなたに常に寄り添います

C7   F

Eia ho'i ke aloha
ある まさに   愛

ここに貴女への愛があります

F   B♭   F

ku'u pua nani nō
私の   花 美しい とても

私の美しい花

F   B♭

Hanu pū iho ke 'ala
呼吸する   共に   香気

香気の中で共に息をしよう

Gm   C7

E pili pa'a pono ai
[ぴったり付く] [しっかり適切に] (e¯ai の文型)

私たち二人ぴったり寄り添いましょう

(Hui)

K

解説‥‥
甘い愛の歌。Eric Leeの曲はいつ聞いてもロマンチックだ。この曲は2006年、彼がNa Kamaで演奏している時代に書いた曲。その後大御
所、Robert Uluwehi Cazimeroもこの名曲をとりあげ、ソロでレコーディングしている。唯々愛しい人に想いを寄せる曲だ。

© 2009 by TuneCore Digital Music.
All rights reserved. Used by permission.
Print rights for Japan administered by TuneCore Japan KK

Ka Nani O ‘Ano‘i Pua

Composed by Ellen Herring Kamaunu

    F   C7
Ka nani o ‘ano‘i pua　　　　　　　この愛する花の美しさ
　　美しい　　の　　愛する　　花

C7　　　　　　　　　　F
I lupea i ke ‘ala onaona　　　　　甘く香る香気で心地よい
　心地よい　　　　香気　心地よい甘い香り

    B♭   F   F D7
He nohea i ka maka ke ‘ike　　　　見つめる瞳に美しく
です　整った美しさ　に　　　目　　[見れば]

G7　　　　　　　　C7
Ho‘oheno i ka poli　　　　　　　私の心の中で可愛がります
可愛がる／愛する　　　　胸

        F   C7
Hi‘ipoi ‘ia ho‘i me ke aloha　　　愛情で心から育てられて
[育てられた] 本当に　で　　　愛情

C7　　　　　　　　A7
Ke ko‘i‘i kōī aku ka pua　　　　　花に新しい活気を望めば
　望めば　[新しく溢れ出る力]　花

       D7   G7
Pua ‘ala i ka maka ke ‘ike　　　　見つめれば目に香り高い花
花　香気　に　　　目　　[見れば]

C7　　　　　　　F
Ka nani o ‘ano‘i pua　　　　　　　この愛する花の美しさ
　美しい　　の　　愛する　　花

解説・・・

今は亡きKumu Hula George Kananiokeakua Holokaiの1931年の第1回の誕生パーティーの為に作曲された。2014年3月にリリースされたケアリイ・レイシェルのCDに収録され、解説にジョージ・ホロカイのフラを学ぶ事ができたのは自分たちの名誉であると共に弟子たちの将来の世代に受け継がれたと書かれている。

© PUNAHELE PRODUCTIONS,INC.
The rights for Japan assigned to FUJIPACIFIC MUSIC INC.

♪ジャンル ハワイ島

Ka Nani O Ka Pali
Words by Kealoha'āina Simeona Music by Kamakele Kailiwai

F
Nienie wale ka pali
　厳しく滑らから　とても　　　崖
B♭　　　　　　　　F
I ka 'āina o Hilo palikū
　で　　　土地　の　ヒロ　　パリクー
C7
Kūha'o i ka ua Kanilehua
　独立している　　雨　カニレフア
B♭　　　　　C7　　F
Honehone i ka pu'uwai
　甘く訴える　　に　　　心

なんと厳しく滑らかな崖

ヒロのパリクー崖の土地

カニレフア雨とは異なり

人の心に甘く訴える

F
Kū mai nō he pali
　[　立つ　]　だ　崖
B♭　　　　　F
Puni i ka uluwehi
　取り巻いた　が　　青々とした緑の木々
C7
Pā mai ka makani aheahe
　[風が吹いてくる]　　　風　　　　そよ風
B♭　　　　C7　F
'Ānapanapa ka lā
　輝く　　　太陽

聳え立つ崖だ

青々とした緑の草木が取り巻いた崖

そよ風が吹き

太陽は輝く

F
'Ākoakoa ka nui manu
　集まる　　　　　多くの　　鳥／人
B♭　　　　　　　F
E 'ike aku i ka nani
　[　眺めに　]　を　　美しさを
C7
Ua hala 'ē ka Pu'ulena
　[どこか他の場所へ過ぎ去る]　　プウレナ風
B♭　　　　　C7　F
He pali lele koa'e
　だ　崖　飛ぶ　コアエ鳥

沢山の人が集まる

美しさを眺めに

プウレナ風は吹き抜けていく

コアエ鳥が飛ぶ崖だ

F
Ha'ina mai ka puana

B♭　　　　F
Nienie wale ka pali

C7
Kūha'o i ka Kanilehua

B♭　　　　C7　　　F
Honehone i ka pu'uwai

物語は終わります

なんと厳しく滑らかな崖

カニレフア雨とは異なり

心に甘く訴える

解 説 ···
歌手の"Bulla" Kailiwaiはこの歌を表現するのに、フレーズごとに崖、カニレフア雨、プウレナ風、コアエ鳥と主題が異なるので、歌唱にかな
り神経を使って雰囲気を表現したと語っている。ハワイ島ヒロ市は海、ココナッツ・アイランド、カニレフア雨、山、吹き寄せる風と、いろいろ
な顔を持った美しい街だ。

♪ジャンル [ハワイ島] [神話]

Ka Nani O Pele

Composed by Kawena ʻUlaokalā Mann

E
E ke aloha pumehana lā ʻeā　　　　　熱いあなたへの愛情
よ　　　　愛　　　温情ある／愛情

E
E kuʻu ipo i laila　　　　　　　　　私の愛する人はそこに
おー　私の　恋人　[そこに]

E
E ʻimi ana au i ka loke wehe ʻula　　花開く赤いバラをさがして
[　探している　] 私は　を　　バラ　開いている　赤色

E
E kau mai ka lei lehua　　　　　　　赤いレフアのレイをかけてあげよう
[　掛けてあげる　]　　　　レイ　レフア

　　Hui:

　　　　　　A
　　E Lawe mai ta pua　　　　　　　あなたは聖なる花を咲せる
　　　[　持ってくる　]　　花

　　　　　　　E
　　E ola mai ka ʻaʻā　　　　　　　荒々しいアアー溶岩の上に
　　　[　生きよう　]　　アアー溶岩

　　　　　　　　A
　　Hoʻoheno i ta pili　　　　　　　心から大切にしよう
　　　　可愛がる　　　一緒になる

　　　　　　　　　　E
　　Kupu ʻia pāhoehoe　　　　　　　滑らかなパーホエホエ溶岩の上に芽を出す
　　　[　芽を出す　] 滑らかで亀裂のない溶岩

　　　　　　　B7　　　　　E
　　E laha mau ka nani o Pele　　　どこまでも広がる美しい女神ペレを
　　　[　広がる　] 常に／永遠に　美しい　の　女神ペレ

E
E ka wahine uʻi　　　　　　　　　　若々しい美しい女神よ
よ　　　　女性　　若々しい美しさ

E
I ka uhi hinahina　　　　　　　　　灰色の煙に覆われて
中に　覆うこと　　灰色

E
Waiho ʻia mōhai laʻi　　　　　　　静寂は女神に捧げられる
[　置かれ　] 神への奉納　静寂

E
Me ka leo hea　　　　　　　　　　　私の呼びかけに
に　[　呼びかけ　]

E
Pane ʻia ke koaʻe　　　　　　　　　白いコアエ鳥が姿を現す
[　答える　]　　コアエ鳥

E
E kau mai ka lei ʻamaʻu　　　　　　あなたにアマウのレイを贈ろう
[　掛けよう　]　　レイ　アマウ

K

E
Kaha mai ke anuenue
[さっと降りてくる]　　　　　　　　虹

空にかかる虹となって

E
Hōʻike i kou nani
　見せる　を　貴方の　美しい

貴女の美しい姿を見せる

E
I ka Waiʻolu kilihune
を　魅力的な／穏やかな　微かな霧雨

微かな霧雨の魅力を

E
Ke kilohi kuʻu maka
　じっと見つめる　私の　　目

私の目でじっと見つめれば

E
Kō wahi, kō aloha
貴女の　場所　貴女の　愛

貴女の大地　貴女の愛

E
E ō mai e Pele
[答えてください]　よ　女神ペレ

ペレよ、私の声に答えてください

解説··

Kumu Hula Kawena 'Ulaokalā Mannの談話

ビッグ・アイランドで、ウニキ・トレーニングをしていたとき、私たち生徒は、カワイカプオカラニ・ヒューエット先生と一緒に、キラウエアとハレマウマウをたびたび訪れました。私たちは日の出前に出発し、まだ夜が明けぬ暗い中、目的の場所に到着したものでした。私達は、東の空に太陽が昇り、バラ色の朝焼けが見えてくるまで、チャンティングしました。このバラ色の朝焼け（カヴェナ・ウラ・オ・カ・ラ）は、ヒイアカ・イ・カ・ポリ・オ・ペレの化身です。そして、白く長い尾っぽのあるコアエ鳥も、ヒイアカの化身です。先生と共に訪れたこの旅（huakaʻi）で出会った、ペレとヒイアカを曲にしました。

♪ジャンル カウアイ島

Ka ʻŌahi Nowelo
Composed by Kainani Kahaunaele

C　　　　B♭　　　F　　　　G7
Molale ka hene waiʻolu o ka uka
澄んでいる　　　　スロープ　穏やかな　　の　高地
　　　　　F　　　　G7　C　　Am　　Dm　　G7　　C
A kapalili ka lihi ʻula i ka welelau makani
そして　揺れる　　　　縁　赤い　で　　　先端　　　風

高地のゆるやかな斜面は、澄み渡り

微風に吹かれて赤い蕾が揺れています

　　　　F　　　Dm　　　Gm
Ka ʻōahi nowelo i ka ʻili
　　扇動者　　探す　　を　　肌
　　Gm　　　　C7　　　　F
I ka pai a ka Lawakua
で　　上昇　の　　　ラバクア
　　　　F　　　F7　　B♭
Kohu hōkū ʻānapanapa
外見が似ている　星　　きらめき
　　Am　　　　G#m　Gm C7　　F
E wewelo ana i kuʻu maka
[　　流れるている　　]　を　私の　　目

扇動者は、（若者の）肌を捜し

ラバクア風によって（火は）運ばれます

かすかに光る星のように

私の目の前の流れる

　　F　　　　Dm　　　Gm
Hōʻaleʻale mai nō i ka mālie
[　　さざ波が流れ動いてくる　　]　に　　穏やかに
Gm　　　　　C7　　　　F
Kai halulu hākuʻikuʻi i kumupali
海　　騒々しい　　反響する　　で　崖の根元
　　　　F　　　F7　　B♭
He ʻuhene nō naʻe no loko
だ　　楽しい音　今なお　[　　の中で　　]
　　Am　　　　G#m　　Gm　　C7　　　F
He pulu mai koe o waho i ka ʻehukai
です　[　濡らす　　]　附加　の　　外部　で　　　海飛沫

穏やかなさざ波が流れ動いています

騒々しい海は、絶壁の下層で轟く

しかし、それは今もなお楽しい音です

崖は海飛沫でびしょ濡れになるのを
待ち構えています

K

解説 ‥‥‥
カウアイ島のHāʻenaで、島の東側の北部に行く道路は終わりだ。ハワイ神話の神々Kanaloa, Pele, Hiʻiaka,そして首長Lohiau等、多くの神話で伝えられた名前が登場する場所で、有名なフラの聖地もある。古代、浜辺の奥にあるMakana山の急な斜面から、熟練した大人達（歌では扇動者と歌われている）が、小枝の束に火を灯して砂浜へ投げ落とした。青年達は愛する人に自分の愛の強さを示す為、燃え木を奪い合い競ったと伝えられる。この事を私達がどのように考えるか、Haenaの四季を通じて崖を打つ波が、ロマンチックな神話と共にハワイのロマンを思い出させてくれる。2010年Māhuahua Music CD「Ōhai ʻUla」に収録されている。

© by MAHUAHUA MUSIC
All rights reserved. Rights for Japan controlled by Little Star Copyright Management

♪ジャンル　ハワイ島

Ka ʻOhaohala
Composed by Kuana Torres Kahele

    F   C7   F
ʻAuhea e ke ahe makani Peʻehala
どこにいるの　　よ　　　そよ風　　風　　　　ペエハラ
    C7   F
Pāwali ana i ka Peʻe-pū-hala-hīnano
なだめるように話す　に　　　　　ペエプーハラヒーナノ

どこにいるの　ペエハラそよ風よ

ペエ・プー・ハラ・ヒーナノの木に
穏やかに吹いてきます

     F   C7   F
ʻO Hāmākua kaʻu e hāʻupu aʻe nei
です　　ハーマークア　　私の　　[　　思い出している　　　]
     C7   F
Kāpaʻipaʻi ana i ka mālaʻe
[　　豊富に繁栄し成長する　　]　に　　　穏やか

ハーマークアは私の想い出の場所です

静けさの中に豊かに繁栄しています

    F C7   F
Aia i ka ʻohaohala aʻo Honohia
ある　　　　　　青々と成長した　　　の　　ホノヒア
     C7   F
ʻŌlēhala nā manu o ka ēulu
朗らかな　　　[　　鳥達　　]　の　　　木の頂上

ホノヒアの青々と成長した緑の木々

木立の上で小鳥達は朗らかにさえずります

     F   C7   F
Ma Oʻōkala ke kai poʻi ʻonaulu loa
で　　オオーカラ　　　　海　波が砕ける　[大きく長く持久力のある波]
    C7
Kahi a nā manu ʻiwi e hoʻolaʻi ai
場所　の　[　鳥達　　]　イヴィ鳥　[　静止させている　　]

オオーカラは大きく長い海の波は砕け

イヴィ鳥達が空を滑空する場所です

    F   C7   F
Puana aʻe nei i ka moʻolelo kamahaʻo
主題　　　ここに　　　　物語　　　驚く程の
   C7   F
O ka ʻohaohala nani aʻo Hāmākua
の　　　青々と成長した　　美しい　は　　ハーマークア

驚く程の物語が主題

ハーマークアは美しく青々と繁茂する緑の木々で
覆われています

解説‥‥
ハーマークアはハワイ島北東部に位置するエリアで、道の山側は保安林、海側はハマクア・コーストと呼ばれる広大な海に面している。有名
な景勝地、ワイピオ渓谷もホノカワ町から右折すれば到達する。自然に溢れた道を、ヒロ市から北上しカムエラ経由、コハラに到達する道路
は、神話ペレの物語で、妹のヒイアカがカウアイ島に渡る為に辿った道だ。

♪ジャンル　モロカイ島

Ka ʻOli O Lanikaula

Composed by Johnny Lum Ho

C　　　　G7　　　　　C
He nani Molokaʻi nui a Hina
だ　美しい　　モロカイ　偉大　の　女神ヒナ

女神ヒナの偉大な美しいモロカイ島

　　　　　　　G7　　　　　　C
I ka ulu kukui aʻo Lanikaula
[　　ククイの林　　]　の　　高僧ラニカウラ

高僧ラニカウラの化身、
ククイの林の中で

B♭　　F　　B♭　　F　　B♭　　F　　　　C7　　F
ʻŪ, ʻū, ʻū, ʻū, ʻū, ʻū, ʻū, ʻū, ʻū, ka ʻoli o Lanikaula

ウーウーウー　　ウーウーウー
ウーウーウー　　ラニカウラの喜び

F　　　　　　　B♭　　　　F
He mele pōkole no Manukula
だ　歌　短い/簡潔な　為の　　マヌクラ

マヌクラの為の簡単な歌です

F　　　　　　C7　　　C
I ka ulu Kukui o Lanikaula
に　[　ククイの林　]　の　高僧ラニカウラ

ラニカウラのククイの林の中に

　　　　　　　　F　　　　B♭　　　F
E noho nei ke aliʻi wahine ʻōpio
[　住んでいる　]　[　プリンセス　]　若い

若い王妃は住んでいる

C7　　　　F　　　　　B♭　C7　　F
Hānai ʻia e Lanikaula mā, ʻeā, ʻeā lā ē
[　育てられる　]によって　ラニカウラ　達

ラニカウラ達に育てられて

F　　　　　　　B♭　　　　F
I ka ulu Kukui o Lanikaula
に　[　ククイの茂み　]　の　高僧ラニカウラ

ラニカウラのククイの林の中に

F　　　　　　C7　　　B♭　　F
Eia ka pāʻani peʻepeʻe kua lā
ある　　遊び/娯楽　[　　かくれんぼ　]

かくれんぼをする遊びがあります

F
Leʻaleʻa Manukula me ka holo peʻe
楽しむ/幸せ　マヌクラ　と一緒に　　走る　自ら隠れる

マヌクラは白い蝶から隠れて走り、
マヌクラは幸せです

　　　　　　　　　C7　　　　　F
i ka pūlelehua kea ē
　　　　　蝶　　　　白い

B♭　　　F　　　　C7　　　　F
Ma hope o ka puʻu lau Kukui ē
[　後ろに　]　の　積み重なり　葉　ククイ

ククイの葉が積み重なった後ろに
(隠れます)

B♭　　F　　　C7　　F　　　C7　　　　F
ʻŪ, ʻū, ʻū a lele mai ana, lele mai ana ē
[　　飛んで来る　]

ウー、ウー、ウー
そして飛んで来る　飛んで来る

B♭　　F　　　C7　　F　　　C7　　　　F
ʻŪ, ʻū, ʻū, ka pūlelehua, pūlelehua ē
　　　　　　　　　　　　蝶

ウー、ウー、ウー　蝶が　蝶が

F　　　　　　　C7　　　　　　　F
I ka welelau o ke Kukui o Lanikaula
先端/端　　の

ラニカウラのククイの樹の頂上で

K

```
    F                    B♭                      F
E ka makani ē, e pā mai me ke aheahe                    おー　風よ、静かに風が吹いて来る
      風    [        吹いて来る    ]          静かに吹く風
F                           C7
Aloha, e ke hoa pūlelehua                              アロハ　私の親しい蝶のお友達
              友人      蝶
F                     B♭        F
E hele mai ana, e iho ana                              飛んで来て舞い降りて
[       来る    ]    [  下る／降りる  ]
              F                   C7
Ua kau i ka po'ohiwi o Manukula,                       マヌクラの肩に止まります
[  置いた  ] に        肩     の   マヌクラ             ビックリです
B♭       F   C7     F
pū'iwa lā, 'eā lā ē                                    
ビックリした
B♭      F   B♭      F   B♭    F            C7           F
'Ū, 'ū, 'ū, 'ū, 'ū, 'ū, 'ū, 'ū, 'ū, ka 'oli o Lanikaula  ウーウーウー　ウーウーウー
                                                         ウーウーウー　ラニカウラの喜び


F                      C7          F
Hau'oli nō ka 'aka'aka o Manukula (×2)                 喜びに溢れるマヌクラの笑い
[  とても楽しい  ]       笑う    の   マヌクラ
F                       C7              F
Le'ale'a ka hoena o ka lau kukui ē                     ククイの葉の音も喜びに満ちています
  楽しい     パドル  の    葉   ククイ


'Aka'aka nui, ka 'aka nui ka hoehoene                  沢山の笑い
  笑い   沢山の    笑い  沢山  耳に快く静かな／茶目っ気                 耳に心地よい沢山の笑い声
    F                       C7       F
A kani maila ē ka lau Kukui ē                          ククイの葉に反響します
   音        あそこに      葉   ククイ
B♭      F   B♭     F   B♭    F          C7          F
'Ū, 'ū, 'ū, 'ū, 'ū, 'ū, 'ū, 'ū, 'ū, ka 'oli o Lanikaula  ウーウーウー　ラニカウラの喜び
```

K

244

F   B♭   F
Haʻina ē ka wehi o Puʻuhōkū lā
告げます   飾り   の   プウホークー

告げます　プウホークーの飾り

F   C7   F
I ka nani o ka wailele o Moaʻula
で   美しい の   滝 の   モアウラ

モアウラの滝の美しさの中で

F   B♭   F
He nani nō, he nani ē
です [とても美しい]

とても美しい　美しいのだ

F   C7
E lele mai, a lewa mai e kuʻu beauty butterfly
[飛び跳ねる] [空中に浮かぶ] 私の   蝶

飛び跳ねて　空中に浮かぶ私の蝶よ

F   B♭   F
E ka makani e, e pā mai me ka aheahe
よ   風   [吹いて来る]   優しく

風よ　優しく吹いておいで

F   C7   F
Lewa ana ka pūlelehua kea ē
[空中に浮かぶ]   蝶   白い

白い蝶は空中に浮かぶ

B♭   F   B♭   F   B♭   F   C7   F
ʻŪ, ʻū, ʻū,   ʻū, ʻū, ʻū, ʻū, ʻū, ʻū, ka ʻoli o Lanikaula

ウーウーウー　ラニカウラの喜び

B♭   F
ʻŪ, ʻū, ʻū

ウーウーウー

K

解説 ···

2013年のマーク・ヤマナカのCDで歌われている。オリジナルは、ハワイ島の有名なクムフラ、ジョニー・ラム・ホーの作品。
ラニカウラは、モロカイ島に住んでいたハワイ最高の僧侶で、彼の死体から島を覆うククイの樹が芽生えたと言い伝えられている。
そして、ここではマヌクラの物語が語られている。モロカイ島のラニカウラ酋長に育てられたマヌクラという女の子の友達は白い蝶で、ラニカウラ
のククイの森で、マヌクラと蝶がかくれんぼをしている様子を語るメレ。
モアウラの滝はモロカイ島東部のハーラバ渓谷に流れ落ちる雄大な滝だ。ククイが生い茂る山頂から流れ落ちる景観は素晴らしい。しかし海辺
からは眺められない。空中を舞うのは、白い蝶なのか、それとも美しいモアウラの滝か。
ここで、2010年メリー・モナーク・フェスティバルでの話を紹介。
ミスアロハフラのアウアナで、アンクル、ジョニーのオリジナル曲「Ka ʻOliʻoli I Ka Ulu Kukui O Lanikaula」が踊られた。蝶がマヌクラを見つけ
てマヌクラをビックリさせるとマヌクラが笑い、マヌクラが笑えば笑うほど、ククイの葉はサラサラと音を立てて動く。キー (ティー) の葉で作った
パウ (スカート) と、ククイの葉、花、種で作ったレイがとても綺麗だった。

♪ジャンル ニイハウ島

Ka Poʻokela Aʻo Niʻihau
Composed by Kuana Torres Kahele

A   D
Pūpū o Kahelelani
　貝　　の　　　カヘレラニ
E7   A
E hulali nei i ka lā
　[　光り輝いている　]　に　　太陽
F#m   D
Ka poʻokela wale nō
　　　最も優れた　[　とても　]
E7   D A
O Niʻihau ailana
　の　[　　ニイハウ島　　]

カヘレラニの貝

太陽に光り輝いています

最も優れた貝

ニイハウ島の

A   D
Ailana ka manaʻo noʻu
　　島　　　　　心　　私の為に
E7   A
Ka momi o kai malino
　　　真珠　　の　海　穏やかな
F#m   D
E lei nō au i kō aloha
　[　レイを編もう　]　私は　で　[　私の愛　]
E7   D A
No nā kau a kau
為に　[　永遠に／季節から季節へ　]

私の心の島

穏やかな海の真珠

私の愛を込めてレイを編みましょう

季節から季節へ（永遠に）

A   D
Kau aku ka manaʻo nō
　[　置いていく　]　　　心
E7   A
Ka beauty o ka lā welo
　　美しい　　の　[　真っ赤な太陽　]
F#m   D
Aia i moku Lehua
　ある　に　[　レフア島　]
E7   D A
Ka momi o ka Pakipika
　　真珠　　の　　　太平洋

何時も心の中にある

真っ赤な太陽の美しさ

レフア島にある

太平洋の真珠の様な美しさ

A   D
Ua pena ʻia mai i ka lā
　[　　絵の具を塗った　]　に　　太陽
E7   A
Ka paekiʻi o ke ao
　[　水平線の低い雲　]　の　　雲
F#m   D
E pili ano ka nani
[一緒になる]　穏やかに　　美しさ
E7   D A
O kuʻu lei Kahelelani
　の　　私の　レイ　カヘレラニ

太陽に描かれた

水平線の低い雲は

美しさと穏やかに溶け合っています

私のカヘレラニのレイの

A   D

Puana nei ka hāina
の テーマ　ここに　　折り返し句

テーマを繰り返します

E7   A

O ku'u lei hiwahiwa
の　私の　レイ　可愛い／大好きな

私の大好きなレイの

F#m   D

Ka po'okela wale nō
最も優れた　[　とても　]

最高に優れたレイ

E7   D A

O Ni'ihau ailana
の　ニイハウ　　島

ニイハウ島の

解 説··

クアナ・トレスのハワイの島々を称えたシリーズ、今回はニイハウ島だ。ジャケットを見て驚かされるのは、高価なニイハウ・シェルのレイの美しさ。自然の波で磨かれた小さな貝殻の光沢はNi'ihau Kamaha'o(驚くほどのニイハウ島)だ。因みに男性用に大粒の白いニイハウ・シェルのレイもある。でも高価だ。

♪ジャンル 　オアフ島 　カヒコ

Ka Pua Hīnano
Composed by Louis "Moon" Kauakahi

Ua wehi 'ia nahele e ka noe
[　　　飾られた　　]　森　〜によって　霧
霧に覆われた高地の森

Kilipohe me ke aloha ka pua Hīnano
霧に濡れて形良い　　　　　　愛情　　　花　　ヒーナノ
霧に濡れて形良いヒーナノの花の愛情

Ke ano pā ahe i ke 'ala onaona
〜時　吹く　そよ風　　香気　心地よい香気
心地よい香気をそよ風が運ぶ時

Ho'ohāli'a mai ana o ka wā i hala ē
[　　過ぎ去った愛を思い出す　　]　の　　時代　過ぎ去った
過ぎ去った時代の愛の記憶を思い出す

'A'ala ka Hīnano, he pua onaona
香り良い　　ヒーナノ　　だ　花　心地よく香り良い
ヒーナノの花は香り良い　心地よく匂う花だ

Wili 'ia me ka Maile a'o Lanihuli ē
[レイに編まれる]　と　　マイレ　の　ラニフリ　よ
ヌウアヌ・パリのラニフリ高地のマイレと
レイに編まれて

Hū　a'e ka mana'o, i ka'u 'ike
感情の波が高まる　　　　心　　中で　私の　見る
私が眺める時、感情の波が高まります

Ka nani mau loa, 'o ia pua ē
美しい　[　永遠に　]　[　この　]　花
永遠に美しいこの花

Puana 'ia mai ku'u mele nei
[　　告げられる　]　私の　　歌　この
私の歌は思いを告げました

No ka pua Hīnano 'a'ala onaona ē
為に　花　ヒーナノ　香り良い　心地よく香り良い
心地良く香り良いヒーナノの花の為に

'Ea lā e, 'ea lā a lā, 'ea lā, 'ea lā ea
エア　ラー　エ
エア　ラー　エ、エア　ラー　アラー
エア　ラー、エア　ラー　エア

He mele no ka pua Hīnano
だ　歌　為の　花　ヒーナノ
ヒーナノの花の為の歌です

解説
Mākaha Sonsで活躍していたLouis "Moon" Kauakahi が、新曲をKumu Chinky Māhoeの新しいCD 「Kalaoawai ku'u 'āina kaulana」
に提供した曲。ヌウアヌ・パリのラニフリ高地でマイレとレイに編まれたヒーナノの花は、甘い香りを漂わせている。

♪ジャンル オアフ島

Ka Pua Kiele

Composed by D. Wong, Robert Cazimero

F
He ‘ala onaona ka pua kiele
です 香気 魅惑的な 花 キエレ

キエレ（ガーデニア）の花は魅惑的な甘い香りです

F   D♭   E♭
He pua laha‘ole nō Hawai‘i nei
です 花 稀な ハワイ ここ

ここハワイで稀な花

A♭
He pua nani ‘oe i ka‘u ‘ike
です 花 美しい 貴女は が 私の 見る／知る

眺めれば貴女は美しい花です

Gm   C7   F
Ma ke kula uluwehi o ia ‘āina ē
に 広々した平原 緑が青々と茂る の この 土地 よ

この緑が青々と茂る平原で

F
E hele mākou i Waikiki
[行こう] 私達は に ワイキキ

私達はワイキキに行きましょう

F   D♭   E♭
E launa mākou pili i ke kai
[出会う] 私達は ピッタリ付く 海

海辺で私達は集まります

A♭
Ma ka moana kaulana nō
で 海 有名な とても

有名な海辺で

Gm   C7   F
Kēia ahiahi me nā hōkū nani ē
この 夕暮れ 共に [星々] 美しい

美しい星空の夕暮れに

F
Māpu mai ke aloha hali‘ali‘a
[香気等が漂う] 愛 突然思い出す愛の想い出

愛の想い出を抱きしめます

F   D♭   E♭
I ka hanu a ka ipo a mau loa
中で 吐息 の 恋人 の [永遠の]

永遠の恋人の吐息の中で

A♭
Ha‘ina ‘ia mai ana ka puana

物語は告げます

Gm   C7   F
Ku‘u pua kiele poina ‘ole ē
私の 花 キエレ [忘れ得ぬ]

私の忘れ得ぬキエレ（ガーデニア）の花

Ending:

C7   F   C7   B♭
Kou lā hānau, kou lā hānau
貴女の [誕生日]

貴女の誕生日 貴女の誕生日

Gm   C7   F
Ka pua kiele poina ‘ole
花 キエレ [忘れ得ぬ]

私の忘れ得ぬキエレ（ガーデニア）の花

解説··

キエレの花の様に香る美しい恋人の想い出を綴った曲。星が煌めくワイキキの浜辺で、今宵懐かしい人の愛の想い出に耽るのか？
D. WongとRobert Cazimeroの新作。

© MOUNTAIN APPLE COMPANY INC
All rights reserved. Used by permission.
Rights for Japan administered by HOTWIRE K.K.

♪ジャンル ハワイ島

Ka Uluwehi O Hilo

Composed by Kuana Torres Kahele

F C7   F
Ea mai ka ʻehu o ke kai
［ 上がる ］   飛沫 の 海   海の飛沫が上がる

C7   F
Heʻe nalu ma Kaipalaoa
［サーフィンをする人］ で カイパラオア カイパラオアでサーフィンをする人達の

F C7   F
ʻO Hilo one ke kū nei
です ［ ヒロの海岸 ］ ［ 留まっている ］ ヒロの海岸を覆う

C7   F
I ke one hāuliuli
   砂地 黒っぽい   黒っぽい砂地

F C7   F
ʻEleʻele Hilo Palikū
黒い   ヒロ 垂直な崖   ヒロ・パリクー（垂直な崖）は真っ暗

C7   F
Panopano i ka ua loku
暗闇 で ［ 豪雨 ］   土砂降りの雨で闇の様です

    F C7   F
Nā wai kaulana o Waiākea
［ 水 ］ 有名な の ワイアーケア ヒロのワイアーケア・ポンドの有名な水

C7   F
Beauty o Hilo-Hanakahi
美しい の ［   ヒロの町 ］ ヒロ・ハナカヒ（ヒロ町）の美しさ

F C7   F
Aia i Moku Ola
ある が ［ モク・オラ ］ モク・オラ（ココナッツ・アイランド）があります

C7   F
Hoʻokipa i ka malihini
 楽しませる を 旅人   旅人を楽しませて

F   C7   F
ʻŌili lua ʻo Waiolamalama
視野に入る 大いに が ワイオラマラマ ワイオラマラマが、はっきりと眺められます

C7   F
Me ka wai ʻānpanapa
共に   水 光る／煌めく／ピカピカ光る 煌めく水と共に

K

250

```
F    C7            F
He  pōlani  nēnē  hiwa                        とても美しく貴重な
    だ    美しく   [  貴重な／大切な  ]
C7               F
Ka  ua  Kanilehua                            カニレフアの雨
        雨        カニレフア
F  C7              F
Ha'ina  mai  ka  puana                       物語は終わります

C7                    F
No  ka  uluwehi  o  Hilo                      ヒロの草木が青々と茂る美しさのために
為の    草木が青々と茂る   の   ヒロ
C7    F    C7    F
O  Hilo,  O  Hilo  e                          ヒロの　ヒロの
```

解説‥‥

Waiākea　ヒロ市のホテル街からダウンタウンに行く時に渡るSampan Harborに懸かる橋の下がワイアーケア・ポンド。橋を渡って進むとカメハメハの銅像がある。銅像の裏側まで池は繋がっている。

Moku Ola　　　お馴染みのココナッツ・アイランドのこと。数年前に改修され、綺麗な橋と公園に生まれ変わった。

Waiolama (lama)　ヒロ市にある海岸と川。

Ua Kani Lehua　ヒロ市地区に降る小糠雨。レフアの花に音も無く降る雨。

メロディーはマウイ民謡「No Ka Pueo-Kahi」と同じようだ。歌詞にプエオカヒ号ではなく、ヒロの美しい景色を歌い込んでいる。

♪ジャンル 日本

Ka'a Nā 'Ale

Music by Mashiko Tatsurou (Original tune, Hanamizuki) Hawaiian Lyrics by Kellen Paik Arrangement by Kuana Torres Kahele

C   Am
Nānā i luna
　　見る　を　　上　　　　　　　　　　　　　　　　　　貴方は上を見る

F   C   Dm   G7
Ho'lale 'ia 'oe i ka 'āina 'ē
[急がせて行かせる] あなたは　へ　　　　土地　他のところへ　　そして遠い土地に誘われます

C   Am
Hea 'oe ia'u
答える　貴方は　私に　　　　　　　　　　　　　　　　　　貴方は私に呼びかける

F   G7   C
Na ka 'ale o ke kai e ho'iho'i mai
　　　波　の　　海　[帰ってくる　方向詞]　　　　波のうねりは貴方を私に連れ戻します

G   Am
He pua lei ka'u iā 'oe
です　花　レイ　私の　に　貴方　　　　　　　　　　　　貴方に私の綺麗な花のレイを贈ります

G   Am
He pua lei e mohala mai nei
です　花　レイ　[　　満開になってくる　　]　　　　　　満開になっているレイの花です

Hui:

C   Am
Kūlia i ka wēkiu
努める　[　最高に　]　　　　　　　　　　　　　　　　　　最高に努力してください

　　　C7   F   C
Ka 'i'ini nui a ka pu'uwai
　　　憧れ　大きな　の　　　心　　　　　　　　　　　　心の大きな憧れの為に

Dm   C7   Am
Maliu mai 'oe ia'u nei, e ku'u lei aloha
[聞いてください] 貴方は　私を　今　よ　私の　レイ　愛する　　聞いてください貴方　私の愛するレイよ

　　　C7   F   C
Hō'a'ala ke onaona
香気が広がる　　　心地よい香気　　　　　　　　　　　　貴方の心地よい香気が漂います

　　　Dm   G7
Mai ka ho'oku'i a ka hālāwai
から　　天頂　そして　　会合／地平線　　　　　　　　　天頂から地平線まで

C   Am
Kā'alo mai ka lā
素通りする　から　太陽　　　　　　　　　　　　　　　　太陽は通り過ぎる

F   C   Dm G7
E ho'olono i nā leo e hea nei
[～に耳を傾ける] に [声] [呼びかけている]　　　貴方に呼びかける声に耳を傾けて下さい

C   Am
Na'u e hahai
私の為に　[後に付いて行く]　　　　　　　　　　　　　私は後に付いて行きます

F   G7   C
'O ka 'ale o ke kai ke pili ai
です　　波　の　　海　一緒にする　そこに (aia)　　　　海の波は私を貴方のもとに連れて行きます

解 説‥‥‥

「空を押し上げて 手を伸ばす君 五月のこと … 庭のハナミズキ」と歌った一青窈作詞、マシコタツロウ作曲のヒット・ソング。クアナ・トレス は日本でのコンサートで度々日本語で歌っていたが、クーパオアのKellen Paikの作詞でハワイ語の歌詞で歌っている。「涙そうそう」がケア リイ・レイシェルの歌でヒットした様になれば良いが。Ka'a Nā 'Aleは「波で転がす」という意味。日本で歌われている歌詞と全く関係ないハ ワイ語の歌詞だ。

♪ジャンル ニイハウ島

Kaeo Hula

Words by Emily Wailiula Music by Kuana Torres Kahele

D7   G D7   G
Hanohano Kaeo i kau ʻike
誉れ高い　　　カエオ　　　私の　見る
D7   G   D7   G
Kilakila i ka nani o ka ʻāina
荘厳な　　　　美しい　　の　　　大地

私の眺めるカエオ高地はひと際華やかだ

その荘厳な大地の美しさ

D7   G D7   G
ʻĀina Niʻihau i ka lā welo
大地　　ニイハウ島　　で　　　太陽　赤熱の
D7   G   D7 G
Hoʻoheno ʻia nei e ka Naulu
[　　愛撫される　　]　今　によって　　ナウル雨

赤熱の太陽を浴びるニイハウ島の大地

ナウル雨に濡れて愛撫される

D7   G   D7   G
Ulu aʻe ka manao me ka makemake
増える/広がる　　　　　思考　　と　　　　欲求/願望
D7   G   D7   G
E ʻike i ka nani o ke kō lei
[　眺める　]　を　　美しい　の　[　サトウキビ畑　]

思考と欲求は広がる

サトウキビ畑の美しさを眺めよう

D7   G   D7   G
E hoʻoipo ʻala me ka puʻe one
[　愛撫しよう　]　香りよい　で　[　　砂丘　]
D7   G D7   G
I ke kula laula o Halaliʻi
で　　　平野　　広々した　の　　ハラリイ平原

砂丘の上で甘い愛撫を

ハラリイの広々した平野で

D7   G   D7 G
He aliʻi e ka manu mai luna
です　　王様　　よ　　　鳥　　から　空
D7   G   D7   G
Noho i ka malu ulu i ka hāpapa
座る　に　　　木陰　　パンの木　で　　薄い岩礁で覆われた平地

天空から舞い降りる鳥は王様だ

岩礁の平地に育つパンの木の木陰で一休み

D7   G D7   G
Kaunuokalā kau aloha
カウヌオカラー　　貴方の　　　愛情
D7   G   D7   G
Haʻaheo i ka luna o Kawaihoa
誇り高い　　に　　　上方に　の　　カワイホア岬

カウヌオカラーの愛情

カワイホア岬の上に誇り高く

D7   G D7   G
E hea aku au ō mai ʻoe
[　呼びかける　]　私は [　答える　]　貴方は
D7   G   D7   G
Kau ka iwa au i ka mālie
置く　　イヴァ鳥　私は　中で　　静けさ

私は呼びかけます　私の愛に答えて

静けさの中でハンサムな美しさを見る

D7   G   D7   G
Ha'ina 'ia mai ana ka puana   物語は終わります

D7   G   D7   G
Ua nani Kaeo a'e kū nei   カエオ高地は何時も美しい姿を見せている
[何時も美しい]　カエオ　位置語 [立っている]

K

解説‥‥
作詞したのはDavid Wailiula夫人Emily Wailiula。ニイハウ島の著名な作曲家。
Kuana Torresはこの詩にメロディーを付けた。夫人は部外者を受け入れないニイハウ島の聖地について、愛情をもって賛辞を贈っている。18
番まである長いチャントから一部を抜粋してアウアナに編曲した。

Kaha'ealeiakalewa

Words by Mele-Aina Dancil   Music by Kellen Paik

D
Kau kaha'ea i ka lewa
置く　雨が降る様な積雲　に　　空

空一面に雨を宿した積雲

G　　　　　　　　　D
Lewa a'e ka uhiwai
空に浮かぶ　　　　濃い霧

濃い霧が空に浮かぶ

A7　　　　　　　D
He nonohe, ke nānā aku
だ　　魅力的　　　[　眺めれば　　]

眺めれば魅力的だ

G　　A7　　　　D
E hika'a lani ē
[　　天を見る　　]

天を見よう　おー

Hui:

Em　　　　G　　　　D
Kaha'ea lei a ka lewa
雨が降る様な積雲　レイ　　　空に浮かんで

空に浮ぶレイの様な雨雲

Bm　　　　　　　F#m
Kau i ka hana waele
置く　に　　仕事　雑草を抜く

雑草を抜くときに現れて

G　　　　　　　　A7
Palepale nā 'auwai o lalo
撃退する　[　排水溝　]　の　下

下方の排水溝に流れて下さい

D　　G　　　A7　　　D
Aloha nō ka 'āina i ka ua
[　大好きだ　]　土地　を　雨

雨を大地は大好きだ

D
I ke kula o ke aumoe
で　　平原　の　　　真夜中

真夜中の平原で

G　　　　　　　　D
Māhie ka 'alihilani
魅惑的な　　　　天国の縁飾り

天国の飾りつけは魅惑的

A7　　　　　　　D
Kau ka Hoaka i ka mālie
置く　　三日月　　静かな／穏やかな

静かな三日月がぼんやりと輝く

　　　G　　　　　A7　　　D
Me Hi'ilei a Hi'ikua ē
愛をもって子どもを育てる　子どもを肩に乗せる

レイの様に子供を肩に背負って育てよう

K

D
Ala i ka mā‘ama‘ama
目覚める   十分な注意

日の出の光に目覚め

G		D
Kau a‘e a puni ka ‘āina
置く   取り巻いた   土地

雲はレイの様に島を取り囲む

A7		D
Pale mai ka lā, ma ka hikina
[ベールをかける]   太陽   で   東方

東方で太陽がベールをかけている

G		A7		D
Nalohia aku i ka ‘ohu
[見えなくする   ] で   霧

朝霧の下にかくされて…今、日は昇る

解説‥‥

Kaha‘ealeiakalewa＝天国を飾る雨雲は、作曲家／演奏家のKellen Paikが誕生した娘に捧げた名前歌。曲は、娘のKaha‘eaが生まれる前の話だ。ハワイは40日間、雨に恵まれた。雨よ、ありがとう、大地の草木は生き生きと緑が芽生えた。そして今、日は昇る。

♪ジャンル 子供向け

Kahi Pā Waiho Wale
Traditional

F   C7   F
Na wai lā e makemake lā
[誰が] [望んでいる／欲する]
         C7   F
I kahi pā waiho wale
を 場所 敷地 [理由なく去った]
F7   B♭   C7   F
I ke kū kanaka 'ole lā
を 登場 [人の生活なしで]
F   C7
Kāhihi i ka lau nahele
大きくなれる [雑草]

誰が欲しがっているの？

人が住んでいない土地を

人が生活していないで

雑草が一面に生えた土地を

Hui:

F   C7   F
Na nā kama ia makemake
為に [子供達] この 欲しいもの
         C7   F
I kahi pā waiho wale
を 場所 敷地 [理由なく去った]
F7   B♭   C7   F
He waiwai ke loa'a mai lā
です 価値／宝物 [手に入れる]
         C7   F
I ka 'imi i kahi pā waiho wale
探索 を 場所 敷地 [理由なく去った]

子供達が欲しいもの

それは、人が住んでいない空き地

手に入る宝物です

誰もいなくなった空き地を探そう

F   C7   F
Mea ola ko ka lau ulu lā
[住んでいる物] の 葉 成長した
         C7   F
Mea kolo ko ka lepo
物 這う の 地面
F7   B♭   C7   F
He 'ala ko nā mea pua lā
だ 香気 の [花々の]
F   C7
Na wai ke a'o 'ole i laila
[誰が] [学ばない] [そこで]

雑草が生い茂っている場所

地面に這っている雑草

（私達には）甘い花々の香気だ

誰もそこで勉強しないよ

K

解説・・
子供達にとって雑草が生えた空き地は天国だ。空き地は遊び放題、誰もそこで勉強なんかしません。空き地は子供達の天国だ。

Kahi Wahi (Place to Place)

Composed by Nathan Aweau

G   E7 Am   D7
Maluna o ka mō nāna ke kolohe me aʻu
高地 の   森林 彼女の為に   冗談好き 共に 私の

Bm E7 Am   D7
Maloko o ka hale nāna ke aloha me aʻu
中で の   家 彼女によって 愛情 共に 私の

高地の森林で会う彼女は
冗談好きな女性です

家で、彼女は私と愛しあいます

Hui:

F#m B7   Em   A7   D7
Eia lā ʻiʻini o ka naʻau (lā), Ke aloha (eā)
ある   欲望 の   心   愛情

G   E7   Am   D7   G
Me kou kāhulihuli nahenahe, nui ka hanu (lā)
共に あなたの   揺れる   優しい   大きな   呼吸

あなたは、私の心の欲求です
愛です　（ラン）

あなたの柔らかい穏やかな揺れで、
私はため息をつきます　（ラン）

G   E7 Am   D7
I luna o ke kaʻa nāna ke honihoni aʻu
[上で] の   車 彼/彼女によって キッスする 私の

Bm E7 Am   D7
Maluna o ka kahawai nāna ke hoʻauʻau
上で   の   川 彼女によって 入浴させる

車で、彼女は私にキスします

小川で、彼女は私を入浴させます

G   E7 Am   D7
Haʻina ʻia mai ana ka puana lā (eā ʻeā)

物語は終わります　（ランラン）

Bm E7 Am   D7
Hōʻaloha mai kahi wahi ā kahi wahi (eā)
[親しくする] [あちらこちら   ]

あちらこちらで親しみ合う私達の愛
（ラン）

解 説··
なんとも微笑ましい愛の歌。森で家で車で小川で。誰もいないハワイの野山。
実際に見るハワイ諸島の自然の風景に人は存在しない。優しく吹く風と緑に囲まれた山々か、海飛沫が踊る浜辺だ。土地から土地へ、車と
共に愛情は走る。

Kāhiko Kapālama

Composed by Jonah Kahanuola Solatorio

```
C        F  C    F     C
Kāhiko Kapālama i ke aloha
  着飾る     カパーラマ  で    愛情で
C           D7 G7         C
He aloha nui ia e hoʻoheno mau ai
  です   アロハ  大きな [ 深く愛する／永遠に愛する (e+ai 強い意志) ]
```
愛情でカパーラマは着飾っている

永遠に愛情ある偉大なアロハです

```
C           F    C  F        C
He hoʻoheno nō ʻoe e ka ʻŌlauniu
  だ  深く愛する     貴方は よ    オーラウニウ
C            D7  G7       C
Makanai ahe ʻolu o ke ahiahi
  風が吹く  そよ風 穏やかな の    夕暮れ
```
貴方は深く大きな愛情です　カパーラマに吹く
オーラウニウ風よ

夕暮れの穏やかなそよ風が吹く

```
C        F   C  F         C
Ua ao ē ka uka nā pua kamalei
[ 夜が明けた ] おー  高台 [   子供達   ]
C           D7   G7       C
Ua wili ʻia a paʻa ka ʻimi naʻauao
[  織り込まれた ] の  確かな [教養や知識を得ようとする／学問の探求者]
```
高台はハワイ人の子供達に開化をもたらします

学問の探求者として固く織り込まれた知識で

```
C          F  C   F    C
Mahalo ʻia ʻoe e ke aliʻi wahine
  ありがとう [ 貴方へ ] よ [   王女   ]
C           D7  G7       C
E Pauahilani i ka hanohano
  よ  パウアヒラニ  に   栄誉ある／威厳ある
```
ありがとう　パヒヌイ王女よ

栄誉あるパウアヒラニよ

```
C        F   C  F      C
Haʻina ka puana ua lohe ʻia
[  物語は終わります  ] [ 聞かされた話 ]
C           D7   G7       C
Kāhiko Kapālama i ke aloha
```
聞かされた話は終わります

愛情でカパーラマは飾り付ける

K

解説 ·····················
この曲は、カメハメハ・スクールに感謝の念を込めて作詞作曲されている。
カメハメハ・スクールはカメハメハ王家のバーニス・パウアヒ・ビショップ (Bernice Pauahi Bishop) の遺産による財団がハワイ人の子供達
のために設立した名門校。最初はオアフ島のカパーラマに男子校として1887年に設立された。女子校は1894年に始まり、1965年からは男
女共学となった。現在はマウイ島のプカラニ (1996年)、ハワイ島のケアアウ (2001年) にも開校されている。

♪ジャンル　オアフ島

Kahokulani
Composed by Dennis Kamakahi

　　　　　F　　　　　　　　　　　　C7　　　F
Goodbye my darling lei onaona　　　　　　さよなら　僕の恋人、甘い香りのレイ
　さよなら　　　私の　　恋人　　レイ　甘い香り／香気
　　　Bb　　　　　　　　　　　　　F
E hele ana au i ka moku kahiki　　　　　　僕はタヒチに行ってきます
［　行きます　］私は　に　　島　　タヒチ
　F　　　　　　　　　　　　C7　　　　F
Mai 'uwē na'u ke 'olu'olu 'oe　　　　　　僕の為に泣かないで　どうぞよろしくね
〜するな　泣く　私の為に　［　どうぞ貴女よろしく　］
　　Bb　　　　　　　　　　　F
E ho'i hou au i kou leo nahenahe　　　　　僕は再び貴女の優しい声のもとに戻ります
［戻る　］再び　私は　に　貴女の　　声　　優しい

　　Hui:

　　F　　　　　　　　　　　　　　C7　　　F
Fare thee well my true love, mai ho'onē　さよなら　僕の愛する人　心配しないで
　　［　さよなら　］　私の　真実の　愛　〜するな　心配する
　　　Bb　　　　　　　　　　　F
Aloha nō au i kou lehe 'ula'ula　　　　　僕は貴女の真っ赤な唇が大好きです
　［　好きです　］私は　が　貴女の　唇　真っ赤な
　　F　　　　　　　　　　　C7　　　F
Ilaila i ke 'ala o ka pua kehau　　　　　そこに霧の雫に濡れた花が
　　そこに　　香気　の　　花　　霧の雫
　　　　　　Bb　　　　　　C7　　　　F
'O kahokulani i ka noe kokolo　　　　　流れて来る霧、カホクラニ
　　です　　カホクラニ　　　　霧　　這う

　　F　　　　　　　　　　C7　　F
Be still my pu'uwai konikoni　　　　　今まで通り僕の心にときめく貴女
　［　今まで通り　］私の　心　　ときめく
　　　Bb　　　　　　　　　F
E makemake au e 'ike 'oe　　　　　お願い　僕を見つめて
　［　願います　］私は　［　見る　］貴女
　　F　　　　　　　　　　　C7　　　F
E 'ike i ka nani o ka pua mae'ole　　　色あせない貴女の花の様な美しさを眺めたい
　［　見る　］を　　美しい　の　　花　枯れない／色あせない
　Bb　　　　F　　　C7　　F
Ilaila i uka a'o Lanihuli　　　　　そこ、ラニフリの高地で
　そこに　に　高地　の　　ラニフリ

解説・・・
2008年に開催されたKa Himeni名言集競技会で、Louis "Moon" Kauakahi の推薦で演奏された。タヒチに捕鯨船の乗組員として出帆する
若い水夫が、再びホノルルに戻り妻に再会する愛の憧れを歌っている。ラニフリはオアフ島ヌウアヌ渓谷の最高地点。ヌウアヌパリ展望台の
真上に望める。古代ライエに住んでいたモオの名前に由来する。

© by NAUKILO PUBLISHING COMPANY
All rights reserved. Rights for Japan controlled by Little Star Copyright Management

♪ジャンル ハワイ島

Kahua O Mali‘o
Composed by Puakea Nogelmeier

   F   B♭   F
Eia a‘e kahi leo hea
　ある　　この場所　[　招く声　]
        F   B♭   C7
E pa‘ē mai ana i ka lono
[　耳に聞こえる　　　]　が　　　ニュース
      F   B♭
Kono ‘ia nō me ke aloha
[　招待される　　]　共に　　　愛情
        B♭   C7   F
E (le)le‘a pū kākou me Mali‘o
[　楽しもう　]　[　私達皆で　]　共に　　マリオ

ここに招く声が

ニュースが耳に聞こえてくる

私達全員が暖かく招待されている

マリオのおもてなしを皆で楽しもう

        F   B♭   F
Lei ‘o Puna i ka ulu hala
　飾る　　は　　ブナ　で　[　ハラの並木　]
        F   B♭   C7
Me ka ‘ehu pua Hīnano
共に　[　花粉　]　ヒーナノ
       F   B♭
‘Eu mai nā hoa o Hōpoe
[　立ち上がる　]　[　友人達　]　の　　ホーポエ
      B♭   C7   F
Ka wahine hula le‘a i ke kai
　女性　　　踊る　楽しく　で　　海

ハラの並木でプナは飾られる

そしてヒーナノの花の芳しい花粉と共に

ホーポエの友人達は立ち上がり

女性達は海で楽しく踊る

Hui:

      B♭   F
I ‘ane‘i ke kahua o Mali‘o
[　多分　]　　　治世　　の　　マリオ
       A7   Dm
Kahi e walea a nanea ai
　場所　[　楽しんで　]そして　　寛ぐ
      F   C7
E pili ‘oli‘oli nō kākou
[一緒になって]　楽しむ　[　私達の　]

多分　ここからはマリオが支配する地域

楽しんで寛ぐ場所

一緒になって私達の楽しむ場所だ

     F   B♭ F
Kīkīko‘u nō manu
鳥がチュンチュン鳴く　　　鳥
      F   B♭   C7
Ka ‘i‘iwi maka pōlena
　イイヴィ鳥　[　黄金色の目　　]
      F   B♭
Haiamū i kahi i ona ‘ia
　群れる　　場所　[　夢中にさせる　]
     B♭   C7   F
Polo‘ai ‘ia mai i ke kahua
[　招く／呼び出される　　]　に　　有名な領域

鳥がチュンチュン鳴いている

黄金色の目のイイヴィ鳥

夢中になって戯れ

その有名な領域に呼び出される

K

F   B♭   F
Naue like mai e nā hoa
[移動しよう   ] よ [友人達   ]

皆で行きましょう　友達よ

F   B♭   C7
Kipa mai me ka leʻaleʻa
[訪問する   ]   共に   楽しさ

楽しく訪問しよう

F   B♭   F
ʻO ke apo nō o ke aloha
です [円形のもの   ]   の   愛情

愛情の輪の繋がりだ

F   B♭   C7   F
ʻO ia nō ke kahua o Maliʻo
[いつもの通り   ]   有名な領域   の   マリオ

いつもの通りさ　マリオの有名な領域

B♭   F
Maliʻo ē

マリオよ

解説‥‥
マリオはハワイ島コナに住む超自然界の女性（伝説の世界なので悪童のマリオもいる）。何時も音楽を自由に奏で楽しみ、恋をしている。彼女の素晴らしい歌声はパリウリに住む可愛い少女、ライエイカヴァイ、姉のライエロヘロへを魅了し、更にブナで女神ペレの溶岩で石にされたホーポエも復活させたと伝えられる。この曲は若手のコーラス・グループ「Kahua」の為に、有名な作詞家Puakea Nogelmeierが書いた2002年の作品だ。

© by PUAKEA NOGELMEIER MUSIC
All rights reserved. Rights for Japan controlled by Little Star Copyright Management

♪ジャンル　ハワイ島

Kahulilau
Composed by Kuana Torres Kahele

D7　G　　　　　　　　　D
Aia i ka ʻāina aʻo Olowalu
　ある　に　　土地　　の　　オロワル

オロワル地区の土地にあります

D　　　　E7　　　A7　　　D
Ka home hoʻokipa o Kahulilau
　家　　暖かくもてなす　の　　カフリラウ

カフリラウの暖かくもてなす家は

D7　　　G　　　　　　　　　　D
Ōhāhā ka ulu ʻana o ka　ʻāpiʻi
繁殖する　増加　　　の　Piko グループの色々のタロイモ

タロ芋アーピイは繁殖します

D　　　　E7　　　A7　　　D
I ka wai huʻihuʻi koni i ka ʻili
で　　水　　冷たい　　痛み　を　　肌

肌を刺す様な冷たい水で

D7　　G　　　　　　　D
Ke piʻi nei ka manaʻo aloha
[　内陸に進んで行く　]　　思考／願望　　愛

愛情ある考えが浮かんできます

D　　　　E7　　　A7　　　D
No ka makani Māewalaukalo
為に　　　風　　　マーエワラウカロ

マーエワラウカロ風で

D7　　　G　　　　　　　D
ʻO ka ʻauwai nani aʻo Wailoa
です　　　溝　　美しい　　の　　ワイロア

ワイロアの美しい水路

D　　　E7　　　A7　　　D
Kahi aʻu i ʻau ai i nā lā ʻōpio
場所　私の　[　泳いだ　]　に　[　日々　]　少年

私の少年時代に泳いだ場所です

D7　　　G　　　　　　　D
Ua pulu i ka ua Waʻawaʻahia
[　濡らした　]　が　　雨　　ワアワアヒア

ワアワアヒア雨が濡らした

D　　　E7　　　A7　　　D
Ka uluwehiwehi o Kamakakihi
青々と緑に茂る草木　　の　　カマカキヒ

カマカキヒの青々と繁る緑の草木

D7　　G　　　　　　　D
Haʻina ʻia mai ana ka puana

物語は終わります

D　　　E7　　　A7　　　D
ʻO Kahulilau ka nani aʻo Olowalu
は　　カフリラウ　　栄光　の　　オロワル

カフリラウはオロワルの栄光です

解説 ···
クアナ・トレス・カヘレはハワイ島オロワル地区にある景勝の地ワイピオ渓谷の自宅の土地の為に書いた。カフリラウには元々農家のカヘレ
とケリイワアヌイ家族の土地がある。美しい渓谷と古い農家の家から眺めた景色を歌った楽しい曲は、ハワイ民謡伝統の形式で作曲されて
いる。

Kai Holu

Words by Kellen Paik　Music by Louis "Moon" Kauakahi

C　　　　　　　　　　F
Ke imi hele i pu'uhonua lā
~すれば［ 捜しに行く ］ を 避難所／平穏で安全な場所
　　　　　　安全な場所を探すなら

C　　　　　　　　　　　　　　G7
E ho'olono mai i ka hoene o ke kai
［ 耳を傾ける ］ に 心地よい響き の 海
　　　　　　海の心地よい響きを聞いて下さい

F　　　　　　　　　　　　　C
Hali 'ia mai ke kono i ka Moa'e
［ 運ばれて来る ］ 誘い で モアエ風
　　　　　　モアエ風に誘われ運ばれて来る

　　　G7　　　　　　　　　　　C
Ka 'ehu'ehu o ke kai holu lā 'ea
飛沫 の 海 さざ波が立つ
　　　　　　さざ波が立つ海の飛沫の

F　　　　　　　　　　　　C
O ke kai e holu mai ana i ke kino
です 海 ［ さざ波で揺れる ］ が 体
　　　　　　さざ波で体が揺れる海です

　　　G7　　　　　　F C
Ka i ho'ola'i ai ka mana'o
［～をした人］穏やかにさせる 思考
　　　　　　思考を穏やかにさせる人 (Ka i = Ka mea i)

C　　　　　　　　　　　F
lā 'oe nō a hiki i ke one lā
［ 貴方に ］ 到着する に 海岸
　　　　　　貴方が海岸に到着すると

C　　　　　　　　　　　　　G7
Kahi hele mau i ka wā kamali'i
場所 行く 常に に 時代 小さい子供
　　　　　　場所は幼い頃良く行った場所です

F　　　　　　　　　　　　　　C
He wahi punahele nō paha iā nou
です 場所 お気に入り 多分 ［ 貴方の為に ］
　　　　　　きっと貴方が大好きな場所です

　　　G7　　　　　　　　　　C
E lu'u aku i ke kai holu lā 'ea
［ 水中に飛び込もう ］ に 海 さざ波が揺れる エアー
　　　　　　さざ波に揺れる海に飛び込みましょう

F　　　　　　　　　　　　C
O ke kai e holu mai ana i ke kino
の 海 ［ さざ波が揺れている ］ に 体
　　　　　　さざ波で体が揺れる海です

　　　G7　　　　　　F C
Ka i ho'ola'i ai ka mana'o
［～をした人］穏やかにさせる 思考
　　　　　　思考を穏やかにさせる人 (Ka i = Ka mea i)

         C   F
E hoʻomaha iki i ke kaʻina o ke ola
[休息を取る   ] 少し で   指示／従事 の   生命

生命の動きに従って少し休みましょう

         C   G7
Mai lanaau naʻe i ka piʻina kai lā
するな 漂う／彷徨う 更に で   上昇   海

海が盛り上がっても当てもなく彷徨わないで

         F   C
Kuʻu aku kau e haʻawe wale ai
[離す／自由にする] [荷物を背中に持って運ぶ   ]

あなたが背中に背負い込んでいる負担を離し

         G7   C
A waiho wale ia i ke kai holu lā ʻea
そして [置いて行く／放置する] に 海 さざ波が立つ   エアー

そして海のさざ波に負担を置き去りにして下さい

         F   C
O ke kai e holu mai ana i ke kino
 の   海 [さざ波が立っている   ] に   体

さざ波で体が揺れる海です

         G7   F C
Ka i hoʻolaʻi ai ka manaʻo
[〜をした人] 穏やかにさせる   思考

思考を穏やかにさせる人 (Ka i = Ka mea i)

解 説‥‥‥
KūpaoaのKellen Paikが作詞、有名なマカハ・サンズの歌手／ギターリストのLouis "Moon" Kauakahiが作曲した。Moonは生命を大切にしようという詞に対し「バイク、ありがとう、アロハ！」と語っている。海はあなた自身の問題を浄化し、切り離して漂わす。心を静めて体の回りに打ち寄せる海に思いを寄せれば全てが新鮮になり、モアエ風が新しい思いを運んで来るだろう。

♪ジャンル　王族

Ka'iulani
Composed by Ida H.Malabey

C　　　　　　　　F　　　C
He nani e ka pua a'o ka 'Ilima
　だ　美しい　　　　花　　の　　イリマ

イリマの花は美しい

Am　　Dm　　　　G7　　　F　C
Ka hoapili kohu a'o ka Lehua
　親友　　相応しい　　の　　　レフア

レフアの花に相応しいお友達

C　　　　　　F　　　　C
Ku'u pine kalāunu kau umauma
　私の　　ピン　　王冠　　置く　　胸

私の王冠のピンを胸に付けました

Am　　Dm　　　　G7　　　F　C
I pine pa'a 'ia ka pu'uwai
　ピン　　　［ 固着させた ］　　心

しっかりと私の心にピンで留められます

C　　　　　　F　　　C
Kō kapa 'ahu'ula hulu melemele
貴女の　　ケープ　羽で作ったマント　羽　　　黄色

貴女の羽で作ったケープは黄金色です

Am　　Dm　　　　G7　　　F　C
Ka lei kaimana o 'Āinahau
　レイ　　ダイアモンド　　の　　アーイナハウ

（貴女は）アーイナハウのダイアモンドのレイです

C　　　　　F　　　C
He lei momi 'oe na ka lāhui
　だ　レイ　真珠　貴女　為の　　　民族/国民

ハワイ民族のための貴女は真珠のレイです

Am　　Dm　　　G7　　　F　C
A Hawai'i e hi'ipoi nei
そして　　ハワイ　　［　愛しましょう　］

そしてハワイを心から愛しましょう

C　　　　　　F　　　C
Ha'ina 'ia mai ana ka puana

物語は終わります

Am Dm　　　G7　　　F　C
Kalaninuiahilapalapa

カラニヌイアヒラパラパ

解説‥‥
ハワイ王朝最後の王位継承者（105代目）であったカイウラニは1875年、ハワイ7代国王カラーカウア王の姪として生まれた。母は王の妹リ
ケリケ王女。今のカイウラニ・ホテルは、昔、アーイナホウと呼ばれ、彼女の生家だった。
1889年、13歳から、カラーカウア王の指示で、父のクレグホーン同行でイギリスの女子寄宿学校に留学。留学中にカラーカウア王は死去
し、王の妹（カイウラニの叔母）のリリウオカラニから王位継承権第1位を指名されるが、1897年11月、王朝が滅亡。彼女も1899年、友人の
結婚式に出かけた際に風邪をこじらせ、23歳の若さで死去した。

♪ジャンル ハワイ島

Kalaekilohana Kīnohinohi
Composed by Manu Boyd

G
No Kalaekilohana   kīnohinohi
為に   カラエキロハナ   更紗の様に模様を着けた／飾り付けた
D7
I ka hui lei hulu kupaianaha
接合 レイ 羽   驚くべき／信じられない
C   G
'Anapa kukui 'ōlinolino
光り輝く 灯り 光り輝く／まぶしい
D7   G
Maika'i ka hoene a ka hinihini
良い／満足で 心地よい響き の ランド・シェル

見事に飾り付けたカラエキロハナの為に

驚く程、羽のレイで飾り付けられた

灯台の煌めく光はハワイ島南端の町カウーの
空に灯火を点しました

ランド・シェルの心地よい鳴き声が心地よい

G
Malihini ka nohona a he   luakaha
習慣に慣れない   所在地 の だ（誰もが行きたくなる様な場所の）
D7   楽しい（時）
Ka puīa līlia no Pāhala
香気が充満した 百合 の パーハラ
C   D
Hālāwai ka moani me Wai'ōhinu
会う   風に漂う香り 共に ワイオーヒヌ
D7   G
I noho a kupa i ka ua Hā'ao
留まる そして 良く知る   雨 ハーアオ

そのような素晴らしい場所に私は慣れていません

パーハラの百合の香りが充満し

ワイオーヒヌの風に漂う甘い香り

ハーアオ雨を良く知るのに充分滞在した

Hui:

C   D7   G
'Ike 'ia Palahemo, 'ike 'ia Ka'ū
[見られる]   パラヘモ [見られる] カウー町

名所パラヘモを見て　カウー町を見て

G
Ua ao ka hikina i ka wena
[夜が明けた] 東方 に 朝焼けの輝き
D7
Ahuwale ka helena o Pi'imauna
顕著な／著名な   外観／出演 の ピイマウナ
C   G
Mau ana e ke ani o Honu'apo
[常に／不変] よ 差し招く の ホヌアポ
D7   G
'Ike i ke kai 'ehu o Punalu'u
見る を 海 飛沫 の プナルウ

朝焼けの輝きで東の方から夜が明けた

ピイマウナの鮮明な眺め

ホヌアポの手招きは何時もの通り

プナルウ海岸の海の飛沫を見て

G
Luhea ka Lehua o Kapāpala
しおれる／うなだれる　　　　レフア　　　の　　　　カパーパラ

カパーパラのレフアの花は冷気の中でうな垂れています

D7
Uhiwai palanehe no Kīlauea
濃い霧　　音も無く／静かに　～から　キーラウエア

キーラウエア火山から濃い霧が音も無く降りてきます

G　　　　　　　　　　　D
Eia ka puana i lohe 'ia
ある　　　　主題　　に　[　聞く　]

聞くテーマはここにあります

D7　　　　　　　　　　　　　　　　　G
No Kalaekilohana　　　Kīnohinohi
為に　　　　カラエキロハナ　　　更紗の様に模様を着けた／飾り付けた

見事に飾り付けたカラエキロハナの為に

Ending:

C　　　　　　　　　　　G
Ho'oheno ke aloha no ke 'a'ali'i
愛撫する　　　　　愛情　　為に　　アアリイ

アアリイの花を心から愛撫します

D7
No ka hui lei hulu kau i ka wēkiu
為に　　接合　レイ　羽　　置く　に　　　最高

驚く程、羽のレイで飾り付けられた

(Hui)

K

解説・・
ハワイ島最南端のカウー町（アメリカ合衆国で最南端の場所）の夕暮れにヒニヒニ陸貝が鳴き、休みを取って憩う私達に灯台は灯を点し、夕日がキラキラ輝いています。カラエキロハナ（タパ布を重ねた様な美しい岬の意味）、カウー町で楽しいクリスマスの一時を過ごし、夜が明ければ美しい日の出を迎えます。

© 2012 by TuneCore Publishing.
All rights reserved. Used by permission.
Print rights for Japan administered by TuneCore Japan KK

Kalama
Composed by Dennis D.K.Kamakahi

D
Auhea wale ʻoe e kanaka maoli
　[　どこにいるのですか　]　貴方　よ　[　本当の／土着のハワイ人　]

どこにいるのですか　本当のハワイ人は

D
Ke aliʻi kaulana o nā ʻilikini？ (×2)
　　酋長　　有名な　　　　　インディアン

インディアンの有名な　酋長

　　Hui:

C
E nana, e nana.　E nana, e nana.
　[　　見ろ　]

見ろ　見ろ

C
E nana, e nana.　E nana, e nana.

C　　　　　　　　D
E nana, e nana, E....

D
Mai Hawaiʻi loa a Wakinekona
　から　[　　ハワイロア　]　へ　　ワシントン

ハワイからワシントンへ来ました

D
Hoʻokele aku ʻoia i ka hikina (repeat)
[　　航海していく　]　彼は　　　　東へ

彼は東へ航海して

D
Elua maua i ke aloha
　二つ　私達は　の中に　　恋

私達は二人とも恋をしています

D
Kaikamahine o ke aliʻi ʻillikini (repeat)
　　娘　　の　　酋長　インディアン

彼女はインディアンの酋長の娘です

D
Naue aku lākou i ka piko o ka ʻāina
[　引っ越してくる　]　彼等は　に　　中心　の　　土地

彼らは土地の中心に引っ越しました

D
Noho ana i ka laʻi o Wai Kolumia
[　定住する　]　に　　静かな　[　コロンビア川　]

コロンビア川の静けさの中に定住です

D
Haʻina ʻia mai ana ka puan

物語は終わります

D
Kalama ke aliʻi o na ʻilikini
　カラマ　　　酋長　　　インディアン

カラマはインディアンの酋長になりました

解説‥‥

この曲は非常に珍しい曲で、解説がないと全く意味が通じないロック・ナンバー。お話は1860年代のこと。ハワイからハワイ人のJohn Kalama という男性がアメリカ合衆国ワシントン州にあるHudson's Bay Companyに就職した。やがて彼はニズクオリー族の酋長の娘と親しくなり結婚した。年月を経て彼は義父の後を継いで酋長になったという実話を基にして作曲された歌だ。デニス・カマカヒはハワイ民謡の歌手、作詞作曲の大家。この様な曲を作るとは考えることも出来なかった。

♪ジャンル ハワイ島

Kalapana I Ka Wā Kahiko
Comopsed by G-girl Keli'iho'omalu

F
I ka wā kahiko
に　　　時代　　古い
昔々

B♭　　　　　　　F
He nani o Kalapana
だ　　美しい　　の　　カラパナ海岸
カラパナ海岸はとても美しい

F
'Ike 'oe nā wahi āpau
見る　貴方は ［　彼方此方全て　］
貴方は彼方此方全てを見る

C7　　　　　　F
Ma'ema'e loa
魅惑的な　　　とても
とても魅惑的な

B♭　　　　　　F
He nani mau loa
です　美しい ［　永遠に ］
永遠の美しさ

C7　　　F
No Kalapana
の　　カラパナ海岸
カラパナ海岸の

F
Waiakolea
ワイアコレア

B♭　　　　　F
He loko 'au'au
です　　中で　　泳ぐ
子供達が泳ぐ池

F
Ia wai kaulana
この　　水　　有名な
有名なこの池

C7　　　　　　F
No ka po'e kama'āina
為の　　　　人々　　土地っ子
土地っ子の人々の為に

B♭　　　　F
E ka lā loa
よ ［　長い日々＝昔から ］
昔から

C7　　　　　F
Nui ka le'ale'a
とても　　　　楽しみ
楽しまれていました

F
E ka lā kahiko
よ　　　日　　昔の
昔のある日の

B♭　　　　　　F
'Ia wehi kaulana
［　飾られた ］　有名な
飾りつけは有名です

F
No Kalapana
の　　カラパナ
カラパナの

C7　　　　　　　　　F
Ho'okipa o ka malihini
親切にもてなす　の　　　旅人
旅人を親切にもてなします

B♭　　　F
Ka niu moe
ヤシの木　眠る
眠るヤシの木

C7　　　　F
O Queen Emma
の　　　王女　　エマ
エマ王女の

F
Ha'ina ku'u mele
<small>告げる　私の　　歌</small>

私の歌は告げます

B♭　　　　　F
No Kalapana

カラパナの

F
I ka wā kahiko

昔々

C7　　　　　F
Ma'ema'e loa

とても魅惑的な

B♭　　　　　　　F
He nani mau loa

永遠の美しさ

C7　　F
O kalapana

カラパナの

K

解説･･･
この美しいプナ地区の黒砂海岸は1990年に爆発したハレマウマウ火山の溶岩流に呑みこまれ、姿を消した。死者は出なかったが182軒の
家が消失、人々はペレの望みでは逆らえないと村を去った。ハイウェイも破壊され、コナからヒロに向かう道路もコースを変更した。

♪ジャンル モロカイ島 ハパハオレ

Kalaupapa
Composed by Ulu Oana

F　　　　　F7
At the end of the pali　　　　　崖の彼方に

　　　B♭　　　D7　　　G7
There's land so few ever know　　　人々に殆ど知られていない土地があります

　　　Gm7　　　C7
It's the end of the rainbow　　　それは虹の彼方です

　　　F　　C7
Kalaupapa　　　カラウパパ

　　　F　　　　　F7
There the angels will guide you　　　ここでは天使が案内するでしょう

　　　B♭　　　D7　　　G7
Through their mountain,Valleys and sea　　　山と渓谷と海で

　　　Gm7　　　C7
It's a Heaven on earth　　　そこは地上の天国です

　　　F
Kalaupapa　　　カラウパパ

　　　B♭　　　　B♭m
My Kalaupapa cries to you　　　私のカラウパパは貴方に哀訴します

F　　　C7　F
Mai poina 'ole ia'u　　　私を忘れないで
[　　忘れない　　]　私を
G7
Remenber us return to us　　　私達を憶えていて！　私達は帰ります

Gm7　　　　C7
E ho'i mai e pili　　　一緒に帰りましょう
[　帰りましょう　]　　一緒

272

Fare thee well [F]

旅をしましょう

My Kalaupapa [F7]

私のカラウパパ

In my heart you will always be [B♭] [D7] [G7]

私の心の中に貴方は永遠にいるでしょう

All the gold in the world [Gm7] [C7]

貴方は世界の黄金です

At the rainbow's end [E♭7] [D7]

虹の彼方に

Kalaupapa, home i ka pu'uwai [B♭] [C7] [F]
カラウパパ　　　　家　　　　　心

カラウパパ　私の心の故郷です

K

解 説・・

ハワイ諸島のモロカイ島、カラウパパ半島の先端にハンセン氏病患者の施設があった。カメハメハ5世統治の時代（1863～1872）に設立され1969年まで患者は隔離された。デミアン神父の献身的な奉仕で患者は平和な生活を取り戻したと伝えられている。標高600メートルの断崖に囲まれた地区は完全に隔離され、神秘的な美しさと悲しみを現在に伝え、魂を救った多くの教会が建つ。現在はKalaupapa National Historical Parkとして保存されている。

Kama'alua
Words by Kalikolīhau Paik　Music by Kellen Paik

C
Pipi'o maila ka ānuenue
弓形になる　あそこに　　　虹
C
Nā pūlo'u kuakini kau i luna
[　頭を覆うもの　]　無数の　　置く　[　上に　]
F　　　　　　C　　F　　　　　C
Kama'alua iho au i ke 'alo o ka lani
[　良く知っている　]　私は　を　　　存在　の　　　天国
F　　　　C　　　　G7　C
Ma o ka haka 'ula a kāne
[〜の為に]　　人が乗る壇　赤色　の　カーネ神

弓形の虹が懸かっています

空に架かる無数の虹の橋

私は天国の存在を良く知っています

カーネ神の赤い橋の為に

C
Kaulele a'e nā manu kīkaha
飛行する　方向語　[　鳥達　]　舞い上がる
C
Pūlana i ka makani niniau
浮く　で　　風　　ゆっくり動く
F　　　　　　C　　F　　　　　C
Kama'alua iho au i ke au o ka lani
[　良く知っている　]　私は　を　　潮流　の　　天国
F　　　　C　　　　G7　C
Ma o Halulu e kālewa nei
[〜の為に]　ハルル鳥　[　風によって移動する　]

舞い上がり鳥達は飛んで行きます

ゆっくり吹く風に浮かんで

私は天国の流れを良く知っています

風で飛んで行くハルル鳥の為に

C
'Ōlapalapa ka uwila mākēhā
稲妻が光る　　　電気　フラッシュに光る事
C
Me ka hekili, nākolo i ka 'āina
共に　　雷　　ゴロゴロ云う　に　土地／地球
F　　　　　　C　　F　　　　　C
Kama'alua iho au i ka nui o ka lani
[　良く知っている　]　私は　を　　偉大さ　の　　天国
F　　　　C　　　　G7　　C
Ma o ka hana kupanaha kau keha
[〜の為に]　　仕事　驚くべき　載せる　高さ

天国の炎の様に輝く稲妻

地球にゴロゴロと雷がこだまする

私達は天国の偉大さを良く知っています

上空での驚くべき出来事の為に

C
Hānau ke kūmo'o i ke kumulipo
生まれる　　　チーフまたは聖職者の血統　　　生命の源
C
E ola nā iwi o nā kūpuna
[生き続ける]　[　骨　]　の　[　祖先達　]
F　　　　　　C　　F　　　　　C
Kama'alua iho au i ke awe o ke ēwe
[　良く知っている　]　私は　を　　航跡　の　　血縁関係／一族の特徴
F　　　　C　　　　G7　　C
Ma o ke kaula hāwele i ku'u piko
[〜の為に]　　紐　結びつける　で　私の　へその緒

生命の源は聖職者から伝わり

祖先の骨は生き続けます

私は、家系の航跡をよく知っています

私のへその緒で（祖先と）結びつける紐の為に

解説
若い夫婦のデュオ Kūpaoa が親友のPatric Landezaの為に書いた曲。タイトルのKama'aluaは2011年に発売された彼のCDの為にDennis
D.K. Kamakahi が付けた名前だ。彼はスラック・キー・ギターの奏者でカルフォルニアのバークレイ音楽学校を卒業した。ハワイ人の歴史を
探求する事に生涯を捧げ、自身の多くの先祖の名前を捜し、歴史を求めて旅をする。その努力に対しこの曲は作曲された。

♪ジャンル オアフ島

Kāmakahala
Traditional

F   C7   F
Aia lā i ka pua o ke Kāmakahala　　　　花があります　カーマカハラの
　あ　　　が　　　花　　の　　　カーマカハラ

F   B♭
E noho mai lā i Nuʻuanu　　　　　　　　　ヌウアヌ渓谷に自生しています
[　とどまる　　]　に　ヌウアヌ

C7   F
E walea ana paha ka wahine hele lā　　　楽しんでいるのでしょう
[　楽しんでいる　]　多分　　　女性　歩いて来る 日差し　　　日差しの中を歩いてくる女性は

C7   F
I ke kuʻi pua lei ʻĀhihi　　　　　　　　　アーヒヒ・レフアのレイを編んで
　　編む　　花　レイ　アーヒヒ

Hui:

　　　　B♭   F
A he mea mau nō i ke kanaka　　　　　　　　そして人にとって大切な物は
そして　だ　[　とても大切な物　]　に　　　人

　　　　G7   C7
ʻO ka ʻono wale aku nō　　　　　　　　　　　とても美味しい食べ物です
です　[　　とても美味　　]

　　　　F   C7   F
I ka iʻa nui e māʻalo i kuʻu maka　　　私の目の前を通り過ぎて行く大きな魚
が　　魚　大きな　[　脇を通過する　]　私の　　目

　　C7   F
ʻAʻole paha iā ʻoe ia wahi ē　　　　　　　それは多分　貴方の知った事ではありません
ない　　多分　[　貴方に　]　この　　場所

F   C7   F
Lihaliha i ka makahawai o uka　　　　　　　湿っぽい高地の成長した植物に圧倒される
圧倒される　に　　　湿地の成長物　　の　高地

F   B♭
E noho mai lā i ka nahele　　　　　　　　　森の中に繁殖して
[　存在している　]　　森

C7   F
Kīkepa ka ʻohu i nā pali　　　　　　　　　　絶壁を霧が滑らかに進んで行く
滑らかに流れる　　霧　を　[　絶壁　]　　　　　　　（女性がタパを纏うように）

　　　C7   F
Ka noe ua Kūkalahale　　　　　　　　　　　　クーカラハレ霧雨
[　　霧雨　]　　クーカラハレ

K

解説・・

軽快なコミック・ソングでLP盤から復刻された「This Is Bill Kaiwa」というCDに収録されている。ハワイ語からの翻訳は著名なメアリー・カ
ヴェナ・プクイ女史が書いている。二人は有名な「Laupāhoehoe Hula」を津波で命を失った子供達の為に書き、ハワイでヒット・チューンに
なった。
Kāmakahala　自国の森に繁殖する全ての灌木、そこで繁殖するオレンジ色の花は王様のレイに使われたという。

♪ジャンル 　カウアイ島

Kamakahikilani
Composed by Kuana Torres Kahele

A　　　　　　　　D
'Upu hou mai ke aloha
[　　望む／思い焦がれる　　]　　愛

　　　　E7　　　　　　D A
I ka beauty lā o ka nahele
に　　美しさ　　　の　　　森

F#m　　　　　　Bm　　　　G　　E7
Kahi o nā pua 'a'ala kaluhea
場所(ka wahi) の [　花々　]　香り良い　　香り

愛おしさを思い出します

森の美しさへの

香り良い花々の咲く場所

A　　　　　　　　D
Lehua mai nei nā lā'au
レフア　　　　　[　木々／森　]

　　　　E7　　　　　　D A
Lehua ho'i me ke aloha
レフア　　　(強意)　共に　　愛

F#m　　　　　　Bm　　　　G　　E7
Kū a'e nei kahi pua lā i luna
立つ　今　　場所　花　[　上に　]

森にはレフアの花が咲き（注、解説）

愛と共にレフアの花は（注、解説）

空高く花は咲き誇っています

Hui:

　　　　A　　　　　　D
lā 'oe, ē ka lei anuhea
[　貴女に　]　よ　　　レイ 涼しい心地よい香り

　　　　　E7　　　　　　D A
Ku'u lei, kamakahikilani
私の　　レイ　　　カマカヒキラニ

A　　　　　　　　　D
'O ka hano o kahelelani
です　　華やか　　の　　カヘレラニ

　　　　　　　A　E7　　　　A
Ku'u lei ia, kau keha ē
私の　　レイ この　置く　誇り高く

貴女へ　心地よく香るレイ

私のレイ　カマカヒキラニ（クアナの義母）

カヘレラニの華やかさ

私のレイです　誇り高く飾り付けます

A　　　　　　　　D
Līhau mai nei 'oe
[　清々しくなった　]　貴女は

E7　　　　　　D A
I ka ua Nāulu
で　　雨　ナーウル

F#m　　　　　　Bm　　　　　G　　E7
I ke aheahe 'olu'olu a ka Moeāhua
で　　静かに吹く風　爽やかに　の　　モエアーフア

貴女は美しくなりました

ナーウル雨に濡れ

爽やかな静かに吹くモエアーフア風で

　　　　A　　　　　　　　　　D
Puana nei i ka haʻina　　　　　　　　　物語を告げます
　[　　主題を告げる　]　　　　　告知
E7　　　　　　　　　　　D　　A
A ka pua pili i ka poli　　　　　　　　私の胸を飾る花に寄り添って
そして　　　　花　寄り添って に　　　胸
F#m　　　　　　　　　Bm　　　　　　G　　E7
Kuʻu lei kau kehakeha mai i luna　　　誇り高く飾る私の最愛のレイです
　私の　　レイ　置く　　　誇り高く　　　[　　上に　]

解 説···
クアナ・トレスが義母, Annie Kamakahikilani Kelley Kanaheleに贈った曲。
彼女はニイハウ島で生まれ育ち、現在はカウアイ島に住んでいる。彼女が花盛りの美しい花々を如何に愛していたかを歌っている。
2番のLehuaは、Lehuと兼ねたオシャレな言い方で、CDには「溢れている／折り重なっている」と訳され「木々が沢山茂り、愛情が一杯だ」
となっている。

♪ジャンル　カウアイ島

Kamanookalanipō
Composed by Abbie Palea

F　　　D7　　　　G7
Moani ke ‘ala o ka laua‘e
[　風に漂う香気　]　の　　ラウアエシダ
C7　　　　　　　　　F
I ka poli kaulana o Makana
に　　　胸　　有名な　　の　　マカナ
D7　　　G7　　　　C7
Kilohi i ka nani o Wai‘ale‘ale
眺める　を　　美しい　の　　ワイアレアレ山
C7　　　　　　F
Kamanookalanipō
カマノオカラニポー

風に漂うラウアエシダの香気

マカナの有名な胸の内に

ワイアレアレ山の美しさを眺めます

マノオカラニポー首長

F　　　　D7　　　　G7
Ho‘ohihi ka mana‘o ke ‘ike aku
もつれさせた　　思考　[　見れば　]
C7　　　　　　　　F
I ka nani o ka pua Mokihana
に　　美しい　の　花　モキハナ
D7　　　G7　　　C7
Ke ‘ala ho‘oheno a ka malihini
香気　　愛される　の　　旅人
C7　　　　　F
Kīhapai pua ua kaulana
小さな陸地　花が咲く [　有名です　]

眺めれば思いは魅了されます

モキハナの美しさに

訪問客の心から愛される香り

ガーデン・アイランドとして良く知られています

F　　　　D7　　　G7
Ahe nani Kaua‘i i ka mālie
微風が吹く　美しい　カウアイ島　穏やか
C7　　　　　　F
Kū kilakila i ka pae ‘ōpua
立つ　威厳を持って　　集団　雲
D7　　　　G7　　　C7
‘Akahi ho‘i au a ‘ike i ka nani
[　初めてです　] 私は　を　見る　中に　美しさ
C7　　　　　　　　F
Ke kau o ka ‘ohu ai i Hā‘upu
[　置けば　] の　　　霧　　を　ハーウプ山

穏やかな美しいカウアイ島にそよ風は吹き

荘厳な雲が積み重なって現れます

初めて私は初めてこの美しさを見ます

ハーウプ山を雲が覆って行きます

F　　　　D7　　　　G7
Ua ‘ohu i ka wehi o ka Mokihana
[　霧が降りた　] に　　飾り　の　　モキハナ
C7　　　　　　F
Me ka nani kaulana poina ‘ole
共に　　美しい　　有名な　[　忘れられない　]
D7　　　G7　　　C7
Ha‘ina ka inoa, ua lohe ‘ia
告げる　名前　[　聞かされる　]
C7　　　　　F
Kamanookalanipō
カマノオカラニポー

モキハナのコートの様に霧が覆った

良く知られた美しさ　私は忘れられない

名前を告げます　聞こえる様に

マノオカラニポー首長

Dm   A7   Dm
Manookalanipō, aloha Kauaʻi
　　マノオカラニポー　　　愛する　　　カウアイ島

Dm   A7   Dm
Nani ʻo Hanalei me ka loloku
　美しい　は　　ハナレイ　共に　　　土砂降りの雨

Gm   Dm   A7   Dm
ʻO Nāmolokama me ka wailele
　です　　　ナーモロカマ　　共に　　　滝

Gm   Dm   A7   Dm
ʻO ka Mokihana, he nani maoli nō
　です　　　モキハナ　　　です　美しい　[　　本当に　　]

首長　マノオカラニポー　愛するカウアイ島

ハナレイは土砂降りの雨と共に美しく

その滝と共にナーモロカマはあります

モキハナ　そして本当に美しいカウアイ島

解説··
この曲は1940年頃の作品。作曲家アビイ・パレア女史の夫が初めてカウアイ島を訪問した時、善政を施した1500年代のカマノオカラニ
ポー首長の存在を聞き、その栄誉を称え、夫人が作曲したといわれる。近年クムフラのカウイ・ズッターマイスターがレパートリーに取り上げ、
ナー・パラパライのCD「Haʻa」で紹介された。

♪ジャンル　ハワイ島

Kanaka Mahiʻai
Composed by Jean Keala Bernianina

C
Hanohano i ka uka o Holualoa   C7 F
　誉れ高い　　　に　　　丘

G7　　　　　　　C
Ma ka lani kiʻekiʻe
　で　　空　　高い

F　　G7　　　C
Ma Hawaiʻi nei
　で　ハワイ島　ここ

ホルアロアの丘の誉れある

高い高い空の下

ここハワイ島で

C
Kuʻu home pua kope
　私の　家　花　コーヒー

C7　　　　　　F
E nani e nani nō
［　美しく　］　　　とても

G7　　　　　　　C
Home Aloha o ka malihini
家　　愛　の　　旅人

F　　　G7　C
A ʻanoʻai ē
そして　ご挨拶

私の家のコーヒーの花

美しく　とても美しく

旅人の愛する家に

ご挨拶しよう

C
Mahalo ʻiā ʻoe
　ありがとう　に　貴方

C7　　　　F
E ke Akua
よ　　神様

G7　　　　　C
Ma kalani kiʻekiʻe
　で　天国　　高い

F　　G7　　C
Ma Hawaiʻi nei
　で　ハワイ島　ここ

ありがとう　貴方

そして神様

高い高い天国の

ここハワイ島で

K

C
E ō mai ʻoe
[答えてください]　　貴方

答えてください

C7　　　　　　　F
Me ke aloha
共に　　　　　　愛情

愛を込めて

G7　　　　　　　　　　C
ʻO Kāwika....Kanaka Mahina
　　カーヴィカ　　[　　耕作する人　　]

カーヴィカさん　コーヒーの耕作者

F　　G7　　C
He inoa ē

名前です　おー

F　　G7　　C　　F　　G7　　C
He inoa ē....He inoa ē....

名前です　おー…　名前です　おー…

F　　G7　　C
He inoa ē....

名前です　おー…

K

解説‥‥‥

毎年ハワイ島のコナで、有名なコナ・コーヒーの耕作を祝って、フェスティバルが開かれる。この曲は2010年のKona's Coffee Tradition and Cultural Heritageで発売されたCD「Kona」から選曲した。曲はPoniと'Ileiの二人が天国に行く前にお祭りを見に行こうと出かけ、Pleasant Hawaiian Coffee Farm of David and Trudy Batermanを訪問した時の思い出を書いた曲だ。このCDに「Kona Bushi」という曲があり、1920年ごろから日系人の間で歌われてる音頭があるのに驚いた。

281

♪ジャンル　ハワイ島

Kanaka Waiolina
Composed by Rev.Dennis D.K.Kamakahi

C
Hele māua i ke ala kuaehu lā
行く　私達二人は　を　道　淋しい／静かな
　　　　　　　　　　　　　　　　　　　　　　私達二人は淋しい道を歩きます

C
Mai Kohala a Kukuiha'ele lā
から　コハラ　へ　ククイハエレ
　　　　　　　　　　　　　　　　　　　　　　コハラからククイハエレまで

G7　　　　　　　　C
'Imi māua i ka kāne
探す　私達二人は　を　男
　　　　　　　　　　　　　　　　　　　　　　私達は男を探しています

G7　　　　　　　C
Noho 'ana i ka mālie
住んでいる　に　穏やかに
　　　　　　　　　　　　　　　　　　　　　　静かに暮らしている

Hui:

C
Kaulana 'oe ē Kanaka Waiolina lā
有名な　貴方　よ　人　バイオリン
　　　　　　　　　　　　　　　　　　　　　　この人はとても有名なバイオリン弾きです

C
Mahalo mākou i kou aloha
賞賛／感謝する　私達は　に　貴方の　愛情
　　　　　　　　　　　　　　　　　　　　　　私達は貴方の愛情を賞賛しています

G7　　　　　　　　C
No Waipi'o i ka noe
の　ワイピオ　中の　霧
　　　　　　　　　　　　　　　　　　　　　　霧の中のワイピオの

G7　　　　　　　　C
No Sam Li'a he inoa
の為に　サム・リアさん　です　名前
　　　　　　　　　　　　　　　　　　　　　　サム・リアさんの為に

C
Nui kou mau mele
大きな　貴方の　[　数々の歌　]
　　　　　　　　　　　　　　　　　　　　　　沢山の貴方の歌曲

C
No ka po'e Hawai'i
為の　人々　ハワイ
　　　　　　　　　　　　　　　　　　　　　　ハワイ人の為の歌

C
Me ka Hui Waianuhea a'o Hi'ilawe lā
共に　仲間　ワイアヌヘア　の　ヒイラヴェ
　　　　　　　　　　　　　　　　　　　　　　ヒイラヴェのワイアヌヘア・バンドの仲間達と一緒に

G7　　　　　　　C
Mele 'ana i ka lani nui
歌　に　[　偉大な首長　]
　　　　　　　　　　　　　　　　　　　　　　偉大な首長の為の歌

G7　　　　C
'O Kalaniana'ole
です　カラニアナオレ
　　　　　　　　　　　　　　　　　　　　　　カラニアナオレ・クヒオ王子です

(Hui)

C
Ha‘ina ‘ia mai ana ka puana　　　　　　　曲の主題を告げます

C
O ka Hui Waianuhea a‘o Hi‘ilawe lā　　　　ヒイラヴェのワイアヌヘア・バンドの仲間達の
　の　　　組合　　　　ぬるま湯　　　　の　　　ヒイラヴェ

G7　　　　　　　　C
Ha‘aheo a‘o Waipi‘o　　　　　　　　　　　ワイピオの誇りです
誇り高く大切にする　　の　　　ワイピオ

G7　　　　　　　　C
Ka nohona a‘o Liloa　　　　　　　　　　ここはリロア王の住処
　　住居　　　　の　　　リロア王

(Hui)

K

解説···
ハワイ島ワイピオで生涯を終えた偉大なハワイのソングライター、サム・リアに敬意を表して、2015年に逝去した牧師／歌詞のデニス・カマ
カヒが捧げた曲。サム・リアはバイオリンを弾いて音楽を楽しんでいたようだ。録音されている演奏もチャド・タカツギを中心に、バイオリンを
加えパニオロ・カントリー・スタイルで楽しい演奏を聴かせてくれる。サム・リアが率いていたバンドは、Club Waianuhea a'o Hi'ilawe (ヒイ
ラヴェのぬるま湯バンド) と命名されていた。ハワイ島のワイピオは、この歌で歌われるように霧が掛かると1メートル先も見えない濃霧に覆
われる渓谷の街。歌詞の最後に出てくるリロア王はハワイ島最初の王様と伝えられ、名君と称えられている。
Kukuiha'eleはハワイ島Waipi'o渓谷にある村。治癒してくれる神様、Ka-maka-nui-'aha'ilono(大きな目の使者)が住んでいると言われる。

Ⓒ by NAUKILO PUBLISHING COMPANY
All rights reserved. Rights for Japan controlled by Little Star Copyright Management

Kanaka Waipahē

Composed by K'īope, Louis "Moon" Kauakahi

D   G   D
He keonimana 'oe i ka'u 'ike, 'eā
だ ジェントルマン 貴方は 私の 見る

私の見る貴方はジェントルマンです

A7   D
Kanaka waipahē me ke aloha
ハワイ人 礼儀正しい 共に 愛情

礼儀正しく愛情を持ったハワイ人

D   G   D
Nou ke kapu āiwaiwa 'eā
貴方のもの 神聖 神秘的な

神聖で神秘的な貴方の人柄

A7   D
Keanolani mai nei a he 'olu
[先祖伝来の優雅さがある] そして です 爽やかさ

先祖伝来の優雅さ、そして爽やかさ

D   G   D
E holi wale mai a pane a'e au, 'eā
[手招きする] [答える] 私

お出でと手招きされれば 私は答えます

A7   D
Ko leo heahea mai ana ē
貴方の 声 [いらっしゃいという]

こちらへいらっしゃいという貴方の声

D   G   D
E kali iho 'oe a hiki aku au, 'eā
[待っている] 貴方は [到着する] 私

貴方は待っています 私は貴方の元へ

A7   D
E launa pū nō me ke aloha
[一緒に友好的にする] 共に 愛情

愛情を込めて貴方はお友達のように迎えてくれます

D   G   D
'Upu ka hali'a i ka hula 'ana ou, 'eā
[突然繰り返される愛の思い出] [踊る事] 貴方の

私は貴方の最後の踊りを
愛情を込めて突然思い出します

A7   D
I ke one kani a'o Nohili ē
で [浜辺] の ノヒリ

ノヒリの美しい浜辺で

D   G   D
Me a'u nō 'oe nanea pu'uwai, 'eā
共に 私の 貴方は 気楽な／楽しい 心

心の楽しい貴方は何時も私と共に

A7   D
Ma ka pu'uwai mau e pili ai
で 心 常に [一緒です]

心の中で何時も一緒です

D　　　　　　　　　　　G　　D
E ha'ina 'ia mai ka puana, 'eā　　　　　　歌の主題を告げます

A7　　　　　　　　　　　　　　　　D
Kanaka waipahē me ke aloha　　　　　　礼儀正しく愛情を持ったハワイ人

解説･･
この曲はRa'iātea Helmの亡くなった大叔父さんAlexander "Alika" Poki Kaliに捧げられている。彼女の記憶には礼儀正しい素敵な優しい
大叔父さんの思い出が残っている。ライアテアの人生で彼が与えた影響は大きく、ハワイ語、音楽の知識も豊富で、素晴らしい才能を持った
優しい大叔父さんだと語っている。

♪ジャンル　オアフ島

Kāneʻohe
Composed by Josh Tatofi

A　　　　　　　Dm
Iʻini au i kou nani
憧れる　私は　に　貴方の　美しさ
　　　　　　　　　　　　　　私は貴方の美しさに憧れます

A　　　　　　　　A7
Ke noe mai a ka ua
[　霧が降りてくれば　]　の　雨
　　　　　　　　　　　　　　霧雨が降りてくれば

D　　　　Dm　A　　E7　（1番頭から
Kilihune mai lā i uka　　2回繰り返す）
キリフネ雨　方向詞　に　高地
　　　　　　　　　　　　　　高地にキリフネの雨です

D　　　　　　　Dm　　　　　　A　　　E7
Hanohano o Kaneʻohe, my home
華やかな　　の　　カネオヘ　　私の　　家
　　　　　　　　　　　　　　カネオヘ町の華やかさ　私の家

A　　　　　　　　Dm
Hulali ka mahina nāu
煌めく　　　月　　貴方の為に
　　　　　　　　　　　　　　月光は貴方の為に煌めき

A　　　　　　　A7
Hemolele i ka mālie
完璧だ　　中で　穏やかな／静けさ
　　　　　　　　　　　　　　穏やかさの中で完璧です

D　　　　　　　　　　　　A　E7　（2番頭から
Piha pono i ka nani Kamohaʻo　2回繰り返す）
満たされる　完璧に　で　[　美しいカモハオ町　]
　　　　　　　　　　　　　　貴方は美しいカモハオ町で完全に満たされます

D　　　　　　Dm　　　　　A
Hanohano o Kaneʻohe my home
　　　　　　　　　　　　　　カネオヘ町の華やかさ　私の家

D　　　　　　Dm
ʻAhuwale nā kualono
そそり立つ　[　山頂の地域　]
　　　　　　　　　　　　　　山の頂付近はそそり立つ

C#m　　　　　　　F#7
He ʻala e moani mai nei
です　香気　[　風が香気を運んでいる　]
　　　　　　　　　　　　　　風が甘い香気を運んできます

He nani nō ke ʻike aku
です　美しい　強意　[　眺めれば　]
　　　　　　　　　　　　　　眺めれば（下界は）素晴らしい美しさです

D　　　　　　Dm　　　　　A
Hanohano o Kaneʻohe my home
　　　　　　　　　　　　　　カネオヘ町の華やかさ　私の家

解説・・
可愛らしい曲。「Pua Kiele」で一躍スターダムに躍り出たJosh Tatofiの作品。歌から推測すると彼はオアフ島カネオヘ出身のようだ。ホノル
ルの真反対、コオラウ山脈を越えるとカネオヘがある。一大都市になったカネオヘは、大陸から吹き寄せる風がコオラウ山脈にあたり、雨が
多い町だ。山脈の真下にある町なので緑の山に囲まれた大地、海辺に行けば東洋のベスト３に入る海岸、カイルア・ビーチがある。
　（注）３番の歌詞の３行目はCDでは歌っていない。

© ROBERT STERLING MUSIC NEW YORK
All rights reserved. Used by permission.
Rights for Japan administered by NICHION, INC.

♪ジャンル ハワイ島

Kanipoaokalani
Composed by Helen Desha Beamer

C   G7   C   F G7
He ohoia nui nou
です [熱烈な歓声] あなたに

貴男に熱烈な歓声です

G7   F C
He 'i'ini na ka lehulehu
です 憧れ の 大衆

人々の憧れです

C   E7
E lei 'oe i ka lei
[レイを着ける]貴男は を レイ

レイを貴男は着けるでしょう

G7   C
ke kālana o Hawai'i
郡 の ハワイ

ハワイの郡の

C   G7   C F G
Ka nani me ka maika'i
名誉 と 善良

名誉と善良

G7   F C
kou kūlana ia
貴男の 信望

貴男の信望

C   E7
Pi'i no a kau i ka hano
直接経験する 置く を 仕事

名誉ある地位に就ける様、経験を積んで下さい

G7   C
Ka lanakila pū me 'oe
勝利 一緒に 共に 貴男

勝利は貴男と共にあります

C   G7   C F G7
E Hawai'i moku o Keawe
よ ハワイ 島 の ケアヴェ首長

ケアヴェ首長のハワイ島よ

G7   F C
Eia ka lei o ke kālana
いる レイ(息子)の 郡

この郡の最愛の息子は、ここにいます

C   E7
Kanipoaokalani
カニポアオカラニ

カニポアオカラニよ

G7   C
Ka puana o ku'u mele
主題 の 私の 歌

私の歌の主題です

K

解説···
数々の名曲を残したヘレン・デシャ・ビーマーが兄弟Edwin Miller Kanipoaokalaniを激励する為に書いた私的な曲。名曲Kimo Hula、
Kawōhikukapulani等、知らない人はいないだろう。彼は1946年61才の時ハワイ島ヒロ市の議員になるべく立候補、ヘレンは応援歌を作曲
した。1998年アロハ・フェスティバル、ファルセット・コンテストで優勝したSam Keli'iho'omaluが唄っている。

Kapalili

Composed by Puakea Nogelmeier

```
     F              C7   Bᵇ      F
Ke 'ike au iā 'oe hia'ai mau
 [ 見れば ] 私を 貴女 [ 何時も楽しい ]
     F              C7   Bᵇ      F
Makahehi wale i ka nani ou
 ～に驚嘆する   とても に   美しい 貴女の
     F              A7    DmG7
'Upu ka mana'o e pili aku, a
 思い焦がれる     心  [ピッタリ寄り添いたい] そして
Bᵇ F  BᵇF Bᵇ F Bᵇ F
Kapalili nei pu'uwai
 [ 胸がときめいている ]    心
```

僕は何時も楽しい貴女を見つめる時

貴女の美しさにとても驚いて

私の心は思い焦がれ
貴女にピッタリ寄り添いたいと、そして

僕の胸はときめいています

```
     F              C7   Bᵇ      F
Ke pili au iā 'oe pi'i ku'u hoi
 [ 寄り添えば ] 僕は [ 貴女に ] 体験する  私の 喜んだ／幸福な
     F              C7   Bᵇ      F
Ha'alulu iho ku'u nui kino
 [  身震いする  ] 私の [  全身  ]
     F              A7    DmG7
He 'i'ini ko'u e honi aku, a
 です  憧れ 私の [  キッスしたい  ]
Bᵇ F  BᵇF Bᵇ F C7  F
Kapalili nei pu'uwai
 [ 胸がときめいている ]    心
```

僕が貴女の側に寄り添えば、僕は幸せになれる

僕の全身が痺れます

僕の憧れです　キッスしたい　そして

僕の胸はときめいています

```
     F              C7   Bᵇ      F
Ke honi pū kāua lilo loa au
 [ キッスすれば ] [ 私達二人が ] [ 夢中で励む ] 私は
     F              C7   Bᵇ      F
Pōniniu wale ka no'ono'o
 目がくらむ    とても    思考／考える事
     F              DmG7
Ma'e'ele 'o luna, maniania 'o lalo, a
 (恋に) 痺れて  は   上    目まいがして  は 下のパーツ
Bᵇ F  BᵇF Bᵇ F C7  F
Kapalili nei pu'uwai
 [ 胸がときめいている ]    心
```

私達二人がキッスすれば、僕は夢中で頑張ります

目まいがして頭がクラクラ

頭は恋に痺れて
下のパーツも目まいがして　そして

僕の胸はときめいています

```
     F              C7   Bᵇ      F
Ke Kili'opu iho auālipo nō
[愛のお仕事が過ぎ去った楽しさ]  激しい感情が圧倒する
     F              C7   Bᵇ      F
Koho ulua pa'a kāu makau
 選ぶ   ウルア魚  しっかり 貴女の  釣り針
     F              A7    Dm   G7
'Aohe mea a'e e like iki aku ai, a
 何もない  物   [これまでのすべてのことに比較して（英訳参照）]
Bᵇ F  BᵇF Bᵇ F C7  F
Kapalili nei pu'uwai
 [ 胸がときめいている ]    心
```

激しい思いに流されて、
楽しい愛のお仕事は過ぎ去った

貴女の釣り針がウルア魚（男）を釣りあげた

何もありません　同じような事は

僕の胸はときめいています

F　　　　　　C7　　B♭　　　　　　F
Ha‘ina ka puana no ka li‘a nei
　告げます　　　　　主題　　の　　　強い憧れ　今

テーマはこの強い憧れです

F　　　　　　C7　　　B♭　　　　F
Punihei kāua i ka pili mau
　巻き込んだ　　私達二人　[　永遠に寄り添う　　　]

永遠に寄り添う私達二人は全てにケリをつけました

F　　　　　　　A7　　　　　Dm G7
E huli mai ‘oe i o‘u nei, a
　[　戻りなさい　]　貴女は　[　私に　]　今

貴女は僕のところにおいで　そして

B♭　 F　B♭F　B♭　F C7　　F
Kapalili nei pu‘uwai
　[　胸がときめいている　]　　　心

僕の胸はときめいています

解説 ・・・

2010年に発売されたナープア・グレッグのCDに収録されている。作詞作曲はプアケア・ノゲルメイヤー、流石におしゃれな曲作りだ。若い二人の恋の物語を、軽快なリズムに乗せてナープアも楽しそうに歌っている。ハワイ民謡らしい可愛い愛の歌だ。

© by PUAKEA NOGELMEIER MUSIC
All rights reserved. Rights for Japan controlled by Little Star Copyright Management

♪ジャンル 　オアフ島

Kapiʻolani Paka
Composed by John K. Almeida

C　　　　　G7　　　　　　　　　　　F　C
Kaulana ka inoa o Kapiʻolani paka
　有名な　　　名前　の　[　カピオラニ公園　　]
　　　　　　　　　　　　　　　　カピオラニ公園の名前は有名です

C　　　　　　D7　　　　G7　　　　C
Ia wahi hoʻoluana a ka lehulehu
　この　　場所　寛がせる　　の　　　大衆
　　　　　　　　　　　　　　　　沢山の人々を寛がせる場所です

C　　　　　　G7　　　　　　　　F　C
Hoʻoheno pu me Makee ʻAilana
　愛する　　一緒に　共に　[　マキー・アイランド　]
　　　　　　　　　　　　　　　　マキー・アイランドで人々は一緒に楽しみ

C　　　　　　D7　　　　G7　　　C
Me ka pua lilia lana i ka wai
　共に　[　　水百合　　]浮かんでいる　　水
　　　　　　　　　　　　　　　　水にウォーター・リリーが漂っています

C　　　　　G7　　　　　　　　F　C
ʻO ke ani peʻahi lau o ka niu
　です　　招く事　うちは　　葉　の　　椰子
　　　　　　　　　　　　　　　　ヤシの葉は扇の様に手招きし

C　　　　　　D7　　　　G7　　　C
Hoʻoipoipo ana me ka ʻehu kai
　愛撫する　　　に　[　　海飛沫　　]
　　　　　　　　　　　　　　　　水飛沫に愛撫されています

C　　　　　G7　　　　　　　　　F　C
Aloha ke kai malino aʻo Waikiki
　好きだ　　海　穏やかな　　の　　ワイキキ
　　　　　　　　　　　　　　　　ワイキキの穏やかな海が大好きです

C　　　　　　D7　　　　G7　　　C
Kai hoʻopulu ʻeloʻelo i ka ʻili
　海　　湿らす　濡らす　　を　　肌
　　　　　　　　　　　　　　　　肌を濡らす海の水

C　　　　　G7　　　　　　　　　F　C
He kahua haulani papa heʻe nalu
　だ　　土台　　波打つ　[　サーフ・ボード　]
　　　　　　　　　　　　　　　　サーフ・ボードは波打つ基盤
　　　　　　　　　　　　　　　　（サーフ・ボードで波に乗って）

C　　　　　　D7　　　　G7　　　C
Hiaʻai mui ʻia e nā malihini
　満足する　[　集まって　]よ　[　旅人達　　]
　　　　　　　　　　　　　　　　楽しむ旅人達

C　　　　　G7　　　　　　　　F　C
Puana ka inoa o Kapiʻolani paka
　テーマ　　名前　の　[　カピオラニ公園　]
　　　　　　　　　　　　　　　　テーマはカピオラニ公園

C　　　　　　D7　　　　G7　　　C
Ia wahi hoʻoluana a ka lehulehu
　この　　場所　寛がせる　　の　　　大衆
　　　　　　　　　　　　　　　　沢山の人々を寛がせる場所です

解説 ‥‥
1993年にジェノア・ケアヴェがレコーディングしたCD「Hula Hou」に可愛らしいメロディーのカピオラニ公園を歌った曲を見つけた。皆が一度は訪れる有名な公園を讃えた曲が何故か知らなかったか不思議だ。残念ながらマキー・アイランドは無くなってしまったが、昔の香りを感じて踊っては如何。

♪ジャンル [カウアイ島] [カヒコ]

Kaua'i 'Āina Uluwehi
Composed by Louis "Moon" Kauakahi

Aia i kaua'i, 'āina uluwehi
ある　に　カウアイ　土地　青々と草木が茂る

カウアイ島は青々と緑が生い茂る島だ

'Āina o ke ali'i 'o Kalanipō
土地　の　王様　カラニポー

名君主カラニポーの島

Ninipo i ka Laua'e o Makana
憧れる／慕う　を　ラウアエ・シダ　の　マカナ

憧れるのはマカナのラウアエ・シダ

Nā pāli 'ōahi ua kaulana
[　崖々　]崖から火を投げる　有名な

崖から投げ下ろす火玉を若者が取り合う有名な奇習

Lei ana kāua i ke lei 'ala
レイを編む　私達二人　を　[　芳しい香りのレイ　]

私達は芳しいレイを編む

Nā Hala o Mapuana a i Naue
[　ハナレイ地区ハーエナ近く、マプアナのナウエにあるハラの茂み　]

マプアナのナウエに茂るハラの密生地

Ua lele ku'i lua ke iho ala
雨　跳ねる　打ち付けて[　（下にある）道　]

道に強い雨が降りつける

Ke ala ua loku a'o Hanalei
道　[　土砂降りの雨　]　の　ハナレイ

ハナレイの土砂降りの雨の道

Na Kaipoleimanu ku'u 'i'ini
で　カイポレイマヌ　私の　憧れ

私の憧れ　カイポレイマヌで

E 'ike i ka Lehua kea pua laha'ole
[　見よう　]を　レフア　白い　花　珍しい

珍しい白いレフアの花を見よう

Na ka Lūpua i hali mai
によって　ルーブア雨　[　運んでくる　]

ルーブア雨が運んでくる

I ku'u kuleana a i Wainiha
を　私の　権利／責任　の　ワイニハ

ワイニハで生まれた私の先祖に対する私の思い

K

291

Ha'ina 'ia mai ku'u wahi mele
[　　　告げます　　]　私の　　場所　　歌

お話しします　私の土地の歌

No kaua'i, 'āina uluwehi
為に　カウアイ　　土地　青々と草木が茂る

カウアイ島は青々と緑が生い茂る島です

解説···
作詞作曲家 Louis "Moon" Kauakahi は祖先の出生地、カウアイ島のワイニハを訪問した。2004年、カウアイ島のアナホラに住む叔母、Aunty Kapekaを訪ね、従兄弟たちと、Kalihikai、Hanalei、Kaipoleimanu、お父さんの生誕地Wainihaを回遊した。その時の想い出を描いた曲だ。

♪ジャンル カウアイ島

Kaua'i Nani Lā

Words by Wade "Aukai" Oshio, Kahikāhealani   Music by Wade "Aukai" Cambern

G   F   G
Ua 'ike 'ia Kaua'i nani lā
[眺めた] を カウアイ島 美しい
G   F   G
Kau hanohano 'o Wai'ale'ale
立つ 誇り高く は ワイアレアレ山
G   F   G
'Ohu'ohu i ka lei noenoe
霧が立ちこめる レイ 霧
G   F   G
He nani maoli nō nā kau a kau
だ 美しい [本当に] [季節から季節へ＝永遠に]

  Hui:

       C   G   C G
Listen to the whispering wind of the island 島の風の囁きを聞いて
        C G
Come and hear the voice 来てそして声を聞いて
      D7   G
Of a pristine sea, 'o Kaua'i 昔と変わらない海　カウアイ島

G   F   G
Kaulana i kou nani, i kou nani lā   貴方の美しさは有名です　貴方の美しさよ
有名な で 貴方の 美しさ で 貴方の 美しさ
G   F   G
Ho'ohenoheno i ka pu'uwai   心から愛される
愛される から 心
G   F   G
Ka pua u'i o ka Mokihana lā   モキハナの若々しく美しい花
花 若々しい美しさ モキハナ
G   F G
He nani laha 'ole nō 'oe   貴方は比べる物が無い美しさ
だ 美しい [比べる物が無い] 貴方は

K

```
G                            F          G
Ha'ina mai ka puana, ka puana lā
[    告げる    ]        主題       主題
G              F        G
Ha'aheo ka inoa 'o kaua'i
    誇り高い    名前    は   カウアイ島
G                      F            G
Kau mai ka lei hali'a i 'ike 'ia lā
[   置く  ]    レイ  甘い想い出  に  [ 理解する ]
      G        F        G
He lei pua u'i o Manokalanipō
  です  レイ  花  美しい  の    マノカラニポー
```

物語は終わります　語ります

カウアイ島の名前は誇り高い

私の心の甘い記憶は置かれました

マノカラニポー首長の愛する島

解説 ··
1995年に発売されたRobiのソロ・アルバムに収録されている。今頃何故と思われるが、2013年再びソロアルバムを発表、健在ぶりを示した。更に彼女が1994年にデビューしたHawaiian Style Bandが、2014年春、久々にCDをリリースした。デビュー以来20年、皆さん健在、ハワイ音楽界に新風を吹き込んだ彼等の復活に拍手を送りたい。

© MOUNTAIN APPLE COMPANY INC
All rights reserved. Used by permission.
Rights for Japan administered by HOTWIRE K.K.

♪ジャンル　オアフ島

Kaulana Kāne'ohe
Composed by Larry & Julie Arieta

　　　F　　　　　C7　　　　　　　B♭ F
Kaulana mai nei a'e Kāne'ohe　　　　　　有名なのはカーネオへです
[　　昔から今も有名な　　　]　　　カーネオへ
　　　　　　　　　　　G7
A me nā pali poina 'ole　　　　　　　　そして忘れ得ぬ数々の崖
[　そして　]　[　崖々　]　[　忘れ得ぬ　]
C7　　　　　　　　　F
Me nā pali hāuliuli　　　　　　　　　　緑で黒っぽく彩られた崖
で　[　崖々　]　黒っぽい/浅黒い

　　　F　　　　　C7　　　　　　B♭ F
E 'ike i ka nani a'e Kāne'ohe　　　　　カーネオへの美しさを見ましょう
[見ましょう]を　　　美しさ　　　カーネオへ
　　　　　　　　　G7
He ho'opulu 'ia nei　　　　　　　　　　心を奪います
です　[　濡らされる　]　]　今
C7　　　　　F
O ka malihini　　　　　　　　　　　　旅人の
の　　　　旅人

　　　F　　　C7　　　　　　　B♭ F
'O ka pā kōnane a ka māhina　　　　　お月様は煌々と輝き
です　[　煌々と輝く月の光　]　の　　お月様
　　　　　　　　　　G7
'O 'ia home 'ia nani　　　　　　　　　彼の家は美しく照らされます
[　彼の家　]　[　美しくされる　]
C7　　　　　F
A'o Ko'olau　　　　　　　　　　　　　コオラウの
の　　コオラウ

　　　F　　　　C7　　　　　B♭F
Ha'ina 'ia mai ana ka puana　　　　　物語は終わります
　　　　　　　　G7
Me nā pali poina 'ole　　　　　　　　そして忘れ得ぬ数々の崖
C7　　　　　　　　　F
Me nā pali hāuliuli　　　　　　　　　緑で黒っぽく彩られた崖

解説 ・・
クムフラ／ハワイ音楽研究家のキモ・アラマが1960年頃に作曲された歌を解説している。彼の説では、'Uncle' Larry and 'Mama' Julie Arieta が、1960年頃、カネオへのPaleka Streetに家を建てた時に作曲した曲だと書いている。この曲を最初に歌ったAunty May の子供は、Kāne'ohe Benjamin Parker schoolで勉強していた。その後有名な「Kapena」「Palolo」達がレコーデイングしているが、あまり聴く機会はない。

♪ジャンル 　マウイ島

Kaulana 'O Honokalani
Traditional

F
'O Honokalani　　　　　　　　　　　　ホノカラニです
です　　　ホノカラニ

B♭　　　　　　　　　　　　　　F
Kaulana nō ka lau hala　　　　　　茂るパンダナスが有名だ
有名な　　とても　［　パンダナスの葉　］

G7　　　　　　　　　C7　　　F
He makana o nā kūpuna　　　　　　祖先達からの贈り物です
です　　贈り物　　の ［　　祖先達　　］

F
'Ike au i ka nani　　　　　　　　　　美しさを私は眺めます
見る　私は　を　　美しさ

B♭　　　　　　　　　　　　F
Ka 'āina o Pi'ilani　　　　　　　　　ピイラニ首長の土地
　　　　土地　　の　ピイラニ首長

G7　　　　　　　C7　　　　F
Nā pao i ke kapu ali'i　　　　　　神聖な首長の洞窟です
［　洞窟　］の　　　神聖な　　首長

F
E ho'olono wau　　　　　　　　　　私は耳を傾けます
［　〜に耳を傾ける　］　私は

B♭　　　　　　　　　　　　G7
Ka 'ili'ili a'o kahakai　　　　　　海岸で波に洗われる小石の音に
　　小さな石　　の　　　海岸

G7　　　　　　　C7　　　　F
Ka nani o Wai'ānapanapa　　　　ワイアーナパナパの美しさ
　　美しい　　の　　　ワイアーナパナパ

F
Ha'ina mai ka puana　　　　　　　物語は終わります

B♭　　　　　　　　　　　F
Kaulana nō ka lau hala　　　　　　茂るパンダナスが有名だ

G7　　　　　　　C7　　　F
Na makana o nā kūpuna　　　　　祖先達からの贈り物です

解説‥‥

マウイ島のHanaに住んでいるお婆ちゃんの話だと、Hana地区のHonokalaniは、マウイ島の首長ピイラニに由来する一族が住んでいた地名
だという。ワイアーナパナパの首長カアケアは妻のポーポーアラエアが、彼女の弟と不義をしたと疑い、海辺の洞窟に追い込み、弟とともに
惨殺した。今でもワイアナパナパの洞窟の前は月の光に赤く輝くと言われている。

♪ジャンル マウイ島

Kaupō

Composed by Kahauanu Lake

G   E7   A7
Ke ala loa i Kaupō
　　道　　長い　で　　カウポー　　　　　　　　　カウポーへ長い道のり
D7   G
Pō'ai Haleakalā
ぐるりと回る　　ハレアカラー火山　　　　　　　　　　　ハレアカラー火山をぐるりと回る
G_   E7 A7
'Āina o nā kūpuna
土地　　の　[祖父母／祖先達]　　　　　　　　　　祖先達の土地
D7   G
Maui nō e ka 'oi
マウイ　 [　　一番だ　　　]　　　　　　　　　　　　マウイ島は一番だ

G   E7   A7
'Ike 'ia e mākou
[　眺める 　] よ　私達は　　　　　　　　　　　　私達は眺めます
D7   G
'O Manawainui
です　　マナワイヌイ　　　　　　　　　　　　　　　マナワイヌイを
G   E7   A7
Ke kai lawai'a o Nu'u
　海　　魚取りをする　の　　ヌウ　　　　　　　　　　魚獲りをする海　ヌウ
D7   G
O ka moana nui
の　　　　海　　　大きな　　　　　　　　　　　　　大海原の

G   E7   A7
Hō'ea i Pu'ulani
　到着する　に　　プウラニ　　　　　　　　　　　　プウラニに到着する
D7   G
E ho'omaha nei
[　休息をしている　　]　　　　　　　　　　　　　ここで一休み
G   E7   A7
'O Keawepoepoe mā
だ　　　ケアヴェポエポエ　　　と　　　　　　　　　ケアヴェポエポエと
D7   G
A me Kealakaulā
[そして]　　ケアラカウラー　　　　　　　　　　　ケアラカウラーと一緒に

G   E7   A7
Nā pua ā kahekili
[　花々　]　の　　カヘキリ　　　　　　　　　　　カヘキリ (子孫達) の花々
D7   G
Mohala 'ia ma'ane'i
[　満開に咲いた　]　　ここで　　　　　　　　　　ここで満開に咲いている
G   E7   A7
'O Kaheiheimalie
です　　　カヘイヘイマイレ　　　　　　　　　　　　カヘイヘイマイレの花だ
D7   G
Kau i ka hano
　置く　　を　　　華やか／光栄　　　　　　　　　　貴方は華やかです

```
  G    E7   A7
Ha'ina  mai  ka  puana                            物語は終わります

  D7              G
No ka nani a o Kaupō                               カウポーの美しさの為の

  G     E7  A7
'Āina  o  nā  kūpuna                               祖先達の土地

  D7         G
Maui  nō  e  ka  'oi                               マウイ島は一番だ
```

K

解説 ···
名声を馳せた Kahauanu Lake Trio のリーダー、Kahauanu Lakeの作品。このトリオは沢山のLPレコードを残しているが、記録されていな
い。Ra'iāteaは知られていない曲を発掘して歌っている。Kahauanu Lakeが友人達とマウイ島のHanaから、Kaupōの方へ、ドライブした時
の話だろう。山の裾野を走るドライブ・ウェイはKaupōのところだけ道がうねっていて、メリーゴーランドに乗っている様な感じがする。違う曲
だがMe ka nani a'o Kaupōという曲は日本でも替え歌で歌われていた。

♪ジャンル ハワイ島

Kawaihae
Composed by Kuana Torres Kahele

F   B♭   F
Hanohano ka wai puna o Waoakape'a　　ワオアカペアの素晴らしい流れ出る泉
誉れ高い　　［　　湧き水　　］　の　　ワオアカペア
F   G7   C7   F
Ma ka hale o Kapunui i ke kai malino　　静かな海のカプニの家で
で　　家　　の　　カプニ　　で　　海　　穏やかな

F   B♭   F
'Alawa ku'u maka iā Pōhaukole　　私の目はポーハウコレをちらっと見ます
ちらっと見る　私の　　目　　を　　ポーハウコレ
F   G7   C7   F
Nī'au aku i ka nuku a'o Pelekane　　ペレカネの入港口へ素早く流れ込む
［　まっすぐ行く　］に　　入港口　　の　　ペレカネ

F   B♭   F
Kau aku ka mana'o no Puaka'ilima　　私の思いをプアカイリマに残して
［　置いていく　］　　心　　に　　プアカイリマ
F   G7   C7   F
I ka nalu po'i mai lā a'o Ka'ewa　　カエヴァに打ち寄せ砕ける波
で　　波　　［　砕ける波頭　］　の　　カエヴァ

F   B♭   F
Huli aku nānā iā Mailekini　　マイレキニを振り返り眺めれば
［　振り返る　］　眺める　　マイレキニ
F   G7   C7   F
A me ka 'ae one kea o 'Ohaiula　　そしてオハイウラの白い砂浜
［　そして　］　　潮がさす浜辺　白い　　の　　オハイウラ

F   B♭   F
Ha'ina 'ia mai ana ka puana　　物語は終わります
F   G7   C7   F
Nā 'ili 'āina nani o Kawaihae　　カワイハエの美しいエリア
［　土地区分　］　美しい　　の　　カワイハエ

K

解説 ·········
Kawaihae　ハワイ島南コハラ地区の南寄りにある湾。静かな波が打ち寄せ、ここから眺めるマウナ・ケア山が美しい。浚渫工事が行われ、
　　　　　　沖合にあった王家のためにプアカイリマを栽培していた小島が水没したと言われる。
Mailekini　カワイハエの近くにある古代のヘイアウ、すぐそばに修復された有名なヘイアウ「Pu'ukohalā」がある。
　　　　　　2012年頃からホノルル港〜カワイハエ港間にヘリポートが運行する計画が立てられたが実現しなかった。
いろいろの地名が出てくるが、このエリアの小さな村落だろう。

♪ジャンル　ニイハウ島

Kawaihoa
Composed by Keuao, George Manoa Huddy

G　　　　　G7　C　　　　Cm　　G
Kulana mai nei ka nani ʻo Kawaihoa
[　　有名だ　　]　　　美しい　は　　カワイホア
E7　　　　　　　A7　　D7　　　　　G
Ka nani aʻo Leʻahi, Ka beauty aʻo Niʻihau
美しさ　の　　レアヒ

ニイハウ島最南端にあるカワイホアは美しい

レアヒの美しさ　ニイハウ島の美しさ

G　　　　　　G7　C　　Cm　　　G
He nani aʻo Kaʻula, ʻāina o nā manu
だ　美しい　の　　カウラ　　土地　の　[　鳥達　]
E7　　　　　　A7　D7　　　　G
Ke kai hoʻoluana aʻo Kamalino
海　　寛がせる　　の　　カマリノ

カウラ島は鳥達の住む美しい島

カマリノの寛がせる海

G　　　　　　　G7　C　　Cm　　G
Hōʻike ʻia ʻo ka ʻāina aʻo Nonopapa
[　見られる　]　が　　土地　の　　ノノパパ
E7　　　　　　A7　　D7　　　　　　G
Ke kai hoʻomālie, ka nani hoʻohenoheno
海　　穏やか　　　美しい　　　愛撫する

ノノパパの土地が眺められます

穏やかな海、愛撫するような美しさ

G　　　　　　　G7　C　　Cm　　G
Ke alanui kikeʻekeʻe aʻo Kawaihoa
大きな道　　沢山の曲がり角　の　　カワイホア
E7　　　　　　A7　　D7　　　　G
Ka ʻāina aʻo Niʻihau, poina ʻole
土地　の　　ニイハウ島　　[　忘れられない　]

カワイホアの沢山の曲がり角がある大きな道

忘れられないニイハウ島の土地

G　　　　　　　G7　C　　　Cm　　　G
Haʻina mai ka puana, Ka nani ʻo Kawaihoa
[　主題を告げます　　]　　美しい　は　　カワイホア
E7　　　　　　　A7　D7　　　　G
Ka nani aʻo Lēʻahi a ʻo Niʻihau

物語は終わります　カワイホアは美しい

レアヒ　そしてニイハウ島は美しい

解 説
Kawaihoaは、Niʻihauの最南端の先端にある劇的に美しい岬。Lēʻahiは塩池で、Kawaihoaの西側にある。Kaʻulaは、Niʻihauの南西にある小さな島で、多くの海鳥が生息する島。1948年に作曲家のGeorge Manoa Huddyが訪問し、作曲した。1926年発売の「Hula Record (LP)」に録音されていた珍しい曲。

♪ジャンル マウイ島

Kawaiokalena
Composed by Keali'i Reichel

G   C   G
Aloha ka nohona o ke kuahiwi
愛する 所在地 の 山

       C   G
I ke alo o ka 'ōpua kau kualono
正面 の 一陣の雲 置く 山頂に近い区域

G   C   G
Mōhala ke aloha i ka 'Ulalena
満開です 愛情 に ウラレナ

G   C   G
I kiawe ha'aheo i ka nahele
風の中の雨のように流れる 誇り高く 中を 森

大好きな聳える山

山頂付近は一陣の雲に覆われています

ウラレナ雨に濡れて私の愛情は満開

風に乗って森の中を優雅に流れて行きます

Hui:

C   G C   G
I laila ka 'ano'i i ka malu o ke ao
[そこに] 欲望／愛情 に 隠れ場 の 日光

C   G Am D7
Noho i ke onaona i ka ua
住む 心地よく甘く香る 中に 雨

私の思いは（日光の隠れ場）雲の中にあります

流れ出る雨の中に心地よく甘く香ります

G   C   G
Kākua Pi'iholo i ka 'ōnohi
巻きつける ピイホロ山 に 虹の部分／断片

G   C   G
Hoa 'ia e ka makani, (A) he Kiu
[拘束される] ～によって 風 そして キウ風

'Aahu i ka ua lei koko 'ula
覆う／くるむ が 雨 レイ 虹色 赤色

G   C   G
Uhia a hāli'i lua i ke kula
覆う の シーツ ダブル を 平野／平原

ピイホロ山は虹の断片をスカートの様に巻き付け

キウ風によってしっかり結び付けられて

虹色のレイの雨に覆われ

平原をダブル・シーツの様に覆っています

K

301

G	C	G

E maliu mai ʻoe, e kuʻu aloha
[聞いてください] 貴女 よ 私の 愛する人

聞いてください貴女　愛する人よ

G	C	G

Kuʻu hoa i ka hau anu o ia uka
私の 友人 で 冷たい 冷たい の この 高原

高原の冷たい冷たい友達

G	C	G

Puana ke aloha poina ʻole
主題 愛情 [忘れ得ぬ]

忘れ得ぬ愛情がテーマです

G	C	G

ʻO Kawaiokalena lā he inoa
さん カワイオカレナ です 名前

カワイオカレナさん　貴女の名前歌です

K

解説‧‧‧
Kealiʻi Reichel 2014年のCD「KAWAIOKALENA」で歌われている。優しい歌声がマウイ島のPiʻiholo山の景色を想像させる。マウイ島の
Haʻikū地区にある684メートルの山。カフルイ空港からハレアカラー山に向かっていく道筋だ。
Kawaiokalenaは当然、彼のパートナーとして28年間共に暮らしたKawaipunaheleのことだ。

© PUNAHELE PRODUCTIONS,INC.
The rights for Japan assigned to FUJIPACIFIC MUSIC INC.

♪ジャンル　オアフ島

Ke ʻAla Aʻo Ka Hīnano
Composed by Louis "Moon" Kauakahi, Chinky Māhoe

G
ʻIke ʻoe i ka nani o ke Koʻolau
見る　貴方は　を　美しさ　の　　コオラウ
D7
I ke kuahiwi nani aʻo Lanihuli
で　　　山　　美しい　の　　ラニフリ
C　　　　　　　　　　　　G
Huli aku nānā i nā pua ʻaʻala
[振り返って] 眺める　を [花々] 香り良い
D7　　　　　　　　　G
Ke ʻala aʻo ka Hīnano, ē
　香気　の　　　ヒーナノ

貴方はコオラウの美しさを見る

ラニフリの美しい山で

香り良い花々を振り返って眺めます

ヒーナノの花の香気

G
ʻO ka pua lei ʻIlima pua lahaʻole
です　　花　レイ　イリマ　花　稀な/選りすぐった
D7　　　　　　　　　　　　G
Kāhiko ʻia maila e nā aliʻi
[飾られた] そこに/で お─ [首長達]
C　　　　　　　　　　　　　G
Lihilihi pua kohu like hulu mamo
花びら　花　外見　似ている　羽　マモ鳥
D7　　　　　　　　　　G
He manu hulu melemele, ē
だ　鳥　　羽　　　黄色

選りすぐったイリマの花

首長達に掛けられた装飾品 (レイ)

花びらはマモ鳥の羽に似ている

黄色い羽の鳥です

Em
Lei ana kāua i ka lei maila
[レイで飾る]　私達二人　で　　レイ　そこで
B7　　　　　　　Em
Maile kau liʻiliʻi lau ʻaʻala
マイレ　置く　小さい　葉　香り良い
C　　　　　　　　　　　G
Wilia ka Hīnano me ke aloha
絡まれる　　　ヒーナノ　共に　　　愛情
D7　　　　　　　　　　G
He aloha poina ʻole, ē
だ　愛情　[忘れる事が無い]

私達二人はそこでレイで飾る

マイレの香り良い小さい葉と一緒に

ヒーナノへの愛に絡まれる

忘れ得ぬ愛情です

G
Haʻina ʻia mai ana ka puana
物語を告げます
D7　　　　　　　　　　　G
No ka lei Hīnano me ka lei ʻIlima
為の　レイ　ヒーナノ　共に　　レイ　イリマ
C　　　　　　　　　　　　G
Wilia me ka maile lau liʻiliʻi
絡まれる　共に　　　マイレ　葉　小さな
D7　　　　　　　　　G
Haʻaheo wale hoʻi ē　(×3)
誇り高い　とても　本当に

物語を告げます

ヒーナノとイリマのレイの為の

小さなマイレの葉と共に編まれます

本当に　とても誇り高い

Em
Ho'i e ho'i lā a pili ka 'ilikai
[帰ろう 帰ろう   ] そして 寄り添って   地平線
B7   Em
I ka malu o ke aumoe
に   平穏な状態 の   真夜中
C   G
Moe iho kāua i ka pali 'a'ala
[休みましょう] 私達 で   崖   香り良い
D7   G
O ke Ko'olau ho'i ē   (×3)
の   コオラウ [帰りましょう]

帰りましょう　帰りましょう
二人寄り添って地平線の彼方へ

真夜中の平穏な眠りに

香り良い崖で私達二人は休みましょう

コオラウの崖へ　帰りましょう

K

解説 ‥‥
可愛らしい愛の讃歌。Louis "Moon" KauakahiとKumu Chinky Māhoeの優しい心が偲ばれる曲だ。甘く上品な香り、心を込めて歌いたく
なる愛の讃歌だ。そして何よりも嬉しいのは、易しいハワイ語で作詞され、フラの初心者でも気安く入り込める歌詞が嬉しい。

♪ジャンル　オアフ島

Ke Alanui Liliha
Composed by Bill Lincoln

C
E walea a'e ana au
[　　気楽にしている　　]　私
私は楽しんでいます

F
I ka ulu kōhaihai
の中　　木立　　風で揺れる
風に揺れる木立で

G7
O ke alanui Liliha
の　　　　大通り　　リリハ
リリハ大通りの

C
I ka home pua 'Ōhai
で　　　家　　花　　オーハイ
オーハイ花が咲く我が家

C
'O ke kani a nā manu
です　　音　　の　[　小鳥達　]
小鳥達は歌う

F
I ka pili ano ahiahi
中で　　〜と共に　[　　夕暮れ　　]
夕暮れの静けさの中で

G7
Hone ana ke aloha me he ipo
[　優しい　]　　愛　　共に　　　恋人
恋人と共に愛は優しい

G7
'O ku'u aloha a'e kēia
です　私の　　愛情　　これは
これは私の貴女への愛情です

C
Akahi au a 'ike
初めて　私は　そして　見る
初めてです　私が見るのは

F
I ka wai aniani a'e
を　　水　　澄んだ冷たい
澄んだ冷たい水を

G7
Lana mālie nei
流れる　穏やかに　今
穏やかに流れる

C
I ka luna o Ha'uha'uko'i
に　　頂上　の　　ハウハウコイ
ハウハウコイの頂上に

C
'O ka noe a ka ua li'ili'i
です　　霧　　の　[　小雨　]
小雨が霧に変わるところ

F
I ke kulukulu aumoe
に　[　　夜更け／真夜中　　]
夜中

G7
Mehe ala e 'ī mai ana
のように　そこで　[　言う／述べる　]
まるで語りかけるように

G7　　　　　C
Kāua pū i laila
[　私達二人一緒　]　[　そこに　]
そこに私達二人は一緒にいます

解説 ・・・
リリハ通りはホノルルの西部にある道路の名前。ホノルルの市長Boki Kalilikauohaの奥さんChiefess Kuini Liliha(1802~1839)の名前が
付けられている。彼女はマウイ島の首長Kalilikauohaの孫娘だ。後に1829年、Bokiはオアフ島の郡長となり、1831年にカメハメハ3世に反
乱を起こしたが成功せず、引退後の余生は優雅な生活を送っていたと伝えられる。
1978年にスラック・キー・ギターの名手、Cyri Pahinuiが中心になって演奏したLPレコードが2014年にCDに復刻された。タイトル「The
Sandwich Isle Band」で演奏している。

Ke Aloha Pau'ole 'Oe Na'u

Composed by J.J.Ahuna

G C   G
Leinani, ku'u ipo ku'u lei
レイナニ　　私の　恋人　私の　　レイ

D7
Ha'aheo hau'oli au no 'oe
誇り高く大切にする　幸福な　私　について　貴女

C   G
Ke aloha pau 'ole 'oe na'u
愛　　[　終わりない　]　貴女　私の

D7   G
Ke aloha pau 'ole 'oe na'u
愛　　[　終わりない　]　貴女　私の

レイナニ　私の恋人　私のレイ

貴女は私の幸せな誇り高い人

私の貴女への愛に終わりはありません

私の貴女への愛に終わりはありません

G C   G
Leinani, wahine u'i ka'u i aloha
レイナニ　　女性　美しい　私の　で　愛情

D7
Kou maka le'a kou minoaka makamae
貴女の　目　楽しい　貴女の　微笑み　　最愛の／尊い

C   G
Ke aloha pau 'ole 'oe na'u
愛　　[　終わりない　]　貴女　私の

D7   G
Ke aloha pau 'ole 'oe na'u
愛　　[　終わりない　]　貴女　私の

レイナニ　愛と共に私の美しい女性　レイナニ

貴女の楽しそうな目　貴女の可愛い微笑み

私の貴女への愛に終わりはありません

私の貴女への愛に終わりはありません

C   G
Kou leo lani nahenahe hau'oli
貴女の　声　天国　優しい　　幸せな

D7   G
Kou pu'uwai hāmama me ke aloha
貴女の　心　　開いている　共に　　愛

A7
Loa'a 'oe mau pōmaika'i a mau loa
見つけ出す　貴女　多くの　　幸せ　　の[　永遠の　]

C   D7
Na'u 'oe ku'u lei a mau loa
私のもの　貴女　私の　レイ　の[　永遠の　]

貴女の幸せな優しい天国のような声

貴女の心は愛と共に開かれています

貴女は多くの永遠の愛を見つけ出すでしょう

貴女は私のもの　私の永遠のレイ

G C   G
Leinani, ku'u ipo, ku'u lei
レイナニ　　私の　恋人　私の　レイ

D7
Puana ka'u mele me ka mahalo
主題　　私の　歌　共に　　感謝

C   G
Ke aloha pau 'ole 'oe na'u
愛　　[　終わりない　]　貴女　私の

D7   G
Ke aloha pau 'ole 'oe na'u
愛　　[　終わりない　]　貴女　私の

レイナニ　私の恋人　私のレイ

私の妻への感謝が歌のテーマです

私の貴女への愛に終わりはありません

私の貴女への愛に終わりはありません

解説 ･･･
ハワイ島ヒロ市出身の歌手、Darlene Ahunaご主人J.J.Ahunaさんが愛する妻Darlene Ahunaに捧げた愛の歌。一度はご主人から言われて
みたい言葉ですね。

♪ジャンル カウアイ島

Ke Hoʻolono Nei
Words by Suzanne Case   Music by Leokāne Pryor

F   Am   Bᵇ   Bᵇm F
I ka uka ʻeloʻelo aʻo Alakai
で　　高地　　非常に湿った　　の　アラカイ湿地帯

F   Am   Bᵇ   Bᵇm F
Ka ʻōʻō hoʻokahi e pūlale ana
オーオー鳥　ただ1羽　[　急いで飛んでいく　]

Bᵇ   A7   Dm   G7
Ualo makehewa i ke kōkoʻolua
助けを呼ぶ　無益な　　に　　パートナー

F   Gm Bᵇ Bᵇm F
Kaumaha i ka noe o kuakahi
悲しい/消沈した の中で　霧　の　クアカヒ霧

Bᵇ   Bᵇm
Me he ua lā ke ehu ʻohāhā wai nui
共に　だ　雨　　　飛沫　[自生のロベリア＝滝の固有名詞]

Bᵇ   Bᵇm   F
ʻAʻohe lua e launa ai ʻo ka leo nahenahe
ない　　仲間　[　〜と出会う　]　は　　声　　優しい

雨のようなロベリア・ボーレン滝の飛沫と共に

オーオー鳥の優しい声は、
仲間と出会う事はありません

アラカイ湿地帯のとても湿った高地で

ただ一羽のオーオー鳥が、急いで飛んでいく

パートナーに無駄な大声で呼びかけながら

クアカヒの霧の中を悲しげに

F   Am   Bᵇ   Bᵇm F
Poʻouli hoʻi aʻo Hanawi
ポオウリ蜜吸鳥　　の　　ハナヴィ

F   Am   Bᵇ   Bᵇm F
ʻŌlapalapa ʻo ka home ia
オーラパラパ森林　です　　家　　彼の

Bᵇ   A7   Dm   G7
Kaluanui, Kaluaiki, Kalapawili
カルアヌイ　　カルアイキ　　カラパヴィリ

F   Gm Bᵇ   Bᵇm F
ʻO ia mau lapa manu ʻole lā
[いつも同じ様に] 渓谷の絶壁　鳥　　ない

Bᵇ   Bᵇm
Luʻuluʻu ka nahele o uka
痛ましい/悲しそうな　　森林　の　高地

F
I ka ua lokuloku mao ʻole
中で [　豪雨　　] [雨が止むことがない]

Bᵇ   Bᵇm
He ʻole hoʻi ka pūnua, ka pūnua ʻioʻio
だ　〜でない　本当に　羽の生えたてのヒナ鳥　　　囀り

ハナヴィのポオウリ蜜吸鳥

オーラパラパ森林はポオウリ蜜吸鳥の家です

カルアヌイ　カルアイキ　カラパヴィリ

今や鳥が飛ばない渓谷の絶壁です

高地の森林は悲しそうです

雨がやむ事がない森林の中で

ヒナ鳥もいない　ヒナ鳥のさえずりもない

F   Am   Bᵇ   Bᵇm   F
E ka ʻio ē kaha o ka lewa nuʻu
よ　　鷹　　場所　の　　空　　高地

F   Am   Bᵇ   Bᵇm   F
O ka lani paʻa ʻo Hawaiʻi nei
の [　天空のハワイ　] は　　ハワイ　　ここに

Bᵇ   A7   Dm   G7
Kou maka lana, kou heahea mai
貴方の　風采　思慮深い　貴方の [なんども暖かく迎える]

F   Gm Bᵇ   Bᵇm F
Eia mākou ke hoʻolono nei
ここにいる　私達　[　〜耳を傾ける/従っている　]

壮大な高地の鷹よ

ここハワイ、天国のような空の

貴方の思慮深い風采　貴方の暖かい呼びかけ

私たちはここで　耳を傾けています

K

307

Puna:

      B♭   B♭m
E ō mai e nā kini a lehu　　　　　答えてください　すべての人々よ
[答えてください] よ　[沢山の]　の 多数の／40万

     F   B♭
E lohe ʻia nō i ka pakapaka ua　　雨の雫の中で送られてくるメッセージを
[聞かされる]　　　　　　　雨滴　　雨

          B♭m
ʻO ka hana ia　　　　　　　　　　　これは私たちの仕事です
です　　仕事　これ

      F
E mālama ʻia a mau loa aku　　　　大切に守りましょう　永遠に
[大切にしなさい]　[永遠に]

   F   Am   B♭   B♭m F
Eia mākou ke hoʻolono nei　　　　私たちはここで聞いています
ここにいる　私達　[〜耳を傾ける／従っている]

  B♭   B♭m   F
Ke hoʻolono nei　　　　　　　　　聞いています
[聞いている]

  B♭   C7   F
Ke hoʻolono nei　　　　　　　　　聞いています
[聞いている]

K

解説・・
2007年Leokāne Pryorの作品。雲に覆われた世界一の雨量を浴びるワイアレアレ山、そして山頂から続くアラカイ湿地帯。人が住むことが
できない地域だ。胸元に黄色い羽がある故、王族のケープを作る為に絶滅したオーオー鳥が、このエリアでは数羽生命を維持していると言わ
れる。私達はハワイの自然を守ろうと問いかけている歌だろう。

♪ジャンル カヒコ

Ke Kaua A Kūkauakahi
Composed by Mark Keali'i Ho'omalu

'Ahulu O'ahu i ka nui hulu manu
羽毛状の　オアフ島　で　沢山　[　鳥の羽　]

オアフ島は沢山の鳥の羽毛で羽がある様に見えます

Kūlokuloku maila i ke one kaulana
降ること　そこに　　砂浜　　有名な

有名な砂浜に降ってきます

Ke lele maila i kō Kalapueo
[飛び跳ねねれば]　そこに　の　　カラプエオの神社

カラブエオ神社から飛んできました

Kūka'i i nā pae pōhaku o Makapu'u
取り交す　を[　集団/列　]　石　の　マカプウ

マカブウの石の集団からも飛び交いました

Ke ihola i kō Kanoniakapueo
[　降りる/降る　]に　の　　カノニアカブエオ神社

カノニアカブエオ神社の石も降っていきます

Kuala　　i ka Malailua o Nu'uanu
宙返り/後ろ向きになる　　　マライルア　の　ヌウアヌ

ヌアヌ峠の強風マライルアで宙返りする石もあります

Ke ho'oāla a'ela i Puaohulunui
[　奮起させれば　]　(a'e)　で　プアオフルヌイ

プアオフルヌイで群れは奮い立たされます

Haele loa akula i Kupalaha
行く/来る　遠い　自分より離れた場所　クパラハ

彼ら全てが遠いクパラハ・ヘイアウに行きます

K

Eia 'o Kapo'i lā ua pa'a
いる　は　カポイ　[　確かに　]

確かにカポイがいます

Ua hopuhia e Kākuhihewa
[　捕まえた/突然掴む　]　カークヒヘヴァ王

カークヒヘヴァ王に捕らえられた

Kupukupu ka ualo e he'uhe'u e
クプクプ　　　　助けを呼ぶ事　フクロウの様な鳴き声

ホーホーと鳴く助けを呼ぶ声が

Nā leo pa'ēpu i lohelohe 'ia
[　複数の声　]　一緒に鳴く　[　　聞かされる　　]

一緒に鳴くたくさんの声が聞こえてきます

'O ka pueo lele kaha i'ō i 'ane'i
です　　フクロウ　飛び跳ねる　場所　[　あちらこちらに　]

あちらこちらにフクロウが飛びまわり

Wawalu me ka 'ēheu ā me ka miki'ao
爪で引っ掻く　共に　　鳥の羽　[　そして　]　　手足の爪

鳥の羽、そして手足のかぎ爪で引っ掻きます

'A'uhe'e nā koa a'o Kākuhihewa
打ち破った　[　兵士達　]　の　　カークヒヘヴァ王

カークヒヘヴァ王の兵士達は不安で逃げます

Ua puehu lā me ke one kaulana
[　　追い散らした　　]　で　　砂浜　　有名な

有名な砂浜で四方に追い散らしました

E ola ka inoa nō o Kapo'i
[永遠なれ]　　名前　　　カポイ

永遠なれ　カポイの名前

Ke ō nei nō kēlā inoa
[　　答えている　　]　その　　名前

その名前は永遠です

解説・・
　プエオ（フクロウ）神のクーカウアカヒが守護神の農民カポイは、彼女の願いでフクロウの為に、ヘイアウか寺院を建てたいと考えた。しかしこの行為は、王の特権でありオアフ島のカークヒヘヴァ首長の怒りを買い捕らえられ、死刑の判決を受けた。そこでカポイの為に全島のフクロウが集まった。フクロウ達はカークヒヘヴァ首長の軍勢を石で攻撃して、カポイを釈放させたという神話を元にMark Keali'i Ho'omaluが書いたカヒコ。2016年度のメリー・モナーク・フェスティバルでKumu hula Chinky MāhoeのHālau Kawaili'ulāが、カヒコ部門で踊った。

Ke Kini ʻŌmole

Composed by Johnny Lum Ho

C
Ke kini ʻōmole kuʻu makemake lā
ジン酒　瓶　私の　　憧れ

ジン酒の瓶は私の憧れだ

C
I moni ka puʻu, e inu iki ē
で　グッと飲む　喉　[　飲む　]ちょっと

喉にグイ！　ちょっとだけ

C
Wai hoʻonoenoe
水　　霧/靄

霧に包まれたような水

G7
Punahele a nā kūpuna
お気に入り　[　年寄り達　]

年寄りのお気に入り

C
Ninini aku ʻoe i kuʻu Kʻīaha lā
[　流す/零す　]貴方は　に　私の　　グラス

私のグラスに貴方はそそぐ

C
A hoʻohui me ka wai huʻihuʻi lā
そして　加える　共に　　水　　冷たい

冷たい水を加えて

C
Kāmau kʻīaha
[　乾杯　]

乾杯！

G7　　　　C
I ʻolu ʻiʻo nō
に　爽やか　新鮮　とても

とても新鮮で爽やかだ

C
Nanea kuʻu maka i ka leʻaleʻa lā
気楽に過ごす　私の　好きな人　で　　楽しい

楽しく私の好きな人と気楽に過ごす

C
Hene kou ʻaka a maʻū maila ʻea lā
笑う　貴方の　頬　そして　活力ある　そこで

貴方の笑顔は生き生きと

C
Wai ʻona
水　美味しい

美味しい水

G7　　　　C
He niniu mai hoʻi kau
だ　[　ぐるぐる回る事　]　本当に　置く

私はぐるぐる回り出す

C
Makemake hoʻi ʻoe e hoʻokani pila lā
望む　本当に　貴方は　[　音楽を奏でたい　]

貴方は望みます　音楽を奏でたい！

C
A kani mai nā leo hoʻohauʻoli lā
そして[　音を出す　]　[　声　]　陽気にする

そして陽気な声で歌い出す

C
Hui pū ʻia
[　一緒にされる　]

一緒に歌おう

G7　　　　C
Me ke aloha pumehana
共に　　愛情　　暖かい

暖かい愛を込めて

311

C
Ha'ina 'ia ē ka 'ōmole kini lā
[　告げる　]　よ　　　瓶　　ジン

ジン酒の瓶のお話です

C
Pau pono i ka wai ho'onoenoe lā
[　終わる　]　が　　水　　　霧／靄

霧に包まれたような水は空っぽです

C
Wai ho'omalule
　水　　だらしなくする

リラックスさせる水

G7　　　　　C
I ku'u nui kino
を　私の　[　全身　]

私の全身を

G7　　　　　　　　　　C
(Mea punahele a nā kūpuna)
　もの　お気に入り　の　[　年寄り達　]

（年寄り達のお気に入りの物）

K

解説・・・
2016年、メリー・モナーク・フェスティバルでワヒネ総合優勝したKumu hula Johnny Lum Ho らしい楽しい酔っ払いのお話。楽しい振り付けが想像されるユーモラスな作品だ。2010年のMark YamanakaのCD「Lei Pua Kenikeni」で歌われている。

♪ジャンル　ハワイ島

Ke Kula Lehu'ula

Composed by Kuana Torres Kahele

F7
He aloha nō ke kula Lehua'ula o Ka'ū　　Bb
　だ　　愛情　　　　　平原　赤みがかった塵　の　カウ地区
F7
Kahi o nā pua 'a'ali'i kū i ka makani　Bb
場所　の　[　アアリイの花々　]　立つ 中で　　風

ワイ島南端のカウ地区の
赤みがかった埃の平原が大好きだ

アアリイの花が強い風に耐える場所だ

F7
Kūmaka ka 'ikena iā Pu'u Enuhe lā　　Bb
目に見える　　　見ることを　[　プウ・エヌヘ丘　]
F7
Ka home kau mai i ka hano a'o Kumuhea　Bb
家　　[　聳えている　]　に　　輝く　の　　クムヘア

プウ・エヌヘ丘を眺める

クムヘアの輝きに聳えている家

F7
Mahalo aku au i ka nani o Hilea　　Bb
[　感謝します　]　私は　に　美しい　の　ヒレア
F7
Me ka 'ono a ka iholena a'o Kūmauna　Bb
と　　美味　の　　バナナ　の　クーマウナ

私はヒレアの美しさに感謝します

そしてクーマウナの
野生のバナナの美味しさに

F7
Ha'ina 'ia ka puana me ka ha'aheo　　Bb
[　告げる　]　主題　と　　誇り高い
F7
Onaona ku'u maka i ke kula Lehu'ula o Ka'ū　Bb
魅惑的な　私の　眺め　に　平原　赤みがかった塵　の　カウ地区

テーマは誇り高いカウ地区の話です

魅惑的なカウ地区の
赤みがかった塵の平原の眺め

K

解説 ···
オリジナルはメリー・モナーク・フェスティバルに出演するマーク・ケアリィ・ホオマルの踊る曲「アロハ・ノー・カウ」のカイとホイのために書かれた。ハワイ島最南端、アメリカ合衆国の最南端の町だ。Ka'ūは海から吹く風が強い場所で木々が山に向かって斜めに茂っている。

♪ジャンル 子供向け

Ke Mele Mau'u

Traditional

G
Hāli'i lau 'ōma'oma'o　　　　　　緑の葉が広がったシーツ
シーツを広げる　葉　　　緑

G
Ka wehi o ku'u pāhale　　　　　　私の庭の飾り付けです
　　飾り付け　の　私の　　庭

C
Nanea ke luana iho　　　　　　　暇な時間を過ごしてリラックス
リラックス　[　暇な時間を過せば　]

D7
Ma ia kapa mau'u lā　　　　　　　草のシーツの上で
で　この　タパ　草の総称

G
Hāli'i lau palupalu ē　　　　　　柔らかい葉を広げたシーツ
シーツを広げる　葉　　柔らかい

G
Moena o ku'u pāhale　　　　　　　私の庭のカーペットです
カーペット　の　私の　　庭

C
Le'ale'a ke pā'ani aku　　　　　　遊べばとても楽しい
楽しい　[　遊べば　　]

D7　　　　　　　　　　G
Ma ia kapa mau'u lā　　　　　　　草のシーツの上で
で　この　タパ　草の総称

G
Hāli'i lau lō'ihi lā　　　　　　　長い葉を広げたシーツ
シーツを広げる　葉　長い

G
Ani ana ahe makani　　　　　　　そよ風が静かに吹いて来る
[風が静かに吹く] [　そよ風　]

C
Holoholo nā mea kolo　　　　　　昆虫たちは走り回る
走り回る　[　昆虫たち　]

D7　　　　　　　　　　G
Ma ia kapa mau'u lā　　　　　　　草のシーツの上で
で　この　タパ　草の総称

G
Eia nō ku'u wahi mele　　　　　　私の可愛い歌の場所はここです
ある　私の　場所　歌

G
No ka hāli'i mau'u lā　　　　　　草を広げたシーツについて
ついて　広げたシーツ　草の総称

C
'O ke kapa uluwehiwehi　　　　　青々と茂った緑のシーツです
です　　タパ　青々と緑に茂った

D7　　　　　　　　　　G
O ku'u pāhale nani lā　　　　　　私の美しい庭の
の　私の　　庭　美しい

解説 ‥‥
ハワイの家庭の庭は何時も綺麗に整備されている。洗濯物をベランダに干すこともあり得ない。家庭の庭を綺麗に整備することが義務付け
られている。ドライブして気持ち良いのは、美しく刈られた庭の芝生の緑の所為かも知れない。

♪ジャンル　カヒコ　神話

Ke Welina Mai Nei
Traditional

Ke Welina Mai nei ke kini o lalo
[愛情あるご挨拶をしている] 大勢の の 下

大勢の人が愛情ある挨拶をしています

Nā hoa i ka uka nahele o Puna
[友達たち] に 高地 森 の ブナ

ブナの樹木が茂る高地の友達たち

'Akahi ka noho o ka ua i Kaukahi
初めて 滞留 の 雨 で カウカヒ

カウカヒに雨が降り続けるのは初めてです

Noho kāne i ka papa i lohia
[カーネ神は振る舞う] で 土台 ゆっくり動く

ゆっくりとカーネ神は動く

A lau o Kalohelani a Pi'ilani lā
そして 多数 の カロヘラニ と ピイラニ

カロヘラニ神とピイラニ首長たち大勢で

'Eā lā, 'eā, 'eā lā 'eā

それぞれ　それぞれ

Ua mā'ona o kāne i ka 'awa
[お腹一杯食べた] の カーネ神 を アヴァ酒

カーネ神はお腹いっぱい食べてアヴァ酒を飲んで

Ua kau ke keha i ka uluna
[置いた] 頂上 に 枕

枕の上に頭を乗せて

Ua hi'olani i ka moena
[静かに横たわる] で マット

マットで手足を伸ばしました

Kipa 'ia e ke kapa a ka noe
[訪問される] によって タパ布 の 霧

タパ布のような白い霧の毛布をかけて慰められます

Ka ho'opa'a kai a kinilau lā
保留する [キニラウの海]

キニラウの海は眺めから隠されました

'Eā lā, 'eā lā, 'eā

それぞれ　それぞれ

He Inoa nō Kāne

カーネ神の名前歌

K

解説 ···
ハワイ島ブナの高地に沢山の神々が集まったようだ。カーネ神、カロヘラニ神、湾の守り神ピイラニ首長。神々が集まって宴会が始まったのかアヴァ酒でカーネ神も酔いつぶれ。神話の世界のお話でした。

♪ジャンル ハワイ島

Keanakolu
Composed by Kuana Torres Kahele

```
    C          Baug        C
Uluwehiwehi nō 'o Keanakolu
  緑の木々が青々と茂る  本当には は    ケアナコル
D7              F        G7
Pulu 'elo i ka ua līhau
［びしょ濡れになる］で    雨  冷たい雨
G7          C
I ka noe anu ē
中で    霧  寒い
```
ケアナコルは緑の木々が青々と茂り

冷たい雨でびしょ濡れになっている

寒い霧の中で

```
    C        Baug       C
'Ike 'ia nō ma Waipunalei
［  見られる  ］で    ワイプナレイ
D7                F        G7
'O ka Maile 'a'ala ho'oipo
です    マイレ   香りよい   求愛する
G7          C
ku'u lei aloha ē
私の   レイ    愛する
```
ワイプナレイで眺められます

求愛する様なマイレの甘い香り

私の愛のレイよ

```
    C         Baug      C
Kūha'o mai 'o Ka'ali'ali
［  一人で独立している  ］は   カアリアリ山
D7            F          G7
Hō'ike Poli'ahu i ke kapa
見せる     ポリアフ        タパ布
G7          C
Hau anuanu ē
雪    霧      よ
```
カアリアリ山は一人で高く聳え

雪の女神ポリアフが白いマントを見せている

雪，そして霧よ

```
     C        Baug       C
'Ohu'ohu nā kumu 'āpala
  霧が掛かる  ［  樹々  ］    リンゴ
D7              F          G7
Me nā palama i ka lei māmane
共に ［  プラムの木々  ］に    レイ マーマネ（自生のマメ科）
G7          C
O ku'u home nani ē
 の  私の    家  美しい  よ
```
リンゴの樹々に霧が掛かる

レイ・ママネにプラムの木々と共に

私の美しい家の

C		Baug	C
Puana	**ka mana'o**	**hāli'ali'a**	
テーマ		顕望	突然蘇る愛の想い出

憧れた愛の想い出が歌われます

D7		F	G7
'O	**ka 'ena**	**aloha**	**kēia**
です	赤熱した	愛	この

この熱い愛の思い

G7		C
No	**Keanakolu**	**ē**
為の	ケアナコル	おー

ケアナコルの為に

解説··

Kuana Torresの2011年のCD「Kaunaloa」で歌われている作品。リンゴ、プラム、そして絵の様なママネの木。Keanakoluはクアナにとって想い出の場所だ。母親は10代の前半を両親と兄弟と共にここで育ったという。

Keanakoluはハワイ島の南部、カウ地区にあり、3つの洞窟がトンネルで自然に繋がった名所。Ka'ali'ali山は3000メートル級の山でマウナ・ケア火山の下方に聳えている。

© MOUNTAIN APPLE COMPANY INC
All rights reserved. Used by permission.
Rights for Japan administered by HOTWIRE K.K.

♪ジャンル マウイ島 カヒコ

Keka'a

Composed by Cliff Pali Ahue

'Ae, he mele no Keka'a
はい　です　歌　の　　ケカア

はい　ケカアの歌です

'Ike i ke one kea ā keka'a
見る　を　　浜辺　白い　の　ケカア

ケカアの白い浜辺を眺める

Ka'a alanui kīke'eke'e o Māui
回転する　道路　　ジグザグ道路　　の　マウイ島

マウイ島のジグザグ道路

Ma'ū ka lepo o kēia 'āina
濡れた　　地面　の　この　　土地

この土地の湿った地面

Pulupē i ka ua Lililehua
びしょ濡れ　で　　雨　　リリレフア

リリレフア雨でびしょ濡れだ

Hū mai ke aloha no ka 'āina
[感情が高まる]　　愛　為の　　土地

土地への愛情で感情が高まる

'Āina kaulana no nā ali'i
土地　　有名な　の　[首長達]

首長達の有名な土地

He ali'i nō 'oe, e Pu'u Keka'a
だ　首長　　貴方　よ　プウ・ケカア

貴方は首長です　プウ・ケカアよ

Kū 'oe i ke kai, e ho'i mai
立つ　貴方は　に　海　[帰ってきて]

海に立ち上がって　帰ってきてください

Mai ke kai 'Au'au iā Kahuli
から　　海　アウアウ　へ　カフリ高地

アウアウ海からカフリ高地へ

Puana ka inoa no Keka'a
主題　　名前　の　ケカア

主題はケカア首長です

He inoa no Keka'a
だ　名前　為の　ケカア

ケカア首長の名前歌

解説••
マウイ島へ行く観光客の多くはカアナパリ・ビーチで楽しいひと時を過ごす。波静かな海岸だ。昔々、この溶岩の崖が北端にあるエリアは
Pu'u Keka'a (ケカア崖) と言われ、Leina a ka 'uhane (精神が躍動する場所) でハワイ人のとって聖地だった。マウイ島のKumu Hula Pali
Ahue がこの地に伝わる物語をカヒコにして伝えている。

Kēōkea Pāka

Composed by Sarah Kekelaokalani Moku Pule

C   A7
Aloha ʻia nō Kēōkea pāka
[愛される] とても [ケーオーケア公園]

とても好かれているケーオーケア公園

D7
He pāka hoʻohihi a ka malihini
です   公園   絡み合わせる の   旅人／訪問者

訪問者がたくさん訪れる場所

G7   F C
Hiehie no ʻoe kau mai i luna
人目を引きつける   貴方は [高くそびえる   ]

貴方は一際人を惹きつけ　高く登えています

C   A7
Me nā māla pua nani e kaulana nei
共に [楽園] 花 美しい [何時も有名です]

美しい花園はとても有名です

D7
Uluwehi i ka lau o ka niu
青々と茂る緑 が   葉 の   ヤシ

ヤシの葉は青々と茂り

G7   F C
Holunape aʻe ana me ka makani
[ヤシの葉が風で揺れている海の父を聞け] で   風

そよ風に優しく揺れています

C   A7
Nānea noho hoʻi ke lohe i kai
気楽に／魅惑的に 正に [聞けば] を 海

海の音を聞けばとてもリラックスします

D7
E hāwanawana aʻe nei
[囁いている   ]

囁いているような

G7   F C
Hoʻopulu i ka ʻili ʻo ke anuanu
濡らせる を   肌 は   寒い

寒さは肌を湿らせます

C   A7
Hāʻina ʻia mai ana ka puana

物語は終わります

D7
He pāka hoʻohihi a ka malihini

訪問者がたくさん訪れる場所

G7   F C
Kēōkea pāka kou inoa ia
[ケーオーケア公園] 貴方の   名前 この

ケーオーケア公園は貴方の名前です

K

解説・・

作曲家のSarah Kekelaokalani Moku Pule が愛する夫 Akoni Puleがケーオーケア公園での勤務を引退した際、感謝の意を込めて贈った曲。Hālau Kalaʻakeakauikawēkiuの為に歌うことに協力し、指導してくれたハーラウのクムKenneth"Aloha"Victorに感謝すると、ホオケナの人達は語っている。

♪ジャンル [マウイ島]

Kīhei

Composed by Kawaikapuokalani Hewett

G   C   G
Aloha aʻe au iā Kīhei
好きです   私は は が キーヘイ町

G   D7   G
Pumehana kāua, hoʻoipo nei
温情ある   私達二人   愛撫する   ここに

私の愛はキーヘイ町に

私達二人は温かく　ここで迎えられます

G   C   G
Ma ka lihilihi ʻoe o Kīhei
で   境界   貴方は   の   キーヘイ

G   D7   G
ʻAneʻane hiki ʻoe, kou makemake
ほとんど   到着する   貴方は   貴方の   願望

キーヘイの町境で貴方は

今、町に到着する貴方、貴方の願い

G   C   G
Hoʻokomo kāua iā Kīhei
入る   私達二人   へ   キーヘイ

G   D7   G
Neʻeneʻe aku au, pili me ʻoe
[すり寄る   ] 私は   ぴったり   と   貴方は

私たち二人、キーヘイ町に入ります

私はすり寄り、貴方と私はぴったり寄り添って

G   C   G
ʻAlawa iho ʻoe iā Kīhei
[一目見る   ] 貴方は   を   キーヘイ

G   D7   G
I ka nani kamahaʻo kāhela nei
を   美しい   不思議な   [一面に広がっている]

あなたはキーヘイ町を一目見ると

一面に広がる不思議な美しさ

G   C   G
Haʻina ke aloha iā Kīhei
告げる   愛情   へ   キーヘイ

G   D7   G
Pumehana kāua hoʻoipo nei
温情ある   私達二人   愛撫する   ここに

キーヘイ町への愛情物語

私達二人は温かく　ここで愛撫されます

解説・・・・・・・・・・・
カワイカプオカラニ・ヒューエットがマウイ島のキヘイ町の美しさを讃えた曲。
マカハ・サンズの大ヒットしたCD「Ke Ala ʻUla」に収録されている。
Kai Davisが作曲した同名の曲は「HAWAIIAN MELE 298」に記載。

♪ジャンル　ハワイ島

Kīpuka
Composed by Kuana Torres Kahele

D　　　　　　　G　　　　D
Kaulana ka wao kele ʻo kīpuka
有名な　　[樹木で覆われた高地]　は　キープカ
D　　　　　　　　　　　G　　D
Wehiwehi wale i ke kilihuna
青々と緑に茂る草木　とても　で　　かすかな霧雨
D　　　　　　　　　　A7
Hiaʻai, hiaʻai wale ka manaʻo
[とても満足する]　心
A7　　　　　　　　　　D
Me ka beauty aʻo ka Palai
で　　美しい　　の　　　自生のシダ

キープカは樹木で覆われた高地

かすかな霧雨に濡れて青々と茂る緑の草木

私の心はとても癒されます

生い茂るシダの美しさで

D　　　　　　　　　G　　　　D
Pā mai ka makani ahe ʻoluʻolu
[風が吹いてくる]　　風　そよ風　爽やかな
D　　　　　　　　　　G　D
I ka poli o Kīpuka-pua-ulu
に　　胸　の　　キープカプアウル
D　　　　　　　　　A7
Ua lohe i ka leo hone a ka manu
[聞こえた]　が　　声　甘い　の　　鳥
A7　　　　　　　　　D
Leo nahe aʻo ka　　Palila
声　優しい　の　　　パリラ鳥（ハワイ蜜吸鳥）

爽やかなそよ風が吹いてくる

ここ、キープカプアウルの胸で

鳥の甘い鳴き声が聞こえてくる

パリラ鳥の優しい声が

D　　　　　　　　G　　　　D
Kāhiko ʻia hoʻi e kuʻu kino
[飾られる]　本当に　[私の体よ]
D　　　　　　　　　　G　D
Me ka Lehua pua nani pūnono
共に　　レフア　花　美しい　華やかな赤色の
D　　　　　　　A7
I ka uahi māpu kea aʻo ka wahine
に　　煙　香気　白い　の　　　女性
A7　　　　　　　　D
He nanea mai hoʻi kau
です　リラックス　[まあ最高に／本当に]

私の体は飾られます

鮮やかな赤い色のレフアの花と共に

女神ペレの白く香る噴煙で

最高にリラックス！

D　　　　　G　　　　D
Eia au e noho mai ana lā
ある　私は　[住んでいる／滞在する]
D　　　　　　　　　G　D
I ke kihi poʻohiwi o ka mauna
に　　ヘリ／淵　尾根　の　　山
D　　　　　　　　　A7
ʻO Mauna loa ke kū nei, kū haʻaheo
です　[マウナ・ロア山]　[立っている]　立つ　誇り高く
A7　　　　　　　D
Hawaiʻi nō e ka ʻoi
ハワイ　[ナンバー・ワン]

私が滞在するのはここ

山の尾根の淵です

マウナ・ロア山は聳え　誇り高く立つ

ハワイ（島）は一番だ

K

D   **G**   **D**
Ha'ina 'ia mai ana ka puana   物語は終わります

D   **G**   **D**
Onaona ka Maile 'o Kīpuka   キープカはマイレで甘く香ります
  甘く香る   マイレ   は   キープカ

D   **A7**
Ua lohe i ka polinahe o nā manu   鳥達の心地よい静かな声を聞く
 [聞いた]を   心地よく静かな声   の [鳥達   ]

A7   **D**
He piuke mai ho'i kau   なんとまあ　美しいのだろう!
  だ   美しい   [まあ最高に／本当に]

K

解説 ···

Kīpuka 'āhiu = Kīpuka	ハワイ島キラウエア地区
Kīpuka 'ākala	ハワイ島カウ地区内のホヌアポ地区
Kīpuka-pua-ulu	バード・パークとして知られるキラウエア地区のハワイ火山国立公園内で育つ花 kīpuka
Palila	危機に瀕しているハワイアン・ハニー・クリーパー（鳥）。色はグレー、黄色、白色。

♪ジャンル [カウアイ島]

Koke'e Me Kalalau
Composed by E. Keali'i Blaisdell

G C   G C G
Ke 'ike aku wau nani o Koke'e   私が眺めるコケエは美しい
[眺める] 私が 美しい の コケエ

G   C   G C G
E ho'opulu 'ia nei ka ua kilihune   キリフネの小雨で濡れている
[湿らせられている] 雨 キリフネ

C   Cm G
Nani wale e ka ua a'o Koke'e   とても綺麗な　コケエに降る雨よ
[とても綺麗な] よ 雨 の コケエ

G   C   G   C   G
Kilakila o Kalalau ho'oheno 'ana i ka mana'o 心の中で愛するカララウの荘厳さ
荘厳な の カララウ [愛する事] 中で 心

G   C
Na kupa o ka 'āina   土地の人々によって
によって 住民達 の 土地

G   C   G
Hō'olu i ka maka o ka malihini   旅人の目を楽しませる光景
楽しませる に 目 の 旅人

C   Cm   G
No ka nani a'o Kalalau hanohano i ka maka 目に華やかなカララウの美しさで
によって 美しい の カララウ 華やかな に 目

G   C   G   C   G
Ka nani o Koke'e kīhāpai nani ke 'ike aku コケエの美しさ　眺めれば美しい土地
美しい の コケエ 土地区分 美しい [眺めれば]

G   C   G   C   G
Me ka nani o Kalalau kilakila, kelakela i ka la'i 雄大なカララウの美しさと卓越した静けさ
共に 美しい の カララウ 雄大な 卓越した 中に 静けさ

C   Cm   G
Lipolipo i ka maka ke 'ike aku   眺めれば森の緑が目に映える
密集した森林の緑 目 [眺めれば]

G   C   G C G
Ha'ina 'ia mai ana ka puana   物語は終わります

G   C   G   C   G
O ka nani a'o Koke'e me ka nani o Kalalau 美しいコケエ　そしてカララウの美しさ
の 美しい の コケエ 共に 美しい の カララウ

C   Cm   G
Ho'oheno ana i ka mana'o na kupa o ka 'āina 土地の居住者に心から愛され
愛する で 心 によって 住民達 の 土地

C   Cm   G
Ho'olu i ka maka o ka malihini   旅人の目を楽しませる光景
楽しませる に 目 の 旅人

解説・・

2003年E. Keali'i BlaisdellのAlbum「Keeping It Traditional」から紹介しよう。カウアイ島Koke'eを讃えた曲は数多いが、筆者が旅人に伝えたいのは、多くの観光客が、ハワイのキャニオン渓谷と称されるワイメア渓谷を見て、大多数の旅人が下山してしまう事だ。あと一息登頂すると息をのむ絶景に遭遇する。切り立った崖の上の展望台と壮大な海原。瞬時に現れては消える霧。別世界を堪能してもらいたい。

♪ジャンル カウアイ島

Kōke'e I Ka La'i

Composed by D.Kale Kau'i

G
Aloha wale i ka Maile Mokihana
[　大好きです　] が　マイレ　　モキハナ

マイレとモキハナが大好きです

B♭
Hana me ka ha'aha'a
仕事する　で　　謙虚

それは謙虚さで作られ

B♭
Ha'aheo ke kūlana
誇りを高く　　ランク

誇りを持って大切にされます

C　　　　　　　　　　　　　　　　　D
He lei hanohano, Kōke'e i ka la'i ē
です　レイ　光栄在る　　コケエ　中の　穏やかさ

光栄あるレイ　そして穏やかなコケエ

D　　　　　　　　　　　　　　C
Wehiwehi 'o Kōke'e i ka 'iu'iu
飾り付ける　は　コケエ　で　　威厳の在る

堂々としたコケエはキラキラ輝いています

D　　　　　　　　　　　C
I ka ua Kilinahe o ka lewa ē
で　雨　静かに降る雨　の　　上空

頂上の穏やかな雨の中で

　　　　G　　　　　　　　　　　　D
He lei hanohano i ka poli o Kaua'i
です　レイ　名誉ある　に　　胸　の　カウアイ島

カウアイ島の胸に名誉あるレイ

E7　　　　　　　　A7　　　　　　D
E ka Maile lauli'i i ka hano ē
よ　マイレ　小さな葉　　有名な

有名な小さな葉のマイレよ

D　　　　　　　　　　　　C
He piko ko ka Maile o nā kupu i nā hulu
です　へそ　[　マイレの　] の [　祖父母　] [両親、祖父母の時代]

マイレの蔓は祖父母時代のへその緒のようです

D　　　　　　　　　　C
I nā hulu 'ihi i ka 'ihi lani ē
[両親、祖父母の時代] 神聖な　[　天国の様な輝き　]

それは私達を大事にしてくれた祖父母に通じます

　　G　　　　　　　　　D
Ua pā 'ia ka makani 'olu o nā moku
[　~に届く　] 風　穏やかな の [　島々　]

そよ風は全ての島々を巡ります

E7　　　　　　　　　A7　　　　　　D
'A'ohe moku kū pū aku me Kaua'i ē
ない　島　現れる [正に等しい] と　カウアイ島

それでもカウアイ島に並ぶ物はありません

Hui:

　　　G　　　Gm　　　D
Kūpaoa 'oe i ka 'iu'iu
強い充満する香気　貴方は　　威厳の在る

高地の貴方は高貴な甘い香り

　　　G　　Em　　　A7
'O Kōke'e i ka la'i ē
です　コケエ　中に　静けさ

静けさの中のコケエです

D   C
'Ohu'ohu nā pua i nēia lei wili　　　　　子供達はマイレで飾り付けられる
飾り付ける　　[　花々　]　で　この　[巻き付くレイ]

D   C
Wili 'ia   e ke kupa o ka 'āina ē　　　　　土地で生まれた人達によって編まれます
[　編まれる　] によって　原で　の　　土地

G   D
Hili ke kāhiwa awaiāulu 'ia　　　　　　　神聖な蔓を通してしっかり編まれるのです
紐に通す　神聖な蔓　[　　締められる　　]

E7   A7   D
E ka lima pa'ahana o ka momi ē　　　　　この宝の様な勤勉な手で
によって　　手　勤勉な　の　　真珠

D   C
He mana ko ka Maile i ke kupa pa'ahana　マイレは勤勉な原住民の心です
です　　マナ　[　マイレの　]　原住民　勤勉な

D   C
He makana aloha ia i i Kōke'e　　　　　　美しいコケエへの愛の贈り物です
です　　贈り物　愛　この　で　コケエ

G   D
Eō e nā mamo a Manokalanipō　　　　　　マノカラニポーの子孫達、答えて下さい
答えて　よ　[小鳥達=子孫]　の　　マノカラニポー

E7   A7   D
E ka Maile lau li'i ka hana ē　　　　　　マイレの小さな葉の素晴らしい仕事よ
よ　　マイレ　葉　小さな　　仕事

K

解説 ・・・

この歌は平和なコケエと呼ばれている、カウアイ島の高地コケエを誉め称えています。ワイメア渓谷と美しい展望で知られている。そして広大
な森林のハイキング・コースとしても有名。この歌は素晴らしいレイ・メイカーとしても知られていた音楽家、Uncle Larry Yadao Sr のために
作られた。彼はコケエの森から香気のあるマイレや珍しいモキハナを採集してレイを編んだ。彼の独特なレイのスタイルは、誰も編む事が出
来ない独特な物でした。

♪ジャンル 王族

Komo Pono
Traditional

F
Komo pono kula 'oe
　入る　　正しく　容器 あなたは

あなたは私に正しく入りました

F
Pōhaku tuti tumbo
　石　　　[　鋭い岩　　]

鋭い岩のようです

C7　　　　　　　　F
Ka poli 'olu o nānea
　胸　穏やかな　の　魅惑的な

魅惑的な穏やかな胸の内

F　　　　　　　　G7
Kō ma'i hō'eu'eu
あなたの　生殖器 元気のよい／感動させる

あなたの元気な生殖器

C7
Hō'ekepue ana 'oe
　隠している　　　あなたは

あなたは隠しています

F　　　　　　　　G7
Hō'ike i ka mea nui
　見せる　を　　もの　大きい

大きいものを見せて下さい

C7　　　　　　　F
'O Hālala auane'i
　ハーララ　すぐに／今／徐々に

今すぐに　ハーララです

F
Komo pono kula 'oe

あなたは私に正しく入りました

F
Pōhaku tuti tumbo

鋭い岩のようです

C7　　　　　　　F
Ka poli 'olu o nānea

魅惑的な穏やかな胸の内

F　　　　　　　　G7
Ka hana 'ia o Hālala
　する事は　の　　ハーララ

ハーララのすることは

C7　　　　　　　　F
Ka hapahapai kīkila
　　高くあげる事　　　お尻

お尻を高く揚げて

F　　　　　　　　G7
Kō ma'i hō'olalahū
あなたの　生殖器　勃起した

あなたの勃起した生殖器

C7　　　　　　　　F
I kai 'ale pūnana meli
　が　海　波　　巣　蜜

蜜の巣が溢れる海の中に

F
Komo pono kula 'oe

あなたは私に正しく入りました

F
Pōhaku tuti tumbo

鋭い岩のようです

C7　　　　　　　F
Ka poli 'olu o nānea

魅惑的な穏やかな胸の内

F　　　　　　　G7
E hūhū ai kō nuku,
[膨れ上がる／沸騰した] あなたの　　嘴

膨れ上がったあなたの嘴

C7　　　　　　　　F
I ka mea nui o Hālala
　　物　　大きい　の　ハーララ

ハーララのなんと大きい事

```
F                    G7
Ha'ina  mai  ka  puana                        物語は告げます
C7                        F
'O  Hālala  i  ka  nuku  manu                 鳥達の嘴の中のハーララです
     ハーララ            嘴     鳥


F
Mālama  pono  'oe                             あなたは気をつけなさい
  [    気をつけなさい    ]   あなたは
F
Pōhaku  diggidy  dumbo                        鋭い岩のようです
C7                    F
Ka  poli  'olu  o  nānea                      魅惑的な穏やかな胸の内
F                    G7
Kō  ma'i  hō'eu'eu                            あなたの元気な生殖器
C7                    F
Hō'ekepue  ana  'oe                           あなたは隠しています
F                    G7
Hō'ike  i  ka  mea  nui                       大きいものを見せて下さい
C7                    F
'O  Hālala  auane'i                           今すぐに  ハーララです


F
Mālama  pono  'oe                             あなたは気をつけなさい
F
Pōhaku  diggidy  dumbo                        鋭い岩のようです
C7                    F
Ka  poli  'olu  o  nānea                      魅惑的な穏やかな胸の内
F                    G7
Ka  hana  'ia  o  Hālala                      ハーララのすることは
C7                    F
Ka  hapahapai  kīkila                         お尻を高く揚げて
F                    G7
Kō  ma'i  ho'olalahū                          あなたの勃起した生殖器
C7                    F
I  kai  ala  pūnana  meli                     蜜の巣が溢れる海の中に
```

K

F
Mālama pono ʻoe　　　　　　　　あなたは気をつけなさい

F
Pōhaku diggidy dumbo　　　　　鋭い岩のようです

C7　　　　　　　　F
Ka poli ʻolu o nānea　　　　　　魅惑的な穏やかな胸の内

F　　　　　　　G7
E hūhū ai kō nuku　　　　　　　膨れ上がったあなたの嘴

C7　　　　　　　　F
I ka mea nui o Hālala　　　　　ハーララのなんと大きい事

F　　　　　　　G7
Haʻina mai ka puana　　　　　　テーマを告げます

C7　　　　　　　F
ʻO Hālala i ka nuku manu　　　鳥達の嘴の中のハーララです

K

解説···
原曲のKō Maʻi Hōʻeuʻeuはカラーカウア王の生殖器を讃えた歌。
ハーララ=過度に大きいというタイトルの詩で、王家の子孫繁栄を願い捧げた曲だ。ここで紹介する歌は、この曲を下地にしたセックスを楽
しむハワイらしい作品。年をとったハワイ人がセックスに対してとった健康的な姿勢のたとえで、現在、この歌は、「露骨な歌詞」というラベ
ルを貼られていますが、歴史的に見ると、昔の多くのハワイ人は、良い楽しみとして考えていた。
ハワイ島の歌手（ママ・ティナKaapana）によってカラーカウア王を讃えた曲は大衆化したバージョンになった。
2002年にKawai Cockettがフラ・レコードから出した「Still Strumming」、2014年に発売されたWaipunaのCD「E Mau Ke Aloha」共に、
1曲目で歌われている。

Kuhihewa

unknown

C   **E7**   **A7**
Kuhihewa au 'o nanea lā
間違った想像／判断 私は 気楽な時を過ごす／リラックスする

私は気楽に、間違った判断をしていました

D7
Ka ho'oheno 'ana mai lā
[可愛がること／愛撫すること]

可愛がることを

G7
Eia kā ke ali'i hana pono lā
ある の 首長／思いやりある人 [入念な作業]

入念に愛撫する首長がここにいます

G7
Ka mea puni hana nowelo lā
[好む人] [仕事知識を探求する]

女の子を口説くのが好きな人です

C   **E7**   **A7**
'Akahi au a 'ike maka lā
初めてです 私は そして [目撃する]

私は初めてです、目撃するのは

D7
Ka puni hana nowelo lā
大好き [知識を探求する]

女の子を口説くのが好きな人です

G7
Ua like nā a like lā
[同じようだ]

全く同じように

G7   **C**
Me ka 'auku'u kia'i loko lā
と ゴイサギ 見張る 中を

フィッシュ・ポンドを見張るゴイサギと

C   **E7**   **A7**
Ho'opē 'ia ka mana'o lā
[押し潰される] 願望／思考

私の心は押し潰されます

D7
Ka pu'uwai i ka hu'i koni lā
心 で ズキズキ 疼き／鼓動

心臓はドキドキします

G7
Me he lā 'o ia ē ka ipo lā
と一緒 だ 太陽 [彼女は] よ 恋人

彼女は太陽と一緒です 恋人よ

G7   **C**
Ka pili o ka wā pau 'ole lā
[寄り添う事] の 時代 [終わりない]

永遠に時を寄り添う人だって

C   **E7**   **A7**
Ha'ina mai ka puana lā

物語は終わります

D7
Ku'u hoa o ke kuhihewa lā
[親友] の 間違った意見

間違った思いをさせた私のお友達

G7
Ka ho'oheno 'ana mai lā
[愛すること／愛撫すること]

愛情の表現で

G7   **C**
Kapalili ai nei pu'uwai lā
喜びで胸がときめく 今 心

今、私の胸は喜びで、ときめいています

解説‥‥
愛し合う喜びを謳歌した作者不明の楽しい曲だ。単語の訳し方によって、内容が変わってくるような歌詞。この訳詞もCDに描かれている訳詞とやや異なっている。ハワイ語の様に一つの言葉に色々の意味がある場合、真実の意味は作詞者にしか判らない。特に愛情を賛歌する歌詞は難解な歌詞が多い様だ。

♪ジャンル　カヒコ　王族

Kuko E Ka Manawa
Traditional

Eia ke kuko o ka Manawa la-e
ある　　性欲／肉欲　の　　　季節／年代

私の愛されたい時

He ano‘i ka‘u e li‘a nei la-e
です　欲望　私の　[熱烈に望んでいる]

熱烈に憧れている私の思い

Hāli‘i o ka lani kapu lani la-e
シーツ　の　位の高い首長 神聖な　天国

天国の神聖な位の高い首長の庇護で

Nā pua o ka oha o ka lani la-e
[花々]　の　好意／挨拶 の　　天国

それは天国の好意の花々の様だ

Ka lei o ka papa moku nui la-e
　子供　の　　明確　直系　偉大な

はっきりした直系の子孫

Nā ali‘i puka i ke ao nei la-e
[首長達] 勝利を得た を　　地球

地球を支配した首長達

Kū mai ‘o Kalakaua la-e
[立ち上がる]　の　カラーカウア王

カラーカウア王は立ち上がる

He ali‘i noho i ka wehiwehi la-e
です　首長　統治する 中に　　飾り付け

栄光ある国を治める首長

Noho ana i Mo‘ohealani la-e
住む　　に　　モオヘアラニ

モオヘアラニに住んでいる

I ka luna ou me ka ua la-e
　高い　あなたの 共に　雨

雨の様な（優しい）力で貴方は君臨した

Ha‘ina ‘ia mai ka puana la-e
[告げる]　　　主題

物語は告げます

‘O Kalākaua he inoa la-e
です　カラーカウア王　です　名前

カラーカウア王の名前歌です

解説 ・・・
歌詞の、2、3行目は一息で歌っている。カラーカウア王を讃えた有名なKahikoだ。2013年のメリー・モナーク・フェスティバルのミスアロハ
フラ部門でHula Hālau ‘O KamuelaのJasmine Kaleihiwa Dunlapが踊った。非常に難解な曲。カラーカウア王の家系を調べると面白い。

Kulaiwi
Composed by Larry Kimura, Peter Moon

          D   A7   D
Mai ka piʻina a ka lā i Haʻehaʻe　　　　ハワイ島東端のハエハエ岬から太陽は登り
　から　　　　　登り　　　　　太陽　に　　　ハエハエ

     D   A7   D
A i ka mole ʻolu o Lehua　　　　　　　　レフアのしなやかな主根の基礎に
そして　に　　　主根　しなやかな　の　　レフア

     G   D
Eia au ko kama ē　　　　　　　　　　　　私はいます　貴方の子供です
ある　私は　貴方の　子供

     A7   D
He mamo aloha na Hāloa　　　　　　　　ハーロア王の愛する子供です
だ　　子孫　愛する　の　　ハーロア

            G
ʻO Hawaiʻi i kuʻu kulaiwi　　　　　　　　私の祖国ハワイです
です　　ハワイ　　　　私の　　　祖国

           D
Mai nā kūpuna mai　　　　　　　　　　　先祖からの
　から　[　祖父母／先祖　]　方向語

              A7
ʻAʻohe mea nāna e kū ai　　　　　　　　誰も獲得する事は出来ません
　～でない　もの　彼の為に　[獲得する／購入する]

           D   D7
I ke ēwe o kuʻu mau iwi　　　　　　　　私の永遠の骨（自主性）は、出生地に残ります
　新芽／出生地　の　私の　永遠の　　骨

           G
E ola au i kuʻu lāhui　　　　　　　　　　ハワイ人として、私の民族として生きます
[生きよう]　私は　で　私の　　人種／民族

           D
Ke kuleana o ka ʻōiwi　　　　　　　　　土地っ子としての責任を果たします
　権利／責任　の　　原住民／土地っ子

             A7
ʻO ka ʻī ma kāna ʻōlelo　　　　　　　　彼の言葉で告げています
です　言う事　で　彼の　　言語／言葉

           G A7   D
He Hawaiʻi au mau a mau　　　　　　　　永遠に私はハワイ人です
です　　ハワイ人　私は　[　　永遠に　　]

K

Ending:

D7   G
E ala mai ʻO Hawaiʻi Kuʻu Kulaiwi　　　私の故郷ハワイは永遠なれ
[　永遠なれ　]　です　ハワイ　私の　　故郷

解説・・・
作詞Larry Kimura、作曲Peter Moon、タイトルがKulaiwi祖国。この題名で名コンビの作詞作曲家がまさかジャワイアン・スタイルの曲を書くとは想像できなかった。歌詞は実に見事に決まったハワイ讃歌。歌っているのがSean NaʻauaoとRobiなので実に軽いノリ。楽しい愛国ソング、この辺が日本人とは感覚の相違なのかな？

♪ジャンル   日本   ハパハオレ

Kūlia I Ka Nuʻu Fuji-san

Composed by Barry Flanagan, Kohei Shinkai

F   Bb   C7   F   Bb   C7   Dm
Kūlia! kū kilakila ē. kū kilakila ē
努力しよう   立っている   雄大に
努力しよう！   雄大に聳えている   雄大に聳えている

Dm   C   F   Bb   Dm   C7   F
I'll rise to thrive upon the light that guides me. Kūlia!
登る [生きがいを持つ]   光   導く   私を   努力しよう
私を導く光に生きがいを感じて登ろう   努力しよう！

F   Bb   C7   F   Bb   C7   Dm
Kūlia! E huli ka nuʻu e, e huli ka nuʻu e
努力しよう [～を捜索する]   高地
努力しよう   高地を探索しよう   高地を探索しよう

Dm   C   F   Bb   Dm   C7   F
To strive to ride upon the highest wave. Kūlia!
努力して   上に乗る   高い   波   努力しよう
最高の波に乗るよう努力して   努力しよう！

Dm   Am
Guiding, Inspiring
導く   人を奮起させる
導き、人を奮起させる

Bb   F
We honor you, the crown of this land
敬意を表す   [この土地の頂上   ]
私達は貴方に敬意を捧げます
この土地（日本）の最高地点に

Dm   Am
Guiding, Inspiring
導き、人を奮起させる

Bb   Gm   C7   F
To stand tall, to always be there. Kūlia!
高く聳えろ   何時もそこに   努力しよう！

Dm   Am
Guiding, Inspiring
導き、人を奮起させる

Bb   F
We honor you, the crown of this land
私達は貴方に敬意を捧げます
この土地の最高地点に

Dm   Am
Guiding, Inspiring
導き、人を奮起させる

Bb   Gm   C7
To stand tall, to always be there
高く聳えろ   何時もそこに

F   Bb   C7   F
Fuji-san! kū kilakila ē
富士山！   雄大に聳えている

Dm   C   F   Bb   Dm   C7
I'll rise to thrive upon the light to guides me
私を導く輝きに生きがいを感じて登ります

Dm   C   F   Bb   Dm   C7
To strive to rise to hights that are amazing!
努力して   上に乗る   高い   素晴らしい／驚くべき
素晴らしい最高地点まで登るよう努力しよう

F   C7   F
Fuji-san! Oh, Fuji-san!
富士山！   おー   富士山！

Dm   C   F   Bb   Dm C7   F
Sore wa kokoro no furusato, Fuji-san!
それは心の故郷、富士山！

解説 ···
2015年に発表されたHAPAの新曲。タイトルの「Kūlia i ka nuʻu」という言葉は、Queen Kapiʻolani (King Kalākauaの王妃) のモットー
だったと言う。ハワイから日本に演奏旅行に来たHAPAにとって、富士山は日本の象徴に見えたのだろう。ハワイ国王として、初めて日本を訪
れたカラーカウア王の妃のモットーをタイトルにしたのは面白いアイディアだ。

Kūliaikanu'u

Composed by Kahauanu Lake

C   F   C
He lei no ku'u lani
だ   レイ 為の   私の   天国/主

私のお母さんに捧げます

C   A7   D7
'Awapuhi melemele
ジンジャー   黄色い

黄色いジンジャーの花

       Dm   G7
He punahele ia nāu
だ   お気に入り   が   貴女の為の

貴女がお気に入りの花です

Dm   G7   C
Me ke aloha nou
共に   愛   貴女の物

貴女の愛と共に

C   F   C
Ka pua ā Kamehameha
花（子孫）の   カメハメハ大王

カメハメハ大王の子孫

C   A7   D7
A me Kānekapōlei
[そして]   カーネカポーレイ

カーネカポーレイ

       Dm   G7
He lei Pūlama 'ia
だ   レイ   [大切にされた]

大切にされてきたレイです

Dm   G7   C
I hi'ipoi 'ia
て [高く評価されて]

高く評価されている

C   F   C
Eō e ku'u makua
答えて よ 私の   お母さん

答えてください　お母さん

C A7   D7
Eia nā kamalei
ここです [子供達   ]

子供達はここです

       Dm   G7
O Kūliaikanu'u
の   クーリアイカヌウ

クーリアイカヌウの

Dm7   G7   C
He inoa no
だ   名前

名前歌です

解説 ••
この曲は音楽家Kahauanu Lakeのお母さんCecillia kūliaikanu'uowai'ale'ale Paker Waipaに捧げられた曲。お母さんは黄色いジンジャー
の花が大好きだった。タイトルは「最高位を目指してください」という意味で、最高の人気グループになったKahauanu Lake Trioを指してい
る。Kahauanu Lakeは、歌手Karen Keawe Hawai'iのお父さんで、ヒット・ソング「My Yellow Ginger Lei」の作曲家だ。

Ku'u Hae Aloha

Composed by Bill Kaiwa

   G   D7   G
'O kou mau kahakaha
は　あなたの　[　　多くの場所　　]
あなたの多くの島々は

   G   D7   G
Nā māhoe kū kia'i
[　双子座　]　立つ　見張り／警戒
双子座の星に見守られています

  C   G
'Ilihia wale ho'i
畏敬の念に打たれる
私は畏敬の念に打たれ

   D7   G
Ke 'ike hou aku iā 'oe
[　見れば　]　[　新鮮になる　]　を　あなた
あなたを眺めると心が新鮮になります

Hui:

   G   C G
Ku'u hae aloha
私の　　旗　　愛する
私の愛する国旗

D7   G
Nou ko'u ho'ohihi
あなたに　私の　　絡み合わせる
あなたに私の願いを絡み合わせ

 G   C G
Welo ha'aheo mai
はためく　[　誇り高く　]
誇り高くはためく

    D7   G
Ma luna o nā huini
に　　上　　の　[　先端　]
旗竿の先端で

    G   D7   G
Ku'u kulakaumaka ku'u hae
私の　　クラカウマカ　　私の　旗
私のクラカウマカ　私の国旗

           D7   G
Nou au e 'upu nei
あなたに　私　[　繰り返される思い　]
私は何時もあなたに想いを寄せています

    C   G
I ka lā o kou welona
に　太陽　の　あなたの　はためく
太陽に映えてはためくあなた

   D7   G
Ku'u hae lāhui aloha
私の　旗　民族／国民　愛する
私の愛する民族の旗です

解説 ·····················
Nā māhoe　ふたご座＝Castor and Pollux
ハワイ王国の国旗は1845年、カメハメハ3世が制定した。アメリカ合衆国50州中でユニオン・フラッグを持つただ一つの州だ。ハワイ語では
「Ka Hae Hawai'i」と呼ばれる。左上がユニオン・フラッグ、その他は白、赤、青の横線はハワイ諸島八つの島を表しているという。
1990年7月31日は「Ka hae Hawai'iの日」と州で決定された。ハワイ王国を偲ぶBill Kaiwaの作品だ。

♪ジャンル　マウイ島

Ku'u Home
Composed by Cody Pueo Pata

C7　　　　　F　G7　　　　C
He aloha kēia nō ku'u 'āina
です　　愛情　　これは　　　　私の　　　土地
　　　　　　　　　　　　　　　　　　　　　　　　私の土地　ここは愛情の島です

A7　　　　　D7　　G7　　　C
No ku'u home, Maui nō ka 'oi
ついて　私の　　家　　　マウイ島　［ナンバー・ワン］
　　　　　　　　　　　　　　　　　　　　　　　　私の家　マウイ島はナンバー・ワンです

C7　　F　G7　　　　C
Māhiehie Haleakalā
魅惑的な/惚れ惚れする　　ハレアカラー山
　　　　　　　　　　　　　　　　　　　　　　　　ハレアカラー火山は魅惑的な山

A7　　　　　D7　　　G7　　C
Ke kuahiwi 'oi kelakela
　　　　　山　　素晴らしい　卓越した
　　　　　　　　　　　　　　　　　　　　　　　　卓越した素晴らしい山です

C7　　F　　　G7　　　　C
Lei onaona, Lei Lokelani
レイ　　魅惑的な　　レイ　　バラ
　　　　　　　　　　　　　　　　　　　　　　　　魅惑的なレイ　バラのレイ

A7　　　　　D7　　　G7　　　C
Lei launa 'ole i ka'u 'ike
レイ　［出会うことがない］　私の　　知る/見る
　　　　　　　　　　　　　　　　　　　　　　　　私の知る中では再び出会うことがない素晴らしいレイです

C7　　　F　G7　　　　C
'A'ohe lua e like ai
［　二つと無い　］［同じ様な物は（強意）］
　　　　　　　　　　　　　　　　　　　　　　　　同じ様なものは二つとありません

A7　　　　　D7　　　G7　　　C
Me kou nani poina 'ole
共に　貴方の　　美しさ　［　忘れられません　］
　　　　　　　　　　　　　　　　　　　　　　　　貴方の美しさと共に忘れられません

C7　　　F　aloha　　G7　　　　C
Puana ke aloha nō ku'u 'āina
〜ない　　　　愛情　　　　私の　　　土地
　　　　　　　　　　　　　　　　　　　　　　　　私の住む土地のように愛情ある場所は他にありません

A7　　　　　D7　　G7　　　C
No ku'u home, Maui nō ka 'oi
ついて　私の　　家　　　マウイ島　［ナンバー・ワン］
　　　　　　　　　　　　　　　　　　　　　　　　私の家の　マウイ島はナンバー・ワンです

K

解説 ・・
クムフラであり歌手のプエオ・バタの生まれ故郷、マウイ島を賛美した曲。易しい言葉で、覚えやすい歌詞なのでフラ初心者には最高の歌だ
と思う。マウイ島の素晴らしい景色、静寂さを思い浮かべながら踊っては如何？

♪ジャンル 子供向け

Ku'u I'a
Traditional

C
He nuku ko ka i'a
だ　くちばし　の　　　魚
G7　　　　　C
Eia ma 'ane'i
ある [　ここに　]
C
'Ai Kāna hana
食べる　彼の　　仕事

(E ho'opili i ka 'ai 'ana a ka i'a)
一緒にさせる　を [　食べること　] の　　魚

魚はくちばしがあります

ここにあります

魚はここで食べます

(魚が食べている動作を一緒にしてください)

C
He mahamaha ko ka i'a
です　　エラ　　の　　魚
G7　　　　　C
Eia ma 'ane'i

ここにあります
C
'Ūpo'ipo'i kāna hana
開いたり閉じたり　彼の　　仕事

(E ho'opili i ka 'ūpo'ipo'i 'ana a ka i'a)

魚はエラがあります

ここにあります

開いたり閉じたりしています

(魚がエラを開いたり閉じたりする動作を
　一緒にしてください)

C
He pekekeu ko ka i'a
だ　　ヒレ　　の　　魚
G7　　　　　C
Eia ma 'ane'i

C
Halo　kāna hana
泳ぐ時のヒレの動き　彼の　　仕事

(E ho'opili i ka halo 'ana a ka i'a)

魚はヒレがあります

ここにあります

ヒレを動かして泳ぎます

(魚が泳ぐ時に動かすヒレの動作を
　一緒にしてください)

C
He kualā ko ka i'a
だ　背ビレ　の　　魚
G7　　　　C
Eia ma 'ana'i

C
Ani kāna hana
波打たせて　彼の　　仕事

(E ho'opili i ke ani 'ana a ka i'a)

魚には背ビレがあります

ここにあります

背ビレを波打たせて泳ぎます

(魚が泳ぐ時に動かす背ビレの動作を
　一緒にしてください)

He hiʻu ko ka iʻa
C

魚には尾ヒレがあります

だ　尾ヒレ　の　　魚

Eia ma ʻanaʻi
G7　　　C

ここにあります

Kāpeku kāna hana
C

水を跳ね返して泳ぎます

水を跳ね返す　彼の　仕事

(E hoʻopili i ke kāpeku ʻana a ka iʻa)

（魚が泳ぐ時に動かす尾ヒレの動作を
　一緒にしてください）

K

解説 ···

お魚の泳ぐ様子を、一緒になって体を動かして歌う曲です。日本の「象さん、象さん、お鼻が長いのね、そうよ、母さんも長いのよ」と似ています。世界中どこでも、良い子は体を動かすのが大好きです。お魚になって一緒に泳ぎましょう。

♪ジャンル ハパハオレ

Ku'uipo, Aloha Wau Iā 'Oe
Composed by Lorna Kapualiko Lim

F   Dm
Ku'uipo 'twas you and I from the start   恋人よ　私と貴方は最初からでした

B♭   C7
You went away and baby, you broke my heart   貴方はどこかへ行った赤ん坊の様、
                                            貴方は私の心を悲しませました

F   Dm
I think of you, each and every night   私は貴方のことを日毎夜毎思い続けています

B♭   C7
Wondering just how to make this wrong thing right   どの様にしてこの間違いを正しくするのかと

F   Dm
Ku'uipo, I miss you so   恋人よ　貴方がいないと寂しいの

B♭   C7
Ku'uipo, why did you go   恋人よ　何故貴方は去ってしまったの

F   Dm
Days are so lonely all alone   毎日が一人ぼっちでとても孤独です

B♭   C7   F
Aloha wau iā 'oe (I love you)   私は貴方が大好きです（私は好きです）

F   Dm
Ku'uipo where did you go   恋人よ　どこへ行ってしまったの

B♭   C7
I've been so lonely, all alone   私は今まで何時も孤独でした　たった一人でした

F   Dm
Days go by, I got tears in my eyes   時は去り、私の目に涙が溢れます

B♭   C7
Oh, can't you see how I wish   おー　私がどんなに望んでいるか
                                   貴方はわかりますか

You were here with me   貴方は私と一緒でした

Dm   B♭m
Oh, my darling so here we are   おー 恋人よ　私達はここにいます

B♭   C7   F
How I've waited for this day   どんなに私はこの日を待っていたのでしょうか

Dm   B♭m
My dream came true when I wished upon a star   星に祈った時、私の夢は実現しました

G7   C7
I'll love you now and forever more   私は今も貴方が大好きです、永遠に

F   Dm
Ku'uipo, I've missed you so   恋人よ　貴方がいないと寂しいのです

B♭   C7
Ku'uipo please don't ever go   どこにも決して行かないでください

F   Dm
I'll hold you tight each and every night   私は日毎夜毎、貴方を抱き続けます

B♭   C7   F
Aloha wau iā 'oe....   私は貴方を愛します

F   Dm
Ku'uipo, now you're here with me   恋人よ　今、貴方は私と一緒です

B♭   C7
I'm so happy can't you see   私はとても幸せです　貴方はわかりますか?

F   Dm
I'd like to thank the Lord up above   私は天空の神に感謝します

B♭   C7
He's brought you back for me to love   神様は、あなたを愛する為に
　　　　　　　　　　　　　　　　　　　　　　私のところに戻してくれました

B♭   C7   F
Aloha wau iā 'oe...   私は貴方を愛します

K

解説 ‥‥‥
歌手、ローナ・リムがハワイ島からマウイ島にフライトした時、眼下に広がる'Alenuihāhā Channel（アレヌイハーハー海峡）、大空に散りば
めた美しい星々を眺めた時、祈りを捧げながら曲を書きました。

Ku'u Ipo Ku'u Aloha Poina 'Ole (Ida's Hula)

Composed by Ida Alicante, John Noble

C   A7   D7
'Auhea wale 'oe e ku'u aloha
[どこにいるの] 貴女は よ 私の   愛

   G7
Ku'u ipo ho'oheno o ke aumoe
私の 恋人   愛する   の   夜遅く

どこにいるの貴女は　私の愛しい人

夜遅く私の愛する人

C   A7   D7
I laila ho'i 'oe e 'ike iho
[そこに] まさに 貴方 [見える]

   G7
I ka nani o ia pua e moani nei
美しい の この 花 [香りをはこんでくる]

そこに貴女が見えます

甘い香りを運んでくる花の美しさの中に

C   A7   D7
Kāu we'a honehone o ka makemake
[特別な愛の誘い] 甘い   の   願望

  G7
Hā'upu a'e 'oe a'o wau ia
思い出す 方向語 貴方 の 私は

私の願いは甘い貴女の愛の誘い

私は貴女を思い出します

C   A7   D7
Ha'ina 'ia mai ana ka puana

  G7
Ku'u ipo ku'u aloha poina 'ole
私の 恋人 私の   愛 [忘れ得ぬ]

物語は終わります

私の恋人　私の忘れ得ぬ愛

解説
この曲は1934年に作詞作曲された古い愛の歌。Hawaiian Wedding Songを作曲したJohn Nobleが著作権登録しているが、作者はIda Alicanteだろう。2015年4月に発売されたCDで、78回転盤から収録された懐かしいPauline Kekahuna and her Hau'oli Girls (1953年) の演奏が聴ける。

Ku'u Ipo Ku'u Lei

Composed by Bill Kaiwa

D   G   D
Halialia mai ana ia'u   私に突然愛の想い出が蘇る
[突然蘇る藍の想い出] 私を／に

D   A7   D
Me he 'ala e hiki mai ana   そこに流れ来る香気と共に
共に だ 香気 [場所にたどり着く]

D   G   D
A hiki mai 'oe 'olu iho au   そして、あなたが流れてくれば、私は爽やかです
そして 場所にたどり着く あなたは 爽やかな 私は

D   A7   D
Ho'i pono iho nei pu'uwai   今、しっかり私の心にあなたは帰ります
帰る   正に   今   心

D
Ku'u ipo, ku'u lei   私の恋人　私のレイ
私の 恋人 私の レイ

D   D
ku'u milimili e   私の愛する人
私の 抱きしめる

D
Ho'i mai nō kāua   私達二人、昔に戻りましょう
[帰ってくる]   私達二人

A7   D A7   D
Hi'ipoi pū i ke aloha   愛情を一緒に育みましょう
[一緒に育む]   を   愛

D   G   D
'O ke aloha ka'u e mālama   私の愛を育てよう
です   愛 私の [世話をしよう]

D   A7   D
Hi'i ia iho ma ko alo   私の腕の中にしっかり抱きかかえて
腕の中に抱き抱える に 私の 正面

D   G   D
Pili 'ia ma kō poli   あなたの胸にピッタリ寄り添って
[ぴったり寄り添う] あなたの 胸

D   A7   D
I hoa no'u e ka li'a   私のお友達　私の憧れです
に 友人 私の よ   強い憧れ

解説••

名曲「Laupāho'eho'e Hula」を書いたカウアイ島の作詞作曲家Bill Kaiwaの作品。モキハナの香気に乗って愛しい人が戻ってきたのでしょうか？ 緑の島、カウアイ島に相応しい可愛いらしい愛を育む物語だ。1998年頃の作品。

Ku'u Lei

Composed by Bina Mossman

F   Gm   C7   F
Ha'aheo wale 'oe e ku'u lei
[とても誇り高い] 貴女 よ 私の レイ　　　　　　　　　　貴女はとても誇り高い私のレイ（恋人）

B♭   B♭m   C7   F
E ho'oipo ana ho'i ma 'ano'i pua
[愛撫されて] 本当に で 愛する 花　　　　　　　　　　花は愛を込めて心から愛撫されています

F   Gm   C7   F
Eia mai ke aloha a kaua
[ここにある]   愛情 の 私達二人　　　　　　　　　ここにあるのは私達二人の愛情だけ

B♭   B♭m   C7   F
Ua ho'opili 'ia a pa'a me ke onaona
[ピッタリ寄り添って] そして 確り と共に 魅惑的な香り　　　魅惑的な香りと共にしっかりと寄り添っています

F   Gm   C7   F
Onaona kō 'ala i o'u nei
魅惑的な香り 貴女の 香気 に 私の 今　　　　　　　　私に貴女の魅惑的な香りが

B♭   B♭m   C7   F
A neia pu'uwai e hi'ipoi nei
そして この   心   [育んでいる]　　　　私の心に愛情を育んでいます

F   Gm   C7   F
Kō maka 'ālohilohi nanea mai ho'i kau
貴女の 瞳   キラキラ輝く 安らいで [最高に]　　貴女のキラキラ輝く瞳で最高に心が安らぎます

B♭   B♭m   C7   F
Kō papālina lahilahi 'ula 'ohelohelo
貴女の 頬   優美な   赤い ピンク色の　　　貴女のピンク色に赤く染まる優雅な頬

F   Gm C7   F
Ku'u lei puana 'ia
私の   レイ [主題です]　　　　　　　　　私のレイ（恋人）がテーマです

B♭   B♭m   F   C7   F
Me a'u mai 'oe a mau loa
[私と貴女と   ] [永遠に]　　　　　私と貴女は永遠に愛で結ばれています

解説

バイナ・モスマンが書いたとても可愛らしい曲。2015年4月、私が大学生時代に音を聞き、社会人になってホノルルのカピオラニ公園の名物フラ・ショー「コダック・フラ」で聞いたPauline Kekahune and her Hau'oli Girlsの演奏がCDで復刻された。60年以上前の音源なので音は良くないが当時の長閑だったホノルルが思い出される名曲だ。

© Copyright by CRITERION MUSIC CORP
All Rights Reserved. International Copyright Secured.
Print rights for Japan controlled by Shinko Music Entertainment Co.,Ltd.

♪ジャンル　ハワイ島

Ku‘u Lei Hulili

Composed by Kuana Torres Kahele

F　　　B♭　　B♭m　　　F
‘Ike ‘ia ka nani o ka ulu hōkū　　　　美しい星座が眺められます
[見られる]　　　美しい　の [　　星座　　]
G7　　　Gm7　C7　　　　　F
Ku‘u lei hulili, kau mai i luna　　　　私の目も眩むようなレイは　高く輝いています
私の　　レイ　目も眩む様な　[　置く　] [高く]

F　　　　　B♭　　B♭m　　　F
‘Auhea wale ‘oe e ke ‘A‘ali‘i　　　　どこにいるの　私のアアリイの花よ
[　どこにいるの　]　貴方は　よ [　アアリイ花　]
G7　　　Gm7　C7　　　F
Pua lei māhua i ke anuanu　　　　寒さの中に生い茂る愛らしい花
花　レイ　生い茂る　に　　寒い

F　　　B♭　　B♭m　　　F
Pōniu ‘ailana ku‘u mana‘o　　　　愛おしさで目が眩むような私の想いです
目が眩む　愛で　　私の　　願望　　(‘ailana ka manao　愛の想い)
G7　　　　　Gm7　　C7　　　F
Ke ‘ike i ka nani a‘o ia pua　　　　この花の美しさを見る時は
[　見れば　]　を　美しい　の　この　花

F　　　　　　　B♭　　B♭m　　　F
Hāli‘i mai ka noenoe i Waiki‘i　　　　ワイキイに霧が降りてきました
[　広げる　]　　霧　　で　ワイキイ
G7　　　Gm7　C7　　　F
Ma ‘ane‘i mai ‘oe e ku‘u aloha　　　　貴方はここに来ます (住みます) 私の愛よ
[　ここ　]　来る　貴方は　よ　私の　　愛

F　　　　　　B♭　　B♭m　　　F
Ha‘ina ‘ia mai ana ka puana　　　　物語は終わります
G7　　　Gm7　C7　　　　　F
Ku‘u lei hulili, kau mai i luna　　　　私の目も眩むようなレイ　高く輝いています

K

解　説 ‥‥‥
Kuana Torres Kahele が2015年にハワイの島々をテーマに発表したCD。ハワイ島を讃えたアルバム「Hawai‘i Keawe」に収録されている。
美しい星空の下での愛の物語。Waiki‘iはハワイ島のダニエル・イノウエ道路からマウナ・ケア山に登る道路の1432Mの地点にある。夜にな
ると寒さも厳しいが空気が澄んでいるので空や星が美しい。山登りで息を調整するオニヅカ・ビジターセンターは更に高い2800Mにある。
因みにマウナ・ケア山は4205M。

Ku'u Lei Lehua

Words by Mary Kawena Pukui   Music by Maddy Lam

Am
He ho'oheno kēia
です　　愛する　　　これは
E7　　　　　　　　A
No ku'u lei lehua
為の　　私の　　レイ　　レフア
A7　　　　　　　　D7
Ku'u lei ho'owehiwehi
私の　　レイ　　　装飾する
G7　　　　　　　C
E ha'aheo mau ai
　誇り高く　　　　常に
(E ＋動詞＋ ai ＝強い意思を表す)

これは愛の歌です

私のレフアのレイの為の

飾り付けるレイ

いつも誇りに思っています

Am
He pua i mili 'ia
　だ　　花　［　愛撫される　］
E7　　　　　　　A
E ka ua noe
によって［　　霧雨　　］
A7　　　　　　　D7
I hi'ipoi aloha 'ia
　育てる　［　愛される　］
G7　　　　　　　　　C
E ke ahe a ka makani
によって　そよ風　の　　風

愛撫される花だ

高地の霧雨に

優しく育てられる

そよ風に

Am
Ua lawe 'ia mai ia'u
［　　運ばれた　　］　私に
E7　　　　　　　A
E ka manu o'u
によって　　鳥　　私の
A7　　　　　　　D7
Ua haku no'eau 'ia
［　作られた　］　巧みに　　受け身の合図
G7　　　　　　　　C
E ka nuku 'o ka 'i'iwi
によって　　嘴　　は　　イイヴィ鳥

それは私に運ばれました

私の鳥によって

巧みに作られました

イイヴィ鳥は嘴で

Am
E pulama a'e ana au
［　大切にする／大事にする　］　私は
E7　　　　　　　　A
I ku'u lei ho'ohie
を　私の　レイ　惚れ惚れするような
A7　　　　　　　　D7
He makana nani na'u
　だ　　贈り物　　美しい　私の
　　　　G7　　　　　　C
Na nā manu a'o uka
から　［　鳥たち　］　の　丘／高地

私はいつでも大切にします

私の惚れ惚れするようなレイを

私への美しいプレゼント

丘の小鳥達からの

Am
Ha'ina mai ka puana 　　　　　　　主題を告げます

E7 　　　　　　　 A
No ku'u lei lehua 　　　　　　　私の為のレフアのレイ
為の　 私の　　 レイ　 レフア

A7 　　　　　　　 D7
Ku'u pua i mili 'ia 　　　　　　可愛がられる花です
私の　　　 花　 [可愛がられる]

G7 　　　　　　 C
E　ka ua noe 　　　　　　　高地の霧雨によって
によって [　 霧雨 　]

K

解 説 ・・
マディー・ラムとメアリー・カヴェナ・プクイの名コンビの作品だ。日本では殆ど踊られていないが、有名なハワイアン・クラシックの名曲。音
源も少なくCD時代になってから演奏された音源は聞いたことがない。しかしLP盤時代に名曲を集めた2枚組のLP「Mele Hula Vol.2」に記
録されている。演奏しているのはJoseph KahaulelioのHo'oheno Serenaders。1930〜50年頃は、グループ名にSerenadersとかIslanders
という言葉が使われていた。夢の島ハワイを世界に売り出すためのネーミングかもしれない。

♪ジャンル ［カウアイ島］

Ku'u Lei Mokihana
Composed by Kuana Torres Kahele

G   C G
'Auhea wale 'oe　　　　　　　　　貴方はどこにいるの？
［　どこにいるの？　］　貴方は

Am7　　D7　　C　　G
E Ku'u lei Mokihana　　　　　　私のモキハナのレイよ
よ　私の　　レイ　　モキハナ

G   C C#dim
Hua 'ala onaona　　　　　　　　甘い香りの果実
果実　香気　魅惑的な／甘い香り

　　　　　D7　　　　　　　G
I ka luna o Wai'ale'ale　　　　　ワイアレアレ山の高地で
で［　　　ワイアレアレ山の高地　　　］

G   C G
Māpu mai ke 'ala　　　　　　　　貴方の香気が漂います
［　香気が漂う　］　　　　香気

Am7　　D7　　C G
I ke ahe Ku'uanu　　　　　　　　クウアヌの微風に
に　　　微風　　クウアヌ

G   C C#dim
He lei nani wili 'ia　　　　　　　編まれる美しいレイ
だ　レイ　美しい　［　編まれる　］

　　　　　D7　　　　　　G
Me ka maile lau li'ili'i　　　　　小さなマイレの葉と共に
共に　　　マイレ　　葉　　小さな

G   C G
Hula mai nā pua　　　　　　　　花々は踊っています
［　踊ってくる　］［　花々　］

Am7　D7　　C G
U'i laumāewa　　　　　　　　　　風に揺れる美しい木の葉と共に
美しい　　風に揺れる木の葉

G   C C#dim
I ke kīhāpai pua　　　　　　　　可愛らしい花の庭で
で　　小さな土地区分　花

　　　D7　　　　　G
Aloha o Leinā'ala　　　　　　　レイナーアラの愛する
愛する　の　　レイナーアラ

G   C G
Mele 'ia ka ha'ina　　　　　　　私は物語を語ります
［　歌われる　］　　　声明

Am7　D7
A'o ia hua 'ala　　　　　　　　　この香気ある果実の
の　この　［香気のある果実］

G   C C#dim
Ku'u lei Mokihana　　　　　　　私のモキハナのレイ
私の　レイ　　モキハナ

　　　D7　　　　　　G
I ka luna O Wai'ale'ale　　　　ワイアレアレ山の高地で
で［　　　ワイアレアレ山の高地　　　］

解説 ··
この歌は作者の親しいクムフラLeinā'ala Pavao Jardin と Hālau Ka Lei Mokihana O Leinā'alaの可愛いフラダンサー、そして忘れること
ができない伝説的な香り高いモキハナのレイに捧げられた。女性たちはワイアレアレ山の自然の大地に比較され、カウアイ島で最も美しい
と例えられている。Leinā'alaの家とHālauがあるKalāheoに吹くKu'uanu風も有名だと聞く。

Ku'u Lei Pua Kenikeni

Composed by Kawaikapuokalani Hewett

D
Ē ku'u lei pua kenikeni
よ　私の　レイ　花　ケニケニ
私のケニケニの花のレイよ

G　　　　　　　　D
Ē ku'u lei 'ala onaona
よ　私の　レイ　香気　風に漂う甘い香り
風に漂う私のレイの香り

A7
Ē ku'u lei makamae
よ　私の　レイ　　　最愛の
最愛の私のレイよ

G　　　　A7　　　　D
Hi'ilei mau i ku'u poli
レイを愛する　常に　で　私の　胸
私の胸でいつもレイを愛しています

Hui:

G　　　　　　　　D
He aloha ē, He aloha lā
です　　好き
好きです　愛です

A7　　　　　　　　D
He aloha 'oe, ē Ku'u ipo
です　好き　貴女　おー　私の　恋人
貴女が好きです　おー　私の恋人

G　　　　　　　　D
He aloha ē, He aloha lā
です　　愛情
好きです　愛です

　　　　A7
He aloha lā 'eā
愛情です

G　　　　A7　　　D
E ku'u lei pua kenikeni
よ　私の　レイ　花　ケニケニ
私のケニケニの花のレイよ

D
Ma ku'u poli mai 'oe
に　私の　胸　来る　貴女は
貴女は私の胸に

G　　　　　　　D
E nanea ana kāua
[　寛いでいる　]　私達二人
私達二人は寛いでいます

A7
E naue mai e pili
[　揺れて来る　]　[寄り添い]
寄り添って揺れています

G　　　A7　　D
Pili ho'oipoipo
寄り添う　セックスする
セックスして寄り添います

D
Pau ʻole koʻu hoʻohihi
[終わりない] 私の からみ合わせる

果てしない私の絡み合い

G
Me ʻoe e kuʻu lei aloha
共に 貴女 よ 私の レイ 愛する

貴女と共に　愛する私のレイよ

A7
Kau ana lā i ka heke
[置く] に 最良の

最高の場所に飾ります

G　　　　A7
Hiehie me ka ʻōpua
人目を引きつける 共に 雲

雲と共に人目を引きつけて

D
Puana ʻia e kuʻu lei
[告げる] よ 私の レイ

物語を告げましょう　私のレイよ

G　　　　　　　D
E kuʻu lei pua kenikeni
よ 私の レイ 花 ケニケニ

私のケニケニの花のレイよ

A7
Ka mea e liʻa mau nei
物 [憧れる] [常に]

常に憧れる私のレイよ

G　　　　A7　　　D
Poina ʻole i ka haliʻa
[忘れられない] 忘れ得ぬ恋の思い出

忘れ得ぬ恋の思い出

K

解説‧‧

ケニケニのレイはとても庶民的なレイで、10セントのレイと呼ばれ親しまれてきました。
3人が同名のタイトルの曲を書いていて、最初は1930年代に盲目のマンドリン奏者歌手、ジョニー・K・アルメイダ、その後カイポ・ハレ。これ
はカワイカプオカラニ・ヒューエットの新しい曲です。踊る方が演奏者にリクエストする時は「誰々が書いたKuʻu Lei Pua Kenikeni」とリクエ
ストした方が良いですよ。

Ku'u Leo Aloha
Composed by Josh Tatofi

D7   G   Am   BmEm
'Upu a'e nei ka hāli'a aloha   繰り返し蘇る懐かしい愛の想い出
繰り返される思い　　今　[　　突然蘇る愛の想い出　　]

            C   Am D7
I kou nani i ka pō nei   昨夜も貴女の美しさに
が　貴女　美しい　に　[　　昨夜　]

         G   Am   BmEm
Ahu   wale ka ha'alewa ē   愛の想い出が幾重にも漂いました
[祭壇の様に高く積み上げる]　　漂流する

            C   Am   D7
Me ke kai e holu mau ana   さざ波が揺れ続ける様に
共に　　海　[さざ波が立ち続ける／揺れ続ける]

G7   C   D7   G
E naue mai i ku'u leo aloha   愛の囁きも揺れています
[　声が震えている　]　が　私の　声　愛の

     Am   D7   EmC
Ke aloha e pili mau ana   私の愛は何時も貴女に寄り添う
愛情　[　　常にピッタリ寄り添う　]

'ū,'ū'ū'ū........   'a,'a,'a,'a........   ランランランラン　ランランランラン

D7   G   Am   BmEm
Huli nō 'oe, a kilohi mai lā   貴女は捜し求めて　思いを抱いて見つめます
[捜し求める]　貴女は　そして[　興味を持って見つめる]

            C   Am   D7
Me kou mau maka onaona   貴女の魅惑的な眼差しで
共に　貴女の　[　　両目　]　魅惑的な

         G   Am   BmEm
E ho'ōni nei i ka pu'uwai   募る想いは何時も幸せです
[常に幸福だ／常に嬉しい]　が　　心

          C   Am D7   G
'Ilihia wale au i kou nani   貴女の美しさに心打たれ
[畏敬の念に打たれる]　私は　　貴女の　美しさ

G7   C   D7   G   Em
E naue mai i ku'u leo aloha   愛の囁きも揺れてきます
[　声が震えてくる　]　が　私の　声　愛の

          C   D7   Em
Ke aloha e pili mau ana   私の愛は何時も貴女に寄り添う
愛情　[　常にピッタリ寄り添う　]

K

解説‥‥

Josh Tatofiの作品。2016年11月にCDに収録され発売された素晴らしい曲。。

1番の最後のフレーズは　Ke aloha e pili mau ai

2番の最後のフレーズは　Ke aloha e pili mau ana

同じ訳にしたが、文法的には1番は命令又は強い意志を表し、2番は未完了形でこれから寄り添っても良いし、既に寄り添っている状態でも良い。

♪ジャンル 子供向け

Ku'u Māla
Traditional

F   B♭   F
Ulu maika'i mai ku'u māla
成長する [良い状態になる] 僕の 農園　　　　　　　　僕の農園の植物はとても良く成長しています

F   C7   F
I ka wai a me ka lā
で 水 [そして] 太陽　　　　　　　　　　　　　　　水と太陽で

F C7   F
Hau'oli ke nānā
嬉しい [見れば]　　　　　　　　　　　　　　　　　眺めると楽しくなります

F   C7   F
I ka lau'ai me nā hua 'ai
を 食べられる葉 と [食べられる実や種]　　　　　　食べられる葉や実や種を

Hui:

B♭
Ho'ohuli mai nō
[変える]　　　　　　　　　　　　　　　　　　　　向きを変えましょう

F
Kou lima lā i lalo
あなたの 手 [下へ]　　　　　　　　　　　　　　　あなたの手を下ろしましょう

C7
I piha ka 'ōpū
に 一杯 お腹　　　　　　　　　　　　　　　　　　　多分あなたのお腹は一杯です

B♭   C7 F
I ka ulu mea 'ai nō
で 培養 [食べ物]　　　　　　　　　　　　　　　　土壌から取れた食べ物で

F   B♭
Ulu mai ka pōhuli mai'a
[成長する] [芽を出したバナナ]　　　　　　　　　芽を出したバナナは成長します

F   C7   F
Ko'o au i ke hua mai
支える 私は を [実を結ぶ時]　　　　　　　　　　それが実を結ぶ時、私は支えます

F C7   F
Wili au i ke kā 'uala
巻き込む 私は を [さつまいものツル]　　　　　　私がさつまいものツルを巻き込みます

F   C7   F
Apoapo ho'i i ka lepo
[さつまいもの丘] 泥　　　　　　　　　　　　　　泥の中のサツマイモの丘で

Kau mai ke ahiahi
[置く]　　　夕暮れ

夕暮れが訪れます

Laʻelaʻe a kōnane
澄んで　そして　輝く

澄んで輝く

ʻO Hua ka mahina
です　フア　　　お月さま

お月様はフアという名前です

Hua mai ka mea ʻai
[実を結ぶ] [　食べ物　]

私の農園は食べ物の実を結びます

K

解説 ‥‥
ハワイの野菜は日本では想像できないほど成長する。太陽と水で大きく大きく育っていく。2015年、八百屋さんで気がついたが、ハワイでジ
ンジャーといえば可憐な花のことだった。数年前から根生姜を栽培し始めたと聞いていたが、今では大きな根生姜が店頭に並んでいた。でも
美味しいのはバナナとパパイヤだ。

♪ジャンル　ハワイ島

Ku'u Manu Hoa Aloha
Composed by Kamakele Kailiwai

F
'Auhea wale ana 'oe ?
[何処にいるの] 貴方は
C7　　　　　　　　F
E ku'u manu hoa aloha
よ 私の 鳥 [親友]
B♭　D7　　G7
O Hualālai
の フアラーライ
F　　　C7　　　　F
E maliu mai i ko'u leo
[聞いてください] を 私の 声

貴方は何処にいるの

私の親友の小鳥さん

フアラーライ山の

私の声を聞いてください

F
'Ume 'ia 'oe e ka leo
[惹きつけられる] 貴方は に 声
C7　　　　　　　F
A ka ho'okani pila 'ana
そして 音を響かせる [音楽を奏でる事]
B♭　D7　　G7
Ho'olohe mai ia'u
[聞かせる] 私の為に
F　　　　C7　　　F
He mele kēia mai ka pu'uwai
だ 歌 これは からの 心

貴方は私の声に惹きつけられて

そして素敵な音楽を奏で

私の為に聞かせます

心からの歌です

Hui:

B♭　　　　B♭m　　　　F
E ku'u wahi manu hoa aloha
よ 私の 場所 鳥 [親友]
B♭　　　　B♭m　　　　F
Pūlama 'ia ka manawa kūikawā
[大切にされる] 時代/季節 特別な
G7　　　　　　C7
Aloha wau iā 'oe
愛する 私は [貴方が]
　　　　　　　　　B♭　C7 F
E ku'u manu hoa aloha
よ 私の 鳥 [親友]

私の親友の鳥の住む場所

プライベートな時に大切にされる場所

私は貴方が大好きです

私の親友の小鳥さん

F
Kū　　like 'oe i ka 'āina
[同じように立っている] 貴方は に 土地
C7　　　　　　　F
Halihali 'ia e ke kēhau
[運ばれる] によって ケーハウ風
B♭　　D7　　G7
Ku'u 'i'iwi punahele
私の イイヴィ鳥 お気に入り
F　　　C7　　　F
Hia'ai nō ku'u maka
喜ぶ とても 私の 目

この土地に貴方は同じように立っています

ケーハウ風が吹き寄せるこの場所に

私のお気に入りのイイヴィ鳥

私の目は喜びに溢れます

F
Ke ʻike aku au iā ʻoe
[眺めれば／見つめれば] 私が [貴方を]

私が貴方を見つめれば

C7   F
Ma ka ʻauʻau ʻana
     で   [水浴び]

水を浴びている

B♭   D7   G7
I ka ua noe o ke kuahiwi
で [霧雨   ] の   山

山の霧雨に濡れて

F   C7   F
He nani mai hoʻi kau
だ   美しい [最高に   ]

最高に美しい貴方です

F
Puana ʻia kēia mele
[告げられる   ] この   歌

この歌は告げます

C7   F
No kuʻu manu hoa aloha
為に   私の   鳥   [親友   ]

私の親友の小鳥の為に

B♭   D7 G7
O Hualālai
の   フアラーライ山

フアラーライ山の

F   C7   F
E maliu mai koʻu leo
[聞いてください   ]   私の   声

聞いてください　私の声を

K

解説 ···
作者が住んでいるハワイ島コナ地区の北部に聳える大きなフアラーライ山の森でのお話。彼は自分の娘のことを考えると何時も心が満たされる。彼女を自分達が暮らしているこの森に住んでいる小さなイイヴィ鳥と比較して作曲した。3番のKēhauはコナ地区の陸地に吹くそよ風の名前。

353

Ku'u Mana'o Iā 'Oe

Composed by Karl Veto Baker, Michael Lanakila Casupang

F   B♭ F
'Akahi ho'i au a 'ike
[　　初めてです　］　私は　　　見るのは

私は初めて判りました

F   B♭
Ka pua kau i ka hano
　　　花　　置かれる　に　　華やかに

花は鮮やかに咲いています

B♭   A7
'A'ole i mana'o 'ia
　～でない　に　[　考えさせる　]

私は考えることはありません

Dm   B♭m   F   C7
E imi i ka wai Lehua
[見出そう］　を [　　レフアの蜜　　]

レフアの蜜を捜しましょう

Hui:

      F   Am
Ua pa'a, ua pono
　　しっかりと　　　　正しく

それは強く正しく

      Dm   B♭
Ka hana a kāua
　　　仕事　　の　私達二人

私と貴女の為すべきことです

B♭   A7   Dm   B♭m
Ho'ohie, ho'oheno
　惚れ惚れする　　　　可愛がる

惚れ惚れする姿　可愛がります

F   C7   B♭ F
Ku'u mana'o iā 'oe
　私の　　　　心　　に　　貴女

私の心を貴女に

F   B♭ F
Noho mehameha au
　留まる　一人だけで　私は

私は一人でいます

F   B♭
Hū a'e　ka mana'o
感情が波のように高まる　　　　心

感情は波のように高まり

B♭   A7
Kuni mai ke kukui
[　燃やす　]　　　灯火

心に炎は燃え上がります

      Dm B♭m F   C7
He ahi, ua wela
だ　　火　[燃え上がった]

燃え上がる炎に終わりはありません

F   B♭ F
He mea makamaka
です [貴重な物   ]

貴女は私の宝です

F   B♭
'O 'oe na'u
です 貴女は   私の

貴女は私のものです

B♭   A7
Huli ho'i aku wau
[～を捜す   ] 私は

私は貴女を捜します

   Dm   B♭m   F   C7
'Auhea wale ana 'oe
[答えてください   ] 貴女は

貴女は答えて下さい

解説 ···
この曲は強い恋の憧れを描いている。フラ教室Hālau I Ka Wēkiuの生徒、Kaimana Domingoの為に二人のKumu Hulaが書いてくれた曲だ。二人の恋は成就したのでしょうか。

♪ジャンル 子供向け

Ku'u Olakino Maika'i
Traditional

F
He 'ai maika'i au
だ 食べ物 良い状態 僕は

僕はとても良く食べるのだ

F   F7
I nā mea 'ai kūpono
で[色々の食べ物] 正しい/賢明な

食べ物に好き嫌いはありません

B♭
Ka lau 'ai, hua 'ai, miki 'ai, pa'i   'ai
[サラダ] [果物] [指で食べるポイ] [すり潰しただけの硬いポイ]

サラダに果物 指ですくって食べるポイ
すり下ろしたばかりのポイ

C7
Pa'a ku'u olakino
丈夫な 僕の 健康状態

僕はとても健康なのです

F
He holo au i mua
だ 走る 僕は [前に]

僕は前に走ったり

F
He holo au i hope
だ 走る 僕は [後ろに]

後ろに走ったり

B♭   F
Lele i luna, 'ōku'u i lalo
跳ねる [上に] 屈み込む [下に]

飛び跳ねたり屈み込んだり

C7   F
Ikaika mai ku'u kino
[強くなる] 僕の 体

僕の体は強くなる

F
He 'apo au i ka pono
だ 掴む 僕は を 正しさ

僕は正しく励みます

F   F7
'A'ohe nānā i ka 'ino
~がない 気にかける を 悪

何が悪いか分かっています

B♭   F
Kūpa'a mau i ke 'oia'i'o
誠実/正しい 常に が 真実/信頼

常に真実は正しく

C7   F
Oia ku'u no'ono'o
やり通す 私の 思考/熟慮

僕は心も体も健康です

解説 ....

かなり意訳してみたが、元気な子供の健康で健全な精神と肉体を表現してみた。燦々と輝くハワイの太陽の下で、元気に飛び跳ねる子供達
を想像してください。

♪ジャンル　ハワイ島

Ku'u Pua Gardenia

Composed by Alden Levi

A　　　D　　　A
I ka mālie o Waipi'o
の中で　　　静寂　の　　ワイピオ

Bm　　　　　　　　E7
I ke anu o ke kula aumoe
寒い　の　　　平原　　夜遅く

A
Aia no ka nani
ある　の為に　　美しい

D　　　A　Bm　E7　A
He kuko ia a ka pu'uwai
です　性欲／情欲　の　　心／感情

　　　　A　　　D　　A
'A'ala onaona i ka ihu
香り良い　魅惑的な　に　　鼻

Bm　　　　　　　　E7
Pā mai ka makani o laulani
[風が吹いてくる]　　風　の　　ラウラニ

　　　　　　A　D　　　A
He mohala ia nō ku'u pua
です　　満開　　　私の　　花

Bm　　　　　E7　　　A
Ke hone iho a nanea wale ē
甘い　　そして [　平穏な時を過ごす　　]

Hui:

A　　　　　　　D
Ē ku'u pua Gardenia
よ　私の　　花　　ガーデニア

D　　　　　　A
O Ku'u aloha
の　　私の　　愛

　　　　　D　　　　E7
E pili mai 'oe i ku'u poli
[ぴったり寄り添う] 貴女は　に　私の　　胸

　　　　A　　D　　　A
Ua lilo 'oe i puni na'u
[夢中になった] あなたは　取り巻いた　私の為に

　　　Bm　　　　E7　　　　A
He mehana ho'i 'oe i ka ua noe
です [　本当に温かい思い] 貴女は　に [　霧雨　]

　　　　A　　D　　　A
He mana'o mai nō ku'u pua
です [　　思い出す／考える　] 私の　花

　　　Bm
I ke ao polohiwa
で　　空　雲のように

　　　　　E7
E ho'ohau'oli ai
[　幸福にする　　]

穏やかなワイピオ渓谷で

夜遅く平原の寒さの中

その美しさに

心から憧れます

魅惑的な甘い香り

ラウラニ風が吹き寄せます

私の花は咲き乱れ

甘く香り　私は平穏な時を過ごします

私のガーデニアの花

私の愛の

私の胸に貴女は寄り添う

私に寄り添い夢心地な貴女

霧雨に濡れる貴女の温かい愛の想い

私の花をいつも思い出します

空に浮く雲のように

幸せにします

| A   D   A
I ka maile o Waipi'o aumoe
　　平穏　　の　　平原　　　夜遅く

夜遅く平原の穏やかさの中で

Bm   E7   A
I ke anu o ke kula aumoe
　寒い　　の　　平原　　夜遅く

夜遅く平原の寒さの中で

Ending:

　　　　　Bm　　　　　E7　　　　　　A
He mehana ho'i 'oe i ka ua noe
　です　[本当に暖かい思い]　貴女は　に　[霧雨]

霧雨に濡れる貴女の温かい愛の想い

Tu'u wehi o uka
　私の　飾り付け　の　高地

高地の私の飾り付け

Ku'u pua Gardenia
　私の　　花　　ガーデニア

私のガーデニアの花よ

K

解説・・・
ハワイ島のワイピオ渓谷。夜は霧に覆われ寒さも厳しいだろう。その中に咲くガーデニアの花は美しい貴女。胸に寄り添う愛のひと時。霧に
覆われ甘い香りに包まれる二人はワイピオ渓谷に姿を消していく。甘い愛の歌だ。2014年12月上旬、真昼にワイピオ渓谷を訪れた。入り口
の街、Honoka'aは曇り空だったが、進むにつれ一寸先も見えぬ霧。霧のワイピオは歌のようにロマンチックではなかった。

Ku'u Pua 'Ilima

Composed by Josh Tatofi

Hui:

C　　　　G
Eia lā 'oe e ku'u līhau
ある　強意　貴女は　よ　私の　植物に優しい雨

G7　　　　　　　G　　　　　G7
Na ka makani lau aheahe
によって　　　風　　葉　　そよ風

C　　　　　　G
'O 'oe a'o wau i ka pō la'ila'i
です　貴女　の　私　の中に　夜　穏やかな

D7　　　　　　　　　G
Ho'opumehana i ke aloha
暖かくする／温める　で　　愛情

貴女は降ります　私の植物に優しい雨よ

そよ風に葉は揺れて

穏やかな夜に私の貴女

愛情で温めましょう

G　　　　　　C
Hi'ipoi mau nō
可愛がる　常に　強意

D7　　　　　　　G
Na'u 'oe a mau loa
私のもの　貴女は［　永遠に　］

Em　　　　　　Am
Ua nani ku'u pua Ilima
［　常に美しい　］　私の　花　イリマ

A7　　　　　　Am D7
Aloha wau iā 'oe
好きです　私は　を　貴女

何時も可愛がる

永遠に貴女は私のもの

何時も美しい私の花イリマ

私は貴女が大好きです

G　　　　　　　　C
'A'ole nō e like me 'oe
［　～でない　］［　同じ　］と　貴女

D7　　　　　　　G
He nohea 'oe i ku'u maka
です　美しい外見　貴女は　に　私の　目

Em　　　　　　Am
Ua nani ku'u pua Ilima

A7　　　　　　Am D7
Aloha wau iā 'oe

貴女は同じではありません

私の目に貴女の美しい姿

何時も美しい私の花イリマ

私は貴女が大好きです

G　　　　　　　C
Ha'ina mai ka puana
［　告げる　］　主題

D7　　　　　　　G
Na'u 'oe a mau loa

Em　　　　　　Am
Ua nani ku'u pua Ilima

A7　　　　　　Am D7
Aloha wau iā 'oe

物語は終わります

永遠に貴女は私のもの

何時も美しい私の花イリマ

私は貴女が大好きです

解説··

Josh Tatofiの書いたイリマの花讃歌。気楽に歌える軽い曲だ。

Ku'u Pua Kilihune

Composed by G-Girl Keli'iho'omalu

F   G7
Aloha ku'u pua, 　　　　　　　　好きです　私の花よ
愛している　私の　　花
C7　　　　　　　　F
Ku'u pua Kilihune 　　　　　　　私の霧の花よ
私の　　花　　霧
　　　　　　G7　　　　　　C7　　　　F
A me ka noe uhi pa'a me ku'u aloha 　私の愛と共にしっかり飾り付ける霧よ
[そして]　　霧　覆う事　しっかりと　共に　私の　　愛

　　　　　F　　　　　　　　G7
Mai ku'u poli mai 'oe 　　　　　私の胸から貴方へ
から　私の　胸　　方向詞　貴方
C7　　　　　　　　F
Ku'u pua makamae 　　　　　　私の尊い花よ
私の　　花　　尊い／最愛の
　　　　　　　　G7
Ku'u kino hānau 'ia 　　　　　私の育んだ体
私の　　体　　[育てた／育んだ]
C7　　　　　F
Ku'u pua Kilihune 　　　　　　私の霧の花よ

　　　　F　　　　　　　　G7
Kou maka 'ōlohilohi 　　　　　輝く貴方の瞳
貴方の　　目　　　輝く
C7　　　　　　　　F
'Alohi me ka ua kea 　　　　　霧雨と共にきらきら輝き
キラキラ輝く [　　霧雨　　]
　　　　　　　G7　　　　　C7　　　　　　F
Kou mino'aka palupalu me kou leo nahenahe 　貴方の声はしなやかで優しい
貴方の　微笑み　しなやかな　共に　貴方の　声　　優しい

　　　　F　　　　　G　C7　　　F
E ho'onani no ia me ku'u aloha 　　私の全ての愛で貴方を美しくします
美しくする　　　共に　私の　愛
　　　　　　　G7　　　　C7　　　　　F
A me ka noe Kauakea hui pū me ku'u aloha 　そして霧雨と私の愛を織り交ぜて
[そして]　　霧　　霧雨　[混ぜる／結合する]　と　私の　愛

　　　F　　　　　G7　　C7　　　　　F
Ha'ina ku'u mele o ku'u pua kilihune 　私の霧の花のお話です
告げる　私の　　歌　　の　私の　　花　　霧
　　　　　　G7　　　　　C7　　　　F
Me ka noe uhi pa'a me ku'u aloha 　私の愛と共にしっかり飾り付ける霧よ
共に　　霧　覆う事　しっかりと　共に　私の　愛

解説 ‥‥‥
1990年、G-Girl Keli'iho'omalu の CD「Aloha Kaimū」に収録されている。11人の子供と多くのお孫さんに恵まれたおばあちゃんには、子供達に歌を書く沢山の理由があります。この曲は、G-Girlの娘のNoenoeuakeaの為に書かれた。

Ku'u Pua Lei

Composed by Nethan Aweau

C   F   G7   C
Ku'u pua lei, You are my desire
僕の 花 レイ
僕の花のレイ　貴女は僕の憧れ

C   F   G7   C   C7
Ku'u pua lei, he pua i   milika'a (lā)
僕の 花 レイ です 花 何度も世話する／繰り返し行う
貴女は僕の憧れ　僕の愛撫する花

              F   G7   Dm7   G7
'O 'oe nō ka'u i aloha ē, e ho'okahi nō
です 貴女 僕の で 愛 おー よ 一つの
貴女は僕の愛する人　ただ一人の人

             Dm7   G7   C
E ku'u pu'uwai, hā'awi aku
よ 僕の 心 [与える／授ける]
僕の心は　爽やかになってくる

C   F   G7   C
Ku'u pua lei, the softenss of your lips
僕の 花 レイ
貴女は僕の憧れ　貴女の柔らかい唇

C   F   G7   C   C7
Lehelehe nui, wahi me e ma'ūma'u (lā)
公衆 沢山の 場所 と 湿っぽい
沢山の人々がいる　湿っぽく

              F   G7   Dm7 G7
Makemake au e lehehe, ho'okala
欲しい／望む 僕は [唇よ] 解放する
僕は欲しい　唇よ　僕を魅了します

             Dm7   G7   C
E ku'u pu'uwai, hā'awi aku
よ 僕の 心 [与える／授ける]
僕の心は　爽やかになってくる

Ku'u pua lei, ho'okala 'o au iho nō
僕の 花 レイ 興奮する は 僕
貴女は僕の憧れ　夢中です

Ho'onā a'e ana i kō kāua aloha (lā)
痛みを和らげる／静める [僕達二人の] 愛
僕達二人の燃える愛を和らげて

I kēia pō mahina la'ila'i
で この [月の光] 穏やかな
穏やかなこのお月様で

E ku'u pu'uwai, hā'awi aku (eā)
よ 僕の 心 [与える／授ける] ラン
僕の心は　爽やかになってくる　ラン

K

C		F	G7		C		貴女は僕の憧れ　これは僕の歌です
Ku'u	**pua**	**lei,**	**ha'ina**	**'ia**	**mai**		
僕の	花	レイ [	告げます		]		

C		F	G7	C		C7	僕の愛するレイについて　ラン
Ku'u	**pua**	**lei**	**a**	**ke**	**aloha**	**(eā)**	
僕の	花	レイ	の		愛	ラン	

F		G7		Dm7		G7	貴女は僕の愛する人　ただ一人の人
'O	**'oe**	**nō**	**ka'u**	**i**	**aloha**	**ē, e ho'okahi**	**nō**
です	貴女		僕の	で	愛	お—	よ 一つの

Dm7		G7	C	僕の心は　爽やかになってくる
E	**ku'u**	**pu'uwai,**	**hā'awi**	**aku**
よ	僕の	心	[	与える／授ける]

解説‥‥‥

ただ一人の可愛らしい女性に憧れる彼。貴女にキスしたい。沢山の人がいても僕だけの貴女の唇。美しいお月様で心静め、爽やかな心で頑張ろう。Nathan Aweauの新しいアルバム、「'Āina Hawai'i」は、可愛い歌曲集だ。（※３番はレコーディングされていない）

© Copyright by AWEAU NATHAN
Rights for Japan controlled by Victor Music Arts,Inc.

Ku'u Pua Lokelani

Composed by Ikaika Blackburn

G7
He aloha nō i ku'u pua
です　愛情　強意　が　私の　花

私の花が大好きです

D7　　　G7　　C
Ku'u pua Lokelani
私の　　花　　ロケラニ

私のロケラニの花

E7　　　　　Am　　F
He pua loke onaona
です　花　　バラ　魅惑的な甘い香り

魅惑的な甘い香りのバラの花です

C　　　　　G7　　　C
Onaona ho'i ke hanu
魅惑的な甘い香り　本当に　[　匂いを嗅げば　]

とても魅惑的な甘い香がします

G7
Pā mai ana ka makani
[　風が吹いてくる　]　　　　風

風が吹いて来る

D7　　　　G7　　C
Ka makani-lawe-mālie
[　　　マカニ・ラヴェ・マーリエ　　　]

マカニ・ラヴェ・マーリエ風です

E7　　　　　　　Am　　F
Kou lawena i ka 'olu'olu
貴女の　手に入れること　　　爽やかさ

貴女のオーラはチャーミングで爽やか

C　　　　　G7　　　C
'Ohu'ohu i ka nui manu
霧がかかる　　に　　沢山の　　鳥

貴女の周りの全ての人達に望まれています

G7
Kū mai i ka hanohano
[　舞い上がる　]　が　　　　華やかさ

敬慕されて華やかに

D7　　　G7　　C
Ho'oheno i ka Pīkake
可愛がる　　を　　　ピーカケ

ピーカケを可愛がるように

E7　　　　　Am　　F
He wehi nō ka lei Maile
です　装飾　とても　　レイ　マイレ

マイレと共に飾られて

C　　　　　　G7　　C
Lei ha'aheo o ka uka
レイ　　誇り高い　の　　丘

高地からの誉れ高いレイ

G7
Puana i ku'u pua
テーマ　　私の　　花

私の花がテーマです

D7　　　G7　　C
Ku'u pua Lokelani
私の　　花　　ロケラニ

私のロケラニの花

E7　　　　　Am　F
Ka loke me ka lei Maile
バラ　　と　[　マイレ・レイ　]

バラとマイレのレイ

C　　　　　G7　　　C
Wili pa'a pono nō iā
[　　しっかり結びつける　　]　これを

永遠に編み合わされています

解説・・
この曲はミドル・ネームを「Lokelani」という母の為に作曲した。母の美しさと品格をラヴェマーリエ（風の名前）と比較し、更に甘く香気のあ
る天国のようなバラに喩え、父はマイレ・レイに喩えて、ピーカケの花と結ばれる控えめな貴族の様な人として表現したと、作者は書いている。

Ku'u Pua Lovely

Composed by Hailama Farden

G   F#   G
Awaiāulu ke aloha
確実に結ばれる   愛情

確実に結ばれる愛情

G   C G
No ka pua lovely
為に   花   可愛らしい

可愛らしい花の為に

G   D7
Pua Melia bloom mai
[ブア・メリア] [咲いてくる]

咲いているプア・メリアの花

D7   G
I ke kakahiaka
に   朝

朝に

G   F#   G
Kou 'ala anuhea kūpāoa
貴方の   香気 涼しげに香り良い 強い充満する香気

貴方の香気が涼しげに溢れ

G   C G
Kai hiki mai
[到着すること   ]

ここまで届きます

G   D7
I neia leo heahea
[この= kēia] 声   吟唱する   (注 neia という単題は現代使われない)

この貴方の呼び声で

D7   G
A pili ho'i kāua
そして [しっかり寄り添う] 私達二人

私達二人はしっかり寄り添います

G   F#   G
Na ka ua Kiliopu e ho'opulu
~によって [キリオプ雨   ] [濡れた   ]

キリオプ雨で濡れました

G   C G
Pulu a'e 'oe
濡らす   貴方は

貴方は濡らされました

G   D7
Pulu ho'i nā lihilihi
[びっしょり濡れ] [花びら]

花びらはびしょ濡れです

D7   G
Pulupē nei ana
[完全にずぶ濡れぬなる   ]

ずぶ濡れになりました

G   F7   G
'Ake au e kui no'u iho
望む 私は [繋がる] 私の為に 不変化詞

私の為に編み上げる事を私は望んでいます

G   C G
I lei ho'ohihi
に レイ   からみ合わせる

絡み合わせたレイに

G   D7
Na ka manu o uka
によって   鳥   の   高地の

高地の鳥によって

D7   G
E mūkiki ana
[繋ぎあわせる   ]

繋ぎ合わせましょう（甘い花の蜜を吸いましょう）

G		F#		G

Puana ho'i ke aloha
[　　テーマです　　]　　　愛情

愛情が主題です

No ku'u pua lovely
為に　　私の　　花　　可愛らしい

（G / C / G）

可愛らしい私の花の為に

Na ka manu o uka
によって　鳥　の　高地の

（G / C / D7）

高地の鳥によって

E mūkiki ana
[　　繋ぎあわせる　　]

（D7 / G）

繋ぎ合わせましょう（甘い花の蜜を吸いましょう）

K

解説・・
この歌で歌われる mūkiki という単語だが、キッスするように唇をすぼめて空気を吸ったり吐いたりすることから転じて「小鳥が蜜を吸う」事
を言うのだが、この曲の場合mūki'i と解釈して「結ぶ」と訳した方が歌詞として意味が通じる。作者は、花と小鳥ということで、mūkiki と言
葉遊びをしているのだろう。

365

♪ジャンル 日本

Ku'u Pua Sakura
Composed by Hōkū Zuttermeister

G   C D7   G
Kaulana 'ia kou nani, e ku'u pua Sakura
[有名だ] あなたの 美しさ よ 私の 花 桜
あなたの美しさは有名です　私の桜の花よ

G   C   D7   G
Mai ka 'āina ho'opuka lā, he 'āina ha'aheo
から [太陽が昇る国] 太陽 です 土地 誇り高い
太陽が昇る国から運ばれてきました

G   C D7   G
Ha'aheo wale kou nani, pili i ku'u poli
誇り高い とても あなたの 美しさ 寄り添うに 私の 胸
あなたの美しさはとても誇り高く
私の胸を飾っています

G   C D7   G
Wilia me ka lei Pīkake, he nani launa'ole
巻き上げる と レイ ピーカケ です 美しい 比べる物が無い
ピーカケのレイと一緒に編むと、
比べる物が無い美しさです

G   C D7   G
Pau'ole ho'i kou nani, no na kau a kau
[本当に終わりの無い] あなたの 美しさ [季節から季節へ／永遠に]
あなたの美しさは比べるものがありません
永遠です

G   C D7   G
He ho'ailona a ke aloha, no kākou a pau
です 目印／シンボル の 愛情 為の 私達の [全ての]
私達全ての憧れる愛情のシンボルです

G   C D7   G
Ha'ina 'ia mai ana, Ka puana lā
[告げます] 主題
愛情のお話です

G   C D7   G
No ka pua mae 'ole, ku'u pua Sakura
為の 花 [枯れない] 私の 花 桜
永遠に咲き続ける私の桜の花の為に

K

解説・・・
2014年4月に発売されたHōkū Zuttermeisterの新曲。日本の春の訪れを告げる美しい桜を歌っている。桜は彼の強さ、愛のシンボルだ。彼の母親、Suzan Misae Zuttermeisterの為に作曲した。彼は母親に対する永遠の愛情を歌う。又、このレコーデイングではDarin Miyashiroの琴の音が素晴らしい桜の美しさを描いている。

Ku'u Puni

Composed by Kawika Alfiche

C   F   C
'Auhea 'oe lā, e ku'u lei lā   どこへ行ったの　ソレ、私のレイよ　ソレ
[　どこへ行ったの　]　　よ　私の　レイ
C   G7
Ka lei pua 'ala lā 'eā   甘く香るレイ　ランラン
 レイ　花　香気
F   C
'A'ala onaona lā 'eā   心地良く風に漂う香り　ランラン
 香る　心地良く香り良い
G7   C
No ku'u puni 'oe lā   貴方は私のお気に入り　ソレ
為に　私の　お気に入り　貴方

C
Ka pua Kenikeni   ケニケニの花です
 花　　ケニケニ
F   C
He pua henoheno   愛らしい花
です　花　　愛らしい
C   G7
Mōhalahala lā 'eā   満開だ　ランラン
 花が開いている
F   C
Mai ka lā   太陽を浴びて　ソレ
から　　太陽
G7   C
No ku'u pua 'oe lā   貴方は私の花です　ソレ
為の　私の　　花　貴方は

C
Hiwahiwa 'oe lā   大好きな貴方　ソレ
 最愛の　　貴方
F   C
Ku'u hiwahiwa lā   私のお気に入り　ソレ
 私の　　お気に入り
C   G7
Mai poina 'oe lā 'eā   貴方は忘れない　ランラン
[　忘れない　]　貴方
F   C
Ku'u puni 'oe lā 'eā   貴方は私のお気に入り　ランラン
 私の　　気にいる　貴方
G7   C
No ku'u pua 'oe lā   貴方は私の花です　ソレ

K

C
Ha'ina mai lā   話します　ソレ

F   C
Ana ka puana lā   テーマです　ソレ

C   G7
Mai poina 'oe lā 'eā   貴方は忘れない　ランラン

F   C
Ku'u puni 'oe lā 'eā   貴方は私のお気に入り　ランラン
私の　　お気に入り　貴方

G7   C
No ku'u puni 'oe lā   貴方は私のお気に入り　ソレ
私の　　　　お気に入り　貴方

K

解説‥‥‥
気軽なハッピー・ソング。作者の可愛い甥っ子のKa'apuwai Alficheはハワイ島のヒロに住んでいる。ケニケニの花は作者が大好きな花だ。

♪ジャンル　ラナイ島

Lāna'ikaula
Words by Kellen Paik　Music by Kuana Torres Kahele

G　　G#dim　Am7　D7
He nani ka 'ikena
だ　　美しい　　　見る事　　　　　　　素晴らしい眺めだ

D7　　　C　　G
Iā Lāna'ikaula
に　　　ラナイ島　　　　　　　　　　　ラナイ島の

D7　　　Em　　　A7
Ma o nā maka
で　の［　目　　］　　　　　　　　　私の目で眺めた

G　　D7　　　G
Nā kupa 'āina
［　原住民達　　］　土地　　　　　　　土地を支える原住民達

G　　G#dim　　　Am7　D7
Ha'aheo nā kama'āina
誇りを持って大切にする　　土地っ子達　　土地っ子達は誇りを持って大切にする

D7　　　C　　G
I ka pine 'āpala
を　　　［　パイナップル　］　　　　　パイナップルを

B7　　　　Em　　A7
Me ke Kauna'oa
共に　　　　カウナオア　　　　　　　根無しカズラと共に

G　　D7　　　G
O ka 'ailana hiwahiwa
の　　　島　　　可愛い／気に入り　　　可愛らしい島の

G　　G#dim　　　Am7　D7
'Ohu'ohu 'o Maunalei
山に降りる霧　は　　マウナレイ山　　　マウナレイ山は霧が降り

D7　　　C　　G
I ka lei 'ōpua
中に　　　レイ　　雲　　　　　　　　雲のレイの中に

B7　　　　Em　A7
Kahi o nā paniolo
場所　　　の［　カウボーイ達　］　　　カウボーイ達の場所

G　　D7　　　G
I hehi mau ai
踏みつける　常に　　　　　　　　　　何時も踏みつけられる

G　　G#dim　　　Am7　D7
Mahalo aku iā 'oe
［　有り難う　］　に　　貴方　　　　　貴方に感謝します

D7　　　C　　G
E Lāna'ihale
よ　　　ラナイハレ　　　　　　　　　ラナイハレよ（ラナイ島）

B7　　　　Em　　A7
He hale kipa 'olu
だ　　家　　もてなす　爽やかに　　　　心地良くもてなす家です

G　　D7　　　G
I nā malihini
を［　　旅人達　　］　　　　　　　　訪れる人々を

G　　G#dim　　　Am7　　D7
Ha'ina mai ka puana　　　　　　　　物語は終わります
[　　告げる　　　　　]　　主題

D7　　　　C　　　G
Iā Lāna'ikaula　　　　　　　　　　　ラナイ島の
　　　ラナイ島

B7　　　　　　Em　　　A7
Punia i ke aloha nui　　　　　　　　大きな愛に取り巻かれた島
取り巻く　が　　愛情　　大きな

G　　D7　　　G
O nā kūpuna　　　　　　　　　　　　先祖達の
の　[　祖先／祖父母　　]

解説‥‥‥

Lāna'ikaula は、ラナイ島のことで、Lanai of Kaululā'au ＝征服・克服の日の意味がある。小さな島だが山の上と海岸に二つの素晴らしいホテルがある美しい島だ。過去はパイナップルの島として名を馳せたが、時代は移りパイナップル産業は衰退し観光の島となっている。Maunaleiはラナイ島唯一の高山で1000メートル。著名なビル・ゲイツ氏は、その山のホテル、ザ・ロッジ・アット・コエレで結婚式を挙げ、静寂を楽しむ為に、その時間帯に飛ぶ旅客機の全席を買い取り運行中止させたという噂がある。

© NA PALAPALAI MUSIC
All rights reserved. Used by permission.
Rights for Japan administered by HOTWIRE K.K.

Le‘a Nō Kāua

Composed by Kuana Torres Kahele

D   G   D
Le‘a nō kāua
[とても楽しい] 私達二人

私達二人はとても楽しいの

D   G   D
I ka hana lā poke i‘a
で   作業   [ポケを作る]

ポケを作ります

D   D#dim   D
Lomi ‘ia me ka ‘inamona
[揉む] 一緒に   イナモナ（調味料）

イナモナと一緒に揉んで

A7
He ono ke momoni aku
だ 美味しい [ぐっと飲み込む]

ぐっと飲み込むと美味しいよ

D   G   D
Le‘a nō kāua
[とても楽しい] 私達二人

私達二人はとても楽しいの

D   D   G   D
I ka hana hō‘i‘o saleta
で   作業 大きい自生の葉 サレタ

ホーイオ・サラダを作ります

D   D#dim   A7
Lomi ‘ia me ‘aka‘akai
[揉む] 一緒に 一般的なタマネギ

タマネギと一緒に揉んで

A7   D
‘Ōhi‘a me ka ‘ōpae
トマト   と   小エビ

トマトと小エビも一緒にね

D   G   D
Le‘a nō kāua
[とても楽しい] 私達二人

私達二人はとても楽しいの

D   G   D
I ka hana kāmano lomi
で   作業   鮭   揉む

鮭を揉んで

D   D#dim   A7
Lomi ‘ia me ke aloha
[揉む] 一緒に   愛情

愛と一緒に揉んで

A7   D
Lomi ‘ia me ku‘u aloha
[揉む] 一緒に 私の   愛情

私の愛と一緒に揉んで

D   G   D
Le‘a nō kāua
[とても楽しい] 私達二人

私達二人はとても楽しいの

D   G   D
I ka hana ‘ana i ka poi
で 仕事をすること   で   ポイ

ポイを作ります

D   D#dim   A7
Ku‘iku‘i ‘ia ke kalo
[叩いて]   タロイモ

タロイモを叩いて

A7   D
A ho‘owali lā me ka wai
そして 滑らかにする   で   水

水を加えて滑らかに

L

```
     D       G       D
Le‘a nō kāua
[ とても楽しい ]  私達二人
     D       G          D
I ka hana ku‘i    ‘opihi
で    作業    叩く  オピヒ (かさ貝／アワビ)
     D          D#dim    A7
Ho‘ohemo ‘ia ka i‘o
[   解き放つ ]            肉
A7                    D
Me ka puna lā hao kila
共に        スプーン [ 鉄のナイフの刃 ]
```
私達二人はとても楽しいよ

オピヒを叩いて殻を取り

身を剥ぎ取ります

鉄のスプーンで

```
     D       G          D
Pau ka hana a kāua
終わる    作業  の 私達二人
         D        D#dim
A he hana kīkīko‘ele
そして だ  作業      完全に
     D    D#dim        A7
Eia nō ka mo‘olelo
ある          お話
       A7              D
A e ala mai ho‘i ke aloha
そして [   立ち上がれ   ]        愛情
```
私達二人の仕事は終わりました

そして完璧な作業です

ここでお話があります

さあ！　私達二人の愛情を結び付けましょう

解説‥‥

ハワイの人達は豊かな海に恵まれて、海の幸が大好きです。若い二人はポケやロミロミ・サーモンを作り、オピヒ貝を探ってきたり、タロイモでポイを作って楽しい一時を過ごしています。お料理が出来上がり、今度は二人の愛を結びましょう。楽しい曲でハワイの食べ物の名前を覚えたら如何？

♪ジャンル ハパハオレ

Legend Of The Rain
Compoded by Ken Darby, Eliot Daniel

Verse:

There is a legend told   伝説は告げます

Of all the rain in old Hawaii   古いハワイの総ての雨のことを

A stranger came one day   旅人が或る日ハワイ島に来ました

And by the Hilo Bay   そしてヒロ湾に寄って

He found a maid with   彼は少女を見つけました

A loving charms   可愛らしい魅力的な

Her magic was the love   彼女のマジックは愛でした

That in the sky above Hawaii   ハワイを覆う空に

No clouds appeared at all   雲は全く現れません

And rain forgot to fall   そして雨は降るのを忘れました

As long as she was in his arms   彼女が彼の腕の中にいる限り

L

Chorus:

<pre>
       C   G
Hawaii, island of flowers   ハワイ、花々の島
     D7
Where dreams go   夢はどこに行くの
                   G
That want to come true   その夢は実現します
    C
Hawaii   ハワイ
                 G
How fragrant the hours   なんと芳しい香りのひと時
    D7
Hawaii   ハワイ
</pre>

$$\overset{G}{\text{A paradise for two}} \qquad\qquad 二人の為のパラダイス$$

$$\overset{D7}{\text{Remember the}} \text{ legend of the } \overset{G}{\text{rain}} \qquad 忘れないで下さい \quad 伝説の雨を$$

解説···

Ken Darby & Eliot Danielの作品。ハワイで最初に歌ったのは、若くして世を去ったアルフレッド・アパカ（1919〜1960）。Ken Darbyはアパカの為に作曲したのかも知れない。何故なら当時、ミュージカル調の曲を歌いこなせる歌手は彼以外に存在しなかった。その後1981年、Ala Moana HotelのCoconut Grove Honolulu Nightclubでギャリー・アイコが歌った音源が残っている。可愛らしい曲なので紹介する。

© Copyright　Flea Market Music,Inc.
All rights reserved. Used by permission.
Rights for Japan assigned to Yamaha Music Entertainment Holdings,Inc.

Lehelehe Blues

Unknown

F   B♭   F
'Auhea wale 'oe e ka wahine u'i
[どこにいるの   ] 貴女は よ   女性   若々しく美しい
C7   F
Ka u'i ho'oheno i ka pu'uwai
可愛がる   で   心

何処にいるの　若々しく美しい女性は

私の心の中で可愛がる美しい人

F   B♭   F
'Ī mai 'oe ia'u he aloha kou
[話す] 貴女は   私に   だ   愛情   貴女の
C7   F
Aloha wale nō ma ka lehelehe
[大好きだ   ]   で   唇

貴女は私に言います　私への愛情は最高だと

でもそれは、貴男は大好きというリップ・サービス

F   B♭   F
Lehelehe akamai kou i ka pelo
唇   賢い   貴女の   で お世辞／ほら話
C7   F
He a'o na'e i ka ho'opunipuni
だ   教養   今なお で   嘘つき

お世辞で貴女の賢い唇

嘘つきで貴女に匹敵する人はいません
（嘘つきは今も貴女の教養です）

F   B♭   F
Kā'apuni au a puni Hawai'i
観光旅行をする 私は の 取り巻く   ハワイ
C7   F
'A'ohe lua e like me 'oe
[二つとない   ] [似ている] と   貴女

私はハワイの島々を旅行します

でも貴女のような人は二人といません

F   B♭   F
'O 'oe ē ka 'oi ka'u 'ike
です 貴女 おー[一番だ] 貴女の   姿
C7   F
Ka helu 'ekahi ma ka ma'alea
点数   一番   で   ずるさ／巧みな

貴女は私の知る中で他に類のない人です

ズルさ巧みさは最高点

F   B♭   F
Ha'ina 'ia mai ana ka puana
C7   F
Nahesa ma'alea ho'opunipuni
蛇   ずるさ／巧みな   騙し／裏切り

物語は終わります

騙し、ズルさは蛇のようです

L

解説 ·······················
2015年に発売のChad Takatsugiのアルバム「Auhea」に収録。
この様な歌があるとは知らなかった。土地っ子のChadらしい選曲。作詞作曲者不明と書かれているが、痛快な曲だ。Chadが属していた
Ale'aというコーラス・グループで2000年のデビュー・アルバムでも、マウイ島の民謡「Kananaka(伝説のラハイナの人魚)」で、人魚に誘惑さ
れる面白い曲を披露したが、この曲も同じ感じだ。

♪ジャンル　ハワイ島

Lehua Beauty
Composed by Kuana Torres Kahele

```
    A          D        A                    D
Aia i ka uka koʻiʻi ka Lehua i ka ua                    高地にある雨の中のレフアは新鮮です
 ある に    高地  植物が新鮮な    レフア の中で    雨
Bm          E7      Bm              E7           A
ʻO ke kili hau me ke konāhau i ka ʻiu                   とても高い高地の凄く冷たい雨と寒さで
です ［非常に冷たいにわか雨］ と      寒さ          非常に高い
```

```
     A          D        A              D
Hāliʻi ka hau i ka piko, ʻo Puʻu Kahinahina             頂上に雪のシーツを敷く　プウ・カヒナヒナ
シーツ    雪 に     へそ/頂上 は 山/丘    カヒナヒナ
Bm          E7      Bm              E7           A
Mele mai nā manu i ka ʻāina anu, paʻa i ka noe           霧の中の寒い土地で鳥たちは 歌っている
［ 歌っている ］［ 鳥たち ］で    土地  寒い   確かな 中に     霧
```

```
    A          D         A              D
Ke piʻi nei ka ʻiʻini no ka pua hoʻāliʻi                願望は、王族の花への憧れで高まっています
［ 直接体験する ］   欲望/好み の    花   王族の
Bm          E7      Bm              E7           A
a sweet onaona, A kiss anuhea, he pua ana ʻole          魅惑的な香り、涼しく心地よい香り、
          魅惑的な香り     涼しく心地よい香り だ  花 ［ 不均等な ］       比べるものがない花です
```

```
     A          D           A            D
Puana nei ka haliʻa, no ka nani o ka uka                主題は想い出　高地の美しさへの
テーマ ここに   突然の想い出 為の    美しい の     高地
Bm          E7      Bm              E7           A
Pua hoʻāliʻi, koʻiʻi i ka uhiwai, kani ka ʻiʻiwi i ka laʻi  王族の花　濃霧の中で新鮮に、
花   王族 植物が新鮮な で   濃霧   音がする イイヴィ鳥  穏やかな           穏やかにイイヴィ鳥が鳴いています
                   A
Ma Lehua beauty                                         美しいレフアの花で
で    レフア  美しい
```

```
    Bm        C#m          F#m      E7    Fdim  F#m D7
Haʻaheo ka ʻāina i ka maka, aia i ka ʻiuʻiu             私は誇りを持って景色を大切にします
誉れ高い    土地   で    光景   ある に    とても高い                ここ高地を
D           E7      A
Ka Lehua, Nani nō                                       レフア　とても美しい
  レフア     美しい
```

L

解説 ·····
クアナ・トレスのお母さんが子供時代に度々訪れたのはケアナコルの伝統的な白いレフアが咲いている家でした。この珍しいレフアの花は
何よりも大切にされたと言われます。

♪ジャンル 神話

Lehua Beauty
Composed by Kawaikapuokalani Hewett

E **E** ku'u pua Lehua, He **A** aloha ē　　　　私のレフアの花　愛情です
　よ　私の　花　レフア　だ　愛情

E Kau hiehie 'o ka **B7** lani ē　　　　空が美しくなります
[　美しくする/なる　]　は/が　空

E **E** ku'u ipo ho'oheno i ka poli　　　　心から愛しい私の恋人
　よ　私の　恋人　愛らしい　の中の　胸/心

E **E** ka Lehua beauty na'u **B7** ho'i **E** 'oe　　　　貴女は私の美しいレフアの花です
　よ　レフア　美しい　私のもの　貴女は

He **E** milimili 'oe na ka **A** Pu'ulena　　　　プウレナ風に吹かれる最愛の人
だ　最愛の　貴女　によって　プウレナ風

Ē **E** Ka Lehua Hōpoe o **B7** Hi'iaka ē　　　　ヒイアカの親友、ホーポエが育てたレフアよ
　レフア　ホーポエ　の　ヒイアカ　よ

Ka **E** lei i hi'ilei i ka **A** poli ē　　　　胸に愛するレイを掛けて
　レイ　を　愛する　に　胸

Ka **E** poli pumehana a'o **B7** Pele **E** ē　　　　女神ペレの暖かい心
　心　暖かい　の　女神ペレ

He **E** nani ho'i 'oe, Ke **A** 'ike ē　　　　見つめれば貴女は、とても美しい
だ　美しい　本当に　貴女は　[　眺めれば　]

E Kohu 'ole i ka maka, e ka **B7** beauty ē　　　　最愛の人の美しさは私には似合わないほどです
[　不似合いな　]　が　最愛の人　　　　　　　　　　　何て美しいのだろう

E Pau 'ole ko'u ho'ohihi me **A** 'oe　　　　貴女と抱き合えば私の愛に終わりはありません
[　終わりない　]　私の　からみ合わせる　と　貴女

E **E** ku'u lei poina 'ole, pili **B7** pono **E** ē　　　　私の忘れ得ぬレイよ　ぴったり寄り添いましょう
　よ　私の　レイ　[　忘れ得ぬ　]　[　ぴったり寄り添う　]

L

解説••
Sean Na'auao、2015年録音のCD「Lehua Beauty」のメイン・テーマ曲。
火の女神は末妹ヒイアカを可愛がっていた。ヒイアカは親友のホーポエに大好きなレフアの花園を管理させ、フラと整体術を学んでいたそう
だ。それが後にペレの恋人ロヒアウを探しに行く時、大いに役に立つ。カウアイ島カパアの海岸に住む体の不自由な首長の地位にある漁師
で預言者のMalae-ha'a koaの家を訪ねた時、彼は足が悪く歩くことができなかった。整体術で首長の体が回復すると歓喜し、ロヒアウを探
す強烈な協力者となったと伝えられる。

♪ジャンル　ハワイ島

Lei Ana 'O Kohala
Composed by Carrington "Baba" Manaola Yap

F　　　　　　　　　C7　　　　　F
Lei pua Kenikei, he u'i maoli nō
レイ　花　　ケニケニ　　　　です　美しい　[本当にとても]
　　　　　　ケニケニ花のレイ　とても若々しく美しい

C7
Lei ana 'o Kohala i ka lei ha'aheo
[レイを編む]　は　コハラ　に　　レイ　誇り高い
　　　　　　コハラはその誇り高いレイに包まれています

C7　　　　　F
He lei ho'oheno
です　レイ　可愛らしい
　　　　　　可愛らしいレイです

F　　　　　　　　B♭　　F
Hia'ai ka welina i kou a'ala
歓迎する　　　ご挨拶で　貴方の　甘い香り
　　　　　　貴方の甘い香りは歓迎するご挨拶です

C7　　　　　　　　　F
Ke 'ala onaona o ka pua o　ka lau
香気　魅惑的な　　の　　花　の テイー・リーフで編まれた紐
　　　　　　葉に編み込まれた花の魅惑的な香気

C7　　　　　　　F
Ke 'ala onaona kou
芳香　魅惑的な　あなたの
　　　　　　あなたの魅惑的な芳香

F　　　　　　　　　C7　　　　F
Lei pua kenikeni, he u'i maoli nō
　　　　　　ケニケニの花のレイ　とても若々しく美しい

C7　　　　　　　F
Lei ana 'o Kohala i ka lei ha'aheo
　　　　　　コハラはその誇り高いレイに包まれています

C7　　　　　F
He lei ho'oheno
　　　　　　可愛らしいレイです

F　　　　　　B♭　　　F
Kui 'ia a lawa nō nā pua
[レイを編む]　[確実に結びつく] [　花々　]
　　　　　　花はレイに編まれてしっかり結びつきます

C7　　　　　　　　F
Ka pua i mohala mai kukuna o ka lā
花　　　開花した　　から　[　太陽の光線　]
　　　　　　太陽の光線を浴びて開花した花

C7　　　　　　　F
Hi'ipoi me ke aloha
育てる　共に　　愛情
　　　　　　そして愛情と共に育てられます

　　　　F　　　B♭　　　　F
No Kohala, ka makani 'Āpa'apa'a
為に　コハラ　　　風　　アーパアパア
　　　　　　コハラ地区の為に　アーパアパアの風

　　　　　C7　　　F　C7
Ua kaulana 'oe　a ha'aheo
[　有名です　]　あなたは そして　誇り高い
　　　　　　有名で誇り高いあなた

　　F　　　　B♭　　　F
Ka nuku a'o nā kanaka
くちばし　の　[　人々　]
　　　　　　人々は語ります

C7　　　　　　　F
Ua piha ho'i me ke aloha
[充分な/完全に満ちた]　共に　　愛情
　　　　　　愛情で充分に満たされて

F   C7   F
Haʻina ʻia mai ka wahine, he uʻi maoli nō　　　女性について話します　とても若々しく美しい
[　告げます　]　　　　女性　です　美しい [　本当にとても　]

C7   F
Lei ana Kohala i ka lei haʻaheo　　　コハラはその誇り高いレイに包まれています

C7   F
He lei hoʻoheno　　　可愛らしいレイです

F   B♭   F
Eia ka puana e lohe ʻia　　　テーマはここにあります　聞いて下さい
ある　　　　主題　　[　聞かされた　]

C7   F
No kuʻu tūtū wahine aloha　　　愛する私のおばあちゃんの為に
為に　私の　[　おばあちゃん　]　愛する

C7   F
Kou leo nahenahe ē　　　あなたの優しい声
あなたの　　声　　　優しい

B♭   F
E lohe ʻia　　　しっかり聞いて下さい
[　聞きなさい　]

C7   F
No kuʻu tūtū wahine aloha　　　愛する私のおばあちゃんの為に

C7   F
Kou leo nahenahe ē　　　あなたの優しい声

L

解説‥‥

この曲は2012年のメリー・モナーク・フェスティバル前夜祭にファミリーで一緒に出演するおばあちゃんのメアリー・アン・ヤップの為に孫のマナオラが作詞作曲した。

私達のハーラウの裏庭に大きなプア・ケニケニがある。私達の母親のメアリーは毎日愛を込めて花を摘んでいる。このお馴染みの香りは私達も、そして子供達も大好きな香りだ。彼女は今でも愛をもってレイを編み、家族がレイを作る時も着用する。そして私達の父親のエルマー・リム・サーも同じだ。

この曲はコナ地区の美しいケニケニの花に編み込まれる子供や孫へのおばあちゃんの愛に感謝して、おばあちゃん、メアリーに捧げられた。

♪ジャンル マウイ島

Lei Ana 'O Maui
Composed by Kuana Torres Kahele

G
Lei ana 'o Maui i ka lei Loke
レイを掛ける　は　マウイ　で　レイ　バラ
D7
He lei pua nani, lei onaona
だ　レイ　花　美しい　レイ　心地よく香りの良い

マウイはバラのレイを掛けている

美しい花のレイ　心地よく香るレイ

G
Onaona ku'u maka iā Haleakalā
魅惑的な　私の　目　が　ハレアカラー火山
D7　　　　　　　　　　　　G
Kuahiwi nani 'oe, kū kilakila
山　美しい　貴方は　立つ　雄大に

私の目は魅惑的なハレアカラー火山を眺めています

貴方は美しい山　雄大に聳える

G
Kilakila ke kuaola o ke komohana lā
荘厳に　植物が生い茂る青々した山　西側
D7　　　　　　　　　　　　　　G
'Ohu 'o Kahalawai i ka lei 'ōpua
霧　は　カハラヴァイ　で　レイ　雲

山の西側は青々と植物が茂り荘厳です

カハラヴァイは雲のレイの様に霧で覆われている

G
Pūnohu ka uahi i Kahului lā
霞等が発生する　煙　に　カフルイ
D7
Papaiāulu ka makani ahe 'olu
吹いてくる　風　微風　涼しい

カフルイに煙のように霞が舞い

涼しいそよ風が吹いてくる

G
Hō'olu 'ia nō au e ka 'ehukai lā
[　心地よくされる　]　私は　によって　海飛沫
D7　　　　　　　　　　G
I ke kai pāeaea o Launipoko
で　海　静けさ　の　ラウニポコ

海飛沫で私は心地よくなりました

ラウニポコの静かな海で

G
Ha'ina 'ia mai ana ka puana

D7　　　　　　　　　　　G
Lei ana 'o Maui i ka lei Loke

物語は終わります

マウイはバラのレイを掛けている

解説··
マウイ島を代表する花はバラの花だ。甘い香りが風に運ばれてくる。島の西側は青々と草木が茂りそよ風が吹き寄せてくる。島は東マウイの
ハレアカラー火山と西マウイのカハラワイ山 (Pu'u Kukui山) を中心に東西に分かれ、渓谷の島と呼ばれる。この曲はKuana Torres Kahele
ハワイ諸島シリーズのCD、マウイ編「Pi'ilani Maui」に収録されている。

Lei Kiele

Composed by Lena Machado

    F   B♭   F
Me ʻoe ka ʻanoʻi e pili mau　　　　　　私の望みは絶えず貴女の愛に寄り添うことです
共に　貴女　　望み　[ぴったり寄り添う]　常に

            C7   F
E ka milimili lei kiele　　　　　　　　おー　恋人よ　レイ・キエレ
おー　恋人　　レイ　キエレ

       F   B♭   F
Kaʻu hana mau ia, e ke aloha　　　　　私の変わることのない愛の行い　愛よ
私の　仕事　不変の　この　よ　　愛

            C7   F
I hoa pili nō ka ʻiu anoano　　　　　貴女は最高に真摯な愛のパートナーです
[　親しい友人　]　　神聖な　崇敬する

    F   B♭   F
Me ʻoe ka ʻiʻini pau ʻole　　　　　　貴女と共にこの愛に終わりはありません
共に　貴女は　　欲望　[　終わりない　]

    F   C7   F
Aʻu i moe ʻuhane i ka pō laʻi　　　　静かな夜に私の夢を満たします
私のもの　寝る　霊/精神　夜　静かな

        F   C7   F
Hoʻolale mai ana e pili　　　　　　　再び　貴女と共に過ごせるよう訴えます
[　強力に推し進めてくる　]　[ぴったり寄り添う]

        F   C7   F
Kuʻu hoa i ke ʻala aumoe　　　　　　夜遅く香る私のお友達
私の　友達　に　香気　夜遅く

    F   B♭   F
E maliu mai ʻoe e haliʻa　　　　　　聞いてください貴女　私の突然蘇る愛の想い出
[　聞いてください　]　貴女　突然蘇る愛の想い出

    F   C7   F
E walea maila i ka ʻohu　　　　　　夢中になりましょう　霧の中で
[　〜没頭しよう　]　そこで　中で　　霧

    F   B♭   F
Onaona wale hoʻi lei kiele　　　　　とても心地良く香る　私のレイ・キエレ
心地良い香気　[　とても　]　レイ　キエレ

         C7   C7   F
Hone ana ka manaʻo e naue mai　　　私の願いは甘く香る貴女の帰りを待っています
[　甘い香り　]　　願望　[　動いてくる　]

L

解説 ···

2016年に大ヒットした「プア・キエレ」という曲があるが、1936年に歌手・作曲家として知られるレナ・マシャドが書いた「レイ・キエレ」という曲があるので紹介しよう。しかし古い曲なので、歌手によって1番3行目の歌詞をKaʻu hana mau ia, e ke aloha（私の永遠の愛の行為）と歌う人と、Kau hana mau ia, e ke aloha（貴方の永遠の愛の行為）と歌う人がいる。
このフレーズについて、多くの訳者の意見があり、「私の」、「貴方の」と意見が分かれているようだ。いずれにせよ真実は作者にしか判らない。

♪ジャンル　ハワイ島

Lei lihilihi Lehua
Composed by Kuana Torres Kahele

    F   B♭   F
Onaona ku'u maka i ka beauty o ia lei　　　私の瞳は，この美しいレイに夢中です
夢中にさせる　　私の　　光景/眺め　　　　　美しい　　の　この　レイ

   B♭   F
Pua nani auli'i o ka Lehua ē　　　レフアの（芽）洗練された上品な美しさ
花　美しい　上品な　の　　レフア

   B♭   C7   F
Aloha i ku'u lei lihilihi Lehua　　　私のレイ・リヒリヒ・レフアが大好きだ
好き　が　私の　　レイ　　縁/端　　レフア

    F   B♭   F
Lehua nā 'āpane i ka ua Lilinoe　　　アーパネ・レフアの花はリリノエ雨に濡れて
[赤黒い花を付けるレフアの木々] 中に　雨　リリノエ

   B♭   F
A līhau mai nei i ke anu ko'eko'e　　　冷たい涼しい雨で生き生きしています
[霧や雨の中で植物が生き生きする]　涼しい　冷たい

   B♭   C7   F
Aloha i ka pua　pili　i ka pu'uwai　　　私の心にピッタリ寄り添う花が大好きだ
好き　が　花　ピッタリくっ付く　　　心

    F   B♭   F
Kui 'ia nā pua i mohala a'e nei　　　今、花びらが開く花々はレイに編まれる
[編まれる] [花々]　花びらが開いて　今

               B♭
Me ka pua 'ula a me ka pua mele ē　　　赤い花と黄色い花と共に
共に　花　赤　[そして]　花　黄色

   B♭   F C7   F
He pua 'oe ma'ū e lei mau ai　　　清々しい貴女は私の花です　永遠のレイだ
です　花　貴女は　清々しい　[　　永遠のレイだ　　]

     F   B♭   F
Puana ka mana'o me ke aloha ē　　　願望と愛情がテーマです
テーマ　　願望　共に　　愛情

   B♭   F
No ka pua lei ali'i Lehua nani ē　　　この花の為に　美しいレフアは王様のレイです
為に　　花　レイ　王様　レフア　美しい

   B♭   F C7   F
Aloha i ku'u lei lihilihi Lehua　　　私のレイ・リヒリヒ・レフアが大好きだ
好き　が　私の　　レイ　　縁/端　　レフア

解 説・・・
2014年3月に発売されたクアナ・トレス・カヘレのアルバム「Hawai'i Keawe」から選曲。このアルバムが最初で、次回は2014年9月に
Ni'ihauを歌うアルバムが発売され、順次ハワイ諸島の島々を個別に取り上げた作品集が発表された。まずは、彼の生まれ故郷ハワイ島を取
り上げたわけだ。

♪ジャンル ハワイ島

Lei Liko Ka Lehua
Composed by C.K.Kukona

D   Em   A7
He hoʻoheno kēia nou
だ   可愛がる   これは 貴方の為の
A7   D
Lei liko ka Lehua
レイ   蕾   レフア
D   Em   A7
Ka wehi kū ke aloha
飾り   存続する   愛情
Gm   D
O ka ua Kanilehua
の   雨   カニレフア雨

これは貴方の可愛がるレイです

レフアの蕾（リコ・レフア）のレイ

愛情を持ち続けているレイです

ヒロに降るカニレフア雨の

D   Em   A7
Ua nani nō ka ʻikena
[美しい] 本当に   眺めれば
A7   D
Kau pono ke poʻohiwi
[確り置く]   肩
D   Em   A7
Lei paʻa ʻia hemoʻole
レイを飾る [固着させる]   結び付ける
Gm   D
Hoa pili o ka Palai
[仲の良いお友達] の   パライ・シダ

眺めれば本当に美しい

肩に置いて

紐を結んでしっかり飾りつけます

レフアはパライ・シダの仲の良いお友達です

D   Em   A7
Aia i ka uka anuanu
ある に   高地   寒い
A7   D
Ke welina kipa mai
挨拶   [訪ねて来る]
D   Em   A7
Home ʻāina o nā pua
家   土地 の [花々]
Gm   D
Kahi aʻu e ulu ai
場所 私の [成長する]

寒い高地にあります

私は訪ねてご挨拶します

花々の大地に

私の開花した場所に

D   Em   A7
Puana nei mele hoʻoheno
[告げます]   歌   可愛がる
A7   D
Lei liko ka Lehua
レイ   蕾   レフア
D   Em   A7
Ke wehi kū ke aloha
飾り   存続する   愛情
Gm   D
O ka ua kilihune rain
の   雨   キリフネ雨

花を可愛がる歌です

レフアの蕾（リコ・レフア）のレイ

愛情を持っているレイです

キリフネ雨の

解説··
この曲は、Darlene AhunaのCDに入っている。彼女はハワイ島出身の歌手なので、ハワイ島に降るカニレフア雨に咲くレフアの花を讃えた曲は相応しい。オヒアの木に咲くレフアの花。女神ペレの嫉妬で木にされた青年オヒア、少女レフアは、オヒアの木に咲く花になり永遠の生命を得て、カニレフアの小雨を浴びている。2016年突然原因不明の細菌でオヒアの木が枯れ始めた。ジャガー博物館の奥に咲いていたオヒアの大木も切り倒された。早く自然の美しさを取り戻してもらいたい。

Lei Maile

Words by Kalikolīhau Paik　Music by Mark Yamanaka

　　　　D　　　　　G
Kaulana nō ke ‘ala
　有名な　　とても　　　香気

とても安らかな香気

　　D　　　　　　　　G
Hia‘ai wale i ka ihu
　喜んで　　とても　に　　鼻

喜ばしい香りです

　　　D　　　　　　　　A7
Onaona a ‘olu iho nō
　心地よく香りよい　　爽やかな

心地よく爽やかな香り

G　　　A7　　　　　D
Ku‘u lei Maile ho‘oheno
　私の　レイ　マイレ　　愛する

私の大切にしてきたマイレのレイ

　　　　　D　　　　　　G
Hahani mai i ku‘u kino
　[　軽く触れる　]　に　私の　　体

貴女は私の体に優しく触れて

　　　　D　　　　G
Me kou ‘ala anuhea
　共に　貴女の　香気　涼しく快い香り

貴女の涼しく快い香気と共に

　　　D　　　　　　　　　A7
Punia　iho au i ke ‘a‘ala
　取り巻いた／気に入る　私を　で　　芳香

貴女の芳香で私を取り巻き

G　　A7　　　　　D
Hu‘i konikoni i ka ‘ili
　[　ずきずき痛む／鼓動する　]　　　肌

冷え冷えと私の肌を疼かせます

　　　　D　　　　G
‘O ‘oe nō a ‘o au
　です　貴女　そして　です　私

そうです　それは丁度貴女と私

　　　　D
Hiki ho‘i i ke aloha
　[　確実に出来る　]　を　　愛情

二人の愛情は必ず結ばれます

　　　D　　　　　　　　A7
Lei nō au me ka ha‘aheo
　[レイを編む]　私は　共に　　　誇り

誇りを持って私はレイを編みます

G　　A7　　　　D
No nā kau a kau
　[　季節から季節へ／永遠に　]

何時までも　　何時までも

　　　　　D　　　　　G
Puana kēia wehi nou
　主題　　　この　　装飾　貴女の為の

テーマは貴女の為の飾り付けです

　　　　　D
He pōmaika‘i ka pilina
　です　幸運／幸せ　　結合／繋がり

私達の繋がりは天の恵み

　　　　D　　　　　　　　A7
Wili a pa‘a ke aloha a kāua
　巻く　そして　確実に　　愛情　の　私達二人

私達二人の愛情は必ず編まれるでしょう

G　　　A7　　　　　D
Ku‘u lei Maile ho‘oheno
　私の　レイ　マイレ　　愛する

私の愛するマイレのレイに

解説

2013年に発売されたマーク・ヤマナカのCD「Lei Maile」で歌われていたMark Yamanaka作曲、Kalikolīhau Paik作詞の曲「Lei Maile」が、2014年度Nā Hōkū Hanohano Awardsで、"Album of the Year" "Hawaiian Music Album of the Year""Liner Notes Award" "Male Vocalist of the Year"の4部門賞を獲得した。甘い香りがするマイレのレイを、愛する二人の可憐な愛情に例えた曲だ。

♪ジャンル カウアイ島

Lei Moʻaulahiwa
Composed by Kuana Torres Kahele

F   B♭   F
Kaulana nō ka ʻāina pālahalaha　　　　　広々とした土地は有名だ
[有名だ   ]   土地   広々した
D7   G7   C7   F
O Kauaʻi, wewehi i ka lei moa　　　　　鶏の雛のレイを飾りつけるカウアイ島の
の   カウアイ島 飾りつける を   レイ 鶏のヒナ

F   B♭   F
Moamoa aku ʻoe i ke kīnana　　　　　鶏の母鳥とそのヒナを貴方は世話をします
[世話をする] 貴方は を   鶏の母鳥とそのヒナ
D7   G7   C7   F
I ka ua Paʻūpili aʻo Līhuʻe　　　　　リーフエのパウーピリ雨の中で
の中で 雨   パウーピリ の   リーフエ

F   B♭   F
Huʻehuʻe ʻia nei ka nani kūpanaha　　　　　その驚くべき美しさが明らかにされる
[明らかにされる] 今   美しい 驚くべき／不思議な
D7   G7   C7   F
O kuʻu lei hulu, Lei moaʻulahiwa　　　　　私の羽のレイ　赤い鶏の羽のレイ
の 私の   レイ 羽   レイ   赤い鶏

F   B♭   F
Hiwahiwa nei lā ʻoe i ka nui manu　　　　　多くの人達に可愛がられます
可愛い／最愛の   貴方は に   多くの   人（鳥）
D7   G7   C7   F
Ka wehiwehi kau mai nei i ka pāpale　　　　　帽子を飾る装飾品として
装飾   [置く   ] に   帽子

F   B♭   F
Haʻina ʻia mai ana ka puana　　　　　物語は終わります
[告げる   ]   テーマ
D7   G7   C7   F
No kuʻu lei moaʻulahiwa o Kauaʻi　　　　　カウアイ島の赤い鶏のレイは私の為に
為の 私の レイ   赤い鶏   の   カウアイ島

L

解説 ‥‥
カウアイ島はワイアレアレ山を中心に濃い緑に覆われた島だ。島の北側と南側で全く異なった姿を見せるカウアイ島は再び訪れたくなる素晴らしい土地だ。この曲で初めて知ったが、カウアイ島は鶏の島だと歌われる。ワイメア州立公園に行くと沢山の鶏の出迎えを受けることがある。赤い鶏の羽が、帽子の飾りになるとは驚いた。

♪ジャンル　マウイ島

Lei Niolopua
Composed by Kuana Torres Kahele

```
    D7              B♭          B♭m        F
E  maliu mai ‘oe e ku‘u lei Niolopua
[    聞いてください   ] 貴女 よ  私の  レイ  ニオロプア
    F              B♭     B♭m   F       C7        F
‘O ‘oe ho‘okahi ke kauhua a ka pu‘uwai ē
です 貴女は    ただ一人      望み  の      心
```
聞いてください　私のレイ・ニオロプア

私の心の願いはただ一人　貴女です

```
      F        B♭    B♭m   F
‘Ula nōweo ka lā i ka hikina
  赤色  輝く      太陽 に    東方
            F              B♭          B♭m   F
Hao mai nei nā kēpā o Hana i ke anu
[ 激しくなってくる  ] [  騎手達 ] の   ハナ で  寒さ/涼しさ
                Gm             C7        B♭ B♭m
Anu makehewa au ke kali ana lā i laila
涼しくする  無益な    私は [   待っている   ] [ そこで ]
     F
Lei Niolopua
 レイ    ニオロプア
```
東方に太陽は赤く輝き

ハナの寒さは(騎手達の)肌を突き刺してきます

そこで貴女を待っている私は
無益な寒さに苦しみます

レイ・ニオロプアよ

```
      F           B♭  B♭m    F
Ipu lei Nāhiku na ke kaomi
[レイの為の容器] ナーヒク ～によって 圧縮機
                     F            B♭    B♭m    F
Kapa ‘ehu kai o Opuhana na ka makani
[  波飛沫のシーツ  ] の   オプハナ ～によって    風
        Gm             C7       B♭  B♭m
Āhea lā ke aloha e pā hou mai ai
何時  再び   愛情 [      新しく吹いてくる   ]
     F
Lei Niolopua
 レイ    ニオロプア
```
ナーヒクは風の強い場所です(解説参照)

風でオプハナの海の飛沫がシートのように広がります

何時再び愛の風が吹いて来るのでしょうか

レイ・ニオロプアよ

```
      F            B♭    B♭m    F
Puana ka mele a ka pu‘uwai
  主題    歌  の   の   心
  F                    B♭    B♭m    F
O ke ko‘i‘i o loko nou e ka pua
  の   新鮮な  の  中の 貴女に よ   花
          Gm            C7         B♭
Ha‘ina mai ka puana me ka ‘eha‘eha
 告げる    の   主題    共に    すごい痛み
B♭m                F
No ka lei Niolopua
為に    レイ  ニオロプア
```
主題は私の心の歌です

貴女への私の絶え間ない憧れ　私の最愛の花

胸の痛みと共に告げます

レイ・ニオロプアの為に

      D7   B♭   B♭m   F

E maliu hou mai ‘oe e ku‘u lei aloha ē　もう一度聞いてください貴女　私の愛するレイ
[　　もう一度聞いてください　　]　貴女　よ　私の　　レイ　　愛

       F   B♭   B♭m F   C7   F

‘Imi au iā ‘oe e ku‘u hoa ‘alo i ke anu ē　私は貴女を探します
探す　私は　を　貴女　よ　私の　　友人　正面　で　寒さ　　寒さを分かち合う私の友人を

解 説‥‥
メリー・モナーク・フェスティバルでマウイ島のクムフラ、Keli‘i Tau‘aが、甘く悲しいチャントを語ったのが心に残り、クアナ・トレスはこの作品を書いたという。クアナ自身の言葉で「僕が行ったハナの夜はとても寒い」と語っている。歌われるNāhikuは、西マウイ・ハナ地区の山を背にした埠頭がある海辺の農村。

♪ジャンル ハワイ島

Lei O Hā'ena
Composed by Helen Desha Beamer

     G   Em   D7
Noho ana i ka uluwehiwehi
  住む   に   青々と緑に茂る草木
          Am   D7   G
I ka nahele i puīa i ke 'ala onaona
 で   森   で 甘い香り   香気 心地よい香気
    E7   Am
Ho'olau kānaka ana
  沢山の   人々
   F#7   Bm
I nā manu hulu ma'ema'e
 が [鳥達] 羽毛 綺麗な／魅惑的な
  D7   A7   D7
'O ka home ia o ka Lei o Hā'ena
 です   家   この の   レイ の ハーエナ

青々と茂る草木の中に住む

心地よい甘い香りが漂う森で

人々は集まる

美しい羽を持った小鳥達のように

このハーエナのレイの家

Hui:

        G
He pua 'oe (He pua 'oe)
 です 花   貴方は
        D7
No ka ua (Kanilehua)
 為の   雨   （カニレフア雨）
    Am   D7   G
I popohe a mōhala i Hā'ena
 形良い   の   満開   で   ハーエナ
         Eb   G E7
Ua puīa ka nahele i kō 'ala
 [甘い香りがする]   森   貴方の 香気
   Am   G   D7 G
Ke pōhai nei nā manu
 [囲まれている]   [鳥達]

貴方は花です

花の為の雨（カニレフア雨）

ハーエナで満開になる形良い花

木立は貴方の香気が甘く漂い

鳥達はここに集まります

 G   Em   D7
Kea'au i ka ulu hala ha'a i ka makani
 ケアアウ に   木立 ハラ 踊る 中で   風
     Am   D7   G
Kanika'a ka nalu 'au'au o Lā'iekawai
 [カニカア波] 入浴 の ラーイエイカヴァイ
   E7   Am
Hā'ena me Hōpoe
 ハーエナ   と   ホーポエ
   F#7   Bm
Nā wāhine lewa i ke kai
 [二人の女性] 揺れる で   海辺
   D7   A7   D7
'O ka home ia o ka Lei o Hā'ena
 です   家   この は   レイ の ハーエナ

ケアアウのハラの木立は風の中で踊ります

ラーイエカヴァイが入浴する風が唸る波間

ハーエナとホーポエ

海辺で踊る二人の女性

ハーエナのレイの家です

G   Em   D7

'Auhea wale 'oe ke kanaka u'i　　　　　　　　貴方はどこに　ハンサムな人は
[　何処にいるの　] 貴方は　　　ハワイ人　ハンサムな

　　　　　　Am　　　　D7　　　G

Hoa pili 'oe no ka pua kaulana　　　　　　　　貴方は有名な花のお友達
[　親友　] 貴方は　の　　　花　有名な

　　　　　　　　E7

Pua nani makamae　　　　　　　　　　　　　　貴重な美しい花
花　美しい　　　貴重な

　　　　　　　　Am

I ma'ū a　ko'i'i　　　　　　　　　　　　　　　潤されて、生き生きしています
[　湿っぽい　] の　生き生きしている

　　　　　　　F#7　　　　　Bm

I ka Waiko'olihilihi　　　　　　　　　　　　　レフアを囲んだワイコオリヒリヒの淡水路
ワイコオリヒリヒ

D7　　　　　A7　　　　D7

E ō, e ka Lei o Hā'ena　　　　　　　　　　　答えてね　ハーエナのレイよ
[答えてね] よ　　レイ　の　ハーエナ

解説・・・

この曲はHā'enaのWilliam Herbert Shipmanの栄誉を讃えた曲。彼はKa'enaでハワイの花蘭と鳥のネネを育てた人。2番のKanika'aは
Princess Lā'iekawaiに打ち寄せるの波の名前、3番のハーエナとホーポエはフラダンサーでケアアウに住み、女神ペレの物語に登場する。
Waiko'olihilihiは著名なハーバート・シップマンが住んでいた家の周りにあった淡水路。ヒロの町に「シップマン・ハウス朝食つきホテル」が
あったという。
Mahi Beamer, Kapono Beamerがレコーデイングしている。

♪ジャンル　マウイ島

Lei O Pi'ilani
Composed by Kuana Torres Kahele

G   Em   C   G   E   C
Pua mai ke aloha, kau i ka maka
花が咲く　方向同　　愛情　　実現する　に　　目
G   Em   C   G   Em   C
E ake au e inu i ka wai o kēia pua
[願う] 私は [飲む] を　　蜜　の　この　花
D7   Em   D7   C
'O ku'u Lehua i luna ka'u e lei a'e nei
です 私の　　レフア　[高地に]　私の　[レイを編む]　今　]

目の前に愛の花が咲く

私はこの花の蜜を飲みたいと願う

私のレフアは高地に咲き　今、レイを編んでいます

G   Em   C   G   Em   C
Nou nō ka 'i'ini e ka 'ano'i pua
[あなたに]　　欲望　よ　愛情/熱望　花
G   Em   C   G   Em   C
Ua malu neia kino, nou wale nō
[保護する]　この　体　貴方に [ただ〜のみ]
D7   Em
He pua 'oe na'u e lei mau ai
だ　花　貴方は　私の　[永遠のレイであれ]
D7   C
A he lei mau no ku'u kino
そして　だ　レイ [永遠の]　私の　体

あなたへの憧れ　私の熱望する花よ

この体は貴方だけのものです

私の貴方は花です　永遠のレイであって欲しい

そして私の体を飾る永遠のレイです

Hui:

        Am   Bm
Ke huli nei au iā 'oe, my ipo
[捜している]　私は　を　貴方　私の　恋人
C   C#dim D7   G
Lei o Pi'ilani
レイ　の　　ピイラニ

私は貴方を捜しています　恋人よ

ピイラニのレイよ

G   Em   C   G   E C
E ka wai puna hoa 'inau
よ　[湧き水] [　　恋人　]　　　('inau ='inā'inau = to make love)
G   Em   C   G   Em C
'Awaiāulu nō ke aloha
[　確実に結合する　]　　愛情
       D7   Em
'O 'oe ka 'i'ini a ka pu'uwai
です 貴方は　憧れ　の　　心
       D7   C
'O 'oe ku'u lei ē
です 貴方は　私の　レイ　おー

湧き出る泉のような素晴らしい恋人よ

愛情は確実に結ばれる

貴方は心の憧れです

貴方は私のレイです

解説‥‥‥
クアナ・トレスの離れることがない二人の友人に敬意を表して書いた栄誉を称える曲。二人の素晴らしい関係に共感を得てこの曲を作曲したという。二人の愛は、愛情を込めて編まれたレイのようだと書かれている。Pi'ilaniは、マウイ島の湾の守り神。

Lei Onaona
Composed by William Lani Kanahele

        E   B7   E
'Auhea wale 'oe lei onaona lā
何処にいるの　　　貴女は　レイ　甘い香りの

        E   B7   E
Ua wela paha 'oe e noho mai nei lā
[　熱さがいっぱいの　]　貴女 [　　座っている　　]

貴女は何処にいるの　甘い香りのレイよ

ここに座っている貴女は情熱のお嬢さんですか?

        E   B7   E
Ua 'ike mua wau i ko kūmū wela lā
[知っている]　以前から　私は [　とても器量の良い人 (現代俗語)　]

        E   B7   E
'O ke komo 'ole o ka wai lelolelo lā
です [　入り口は無い　]　の　水　黄色

私は以前から貴女はとても器量の良い人だと
知っていました

黄色い水の入り口はありません

        E   B7   E
Ua 'ai paha 'oe i ka 'inamona lā
[食べた]　多分　貴女は　を　ククイナッツを挽き潰した調味料

        E   B7   E
A i tomitomi ai i ko kīkala lā
そして [　圧迫している　]　を [　貴女のお尻　]

貴女はイナモナを食べました

それは, 貴女のお尻を圧迫しました

        E   B7   E
I nelu ai ko ihu elepani lā
[柔らかい脂肪] [　　象の鼻　　]

        E   B7   E
A i kani ai ko 'aka henehene lā
そして [　音がした　]　の　笑う　くすくす笑う

柔らかい脂肪は象の鼻です

そしてくすくす笑う声がします

        E   B7   E
A na'u i pauma a pi'i ka manene lā
そして　私の　ポンプ　の　感情を刺激する　身震いする

        E   B7   E
A he ake nō a'e kau lio hou lā
そして　だ　願う　　乗る　馬　新しい

心地よい刺激を経験するポンプの為に

そして新しい馬に乗りたいという願いです

        E   B7   E
Ha'ina 'ia mai ana ka puana lā

        E   B7   E
'Auhea wale 'oe lei onaona lā

物語は終わります

貴女は何処にいるの　甘い香りのレイよ

L

解説 ‥‥
お馴染みの I Ali'i Nō 'Oe と、全く同じメロディーなので、驚かされる。著作権も関係ない長閑な1800年後半のハワイを思い浮かべた。これ
もかなり際どい歌詞だといえる。

Lei Pakalana
Traditional

```
C          Gm7  C7    F    Fm   C
E hā‘awi mai ia‘u lei Pakalana
(    運んで来る    ）私の為に レイ      パカラナ
A7    D7        G7       C
Eia ‘one‘i pua lei Pakalana
ある ［ここに］  花  レイ     パカラナ
```
私の為に持ってきた　パカラナ
（チャイニーズ・すみれ）のレイ

ここにあります　パカラナのレイ

```
C          Gm7  C7    F    Fm      C
E hā‘awi mai ia‘u lei Poni mō‘ī
(    運んで来る    ）私の為に レイ ［ピンクのカーネーション］
A7    D7        G7       C
Eia ‘one‘i pua lei Poni mō‘ī
ある ［ここに］  花  レイ  ［ピンクのカーネーション］
```
私の為に運ばれた　ピンクのカーネーションのレイ

ここにあります　ピンクのカーネーションのレイ

```
C          Gm7  C7    F    Fm   C
E ha‘awi mai ia‘u lei ‘Awapuhi
(    運んで来る    ）私の為に レイ    ジンジャー
A7    D7        G7       C
Eia ‘one‘i pua lei ‘Awapuhi
ある ［ここに］  花  レイ    アワプヒ
```
私に下さい　ジンジャーのレイ

ここにあります　ジンジャーのレイ

```
C          Gm7  C7    F   Fm C
E ha‘awi mai ia‘u lei Pīkake
(    運んで来る    ）私の為に レイ   ピーカケ
A7    D7        G7       C
Eia ‘one‘i pua lei Pīkake
ある ［ここに］  花  レイ    ピーカケ
```
私に下さい　ジャスミンのレイ

ここにあります　ジャスミンのレイ

```
C          Gm7 C7   F    Fm      C
Ha‘ina ‘ia mai ana ka puana
A7    D7        G7       C
Eia ‘one‘i pua lei Pakalana
ある ［ここに］  花  レイ     パカラナ
```
物語は終わります

ここにあります　パカラナのレイ

解説 ‥‥‥
チャイニーズ・ヴァイオレット（中国すみれ）の花は、その優しい香りからレイの花材とされる花で、一本のレイを作るのに150位の花が必要
だという。マイレ・ラウ・リイリイ（小さな葉のマイレ）と組み合わせるのが主流で、春から秋までの花だという。とても簡単な歌詞なので初心
者のフラダンサーにお勧めしたい。同じタイトルだが、歌詞が異なる曲が「HAWAIIAN MELE 1001」に記載されている。

♪ジャンル　カウアイ島

Lei Wili A Ke Aloha
Composed by Kuana Torres Kahele

F　　A7　　DmF7　　B♭　　D7　　Gm　　G#dim
Lei Mokihana, hua kaulana lā
レイ　　モキハナ　　果実　　有名な

F　B♭m　F　　　B♭　　　F
Mōkila 'ia a pa'a i ka lei
[　編まれる　]　しっかりと に　　レイ

　　C7　　　F
'Ala waianuhea
香気　酔わせる様な／夢中にさせる

レイ・モキハナは有名な果実のレイ

糸を通しレイに編まれ

夢中にさせる香気を漂わせる

F　　A7　DmF7　　B♭　　D7　　Gm　　G#dim
Lei o Laka, Maile lau li'ili'i lā
レイ　の　　女神ラカ　[　　小さな葉のマイレ　　]

F　　B♭m　　F　　　B♭
'U'u a wili a pa'a i ka lei
マイレの樹皮を取り除く　巻く　しっかり に　　レイ

　　C7　　　F
Pō i ke onaona
夜　　　魅惑的な香り

フラの女神ラカを飾るレイは、小さなマイレの葉

樹皮を取り除いてレイに編まれ

神の世界に魅惑的な香気を漂わせる

　　　　F　　A7　　DmF7　B♭　　　D7　Gm　　G#dim
'O ka nae o kēia mau lei kaluhea lā
です　　香気／甘い香り の　　この　多くの　レイ　　　香り

F　　B♭m　F　　　　B♭
U'i ke hilo 'ia a pa'a i lei
美しい　[より合わされる]　　　確実に　　　レイ

　　C7　　　F
Ho'okahi nō
ただ一つの

この多くのレイで満たされて漂うレイの甘い香り

レイにしっかりより合わされ美しい

ただ一つだけの美しさ

　　F　　A7　DmF7　B♭　　D7　　Gm　　G#dim
Ha'ina 'ia mai ana ka puana lā

物語は終わります

F　　　B♭m　　　　F　　　　B♭
O ku'u lei, ku'u milimili ē
の　私のレイ　私の　　最愛の

F　　　　C7　　　F
Lei wili a ke aloha
レイ　絡み合う の　　　　愛

私のレイの　私の最愛のレイの

愛の絡み合うレイ

L

解説 ・・
この曲はカウアイ島を代表する二つのレイを歌っている。モキハナとマイレ・ラウ・リイリイだ。モキハナの緑の実とマイレの小さな葉は庭園の島と呼ばれるカウアイ島の美しさを表現していると言われる。モキハナは貴重な植物で、素晴らしい香りがするので、マイレの葉と共に乾燥させ、長期間保存して楽しむという。

♪ジャンル [ハパハオレ]

Leialoha
Composer by Hick Daniels

F   C7   F
Leialoha, a blue lagoon is calling　　　　　レイアロハちゃん　青い入江が呼んでいます

B♭   F
Leialoha, the tropic moon is beaming　　　　レイアロハちゃん　南国の月が煌めいています

B♭   A7   G7
And the moonlight, the starlight proclaim a night　そして、月光と星明りは、
　　　　　　　　　　　　　　　　　　　　　　　夢見るために、夜を告げます

for dreaming

F   C7   F
And dreams come true for I love you, Leialoha　そして貴女を愛しているから夢は結ばれます
　　　　　　　　　　　　　　　　　　　　　　　レイアロハちゃん

F   C7   F
Auhea wale ʻoe Leialoha　　　　　　　　貴女は何処にいるの　レイアロハちゃん
[　何処にいるの　]　貴女は　　レイアロハ
B♭   F
ʻO ʻoe nō kau i aloha　　　　　　　　　愛する貴女です
です　貴女　強意　私の　　愛
B♭   A7   G7
Pumehana kāua ke ʻiʻini　　　　　　　　憧れは僕達二人の暖かい心
温かい思いやり　私達二人　欲望／憧れ
F   C7   F
Nanea mai hoʻi kāua　　　　　　　　　　二人で寛ぎましょう
寛ぐ　[強い意思を表す]　私達二人

F   C7   F
Leialoha, I love you, I adore you (×2)　　レイアロハちゃん　好きです　好きです

B♭   F
Leialoha, there was no one before you　　レイアロハちゃん
　　　　　　　　　　　　　　　　　　　　　私にはこれまで貴女の様な人はいません
B♭   A7   G7
You after no laughter will fill my night with music　貴女の笑う声の後は、
　　　　　　　　　　　　　　　　　　　　　私の夜を音楽で満たされることはないでしょう
F   C7   F
Unless your heart belong to me Leialoha　　貴女の心が私のもので無い限り

F   C7   F
Leialoha, Aloha wau iā ʻoe　　　　　　　レイアロハちゃん　大好きだよ
レイアロハ　　好き　私は　を　貴女
B♭
ʻO ʻoe nō kau i aloha　　　　　　　　　愛する貴女です
です　貴女　強意　私の　　愛
B♭   A7   G7
Aloha nō wau iā ʻoe　　　　　　　　　　私は貴女が大好きです
[　大好きです　]　私は　が　貴女
F   C7   F
Nanea mai hoʻi kāua　　　　　　　　　　二人で寛ぎましょう

          F   C7   F
Leialoha, our song of love is ending　　　　　レイアロハちゃん　私達の愛の歌は終わります

          B♭   F
Oh, But darling, the dreaming is just beginning　オー、でも愛おしい人、
　　　　　　　　　　　　　　　　　　　　　　　夢は今、始まろうとしています
                B♭   A7   G7
There'll be sorrow tomorrow until my way is　私の人生の悲しみは明日の結婚まで

wedding

          F   C7   F
Back here to heaven and your arms, Leialoha　天国に戻って貴女の腕の中に　レイアロハちゃん

          F   C7   F
Ha'ina 'ia mai ka puana　　　　　　　　　　物語は終わります

          B♭   F
'O 'oe nō kau i aloha　　　　　　　　　　愛する貴女です
  です 貴女 強意 私の   愛
            B♭   A7   G7
Pumehana kāua ke pili　　　　　　　　　　憧れは僕達二人の暖かい心
  温かい思いやり 私達二人   欲望／憧れ
          F   C7   F
Nanea mai ho'i kāua　　　　　　　　　　二人で寛ぎましょう
  寛ぐ   [強い意思を表す] 私達二人
          F   C7   F
Nanea mai ho'i kāua　　　　　　　　　　二人で寛ぎましょう

L

解説 ・・・
ハワイ人の史上初オリンピック金メダリスト、1912年ストック・ホルム100m自由形、1920年アントワープ100m自由形、800mフリー・リ
レーで優勝したデューク・カハナモク（クヒオ・ビーチで銅像になっている）はご存知の方が多いと思う。観光客に水泳やサーフィンを教えて
いたデューク達ビーチ・ボーイは音楽も堪能で、モアナ・ホテルやロイヤル・ハワイアン・ホテルに集まって楽しんでいた。この曲は1927年当
時の音源から選曲。今は亡きボス宮崎が演奏していた思い出がある。観光客が楽しめる様にハワイ語と英語が混じり合った曲だ。

Leolani

Composed by Josh Tatofi

C		C7

'Auhea wale 'oe, me ku'u aloha
[　どこに　] 貴女は　共に　私の　愛 　　　　　　　　貴女はどこにいるの、私の愛しい人

F　　　　　　　C

Kulu ka wai maka
涙が溢れる [　　涙　　] 　　　　　　　　　　　　　　涙は貴女の為に流れます

G7　　　　　　C

Pau'ole nō kēia
[　終わりない　] この 　　　　　　　　　　　　　　この愛のために永遠です

　　　G7　　　　C

He u'i o leolani （1番トップに戻る） 　　　　　　　　　貴女はとても美しい　レオラニ
です　美しさ の　レオラニ

G7　　　　　　　　　C

Don't you forget me, My love 　　　　　　　　　　　私を忘れないで、私の愛しい人

C		C7

Eia au e kali nei, me ku'u aloha
ある　私は [　待っている　] 一緒に 私の　愛 　　　　　私はここで待っています、私の愛しい人

　　　　　　F　　　　　C

Ho'oheno ana 'oe
[　　可愛らしい　] 貴女は 　　　　　　　　　　　　　貴女はとても愛らしい

　　　　　G7　　　　C

'Auhea wale ho'i 'oe
[　聞いてください　] 強意　貴女 　　　　　　　　　　貴女！　聞いてください

　　　G7　　　　C

He u'i o Leolani （2番トップに戻る） 　　　　　　　　貴女はとても美しい　レオラニ
です　美しさ の　レオラニ

G7　　　　　　　　　　C

Don't you forget me my love 　　　　　　　　　　　私を忘れないで　私の愛しい人

解説 ···

Josh Tatofiのアルバム「Pua Kiele」に収録されている可愛らしいワルツ。最近ワルツの曲が少ないので、とても可愛らしく感じられる。言葉もやさしいハワイ語なので覚えやすく、踊りの振り付けも簡単に理解できると想像する。可愛らしいレオラニ（天国の声）ちゃんを思い浮かべて踊っては如何？

© ROBERT STERLING MUSIC NEW YORK
All rights reserved. Used by permission.
Rights for Japan administered by NICHION, INC.

♪ジャンル　ハパハオレ

Love And Honesty
Composed by Wade Cambern

G
Brown skin, Light brown eyes　　　　　　茶色の肌　薄茶色の目

Em
Golden Hair, From Sunny skies　　　　　金色の髪　明るい日差しから

　Am　　　　　　Am/G　　　D7
A haunting smile, a fresh Pikake Lei　　心惑わす微笑み　新鮮なピカケのレイ

G
Soft Touch, A warm embrace　　　　　　ソフトなタッチ　暖かい抱擁

Em
Tears of joy, They run down my face　　嬉し涙　私の顔を流れます

Am　　　　　　Am/G　　　D7
I think of you every single day　　　　私は毎日貴女のことを考えています

　　Hui:

　　　　　　C
　　There's more to life than getting by　　より多くのものが通り過ぎる人生があります

　　　　　C/B
　　There's times in life to really try　　人生は、トライする為にあります

　　Am　　　D7　　　　G
　　My love for you really made me see　　貴方への愛は、私の真実の姿を見せます

　　C
　　I wan't give up, won't love my dreams　　私はギブ・アップしたくないし、
　　　　　　　　　　　　　　　　　　　　　　　夢見ることも好みません

　　　　C/B
　　Your being there, is everything　　あなたがそこにいる事が全てです

　　　Am　　　　D7　　　　　G
　　And I promise you love and honesty　　そして私はあなたに愛と誠実を約束します

G
Sunset, Moonrise　　　　　　　　　　　日は沈み月が昇る

Em
Calming seas under balmy skies　　　　穏やかな空の下　海は静か

Am　　　　　　Am/G　　　　　　D7
A walk with you beneath the whispering trees　あなたと囁く木陰を散歩して

L

G
We laughed so much our throat were dry

私達はとても喉が渇いたと笑いました

Em
And shared our hearts teary eyed

そして涙を浮かべて心を分け合いました

Am　　　　　　　**Am/G**　　　　　　**D7**
Let this night remind us there's a way

さあ今宵、楽しい夜を私達は過ごしましょう

He makana no nā Mamo
です　贈り物　の　[　マモ鳥達　]

マモ鳥達の贈り物です

Nā moʻolelo o nā pua o nehinei
[　数々の物語　]　の　[　花々　]　の　昨日

昨日の花々の数々の物語

E pili mau i nā kūpuna
[寄り添う]　永遠に　[　祖先達　]

祖先達に永遠に寄り添いましょう

Nā lei ʻAʻala
[複数のレイ]　香りよい花

香りよい花々のレイ

I ʻohu mau i kuʻu lei
[レイで飾る]　永遠に　で　私の　レイ

私のレイで永遠に飾りましょう

I ke aloha pili mau
で　　愛情　　寄り添う　永遠に

永遠に寄り添う愛情と共に

L

解説
1992年、Wade Cambernを中心に結成されたハワイアン・スタイル・バンドのヒット作品。当時新しい感覚でハワイの人々に喜ばれたグループ。2014年再びグループを再編成しCDデビューしたが、あまり反響はないようだ。この曲名は「愛と誠実」という意味。最後にハワイ語のフレーズを入れた面白い曲作りだ。茶色の肌、薄茶の目、金色の髪、明るい日差しに私を惑わす貴女の目、心惑わす微笑み、ピカケのレイの甘い香り。ソフトなタッチ、優しい抱擁。夢のような南国の物語です。

© MOUNTAIN APPLE COMPANY INC
All rights reserved. Used by permission.
Rights for Japan administered by HOTWIRE K.K.

♪ジャンル ハパハオレ

Lovely Sapphire Of The Tropics
Composed by Sol K. Bright

F
Lovely sapphire of the tropics   熱帯の美しいサファイア

F   C7
You are my star of love   貴女は私の愛の星です

B♭   B♭m   F
Like the planets in their orbits   彼女達の軌道の惑星の様に

C7   F
Rule the heavens above   空高く支配して下さい

F
In the sweetest blossom lies   一番美しい花として

F   C7
A petal wet with dew   花びらは露に濡れて

B♭   B♭m   F
Your angel face will visualize   貴女の天使の様な顔が見えるでしょう

C7   F
My love enshrined for you   私の愛は貴女ゆえ　心に秘めて

F   C7
Lonely for a day   孤独な日

C7   F
I dread the hours spent without you   私は貴女無しで過ごす日々が心配です

F   G7
Tho' youth may pass away   青春時代が過ぎ去るかも知れないけど

G7   Gm7
Loves memory lingers on   愛の想い出は心に残ります

 C7
I love you   私は貴女を愛しています

L

F   **C7**   **F**
Lovely sapphire of the tropics

熱帯の美しいサファイア

F   **C7**
You are love's old sweet song

貴女は愛の過ぎ去った甘い歌です

B♭   **B♭m**   **F**
May the trade winds of the tropics

トロピカルの貿易風かも知れません

C7   **F**
Bring you luck when I am gone

私が去る時貴女に幸せが訪れるでしょう

L

解説 ･･
日本でお馴染みの「月の夜は Sophisticated Hula」の作者、Sol K.Brightの作品だ。この曲は1934年A Bell Production（レコード番号
LKS244）から、Bill Lincoln and his Hawaiiansの演奏で、78回転SP盤で発売され大ヒットした。2013年末にThe Lim FamilyのCD
「Following Tradition」で歌われている。何故か2013年後半以降発売されるCDに昔の名曲が多く含まれる。

Lovely Tiare Tahiti

Composed by Kuana Torres Kahele

G
Ua ʻike i ka nani... a he nani kāmehaʻi
[見ました] を　　美しさ　そして　です　美しい　驚くばかりの
C　　　　　　　　　　　G
Ka lovely flower ʻo Tahiti

美しさを見ました… 驚くほどの美しさです

可愛らしいタヒチの花です

D7　　　　　C
A he mae ʻole hoʻohenoheno ana i ka lehulehu
そして　だ　[枯れない]　可愛がる／愛撫する　　　に　　　公衆
D7　　　　　　C G
A he lei nani te Tiare
そして　だ　レイ　美しい　[ティアレ(ガーデニア)]

そして沢山の人々に愛撫される枯れない花

そしてティアレの美しいレイです

G
Kau mai lā ʻoe i ka hano... kuʻu pua hoʻoheno
[置かれる]　貴方に　は　華やかに　私の　花　可愛がる／愛撫する
C　　　　　　　　　　G
Kui ʻia i sa lei onaona
[編まれる]　に　　レイ　魅惑的な
D7　　　　　　　　C
Heleleʻi pua i te tai kūʻono i ka nani aʻo Matavai
撒き散らした　花　に　海　湾に入り込む　に　美しい　の　マタヴァイ
D7　　　　　　C G
Kū Matavai i ka laʻi
示す　マタヴァイ　中に　穏やかさ

華やかに貴方は飾る　私の愛撫する花

魅惑的なレイに編まれて

マタヴァイの美しい湾に浮かぶ花々

穏やかなマタヴァイの海

G
Kūmaka i ka mamao... Hia ʻai ka manaʻo
目に見える　　　　遠距離　[　　心はとても喜んだ　　]
C　　　　　　　　　　G
Te Tiare motu Moʻorea
　　ティアレ　島　モオレア
D7　　　　　　　　C
He manaʻo koʻu iā ʻoe pai konikoni kapalili puʻuwai
だ　心　私の　[貴方へ] 励ます　心が鼓動する　胸のときめき　心
D7　　　　　　C G
Naʻu pua lei hīhīmanu
私の　花　レイ　気品ある

遠くから眺めれば　心は弾む

ティアレの花　モオレア島

胸の底からときめきは、貴方への私の心です

私の気品ある花のレイ

G
He welina aloha kēia... iā Taputapuatea
だ　挨拶　愛の　これは　　　　タプタプアテア
C　　　　　　　　　　G
Kulāiwi a ka Hawaiʻi
住民　の　　ハワイ
D7　　　　　　　　C
Nā Hina-i-ka-malama e kukuhi ana i Kealaitahiti
為に　　月の女神ヒナ　[　流れ出る　]に　　ケアライタヒチ
D7　　　　　　　　C G
Hu mai ka ʻanoʻi nō māʻohi
[感情が高まる]　欲望　活発に成長する

これは愛のご挨拶です　タプタプアテアへの

ハワイの住民の

ケアライタヒチに流れ出る月の女神ヒナの輝きの為に

憧れの想いは高まります

G
Goodbye ke aloha... o ka moana nui eā　　　　愛よ　サヨナラ…　大きな海の
　　　　　　　愛　　　　の　　　　　海洋　大きな
C　　　　　　　　　　　　　　　G
Ka'u lovely flower 'o Tahiti　　　　　　　　　私の可愛らしい花　タヒチです

D7　　　　　　　　　　　C
A he pua mae'ole ho'ohenoheno ana i ka lehulehu　多くの人々が愛する枯れない花
そして だ　花　枯れない　　　　愛する　　　　が　　　大衆
D7　　　　　　　　　CG
A he lei nani te Tiare　　　　　　　　　　　ティアレ　美しい花です
そして　　レイ　美しい　　ティアレ

G
Iaorana Tiare Tahiti... e te miti... e te fenua e　今日は　ティアレ・タヒチ…　海よ…　大地よ
今日は　　ティアレ　　　　　　　海　　　　土地

解説・・
2006年に発売されたNā PalapalaiのCD「Ka Pua Hae Hawai'i」に収録されている曲。作詞作曲はKuana Torres Kahele。タヒチアン・リ
ズムで歌われるのでタヒチ語かと思うが、タヒチ語が少し混じったハワイ語の歌詞だ。
同じようだが　1番では　Ka lovely flower 'o Tahiti
　　　　　　　5番では　Ka'u lovely flower 'o Tahiti　と歌われている。
作詞作曲のKuana Torres Kaheleは、2016年のメリー・モナーク・フェスティバルでは多くのハーラウから歌手として依頼され、自作を歌う
ビッグ・スターとなり登場していた。

♪ジャンル　モロカイ島

Ma'ema'e Moloka'i (Moloka'i Jam)
Composed by Kaumakaiwa Kanaka'ole

D
Ma'ema'e Moloka'i i ka li'ulā
綺麗な／新鮮な　　モロカイ島　　で　　夕暮れ
魅惑的なモロカイ島の夕暮れに

G
Aheahe Moa'e holu lau Niu
風が静かに吹く　　モアエ風　　揺れる　は　ヤシ
貿易風でヤシの葉が揺れている

A7
Welina e Nāiwa　　　āiwaiwa
ご挨拶　よ　ナーイヴァ　神秘的な(カメハメハ5世の名前と同じ)
神秘的な土地　ナーイヴァにご挨拶

G
Hiki a'e a luna 'o Leleue
[　到着する　]　高い方に　は　レレウエ
レレウエの高地に到着する

D
Alo mai Kalama'ula 'ehu lepo
[　正面に来る　]　カラマウラ　　飛沫　泥
土埃が舞い上がるカラマウラ地区

G
Hāli'i 'Akulikuli noho 'Ae'o
シーツ等を広げる　アークリクリ　住居　アエオ鳥
アークリクリの花で覆われたアエオ鳥の住処

A7
Au mai 'Ohi'apilo wai lana
[　流れてくる　]　[　　オヒアピロ川　　]　静かな水面
静かな水が流れるオヒアピロ川

G
'Ōku'u Auku'u manu ahiahi
丸くなって座る[アウクウ鳥、ゴイサギの一種]　夜
夜、アウクウ鳥が背を丸めて休んでいる

Bm
Pae aku a ka 'āpana moku
[　浜に打ち寄せる　]　で　[　　平らな珊瑚礁地帯　　]
平らな珊瑚礁地帯を越えて打ち寄せる波

F#m
Kaka'e kaha 'o Kaunakakai
透明な　[kahakai 海辺]　は　カウナカカイ
カウナカカイは透明な澄んだ海岸

Em
A luna Kukuiokahoali'i
の　高地　ククイオカホアリイ
ククイオカホアリイの高地に

G
Pāhola ke pili 'o Maninikolo
周りに広がる　[一緒になれる]　は　マニニコロ
(雨は) マニニコロまで広がる

D
Kohea ua lani kau mai i luna
澄み渡る　[　天国の雨　]　[　　高くそびえる　　]
空高く天国の雨は澄み渡り

G
'O Kapa'akea kā i hiki mai
です　カパアケア　私達の[　到着した　]
私達が到着したのはカパアケアです

A7
Mimilo ka mana'o iā Kamiloloa
渦巻く　　心　　で　　カミロロア
カミロロアで思いは残る

G
La'i a'e ia kula 'o Makakiloi'a
[穏やかになる]　この　平原　は　マカキロイア
マカキロイア平原の静けさ

M

D
'Auhea 'oe kaha Oneali'i
何処に　　あなたは　場所　　オネアリイ

オネアリイ、あなたは何処に

G
Noho ana lihi a'o Makakūpaia
[　座っている　]　端　の　　マカクーパイア

マカクーパイアの断崖の淵にあります

A7
Ma'ane'i i ka 'olelo o ka mea kipa
ここ　　が　　物語　の　[　訪問者　]

ここが旅人の話の場所です

G
No nā 'āina o Kaunalipo
為に　[　土地　]　の　　カウナリポ

カウナリポ星が輝く南の空の下で

Ho'i (Ending):

D
A'i ē, 'Oi ē. A'i ē, 'Oi ē
輝く月光　　最高だ

輝く月光よ　最高だ

解説・・
2012年メリー・モナーク・フェスティバルでKapua Dalire-MoeのHālau Ka Liko Pua O Kalaniākeaが、白いグラス・スカートを着けて踊った作品。生徒達は踊る前にモロカイ島を土地の人達の案内で観光、素敵な自然の美しさを体感した。モロカイ島の夕暮れ時の景色はとても魅惑的だ。貿易風が優しく吹き椰子の葉が揺れている自然が残る美しい島だ。
Nāiwa Kaunakakai地区にある。
Kalama'ula 南モロカイ。昔、王家からハワイ人に与えられた自作農業地帯（海辺の王家が作った広大な椰子林から山側［飛行場方向］への広大な地区で、2013年夏、農作地帯の存在は見当たらない広野だった）。
Kukui-o-Kahoali'i 南モロカイ地区カウナカカイ地区にある陸地(首長によって作られたククイの木の意味)。
Kapa'akea カウナカカイ地区の内陸にある農地、渓谷でフィッシュ・ポンドが あると言われる。
Makaliloi'i 南東部Ka-milo-loaにある農地と海岸公園（王様の砂地）。
Makakūpa'ia カウナカカイ地区にある。
'Ākulikuli アイスプラント、マツバギク科の草でピンク・ローズ・オレンジ色の花で、細長い葉を持ったアフリカからきた植物でレイに使われる。

♪ジャンル　マウイ島

Mahalo Iā 'Oe, E Maui

Composed by Kawaikapuokalani Hewett

C　　　　　　　　C7　　F
Mahalo iā 'oe, e Maui
ありがとう　［ 貴方へ ］ よ　マウイ島

ありがとう　マウイ島よ

F　　　　　　　　　G7
E nā kini e maka, 'eā
よ ［ たくさんの ］　　目

沢山の人々　最愛の人々　エアー

G7　　　　　　D
A'o Pi'ilani
の　ピイラニ首長

ピイラニ首長の

C　　　　　　　　C7　　　F
He lani nui 'oe i ka mana'o
です ［ 偉大な天国 ］ 貴方は で　　心の中

心の中で貴方は偉大な天国です

F　　　　　　　　　G7
'Ohu'ohu i ka pua, 'eā
飾られている　　　花

飾られている花　エアー

G7　　　　　C
Lei Lokelani
レイ　　ロケラニ

ロケラニのレイ

C　　　　　　　　C7　　　　F
Lei Lokelani i ho'oheno ai
レイ　　ロケラニ ［ とても大事にされた ］

とても大切にされたロケラニのレイ

F　　　　　　　　　G7
Ha'aheo i ka maka, 'eā
誇りを持って大切にする　　瞳

瞳に誇りを持って

G7　　　　　C
O nā malihini
の ［ 旅人達 ］

旅人達の

C　　　　　　　　C7　　　　F
Malihini ka leo o nā kupa 'āina
旅人達　　　声　の ［ 原住民達 ］

旅人達に原住民は呼びかける

F　　　　　　　　G7
E komo mai ia'u, 'eā
［ いらっしゃい ］ 私に

私のところにいらっしゃい

G7　　　C
E ipo ai
恋人

ロマンスで一杯にしましょう

C　　　　　　　C7　　　F
E ipo ke aloha, e Maui
よ　恋人　　　愛　　よ　マウイ

恋はロマンス　マウイ島よ

F　　　　　　　　G7
E nā kini e maka, 'eā
よ ［ たくさんの ］　　目

沢山の人々　最愛の人々　エアー

G7　　　　　C
A'o Pi'ilani
の　ピイラニ首長

ピイラニ首長の

解説‥‥‥‥‥‥‥‥‥‥‥‥‥‥‥‥‥‥‥‥‥‥‥‥‥‥‥‥‥‥‥‥

Kawaikapuokalani Hewettのフラ教室 Kūhai Hālau O Kawaikapuokalaniの Alaka'i、Aunty Mapuana Ringlerさんのために、2016年4月に発売された「Ku'u pua Sakura」というタイトルのCDで Hōkū Zuttermeisterが歌っている。彼は Auntyから、ハワイの文化、踊り等沢山の教えを受けたと書かれている。曲はマウイ島のピイラニ首長や人々の素晴らしさを讃える。

♪ジャンル [カヒコ] [オリ]

Maika'i Ka Ua I Nu'uanu
Traditional

Maika'i ka ua i Nu'uanu lā
良い／満足する　　雨　で　　ヌウアヌ

ヌウアヌ渓谷は雨で心地よい

Kāhiko i ke kāmakahala lā
着飾る　を　　自国にある全ての森の木と潅木の種類

森は沢山の種類の木と潅木で飾られている

Nā pua 'Ahihi o Lanihuli lā
[　花々　]　　アヒヒ　の　　ラニフリ

ヌウアヌの最高峰ラニフリのアヒヒ・レフアの花々

I ku'ia mai e　ke ki'o wao lā
[　突き砕く　]によって[ヌウアヌ渓谷に降る風と霧を伴う冷たい山雨]

ヌウアヌ渓谷に降りつける冷たい風雨
(Ki'o wao Breeze) で突き砕かれ

E kaua wa'ahila i nā pali lā
よ　戦う　　ワアヒラ雨　が[　崖々　]

崖がワアヒラ雨に叩かれる

Ke nihi a'e lā i ka nahele lā
[　そっと忍びよれば　]に　　森

森林にそっと忍びより

Loku ana i ka lau Kukui lā
激しく降る　　に　　葉　　ククイ

ククイの葉に激しく降りつける

I ke oho lauli'i o ke Koa lā
に　植物の葉　小さな葉　の　　コア

コアの木々の小さな葉も

Malu ai nā hale i ka uka lā
平穏な状態　ある[　家　]で　　高地

高地の家で平穏に

Ka uka i Kahālauaola lā
内陸　で　　カハーラウアオラ

カハーラウアオラの高地

E ola Nālani'elua lā
[生きなさい]　ナラニエルア

生き続けなさい　ナラニエルアさん

A kau i ka pua 'ane'ane lā
そして　置く　　花　　ほとんど～でない

最高の老齢期まで生きてください
（殆ど花が無くなるまで身を置く）

解説・・
オアフ島のコオラウ山脈地帯の植物が、自然と戦いながら永遠に繁茂する姿と対比して、高地の家に住むナラニエルアさんの長寿を願って
書いた祈りの詩。バック・グランドは、お子さんやご主人を亡くされて悲しみの中にいるクィーン・エマを励ます為、何時迄も生きていてもらい
たいと書かれたOliだという。
2014年のメリー・モナーク・フェスティバルでHālau Hula Ka Lehua Tuahine(Kumu Ka'ilihiwa Vaughan-Darval)が、Kahiko部門でエマ王
女がカウアイ島のHā'upuを旅した物語「Hā'upu」を踊る際、冒頭のOliで詠唱した。
このOliの6行目の歌詞『Ke nihi a'e lā i ka nahele』は、リリウオカラニ王女が作詞作曲した有名な「Aloha 'Oe」の2行目の歌詞と全く同
じフレーズだ。どちらの作詞者が最初に書いたのか興味深い。

ハワイ王国第4代王カメハメハ4世の妃、エマ王妃は本名をエマラニ・カラニカウマカアマノ・カレレオナーラニ・ナエア。1836年1月2日にオ
アフ島ホノルル生まれ。父は高位酋長ジョージ・ナエア、母、ファニー・ヤング・ナエアとの間に生まれた。カメハメハ1世の親友でもあり、助
言者であったジョン・ヤングの孫娘にあたる。

♪ジャンル　オアフ島

Makakilo
Composed by Hōkūlani Meatoga

M

G　　　C　　　　　　　　　A7
Aloha ku'u home a'o Makakilo
愛する　　私の　　家　　　の　　マカキロ
　　　G　　　　　　D7　　　　G
Aia i ka nani a'o Makakilo
ある　中に　　美しい　の　　マカキロ

愛するマカキロの我が家

マカキロの美しさの中にあります

G　　　　C　　　　　　　　　　A7
Kaulana kou inoa a'o Barbers Point
有名です　貴方の　名前　の　バーバース　ポイント
　　　G　　　　　　　　　D7　　　　　G
Home ho'okipa mau ia nō ka sela moku
家　　旅人を楽します　[　常に　]　[　船乗り　]

貴方の名前は有名です　バーバース・ポイント

何時でも船乗りを楽しませてくれる家です

G　　C　　　　　　　　　　A7
Ho'iho'i ke aloha a'o Makakilo
戻す　　　愛　　の　　マカキロ
　　　G　　　　　　　D7　　　　G
Home ho'okipa mau ia no ka malihini
家　　旅人を楽します　[　常に　]　　旅人

愛をマカキロに戻しましょう

常に訪問客を温かくもてなす家です

G　　　　C　　　　　　　A7
Huli aku mākou iā kou nani
[　振り返る　]　私達は　を　貴方の　美しさ
　　　G　　　　　　D7　　　G
A 'ike i ka nani o ke kuahiwi
そして　見る　を　　美しい　の　　　山

私達は貴方の美しさを振り返ります

そして山の美しさを眺めます

G　　　C　　　　　　　　A7
Ha'ina 'ia mai ana ka puana
　　　G　　　　　　D7　　　　G
Ho'iho'i ke aloha a'o Makakilo
戻す　　　愛　　の　　マカキロ

物語は終わります

愛をマカキロに戻しましょう

解説・・・
1960年代に活躍したHōkūlani Meatogaの持ち歌。彼女はカウアイ島に住んでいた。彼女はホノルルに渡り脊髄手術を受け6か月間外出できなかったという。Makakiloに住むケコア・ファミリーが彼女を看護してくれた。彼女はお礼にこの曲を作曲し主婦のキャロライン・ケコアさんに捧げた。後日Hōkūlani Meatogaがレコーディング、ヒット・ソングになった。Maikakiloはオアフ島のカポレイ近くにある町。Barbers Pointはカポレイから南西端に下ったサーフィンで有名なビーチ公園で、ハワイ音楽界に多大の功績を残したヘンリー・バーガーは、ここの珊瑚礁の群れで難破したといわれる。

♪ジャンル 「モロカイ島」

Makawalu Ke Ānuenue
Words by Kalehua Simeona, Kalani Peʻa   Music by Kalani Peʻa

M

    A♭   E♭7   Fm   Cm
Makawalu ke ānuenue Kaiolohia
沢山の   虹   カイオロヒア

カイオロヒアに大きな虹が架かり

        D♭   A♭ E♭7   A♭
Waiho kāhela ʻia i ka laʻi aloha
置いていく [一面に広がっている] 穏やか 愛らしく

愛らしく穏やかに一面に広がります

    A♭   E♭   Fm   Cm
He moani milikaʻa i ke kino
です 漂う香り 繰り返し行う (可愛がる) 体

体に繰り返し甘く香る風が漂い

        D♭   A♭   E♭7
ʻOniʻoni kela i luna a i lalo ē
移動する 卓越する [上に下に]

香気は上に下にと巧みに移動します

Hui:

        D♭   A♭
Ahuwale ʻo Malelewaʻa, i ke kapu
目立った は マレレヴァア で 神聖／禁制

マレレヴァアは目立ちますが禁忌の場所です
(Kapu が布告されている)

        G7   Cm   F7   B♭m E♭7
Maʻemaʻe ka kū a ka Hoʻolua
魅惑的な 出現／登場 の ホオルア風

魅惑的なホオルア風が吹いてきます

      A♭   B♭7 B♭m   E♭7
ʻElua kāua i ka Naulu
[私達二人] 中に ナウル雨

私達二人はナウル雨のシャワーを浴びて

      D♭   Cm   D♭   E♭7 A♭
ʻOniʻoni kela i luna a i lalo ē
移動する 卓越する [上に下に]

雨は上に下にと巧みに移動します

    A♭   E♭7   Fm   Cm
Nome ana i ke kai Mōkapu nō
転がり続ける を 海 モーカプ

モーカプの海は繰り返し打ち寄せる

        D♭   A♭ E♭7   A♭
Meaʻole ka piʻina o Puʻu Leʻa
比べるものがない 登ること の [プウ・レア／楽しい高地]

プウ・レアの登頂は比べる物が無い喜びです

    A♭   E♭   Fm   Cm
ʻO Hāʻupu kai hoʻopē ʻāhihi nō
です ハーウプ 海 芳香で満たす アーヒヒ

ハーウプの海はアーヒヒ花の香りに満たされて

        D♭   A♭ E♭7 A♭
ʻOniʻoni kela i luna i lao ē
移動する 卓越する [上に下に]

アーヒヒ花の香りは上に下にと巧みに移動します

解説··

この曲は、HāupuのチーフKapeʻekauilaと、美しいヒナの蕾の様なロマンスについて歌っているとCDでは解説されているが、モロカイ島のHāupuに伝わる神話では、下記の物語が記されている。

Molokaʻi島、Hina and Kapeʻekauila首長の神話；

モロカイ島のKamalō地区Haʻapukele高地は1800メートル、海面は30メートルの岩礁で覆われる。その高地のPelekunu渓谷のKapeʻekauilaの森林にHinaは誘拐されたが、息子のKanaとNiheuによって救助された。二人は荒涼とした高原から、Kanaが自由自在に動かせる身体能力と、ロープ、昼顔草のつる、バナナ、と蜘蛛の糸を使って、Niheuと協力し誘惑した首長から母を救出した。

Kaiolohia：ラナイ島の北側にある湾 モロカイ島のMoʻomomi（空港のある場所）の西方に位置する

Malelewaʻa：モロカイ島のHaʻalawa渓谷にある岬

© 2016 by TuneCore Publishing.
All rights reserved. Used by permission.
Print rights for Japan administered by TuneCore Japan KK

♪ジャンル　マウイ島

Makawao

Traditional

C
'Ohi e ka i'o o ka lā'au o Makawao
摘む　　　肉　の　　　樹木　の　　マカヴァオ町
G7　　　　　　　　　　　　　　C
Me ka ua Ūki'uki'u, anuanu 'ino
で　　雨　　ウーキウキウ　　　冷たい　　もの凄く
C
E Moloka'i nui a Hina ka heke nō ia
よ　モロカイ島　偉大な　の　女神ヒナ　[　最良の　]　この
G7　　　　　　　　　　　　C
La 'o Maui nō e ka 'oi
は　　マウイ島　[　　最高さ　]

マウイ島マカヴァオ町の樹木の新芽を摘む

ウーキウキウ雨が　もの凄く冷たい

女神ヒナの偉大なモロカイ島よ　最高です

でもマウイ島はもっともっと素敵です

Hui:

　　　　G7　　　　C
Huro, Lani ha'aha'a
歓喜する　[　空の低い＝マウイ島　]
C7　　　　　　　　　　F
Me ka makani Kili'o'opu
共に　　　風　　　キリオオプ
C　　　G7　　　　　　　　C
Me kepaniwai a'o 'Iao, Ke 'oni wai a'o 'Iao
共に　　ダム　　の　イアオ渓谷　　動く　水　の　イアオ渓谷
G7　　　　　　　　　　C
Lā o Maui nō e ka 'oi
は　　マウイ島　[　　最高さ　]

歓声をあげよう　マウイ島

キリオオプの風と共に

イアオ渓谷のダムと共に　イアオ渓谷の流れる水も

マウイ島は最高だ

解説・・・
マウイ島Ha'ikū地区の保安林がある木材産業の地区。ハレアカラー火山から吹き下ろす風は冷たい雨を運ぶ。小さな町にはストーブ屋さん
がある珍しい町。この町から山側に向かうと、古いハワイ民謡で歌われているオリンダ砂糖キビ農園があった。キリオオプ風はマウイ島のワ
イヘエとモロカイ島の風上に吹く風。イアオ渓谷はワイルクに近い観光の名所で、カラーカウア大王とマウイ島のカヘキリ王との激戦地。

♪ジャンル オアフ島 ハバハオレ

Mākua

Composed by Robi Kahakalau

E   A   E
Peaceful is Mākua in the evening   夕暮れのマークアは平和です

E   A   B7
Above us all the hōkū shining bright   私達は満天の星空の下にいます

E   A   G#m
Once we're here we never feel like leaving   一度ここに住めば帰ろうとは思いません

C# A   B7   E
To return to Honolulu city lights   ホノルル・シティー・ライトに

Chorus:

E7 A B7   E
So we stay here in Mākua   だから私達はここマークアにいます

E7 A G#7   C#m
Where life is simple and free   生活が単純で自由

E7 A   B7   E
Where the mountain, the valley, and the ocean   山も渓谷も海もあります

C#m A   B7   E
Make us realize where we want to be   私達がここに居たいか判って下さい

E   A
White sands and blue waters say   白い砂浜　青い海が

E
"good morning"   "お早う"

E   A   B7
As we watch the naiʻa swim so playfully   イルカがふざけて泳ぎ

E
They've come with the whales to   クジラも一緒にやってきます

A   G#m
greet us at the dawning   夜明けに会いましょう

C#m A   B   E
Of another sunny day for you and me   私と貴方にとって太陽が燦々と照りつける新しい日です

M

A   B7   E
We lay our net at the setting of the sun

太陽が昇る頃、ネットを張れば

A   F#7   B7
To find it full of i'a when the morning comes

朝、魚が一杯になり

A   B7   E   C#m
With the uakoko over us in Mākua
        虹

マークアでは私達の上に低い弓形の虹が架かります

A   B7   E
For this hō'ailona, mahalo e ke Akua
    自然の象徴   ありがとう よ[神様]

この自然の象徴　神様有り難う

E   A   E
Magic is Mākua, our 'āina
            土地／大地

魔法のようなマークア　私達の大地

E   A   B7
A land that belong to you and me

私と貴女の土地

E   A   G#m
It's the pu'uhonua for the kua 'āina
    休息地   [田舎]

田舎からきた人の隠れ場所

C#m A   B7   E
A place where we Hawaiians can still be free

私達ハワイ人がまだ自由に暮らせる土地です

(Repeat Chorus)

E7   A   G#7   C#m
On another sunny day for you and me

私と貴方にとって太陽が燦々と照りつける新しい日です

B7   A   B7   E
In a place where we Hawaiiana can still be free

私達ハワイ人がまだ自由に暮らせる土地です

E
In Mākua, Mākua

マークアで、マークアよ

解説‥‥‥‥‥‥‥‥‥‥‥‥‥‥‥‥‥‥‥‥‥‥‥‥‥‥‥‥‥‥‥‥‥‥‥‥‥
Robi KahakalauのデビューCDに録音されているハワイ讃歌。オアフ島ワイアナエ地区にあるマークア海岸（ヨコハマベイのマカハ寄り）の美しさを讃えている。マークア海岸の道路に面したプウフル丘の麓にカーネ・アナ（マクア・ケイブ）と呼ぶ大きな洞窟があり、伝説のマウイ少年と彼の祖母、そして童話の鮫少年も住んでいたと言われる。ナナクリからカエナ一帯は過去土地を失った人々に王様から与えられた['āina ho'opulapula] ハワイ人主権回復の為の自作農耕地帯だ。

© PUNAHELE PRODUCTIONS,INC.
The rights for Japan assigned to FUJIPACIFIC MUSIC INC.
© MOUNTAIN APPLE COMPANY INC
All rights reserved. Used by permission.
Rights for Japan administered by HOTWIRE K.K.

♪ジャンル ハワイ島

Māluaki'iwai Ke Aloha
Traditional

G   C   G
Māluaki'iwai ke aloha　　　　　　　　大好きなマールアキイヴァイ風
マールアキイヴァイ風　　大好きな
G   D7   G
Ho'opulu i ka liko Māmane　　　　　　マーマネの風で揺れている
葉が揺れる　　　　蕾　　マーマネ
C   G   C G
'Ule'uleu mai nā manu　　　　　　　　元気な鳥達
[　活発になってくる　]　[　鳥達　]
C   G   D7   G
Inu wai Lehua a'o Panaewa ē...　　　　パナエヴァに咲くレフアの蜜を吸っている
飲む　水　レフア　の　パナエヴァ

G   C   G
E walea ana i ke onaona　　　　　　　花の甘い香りを楽しみ
[　楽しんでいる　]　を　甘い花の香り
G   D7   G
I ke one wai o 'Ohele　　　　　　　　オヘレの砂浜に集まる
で　岸辺　水　の　オヘレ
C   G   C G
Hele mai nei ko'u aloha　　　　　　　私の愛の一時が来ました
[　来た　]　私の　愛
C   G   D7   G
A lalawe i ko'u nui kino ē　　　　　　私の全身をわくわくさせます
そして　わくわくさせる　私の　[　全身　]

G   C   G
Ha'ina 'ia mai i ka puana　　　　　　テーマを告げます
[　告げる　]　を　[　テーマ　]
G   D7   G
Māluaki'iwai ke aloha　　　　　　　　愛のマールアキイヴァイ風
マールアキイヴァイ風　　愛する
C   G   C   G
Ha'ina 'ia mai i ka puana　　　　　　物語は終わります
C   G   D7   G
Māluaki'iwai ke aloha　　　　　　　　愛のマールアキイヴァイ風
マールアキイヴァイ風　　愛する

解説・・
この曲はフラ・ダンサー／歌手のKawikaが先生のAunty Harrietから習った、プーイリを叩きながら立ち踊りをする初めての曲だった。未だ
にこの曲は作者にAuntyの事を思い出させる懐かしい曲だ。彼はPana'ewaに吹く「Māluaki'iwai風」を思い浮かべて、この懐かしい調べを
編曲したと語っている。

♪ジャンル　オアフ島

Mānoa Wai Kamahaʻo
Composed by Kainani Kahaunaele

G7　　　　　　C
'Akahi au a 'ike i kou nani lā
初めてです　私は　　眺める　を　貴女の　美しさ
　　　　　　　　　　　　　　　　　　　私はこのような美しさは初めてです

F　　　　　　G7　　　C
'O Mānoa wai kamahaʻo lā
です　　マーノア　水　　驚く程の美しさ
　　　　　　　　　　　　　　　　　　　驚く程美しい水のマーノア

C　　　　　　　　　Dm7　　　　G7
Kau pono mai ka 'ohu i ka wēkiu lā
置く　しっかりと　来る　　霧　　に　　頂上
　　　　　　　　　　　　　　　　　　　その頂上にしっかり寄り添う霧

Dm7　　　　A♭　　　Dm7　　G7
Kahe mai kahi wailele a'o Mānoa
[　流れ下る　]　一つの　滝　　の　　マーノア
　　　　　　　　　　　　　　　　　　　マーノアの滝は流れてくる

Dm7　　　　G7　　　C
'O Mānoa wai kamahaʻo lā
　　　　　　　　　　　　　　　　　　　驚く程美しい水のマーノアです

G7　　　　　　C
Naue aku, naue mai i Halele'a
[　行進して行く　]　[　行進して来る　]　に　　ハレレア
　　　　　　　　　　　　　　　　　　　ハレレアを旅立って

F　　　　　　G7　　　C
Le'ale'a i ka loku a ka ua i Hanalei lā
[　楽しむ　]　に　[　ドシャ降りの雨　]　に　ハナレイ
　　　　　　　　　　　　　　　　　　　ハナレイの土砂降りの雨を楽しみ

Dm7　　　G7　　　Dm7　　　A♭
Lei ana i ke 'a'ali'ikūmakani lā
[　レイを編む事　]　を　　アアリイクーマカニ
　　　　　　　　　　　　　　　　　　　アアリイ・クー・マカニのレイを編む

Dm7　　　G7　　　　　　Dm7
Hina 'ole i ka hae a ka makani lā
[上から投げ落とさない]　怒り狂う　の　　風
　　　　　　　　　　　　　　　　　　　強烈な風は吹き下ろさず（解説参照の事）

G7　　　　　C
'O Mānoa wai kamahaʻo lā
　　　　　　　　　　　　　　　　　　　驚く程美しい水のマーノアです

Hui:

A7　　　　　　D
'O ke kani a nā manu i kahakai lā
です　　　音　の　[　鳥達　]　に　岸辺／海岸
　　　　　　　　　　　　　　　　　　　岸辺で鳥達は歌い

A7　　　　　　　D
E heahea mai ana e naue aku lā
[　　温かくもてなしている　　]　[　声が震える　]
　　　　　　　　　　　　　　　　　　　温かくもてなし　鳴き声を震わせてさえずります

D		Bm7		B7	A7

Kū mai Mānoa me he ipo ala
[現れる] マーノア 共に です 恋人

マーノア渓谷は恋人の様に現れる

D		Bm7		Em7	A7

I ka hoʻohihi a kuʻu maka ʻeā
に 優しい の 私の 目

私の目に優しく

D		Gm7		F#m7	Bm

Puana ka inoa ua lohe ʻia
主題 名前 [聞かされた]

その名前を聞かせて下さい

Em7		A7		D	

ʻO Mānoa wai kamahaʻo lā

驚く程美しい水のマーノアです

解説··

マーノアは恋人の様に現れる。私の目はその美しさに一目惚れだ。優れた水の美しさに私は驚かされている。ʻAʻaliʻiは風の中でも折れない。ハワイ島最南端Kaʻūに住むハワイ人はそれを誇りにしていると言われる。(2番3、4行目、私はʻAʻaliʻiの灌木です。風は私を押し倒す事は出来ませんと表現する)。Mānoaの高台から海まで続く土地の形態はカウアイ島のHaʻena地区でも同じ様だと作者はいう。この曲はホノルルに住むクムフラ、マヌ・ボイドのHālau O Ke Aʻaliʻi Kū Makaniがカウアイ島を訪問している際、作者が思いついた曲なので、ハナレイ地区の雨と地名が引用されていると考えられる。カイナニ・カハウナエレ2000年の作品。

Manu Le'a

Composed by Ikaika Blackburn

C　　　Baug
E ō e ka manu
[答えて下さい]　　　鳥
答えて下さい　小鳥ちゃん（恋人よ）

C　　　　A7
E ke aloha
おー　　愛
おー　私の愛

D7　　　G7　　　　　C
Eia nō wau ke kali nei
ここにある　　　私は　[　待っている　]
私はここで待っています

C　　　Baug
Neia wahi leo
この　　話　声
この声を聴いてください

C　　　　A7
E kūhea nei
[　今、呼んでいる　]
貴女に呼びかけている声を

D7　　　G7　　　C
O pane i pili kāua
答え　で 寄り添う 私達二人
答えてください　私達二人は寄り添いましょう

Hui:

F　　　　　　Fm
Lele aku lele mai
[　飛んで行く　] [　飛んで来る　]
貴女は飛んで行く　飛んで来る

C　　　　A7
E ku'u manu le'a
よ　私の　　鳥　楽しい
貴女は楽しい小鳥ちゃん

D7　　　　　　　　G7
Lele mai i nei pu'uwai
[　飛んで来る　] に　今　心
飛んで来て頂戴　私の心に

C　　　　Baug
'A'ohe nō 'elua
ない　強意　二つ
貴女の他にありません

C　　　　　A7
E like aku ai
[　似ている　]
貴女の様な素敵な人は
(e + ○ +ai= 命令又は強い意志を表す)

D7　　　G7　　　　C
Me 'oe e ku'u manu le'a
共に　貴女 よ 私の　鳥　楽しい
貴女と一緒にね　私の楽しい小鳥ちゃん

解説‥‥

Ikaika Blackburnのソロ・アルバムが2013年に発売された。左右に色違いのフィルムをつけた紙メガネが入っていて写真が立体的に見える面白いジャケットだ。この曲を聴いて驚いたのは、管・ベース・ピアノトリオのバック・ミュージック。歌詞の様に可愛い演奏を聴かせてくれる。歌われる小鳥は当然バック・ミュージック同様、可愛らしい恋人だろう。

♪ジャンル 乗り物

Matsonia
Composed by Leialoha Kalaluhi

M

G   D7   G
Ke lawe ʻia ala kaʻu aloha　　　私から離れて出航するのは私の最愛の人です
[　運ばれる／進みでる　] 私の　　愛
A7   D7   G
Maluna o ka moku Matsonia　　　マッソニア号に乗って
上で　の　　船　　マッソニア号

Hui:

D7
Kuʻu pēpē moe ʻole nei　　　私のベイビー　　全く落ちつけません
私の　　ベイビー [海のように静かになれない]
A7   D7   G
Anu au a māeʻele nei nui kino　　　私 (の心) はとても寒い、私の体はショックを受けます
寒い　私は そして [　ショックを受ける　] [　全身　]

G   D7   G
Ua hiki nō ʻoe a e hele ana　　　貴女は理解しました　そして行きました
[　了解した　] 貴女は そして [　来る／行く　]
A7   D7   G
A naʻu nō ia e ʻoni hoʻokahi　　　貴女のような人はどこにもいません
そして 私のもの [　　ただ一人移動する／動く　　]

G   D7   G
ʻO wau kai aloha aku iā ʻoe　　　私は貴女を愛する一人です
です　私は ～した人 [愛した] [貴女を]
A7   D7   G
Pēia kā ʻoe lā e hana mai iaʻu　　　私の為に貴女がどのように行動するかです
どのように [貴女の] [　行動するか　] 私の為に

G   D7   G
Kaʻapuni hoʻi au puni ke kaona　　　私はこの町中を旅しました
旅行する　本当に 私は 支配した　　町
A7   D7   G
ʻAʻohe a he lua lā e like me ʻoe　　　貴女のような人は見つかりません
～ない　だ 同党の人 [似ている] と　　貴女

G   D7   G
Aloha ē ka leo aʻo ka makua　　　私は親の声が大好きです
[好きです] 声　の　両親
A7   D7   G
I ke kaukau mai me ka waimaka　　　目に涙を浮かべて親切に私に助言する
で [　親切な優しい態度で　] 共に　　涙

G   D7   G
Ha'ina 'ia mai ana ka puana   物語は終わります

A7   D7   G
Ma luna o ka moku Matsonia   マッソニア号に乗って

M

解説 ···
この曲は作曲家Roslyn Brownが孫娘の為に書いた。Matson Linesは、1931年にS.S Montereyの命令で太平洋をクルージングする為に、
William Francis Gibbsがデザインしてこの船に調達した。そしてマサチューセッツ州QuincyにあるBethllehem Steelによって建造された。
価格は$8,300,492.00。472のファースト・クラスの部屋、472のキャビン・クラス、360のクルー室を持ち、1932年に完成。サンフランシ
スコ、ロサンゼルス、ホノルル、オークランド、パゴパゴ、スヴァ、シドニー、メルボルンを航海した。

♪ジャンル　マウイ島

Maui Kamaha'o
Composed by Kuana Torres Kahele

M

D　　　　G
He 'āina wehi 'oe
です　　土地　飾り付けた　貴方は
　　　　　　　　　　　　　　　　　　　　貴方は飾り付けた島です
A7　　　　D
'Ohu i ka Loke
霧がかかる　　　　バラ
　　　　　　　　　　　　　　　　　　　　バラで飾られています
D　　　　　G
He pua ho'i nāu e lei
です　花　強意　貴方の為に［レイを編む］
　　　　　　　　　　　　　　　　　　　　貴方を飾るためにレイを編む花
A7　　　　D
No nā kau a kau
［　　永遠に／季節から季節へ　　　］
　　　　　　　　　　　　　　　　　　　　何時でも

Hui:

D　　　　　　　G
'O Maui nani, 'O Maui u'i
です　マウイ　美しい　です　マウイ　若々しい美しさ
　　　　　　　　　　　　　　　　　　　　美しいマウイ島　若々しいマウイ島
A7　　　　D
'O Maui Kamaha'o
です　マウイ　驚くばかりの／不思議な
　　　　　　　　　　　　　　　　　　　　驚くばかりのマウイ島
　　　　　　　D　　　　D
Ka moku kaulana o ka Pākīpika
　　　島　　有名な　　の　　太平洋
　　　　　　　　　　　　　　　　　　　　太平洋の有名な島
A7　　　D
Nō e ka 'oi
［　　ナンバー・ワン　　　］
　　　　　　　　　　　　　　　　　　　　ナンバー・ワンです

D　　　　　　G
'Ala'alawa nō ku'u maka
　ちらっと見つめる　　　　私の　　　目
　　　　　　　　　　　　　　　　　　　　私の目はちらっと見つめます
A7　　　　D
Iā Haleakalā
を　　ハレアカラー火山
　　　　　　　　　　　　　　　　　　　　ハレアカラー火山を
D　　　　　G
Ho'oheno 'ia nei
［　愛らしい／可愛がられる　］　現在を表す
　　　　　　　　　　　　　　　　　　　　（霧雨で）可愛がられています
A7　　　D
E ka Lilinoe
よって　　　女神リリノエ
　　　　　（ポリアフの妹）
　　　　　　　　　　　　　　　　　　　　女神リリノエによって

D　　　　　G
Ulu a'e ka mana'o
霊感を受けた　　　心
　　　　　　　　　　　　　　　　　　　　心に霊感を感じます
A7　　　　D
Me ka makemake
共に　　　　欲望／願望
　　　　　　　　　　　　　　　　　　　　願望と共に
D　　　　　　　　　　　G
A'e 'ike i ka beauty o Halemahina
［　眺める　］　を　　美しい　の　　ハレマヒナ
　　　　　　　　　　　　　　　　　　　　ハレマヒナの美しさを眺めて
A7　　　　D
I ke komohana
に　　　　西
　　　　　　　　　　　　　　　　　　　　西の方に

M

D
Puana ka mana'o no G **Maui kamaha'o**
主題　　　　　心　　　の　　マウイ　　驚くほどの

A7
'Ailana o ka D **Loke**
島　　の　　　バラ

テーマは驚くほどのマウイの心です

バラの島マウイ

D
Ka moku kaulana o G **ka Pāpīkipa**
島　　有名な　　の　　　太平洋

A7　　　　D
Nō e ka 'oi
[　　ナンバー・ワン　　]

太平洋の有名な島

ナンバー・ワンの島です

解説‥‥‥
バラの島、マウイ島讃歌。リリノエはハレアカラー火山の頂上に住む雪の女神ポリアフの妹だと言われる。毎年クリスマス近くになると、ポリ
アフが訪ねてくるので山の頂上に雪が降ると言われている。

♪ジャンル　マウイ島

Maui Nani
Composed by Johanna Koana Wilcox

G   C   Cm   G
Hanohano 'o Maui mai kinohi mai
堂々とする　　　は　　マウイ島　[　　起源から　　]　　　　マウイ島は、島の起源から堂々としている
G   D7   G   D7
Kuahiwi kilakila 'o Haleakalā
山　　雄大な／荘厳な　は　ハレアカラー火山　　　　　　　ハレアカラー火山は荘厳な山
           E♭   A♭7   E♭
Maika'i nā hono a'o Pi'ilani
良い／満足だ　[　湾　]　の　　ピイラニ　　　　　　　　ピイラニ首長が守る数々の湾は素晴らしい
        G   C   D7   G
Ha'aheo 'o Maui nani Lanikēhau
誇り高い　　は　　マウイ島　[　崇高な美しさ　]　　　　崇高な美しさのマウイ島は誇り高い

G   C   Cm   G
Uluwehi ka hi'ona o nā wai 'eha
青々と緑が茂る　　　全体の外見　の　[　四つのwaiで始まる町　]　四つの町には緑が青々と茂り
G   D7   G   D7　　　　　　　　　　　（Wailuku,Waiehu,Waihe'e,Waikapu）
Nā wai kaulana ma ke komohana
[　四つの町　]　有名な　　で　　　西側　　　　　　　　西マウイで良く知られた町だ
          E♭   A♭   E♭
Wai miliani 'ia e ka malu o ke ao
町　[　愛撫されて　]　によって　　保護　の　　日光　　町は日光の光を浴びて愛撫されて
        G   C   D7   G
Ha'aheo 'o Maui 'āina kamaha'o
誇り高い　　は　　マウイ島　　土地　　　驚くべき　　　驚く程に美しい土地、マウイ島は誇り高い

G   C   Cm   G
Kaulana e ka ua Laniha'aha'a
有名な　　よ　　雨　ラニハアハア（マウイ島のこと）　　　マウイ島の雨は有名です
G   D7   G   D7   G　　　　　　　（Laniha'aha'a = 低い空）
Ke kupa āiwaiwa nani lā a'o Hana
原住民　　神秘的な　　美しい　の　　ハナ　　　　　　　ハナの美しい神秘的な住民
          E♭   A♭
'Ano'ai Ka'uiki au i ke kai
ご挨拶　　カウイキ　潮流に漂う　　海　　　　　　　　海で潮流を受けているカウイキ・ポイントにご挨拶
        G   C   D7   G
Ha'aheo 'o Maui ka wai 'anapanapa
誇り高い　　は　　マウイ島　　水　　　　煌めく　　　　煌めく海でマウイ島は誇り高い

G   C   Cm   G
Puana ka wehi ho'ohenoheno
主題　　　　装飾　　　愛らしい　　　　　　　　　　　愛らしい飾り付けがテーマです
G   D7   G   D7   G
No ka pua miulana nani i ka hano
為に　　花　　ミウラナ　　美しい　の中で　　華やかな　　華やかに美しいキンコウボクの花の為に
         E♭   A♭   E♭
Me 'oe ka welina o ku'u aloha
共に　貴方　　ご挨拶　　の　私の　　愛　　　　　　　　貴方に私の愛のご挨拶
        G   C   D7   G
Ha'aheo 'o Maui nani Lanikeha
誇り高い　　は　　マウイ島　[　崇高な美しさ　]　　　　崇高な美しさのマウイ島は誇り高い

解説
1966年マウイ島生まれのJames Ka'upena Wongのために書いたマウイ島讃歌。
ミウラナの花は日本名キンコウボク、中国からハワイに渡来した花だ。マウイ島といえばハレアカラー火山が有名だが、2番で歌われている四
つの町は山から吹き下ろす風が肌を刺すので、それを揶揄した有名なWaikapu という民謡が誕生している。3番のLaniha'aha'aはマウイ島
の詩的表現で低い空の事。昔々天空の神Wākeaがマウイ島の上で一休みしたので大空が下がったと言われる。

♪ジャンル ｜マウイ島｜ ｜ハパハオレ｜

Maui Under The Moonlight
Composed by Mark Yamanaka

M

A   A7
On the island of the Valleys,   渓谷の島

D   C#m F#7
in the early evening sky   暮れ始めた空に

Bm   E7   Bm   E7
The moon rose high above us and shone on   バラ色に高く輝く月の光を浴びた

      A
you and I   貴女と私

A   D
Silhouettes of the palm trees sway to the   海の囁きに揺れるヤシの葉影

             C#m   F#7
sounds of the sea

Bm   E7   Bm   E7   A
It's you and me together, in a place so heavenly   私と貴女は一緒　天国のような場所で

D   Dm
Maui under moonlight   マウイの月光の下

A   F#7
There's no place I'd rather be   この島より素晴らしい場所はありません

Bm   E7
Maui under moonlight   月光のマウイ島

Bm   E7   A
Just for you and me   貴女と私のために

A   A7   D   C#m F#7
As winds swirl down the mountain, Haleakalā   ハレアカラー火山の麓で渦巻く風

Bm   E7   Bm   E7   A
It sings a sweet refrain of lovers deep in love   恋人達の深い愛を繰り返し歌います

          A   D   C#m F#7
Pā ka makani o Haleakalā   ハレアカラー山の風が吹く
吹く   風   の   ハレアカラー山

Bm   E7   Bm   E7 A
Eō mai kona leo o ke aloha ho'oheno   答えて下さい　南風　愛らしいアロハの声で
[答えて下さい]   南風   声   の   アロハ   愛らしい

解説 ···
2013年のMark YamanakaのCD「Lei Maile」からハパ・ハオレ・ソングを選んでみた。マウイ島の月の美しさを称える。最後に2行だけハワ
イ語の歌詞だが、ハワイ語を知らなくても、フィーリングで読み取れる歌詞だ。

♪ジャンル マウイ島

Mauinuiakama
Composed by Kuana Torres Kahele

C
Hanohano ʻo Mauinuiakama
誉れ高い　は　マウイヌイアカマ

F　　　　C
Kilakila ʻo Haleakalā
荘厳な／雄大な　は　ハレアカラー火山

C　　　　　　　　　　G7
ʻOhuʻohu i ka lei ʻōpua
霧が立ち込める　で　レイ　雲

C
Hiaʻai wale hoʻi ka manaʻo
喜ぶ　[　非常に　]　心

F
A e ʻike i ka nani o kēia ʻāina
そして [　見る　] を　美しさ　の　この　土地

C　　　G7　　　C
ʻO Maui nō e ka ʻoi
です　マウイ島　[　ナンバー ワン　]

マウイヌイアカマは誉れ高い

ハレアカラー火山は荘厳だ

雲のレイで霧が立ち込める

私はとても嬉しく感じます

この土地の美しさを見て

マウイ島は最高の島です

C
Onaona kuʻu maka i ka nuʻu
魅惑的な　私の　目　が　高地

F　　　　　　C
Ka nuʻu o ke kuahea
高地　の　山の高度が高く樹木の
　　　　　　発育が妨げられる地域

C　　　　　　　　　　　　　G7
Lehua mau nō me ka Lehua
レフアの花　[　永遠です　]　共に　レフア

C
ʻO Puʻukukui noho i ka luna
です　プウククイ山　所在する　に　高地

F
Heha i ka ua noenoe polohina
不活発な　雨　霧　快く静かに

C　　　G7　　　C
ʻO Maui nō e ka ʻoi
です　マウイ島　[　ナンバー ワン　]

高地は私の目にとても魅惑的

高い山が聳え

レフアは永遠に花を積み重ねたように咲き誇る

プウククイ山は空高く

静かに流れる霧雨にゆっくり覆われていく

マウイ島は最高の島です

C
ʻAkahi hoʻi au a ʻike maka
[　初めてです　] 私は そして [　眺める　]

F　　　　　　　C
I ka ua Lanihaʻahaʻa
を　雨　ラニハアハア

C　　　　　　　　G7
O Hana i ka mālie
の　ハナ　中の　静寂

Pāwali ana i ke ahe makani
優しく触れる　に　そよ風

F
Anu huʻi konikoni ʻo Lauʻawa
涼しい　痛み　疼きを感じる　は　ラウアヴァ風

C　　　G7　　　C
ʻO Maui nō e ka ʻoi
です　マウイ島　[　ナンバー ワン　]

私は初めてです　このような眺めは

ラニハアハアの雨

静寂なハナの

そよ風に優しく触れて

涼しいラウアヴァ風は肌に心地よい痛みを
感じさせます

マウイ島は最高の島です

M

Ku'u mana'o koe lana i ka beauty
私の　　　心　　　[浮かんで残っている] が　　美しさ

私の心に美しさが浮かんできます

O Mauinuiakama
の　　マウイヌイアカマ

マウイヌイアカマの

He wehi ulumāhiehie
だ　　装飾　　飾り付ける／満足させる

マウイ島はとても美しく飾られている

Lei ana 'oe i ka pua roselani
レイを編む　　貴方は　を　　花　　ロゼラニ

ロゼラニの花のレイを貴方は編むでしょう

Puana ka inoa ua lohe 'ia
主題　　　名前　[　聞かされた　]

聞かされた名前がテーマです

'O Maui nō e ka 'oi
です　マウイ島　[　　ナンバー ワン　　]

マウイ島は最高の島です

解説・・・
マウイヌイアカマという呼び名はマウイ島への詩的で愛情がこもった数少ない言葉の一つだという。多分、神話に出てくる聡明な少年マウイ
に因んで付けられた呼称だろう。雲のレイを掛けた東マウイのハレアカラー火山 (2485m) 、そして西マウイのプウククイ山 (1754m) 、カア
フマヌ后 (カメハメハ大王の后) 生誕の地ハナ。最後にマウイ島の花、ロゼラニが歌い込まれるご当地ソングは、クアナ・トレス2014年のア
ルバム「Pi'ilani Maui」から選曲した。

♪ジャンル 　マウイ島

Mauna Alani (Orange Mountain)
Composed by Piliahi Paki

　　　　　G
Aia i wale Ka mana'o　　　　　　　　　　憧れが沢山あります
ある　が　非常に　　　　願望
　　　　D7　　　　　G
E 'ike wale i ka nani　　　　　　　　　　美しさを沢山見ましょう
[見よう]　よく　を　　美しさ
　　　　　　　G
I ka uka wehiwehi　　　　　　　　　　　青々と緑が茂る丘に
に　　高地　青々と緑が茂る
　　　D7　　G
O Mauna Alani　　　　　　　　　　　　マウナ・アラニ丘よ
　　マウナ　　アラニ

　　Hui:

　　　　D7　　　　G
'O ke 'ala ho'oheno　　　　　　　　　　愛する香気です
　です　　香気　愛する／愛撫する
　　　　D7　　　　　　　G
A nā manu a 'oia uka　　　　　　　　　そして小鳥達　そうです、可愛い丘
　そして [鳥達]　　そうです　丘
　　　　D7　　　　　G
Ho'ohihi, Ho'oheno　　　　　　　　　愛情を絡み合わせて愛撫したい丘です
　絡み合わせる　　愛撫する
　　　C　　D7　　G
'Ike 'ala a'o nā rose　　　　　　　　　バラの花々の香気を知って下さい
　知る　香気　の [バラ]

解説··
マウナ・アラニはマウイ島のワイルク地区にある80メートルの丘。緑に覆われた丘といわれるが別名「Moss Mountain（苔山）」と呼ばれている。モロカイ島の歌手ポノのホーム・ページで歌詞をチェックできるが、この歌詞と少し異なる。古い民謡だが同名の歌で地名Kahakuloaが登場する曲もあるので要注意。

♪ジャンル   マウイ島

Mauna Kahālāwai O Maui
Composed by Mele Pana, Victor Kalā

M

A
Hanohano i ka maka
　威厳ある　　　に　　　　景色

威厳ある景色

　　　　　　E7　　　　　　　　　　　　A　　　E7
Ke 'ike aku Mauna Kahālāwai o Maui
[　眺めれば　]　　山　　　カハーラーラーヴァイ　の　マウイ島

マウイ島のカハーラーラーヴァイ山を眺めれば

A　　　　　　　E7
E noho mai a i luna
[　　聳えている　　]　そして　に　上

空高く聳えている

E7　　　　　　　　　　　A
I luna ma nā wahi ki'eki'e
[　上に　]　　で　[　　場所　　]　　　高く

一番高い地点に

A　　　　　　　　　　E7
I noho i lalo Kahakuloa
[　所在する　]　に　下方　　カハクロア

下の方に在るのはカハクロア町

E7　　　　　　　　　　　　　　A　　　E7
Waiehu, Paukūkalo, a me Wailuku
　ワイエフ　　　　パウクーカロ　[　そして　]　　ワイルク

ワイエフ町　パウクーカロ町　そして　ワイルク町

A　　　　　　　　　　　　　E7
Waikapū. 'A'ole po'ina Ma'alaea
　ワイカプー　　　　ない　　忘れる　　　マアラエア

ワイカブー町　マアラエア町は忘れる事は無い

E7　　　　　　　　　　　A
Aloha i ka po'e o ka 'āina
愛する　が　　　人々　　の　　　土地

最愛の人は土地の人達です

A　　　　　　　　　E7
Ha'ina 'ia mai ka puana

物語は終わります

E7　　　　　　　　　　　　　A　　　E7
Mauna Kahālāwai nou kēia mele
　　　　　　　　　貴方の為の　これは　　　歌

カハーラーラーヴァイ山　貴方の為のこれは歌です

　A　　　　　　　　　E7
He inoa mai kahiko mai
だ　　名前　[　　　古代からの　　　　]

古代からの名前です

E7　　　　　　　　　　　A
Mauna Kahālāwai o Maui
　山　　カハーラーラーヴァイ　の　マウイ島

マウイ島のカハーラーラーヴァイ山

解説 ・・
古いハワイ民謡だが2013年にIkaika Blackburn が CD「Maliu」で歌っている。マウイ島出身の数人の歌手が最近CDデビューしているが、誰の歌を聴いても昔の長閑なハワイ音楽のフィーリングをしている。この歌のタイトルのMauna Kahālāwaiだが、地図でも地名辞典でも見当たらない。歌詞から推測すると西マウイ島の南側にあるMa'alaea港から北側に抜けて、2番で歌われるマウイ島北西の町を一望できる山はIao渓谷のある山岳地帯だが、どこに聳えているのだろう。

♪ジャンル オアフ島

Maunalua He Inoa
Composed by Manu Boyd

E
Naue i ke ala ʻo Kalanianaʻole
身震いする で 道 は カラニアナオレ　　　　　カラニアナオレ・ハイウェイでビックリしました

A
ʻIke i ka nani o ka hikina
見る を 美しさ の 東方　　　　　　　　　　　オアフ島東側の美しさを見て

B7　　　　　　　　　　　　　　　　　E　　B7
ʻĀina Haina, Wailupe i ke aheahe
土地 ハイナ ワイルペ 静かに風が吹く　　　　静かに風が吹くハイナ、ワイルペの大地

E
Kawaikuʻi i ke kuku na o ka lā
カワイクイ [太陽の光線]　　　　　　　　　　太陽の光輝くカワイクイ

A
Niu i ke kai nehenehe
回転する 海 サラサラ音を立てる　　　　　　　サラサラ音をたて海はうねり

B7　　　　　　　　　　　　　　　　　E7
Kuliʻouʻou i ka uhiwai paʻa a ka noe
クリオウオウ 濃い霧 確かな の 霧　　　　　　濃霧に覆われるクリオウオウ

Hui:

A
Ahuwale mai nā puʻu kaulana
[露出させる／さらしてくる] [山々] 有名な　　有名な山々が聳えています

E
I nēia mau maka nei
この 変わらない 景色 この／ここ　　　　　　この地区の景観は何時も変わらない

F#7　　　　　　　　　　　B7
Kohelepelepe, ʻIhiʻihilauākea
コヘレペレペ イヒイヒラウアーケア　　　　　コヘレペレペ　イヒイヒラウアーケア

　　　　　　E　　　A　　　　E
Maunalua he inoa ē
マウナルア だ 名前　　　　　　　　　　　　　マウナルア　地名です

E
ʻO Hahaʻione i ke kumu pali
です ハハイオネ に 基礎／源泉 急勾配の小山　　急勾配の丘の裾にあるハハイオネ

A
Miloiki pua lei mamo
ミロイキ 花 レイ マモ鳥　　　　　　　　　　マモ鳥のレイの様な花のミロイキ住宅地

B7　　　　　　　　　　　　　　　　　　E　　B7
Mōʻī Lunalilo Home o nā hulu kupuna
女王 ルナリロ 家 の [祖父の世代の貴重な少数が生存している血縁者]　祖父世代の血縁者が住むルナリオ女王の家

E
ʻO kuapā i ka ʻae o ke kai
です 波が打ち砕ける 潮がさす の 海　　　　　海に潮が満ち波は打ち砕けています

A
Me ka lae ʻo Kawaihoa
で 岬 は カワイホア　　　　　　　　　　　　カワイホア岬で

B7　　　　　　　　　　　　　　　　E7
Nā waʻa heihei mālie o Hui Nalu
[カヌー] 競争／レース 静かな の [フイ・ナル、波協会]　フイ・ナル協会の穏やかなカヌー・レース

E
Hanauma kai kū'ono hāla'i
ハナウマ　海　入海　静かな

静かな内海のハナウマ・ベイ

A
Me ka puhi kai 'o Hālona
共に　潮吹き　海　は　ハーロナ

ハーロナの潮吹き岩と共に有名です

B7　　　　　　　　　　　　　　　　　**E**　　　**B7**
Kahaone kaha nalu 'o Awāwamalu
砂浜　場所　波　は　アヴァーヴァマル

アヴァーヴァマルは波が押し寄せる浜辺

E
Kūpa'a ka mana'o no Kalama
守る／確立する　願望　為の　カラマ

カラマの願いを守り

A
I ka malu　o Kamehame
で　隠れ場／平穏な　の　カメハメ

カメハメの隠れ場で

B7　　　　　　　　　　　　　　**E7**
E luana iki mai no ka loa o ka Helena
くつろごう　少し　　　　距離　の　ヘレナ
　　　　　　　　　　　　　　　(Helena= 行く事)

ヘレナ迄の長い距離　少しくつろごう

(hele loa= 遠い旅行)

解説 ··
Kalaniana'ole　John Kūhiō kalaniana'ole王子の名前を付けたハイウェイ。ワイキキから東に延びるカラニアナオレ・ハイウェイ沿いには、
ハナウマ湾、マカプウ展望台、など風光明媚な景色が盛りだくさん。
'Āina haina, Wailupe　ホノルルからH1を東方面にドライブして一般道に出て、すぐの海岸沿いにある町
Kohelepelepe　ココ・クレーターの事
'Ihi'ihilauākea　おなじみのハナウマ・ベイの事
Maunalua　Wai'alae bay, 森林地帯ビーチ・パークとして知られる。(この曲を演奏しているバンドの名前)
Haha'ione　ハワイ・カイにある地名　学校、公園がある
Miloiki　ハワイカイ地区の山側にある住宅地
Hanauma　無数の魚と一緒に泳げる観光の名所、ハナウマ・ベイ
Hālona　ココ・ヘッドの海沿いにある潮吹き岩がある観光ポイント
Awāwamalu　イズラエル・カマカヴィヴォオレの歌で大ヒットしたWhite Sandy Beach of Hawaiiの場所。
Kalama　ココ・ヘッド地区、小高い噴石丘。

♪ジャンル　マウイ島

Mauna'olu
Unknown

M

G　　　　C　　　　　G C
Kū mai nei ho'i ke aloha
[　本当にここに来る　]　　　愛情

G　　　　　　D7　　　G D7
I ka home 'imi na'auao
に　　　家　　[　学問を得る　]

愛情はここに来ました

学問を得る家に

G　　　　C　　　　　　G C
Ia home i aloha nui 'ia
この　　家　　で [　とても愛される　]

とても愛されるこの家に

G　　　　　D7
E kākou nei nā keiki
によって　　私達　　この [　子供達　]

私達、子供達に

G　　　　C　　　　　　G C
I Kalena mākou a ho'i mai
に　　カレナ　　私達は　そして [　帰ります　]

私達はカレナに行って戻ってきます

G　　　　　　　D7　　　G D7
Me nā ho'ohiwahiwa o ke kuahiwi
共に [　　装飾する　　] の　　　山

山のすべての飾りつけで

G　　　C　　　　　G C
'A'ole i mana'o mua 'ia
～でない　　考える　　以前 (受け身の合図)

以前は決して考えられない

G　　　　　　D7　　G
He pō'ino nui eia ai
です　不幸　　とても　ある　ここに (aia)

ここに何かとても不幸な何かがあるからです

Hui:

C　　　　　　G
E Mauna'olu mau ā mau
おー　　マウナオル　　[　永遠に　　]

おー　マウナオル　永遠に

D7　　　　　　　G
Aloha, aloha ia home
愛する　　愛する　　この　　家

愛する　この家を愛します

C　　　　　G
I kū kilakila i ka la'i
立つ　威厳を持って　に　穏やかに

穏やかに威厳を持って建っています

D7　　　　G
I ka ua 'Ūkiukiu
雨　　ウーキウキウ

ウーキウキウ雨の中で

428

M

G   C   G C
Ma hope o ka ‘aina ahiahi　　　　夕食が終わって
[後で] の [夕食]

G   D7   G D7
Luana ihola ho‘i mākou　　　　私達は寛いでいました
寛ぐ [後で] 私達は

G   C   G C
Pa‘ē mai ho‘i he leo　　　　遠くで耳を叩くような音がします　声だ
[遠くの耳を叩く音] だ 声

G   D7   G
"Auē, pau kākou i ka ahi"　　　　"あれ！　火災で私達は破壊される"
あれ 破壊される 私達 で 火

G   C   G C
I laila pau nā no‘ono‘o　　　　そこで思考は終わりました
[そこで] 終わり [思考／熟慮]

G   D7   G D7
Holo pio i ‘ō a i ‘anei　　　　あちらこちらに走って電灯を消す
走る 電灯を消す [向こうへ] [ここに]

G   C   C
‘A‘ole mea pono i ka mana‘o　　　　正常心、正しい振る舞いは無い
〜でない もの 正しい振る舞い 心

G   D7   G
I ka nui loa mai a ke ahi　　　　火の手が広がって追ってくる
が [大きな] くる の 火

G   C   G C
Holo pupule ana o ‘ō i ‘anei　　　　彼方此方へ気が狂ったように走る
走る 気が狂って の [向こうへ] [ここに]

G   D7   G
Ka pua ana ‘ikena ua ‘ike ‘ia　　　　大きくうねる煙を見たのがすべてでした
[煙が上がる] 光景 [見せられた]

G   C   G C
Hea aku lā kekahi i kekahi　　　　彼方此方で呼びかける声
[呼びかける] [彼方此方で]

G   D7   G
"Auhea ‘oe lā？ e holo kākou"　　　　"どこにいるの？　貴方は　皆、走れ！"
どこにいるの 貴方は [走れ] 皆

解説‥‥

この曲はマウイ島のマカヴァオ町にあった神学校の悲劇を歌っている。この様なマウイ島で起こった歴史的な事件を知らなかった。バック・グランドを知らないと全く訳詞できない難解な曲の典型。19世紀の初期までラハイナルナには男性だけの神学校しかなかった。島は東部の女性達の為にマカヴァオに女性の為の神学校を開設した。しかし学校は火災で炎上、愛する学校は全焼してしまった。その悲劇を歌った曲。

♪ジャンル ハワイ諸島

Me ke Aloha Pumehana
Unknown

G   D7   G
E Hawai'i ē ---- ho'olono mai 'oe
おー   ハワイ よ   [耳を傾ける   ] 貴方は

G   C   G
Me ke aloha pumehana
共に   愛情   温かい

Eb   G
'Iā 'oe e Hawai'i
へ   貴方 おー   ハワイ

A7
Pili   i ka pu'uwai
ぴったり寄り添う   心

おー ハワイよ 貴方、聞いてください

温かい愛情を持って

貴方へ おーハワイ

心にピッタリと寄り添って

G   C   G
So to my Island ---- Aloha

Eb   G
For beauty and fragrance

A7   D7
Weave a binding tie

そして私の島 ---- アロハ

美しく、そして香り高い島ために

花と香りを束ねてレイを編みましょう

D7   G
'Āina nani mau i nā pua
土地   美しい 永遠に が [花々]

A7   D7
Pua onaona o Hawai'i nei
花   魅惑的な の   ハワイ ここ

G   C   G
Me ke aloha pumehana
共に   愛情   温かい

A7   D7   G
I gave my heart away

花々が永遠に美しい島

ハワイの魅惑的な花々

温かいアロハの心と共に

私は真心を捧げます

解 説··
1979年4月26日、クムフラのUncle Henry Mo'ikeha O Kahiki Paが逝去し、彼を偲んで2枚組のCD「Mele Hula」が発売された。数々の
名曲が記録された名盤だ。その中からハワイの美しさを讃えた愛らしい曲を紹介しよう。名盤がCD化されて発売されているが、不思議なこと
にこのLPが復元されない。

♪ジャンル 〔モロカイ島〕

Me Moloka'i (Ka Mana'o Nō Iā)
Composed by Ivy Hanaka Wū

G   C G
Ka mana'o nō ia,　　　　　　　　　　　それは思いです
　　　思考

G   D7
E ka 'upu 'ana a'e ,　　　　　　　　　未来への思いです
　よ　　　切望する

D7
Nā hono a'o Pi'ilani,　　　　　　　　　ピイラニ首長の守る湾
〔　湾　　の　　ピラニ首長

D7   G
Kū kilakila,　　　　　　　　　　　　　荘厳な眺めです
立つ　　荘厳に

G   C G
'O ka 'oi nō na'e　　　　　　　　　　それはナンバー・ワンです
です〔ナンバーワン〕　今なお

G   C
ku'u one hānau,　　　　　　　　　　　私の生まれ故郷
私の〔　生まれ故郷　〕

C   G
Me Moloka'i nui,　　　　　　　　　　　偉大なモロカイ島と共に
と一緒に〔　偉大なモロカイ島　〕

C   D7
'Āina uluwehi,　　　　　　　　　　　　緑が青々と茂る島
土地　　緑の葉が青々と茂る

D7   G
'O ka heke nō ia　　　　　　　　　　この島は最高です
です　　最良の　　これ

M

解説 ・・
簡単明瞭なモロカイ島讃歌。マウイ島の守り神ピイラニ首長が登場するが、モロカイ島とラナイ島はマウイ郡に属する島だ。1994年の
Mākaha SonsのCD「Ke Alaula」に収録されている可愛らしいワルツ。「Moloka'i 'Āina Kaulana」とメドレーで演奏されている。

♪ジャンル オアフ島

Mea Pā'ani Kinipōpō
Composed by De Santos, Chinky Māhoe

Hui:

C
Pa'ani 'ana i ke kinipōpō
[スポーツをして過ごす]　　　　球技
　　　　　　　　　　　　　　　　　　何時、試合が始まるの？
G
I ka paka, pā, i ke alanui
で　　公園　庭　で　　大通り
　　　　　　　　　　　　　　　　　　公園で　庭で　大通りで
A7　　　　　　　　　　D7
Le'ale'a mākou i ka pā'ani
楽しい楽しい　　僕達は　　で　　ボール遊び
　　　　　　　　　　　　　　　　　　僕達は楽しい楽しいボール遊び

G
Pupue iho wau e ki'i ka football
[　身を屈める　]　僕は　[獲得する]　フット・ボール
　　　　　　　　　　　　　　　　　　僕は身を屈めて　フット・ボールをします
A7
Kū a holo i 'ō a i 'anei
立ち上がる　　走る　[　　あちらこちら　　]
　　　　　　　　　　　　　　　　　　立ち上がってあちらこちら走り廻って
D7
Ua pass 'ia me he ihe lā
[　パスする　]　共に　だ　槍投げ
　　　　　　　　　　　　　　　　　　ボールは槍のように放り投げられ
D7　　　　G
A touchdown kēia
そして　　タッチ・ダウン　これは
　　　　　　　　　　　　　　　　　　そしてタッチ・ダウン

G
Iho aku mākou i kahakai
[　行って　]　僕達は　に　浜辺
　　　　　　　　　　　　　　　　　　僕達は浜辺に行って
　　A7
E pā'ani ai ka volleyball
[スポーツをして過ごす]　　バレーボール
　　　　　　　　　　　　　　　　　　バレー・ボールを楽しみます
D7
Ku'i a'e hānai mai
[　棒で突く　]　[　　維持する　　]
　　　　　　　　　　　　　　　　　　棒を建て準備を
D7　　　　　　　G
'O ka hili aku nō iā
です　[　　　　紐を通す　　　　]
　　　　　　　　　　　　　　　　　　スパイクの紐をしっかり締めよう

(Hui)

M

G
Peku i ka saka ball me ka wāwae
蹴飛ばす を サッカー で 足
足でサッカー・ボールを蹴り上げます

A7
Me kēia pā holo 'oko'a
で この 敷地 [全ての、完全な]
フィールドのあらゆる場所で

D7
Ne'ene'e aku ne'ene'e mai
[あっちに寄る] [こっちに寄る]
あちらこちらに動き回り

D7　　　　　G
Ua score ho'i kēia
[得点した] 確かに これ
僕は又、得点した

G
Pa'ipa'i ana i ka basketball
[ドリブルする] で バスケット・ボール
僕はバスケット・ボールでドリブルして

A7
Hō'alo a'e i ka hoa paio
正面 に 仲間 闘争
競技する仲間と敵を避けながら

D7
Mākia a hiki i ka hīna'i
狙う そして でいる に 魚を捕らえる網
バスケットに得点します

D7　　　　　G
Slam dunk ho'i kēia
[スラム・ダンク] 確かに これは
スラム・ダンク・シュートだ

(Hui)

G
Ha'ina 'ia mai ana ka puana lā
物語は終わります

A7
Me ka football ua touchdown
で フット・ボール [タッチダウンして]
フット・ボールでタッチ・ダウンして

D7
Me ka basketball, slam dunk(2 point)
で バスケット・ボール [スラム・ダンク]
バスケット・ボールでスラム・ダンクして(2得点)

D7　　　　　　G
Ke saka score kēia
サッカー 得点 これは
そしてサッカーでもう一度得点します

Hui:

Oh yes,

A7　　　　D7　　　　　　G
Le'ale'a mākou i ka pā'ani. Ya hoo!

(歌詞カードでは1番として書かれているがCDでは歌われていない)

M

Eia mai au ʻo ka boy lā
ある　　　　僕　は　　　少年

僕はここにいるよ　男の子だ

O ke kula nui o Mānoa lā
の　[　大学　]　の　マーノア

マーノアのハワイ大学生

Kihikihi nā poʻohiwi lā
[　　　　　肩先、山の肩　　　　　　]

僕の肩幅

Pūkonakona ke kino lā
強い／ガッチリした　　　体

このガッチリした体を見て！

解説
1994年のメリー・モナーク・フェスティバルで，この曲が踊られたとき、場内全ての人々が固唾をのんだ。今まで見た事が無いスポーツ・フラ。鬼オクムフラ、チンキ・マーホエならではの振り付け。見事優勝。楽しい踊りを堪能した時代だった。そして翌年ケイキ・フラ・コンペティションでも踊られ見事優勝。ボール競技のフット・ボール、バレー・ボール、サッカー、バスケット・ボールが歌われる愉快な振り付けが忘れられない名演技、名曲だ。

♪ジャンル　カヒコ

Mele Aloha
Words by Rae kahikilaulani Fonseca

M

‘O Mauna Kea kū kilakila
です　　マウナ　　ケア　立つ　荘厳に

マウナ・ケア山は荘厳に聳えている

Ke kū nei mai ‘oe
[　立っている　]　から　貴方は

私は貴方の前に立っています

Ka pi‘i nei ka mana‘o
[　起こった　]　　思い

思いが起こります

Ka mana‘o wale iā ‘oe
　思い　　大きな　に　貴方

貴方への大きな想い

Ua ‘ikea
[知られる／見られる]

判ります

Kaumaha ka ‘ā‘ī me ka lei mamo
豊富な／大量の　　首　共に　レイ　マモ

マモ鳥が首に豊富なレイ

O ka lei Lehua makamae
の　レイ　レフア　尊い／高く評価した

尊いレフア・マモのレイです

Mae ka pua lū ka hua
しぼむ　花　まき散らす　果実

花は枯れ種を散らす

Lū Lehua i ka lani ē
まき散らす　レフア　で　天国

天国でレフアを撒き散らす

Ua ‘ikea
[知られる／見られる]

判ります

He mele kou wehi
です　歌　貴方の　飾り付け

貴方を飾る為の歌

He wehi nō nā kau a kau
です　飾り付け　[　　永遠です　　]

永遠の装飾です

‘O keiki ali‘i hiwahiwa au
です　[　ケイキアリイヒヴァヒヴァ　]　私は

私は王子（尊敬する王の子）です

‘O ‘oe nō ke Ali‘i ē
です　貴方は　　王様　おー

王様は貴方です　おー

Eō e Kahikilaulani i kou inoa ē
答えて　よ　カヒキラウラニ　を　貴方の　名前

答えてくだい　カヒキラウラニよ　貴方の名前を

解説 ···
Kumu Hula Rae Kahikilaulani Fonsecaは、メリー・モナーク・フェスティバルの創始者、ジョージ・ナオペに師事し、ウニキを受け、Kumu hulaとなり、Kahikilaulaniのフラ・ネームを取得、ハワイ島ヒロにHālau Hula ‘O Kahikilaulaniを設立した。温厚な性格と正統派のフラで高く評価されていた。残念ながら、2010年3月20日、オアフ島で「Lei o Lanikūhonua Hula Festival in Ko‘olina」の際中に倒れ、急逝した。

Mele Aloha

Composed by Michael Lanakila Casupang, Karl Veto Baker

M

C7   F   C7   F
'Eā lā 'eā lā 'eā, 'eā lā 'eā lā 'eā

エアラー　エアラー　エア、
エアラー　エアラー　エア

 F   C7
Kau ka ua koko puni 'ia i nā lei hiwahiwa
置く　雨　虹色　[取り巻かれる] を　[可愛らしいレイ（女性）連]

可愛らしい女性達を低く架かる虹が
取り囲む

B♭   F
Pā mai ka lā lanakila i ka wēkiu
[経験する]　日　勝利の　の　最高位

彼女達は最高位の勝利の日を経験する

C7   F   C7   F
He makana nō ia e ho'ohau'oli ai i ke ola
です　贈り物　それは　[幸せを運ぶ] を　生命/健康

それは生命に幸せを運ぶ贈り物です

C7   F   C7   F
Me ka mana'o aloha, me ka mana'o mahalo,
で　[アロハの心]　と　[感謝の心]

アロハの心と感謝の気持ちで

C7   F
No ka hula
為の　フラ

フラの為に

C7   F   C7   F
'Eālā 'eālā 'eā, 'Eālā 'eālā 'eā

エアラー　エアラー　エア、
エアラー　エアラー　エア

    F   C7
Moani ke 'ala o nā pua
香りを運ぶ　香気　の　[花々]

花々の甘い香気を運ぶ

      C7
E mōhala mau ai i ke ahiahi
[常に咲き誇る] に　夕暮れに

夕暮れ時に何時も咲き誇る

B♭   F
Kāhea nā leo hone i ka 'A'ali'i
叫ぶ　[数々の甘い声]　が　アアリイ

アアリイ（花）が甘い声で呼んでいます

C7   F
Me ka pu'uwai hāmama,
共に　心　開かれている

素直な心で

    C7   F
Haele mai i ka uluwehiwehi
[二人以上で行く／来る] に　青々とした美しい緑の茂み

青々とした美しい緑の茂みに
皆さんで来てください

C7   F   C7   F
Me ka mana'o aloha, me ka mana'o mahalo,

アロハの心と感謝の気持ちで

C7   F
No ka hula

フラの為に

C7   F   C7   F
'Eālā 'eālā 'eā, 'eālā 'eālā 'eā

エアラー　エアラー　エア、
エアラー　エアラー　エア

解説 ·······

毎日行っている掃除をしていると、掃除機が吸い込むようにKumu hula Karl Veto Bakerの脳裏に曲想が浮かび上がった。彼は額に飾ってあるOli Alohaの詩を持ってピアノの前に座る。そしてこの曲が誕生した。仲間のKumu hula Michael Lanakila Casupangが筆を取り歌詞を書いた。2番の歌詞は自分のハーラウ・ソングに相応しくなる様に加筆されたという。1番2行目最後の言葉、I ka wēkiu は、この二人が協力して運営しているhula Hālauの名前だ。

CDにはKaipo Hale と Robert Cazimero の名前が記載されているが、アイディアを誕生させたOli「Oli Aloha」がRobert Cazimeroとの共作なので、自分達を育てたKumu hula、Robert Cazimeroに敬意を表したのだろう。尚、Oli alohaは、同じCD「Dawning」に収録されている。

Mele Aloha

Words by Kaliko Līhau Paik   Music by Kellen Paik

M

C   F   C
'Auhea wale 'oe, e ke aloha
[どこにいるの   ] 貴方は   よ   私の愛

貴方はどこにいるの　私の愛よ

C   G7
Ku'u li'a o ke aumoe
私の 強い憧れ の   真夜中

真夜中の私の憧れの

C   F   C
Pi'i a'e ka 'i'ini o loko
喜怒哀楽を感じる   欲望 の   中に

心の中に欲望を感じるとき

G7   C
I hea 'oe i hele ai ?
[何処に] 貴方は [行った   ]

貴方は何処に行ってしまったの

C   F   C
'Auana a'e ku'u mana'o
彷徨う   私の   心

私の心は彷徨う

C   G7
I ke aumoe nei
に [昨夜   ]

昨夜の事

C   F   C
Nāu nō i ho'opumehana
[貴方によって]   暖かくする／暖める

私を暖めてくれた貴方

G7   C
Ua aha 'ia ia pō ?
[どうしたの   ] [の夜]

その夜はどうしたの?

C   F   C
Kūwili iho ka na'au
[絶え間なく動く]   精神／心

私の心は絶え間なく動きます

C   G7
I ka hali'a 'ana mai
に [突然蘇る愛の想い出   ]

突然蘇る愛の想い出に

C   F   C
Kainō ua pili pono kāua
何故～でないの [ピッタリくっ付いて離れない] 私達二人

私達二人はしっかり結びついていると思っていたのに

G7   C
Eia kā kuhi hewa nō
ある [間違った想像を持つ   ]

私は間違った思いをしていたに違いありません

C   F C
I ka pili o ke ahiahi
で 寄り添う   夕暮れ

夕暮れが再び訪れて

C   G7
Niponipo ku'u nui kino
～憧れる   私の [全身]

私の全身は憧れます

C   F   C
No ke aloha i lilo i ka pō
為に   愛情 に 熱中させた   夜

夜、私を夢中にさせた愛情故に

G7   C
Āhea 'oe e ho'i ia ?
何時   貴方は [戻るの／帰るの]

何時、貴方は戻るのですか?

C   F   C
Puana ʻia mai me ke aloha   愛と共に歌われました
[歌われる   ] 共に   愛

C   G7
Kuʻu liʻa o ke aumoe   真夜中の私の憧れ
   私の   強い憧れ の   真夜中

C   F   C
Hui mau ʻia nō ke aloha   常に共にいる愛
[常に接合される愛   ]   愛情

G7   C
I mehana ai ka pō   一晩中私を暖めてくれた人の為に
[熱烈だった   ]   夜

解説··

作者は「愛はローラー・コースターの様だ。生命は頂上から海の底まで旅をする様な物で、行動した事は後から評価される」と語る。ハワイの言語が理解できればこの歌が、更に皮肉に溢れる曲であると理解できると書いている。仲の良い夫婦のデュオがこの様な曲を作るのもハワイらしくて面白い。

♪ジャンル 子供向け

Mele Hoʻokipa
Traditional

M

G   G7   C
Ua hiki pono mai i mua o mākou
[来た] 正に 方向詞 [前に] の 私達

私達より早く子供達は来ていました

  A7
He mau malihini e launa pū ai
です [訪問者達] [〜と出会う]

私達と楽しみを分かち合う訪問者です

 C   G
"Aloha, aloha," heahea nā keiki
アロハ   アロハ   温かくもてなす [子供達]

アロハ！ アロハ！ 子供達を温かく迎えましょう

  A7   D7
"He hale makamaka, kipa mai"
です 家 気楽で親密な友達 [いらっしゃい]

気楽で親しいお友達の家です　いらっしゃい皆さん

C   G   D7   G   G7
Pai aʻe i ka leo, kānaenae i ke aloha
可愛がる/励ます   声   賛辞の詠唱 で   アロハ

私たちは声を張り上げて　歓迎の歌を贈ります

  C   G
E hea i ke aheahe a me ka lā
[詠唱しよう] に   そよ風 [そして] 太陽

私たちはそよ風と太陽に歌いかけて

  D7   G
E pā laʻilaʻi ʻolu mai
[経験する] 幸せ 気を楽にする 方向詞

今日を幸せな楽しい日にしましょう

解説 ···
子供達が集まる楽しい家。皆が幸せになる様に力を合わせる「歓迎の歌」。

♪ジャンル ハワイ島

Mele Kōkī
Composed by Puakea Nogelmeier

C
La'i ka nohona i Hilo
穏やかな　　　生活様式　で　ヒロ
ヒロの穏やかな生活で

G7　　　　　　　　C
Kau nā 'eheu o ka pō
配置する　[　　　夜の翼カバー　　　]
夜の翼が広がって

C
He aha ia mea kani
[　何？　] この　物　音
何？　この物音は

G7　　　　　C
Kōkī, kōkī wale nō
コーキー　コーキー [　凄い〜〜　]
コーキー　コーキー　凄い〜〜〜

Hui:

C　　　　　　　　　　G
A he 'āina nani kēia
そして だ　　土地　美しい　この
この美しい土地だ

C　　　　　　　G
Uluwehiwehi maoli nō
青々と緑の葉が茂る　　[　本当に　]
青々とした緑の木々が茂る街

C　　　　　　　　　G
Hale ho'okipa malihini
家　　　訪問する　　　旅人が
旅人が訪問する家

G7　　　　　C
Kōkī, he malihini hou
コーキー　だ　旅人　　新しい
コーキー（カエル）！　新しい訪問者だぞ

C
Kani kūpina'i mai ana
音　　[　反響してくる／谺する　　]
反響する音

G7　　　　　　C
Piopio mai 'ō a 'ō
[　チーチー鳴く　] [あちらこちら]
あちらこちら土地全体にチーチー鳴く音

C
A hiki a'e nei ka wana'ao
そして [　到着する　]　　夜明け
遂に夜明けが来るまで

G7　　　　　C
He pupule paha mai koe
だ　気が狂う　多分　　残っている
多分　最初の日に分別する意識が壊れるかも知れません

C
Pehea lā ka hikina mai
如何？　[　　現れる　　]
どうしますか？　この様な事になったら

G7　　　　　　　　C
A puni ka moku nui nei
取り巻いた　　島　大きな　今
今　この大きな島を取り巻いた

C
Me ka nui o ka hanu kuli
ともに　大きな　の　息を吹き込む 騒々しい
騒々しい大きな音と共に

G7　　　　　　　　C
He makana a Walamaka mai
だ　　贈り物　　の　　ワラマカ
あなたへのスーパー・ストーンの贈り物です

C
He ala auane'i ka ha'ina
<small>だ　道　　　間もなく　　　告知</small>
G7　　　　　　　　　　**C**
Hāmama 'o Hawai'i nei
<small>開けている　　です　　ハワイ　ここに</small>
C
Moe nā kia'i 'īpuka
<small>眠る　[見張り人達]　　入り口</small>
G7　　　　　　　　　　　　**C**
Pono ke aupuni e la mai
<small>正に　　　　国家/国民　よ　太陽　来る</small>

その方法は間もなく告げられます

ここハワイは開かれた島です

入り口の見張り人達は寝ています（カエルは鳴きません）

礼儀正しい国民に太陽は昇ります

(Hui)

G7　　　　　　　　　　　　　　**C**
He aha a'e nei ka malihini hou ?
<small>[　何故なの　]　いる　　　旅人　　新しい</small>
　　　　　　　　　　G7　　　　　**C**
Ua lawa anei nā malihini hou ?
<small>十分ある　はい　[　　旅人達　]　新しい</small>

新しい旅人はどうですか？

新しい旅人は充分ですか？

解説・・・
ハワイ民謡の詩人、プアケア・ノゲルメイヤーの愉快な作品。初めてヒロ市を訪れた旅人は一晩中鳴き続けるカエルの声に驚くだろう。池が
ある地域に宿泊したら一晩中悩ませられるだろう。庭でバーベキューをしていると、「今晩は」と現れるカエルがいる。気にしないで楽しいヒ
ロを楽しむことが大切だ。

© by PUAKEA NOGELMEIER MUSIC
All rights reserved. Rights for Japan controlled by Little Star Copyright Management

♪ジャンル 　マウイ島

Mele No Kahului
Composed by Kamakakēhau Fernandez

G　　　E7　　A7
Kahului, He wahi kaulana i ka ʻoi　　　マウイ島のカフルイ、一番有名な場所です
カフルイ　だ　　場所　　有名な　　　［ナンバー・ワン］

　　　　　　　　　G
Me ke kai neʻe mai　　　打ち寄せる静かな海と共に
共に　　　海　［　前進して来る　］

D7　　　　　　　　G
Neʻeneʻe mālie　　　その流れはとても穏やかです
前進して来る　　穏やかに

G　　　　　E7　　　　　A7
Ua ʻike aku wau i ke kai holuholu ē　　　私はさざ波が立つ海を眺め
［　眺めた　］　私は　を　海　さざ波が立つ

　　　　　　　　　　G
Me nā waʻa holo kai　　　航海するカヌーと共に
共に　［　カヌー　］［　航海する　］　　（上記の訳詞に文頭に付くフレーズ）

D7　　　　　　　　　G
Holoholo mālie　　　穏やかにカヌーで出発だ
カヌーで出かける　　静かに

　　　Hui:

　　　Em　　　　　　　　　　　　B7　　　　　　Em
E hū ana ka makani ka makani ʻōnini　　　激しく吹きよせる風　一陣の風
［波の様に押し寄せる］　　　風　　　　風　　　一陣の風

B7　　　　　　Em
Pā i ka ʻili ē　　　私の肌に風が吹く
風が吹く　　肌

B7
Ulupiʻi aʻela ke kino　　　私の体は寒さで震えます
寒さで震える　　（aʻe lā）　　体

G　　　　　E7
Haʻina ʻia mai　　　お話をします

A7
Aʻo Kahului ʻeā　　　カフルイでの（想い出を）
の　　カフルイ

　　　　　　　　　　G
Wahi kaulana i ka ʻoi　　　ナンバー・ワンの場所です
場所　　有名な　［ナンバー・ワン］

D7　　　　　　　G
Maui nō ka ʻoi　　　マウイ島は一番だ
マウイ島　［　一番良い　］

解説・・・
ライアン・カマカケーハウ・フェルナンデスはリトル・ロック・アーカンスで生まれたアフリカ系アメリカ人でマウイに少年時代に転居、クラ・カイアプニにあるキング・ケカウリケ・ハイスクールを卒業した。美しいファルセットの声でハワイ伝統の音楽を楽しんでいる黒人歌手。2013年ナー・ホークー・ハノハノ・アワードでCD「Wahi Mahalo」がExtended Play賞（45回転|EP|賞）を受賞した。

♪ジャンル [子供向け]

Mele No Nā Kamaliʻi
Composed by Kekuhi Kealiʻikanakaʻole

G   C G
ʻO Mauna kea me Fuji-San
です [マウナケア山] と 富士山
          マウナ・ケアと富士山

C   G   D7   G
Nā kuahiwi kūpuna
[山々] 祖父母
          祖先の山です

G   C   G
ʻO Hilo me Kamakura
です ヒロ そして 鎌倉
          ヒロと鎌倉

C   G   D7   G
Nā kai kūpuna
海 祖父母
          祖先の海です

G   C G
Māʻamaʻama Te Lā
光る／明るい (mālamalama) 太陽
          輝く太陽

C   G   D7   G
ʻĀlohilohi o ka honua
キラキラ輝く の 地球
          地球のきらめき

G   C   G
Kūnou poʻo a kānaka
頭をさげる [人間の頭 (Poʻo kanaka)]
          私達は頭を下げます

C   G   D7   G
Hoʻokahi kō kāua wailua
ただ一つ 私達二人の 精神
          お互いの心はただ一つ

G   C   G
Eia kuʻu leo aloha
ここにある 私の 声 愛
          私の愛の声はここに

C   G   D7   G
No kuʻu kamaliʻi o ke ao nei
為の 私の 子供達 の [ここ地球]
          この地球の私の子供達のために

G   C   G
Eia kuʻu leo aloha
ここにある 私の 声 愛
          私の愛の声はここに

C   G   D7   G
Hoʻokahi kō kāua wailua
ただ一つ 私達二人の 精神
          私達二人の心はただ一つです

D7   G   D7   G
Oyasuminasai, aloha aumoe...
おやすみなさい アロハ 寝る時間
          おやすみなさい アロハ グッド・ナイト

解説 ···
著名なフラファミリーのカナカオレ一族、Kekuhi Kealiʻikanakaʻoleが日本の子供達に書いた子守唄だ。ハワイの誇るマウナ・ケア山、日本の誇る富士山。古い歴史のある海辺の町ヒロ、鎌倉。美しい地球を大切にしようと呼びかける子守唄だ。

Mika Lawai'a

Composed by 'Iokepa De Santos, Chinky Māhoe

G
'O wau nō ka lawai'a
です　私　　　漁師

僕は漁師です

D7　　　　　G
Me ka 'upena nei,
共に　　魚取り用の網　ここに

ここに魚取りの網があります

C　　　　　　　G
Ho'olei pono 'ana iho
投げる　正しく　　　　下に

魚の群れに投げ下ろす

D7　　　　　　　G
He catch nui 'ino nō ho'i!
だ　捕獲　大きい　とても　[　最高だ　]

大漁だ　最高だ!

G
'O wau nō ka lawai'a
です　私　　　漁師

僕は漁師です

D7　　　　G
Me ka pou ho'owili lawai'a,
共に　　支柱　魚の群れをかき混ぜる　漁師

漁師は釣り竿で

C　　　　　　　G
Huki a ho'owili mai
引け　そして　[　　巻き取る　　]

引いて巻き取ります

D7　　　　　　G
He ki'i maika'i nō ho'i!
だ　運んで来る　満足だ　　[　最高だ　]

手元まで運んで満足だ　最高だ!

G
'O wau no ka lawai'a
です　私　　　漁師

僕は漁師です

D7　　　　G
O ke kai moana,
の　　海　広々した

広々とした深い海の

C　　　　　　　　G
Ho'okuhi me ka 'ōkoholua
狙いをつける　　で　　　槍

私の槍で狙いをつけて

D7　　　　　　G
A loa'a ka he'e nō ho'i!
そして　捉える　　　蛸　[　最高だ　]

イカ（蛸）を捉えるまで

G
'O wau nō ka lawai'a
です　私　　　漁師

僕は漁師です

D7　　　　　G
Me nā hoa hana i ka hukilau,
共に　[　友人達　]　働く　で　　地引き網

友達と一緒に地引き網を引く

C　　　　　　G
E nanea au a e walea ai
[リラックスして]　私は　[　気楽に楽しんで　　]

私はリラックスして楽しんで

D7　　　　　G
'Auē! Ho'i hia moe!
あら　確かに　[　眠り込む　]

あらあら　確かにリラックス

M

G
O wau nō ka lawaiʻa
です　　私　　　　　漁師

　　　　　　D7　　　　　　　　G
Me ka moʻolelo nui aʻe nei,
　共に　　　物語　　大きな　　ここ

C　　　　　　　　G
Haʻina mai ka puana,
物語は終わります

　　D7　　　　　　　　G
O nā lawaiʻa o Hawaiʻi nei
の　[　　漁師達　　]　の　　ハワイ　ここ

僕は漁師です

とっても大きな物語と

物語は終わります

ここハワイの漁師達

解 説··
ハワイで漁師の技術は世代から世代へ受け継がれてきました。ハワイ語でLawaiʻaは漁師の事。現在、ハワイでは多くの人が地引き網や釣り
をして気晴らしに楽しんでいます。海で囲まれたハワイ人にとって魚は大切な資源です。

♪ジャンル　オアフ島

Mōkapu I Ka Mālie
Composed by Mailani Makainai

Bb　　　　　　　　Bb7　　　Eb
Ma'ō aku 'o Mōkapu i ka mālie
そこにある　　　　は　　モーカブ　の中に　静けさ　　　　　　静けさの中にモーカブはある
Gb　　　　　　Ab　　A
Pā ahe ka makani
風が吹く　　　　風　　　　　　　　　　　　　　　　太陽の暖かさの中に風が吹く
Bb　　　　　　Bb7 Eb
I ka mehana o ka lā
に　　太陽の暖かさ　の　　太陽
Gb　　　　　　Ab　　A　　Bb
Ho'olohe i ke kani o ke kai
聞く　　に　　　音　の　　海　　　　　　　　　　潮騒を聞いて

　　Hui:

　　　　Eb　　　　　Bb7
I ke one 'o Kalama
で　　浜辺　は　カラマ　　　　　　　　　　　　カラマの浜辺で
Bb　　　　Gm　Cm　　F7
Me ke aloha pau'ole
共に　　　愛情　終わりがない　　　　　　　　永遠の愛と共に
　　　　Eb　　　　　　　Ebm
E nanea wale iho nei
[気楽に楽しむ]　とても　　　今　　　　　　とても気楽に楽しむ
　　F7
'Ike i ka welelau 'o 'Āhihi
見る　を　　　先端　　は　アーヒヒ　　　　　アーヒヒの木の先端を眺めて

Bb　　　　Bb7　　　Eb
I laila no 'o 'Alālā
[そこにある]　は　アラーラー　　　　　　アラーラーはそこにある
Gb　　　　　　Ab　A
E pili mau kāua
[寄り添う]　常に　私達二人　　　　　　　私達二人は常に寄り添う
Bb　　　　Bb7　　　Eb
Me ke kai hāwanawana
共に　　　海　　　囁き　　　　　　　　　　海の囁きと共に
Gb　　　　　　Ab　A　Bb
Hu'ihu'i koni i ka 'ili
冷たい　　疼きを感じる　に　　肌　　　　　肌に海の冷たさを感じる

Bb　　　　　　Bb7　　　　Eb
Ma'ane'i mai ke aloha i ka nani
[ここに来る]　　　愛情　の中に　美しい　　美しさの中に愛情はある
　　　Gb　　　　　Ab　A
I ka nani 'o ia 'āina
が　　美しい　は　この　土地　　　　　　　この土地の美しさが
Bb　　　　Bb7　　　Eb
He waiwai nui 'oe ia'u
だ　財産/宝　大きな　貴方は　私の為の　　　貴方は私の為の大きな宝だ
Gb　　　　　Ab　A　　Bb
No nā kau a kau
[季節から季節へ/永遠の]　　　　　　　　永遠の

Ending:

B♭
Auhea wale ʻoe
[どこにいるの] 貴方は

貴方はどこにいるの

Cm   B♭
E ke aloha maʻaneʻi
よ   愛情   ここに来る

私の愛する人は

              Cm
Mai au ke kali nei
来る 私は [待っている   ]

私は貴方が来るのを待っている

解説··

Mōkapuはオアフ島のカイルアにある地名。作詞作曲／歌手のMailaniが住んでいる町だ。オリジナル・ネームは「Moku-Kapu」という。カメハメハ大王がここで自分の首長に会ったと言い伝えられ、カメハメハ1世の秘密土地と呼ばれている。MōkapuのMōはMoku(島)が短縮した言葉だという。

♪ジャンル　マウイ島

Moku O Ka Rose
Composed by Kuana Torres Kahele

M

C   F   C
Kilakila o Halekalā
　荘厳さ　　 の　 ハレアカラー山
                                                    ハレアカラー山の荘厳さ

C   F   C
Kuahiwi nani kū i ka lani kua ka'a
　山　　 美しく 聳える に [詩的な表現で高位の首長，一番高い天国]
                                                    一番高い天国に聳える美しい山

C   G7   C
Ka ha'aheo a'o Pi'ilani
　　誇り高く　 の　 ピイラニ首長
                                                    ピイラニ首長の誇り高く

C   F   C
'Ailana ka mana'o o nou e Lahaina
恋に落ちる心/島　　　心　 の 貴方のもの よ　ラハイナ
                                                    貴方への愛する心　ラハイナよ

C   G7
Ke Kapitala mua o Hawai'i nei 'eā
　首都　　以前　 の　 ハワイ　ここ
                                                    ここは昔のハワイ王国の首都

F_   G7   C
'Āina o ka ua 'Ula
　土地　 の [　　 ウラ雨　]
                                                    ウラ雨が降る土地

C   F   C
'Ike maka au i ka beauty
[　眺める　] 私は を　　美しさ
                                                    私は美しさを眺めます

O Waiakoa i ka uka 'iu'iu
　の　　ワイアコア に　　高地　 神聖な
                                                    神聖な高地ワイアコアの

G7
Me ka nani a'o Kīhei
共に　　美しい　 の　キーヘイ
                                                    キーヘイの美しさと共に

C   F   C
Makena ho'i ke kai i Makena
　泣き叫ぶ喜び 本当に　海 で　マケナ
                                                    マケナで海は喜び叫ぶ

C   G7
Kaulana mai nei o Ulupalakua
[　有名です　] の　ウルパラクア
                                                    ウルパラクアは有名です

F   G7   C
Ka home o nā paniolo
家　　 の [　カウボーイ達]
                                                    カウボーイ達の家

C   F   C
Hanohano wale 'oe e Kīpahulu
華やかな　　 とても 貴方は よ　キーパフル
                                                    貴方はとても華やかです　キーパフルよ

C   F   C
Onaona ku'u maka iā Kaupō
魅惑的な/温和な 私の　目 に　カウポー
                                                    私の目に魅惑的なカウボー（曲がりくねる道の）

C   G7   C
Me ka hale pule 'o Huialoha
共に [　　 教会　] です　フイアロハ
                                                    フイアロハ教会と共に

448

C   F   C
E Hana, ʻāina i ka mālie
よ ハナ 土地 中に 静けさ

ハナよ　静かな大地

C   G7
Mai Puʻuʻiki a hiki i Nahiku
から プウイキ [まで] ナヒク

プウイキ岬からナヒク村まで

    F   G7   C
He nani mai hoʻi kau
だ 美しい [とてもとても非常に]

本当にとても美しい景色

C   F   C
Haʻina ʻia mai ana ka puana

物語は終わります

C
O ke kaʻapuni ana
の [観光旅行する]

マウイ島の観光旅行の

      F   C
I ka moku o ka rose
で   島 の バラ

バラの島で

C   G7   C
Maui nō e ka ʻoi
マウイ島 [ナンバー・ワン]

マウイ島はナンバー・ワンの島

解説 ‥‥‥

ご当地ソングは多いが、この曲は東と西に大小の島で繋がるマウイ島の名所を余すところなく讃えている。最低でも2～3日間は必要な行程だ。岬に昇る日の出の美しさ、夕暮れに山から下りてくる白い霧、観光地のホテル群の豪華さ、港町の商店街など一度はドライブしたいマウイ島の観光コースだ。

♪ジャンル ハワイ島

Moku Ola
Composed by Eleanor Ahuna, Darlene Ahuna

Em   C
Eō, a Moku Ola
答えて   モク・オラ

答えてください　ココナッツ・アイランド

Em   C
Eō, a Moku Ola

答えてください　ココナッツ・アイランド

Em   C
Eō, a Moku Ola

答えてください　ココナッツ・アイランド

Em   C   D7
Eō, a Moku Ola 'Eā...

答えてください　ココナッツ・アイランド　ランラン

G   D7
Nohi ha'aheo
輝かしい色　　誇り高い

誇り高く色鮮やかに

C   D7   G   D7
Ma Kūhiō bay
で   ヒロ湾

ヒロ湾で

G   D7
Ke ho'ola'ila'i nei
[気持ちを軽くさせている   ]

何時でも心を爽やかにしてくれます

C   D7   Em
Nā kumu niu
[木々 [ ] ヤシ

ヤシの並木

C   Em   C
'Eā 'eā, 'eā 'eā, 'eā

ランラン　ランラン　ラン

Am   Bm
I kou wā kahiko
に 私の   時代 昔／古い

古い私の時代には

Am   Bm
Ua mālama 'oe nā ohana
[大切にした] 貴方は [家族達]

貴方は家族達を守ってくれました

Am   Bm
Na po'e kaumaha
の   人々 苦しませる

人々を苦しませる

Am
Mai kawa
から 戦い

戦いから

C   Em
'Eā 'eā, 'eā 'eā, 'eā

ランラン　ランラン　ラン

Vers:

Em   C
Eō, e Moku ola

答えてください　ココナッツ・アイランド

Em   C
Eō, e Moku ola

答えてください　ココナッツ・アイランド

Em   C
'Eā 'eā, 'eā 'eā

ランラン　ランラン　ラン

Am   Bm
Eō, e Moku ola   答えてください　ココナッツ・アイランド

        Am   Bm
Puʻuhonua ma Kūhiō   クヒオでの神聖な避難所
<small>神聖な避難場所　　　で　　　クヒオ</small>

         Am   Bm
Moku mālama ʻoe   貴方を守る島
<small>島　　　　面倒を見る　　貴方は</small>

     Am C   Em
Ma Hilo nei   ここヒロで
<small>で　　ヒロ　ここ</small>

C   Em   D7
ʻEā ʻeā, ʻeā ʻeā, ʻeā   ランラン　ランラン　ラン

      G   D7
Puana kou inoa   貴方の名前歌
<small>主題　　　貴方の　　　名前</small>

C   D7   G   D7
E Moku ola   ココナッツ・アイランドよ

       G   D7
He wai ʻoluʻolu   爽やかな海です
<small>です　　水　　爽やかな</small>

C   D7   Em
Ua noa ʻia   タブーから放免された島
<small>[　　放免される　　　]</small>

       C   Em   C
ʻEā ʻeā, ʻeā ʻeā ʻeā   ランラン　ランラン　ラン

Eō, e Moku ola !   答えてください　ココナッツ・アイランドよ

解説 ‥‥‥

ハワイ島出身の女性歌手Darlene AhunaのCD 「Kuʻu Lei Poina ʻole」 の1曲目に収録されているココナッツ・アイランド讃歌。一応歌詞カードは1番～5番と書かれているが、長調と短調が入り組んで、区分しにくい曲だ。珍しい構成の曲だと紹介する方が適切だと思う。ココナッツ・アイランド (Moku ola) は、ヒロ・ホテルやナニロア・ホテルの目の前に浮かぶ小さな島だ。

♪ジャンル ハワイ島

Mokuhulu
Traditional

G   D7   G
Mokuhulu i ka malu o ka ulu
　モクフル　　の中に　　隠れ場　の　　　ウル
D7   G   D7   G
la home uluwehi pua Kanilehua
この　　家　　青々と緑が茂る　花　　カニレフア

ウルの茂みの中のモクフル

カニレフアの花に飾られた家

G   D7   G
Kaimū i ke ʻala Līpoa
　カイムー　の中に　　香気　　リーポア
D7   G   D7   G
I ka hone a ke kai i ka puʻe one
中に　　キッス　の　　　海　で［　　砂浜　　］

海藻リーポアの香りがするカイムー

浜辺に優しくキッスする海

G   D7   G
Kalapana ka niu moe o Queen Emma
　カラパナ　［　眠る椰子の木　］の［　　エマ王女　　］
D7   G   D7   G
la wahi kaulana no ka malihini
この　　場所　　有名な　為に　　　旅人

クイーン・エマの有名な眠る椰子の木のある
カラパナ海岸

旅人の為に有名な場所

G   D7   G
Kapaʻahu iā Punaluʻu
　カパアフ　の　　プナルウ
D7   G   D7   G
la wai huʻihuʻi i huʻi koni i ka ʻili
　水　　痛い　　に　［疼きを感じる痛み］　　　肌

プナルウにあるカパアフ

肌に疼きを感じる冷たい水

G   D7   G
Haʻina ʻia mai ka puana
D7   G   D7   G
No Puna ke ʻala i lawe ʻia mai nei
為に　　プナ　　　香気　［　　運ばれてきた　　　］

物語は終わります

プナの香気の為に、この歌を貴方に贈ります

解説・・・
音楽一家として著名だったVickiʻi Rodoriguesのコレクションから選曲して2016年5月に発売されたRaʻiātea HelmのCD「He leo Huali」
で紹介されている。かなり古い民謡で今は溶岩に覆われてしまった黒砂海岸カラパナが歌われている。エマ女王の為に植えられたという「眠
る椰子の木」の姿も今は無い。

♪ジャンル モロカイ島

Moloka'i 'Āina Kaulana (Hālawa)
Composed by Mathew kāne

M

(Into)

C   G   E7
Me Moloka'i, 'āina kaulana
共に   モロカイ   土地   有名な

モロカイ島は有名な土地

A7   D7   G
Me 'oe nō wau
共に [貴方と私   ]

そして貴方は私と一緒です

(Melody)

G   C   G
He nani kū kilakila
だ   美しい   立つ 荘厳に／雄大に

雄大に立つ素晴らしさ

G   D7
Alo lua I nā pali
[谷の両側にある] [絶壁／崖]

目の前にある両側の崖は

D7
Home aloha nō ia
家   愛する   とても それは

とても愛する我が家

D7   G
Ku'u one hānau
私の   [生まれ故郷]

私の生まれ故郷です

G   C   G
Wailele hune i nā pali
[滝の水が跳ねる] で [崖々]

崖の上で滝の水が跳ねています

G7   C
Kou kāhiko nō ia
貴方の   装飾   これは

これは貴方の飾り付け

C   G   E7
Me Moloka'i, 'āina kaulana
共に   モロカイ   土地   有名な

モロカイ島は有名な土地

A7   D7   G
Me 'oe nō wau
共に [貴方と私   ]

そして貴方は私と一緒です

解説 ・・

モロカイ島のハーラバ地区の有名な滝「Mo'a'ula」を賞賛した美しいワルツ。
ハーラバの海岸から遥か彼方の山奥に眺められるが、海岸に到着する以前の山道から眺める滝の姿が一番鮮やかで絶景だ。海辺に出ると
後方の山の中央から流れ落ちる姿が見えるが大きな滝の感じがしない。道中に「Looking Point」の表示が無いので、訪問するならばよく調
べて行くと良い。モロカイ島の東の端で、その先に道は無い。

453

Moʻokūʻauhau

Words by Amy Hānaialiʻi Gilliom, Adrian Kamaliʻi   Music by Willie K

E   G#m7   A
ʻAʻā i ke aloha i loko nei
　燃える　　　　愛　　　［　中に　］（過去を表す）

心の中に燃え上がる愛

E   G#m7   C#m7   F#m7
Halehale i ke aloha lā
　［　深い深い愛　　　　　　　］

深い深い愛情

E   G#m7   A
Piha pono i kuʻu naʻau
　完全　正しい　に　私の　精神／心

私の心に貴方は清く正しく

　　　G#m7   F#m7
He haliʻa aloha i kou alo
　です　［　突然に蘇る愛の想い出　］　貴方の　　全面

今、貴方の愛の想い出が突然蘇り

　　G#m7   F#m7   B7
E kuʻu welo aloha e maliu mai
　よ　私の　浮動する　　愛情　　［　聞いてください　］

私の愛情は揺れ動きます、聞いてください

　　G#m7   A   F#m7 B7
He liko a kuʻu moʻokūʻauhau
　です　若芽　の　私の　　　家系の継承／／血統

私の家系を継承する子孫です

E   G#m7   A
Piha pono i kuʻu naʻau
　完全　正しい　に　私の　精神／心

私の心は正しく完璧で

E   G#m7   A
E ke kama kapu
　よ　　子供／人　神聖な

神聖な子供です

E   G#m7   F#m7   G#m7
E holo mua i ka naʻauao o nā kūpuna
　［　前進する／進歩する　］に　聡明／学識　の　［　祖先達　］

祖先達の学識で更に進歩しよう

　　　　A   E   B7   E
E nā pua me lamakū i ka haʻahaʻa
　よ　［　子供達　］　共に　トーチの様な輝き　　　　低い

低いトーチの様に輝く子供達よ

Hui:

C#m   G#7
E nā kūpuna, neʻepapa i hikialoalo
　よ　［　祖先達　］　全てを動かす　で　素敵な天頂

ご先祖様　私達を素敵な天空まで導いてください

A   B7
E kūnou i ka wai kapu
　［　頭を下げる　］に　［　神聖な水　　　］

私は神聖な水に頭を下げ敬意を示します

C#m
Kū mai ke ao hou
　［　示す　］　世界　新しい

新しい世界を教えてください

G#7
E ka lei a Wakanui
　よ　　　子孫　の　　ワカヌイ

神聖なワカヌイの子孫

A   B7
E ka hiwa, hō mai ka ʻike pāpālua
　よ　　選ばれた人　［　与えられる　］　　見る　　二倍の

選ばれた人、全てを見つめてください

E
E ka Wakapapa kapu
　よ　　ワカパパ　　神聖な

神聖なワカパパよ

G#m7   C#m7
E ke Akua, e nā kūpuna,
　よ　　神　　よ　［　祖先達　］

神よ　祖先達よ

　　　　A   F#m7 B7   E
E nā ʻaumākua e pūlama i ka mana
　よ　［　家族や自分が信仰する神　］　［　大切にしよう　］を　　　マナ

家族や自分が信仰する神よ　マナを大切にしよう

M

E　　　G#m7　　　　　　　　A
Piha pono i ku'u na'au
完全　　正しい　　に　　私の　　精神/心

私の心は正義に満ちています

E　　　　G#m7　　　　A
E ke kama kapu
よ　　　子供/人　神聖な

神聖な子供達よ

E　　　　　　G#m7　　　　　　　A　　　　　　G#m7
E holo mua i ka na'auao o nā kūpuna
[　前進する/進歩する　]　に　　　聡明/学識　の　[　　祖先達　　]

祖先達の学識と共に進歩しよう

　　　　　　　　A
E nā pua me lamakū i ka ha'aha'a
よ　[　花々　]　共に　トーチの様な輝き　　　　　　低い

謙遜の光を持った子供達よ

　　　　G#m7　　　　　　C#m7
E ke Akua, e nā kūpuna,
よ　　　神　　　　よ　[　　祖先達　　]

神よ　祖先達よ

　　　　　A　　　　　F#m7 B7　　　　　　　E
E nā 'aumākua e pūlama i ka mana
よ　[　家族や自分が信仰する神　]　[　世話をする　]　を　　マナ

家族や自分が信仰する神よ　マナを大切にしよう

解 説・・
2014年12月、Ua Records から発売されたCD「Amy & Willie K Reunion」に収録されている。Willie K の作曲は従来のハワイ音楽とは思考が異なり次元の異なるハワイ音楽になっているが、Amyの作詞は、ハワイ古来の思考で、神を敬い祖先の英知を讃える詩になっている。このミスマッチが楽曲を楽しいものにしているのかも知れない。

♪ジャンル ハバハオレ

Moonlight Swim
Composed by Sylvia Dee, Benjamin Weisman

D   Ddim D
Let's go on a moonlight swim   月夜の海で泳ごうよ

Bm
Far away from the crowd   人混みから離れて

    Bm
All alone upon the beach   僕達は浜辺に

  Bm
Our lips and our arms   僕達の唇と抱き合う手

    Bm
Close within each other's reach   お互いに抱きしめて

 A7   D
Will be on a moonlight swim (yes will be)   輝く月の光で泳ごうよ

        D   Ddim D
Let's go on a moonlight swim,   月夜の海で泳ごうよ

    Bm
To the raft we can race   筏でレースが出来るよ

Bm
I'll sit and pretend   僕は乗って考えます

  Bm
That you're on a desert isle   あなたが無人の島の上にいると

 A7   D
With me, on a moonlight swim   私と月の光で泳ごうよ
 (on a moonlight swim)

        G
Thought the air is cold   空気は冷たく

    G
With kisses oh so sweet,   キスはとても甘い

 D
I'll keep you warm   私は、あなたを暖かくします

 Em   E7   A7
So very warm from your head to your feet   頭から爪先まで、とてもとても暖かくしておきます

	D	Ddim	D

Let's go on a moonlight swim　　　　　月夜の海で泳ごうよ

Bm
We're in love and above　　　　　僕達は愛し合い、空には

Bm
There's a crazy gold balloon　　　　　素晴らしい金色の風船が

Bm
That sits winking down　　　　　それは、降りてきてウインクしている

Bm　　　　　　　　　　　　A7
And inviting us to come on in (come on in)　　そして、お入りなさいと僕達を誘います

D
On a moonlight swim　　　　　月夜の海で泳ごうよ

M

解 説・・

1961年、エルヴィス・プレスリー主演のパラマウント映画「Blue Hawaii」で歌われヒットした曲で、基本的にはハワイ音楽ではない。そして
この映画の中では、1937年の映画「ワイキキの結婚」（主演：ビング・クロスビー）で歌われヒットした「Blue Hawaii」や、ハワイ音楽史上
不朽の名作といわれるチャールズ・E・キングの「Hawaiian Wedding song; Ke kali nei au」も歌われている。子供達がフラを踊る事もある
可愛い曲なので、ハパハオレ・ソングの1曲として取り上げた。

© 1957 DANIELS,CHARLES N.,INC./BLEN MUSIC PUBLISHING COMPANY
All rights reserved.Used by permission.
Print rights for Japan administered by Yamaha Music Entertainment Holdings,Inc.

♪ジャンル　ハバハオレ

My Dede

Composed by Johnny Noble, Bert Vart Carlson

G　Gaug G　G7　　　　　　C　A7
My Dede, Fair Hawaiian flower

私のデイデイ、綺麗なハワイの花

D7　　　　　　　　　　　　　　　　　G　　D7
Your loveliness is blooming in my heart

あなたの美しさは私の心の中で
咲いています

G　Gaug G　G7　　　　　C　A7
My Dede, I await the hour

私のデイデイ、
私はその時を待っています

D7　　　　　　　　　　　　　　G
When I'll return for never more we'll part

私達が決して離れ離れにならないよう
私は戻ります

G7　　　C　　　　　　　Cm　　G
I dream to night of the tropic moon light

私は南国の月明かりに夢見ます

Em　　　　　　　Am
Of eyes that put to shame

恥じらう眼差し

A7　　　　D7
The starlight above

天空の星灯

G　Gaug G　　　　　　　C　A7
My Dede. Fair Hawaiian flower

私のデイデイ　　綺麗なハワイの花

D7　　　　　　　　　　　　　　　　　G
Just bloom for me. For you're the one I love

私の為に咲く花
あなたは私の愛する人

解 説 ‥‥

1930年代にハワイの花といわれた歌手、作曲家のレナ・マシャドが歌ってヒットした名曲。その後、1987年代に入りギャリー・ハレアマウが
レコーディングした程度であまり知られていない。2007年に久しぶりにライアテア・ヘルムがアルバム「Hawaiian Blossom」で歌っている。

Nā ʻAi Ono
Composed by Clarence Kinny

```
   D        A7          D
I ʻono, nā mea ʻai                         美味しいね 色々な食べ物
   美味しい [  色々な食べ物   ]
A7             D
I ka maikaʻi                               楽しいね
          良いね
A7             D
ʻO ke kuke ana                             お料理ができている
です  [  料理されている  ]
A7              D
Kupa ʻia ana                               茹でてある
[   茹でる    ]
A7             D
Omo ʻia ana                                カバーが掛けられている
[  カバーする  ]


   D         A7                D
I ʻono nō ka poi lehua                     とても美味しいレインボー色のポイ
[ とても美味しい ]      ポイ レインボー色
A7                D
I ka wali pono                             完全に揉み込まれて
[  完全に捏ねられている ]
A7          D
Lowili ʻia                                 掻き回されて
[ 掻き回される ]
A7         D
Ko ʻia ana                                 擦り下ろされて
[  潰されて  ]
A7              D
Ka hoʻowali ʻia                            滑らかになっている
[   滑らかにされる   ]


   D         A7             D
I ʻono nō   ka ʻia Lāwalu                  とっても美味しいラーヴァル
美味しい とても [ティーリーフで巻いて焼いた魚、肉]
A7           D
I ka mikioi                                素晴らしい出来栄え
       技量／能力
A7              D
Huluhuli ana                               繰り返し裏返して
繰り返して向きを変える
A7             D
Wahiʻia ana                                ティーリーフで巻いて
ティーリーフで巻く
A7           D
Ka lāwalu ana                              ティーリーフで巻いて焼いた魚、肉
    ラーヴァル
```

D   A7   D
I 'ono nō ka i'a pulehu
[美味しいよ]　　魚　　焼く　　　　　　　　　美味しいね　焼き魚

A7   D
I ka mo'a pono
　　調理する　　良く　　　　　　　　　　　　　良く焼かれてる

A7   D
I ka 'olali ana
[　テカテカだ　　]　　　　　　　　　　　　テカテカに光ってる

A7   D
Hulihuli ana
　　　　　　　　　　　　　　　　　　　　　繰り返し裏返して

A7   D
Moemoe ana
　横にして　　　　　　　　　　　　　　　　網の上に横にして

D   A7   D
I 'ono ke momoni iho
　美味しい　　　グッと飲み干す　　　　　　　美味しいね　グッと飲み干して

A7   D
I ka naunau
　　ムシャムシャ食べる　　　　　　　　　　　ムシャムシャ食べて

A7   D
A wahi pono
　噛む　　完全に　　　　　　　　　　　　　良く噛んで

A7   D
Pahe'ehe'e
　ツルツルして　　　　　　　　　　　　　　ツルツルして

A7   D
Ke ala iho (Ala = ale 飲み込む　非常に珍しい使い方)
[飲み込めば]　後置詞　　　　　　　　　　飲み込めば

D   A7   D
Mikomiko nō ka ipukai
[　調味する　]　かなり　肉汁が十分に入る深い皿　　肉汁はかなり味付けしている

          A7   D
ka haupa ana iho
　思う存分食べる　　　　後置詞　　　　　　　思う存分に食べて

          A7   D
Ha'ale   ke kai
いっぱいになり溢れそうな　　　　　　　　　お腹いっぱいで溢れそうだ

A7   D
Tomitomi iho
　圧縮されて　　後置詞　　　　　　　　　　お腹の中に押し込んで

A7   D
Ke pepenu ana
[　スープなどに浸して食べる　]　　　　　　お汁をかけて

D	A7	D

Ha'ina nō nā 'ai ono
[　　告げます　　] [色々な美味しい食べ物]

色々な美味しい食べ物のお話です

A7　　　　　D
Muka iho ana
　　舌鼓して

舌鼓して

A7　　　　　D
Ono i ka pu'u
　美味しい　　　喉

喉に美味しい食べ物

A7　　　　D
'Aleale iho
　呑みくだす

呑みくだすそう

A7　　　D
Ke momoni ana

グッと飲み干そう

N

解説 ・・・

中国人にデニス・カマカヒが招待された時の話だろう。この曲は怪作（?）だ。中国人の習慣で人をおもてなしする時、食べ物が空になるのは、客人に対して大変失礼な事になるらしい。筆者もその事を知らずに食事していて、ひどい事になった経験がある。歌詞を読んで様子が分かる気持ちになった。デニス・カマカヒの作品だが、アレンジがロック調で驚かされる演奏だ。

♪ジャンル 子供向け

Nā Hana A Ka Lāʻī
Traditional

G   D7
E lei kākou i ka lei lāʻī lā　　　　　ティーリーフのレイを編みましょう
[レイを編もう]　私達　で　　レイ　ティーリーフ
   D7   G   G7
He hana, he hana, he hana kā ka lāʻī　作業だ　作業だ　作業だ　ティーリーフの作業だ
だ　作業　だ　作業　だ　作業　の　　ティーリーフ
C   D7   G
Lei lāʻī, lei lāʻī, lā　　　　ティーリーフのレイ　ティーリーフのレイ
レイ　ティーリーフ

G   D7
Kākua kākou i ka pāʻū lāʻī　　　私達はティーリーフのスカートを巻きつけましょう
巻きつける　私達は　を　　スカート　ティーリーフ
   D7   G   G7
He hana, he hana, he hana kā ka lāʻī　作業だ　作業だ　作業だ　ティーリーフの作業だ
だ　作業　だ　作業　だ　作業　の　ティーリーフ
C   D7   G
Pāʻū lāʻī, pāʻū lāʻī, lā　　　ティーリーフのスカート　ティーリーフのスカート
スカート　ティーリーフ

G   D7
E wahī kākou i ka laulau ʻono lā　　私達は美味しいラウラウを包みましょう
[　包もう　]　私達は　を　　ラウラウ　美味しい
   D7   G   G7
He hana, he hana, he hana kā ka lāʻī　作業だ　作業だ　作業だ　ティーリーフの作業だ
だ　作業　だ　作業　だ　作業　の　ティーリーフ
C   D7   G
Laulau ʻono, Laulau ʻono, lā　　美味しいラウラウ　美味しいラウラウ
ラウラウ　美味しい

G   D7
E hana kākou i ka hāliʻi imu lā　　私達はイムの上にティーリーフのシートを
[仕事をしよう]　私達は　を　[　イムの上のシート　]　被せましょう
   D7   G   G7
He hana, he hana, he hana kā ka lāʻī　作業だ　作業だ　作業だ　ティーリーフの作業だ
だ　作業　だ　作業　だ　作業　の　ティーリーフ
C   D7   G
Hāliʻi imu, hāliʻi imu, lā　　イムの上のシート　イムの上のシート
[イムの上のシート]

G   D7
E hana kākou i ka pūʻolo lāʻī　　私達はティーリーフの入れ物を作りましょう
[仕事をしよう]　私達は　を　[ティーリーフの入れ物]
   D7   G   G7
He hana, he hana, he hana kā ka lāʻī　作業だ　作業だ　作業だ　ティーリーフの作業だ
だ　作業　だ　作業　だ　作業　の　ティーリーフ
C   D7   G
Pūʻolo lāʻī, pūʻolo lāʻī, lā　　ティーリーフの入れ物　ティーリーフの入れ物
[ティーリーフの包み]

    G   D7
E hō'olu kākou i ke po'o 'eha lā　　　　　　私達は頭痛を和らげましょう
[　和らげよう　]　　私達は　　　を　[　頭痛の種　冠詞は Ke　]
    D7   G   G7
He hana, he hana, he hana kā ka lā'ī　　　　作業だ　作業だ　作業だ　ティーリーフの作業だ
だ　　作業　　だ　　作業　　だ　　作業　　の　　ティーリーフ
C   D7   G
Wahi lā'ī, wahi lā'ī lā　　　　　　　　　　　ティーリーフで頭を包みます
包む　ティーリーフ　　　　　　　　　　　　　　ティーリーフで頭を包みます

    G   D7
E kanu kākou i ka lā'ī hou lā　　　　　　私達は新しくティーリーフを植えましょう
[　植えよう　]　　私達は　　を　　ティーリーフ　新しい
    D7   G   G7
He hana, he hana, he hana kā ka lā'ī　　　　作業だ　作業だ　作業だ　ティーリーフの作業だ
だ　　作業　　だ　　作業　　だ　　作業　　の　　ティーリーフ
C   D7   G
Kanu lā'ī, kanu lā'ī lā　　　　　　　　　　ティーリーフを植えよう　ティーリーフを植えよう
植えよう　ティーリーフ

    G   D7
Ha'ina 'ia mai ana ka puana　　　　　　　物語は終わります

    D7   G   G7
He hana, he hana, he hana kā ka lā'ī　　　　作業だ　作業だ　作業だ　ティーリーフの作業だ
だ　　作業　　だ　　作業　　だ　　作業　　の　　ティーリーフ
C   D7   G
Lei lā'ī, lei lā'ī, lā　　　　　　　　　　　　ティーリーフのレイ　ティーリーフのレイ
レイ　ティーリーフ

解説 ···
ハワイらしい可愛い曲。子供達はティーリーフのパウ・スカートを着て一生懸命レイやお料理を作っている。頭が痛くなったら葉っぱを頭に
巻きつける。ハワイらしい物語。イムというのは地べたに穴を掘って火を起こし、熱した石の上に豚を置き、その上に香りのする葉を被せ土で
覆って蒸し焼きにする料理。ラウラウはティーの葉の中に豚肉や魚を入れ蒸し焼きにした物。日本人好みの味ではないと思う。最後に新しい
ティーを植えるのがハワイの子供らしい。

Nā Kipikoa (Stevedore Hula)

Composed by Bina Mossman

F#m   C#7   F#m
Eia mai nā kipikoa
[ここに来る]   [港湾労働者達]

F#m   C#7   F#m
Ke holuholu nei kīkala
[弾力性を保って   ] 腰／臀部

A   B7
E hehē iho ai kō 'aka
[大笑いしながら   ] 貴方の 笑い

E7   A
He suwipa lilo mai ho'i kau
だ   (身軽に動く) [移す] [完全に]

ここに、港湾労働者は来ます

腰をプリプリさせて

元気よく大笑いしながら

完全に荷物を運び去ります

F#m   C#7   F#m
Ne'e i mua me ka hau'oli
前進する [前に] 共に   嬉しい／楽しい

F#m   C#7   F#m
I 'ō i 'ane'i kau mai i luna
[彼方] [ここ] [立っている] に 上に

A   B7
Go all around lulu lima
[そこら中を廻って   ] [握手する]

E7   A
'Ou wese 'oe let-a-go your blouse
突き出す 開ける 貴方は しよう あなたの ブラウス
(wese = weke) 開ける

楽しく前に進もう

あちこちで、上に（群衆が）立っています

そして握手をして廻ります

ブラウスを開けて、リラックスしましょう

F#m   C#7   F#m
Nā kipikoa ua ka puana
[港湾労働者] 前記の   主題

F#m   C#7   F#m
Nā keiki Hawai'i hana no'eau
[子供達] ハワイ   仕事 巧みな／賢い

A   B7
Hā'awi ke aloha me ka 'eha koni
与える 愛情 共に 痛み 心のときめき

E7   A
Me ka Hawaiian hospitality
共に   ハワイアン   歓待

港湾労働者のお話です

巧みな仕事をする Hawai'i の息子（熟練労働者）

アロハを与えます、心のときめきと共に

ハワイ人のおもてなしの心で

F#m   C#7   F#m
Ha'ina hou mai ana ka puana
[アンコール   ]   主題

もう一度話してください、物語

F#m   C#7   F#m
Nā keiki Hawai'i hana no'eau
[子供達   ]   ハワイ   仕事   巧みな／賢い

巧みな仕事をする Hawai'i の息子（熟練労働者）

A   B7
Hā'awi ke aloha me ka 'eha koni
与える   愛情   共に   痛み   心のときめき

アロハを与えます、心のときめきと共に

E7   A
He suwipa lilo mai ho'i kau
だ   (身軽に動く) [移す   ] [完全に   ]

完全に荷物を運び去ります

解説 ···
作者はハワイの港湾労働者の栄誉を称えている。彼等の機敏な動きが、彼女の心の中に特別な思いを抱かせた様だ。軽快なハワイのホスピ
タリティーを感じさせる曲だ。

© Copyright by CRITERION MUSIC CORP
All Rights Reserved. International Copyright Secured.
Print rights for Japan controlled by Shinko Music Entertainment Co.,Ltd.

♪ジャンル 　カヒコ　　 　王族　

Nā Kolokolo Ka Lani
Composed by Randie Kamuela Fong

Nākolokolo ka lani, ka honua, ke ao
轟く／地響きを立てる　　天国　　地球　　世界

天国、地球、世界は地響きを立てる

Nāueue ke kuahiwi, ke kula, ke kai
揺れ動く　　　山　　　平原　　海

揺れ動く山、平原、海

Aia lā 'o Pauahi i luna o nā moku
そこにある　です　パウアヒ　［上に］の［　島々　］

ハワイの島々に恩恵を残したパウアヒ王女

E ala e nā mamo Hawai'i
［立ち上がれ］よ［鳥達／人々］ハワイ

ハワイの人々よ　立ち上がれ

Nā mu'o kapu o ka lani, ke ali'i
［分家／後継者］神聖な　の［位の高い首長］女王

位の高い神聖な首長の後継者、パウアヒ王女

Eia nā mamo, nā liko o ke au nei
いる［鳥達／人々］［芽／首長の子供］の　私　ここ

この世代のハワイ民族はここにいます

E ola 'o kalani, Pauahi lani nui
［生きよう］は［ka lani＝首長］パウアヒ［位の高い王女］

生きて！　首長、位の高いパウアヒ王女

Kūpa'a ke aloha no Kamehameha Nui ē
誠実な／不動の　　愛情　の［　カメハメハ大王　］よ

カメハメハ大王の愛情は永遠に

He inoa Ē
です　名前　おー

パウアヒ王女の名前歌　おー

解説
2015年発売のChad TakatsugiのCDで歌われてる。しかし、不思議なアレンジでタイトルになっているNā Kolokolo Ka Lani は現代風カヒコでイントロダクションに演奏され、メインの演奏は、1945年頃Alvin Kaleolani Isaacs 作詞作曲のNalani がフル・コーラス演奏されている。Nalani は、HAWAIIAN MELE シリーズの「HAWAIIAN MELE 1001」P.963に記載されているので参考にされたい。今回の演奏の主人公バーニス・パウアヒ王女（1831~1884）は、カメハメハ大王直系の子孫だが国政に関与することを望まずアメリカ人の実業家チャールズ・リード・ビショップと結婚した。死の前年、1883年ハワイ人の子供達のためにカメハメハ・スクールを設立、1889年にはハワイ文化を愛した亡き妻のために、夫のチャールズがポリネシア文化を後世に伝えるバーニス・ビショップ・ミュージアムを設立した。

♪ジャンル 　モロカイ島

Nā Makani ʻEhā
Composed by Dennis Kamakahi

      D
He wahine ʻoe no Halawa mai   貴女はハーラヴァ渓谷からきた女性です
です　　女性　　貴女は　〜から　ハーラヴァ渓谷　方向詞

    A7
He nani maoli nō   本当に美しい
だ　　美しい　[　本当に　]

    A7
Ka heke no ʻoe i kaʻu ʻike lā   貴女は比べる物が無い美しさ
最良　　貴女は　中で　私の　知る/見る

    D
He wehi no kuʻu nui kino   私の全身の為の飾り付けです
だ　飾り付け　為の　私の　[　　全身　　]

    G
E hoʻi mai au i ʻanei   私はここに帰ります
[　帰ろう　]　私は　[　ここに　]

Ka uluwehi o ke Koʻolau   島の風上側の青々とした緑の茂み
青々とした緑の茂み　の　　　　島の風上側

A7
Me ka lei   レイのように
の様に　　レイ

A7   D
I ka makani Hoʻolua   ホオルア風が吹く中に
中に　　　風　　ホオルア

      D
He wahine ʻoe no Wailau mai   貴女はワイラウ渓谷からきた女性です
です　　女性　　貴女は　〜から　ワイラウ渓谷　方向詞

    A7
He nani maoli nō   本当に美しい

    A7
Ka heke nō ʻoe i kaʻu ʻike lā   貴女は比べる物が無い美しさ

    D
He wehi nō kuʻu nui kino   私の全身の為の飾り付けです

    G
E hoʻi mai au i ʻanei   私はここに帰ります

    D
Ka uluwehi o ke Koʻolau   島の風上側の青々とした緑の茂み

A7
Me ka lei   レイのように

A7   D
I ka makani ʻEkepue   エケプエ風が吹く中に
エケプエ

      D
He wahine ‘oe no Pelekunu mai   貴女はペレクヌ渓谷からきた女性です
です   女性   貴女は ~から   ペレクヌ渓谷 方向詞
   A7
He nani maoli nō   本当に美しい

    A7
Ka heke nō ‘oe i ka‘u ‘ike lā   貴女は比べる物が無い美しさ

    D
He wehi nō ku‘u nui kino   私の全身の為の飾り付けです

   G
 E ho‘i mai au i ‘anei   私はここに帰ります

   D
Ka uluwehi o ke Ko‘olau   島の風上側の青々とした緑の茂み

A7
Me ka lei   レイのように

A7
I ka makani Pu‘upilo   プウピロ風が吹く中に
           プウピロ

      D
He wahine ‘oe no Waikolu mai   貴女はワイコル渓谷からきた女性です
です   女性   貴女は ~から   ワイコル渓谷 方向詞
   A7
He nani maoli nō   本当に美しい

    A7
Ka heke nō ‘oe i ka‘u ‘ike lā   貴女は比べる物が無い美しさ

    D
He wehi nō ku‘u nui kino   私の全身の為の飾り付けです

   G
 E ho‘i mai au i ‘anei   私はここに帰ります

   D
Ka uluwehi o ke Ko‘olau   島の風上側の青々とした緑の茂み

A7
Me ka lei   レイのように

A7   D
I ka makani Kilio‘opu   キリオオプ風が吹く中に
          キリオオブ

D
Ha‘ina mai ka puana lā　　　　　　物語は終わります

A7
Nā u‘i maoli nō　　　　　　　　　本当に美しい
　美しい　とても

A7
Me he pua ‘ala onaona lā　　　　　甘く香る花の様に
様に　です　花　香気　甘い香り

D
He wehi nō ku‘u nui kino　　　　　私の全身の為の飾り付けです

G
E ho‘i mai au i ‘anei　　　　　　私はここに帰ります

D
Ka uluwehi o ke Ko‘olau　　　　　島の風上側の青々とした緑の茂み

A7
Nā makani ‘ehā　　　　　　　　　四つの風
[　風々　]　四つ

D
O Moloka‘i nui a Hina　　　　　　女神ヒナの偉大なモロカイ島の
の　モロカイ島　偉大な　の　ヒナ

解説 ・・
モロカイ島の風上側の渓谷に吹き寄せる四つの風の名前を歌っている。マウイ島にも同じ様な発想で四つの風を歌った「Waikapu」という民謡がある。デニス・カマカヒは同様にモロカイ島に吹き寄せる四つの風を讃えたのだろう。
ハーラヴァ渓谷のホオルア風、ワイラウ渓谷のエケブエ風、ペレクヌ渓谷のプウピロ風、ワイコル渓谷のキリオオプ風だ。

© by NAUKILO PUBLISHING COMPANY
All rights reserved. Rights for Japan controlled by Little Star Copyright Management

♪ジャンル ハワイ島

Nā Manu ʻIa
Composed by Kawika Alfiche

G   C   G
Kaulana mai nei iā kou Keaukaha
[有名な   ] 貴方の ケアウカハ   有名な貴方のケアウカハ

G   D7
I ka pililāʻau aʻo Panaʻewa
    森の端 の   パナエヴァ   パナエヴァの森の端に沿って

G   D7   G
Nā kanaka i ka ʻae kai
[居住者たち] に [海辺の端]   海辺に住む人たち

G   D7   G
Me ke kai hālaʻi lana mālie
共に   海 穏やかな 浮かんでいる 穏やかに   穏やかに漂う静かな海と共に

Hui:

D7   C
No loea i ka nala
  熟練した で   織り手   熟練した織り手

D7   C   G
Me ka lau o ka niu
  で   葉 の   ヤシ   ヤシの葉で

D7   C
Haku ʻia nā pāpale
[編まれる] [帽子]   帽子を編み上げます

D7   C   G
Wehe i ka pāpale nō ʻoe
挨拶で帽子を取る   帽子   貴方は   貴方は帽子を取ってご挨拶

G   D7   G
Eia nā liko o nā pua hiwahiwa
ある [蕾] の [花々] 可愛い   可愛い花々の蕾があります

G   D7
Lū ka hua, nā pua mohala
自然に落とす 種 [花々] 満開になった   自然に種は落ちて　花々は満開です

G   D7   G
Haʻina kou wehi, he lei nā kau a kau
告げる 貴方の 飾り付け です レイ [永遠の]   貴方の装飾のお話　永遠のレイです

G   D7   G
No Kahekili, he mele no nā Manuʻia
為に カヘキリ だ 歌 為の [Uncle Manuʻia]   ケリイオカヘキリ、マヌイア叔父さんの為の歌です

解説

この歌は、John Keliʻiokahekili Manuʻiaおじさんに捧げます。ジョンおじさんは、フラの素晴らしいKumuであると同時にハラとココナッツの葉を編む熟練した織人だった。手織りのpāpale（帽子）の美しさと、HālauのKumuという誇りを持つ彼の笑いと楽しさを決して忘れません。貴方に敬意を表し帽子を取って、ご挨拶します、ジョンおじさん。3番で花々の種が落ちて蕾になり花が咲き満開になったというフレーズは、彼の生徒たちが成長したと語っているのだろう。

♪ジャンル 子供向け

Nā Manu O Ke Kaona
Traditional

```
     F       C7     F          C7      F
He manu nūnū wau, Mo ke kaona nui
 だ   鳥   鳩   私は  から      町    大きな
  F     C7    F            C7      F
'O nā hale ki'eki'e, Ko'u haka kau ē
 です [ 家々 ]   高い    僕の  [  止まり木  ]
```

今日は鳩です、大きな都会から来ました

高いビルデイングが、僕の止まり木です

Hui:

```
   B♭         F            C7        F   F7
Aloha lā, aloha ē. Nā manu o ke kaona
 今日は       ハロー    [ 鳥達 ] の     町
   B♭        F          C7         F
Aloha lā, aloha ē. Nā manu o ke kaona
 今日は       ハロー    [ 鳥達 ] の     町
```

今日は ハロー、 町の鳥達

今日は ハロー、 町の鳥達

```
    F      C7    F        C7       F
He pā nō na'e ko'u, I kahi waiho wale
 だ  敷地  でも  私の   で  場所  置き場  自由な
 F    C7    F           C7     F
I laila nā manu. E 'ākoakoa mai ē
[ そこに ] [ 鳥達 ] [    集まってくる    ]
```

でも私の庭は、 自由なさら地

鳥達はそこに、 集まってきます

```
    F       C7     F          C7       F
Lele mai ka 'ehakō, Me ka piha 'ekelo
[ 飛んでくる ]  鳩   共に [     九宮鳥     ]
  F      C7    F          C7     F
Kiko i ka lepo, Loa'a ka 'ono ē
食べ物を突っつく  汚い／地面の 見つけ出す  美味しい物
```

鳩が飛んできます、 九宮鳥と一緒に

鳥達は汚い食べ物を突っつき、
そして何か美味しい物を見つけ出します

```
    F       C7     F        C7      F
Eia nā manu laiki, Ma ka pua mau'u
 ある  [   雀達   ]  に     花   草の総称
   F    C7    F          C7     F
Kanikani ana, I kahi kolohe nei
[  囀る  ]  で  場所 [ ふざけている ]
```

ここに雀達、 草の花の上に

騒音をたてて、 ふざけています

```
     F       C7    F      C7    F
Puehu nā manu, A kau i nā hale
 立っち去った [ 鳥達 ] そして 居る に [ ビルディング ]
  F     C7     F            C7        F
Waiho ke kolohe nei, He pōpoki pōloli ē
 置いていく [  ふざけている  ]  だ   猫   空腹の
```

鳥達は立ち去って行きました、
そしてビルディングの住処に

ふざけ合って置いていく、
お腹の減った猫ちゃんだ

解説 ··
都会のビルディングに住む小鳥達が田舎町にやってきた。でも雑草が生えた田舎の平地では馴染めないようだ。皆、都会に帰っていった。お腹の減ったネコちゃんを残して。

♪ジャンル 　オアフ島

Na Nalu Kua Loa
Composed by Brian Mersberg

G
Aia i Waikiki
ここ　で　ワイキキ

D7　　　　　G　　C　　　　　G　　　　D7　　　G
Ma ‘ō aku au i nā ‘ale kualono o Kalehuawehe
[彼方] 方向詞　私は　で [波／波頭]　頂きに近い場所　の　　カレフアヴェヘ

D7　　　　　　　G　　　　D7　　　　G
E ho‘onanea ana ma ko‘u papa he‘e nalu
[楽しい時間を過ごす]　で　私の [サーフ・ボード]

D7
i ka mehana o ka lā
の中で [太陽の暖かさ]

ここワイキキで

私は遥か彼方のカレフアヴェへ
（ワイキキの波の名前）の波頭に

私のサーフ・ボードで太陽の暖かさに
包まれ楽しんでいます

G
Hū mai ka le‘ale‘a,
[湧き上がる]　楽しさ／喜び

D7　　　　　　　G　　C　　　　　G
E walea ho‘i ana i ka ‘ale kua kea
[楽しい時を過ごす]　で [白く覆われた波のうねり]

D7　　　G　　　　D7　　　　G
Pā kolonahe ka Moa‘e e halihali mai ana
吹く　穏やかな風　　モアエ風 [運んでくる]

D7　　　　　G　　　　D7　　　G
I ke ‘ala kūpaoa o ka Lipoa o Kawehewehe
を　香気　強い香気　の　海藻リポア　の　カヴェヘヴェヘ

喜びが湧き上がり

白く覆われた波のうねりで、
楽しい時を過ごしています

穏やかに吹くモアエ風が運んでくる

カヴェヘヴェへへの海藻リポアの
強い香り

G　　　　　　　　　D7　　　　　　　　G
E kāhea mai ana kekahi leo ma‘a ia‘u
[呼びかけている] [ある人の声]　慣れている　私の為に

C　　　　　　G
E ho‘i mai uka
[帰っていらっしゃい]　岸

D7　　　G　　　　D7　　　　G
I ko‘u e‘e papa ‘ana i ka nalu kua loa
で　私の [サーファーが波に乗る事]　に　　波　後方　長く

D7　　　　　　G　　　　D7　　　G
Ua piha me ka hau‘oli a eia au me ‘oe
[充足した]　と　　嬉しい　そしてここに [私と貴方]

私の聞き慣れた声が呼びかけています

帰っていらっしゃい　浜辺に

遠く後退した波に
私のサーフ・ボードを乗せて

充足感と嬉しさ　そしてここに私と貴方

G
A hiki i kēia manawa
そして　到着する [今]

D7　　　　　G　　C　　　　　G
Hānupanupa a‘e o loko ka hau‘oli loa
[海が波立ってくる]　の　中　　嬉しい　とても

D7　　　G
I ka ho‘omana‘o ‘ana
中に [想い出／記念]

D7　　　　G　　　　D7　　　G　　　D7
Aia ‘oe i kahakahi, he lama kukui nui na‘u
ここです　貴方は　に　海岸　だ　灯火　ククイ　偉大な　私のもの

e ho‘okele pono
よ　操縦者　　優秀な

今、浜辺に戻りました

想い出の中に最高の嬉しさが
波立ってきます

海岸に貴方はいます
偉大な私の灯火、優秀なサーファーよ

G   D7   G
Ha'ina 'ia mai ana ka puana   物語は終わります

C   G
Aia lā i Waikiki   ここワイキキで

D7   G
E pae ana i ka nalu kua loa   遠く後退した波が浜辺に打ち寄せる
[浜へ打ち寄せる] が   波 後方 長く   貴方の温かい胸に
D7   G
i kou poli pumehana
に 貴方の 胸   温情ある
D7   G D7   G
A ua kīpuni 'ia e ke aloha pau'ole そして私達は終わる事のない愛情に包まれました
そして [包まれた] によって [終わる事のない愛]

解説··
ワイキキでサーフィンを楽しむのが作者Brian Mersbergの楽しみだった。
父親は口笛を吹いて息子を浜に呼び戻す。人々は「ビーチ・ボーイの口笛」と言っていた。アラワイ運河が浚渫する前のワイキキの波は遥か
彼方まで潮を引き戻し打ち返して来たという。有名なサーファー、オリンピックメダリストのDuke Kahanamoku や、仲間のViolet Hughen達
はビーチ・ボーイを楽しんでいた。(観光客に水泳やサーフィンを教える浜辺の男)
1番　Kalehuawehe
ワイキキに打ち寄せる波の名前。伝説によると、ワイキキの浜辺では島の首長カクヒヘヴァの親族以外がサーフィンをするのはタブーだった。
しかし、マーノアから来た若い首長が自分が掛けていたレイをカクヒヘヴァの娘に贈り、サーフィンをしてタブーを破った。更にカクヒヘヴァ首
長の后がそのレイを気に入り胸に飾った。以後、タブーは廃止され、ワイキキに打ち寄せる波は「花開いたレフアKalehuawehe」と呼ばれる
ようになった。
2番　Kawehewehe
ワイキキのHalekulani Hotelから海を眺めて、ダイアモンド・ヘッドよりのサンゴ礁がある海域から浜辺までの名前。この海には強い香りがす
るリムコフ海藻があり、昔、病人はリムコフを使って入浴したと伝えられる。
4番　lama kukui　ククイ・ナッツの実の事で種に含む油は灯火に使われた。

♪ジャンル ハワイ島

Nā Pana Kaulana Aʻo Hilo
Composed by Kuana Torres Kahele

F   B♭ F
Kāua i ka nani aʻo Hilo
私達二人　で　　美しい　の　ヒロ
 私達二人美しいヒロの町で
B♭ F   C7 F
I ka pehia mau a ka ua
に　　投げる事　常に　の　　雨
 絶え間なく降り続ける雨に濡れて

F   B♭ F
Pipiʻo mai ke ānuenue
[　弓形になる　]　　虹
 虹は弓形に懸かる
B♭ F   C7 F
I luna loa aʻo Hanakahi
[　上に　]　高く　の　ハナカヒ
 ハナカヒ（ヒロ）の空高く

F   B♭ F
ʻIke nui ʻia o Panaʻewa
[　とても良く知られた　]　の　パナエヴァ
 パナエヴァの良く知られた
B♭ F   C7 F
Me ka Maile ʻaʻala onaona
共に　　マイレ　香りよい　心地よい香気
 心地良い香り高いマイレ

F   B♭ F
O Hilo Palikū i ka makani kēpia
の　ヒロ　パリクー　の中　　風　　ケーピア
 ヒロ・パリクーはケーピア風の中に
B♭ F   C7 F
Me Hilo One i ka ʻehu o ke kai
共に　ヒロ　砂浜　中に　　飛沫　の　　海
 海飛沫のヒロの砂浜と共に

F   B♭ F
Haʻina ʻia mai ka puana
[　　告げられる　]　　主題
 主題を告げます
B♭ F   C7 F
Pukukuʻi kāua i Hanakahi
集まる、共に寄り添う　私達　で　ハナカヒ
 ハナカヒで共に寄り添う私達二人

F   B♭ F
Haʻina hou mai ka puana
[　　再び告げる　]　　主題
 主題を繰り返し告げます
B♭ F   C7 F
Nā pana kaulana aʻo Hilo
[　数々の名高い　]　有名な　の　ヒロ
 ヒロ市の数々の有名な場所を

解説

Kuana Torres KaheleのMusic for the Hawaiian Islands Vol.1で、生まれ故郷ハワイ島の、ヒロから東海岸沿いの地帯を数々の曲で賞賛している。この曲はヒロ市を讃えた曲だ。2017年9月現在、ハワイ諸島のすべての島を題材にしたCDを完成させている。

♪ジャンル 日本

Nā Pua Mōhala

Words by Puakea Nogelmeier, Kalikolīhau Paik   Music by Kanno Yoko

F   B♭   F
Aloha ʻia nō ke ʻala pua
[愛される] とても　　　香気　花
　　　　　B♭　　　　C7　　　F
I hōʻailona o ke kupulau lā
で　　象徴　　の　　春期(葉が生えてくること)
F　　B♭　　F
Hoʻohāliʻaliʻa au
回想を呼び起こす　私は
　　　B♭　　　C7　　　F
I kuʻu home pūlamahia
を　私の　　家　　大事にした／世話をした
　　　　　　　　　　　　　　　　花の甘い香りが大好きです

　　　　　　　　　　　　　　　　春の訪れを告げる

　　　　　　　　　　　　　　　　私は思い出します

　　　　　　　　　　　　　　　　私の大切な家の事を

F　　　　　　　C7
He mau ʻiʻini koʻu
です　常に　　強い憧れ　私の
　　C7　　　　　　　F
E kō mai ai ma ka honua nei
[引きずって来ている]　で　　土地/地球　ここ
　　　　F　　　　　B♭
Noho hāʻupu mai au
留まる　[　追憶している　]　私は
　　B♭　　　　C7　　　F
E haʻo ana i ke aloha ē
[　憧れている　]　に　　　愛情
　　　　　　　　　　　　　　　　私の大きな望みは何時もありました

　　　　　　　　　　　　　　　　ここ地球上で果たされないままになっています

　　　　　　　　　　　　　　　　私の記憶に残っているのは

　　　　　　　　　　　　　　　　私の愛への憧れです

F　　Fsus4　　F　　C7
Lohe au i ka leo hīmeni
聞く　私は　を　　声　フラの為でない歌(賛美歌)
F　　　Fsus4　　　　　　C7
He mele hoʻohauʻoli puʻuwai
です　歌　　　幸せにする　　心
F　　Fsus4　F　　C7
ʻIke lihi i nā minoʻaka
見る　僅かな　を　[　　微笑み　　]
F　　　Fsus4　　　F　　　　C7
ʻŌʻili mai i ke kaumaha ē
[　現れる　]　中に　　悲しい／意気消沈した
　　　　　　　　　　　　　　　　私は歌声を聞きます

　　　　　　　　　　　　　　　　心を幸せにする歌です

　　　　　　　　　　　　　　　　私は僅かな微笑みを見ます

　　　　　　　　　　　　　　　　悲しみを通して浮かび上がる

Hui:

　　　　F　　　　Gm　　　Am　　　B♭
Nā pua, nā pua, nā pua mōhala
[　花々　]　　[　　　満開の花々　　]
　　　F　　　B♭　　　　Gm　　　C7
No nā hanauna e hiki mai ana
為に　[　世代／先祖　]　[　戻ってくる　]
　　　F　　　　Gm　　　Am　　　B♭
Nā pua, nā pua, nā pua mōhala
[　花々　]　　[　　　満開の花々　　]
　　　F　　　　　B♭　　　Gm　C7　　F
Nā pua paha ia e ʻaʻala ai ke ao..
[　花々　]　多分　[香り高く香気が漂う]　地球／世界
　　　　　　　　　　　　　　　　花々　花々　満開の花々

　　　　　　　　　　　　　　　　将来の世代のために　戻ってくる

　　　　　　　　　　　　　　　　花々　花々　満開の花々

　　　　　　　　　　　　　　　　花々はきっと世界に香り高い香気を漂わすでしょう

F   B♭   F
'Ike 'ia mai ka wana'ao
[感じられる   ]   夜明け
         B♭   C7   F
A eo mai ka pō i ke ao
そして [勝利する]   暗闇／夜   で   地球
        F   B♭   F
'Upu   a'e ka mana'o
思い焦がれる／切望する   心
        B♭   C7   F
Ka nohona luakaha aku nei
     生活様式   [楽しく時を過ごす   ]

夜明けは感じられます

地球の暗闇に勝利する日を

心の中で思い焦がれています

楽しく過ごす生活の日々を

F   C7
Pā kuku'i aku a ku'ia mai
[もたらす／広がる   ] の [障害が来る   ]
        G   F
Pulu wale i ka waimaka ē
湿った   とても   涙
        F   F
Keu ho'i mai ka ha'o ē
[大き過ぎる   ]   から   驚き
        B♭   C7   F
Ka haili aloha o'u nei
[突然蘇る愛の思い出   ]   私の   今

被害が広がり障害をもたらす

私たちは溢れる涙で頬を濡らしました

私達の驚きは大き過ぎます

今、私の心は追憶して

F   Fsus4 F   C7
Mahu'i nō au i ka 'i'ini
[推測する   ] 私は   を   欲望
F   Fsus4   F   C7
Mana'olana no ke kanaka
期待する   為に   人類
F   Fsus4   F   C7
Hiki ke wānana 'ia ke ala
できる [予言されれば   ]   道
F   Fsus4   C7
Ma 'ō aku o ka lu'ulu'u ē
に [彼方に] の [重荷で痛ましい   ]

私は願望を予測します

すべての人々の為に希望を与える

道を予見することができます

痛ましい悲しみの彼方に

       F   B♭   Gm   C7   F
Nā pua e 'a'ala ai 'oukou aloha ē
[花々   ] [香気を漂わす   ] あなた方は   愛する

愛されるあなた方は香気を漂わす花々に
巡り会うでしょう

解説 ··
2011年3月11日、東北地方を襲った東日本大震災は住民と被災地区に大打撃を与え、世界の歴史でも記録に残る大惨事となった。更に、この地震により福島第一原子力発電所事故が起きた。死者は15,000人を超え、2017年現在も多数の避難家族が苦難の道を歩んでいる。この曲は、その震災の被害を受けた人々に勇気を贈ろうと作詞作曲された日本の曲「花は咲く」を、マウイ島に住む音楽家がレコーディングした歌詞だ。

♪ジャンル マウイ島

Nā Wai Kaulana

Composed by Kuana Torres Kahele

F　　　　　　C7　　　　F
Waikapū, wai o ka pū kani lā
ワイカプー　　　湧き水　の［神話プー（吹奏楽器）の音］

ワイカプーの湧き水は
吹奏楽器プーの音がする水

F　　　　　C7　　　F
Pili　iā Puapualenalena lā
びったり寄り添う　　　プアプアレナレナ

プアプアレナレナに寄り添っているようだ

F7　Bb　　F　　　　　　　C7　　　F
Papaiāulu a'e ka makani Kokololio
吹き起こる　方向詞　　　風　　　ココロリオ

ココロリオ風が吹いてくる

F　　　　　C7　　　F
'O Wailuku, wai kamahoi lā
です　　ワイルク　湧き水　素晴らしい

素晴らしい湧き水のワイルク

F　　　　　C7　　　　F
Hao mai ka makani Lawemālie lā
［風や雨が強くなる］　　　風　　　ラヴェマーリエ

ラヴェマーリエ風が強くなる

F7　Bb　　　F　　　C7　　F
Kaulana nō papaniwai a'o 'Īao (CD 歌詞カード kapaniwai)
有名な　とても　遮る　　　の　イアオ渓谷

イアオ渓谷の流れを遮るのでとても有名だ

F　　　　　C7　　　F
'O Waiehu i ka uhiwai lā
です　　ワイエフ　　　濃霧

濃霧のワイエフ

F　　　　　C7　　　　F
Kahekahe iho ka wai 'olu'olu lā
流れる　方向詞　　湧き水　爽やかな

爽やかに湧き水は流れる

F7　Bb　　F　　　　C7　　F
'Īniki mālie ka makani hō'eha 'ili
鋭く身を切る　風　　　　風　　痛み　肌

肌が痛い風　風は鋭く身を切る

F　　　　　C7　　　F
'O Waihe'e i ke onaona lā
です　　ワイヘエ　中の　　心地よい香り

心地よい香りの中のワイヘエ

F　　　　　　　C7　　　F
Waihe'e ke kuauli uluwehiwehi lā
ワイヘエ　　　緑に覆われた地帯　青々とした美しい緑の草木

ワイヘエ　青々とした美しい緑の草木に
覆われた地帯

F7　Bb　　　F　　　　　　C7　　F
Hoapili mai 'oe i ka makani Kili'o'opu
親しいお友達　　　貴方は　に　　風　　キリオオプ

キリオオプ風は親しいお友達

477

F   C7   F

Eia nō ka puana o ke mele lā   歌のテーマはここにあります

ある　まさに　　　テーマ　の　　歌

F   C7   F

O nā wai kaulana o Maui nani lā   美しいマウイ島の有名な湧き水の話

の　[　湧き水　]　有名な　　の　マウイ　美しい

F7   B♭   F   C7   F

E mālama mau nei i nā kini o ka ʻāina   大勢の人々の為に永遠に保護しよう

[　　永遠に保護しよう　　]　の為に　[　大勢の人　]　の　　　土地

解説 ···

2014年のクアナ・トレス・カヘレのアルバム「Piʻilani Maui」に収録されている。古いハワイ民謡に「Waikapū」という曲があるが、内容は殆ど同じで有名なマウイの湧き水が歌われている。カフルイからワイルクに向かう山裾に沿った街道にこれらの湧き水があったようだ。実際にドライブするとWaikapūという地名は残っているが、湧き水は見当たらず面影を推測するだけだ。古いハワイの香りを思い浮かべながら旅をするのも良いだろう。

Pū　大きなトリトンのほら貝（Charonia Tritonis）ギリシャ神話に出てくる半人半魚の海神トリトンが吹いて、波を静めたといわれる。

Puapualenalena　童話プアプアレナレナに登場するハワイ島コナで老人と生活する忠犬の名前。悪魔からPū（トリトン）を奪い返し、街に静けさを取り戻した話は有名だ。

♪ジャンル マウイ島

Nā Wehi ‘O Wailuku
Composed by Arthur K. Damasco

C7   B♭m   F
Kaulana mai nei ka la‘i ‘o Wailuku ワイルク町は静けさで有名です
[有名になった] 閑静 は ワイルク
     C7
Wai ola Pu‘u Kukui プウ・ククイの生命の水
 水 生命 [プウ・ククイ]
B♭m   F
Kū nō ‘oe i ka hano 貴方は威厳を持って立っています
[立っている] 貴方は に 威厳／光栄
B♭   B♭m   F   C7   F
Pōmaika‘i ‘oe, ke Akua. Pōmaika‘i ‘oe, ke Akua 貴方は祝福しますね　神よ
 祝福する 貴方は   神   貴方は祝福しますね　神よ

     C7
He pua Puamelia プルメリアの花は貴方の花です
 です 花 プルメリア
B♭m   F
Uluwehiwehi 青々とした美しい緑の草木
青々とした美しい緑の草木
     C7
‘A‘ala nō ka pua 花は香りを漂わせ
[香りの良い] 花
B♭m   F
I ka ‘āina nei ここ大地で
で 大地 ここ
B♭   B♭m   F   C7   F
Pōmaika‘i ‘oe, ke Akua. Pōmaika‘i ‘oe, ke Akua 貴方は祝福しますね　神よ
                       貴方は祝福しますね　神よ

     C7
I ka wai hu‘ihu‘i 冷え冷えする水の中で
で 水 冷たい／冷え冷えする
B♭m   F
Ma‘ema‘e nei nui kino 体を清め
[純粋にして] [全身]
     C7
Aloha pū ko kāua 私達が分かち合う愛と共に
[愛と共に] [私たち二人の]
B♭m   F
Pu‘uwai hāmama 開かれている私達の心
心／感情 開いている
B♭   B♭m   F   C7   F
Pōmaika‘i ‘oe, ke Akua. Pōmaika‘i ‘oe, ke Akua 貴方は祝福しますね　神よ
                       貴方は祝福しますね　神よ

N

　　　　C7
Eia nei ku'u mele
[ここにある] 　 私の　　　歌

ここに私の歌はあります

B♭m　　　　　　　　　F
Hemohemo ku'ia
　　結び付けない　　　ためらう／障害に会う

心の束縛から自由になります

C7
Nā wehi 'o Wailuku
　　装飾　 は　　　ワイルク

ワイルクは飾り付け

B♭m　　　　　　　　F
Pua o Pu'u kukui
　 花 　の 　[　ブウ・ククイ 　]

ブウ・ククイの花で（ワイルクの人々で）

B♭　　　　　　　　B♭m　　　　　F　　　　C7　　　　　　　　　F
Pōmaika'i 'oe ke Akua. Pōmaika'i 'oe ke Akua

貴方は祝福しますね　神よ
貴方は祝福しますね　神よ

B♭　　　　　　　　B♭m　　　　　F　　　　C7　　　　　　　　　F
Pōmaika'i 'oe ke Akua. Pōmaika'i 'oe ke Akua

貴方は祝福しますね　神よ
貴方は祝福しますね　神よ

解説‥‥‥
Pu'u Kukuiは西マウイ島ラハイナにある1764メートルでcandlenut hillと呼ばれる高地。Wai ola Pu'u Kukui（ブウ・ククイの生命の水）は、Pu'u Kukuiの湧き水のことか。1800年代にハワイ島から攻め込んだ首長Kalaniopu'uの軍勢がイアオ渓谷から流れ落ちる清流に誘い込まれ、マウイ王Kahekiliによって打ちのめされた戦場の跡地。作曲者は、プルメリアの花の香りを好み、プルメリアが咲く朝、香りに包まれてこの曲を作ったと言う。

♪ジャンル マウイ島

Nāhiku
Composed by Mathew Kalalau

F
Kaulana nō ʻo Nāhiku
[とても有名だ] は   ナーヒク
C
Me ka ʻAwapuhi melemele, lā
　で　　　　　　ジンジャー　　　　黄色
G7
E moani ke ʻala i ke alanui, lā
[風に漂う甘い香り] に　　　大通り
G7　　　　　　　　　　F C
Kaulana nō ʻo Nāhiku
[とても有名だ] は   ナーヒク

マウイ島のナーヒク村は有名だ

黄色のジンジャーの花で

大通りで風に漂う甘い香り

ナーヒク村はとても有名だ

F
ʻOhi ʻia ka Awapuhi
[花を摘む]   ジンジャー
C
ʻAwapuhi melemele o Nāhiku, lā
　ジンジャー　　　　黄色い　　　の　　　ナーヒク
G7
Kui ʻia kou lei paʻa, lā
[編まれる] 貴女の レイ しっかりと
G7　　　　　　　　F　　　C
E honihoni mau loa, lā
[　香れ　　] [何時までも]

ジンジャーの花を摘んで

ナーヒク村の黄色いジンジャーの花

しっかり貴女のレイに編まれて

何時までも香ってください

F
Haʻina ʻia mai ka puana
物語は終わります
C
Nāhiku i ka hanohano, lā
　ナーヒク　　　　　華やか／誉れ高い)
G7
Me ka ʻAwapuhi melemele, lā
　共に　　　　ジンジャー　　　　黄色
G7　　　　　　　　　　F C
Kaulana nō ʻo Nāhiku
[とても有名だ] は   ナーヒク

物語は終わります

華やかなナーヒク村

黄色いジンジャーの花と共に

ナーヒク村は有名だ

解説 ···
Nāhikuはマウイ島の小さな町で、ハナとケアナエの中間地点位ある。作曲したのはハナに住む古い音楽家だと言われる。道端に咲くジンジャーの花を見て曲想を思い付いたという。有名なKumu Hula、Pueo Pataの作品に、全く同じ情景の作品がある。Pataの場合は摘んだ花を車のダッシュ・ボードに飾り付けている。

♪ジャンル カウアイ島

Nāmolokama Medley
Henry Waiau / Traditional / Alfred Alohikea

Lei ka Mokihana:

C
Maikai nō Kaua'i　　　　　　　　　　　素晴らしいカウアイ島
素晴らしい　とても　カウアイ島
F
Hemolele i ka mālie　　　　　　　　　静けさの中で神聖だ
神聖な事／完全　　静けさ／穏やか
G7
kuahiwi Wai'ale'ale　　　　　　　　　ワイアレアレ山
山　　　ワイアレアレ
G7　　　　　　　　C
Lei ana i ka Mokihana　　　　　　　モキハナのレイで飾る
[　レイで飾る　]　　モキハナ

Kani 'U'ina:

C
Kani 'u'ina lā ka wai a'o Nāmolokama　　ナーモロカマ滝の水が跳ねる音がする
音がする　跳ねる音がする　　　水　　の　　ナーモロカマ
G7　　　　　　　　　　　　　　　　　C
Nākolo e 'oē'oē nei i ka alo o nā pali　　崖の真下でサラサラと轟いて
反響する　[　サラサラ鳴っている　]　で　〜の真下で　の　[　崖　]
C
Ho'ohāku'i ana i ka pae 'ōpua　　　　雲の群れに反響しています
音を反響させる　　　で　列／集団　雲
G7　　　　　　　　　　　C
Ho'ohihi wale aku nō wau i　　laila　　おー　私はそこにいることを
纏れさせる　[　とても／非常に　]　私は　[そこに／あの場所で]　　どんなに熱望しているのでしょうか
　F C　　G7
'U'ina! 'U'ina ē!　　　　　　　　　　跳ねて、サラサラと音を立て、轟いています
パチパチ音を立てる
　F C　　　G7　　　　　　　　C
'U'ina, ka wai a'o Nāmolokama　　　ナーモロカマ滝の水は跳ねて、
パチパチ音を立てる　　水　　の　　ナーモロカマ　　　サラサラと音を立て、轟いています

Ka wai Nākolokolo:

C
Kaulana wale ho'i 'oe
[とても有名だ] 貴方は

貴方はとても有名です

C　　　　　　　　　G7
Ka wai 'o Nāmolokama
滝 (水)　は　　ナーモロカマ

ナーモロカマの滝

G7
'U'i'u'i'u'ina　nei
パチパチ音を立てる　連続音を立てる

サラサラと音を立て、轟いています

G7　　　　　　C
Nākolokolo i nā pali
ゴロゴロ反響する　に [崖々]

崖々でゴロゴロ反響します

C　　　　　　　　G
'Uhe'uhe'uhene ana
トゥララ

トゥララ　トゥララ

D7　　　　　　　G7
I ka nani o ke kuahiwi
中で　美しい　の　　山

山の美しさの中で

C
He hiwahiwa ho'i 'oe
です　可愛い／お気に入り　貴方は

貴方はお気に入りです

C　　　　　　　G7
A he milimili ho'i
そして　だ　大好きな　本当に

そして大好きです

G7
Kū kilakila wale ho'i
聳える　輝かしく [とても]

とても輝かしく聳えています

G7　　　　　　　C
Kaulana i ke ki'eki'e
有名だ　で　高いこと／威厳ある

威厳があることで有名です

C　　　　C7　　　　F Fm
'O 'oe a'o wau i laila
です　貴方は　の　私の [そこに]

私の貴方は　そこに

C　　　　　　D7　G7　　C
Ka wai kaulana a'o Nāmolokama
滝 (水)　有名な　の　　ナーモロカマ

ナーモロカマの有名な滝

解説‥‥‥

素晴らしい若手のコーラス・グループ、ケアウホウが誕生した。メンバーはZachary Alaka'i Lum、Jonah Kahanuola Solatorio、Nicholas Keali'i Lumの3名。
3人ともカメハメハ・スクールの卒業生。有名なカメハメハ・グリー・クラブに所属していた。ベースのNicholasは、ロバート・カジメロのハーラウに在籍している。しばらくぶりに本格派の若手コーラス・グループが誕生した。このカウアイ島ナーモロカマの崖を流れ落ちる滝を讃えた3曲の選曲も珍しい。

Nanea Kō Maka I Ka Le'ale'a

Traditional

G   D7   G
Nanea kō maka i ka le'ale'a
寛ぐ　貴女の　目　で　　楽しみ／喜び

D7   G   D7   G
I ka lawe ma luna ma lalo
で　引き受ける　で　　上　で　　下

喜びで貴女の目は寛いでいます

上で下で貴女は引き受けた…

G   D7   G
Eia mai au ihu peleleu
[ここに来る]　私は　鼻　　長い

D7   G   D7   G
Loa'a i ka pani o kō leho nui
捉えられる　で　　ドア　の　貴女の　[大きな宝貝]

私の長い鼻はここにあります

貴女の大きな宝貝のドアで捉えられた
(kō leho nui = ka ma'i nui)

G   D7   G
Pūliki kō lima i ka 'ōmole
しっかり掴む　　手を　　　ビン

D7   G   D7   G
Kuhi 'oe 'o ka pa'a, 'o ka hemo ia
思う　貴女は　は　　固形状　　　自由の身　それが

貴女の手は、ビンをつかみます

貴女は、ビンが自由になると思っています

G   D7   G
Ma loko aku au o ka mu'umu'u
[中にいます]　私は　の　　　ムームー

D7   G   D7   G
I ka hemo 'ana mai, ua hinuhinu
で [自由の身]　来る　[煌めいた]

ムームーの中に、私はいました

私は再び現れました、そして、私は輝きました

G   D7   G
Ha'ina 'ia mai ana ka puana

D7   G   D7   G
Nanea kō maka i ka le'ale'a

物語は終わります

喜びで貴女の目は寛いでいます

解説••

ピアノで弾き語る大御所、今は亡きCharles Davisの歌でヒットした得意の曲を選んでみた。古き良き時代、大らかな愛の讃歌だ。当時の曲はかなり大胆な作詞だ。そしてこの歌を英訳しているのが、音楽一家として知られるヴィッキー。彼女の4人の子供ボイシー、ニーナ、ラニ、ラヘラはハワイ・コールズ・ショーで素敵な歌声を聴かせていた。

♪ジャンル ハワイ島

Nani Koleka
Composed by Cy Bridges

F   B♭   F
Aia i ka poli o Hilo Hanakahi
そこにある   胸 の [ヒロハナカヒ首長／ヒロ市]
　　　　G7   C7   F
I ka nani Koleka i ka mālie
で   美しい   コレカ 中に 穏やか／静けさ

ハワイ島ヒロ・ハナカヒ首長（ヒロの町）に抱かれた

穏やかな美しいコレカ

F   B♭   F
Wili 'ia i ka lei me nā pua kaulana
[絡まれた]に   レイ と [花々] 有名な
　　　　　　G7
Mai Hawai'i kuauli
から   ハワイ島 緑に覆われた地帯
C7   F
　a ka mole o Kahelelani
　まで   祖先 の ニイハウ島（カヘレラニ貝）

有名な花々でレイに編まれたように

新しい緑に覆われたハワイ島から
古いカヘレラニ貝のニイハウ島まで

F   B♭   F
He u'i ka Lehua me ke 'ala o lau Maile
です 美しい   レフア 共に   香気 の 葉 マイレ
G7   C7   F
Kahiko i ka 'ohu me ka ua Kani-lehua
飾り付ける を   霧 と   の 雨   カニレフア

マイレの小さな葉の香気と共にレフアの花の美しさ

カニ・レフアの霧雨で飾り付けています

F   B♭   F
Kou leo nahenahe ka pi'ina a'o Waiākea
貴方の 声   優しい   登り の   ワイアーケア
　　　　　　G7
Ka manu le'a o Lanakila
鳥   楽しい の ラナキラ
C7   F
　ua piha me ke aloha
　[溢れた]に   アロハ

ワイアーケア地区の丘から貴方の優しい声

そしてアロハに溢れたラナキラ（勝利）の楽しい鳥

F   B♭   F
Ho'olono i ke kani a ka nalu a'o Kuhio
聞かれる を 音 の   波 の   クヒオ湾
　　　G7
Ka he'e o ke kai
サーフィン の   海
C7   F
　ma ka poli a'o Mokuola
　で   胸 の   モクオラ

クヒオ湾（ヒロ・ベイ）の潮騒を聞き

ココナッツ・アイランドに抱かれた海でサーフィン

F   B♭   F
Mahalo iā 'oe, e Hilo Hanakahi
ありがとう に 貴方 よ ヒロ ハナカヒ首長
　　　　G7   C7
No ke aloha o nā makamaka ho'okipa
為に   愛情 の [気軽に受け答えができる歓待   ]
　　　　F
　i nā malihini
　を [旅人達]

ありがとう　ヒロ・ハナカヒ首長（ヒロの町）

旅人達を気楽に迎えてくれる愛情に

	F			B♭		F

Puana ku'u mele ua lohe 'ia
主題　　私の　　　歌　　［　聞かされた　　　］

私の歌のテーマは聞いたお話です

G7　　　　　　C7　　　　F

O ka nani Koleka i ka mālie
の　　　美しさ　コレカ　中で　穏やかな／静けさ

静かな美しいコレカ

解説·······················
オアフ島ライエにあるモルモン教の Bringham Young University Hawaii Campusで教鞭をとるKumu hulaサイ・ブリッジスがメリー・モ
ナーク・フェステイバルの創始者の一人、故Aunty Dorothy Tompsonに捧げた曲。
Kolekaは、歌の内容から考えると地名だと思われるが、友人が下記文章を見つけてくれたので参考に付記する。この記事だと英語名Dorothy
のハワイ語だという。
　[Koleka　The baby girl name Koleka is pronounced as KOWLehKAH.
　　　　　　Koleka is of Old Green origin and it is used mainly in Hawaiian,
　　　　　　Koleka is a variation of Dorothy.]

♪ジャンル カウアイ島

Nani Kōloa
Composed by Kuana Torres Kahele

F F7 B♭   F7   B♭
Kukui'ula, kau mai i luna
ククイウラ [配置する] [高い方に]   ククイウラは丘です
D   D#dim A7   D
Aia i ke kula a'o Kōloa
ある に   平野 の   コーロア   コーロア平野にあります
D7   G   E7   A7
Noho nani mai i ka 'ehu o ke kai
所在する [美しくなる] で   飛沫 の   海   ここは海飛沫が美しい場所があります

F   F7   B♭ F7 B♭
Hanohano nō 'oe, e Lāwa'i
光栄ある   貴方は よ ラーヴァイ   貴方は光栄ある土地　ラーヴァイ
D   D#dim A7   D
Me ke kai nehe mai i ka 'ili'ili
共に   海 [サラサラ音を立てる] で 小さな石   小石が波でサラサラ音を立て
D7   G   E7   A7
I ka hone a ke kai i ka pu'e one
で 甘い の   海 で [砂丘]   砂丘で海の甘い音が聞こえます

F F7   B♭   F7   B♭
Kaulana mai nei 'o Po'ipū
[有名だ   ] は   ポイプー   ポイプー海岸は有名です
D   D#dim A7   D
Me nā hotele nani o nei 'āina
で [数々のホテル] 美しい の ここ 陸地 この土地には美しい数々の美しいホテルがあり
D7   G   E7   A7
Māka'ika'i mau 'ia e nā malihini
[常に見物に行かされる] によって [旅人たち] 旅人達は何時も見物して歩かされます

F F7   B♭   F7   B♭
Ha'ina 'ia mai ana ka puana
物語は終わります
D   D#dim A7   D
Nani Kōloa i ka mālie
美しい コーロア 中で   静けさ   静けさの中でコーロアの美しさ
D7   G   E7   A7
Noho nani mai i ka 'ehu o ke kai
所在する [美しくなる] で   飛沫 の   海   ここは海飛沫が美しい場所です

解説‥‥

カウアイ島は美しい緑の木々が茂り、島の北側と南側では全く表情が異なる島だ。島の中央には世界一雨量が多いワイアレアレ山が聳えている。この曲は島の中心地で空港、港があるリフエに近い西側のエリアを歌っている。

Kōloa　　　カウアイ島南西部にある。空港のあるリフエから西に向かってポイプ・ビーチに向う丘から海辺までのエリア。
Kukui'ula　コーロアの西側にある丘。すぐそばにプリンス・クヒオの誕生地があり、海寄りに小さな港もある。
Lāwa'i　　　日本でもよく踊られる民謡「Nani Lāwa'i」で知られている。陸地帯。
Poipū　　　Kōloaの東隣りにある海岸。

♪ジャンル ニイハウ島 カヒコ

Nani Ni'ihau
Words by David Wailiula

Ua nani Ni'ihau ku'u 'āina
[美しい] ニイハウ島 私の 島

美しいニイハウ島は私の家

'Ailana i ka welona a ka lā
島 浮動する の 太陽

太陽の下にある島

Ka lā kau mai ma ka hikina
太陽 [置かれている] に 東方

東方に太陽が昇る島

'Ōlino ana i ke ao Naulu
輝く に 雲 ナウル

ナウルの雨雲の中に輝く

Nā 'ulu kaulana i ka hāpapa
[パンの木々] 有名な に 細い岩層で覆われている土地／
平たい珊瑚礁

平らな岩礁の土地に有名なパンの木の並木

Ho'oipo mau ana me ke aloha
愛される 永遠に で 愛情

永遠に愛されています

He aloha nā kō o Halāli'i
です 好きで [サトウキビ] の ハラーリイ

ハラーリイのサトウキビ畑は大好きです

Ani pe'ahi ana i ka Unulau
[手を振ってさし招く] を ウヌラウそよ風

ウヌラウそよ風が穏やかにさし招きます

Nā makani kaulana o ka 'āina
[風] 有名な の 島

何と有名な島の風でしょう！

Na ka mikioi ai hi'ipoi mai
によって ミキオイ そこで [抱きしめる]

ミキオイの突風が私を抱きしめました

Mai noho mai 'oe a ho'opoina
[留まるな] 貴方は そして 忘れる理由

貴方は忘れないで下さい

Na pana kaulana o ka 'āina
為に 有名な場所 有名な の 島

島のとても有名な場所の為に

'Āina nani 'oe o ka Pakipipa
島 美しい 貴方は の 太平洋

太平洋の貴方は美しい島

He momi no nā kai 'Ewalu
です 真珠 の [八つの海]

八つの海の真珠です

Ua ʻike nā lani mai luna mai
[見た] [天国] から 上方 方向語

天国から神々は眺めています

ʻO ka Mana kahikolu pū me au
です マナ [三位一体] 共に 私は

超自然的なマナは私と共に不変です

Ola ai Niʻihau a mau loa
生命 ある ニイハウ [永遠に]

永遠なれニイハウの生命

I ke kila o ke ao mālamalama
で 高い場所 の 雲 明るい

明るく輝く雲の上で

Haʻina ʻia mai ana ka puana

物語は終わります

Ua nani Niʻihau kuʻu ʻāina

美しいニイハウ島は私の家

解説··

David Wailiula の作品。KahikoのMeleは、Hoʻohanohano（栄誉を与える）スタイルで、彼の生まれた土地に捧げられている。このKahikoは、彼が生まれた土地、そこに吹く風、雨、そして愛する家に捧げられている。2014年9月に発売されたKuana Torres Kahele「KAHELENANI NIʻIHAU」は、この曲の全部のフレーズ10番まで全て収録されている貴重な音源だ。3番の2行目Hoipoと書かれていたが該当する言葉が見当たらないのでHoʻoipoと訂正した。

♪ジャンル 日本

Nani Noe ʻAilana
Composed by Kellen & Kalikolīhau Paik

G
He aloha nō ka ʻāina
です ［ 大好き ］ 土地

この土地が大好きだ

G
ʻŌili mai ka uakea
［ 現れる ］ （ハナに降りる）霧

舞い降りるウアケア（ハナに降る白い霧）

C   G
Hoʻohū i ka noe
溢れさせる を 霧

霧で飾られ

C   G   D7
I hoʻāla mai i ka puʻuwai
［ 起す ］ に 心

私の心を呼び起こす

D7   G
Nani noe ʻailana
美しい 霧 島

美しい霧の島

Hui:

C   D7   C   D7   G
I ka malu o ka uhiwai
で 隠れ場 の 濃霧

濃霧の隠れ場

C   D7   G
Nani noe ʻailana
美しい 霧 島

美しい霧の島

G
Nanea i ka maluhia
気楽に過ごす を 平穏／静叙

静けさの中で気楽な時を過ごし

G
Ka uluwehi kāhela
青々と茂る草木 一面に広がっている

私の前面に広がる青々と茂る草木の緑

C   G
Pumehana iho au
温情ある／思いやりある 私は

私の心は温まる

C   G   D7
I ke aloha nou, hāliʻa mau
に 愛情 貴方のもの 突然蘇る想い出 常に

私の愛は貴方の為に　常に蘇る愛の想い出

D7   G
Nani noe ʻailana
美しい 霧 島

美しい霧の島

G
Puana mai ka haʻina
主題　　　　　　声明

繰り返し歌う

G
No ia ʻāina i ka noe
為に　この　土地　中の　霧

霧の中のこの土地の為に

C　　　　　　　**G**
ʻAʻole i kana mai
～でない　それの　　　来る

何もありません

C　　　　**G**　　　**D7**
Ka uʻi maoli no iaʻu nei
美しい　本当の　為に　私に　今

私への本当の美しさだけ

D7　　　　　**G**
Nani noe ʻāilana
美しい　　霧　　島

美しい霧の島

解説 ···
Kūpaoaの二人（Kellen & Kalikolīhau Paikの夫婦デュオ）は日本のコーラス・グループ、カウラナと2013年に日本の大阪から九州の霧島へ
演奏旅行をした。そして霧島は美しい霧で迎えてくれた。霧島は山から海へ霧が降りる土地だった。この美しい日本の霧島の為に作曲した。

♪ジャンル カウアイ島

Nani O Kīpūkai

Composed by Bill Kaiwa, Mary Pukui, Kini Sullivan

F   C7   Gm   C7   B♭ F
Mahalo a'e ana au i ka nani poina 'ole
〜感謝する　　　　私は　に　　　美しさ　［　忘れられない　］

私は忘れられない美しさに感謝します

F   G7   C7   F
Uluwehi ka 'āina, Mehe Kīhāpai Edena
青々と茂る緑の草木　　大地　　〜のような　小さな土地区分　　エデン

青々と茂る緑の草木の大地
エデンの園の様に繁茂する土地

F   C7
A he hale ho'okipa i nā makamaka
そして　だ　家　　親切にもてなす　で　［気軽に受け答えできる親密な友人達］

気軽に受け答えできる親密な友人達が
もてなす家です

          Gm   C7   B♭ F
Me ka haku pu'uwai hāmama
共に　　主人　　心　　　開いている

心優しいご主人と共に

F   F7   B♭   B♭m
E never change he ana'ole
よ　［　決して変わらない　］　　無限

決して変わらない無限の美しさよ

      C7   C7   F
'O kēia wahi nani o Kīpūkai
この　　場所　美しい　の　キープーカイ

キープーカイのこの美しさです

解説 ･･
カウアイ島ハーウプの海側に突き出たキープーカイは、自然保護区に指定され、一般人の立ち入りは許されない。アザラシが崖に打ち寄せる波に乗って訪れる。フラでよく踊られる民謡「Kīpūkai」で知られるジャック・ウォーターハウスさん個人の所有地。ワルツのリズムに英語の歌詞が挿入された優雅な曲だ。

♪ジャンル オアフ島

Nani 'Oahu
Unknown

F
Nani wale 'oe, ē 'Oahu　　　　　　　　美しい貴方　オアフ島
美しい　　とても　貴方は　よ　オアフ島
　　　　　　A7　　　　　D7
Ka heke o nā 'ailana　　　　　　　　　島々で最高
　　　最良　の　[　島々　]
　　F
E lei 'ohu'ohu nei　　　　　　　　　　レイで飾られています
[　　　レイで飾られている　　　]
　　　　　　　C7　　F
I ka pua a o 'Ilima　　　　　　　　　　イリマの花の
で　　　花　　の　　イリマ

　　F
Aia nō i ka poli　　　　　　　　　　　胸の中にあります
　ある　　　に　　胸
　　　　　A7　　　D7
Kapu 'ihi o 'Ewa　　　　　　　　　　エヴァ湾の神聖な胸の内に
神聖にした　威厳ある　の　　エヴァ
　　F
Keawalau o Pu'uloa　　　　　　　　　真珠湾の多くの入り江
多くの入り江　　の　プウロア（真珠湾）
C7
Me ka i'a hāmau leo　　　　　　　　　静かな甲殻類達と
共に　　海老・蟹等　音のしない　　声

　　F
Ua nani nō nā Ko'olau　　　　　　　美しいコオラウ山脈の山々
[　昔から今も美しい　]　[　コオラウの山々　]
　　　　　　　A7　　　D7
I ke ko'a o He'eia　　　　　　　　　　ヘエイアの珊瑚礁
で　　珊瑚礁　の　　ヘエイア
　　　　　　　　　F
Ka la'i 'olu o Kahana　　　　　　　　カハナの爽やかな静けさ
　　静か　爽やかな　の　　カハナ
C7　　　　　　　　　F
Kai holu a o Laniloa　　　　　　　　さざ波が立つラニロア
[　さざ波が立つ　]　の　ラニロア

　　　F
Kaulana 'o Honolulu　　　　　　　　ホノルルは有名
　有名な　　は　ホノルル
　　　　A7　　　D7
I ka ua Kūkalahale　　　　　　　　　クーカラハレ雨の中で
中で　　雨　　クーカラハレ
　　　　　　　F
Ke kaona hanohano　　　　　　　　誉れ高い街
　　街　　　誉れ高い
C7　　　　　　　　　　　F
O nā moku 'āina o Hawai'i　　　　ハワイの島々の中で
の　[　　島々　　]　の　　ハワイ

F
Ha'ina 'ia mai ka puana　　　　　物語は終わります

A7　　　D7
No ka nani o 'Oahu　　　　　オアフ島の美しさの
の　美しい　の　オアフ島

F
E lei 'ohu'ohu nei　　　　　レイで飾られています
[　レイで飾られている　]

C7　F
I ka pua a o 'Ilima　　　　　イリマの花の
で　花　の　イリマ

解説···
Nani で始まる曲は数多い。
オアフ島が何故歌われないか不思議だったが、2012年、ハワード・アイのCD「Aloali'i Street」で歌っていた。彼は有名なクムフラ、オラナ・アイのご主人、歌手ナタリー・アイの父親だ。Pu'uloaは真珠湾の古い呼び名で、昔、この港にサモアからパンの木が運ばれたといわれる。

♪ジャンル　オアフ島

Nani Wai'anae
Composed by Nathaniel Mahealani Stillman

G　　C G
Wai'anae,　　　　　　　　　　　　　ワイアナエ

D7　　　　　　　　　　　　　G
Pulama 'ia e nā po'e　　　　　　　人々に大切にされる町
[　大切にされる　] によって [　人々　]

D7　　　　　　　　　　　　G
Kaulana nō o Pōka'i　　　　　　　ポーカイ湾はとても有名
[　有名な　] の　ポーカイ湾

D7　　　　　　　　　　　G
Aheahe Kaiāulu　　　　　　　　　カイアウル風が優しく吹いてきます
静かに風が吹く　　カイアウル風

G　　C G
Mākaha,　　　　　　　　　　　　　マカハ

D7　　　　　　　　　　　　　G
Kaulana nō ka he'e nalu　　　　　サーフィンをする人達に有名な町
[　有名な　] [　サーフィンをする人　]

D7　　　　　　　　　G
Āiwaiwa ka hōkele　　　　　　　神秘的な素晴らしいホテル
神秘的な　　　　　ホテル

D7　　　　　　　　　G
Hana loa ko'u papa　　　　　　　私の父親が長年働いていました
[　長年働く　] 私の　　父

G　　C G
Nānākuli,　　　　　　　　　　　　ナナクリ

D7　　　　　　　　　　G
'Āina ho'opulapula　　　　　　　ハワイ人の復興の為に王様から与えられた自作農地
[　ハワイ人の復興の為に与えられた土地　] 自作農地

D7　　　　　　　　　　　G
Hano 'o Kalaniana'ole　　　　　カラニアナオレ王子は素晴らしい
光栄ある　　は　　カラニアナオレ

D7　　　　　　　　　G
Ka'ika'i nō nā 'āina　　　　　　ハワイ人に土地を与えた
導く／援助する [　　土地　　]

```
  G  CG
Ha'ina,                                      告げます

D7                          G
Ka  beauty  a'o  Wai'anae                    ワイアナエの美しさ
       美しい      の      ワイアナエ
D7                          G
He  nani  loa  nō  nā  'āina                 とても美しい土地
です  美しい  とても  [      土地    ]
D7                          G
He  nani  po'ina  'ole                       忘れ得ぬ美しさです
です  美しい  [    忘れられない    ]
```

解説‥‥
2003年の作品。2006年に行われた「Hō'ike o Wai'anae 作品コンテスト」で第1位を獲得した。オアフ島の西海岸ワイアナエ、マカハ、ナ
ナクリ町を賞賛している。このエリアはハワイ人の復興の為に王様から与えられた自作農地。
クヒオ王子は1871年生まれ、フルネームは、プリンス・ジョナ・クヒオ・カラニアナオレ・ピイコイ。ハワイ王朝7代目のカラーカウア王の后、
カピオラニ王妃が伯母で、カラーカウア王夫妻の養子となる。王子の偉大な功績は、1921年に「ハワイアン・ホームステッド法」の制定。ハ
ワイアンの血が50パーセント以上あるハワイ州民に20万エーカー（約809平方km）の公有地を無料分譲しハワイ人に生活の基盤を与えた。

♪ジャンル ハワイ島

Nani Waimea I Ka ʻUhiwai Lā
Composed by Nāpua Greig

G   C   G
Nani Waimea i ka uluwehi lā
美しい　　ワイメア　　中の　　青々茂る緑の木々の中の

                                  D7
ʻĀina kamahaʻo, kamahoʻi i sa noe
土地　　驚くべき　　素晴らしい　　中の　　霧

Em   C   G
Hoʻoluna hoʻolua honua, e noke lākou ē
[　ワイメアに吹く寒い北風の名前　]　土地　[屈せずやり通す]　彼らは　おー

A7   D7
Nā paniolo pipi, e kaulana nei
[　牛を扱うカウボーイ　]　[　何時までも有名だ　]

青々と茂る緑の木々の中のワイメアは美しい

驚くべき土地　霧の中で素晴らしい

ワイメアに吹く寒い北風の中でも、
彼らは耐え忍ぶ　おー

牛を扱うカウボーイは永遠に有名だ

Hui:

C
Kū i ka uepa ʻili
用意しろ を [　鞭　]

鞭を用意しろ

G
Kū i kaula ʻili
用意しろ を [　革紐　]

革紐を用意しろ

C
Kō Waimea paniloa
[　ワイメアの　]　カウボーイ

ワイメアのカウボーイ

D7
Niniu ʻana a e koali ʻana
[　ぐるぐる回る事　]　そして　[　ぐるぐる回る事　]

ぐるぐる回る　ぐるぐる回る

C
Kū i ka uepa ʻili
用意しろ を [　鞭　]

鞭を用意しろ

G
Kū i ke kaula ʻili
用意しろ を [　革紐　]

革紐を用意しろ

C
Kō Waimea paniolo
[　ワイメアの　]　カウボーイ

ワイメアのカウボーイ

D7   G
Me he ka makani pahili
共に　だ [　強い風　]

強風のように

G   C   G
ʻIke i ke kuahiwi aʻo Mānā
見る を　　山　の　マーナー山

マーナー山を眺めて

G   D7
Loloa ke kaʻahele i ka wanaʻau
長い　旅　を　　亀裂した下り道

亀裂した下り道

Em   C
Pahuna ka ua Kīpuʻupuʻu
身にしみる　雨　キープウプウ

キープウプウ雨が身にしみる

A7   D7
Komo i ke kuka ua, kau ka lio lā
着る を　コート　雨　置く　馬

レイン・コートを着て　馬に乗ろう

G   C   G
Puana kēia mele aloha lā
  主題   この   歌   愛情

この歌のテーマは愛情です

G   D7
No ka paniolo pipi o Waimea
 為の   [カウボーイ   ]   の   ワイメア

ワイメアのカウボーイ達の為の

Em   C   G
Lapulapu 'oe i ka pipi lae pa'a ē
 集める   貴方は   を   牛 [頭の固い]

貴方は言う事を聞かない牛を集めます

A7   D7
He ho'opālua pono loa nāu
 だ   一組の   [完璧な] 貴方の為の

貴方の完璧な仲間です

解説‥‥
パーカー牧場はハワイ島ワイメア地区を中心に広大な面積があり、東京都の3倍の広さがあると言われる。牧場の起源は、ヨーロッパからハワイ国王カメハメハ大王に寄贈された馬が繁殖し、住民に危害を与えることとなり、マウナ・ケア火山の裾野に広がる原野をパーカー氏に与え、馬、牛を囲いの中に入れ飼育したのがその起源だ。1番の3行目の歌詞は言葉の遊びだろう、直訳では意味が通じない。

♪ジャンル オアフ島

Nani Wale Mānoa
Composed by Eric Lee

C   **Cm**   **G**   **E7**
'Upu a'e ka mana'o he aloha
繰り返される思い　心　です　愛情
                                                   繰り返される思い出は愛情です

A7   **D7**   **G** **G7**
No ka nani a'o Mānoa
為に　　美しい　の　マーノア
                                                 マーノアの美しさ故の

N

C   **G7**   **C**
Nani wale Mānoa i ka la'i māli'e
美しい　とても　マーノア　で　穏やか　静かな
                                               静けさの中の穏やかなマーノアはとても美しい

F   **Fm**   **A7**   **D7**   **G7**
'O ka u'i ho'oheno a ka pu'uwai (x2)
です　　美しい　　愛撫する　の　　心
                                               私の心の中に大切にしてきた愛らしい美しさ

C   **G7**   **C**
Wehiwehi nō 'oe E Wa'ahila nani
青々と茂る緑　強意　貴方は　よ　ワアヒラ　美しい
                                               貴方は青々と緑に茂る草木　美しいワアヒラよ

F   **Fm**   **C**   **A7**   **D7**   **G7**
Kehakeha i ka nani a'o ka nahele (x2)
誇り高く立つ　で　　美しい　　の　　森
                                               森の美しさの中に誇り高く立つ

C   **G7**   **C**
Alia mai 'oe e ka ua Tuahine
[待つ/止まる]　貴方は　よ　　雨　　ツアヒネ
                                               貴方は待ってください　ツアヒネ雨よ

F   **Fm**   **C**   **A7** **D7**   **G7**
E kō paha ka 'i'ini ko'iawe i nā pali (x2)
私の　事によると　　憧れ　移動する雨　を [崖]
                                               私の願望です　崖を移動する雨への

C   **G7**   **C**
Puana ke aloha Ka nani a'o Mānoa
テーマ　　愛情　　美しい　の　　マーノア
                                               美しいマーノアへの愛情がテーマです

F   **Fm**   **C**   **A7**   **D7**   **G7**
'O ka u'i ho'oheno a ka pu'uwai (x2)
です　　若々しい　　愛撫する　の　　心
                                               私の心の中に大切にしてきた愛らしい美しさ

解説・・・

Eric Leeの作品。ハワイ大学マーノア校で勉強していた時代の思い出を書いた曲だろう。覚えやすいメロディーがマーノア地区の美しさを伝えている。

© 2009 by TuneCore Digital Music.
All rights reserved. Used by permission.
Print rights for Japan administered by TuneCore Japan KK

Napoʻona Mahina

Composed by Manu Boyd, Robert Cazimero, Mahi Beamer

     F   E7   C7
Ke uē wale nō kuʻu maka　　　　私の目は激しく泣いています
[　泣いている　] 激しく 私の　　目

     Gm   C7   F
I ke kulukulu o ke aumoe　　　　真夜中の帳が降りるときに
に　　雫が垂れる　　　　真夜中

     D7   G7
Ua hoʻi ka mahina i ke kai　　　水平線にお月様が顔を出しました
[出発した]　　お月様　を　　海

     G7   C7
I maliu aku iā Kanaloa　　　　　広大な海の魅力を心にとめて
で [心にとめる] を カナロア（偉大な海の神）

     A   E7   A
Aia ʻoe i pūʻili iho　　　　　　そこで貴方は温かく抱擁します
ある 貴方は [抱きしめる]

     Am   D7
E nanea me ke kini o lalo　　　月の真下の大勢の人々と楽しもう
[楽しもう] と共に　多数　の　真下

     G7   C
Eia au lā i luna nei　　　　　　私はここにいます　高地にいます
ある 私は [　より上にいる　]

     G7   C
Uluhua i ka hana o laila　　　そこで続いている生活に失望しました
失望する　に　　作業　の そこで/その時

   Gm C7   GmC7   Gm C7
I ʻaneʻi ke aloha pumehana　　ここでの温かみある真実の愛情
[ここ]　　愛情　　温かみある

     F   E7   C7
Pālua me ke anuhea onaona　　心地よく香る涼しさは倍増します
二倍の　共に　涼しく心地よい香り 心地よく香り良い

     Gm   F
ʻO nā hōkū ʻula kuʻu maluhia　神聖な星々の下に、私は穏やかさを見つけました
です [星々] 神聖な 私の　静寂/穏やかさ

     D7   G7
I māmalu ai me he ʻahu ala　　それは外套のように私を匿います
で [保護する] 共に です　外套 そこに

 G#dim   Am   G#dim   F
Hoʻi hou mai a pili hemo ʻole　再び戻り私達はぴったり寄り添うでしょう
[　再び戻る　] そして 寄り添う [結びつく/絶縁しない]

     Gm   C7   F
Me aʻu nei kāu noho pono　　私と貴方は正しく生きましょう
[私と]　今　貴方の [行儀よく振る舞う]

 D7   Gm   Am
E maliu mai e ka mahina　　　気をつけてください　お月様
[気をつけて!] よ　　お月様

 D7   Gm   C7   F
E ka mālamalama o Kawela nei　今、愛しいカヴェラの輝き
よ　　光/輝き　の　カヴェラ　今

解説 ・・

ハワイ音楽そしてフラ界の偉大な3人、マヌ・ボイド、ロバート・カジメロ、マヒ・ビーマーが協力して書いた曲。この3人が集まって曲を書くことは2度と無いだろう。1990年にHoʻokenaが演奏したCD「Thirst Quencher」から選曲した。ハワイ島はハワイ島最東端にあるクムカヒ岬のハエハエから太陽は昇り、西のレフア島に向かって沈むと言う。その光景をオアフ島カエナ岬北側のカヴェラ湾近くのパヒパヒアールア海岸で眺めると霊感を感じると聞く。人の魂はそこから天空に掛かる橋に乗って昇天すると伝わる。

Na'u Nō I Pa'a Ke Aloha

Words by J.H.Iakona Ryusaki Music by Lorna Lim

G   D7   G
Na'u nō i pa'a ke aloha,
私のもの   ぐらつかない   愛情

揺るがない愛情は私のもの

C   G
Me he ahi i ka pō uliuli,
共に だ 火   夜   黒い色

暗闇の夜、燃え盛る火のように

C   G
Kaukani mile hou aku lā
1000   マイル [新しく又は再び出かける]

家から1000マイル離れていても

D7
I ke aha i ka'awale ai ?
何故 [離れている状態]

何故 私はそこにいないのかしら

D7   C G
Na'u nō i pa'a ke aloha
私のもの   ぐらつかない   愛情

私のハワイへの愛情は今も揺るぎません

G   D7   G
Kāko'o me ke kōkua aku,
維持する/手伝う 共に 協力/助けを与える

援助して維持しましょう

C   G
He pua wale o ka 'āina
だ [子供達] の 土地

土地の子供達です

C   G
'Ōiwi i ke one hānau lā
土地っ子 [誕生の地/生まれ故郷]

生まれ故郷の土地っ子達です

D7   G
Hawai'i mau nō ka 'i'ini
ハワイ [永遠に]   欲望/好み

ハワイは永遠に大好きな土地です

D7   G
Na'u nō i pa'a ke aloha
私のもの   ぐらつかない   愛情

私のハワイへの愛情は今も揺るぎません

G   D7   G
Kali 'ole au i ka ho'i aku
[待てない] 私はを [家に帰る]

私は今でも直ぐ家に帰りたい

C   G
A honi i ka'u pua punahele
そして 甘い 私の [お気に入りの花]

そして私の大好きな花の甘い香り

C   G
Ho'okahi nō i ka no'ono'o lā
[ただ一つの]   思考/考えること

思いはただ一つ

D7   G
Pi'i   a'e ka makemake
喜怒哀楽の感情を感じる   欲望/願望

それは私の願いを奮い立たせます

D7   C G
Na'u nō i pa'a ke aloha
私のもの   ぐらつかない   愛情

私の愛情は今も揺るぎません

```
G                D7   G
Nou kēia lei, he mele
貴方の為の  この  レイ  だ  歌

C                    G
Ka  hā   mai oʻu manawa
息などを吐き出す から   私の 心の底（頭のてっぺん）

C                  G
Aloha ʻāina a kanaka lā
愛する    土地  の   ハワイ人

D7                       G
Poina ʻole, puʻuwai ā loko
[  忘れない  ]     心   そして 魂（内部）

D7                          C  G
Naʻu nō i paʻa ke aloha (x2)
私のもの        ぐらつかない      愛情
```

このレイを貴方へ　歌の贈り物です

私の心の底から訴えます

愛する祖国　そしてハワイの人々

決して忘れません　心そして魂

私のハワイへの愛情は今も揺るぎません

解説 ···
ハワイ人として、私達はハワイに対する深い愛情があります。そして、ハワイの友人達に愛される全ての大地。家から数千マイル離れた土地で、悲しくて、孤独な感覚がこの歌を作らせました。私のハワイへの思いは変わりません。ハワイ人の故郷への思いが溢れる作品だ。

♪ジャンル 子供向け

Naue I Ka Pule
Traditional

N

B♭   E♭
E hele kākou i ka pule
[行きましょう] 私達 に 教会

私達は教会に行きましょう

F7   B♭
Hīmeni aku, pule pualu
[賛美歌を歌う] 祈る 皆一緒に

皆で一緒に賛美歌を歌って祈りましょう

B♭   E♭
Lohe i nā moʻolelo Paipala
聞く を [バイブルのお話   ]

バイブルの物語を聞きましょう

F7   B♭
Naue kākou i ka pule
行進する 私達は に 教会

私達は教会へ行進しましょう

Hui:

 B♭ E♭
 Naue, naue
  行進する

行進だ　行進だ

 F7   B♭
 Hoʻomana i ke Akua mau
  礼拝する に 神様 永遠の

永遠の神様に礼拝します

 B♭ E♭
 Naue, naue
  行進する

行進だ　行進だ

 F7   B♭
 E nā hoa kamaiki ē
  よ [友人達] 小さい子供

小さい子供達よ

B♭   E♭
Nani ke aʻo a ke Akua
偉大だ 教え の 神様

神様の教えは偉大です

F7   B♭
ʻO ke aloha kai ʻoi aʻe
です 愛 [一番]

愛が一番です

B♭
ʻAʻohe oʻu kānalua
ない 私の 疑問

私に疑問はありません

F7   B♭
Iesū kuʻu kiaʻi mau
イエス 私の 見張り 常に

イエスは常に私を見守っています

解説・・
子供にイエス様、そして愛の大切さを教えている。キリスト教の教えはハワイの子供達の心の支えになっている。ハワイ人の信仰の深さを思うと、私達日本人の信仰心は？と疑問を抱かずにいられない。

Ne'ene'e Mai A Pili (Cuddle Up Closer)
Composed by Charles E. King

C　　　　　　G7　　　　　　　C
'Auhea wale 'oe, e ka ipo nohea
[　聞いてください　]　貴女　よ　　恋人　可愛らしい
C　　　　　　　　G7　　　　　　C
E maliu mai 'oe i neia leo
[　聞いてください　]　貴女　を　この　声を
C　　　　　　　A7　　　　　　　　D7
'O 'oe ho'okahi ka'u e li'a nei
です　貴女　　ただ一人　私の　[　憧れている　]
G7　　　　　　　　　　　　　　　C
Ne'ene'e mai ne'ene'e mai a pili
そばに寄って来る　　　　　[そばにすり寄る]
G7　　　　　　　　　　　　　C
Ne'ene'e mai ne'ene'e mai a pili

聞いてください　貴女、可愛らしい恋人よ

貴女　聞いてください　私の声を

私の憧れは　貴女ただ一人です

寄り添って　すり寄って抱きしめて

寄り添って　すり寄って抱きしめて

C　　　　　　　G7　　　　　　C
I 'ane'i kāua hi'ipoi i ke aloha
[　ここです　]　私達二人　育む　を　愛
C　　　　　　　　　　　G7　　　　C
Ke aloha makamae i ka pu'uwai
　愛　　尊い　　に　　心
C　　　　　　　A7　　　　　　　D7
'O 'oe ko'u hoa a e kohu ai
です　貴女　私の　友人　そして　[　相応しい　]
G7　　　　　　　　　　　　　　　C
Ne'ene'e mai ne'ene'e mai a pili

G7　　　　　　　　　　　　　C
Ne'ene'e mai ne'ene'e mai a pili

私達二人の愛を育むのはここです

愛は心にとても大切です

貴女は私に相応しいパートナーです

寄り添って　すり寄って抱きしめて

寄り添って　すり寄って抱きしめて

C　　　　　　　　G7　　　　　C
Ho'ohihi ka mana'o iā 'oe, e lei
縺れ合わせる　　　心　に　貴女　[レイ／恋人よ]
C　　　　G7　　　　　C
E ku'u lei poina 'ole
よ　私の　レイ　[　忘れぬ　]
C　　　　　　　A7　　　　　　D7
Hoa o ka 'ano'i o ke kulu aumoe
友人　の　　愛情　の　[　真夜中　]
G7　　　　　　　　　　　　　　　C
Ne'ene'e mai ne'ene'e mai a pili

G7　　　　　　　　　　　　　C
Ne'ene'e mai ne'ene'e mai a pili

貴女に私の思いは唯一つ　レイよ

忘れ得ぬ私の恋人よ

真夜中の愛情の友達です

寄り添って　すり寄って抱きしめて

寄り添って　すり寄って抱きしめて

```
C                    G7                          C
'Akahi ho'i au a noho i ka      la'i
[    初めてです    ]  私は          住む    に      穏やか/心の安らぎ
C              G7                  C
Eia ke 'ala, ua pili i ka poli
ある          香気   [ 結合した ] 中に            心
C                    A7              D7
Ha'ina ka puana i lohe 'ia
告げる              主題    [   聞かされた    ]
G7                                  C
Ne'ene'e mai ne'ene'e mai a pili
G7                                  C
Ne'ene'e mai ne'ene'e mai a pili
```

私は初めてです　この心の安らぎは

私の心の中に寄り添う香気があります

聞いた物語の全てです

寄り添って　すり寄って抱きしめて

寄り添って　すり寄って抱きしめて

解説 ・・・
ハワイ音楽の重要な古典ともなっているCharles E. Kingが収集したKing's Book of Hawaiian Melodies（表紙がブルー。通称Blue Book
といわれ、表紙がグリーンのGreen Bookという同タイトルの本もある）に記載されている1945年の彼自身の作品だ。チャーミングな女性
を讃えた曲。2013年リム・ファミリーがCD「Following Traditions」で、2014年にはHula Honeysという女性デュオがレコーディングしてい
る。不思議なことに日本のフラガールが踊っているのを見たことがない。

Nihoa

Traditional (Melody by Bill Kaiwa & Leilani Band)

Am
E ō e Nihoa....
[答えて] よ ニホア島

答えてください　ニホア島よ

Am
Kāhiko ka nani i nā kuahiwi
着飾った　　　美しい　で [　山々　]

山々で美しく着飾った

Am
Ka 'ohu hāli'i i nā pali
霧　　シーツ　に　　崖

崖は霧のシーツで覆われ

Am
He pali kapu kū kilakila
だ　崖　神聖な　聳える　威厳を持って

威厳を持って聳える崖だ

C　　　　　**G7**　　**C**
Māpu ke 'ala me ke onaona
香る　　　香気　と　　魅惑的な

魅惑的に香る香気と共に

G7　　**C**　　**G7**　　**C**
E, hē, hē.　E, hē, hē
トゥーララ

ランラン　ランラン

Hui:

C　　　　**F**　　　　**C**
He ali'i, he wahi kēia
だ　王様　だ　場所　これは

ここは王様の場所だ

C　　　　　　　　　**G7**　　**C**
E hi'ipoi 'ia mai e ka hui Nihoa
[　　　育まれてきた　　] によって [　　ニホア帯域　　]

ニホア地帯で育まれてきた

C　　　　　**F**　　　**C**
Kohu wai māpunapuna
外見　水　　　湧き出るような泉

湧き出る泉のようだ

C　　　　　　　**G7**　　　**C**
E pua a'e nei i ka pu'uwai
[　異彩を放つ／現れる　] に　　　心

心に異彩を放つ

Am
I ʻaneʻi pū mai kāua
　[　ここに　]　一緒　来る　　私達二人
私達二人は一緒に来ました

Am
I ke kui pua lei aliʻi
　を　　編む　　花　レイ　王様
王様にレイを編もう

Am
I wili pū ʻia me ke aloha
　を　[　共に編まれる　]　共に　　愛
愛を込めて編みましょう

C　　　　　　　　　　　**G7**　**C**
Na hoa o ke kai i Nihoa
　為に　　友人　の　　　海　　ニホア島
ニホア島の友人の為に

G7　　**C**　　　**G7**　　**C**
E, hē, hē.　E, hē, hē
　トゥーララ
ランラン　ランラン

Am
He inoa no nāhoa o ke kai i Nihoa
　だ　名前　為の　　友人達　　の　　海　の　ニホア島
ニホア島の海の友達の名前歌

解 説 ・・・

ニホア島（Nihoa Island）とは太平洋のハワイ諸島に属する北西ハワイ諸島の島。バード・アイランドとも呼ばれ、ハワイ名は「モク・マヌ（Moku Manu）」。

面積1Km²の小さな無人の火山島で、最高地点が273mのミラーズ・ピークで、260mのタナガー・ピークもある。約300m近くの断崖絶壁に取り囲まれており、ゴツゴツとした崖と急な谷が多い。海鳥のコロニーとなっている。

紀元後1000年から1700年の間に100人以上の古代ハワイ人が島で暮らしていたと言われ、居住地や農地、宗教的な場所、埋葬洞窟など約80以上の跡地が現在でも残っており、島で幾つか見られる。有名なカヒコ「Ka wai a Kāne」で歌われている。

♪ジャンル ハワイ島

No Luna

Traditional

C
No luna ē ka hale kai no Kamaʻalewa
から　上　　　　家　海　の　　カマアレヴァ

カマアレヴァの海の隠れ家から

G7　　　　　　　　　　　　C
Nānā ka maka iā Moananuikalehua lā
〜を見る　　目　　　　モアナヌイカレフア

目はモアナヌイカレフアを眺める

F　　　　　　　　C
Noho i ke kai o Maliʻo
とどまる　に　海　の　マリオ

マリオの海にとどまり

G7　　　　　　　　　　C
I ke kū aʻela ka Lehua i laila lā
に　　立つ　上に　　　レフア　[　そこに　]

そこにレフアの木が立っている

F　　　C
I laila hoʻi
[　そこに　]　本当に

そこに　本当だ

G7　　　　　　C
ʻEa lā ʻea lā ʻea

エア　ラー　エア　ラー　エア

C
Hōpoe ka Lehua kiʻekiʻe i luna lā
充分に発育した　　レフア　　高い　　に　上

完全に発育したレフアの花が高く咲いている

G7　　　　　　　　　　C
Makaʻu ka Lehua i ke kanaka lā
驚く　　　レフア　　が　　ハワイ人

レフアにハワイ人が驚き

F　　　　　　　　　C
Lilo a i lalo e hele ai
熱心に　[　下へ　]　[行く（強意を表す）]

夢中になって下へ行こうとする

G7　　　　　　　　C
ʻEa lā ʻea lā ʻea

エア　ラー　エア　ラー　エア

F　　　C
I lalo hoʻi,
[　下へ　]　本当に

下へ　本当だ

G7　　　　　　　C
ʻEa lā ʻea lā ʻea

エア　ラー　エア　ラー　エア

C
Kea‘au ‘ili‘ili nehe i ke kai lā
ケアアウ　小石　ガラガラ鳴る　で　　海

ケアアウ、海でガラガラ音を立てる小石

G7　　　　　　　　　　　　**C**
Ho‘olono i ke kai a‘o Puna lā ‘eā
耳を傾ける　　に　　海　の　　プナ

プナの海の音に耳を傾ける

F
No Puna i ka ulu Hala lā
から　プナ　の中の　[　ハラの木立　]

ハラの木立のプナから

G7　　　　　　　　　　**C**
‘Ea lā ‘ea lā ‘ea

エア　ラー　エア　ラー　エア

F　　　　**C**
Kaiko‘o Puna
渦巻く海　　プナ

渦巻く海のコナ

G7　　　　　　　　　　**C**
‘Ea lā ‘ea lā ‘ea

エア　ラー　エア　ラー　エア

解説 ···

Keali‘i ReichelのハーラウΤでは、今は亡きクムフラ、Ke‘ala Kukonaに敬意を表し、最初に習うフラの曲だという。

沢山の古いメレ・フラは、発音に幾つかの変化、体系に変化があります。

2014年10月に発売したCD「KAWAIOKALENA」では、このメレとフラがどのように教えられてきたかを、異なる解釈に基づき三つのバリ
エーションで演奏してみたと書かれている。

Kea‘auは、ハワイ島プナ地区にある。その他の地名は古代の海、地名で、現在は無いと思われる。

No Nā Hanauna

Composed by Nicholas Jon, Kuki Kaiwi Navales

D7   G7 C7   F
E ho'i mai lā 'oe, Ko'u 'i'ini
[こちらに来い] あなたは 私の 憧れ

D♭
No Kamakanaokalā
の   カマカナオカラー

C7   F
He pua onaona 'oe
です 花 心地よい香り あなたは

こちらにいらっしゃい　私の憧れの

カマカナオカラー（太陽の贈り物）

あなたは心地よく香り高い花です

D7   G7   C7   F
Penu au ko'u waimaka, Ko'u li'a nei
軽く押さえて拭く 私は 私の 涙 私の 憧れ そこに

D♭
Kainō ua hele 'oe
[私はそう思った] 行く あなたは

C7   F
He pua'i pāpi'o 'oe
です 流れでる 虹を懸ける あなたは

私の涙をそっと拭いて　私の憧れはそこに

あなたは去ってしまったと思っていたけれど

あなたは大空に美しい虹を懸けています

D7   G7   C7 F
'Oia 'ane'i he hōkū, Ko'u alaka'i
そうです ここに です 星 私の リーダー／先導者

D♭
'O Waileia, mai kuakahi mai
です ワイレイア（※） 来る クアヒキ（※） 方向詞

C7   F
He makani aheahe 'oe
です 風 そよ風 あなたは

そうです　空に星が　私の先導者です

朝の星ワイレイアは　クアカヒから

あなたはそよ風の様です

D7   G7
Mai ho'opuehu 'oe i ke aloha
するな 吹き飛ばす あなたは を 愛

C7   F
E ho'i mai lā 'oe
[こちらにお出で] あなたは

D♭
Puana kēia mele ho'oheno
主題 この 歌 愛する／愛情の表現

C7   F
No nā mea aloha hanauna
為に [色々の愛情] 世代／先祖／出生

あなたは愛情を吹き飛ばしてはいけません

あなたはこちらにいらっしゃい

この歌の主題は愛することです

世代に受け継がれる沢山の愛情の為に

解説 ·······

Hālau I Ka WēkiuのフラダンサーのNicholas Jon Navalesは、家族のために自分の周囲に存在する家族と自然の愛を基にこの曲を書いた。虹になって空に懸かるおばあちゃんヘレン・フィリピ、そして愛する妻Kuki Kaiwi Navales、子供達Luciano Kaniokaiwi, Hāna Marie Kiha'ulaは、星と太陽の贈り物だ。

2013年のハワイ映画「THE HAUMĀNA」の挿入歌になっている。

※ Waileia 朝の星の名前
※ Kū-a-kahi-unu ハナレイ地区 fishing shrine,surfing place

No Nā Kau A Kau

Composed by Karl Veto Baker, Michael Lanakila Casupang

F   B♭
'Auhea ho'i 'oe
どこにいるの　　強意　貴女は

貴女はどこにいるの

F   B♭
ku'u pua i ka   'iu
私の　　花　　　　高尚／神聖な場所

神聖な頂にある私の花は

Am   Dm   B♭   F
I haku pono ai, hi'ipoi, hi'ilei
[　正しく作り上げた　]　育てて　最愛の子を大切にする

正しく生まれ、子供を育てるように大切にされた花

C7
No nā kau a kau
[　季節から季節へ／永遠に　]

季節から季節へ

F   B♭
He 'i'ini nui nō
だ　欲望　大きな

大きな憧れです

F   B♭
A ka manu e inu ai
そして　　鳥　　[　飲んでいる　]

そして鳥は飲んでいます

Am   Dm
Inu i ka wai Lehua
飲む　　水　　レフア

レフアの水（蜜）を

      B♭   F
Ki'eki'e i ka wēkiu
高い／高貴ある　　　最高地

最高地で高貴な

C7   F
No nā kau a kau
[　季節から季節へ／永遠に　]

季節から季節へ

F   B♭
Mai uka a ke kai
から　高地　まで　海

山の頂上から海まで

F   B♭
Mai ka lā i hiki mai
から　　太陽　に　[こちらに来る]

太陽が回ってきて

Am   Dm
Mehana ku'u poli
暖かい　　私の　胸

私の胸に暖かさを運びます

     B♭   F
lua 'ole, 'o 'oe na'u
[優れた／無比の]　は　貴女は　私の

私の貴女は比べようもない美しさ

C7   F
No nā kau a kau
[　季節から季節へ／永遠に　]

季節から季節へ

N

F　　　　　　B♭
Ua nani nō ʻoe
[　永遠に美しい　]　貴女は

貴女は永遠に美しい

F　　　　　　　　　　B♭
I ka uluwehi i ka　ʻiu
で　　青々と茂る緑の草木　　高尚／神聖な場所

青々と茂る緑の草木に覆われた頂で

Am　　　　　Dm　　B♭　　　F
I haku pono ai, hiʻipoi, hiʻilei
[　正しく作り上げた　]　育てて　最愛の子を大切にする

正しく生まれ、子供を育てるように大切にされた花

　　　　　C7　　　　F
Kiʻekiʻe i ka wēkiu
高い／高貴ある　　　　最高地

高い高い最高地で

B♭　　　　　　F　　B♭　　　　　F
No nā kau a kau, No nā kau a kau
[　季節から季節へ／永遠に　]

季節から季節へ　貴女は永遠です

解　説‥‥‥
この曲は最高地点にある特別な花、Hālau I Ka WēkiuのKumu hula Lanakilaの兄弟、Christopher Casupangが熱愛している許嫁に贈られた愛の歌だ。KumzのCD「Reflections」に収録されている。

♪ジャンル　マウイ島

No Uka Ke Aloha
Composed by Kamaka Kukona

F　　　　　　　　　　B♭
Hanohano e nā lei kaumaka o uka
光栄ある／威厳ある　[　　大好きな飾り付け　　]　の　高地
高地の素敵な飾り付けは威厳があります

F　　　　　B♭
He nani alokele
です　美しい　素晴らしい容姿／魅力的な
素晴らしい容姿が美しく

C7　　　　　　　　　　B♭
He nohea i ka maka, wehi i ka hulu
です　格好良い　に　　目　　飾る　で　　羽
とても素敵な眺め　王族の羽で覆われている様です

C7　　　　　F
E kaulana nei. ā ā ā
[　　有名です　　]
ここは有名な場所

F　　　　　　　　　　　B♭
Neia mau mea hoʻohāliʻaliʻa
この　[　数々の物　]　　突然に蘇る想い出
突然、懐かしい数々の想い出が蘇ります

F　　　　　　　　　B♭
He mehana hoʻoheno puʻuwai
です　温かい　　可愛がる　　心
私の心に大切にしていた温かい記憶です

　　C7　　　　　　　B♭
ʻO nā pua nani e kū mai la
です　[　花々　]　美しい　[　現れてくる　]
満開の美しい花々を眺めています

　　　　　C7　　　　F
I ke anu ʻūkiu ē　ā ā ā
で　　寒い　　痛み
肌を刺す様な冷気の中で

F　　　　　　　　　B♭
Ua nani nā ʻōpua kamahaʻo,
[　絶えず美しい　]　[　雲　]　驚く程に
絶えず驚く程に美しい雲が湧き上がる

F　　　　　B♭
Aia i Haleakalā
ある　に　ハレアカラー火山
ハレアカラー火山は

C7
Kau mai i luna,
[　　高く聳える　　]
高く聳えています

　　　　　B♭　　　　C7　　　F
I ke ao o Kānehoalani ē. ā ā ā
に　　日光　の　　カーネホアラニ
カーネホアラニ神の日光の中で

F　　　　　　　　　　B♭
Hāʻina e nā lei kaumaka o uka
告げる　[　　大好きな飾り付け　　]　の　高地
素敵な高地の飾り付けの話を告げます

F　　　　　　B♭
No uka ke aloha ē
為に　高地　[　愛する　]
愛する高地の為に

　　　　　　　　　B♭　　　　C7
Puana kou inoa, No Kahulumealani
主題　貴方の　名前　為に　カフルメアラニ
主題は貴方の名前です　カフルメアラニ

　　　　　F
E ola ē, ē ē ē
[　生命よ　]
生命よ

解説··

2014年度のNā Hōkū Hanohano Awardsで数々の部門で表彰されたクムフラ、カマカ・クコナは、2011年8月に、祖父母の親しい友人達とアルゼンチンへの旅行をした。ブエノスアイレスで私達は食事をし、そして沢山の話をした。そして"家族と彼女の生活の経験"の多くの物語を共有した。この歌は、お互いの家族の愛を共有する為に書かれたハレアカラー讃歌。

513

'O Ka Uwe A Ke Aloha

Composed by Kawaikapuokalani Hewett　Music arrangement by Blaine Kamalani Kia　Performed by Kamanawa

E
'O ka uwe a ke aloha, Nou e ku'u pua　　愛の悲しみ　私の最愛の人へ
です　　　　悲しみ　の　　　愛　貴方の為によ　私の　花（息子）

E   B7   C#m
'O ka hanini a ka wai, Ho'opulu papalina　　海に注ぐ水のようです　私の頬を濡らす涙は
です　　流れでる　の　　水　　　濡らす　　頬

E   A
Eloelo i ka wai o Kūlanihāko'ī　　クーラニハーコイの水でびしょ濡れになります
びしょ濡れになる　　水　の　クーラニハーコイ

E   B7   C#m
Ha'aloku 'eha'eha, Ho'ohālo'ilo'i　　苦しみを与える激しい雨のように　涙が溢れ出て
激しく降る　痛みを与える　　涙が溢れ出る

Hui:

　　C#m   G#m
E ho'i mai 'oe, E ku'u ipo ē　　貴方は帰って来なさい　私の愛する人よ
[　　帰ってこい　　]　貴方は　よ　私の　愛する人

　　F#m   B7
E ho'i mai 'oe i ka pili　　貴方は帰って来なさい　寄り添って
[　　帰ってこい　　]　貴方は　に　寄り添って

　　C#m   G#m
E ho'i mai 'oe, E ku'u ipo ē　　貴方は帰って来なさい　私の愛する人よ

　　F#m   B7
E ho'i mai 'oe i ka pili　　貴方は帰って来なさい　寄り添って

　　　　　　　　　　E   A   C#m
E ho'i mai 'oe, E ho'i mai 'oe　　貴方は帰って来なさい、　貴方は帰って来なさい

E   A
Ha'eha'e ke aloha, Ha'eha'e 'ia mai　　貴方への愛情と憧れ　貴方への欲求
強い愛情と欲求　　　　愛　　　　　　　方向題

E   B7   C#m
Ha'alipolipo i ka lipo a o ku'u poli　　私の悲しみは暗青色の世界を彷徨います
悲しみで頭を下げる　に　暗青色　の　私の　胸

E   A
Kau mai ka hāli'ali'a me ku'u mehameha　　私の悲しみと共に想い出が突然蘇ります
[　置く　]　突然蘇る想い出　共に　私の　　悲しみ

E   B7   C#m
He aloha e ka Lehua, E ku'u lei poina'ole　　この歌はレフアの花へ愛の歌　忘れ得ぬ私のレイよ
です　愛情　よ　レフア　よ　私の　レイ　忘れ得ぬ

解説

この曲はKawaikapuokalani Hewett の最愛の息子、Kuakapu Hewett (Sept 3,1981~Jan 19,2013) の為に書かれた曲。Kawaikapuokalani
は息子の為に、心の痛み、悲しみを伝える沢山の曲を書いた。Kūlanihāko'ī は、神話で天空の雲の中に在る雨の為の池だと言われている。
Kawaikapuokalaniの悲しみの涙は天空の池をも圧倒する程、流れ出た。Kuakapuは、永遠の愛の一輪のレフアの花として語られているが、
Kawaikapuokalaniの悲しみの涙は計り知れない。

♪ジャンル　ハワイ島

'O Kea'au I Ka 'Ehu O Ke Kai
Composed by Robert Cazimero

'Eā 'eā

```
      G        C         G
Mahea la e ka onaona
  何処に      と    甘い香り
C      G          D7        G
'O Kea'au i ka 'ehu o ke kai
です   ケアアウ  中に    飛沫  の    海
      G        C        G
'Au aku e Hā'ena me Hōpoe
[ 泳いで行く ] よ  ハーエナ  と   ホーポエ
C      G           D7       G
Nā wāhine lewa ami i ke kai
[   女性達   ]  揺れる  アミ 中で   海
```
甘い香りは何処にいるの

ケアアウの海の飛沫の中に

ハーエナとホーポエは泳いで行く

海で腰を振り踊る女性達

```
       G         C          G
Kai 'ilihia nei i ka mana'o
なんとまあ [畏敬の念に打たれる]    思考/願望
C      G          D7        G
'O Puna paia 'ala i ka hala
です   プナ  [パンダナスの香りが漂う森の中の木陰の休息場所]
      G         C        G
La'i wale ka nohona o ia 'āina
穏やか  とても     住居/所在地   の この  土地
C      G         D7       G
Me ka manu nene i ka 'olu
共に      鳥     ネネ 中に   爽やかさ
```
心から畏敬の念に打たれる

ハラの木の甘い香気が漂うブナです

この土地はとても穏やかです

爽やかさの中でネネ鳥と共に

```
       G          C        G
Ke kali mai nei ke aloha
[     待っている   ]     愛情
C      G            D7        G
I ka ua wehi o Mauna'ihi
中で   雨   装飾    の   マウナイヒ
      G          C        G
Heahea me ka leo nahenahe
温かくもてなす 共に    声     優しい
C      G          D7      G
Huli aku lā e ho'i i ka pili
[  向きを変えて  ] [ 帰ろう ] [ピッタリ寄り添う]
```
愛情が待っています

マウナイヒ雨の飾り付ける雨の中に

優しい声が呼んでいます

戻って来て一緒になろうと

O

Kū ke 'A'ali'i ha'a i ka makani
G   C   G
立つ   アアリイ   低い   中に   風

アアリイの花は風の中に低く咲いて

Māpu mai ana i ka lei 'Ilima
C   G   D7   G
[甘い香りが漂う   ] が   レイ   イリマ

イリマのレイの　甘い香りは漂う

Hoalani o ka ua Wa'ahila
G   C   G
空の友達   の   雨   ワアヒラ

ワアヒラ雨、空のお友達

Kama malu ho'i kau i ka wekiu
C   G   D7   G
子供   隠れ場   正に   置く   に   最高位

最高な子供は頂きに置かれます

U u u u

ウーウーウーウー

解説‥‥

クムフラ、ロバート・カジメロのCD「HULA」で歌われている。冒頭の歌詞から推測すると、Kahiko「Ke Ha'a 'ala Puna」から、ヒントを得た作品のようだ。

Kahikoの歌詞は [Ke ha'a 'ala Puna i ka makani,---- Ha'a Hā'ena me Hōpoe-----Ha'a wahine 'oni kai o Nānāhuki] と踊る、火の女神ペレに捧げられた古典フラだ。今回は面白い曲の構成で、同じ歌詞で1番2番と順に異なったメロディーで反復して歌われる。

© MOUNTAIN APPLE COMPANY INC
All rights reserved. Used by permission.
Rights for Japan administered by HOTWIRE K.K.

♪ジャンル ハパハオレ

'O Kēia 'Āina

Composed by Lorna Kapualiko Lim

Bb   Dm
Sunshine, its early dawn   太陽の光　早い夜明け

    Eb   Bb
The clouds are moving along   雲は流れて

Bb   Dm
A dirt road leads me there   泥まみれの田舎道が私を招きます

    C7   F7
While breeze sing me a song   そよ風が私に歌いかける間

Eb   F7
In sweet harrmony   甘いハーモニーで

Chorus:

  Eb   Bb   Eb   Bb
'O kēia 'āina, magic of this place   この大地　この土地の魔法

  Eb   Dm   C7   F7
'O ku'u 'āina, land of my birth   この土地　私の生まれ故郷

  Eb   Bb   F7   Bb
'O ka 'āina, its a heaven on earth   この土地　大地の天国

Bb   Dm
Memories of happier times   より幸せな時の記憶

    Eb   Bb
With laughter in the air   笑い声に溢れる野外

Bb   Dm
Stories told on the old front porch   語らいは古い正面のポーチで

    C7   F7
As we listened, sat, and stared   私達は聞いて、座って、じっと見つめていています

Eb   F7
Oh those memories...   おー　数々の楽しい想い出

Bridge:

Gm   Dm
While siting underneath the tree   木の下に座り

   E♭   B♭
With my head upon your knees   貴女の膝の上に私の頭を乗せて

Gm   Dm
Of Tūtū, please tell me   おばあちゃん　話を聞かせて頂戴

     E♭   F7
Of how the days here, used to be   毎日ここであったことを

B♭   Dm
Sunset its time to go   時が過ぎて日が暮れれば

 E♭   B♭
The stars begin to shine   星が輝き始め

B♭   Dm
Lanterns lit, it warms inside   ランタンが灯されて　中で温もります

 C7   F7
Its only in my mind   私の心の中だけで

E♭   F7
Come reminisce with me   私と一緒に追憶の中で過ごしましょう

解説‥‥
1998年ハワイ島コハラに住む有名な音楽家族リム・ファミリーの末娘ローナ・リムが書いた家族愛の物語。コハラ地区といえばコハラ山脈から吹き下ろすキープウブウ風が吹き下ろす長閑な農村そして牧場地区。神話ではカウアイ島の王子アイヴォヒクブアとマウナ・ケア山の雪の女神ポリアフが恋に落ちた出会いの場所だ。

♪ジャンル　ハワイ島

'O Kīlauea
Words by Kalikolīhau Paik　Music by Kellen Paik

G
Pōhai ‘ia e ka wao kele
[　囲まれている　] によって [　　高地の森　　]
C　　　　　　　G
‘O Kīlauea i ka ‘ikena
です　キーラウエア火山　　　見物／知る事
Em　　　　　　　A7
Hanu lipo i ka anuhea
呼吸する　暗青色　を　森林地帯の涼しく心地よい香り
C　　　　　D7　　　G
O ka lau nahele e oha ai
の　　葉　　森　　[青々と繁茂する]

高地の森に囲まれている

キーラウエア火山を見た

冷たい涼しい森林の香りの中で呼吸している

青々と繁茂する森の葉の

G
Kāhelahela mai ana
[　　一面に広がってくる　　　]
C　　　　　　　G
‘O Halema‘uma‘u
は　　　ハレマウマウ火口
Em　　　　　　A7
Hāli‘i ‘ia e ka uhiwai
[シーツを広げる] によって　　濃い霧
C　　　D7　　　　G
Kauahe nei i ka lewa
[　大気に浮く　] に　　空

私の目の前に広がっている

ハレマウマウ火口は

濃い霧のシーツを敷いた様に

大空に浮いている

G
‘Ākoaoa nā ‘I‘iwi
集まる　[イイヴィ鳥達]
C　　　　　　G
I Ha‘akulamanu
に　　ハアクラマヌ
Em　　　　　　A7
Kālewalewa i ka uka
あちらこちらへ移動する　　　高地
C　　　　D7　　　　　G
Halakau mai i ka poli
[　鳥は高い所に止まる　] 胸（心）の

イイヴィ鳥達は集まる

ハアクラマヌに

高地のあちこちに移動して

鳥は高い木に停まる　私の心の

G
E walea aʻe ka manaʻo
[　寛ぐ／気楽に　]　　　　気持ち
私の心は寛ぐ

C　　　　　　　　G
ʻO Kīlauea i ka ʻikena
です キーラウエア火山　　　見物／知る事
キーラウエア火山を見物して

Em　　　　　　　　A7
Ka ʻāina wehi i ka hano
　　土地　　飾り付け　　　　威厳ある／華やかに
大地は威厳を持って飾られている

C　　　　　D7　　　G
Leia mai i ke aloha
[　レイにして　]　を　　　　愛情
愛情をレイにして

C　　　　　D7　　　G
Leia mai i ke aloha
[　レイにして　]　を　　　　愛情
アロハをレイにして

F　　　　　　　　F　　G　　　F　　　　F
Halemaʻumaʻu, A ka kula manu, kou kino ē
　　ハレマウマウ　　そして [　小鳥達が集まる平原　]　あなた　　体　よ
ハレマウマウ火口　小鳥達が集う平原
貴方の美しい姿よ

解説‥‥‥
マウイ島の若い音楽夫婦のデュオ、Kūpaoa が作詞作曲した新しいハワイ島キーラウエア火山讃歌。長年、Alice K. Nāmakelua が作詞作曲した曲が定番で歌われてきたが、新しいキーラウエア讃歌が誕生した。Haʻakulamanu は、キーラウエア火山のSulfur Banks の古い呼び名で、昔から鳥達が集まる場所だと伝えられる。火山公園のビジターセンターからサルファー・バンクトレイルを歩いて5分程歩くと見えてくる硫黄が多く出ている丘なので、鳥が集まるとは謎。

♪ジャンル　カヒコ　　王族

Ō Mai ‘O ‘Emalani
Traditional

Ō mai, ‘o ‘Emalani ke ‘ali‘i nona ia inoa
答える　[　エマラニ王女　]　首長　彼女の　この　名前

答えて　エマラニ王女　貴女の名前を

Ua ho‘onu‘anu‘a i uka, ka uahi ‘o kula
積み重ねる　に　高地　煙／塵　は　クラ

高地に雨は降り止まず　クラは煙る

Ua hāli‘i ke kūmoena wai a ka nāulu
[シーツを広げた]　積み重ねたマット　水　の　にわか雨

にわか雨のシートを積み重ね、広げたようだ

‘A‘ohe hana a ka ua ‘Ukiu, e la‘i nei
〜はない　動作　の　雨　ウキウ風　[　静かです　]

ウキウ風に吹かれた土砂降りの雨は、
今は止んでいる　静かだ

E ho‘okō ‘ia ana e ka ua ‘Ulalena
[　実行される／されている　] によって　雨　ウララナ

それは金色のウラレナ雨によってもたらされ

E ka ua kāhiko kukui o Liliko‘i
おー　雨　飾り付け　ククイの木　の　リリコイ

雨はリリコイのククイの木を飾り付ける

Ā eia iho ‘oe
そして　ある　下がる／進む　貴女は

そして　貴女はここに居ます

Ho‘okahi nō mea i ‘ae ‘ia ke kūkahi
唯一つ　　人　[　同意される　]　唯一つしかない

唯一人の人に、唯一つの地位が与えられ

‘O ‘Emalani ka mea nona ke po‘o aupuni
です　エマラニ王女　物　彼女の　支配者　国家／王国

エマラニ王女は、王国唯一人の支配者だ

Kō hae kalaunu lā ho‘okau ‘ia iho, eō e
旗　有名な　[　実現される　]　答える　おー

貴女の誉れある国旗はここに掲揚される

解説 ‥‥
このチャントはプアケア・ノゲルメイヤーがエマ王女の為に編集した「He Lei No Emalani」からクムフラ、カマカ・クコナが選び、彼のCDで
歌っている。王女の栄誉を称えると共に、マウイ島のハレアカラー火山に登る道筋のクラ高地、そこに吹くウキウ風、土砂降りのウラレア雨を
語っている。2010年に開催されたHula O Nā Keiki 2010でKumu hula Hōkūlani Holtの教室が踊った。

♪ジャンル 讃美歌

'O 'Oe Kahi Mea Nui
Composed by Johnny Lum Ho

Dm   G7 Dm   G7
Kani maika'i, Kani maila ē,
音がする 素敵な 音がする そこに／あそこに

素敵な音がします　あそこに音が

C
'Auhea wale 'oe ke ali'i nui lā
[どこにいるの] 貴方は 王 偉大な

偉大な王　貴方はどこにいるのですか?

G7
'O 'oe ka lilia noe o the valley lā
です 貴方 百合 霧 の 渓谷

貴方は渓谷の百合です

F
Sila pa'a kou aloha i ku'u poli lā
[封印する] 貴方の 愛 に 私の 胸

貴方の愛は私の胸に閉じ込めます

C   G7   C
Poli pumehana 'olu'olu i'ō nō
[温かい思いやり] 爽やかな 真実の

本当に爽やかな温かい思いやり

F   C G7 C
E aloha ē, e Aloha ē
[崇拝します]

神様を愛します　アロハ　エー

C
He ke akua mana lani ki'eki'e lā
です 神様 マナ 天国 高い

高い天国の神秘的な能力の神様

G7
Kō 'ōlelo 'oia'i'o pa'a i loko lā
話 真実の しっかり 中に

貴方の真実の話は

F   C
I loko o ku'u pu'wai hāmama lā
[中に] 私の 心 開いている

私の開いた心の中に

C   G7   C
Aloha ē, Kekahi ē kekahi
[愛よ] 一つ

愛よ　唯一つの　一つの

F   C   G7 C
E aloha, e Aloha, e Aloha ē
[崇拝します]

神様を愛します　アロハ　エー、アロハ　エー

C
Ha'ina ua wehe mai ka 'ōlelo lā
告げる [開いた] 話

神のお告げは開いた心に

G7
'Ōlelo o ke ali'i nui o kalani lā
話す 王様 偉大な の 天国

天国の全能な王様のお話です

F   C
Ho'omākaukau no kona hiki ana mai lā
用意する 為に 彼の [来る]

彼が来る為に準備しよう

C   G7
Kokoke e, kokoke nō
接近した

直ぐに　直ぐに

F   C   G7 C
E aloha ke akua e aloha ē
[崇拝します] 神様

神様を愛します　アロハ　エー

（2度目のみ）

F		C		G7		C	

E ke ali'i mana lani ki'eki'e lā
よ　　神様　　マナ　　天国　　高い

高い天国の神秘的な能力の神様よ

Ending:

Dm		G7	Dm			G7	

Kani maika'i, Kani maila ē,
音がする　素敵な　　　音がする　そこに／あそこに

素敵な音がします　あそこに

	C	

Kani ē
音　　よ

音よ

解説‥‥‥

クムフラ、ジョニー・ラム・ホーは非常に信心深いと言われている。正にこの曲は彼の心を表現しているのだろう。ハワイ民謡で神を讃える曲は、この曲と同様に軽快な節回しの歌が多い。日本人の性格と比較すると面白い。信心深い国民にとって、神様は楽しい天国の象徴なのだ。

'O 'Oe Nō Paha Ia
Words by Devin Kamealoha Forrest   Music by Keali'i Reichel

G   D7 Em   Bm
'O 'oe nō paha ia, e ka lau o ke aloha きっとあなたです　愛の（木の）葉よ
です　あなた　多分　　　　　よ　　葉　の　　愛（の木）

C   G Am   D7
'O ia nō paha ia kau mai nei ka hali'a 多分そうです
[　多分そうです　]　この　[　置いてある　]　今　突然蘇る愛の想い出 突然蘇る愛の想い出がここにあります

G   D7   Bm
Alia mai ho'i 'oe, a ka pā a ka Inuwai あなた　待っていてね　イヌヴァイ風が吹いてきます
[　待ってください　]　本当に　あなた　そして　吹く風の　イヌヴァイ風

C   G Am D7 Bm
He Kēwai ko uka e kō ahe mai nei 吹いてくる優しいそよ風は　高地のケーヴァイ風です
です　ケーヴァイ風　[　高地の　]　よ　[　そよ風の　][ここに吹いてくる]

E Bm Em   Bm   D7
E mai ke 'Alalaua'e i 'olu kāua 私達二人に穏やかな　アララウアエ風、吹いて来て
[　来て　]　アララウアエ風　に　爽やかに　私達二人

G   D7 Em   Bm
'O ka lau a'e nō ia o ku'u aloha 木葉です　私の愛する人
です　葉　上の方の　　の　私の　愛する人 （lau a'e → laua'e ＝ 最愛の、恋人の　言葉の遊び？）

C   G Am   D7
'O ia nō ho'i ia 'o ka wai puna 多分そうです　湧き出る泉は
[　多分そうです　]　この　は　[　湧き出る泉　]

G   D7   Bm
Na wai lā e 'ole ke kau o ka 'ōpua 泉の為に雲が高く浮かんでいることを否定できますか
為に　水　[～を否定する]　高所に載せる　の　雲

C   G Am D7 Bm
'O ka wai o luna e kili iho nei 静かに雨となって降ってくる高地の水です
です　水　の　高地　[　静かに雨が降ってくる　]

G   D7 Em   Bm
Pehea mai nō ia e mau loa ana どうして降るの　いつまでも続くの
[　どうして来るの　]　[　いつまでも続く　]

C   G Am   D7
'O ka pua a'e nō ia e ka Inuwai 吹き続ける　イヌヴァイ風よ
です　[　風（や煙）が吹き続けること　]　よ　イヌヴァイ

G   D7 Em   Bm
Aia paha i uka e malu mau ai 多分高地は何時も平穏な状態です
ある　多分　に　高地　[　常に平穏なにある　]

C   G Am D7   G
'O ke Kēwai nō ia e ho'ola'i mai nei ケーヴァイそよ風が穏やかにしています
です　ケーヴァイ微風　[　穏やかにしている　]

Am D7   G
E kō ahe mai nei 吹いてくる優しいそよ風よ

Am D7 Em
E kili iho nei 静かに雨が降っている

Am D7   G
E ho'ola'i mai nei 穏やかにしています

解説・・・

2014年11月に発売されたKeali'i ReichelのCD「KAWAIOKALENA」で歌われている。解説によれば最初の2行は古いKahikoから引用したとのこと。作詞家のDevin Kamealoha Forrestは、ケアリイが作ったメロディーに、彼の人生経験を元に素晴らしい作詞をした。不幸な時代を乗り越えて愛を成就させた素晴らしい曲が完成した。Pehea mai nō ia--- どうなってるの？　Aia ke 'ike akuまだ判らないよ。と解説の最後に書いてある。
同じような文の形が出てくるので参考にしてください。
E 動詞 ai　命令又は強意を表現する
E 動詞 ana　完了しない行為と未来を表現する
E 動詞 nei　完了しない行為と未来を表現する

♪ジャンル [カヒコ] [神話]

‘O Pele Ko‘u Akua

Traditional

‘O Pele la ke akua,
です　ベレ　　　　神様

神様はペレです

Miha ka lani, miha ka honua,
静かにする　　天国／空　静かにする　　　　地球

天国と地球を静かにして下さい

‘Awa ikū, ‘Awa lani,
アヴァ 礼儀正しい　アヴァ　天国

礼儀正しいアヴァ　この天国のアヴァ

Kai ‘awa‘awa, Ka ‘awa nui a Hi‘iaka,
海　酸っぱい／苦い　　　アヴァ　大きな の　ヒイアカ

酸っぱいのは　ヒイアカの大きなアヴァです

I kū i Mauli ola ē, *
［立った］　マウリ・オラ

それはマウリ・オラに立っていました

He ‘awa kapu no nā wahine....E kapu !
です　アヴァ　カプ　の　［ 女性達 ］　［ カプだぞ ］

アヴァは女性に禁じられています
それはタブーです

Kai kapu kou ‘awa, e Pele a　　Honumea,
海　禁忌　貴女の　アヴァ　よ　ペレ　そして　ホヌメア（ペレのサメの神の兄）

海辺で禁忌の中で作られた貴女のアヴァは、
ペレとホヌメアよ

E kala, e Haumea wahine,
［ 宣言して ］　よ　［ ペレのお母さんハウメア ］

宣言して下さい、ハウメア（Pele のお母さん）よ

‘O ka wahine i Kīlauea,
です　　女性　に　キーラウエア

キーラウエアの女性（ペレ）

Nāna i ‘eli a hohonua ka lua,
彼女によって　穴を掘る　の　　土地　　　穴

土地に穴を掘る女性

O Mau-wahine, o Kupu‘ena
マウー　　　　女性

マウ - ワヒネととクプエナ

‘O nā wāhine i ka inu hana ‘awa
です　［ 女性達 ］を　飲み物　作業　アヴァ

アヴァを作る女性達

E ola nā kua malihini !
よ　生命　［ 新顔の女神達 Kua=Akua ］

新顔の女神達の生命よ

I ka ma‘ama‘a la i ka Pua lei
慣れている　　で　プア　レイ

手慣れたプア・レイ

E loa ka wai ‘Āpua,
遠い　　水　アーブア

アーブアの遠い水

Ka pi‘ina a Kūkalā‘ula,
登る　の　クーカラーウラ地区

クーカラーウラ地区に登る

Ho‘opuka aku i Pu‘ulena,
［　太陽が昇る　］　に　プウレナ

プウレナに太陽が昇る

‘Āina a ke akua i noho ai
土地　の　　神様　［ 住んでいる ］

神様が住む大地

'Ohe Ko'u Inoa

Kānaenae a ke akua malihini
の　　　神　　　新参者

これは新顔の女神達への私のチャントです

O ka'u wale iho lā nō 'ia, 'o ka leo
私の　[　　ただ〜のみ　　]　です　　　声

私の本当の務めの声です

He leo wale nō, ē....E ho'i !
です　声　[　ただ〜のみ　]　[　帰ろう　]

声のみです　帰りましょう

O

解説・・・
火の女神ペレに祈りを捧げるフラでは、植物の'Awaが使われることがあり、この場合Pahuが乱打される事があるという。この曲には、ハーラ
ウにより、部分的に異なった詩があり、伝承されている歌詞が異なる。古代、文字文化を持たなかったハワイの歌人が、伝統の詩を語り継い
で来たことが判る。この歌詞はSonny ChingのCDから引用した。

※参考　he 'awa kaulu ola ē
　　　　だ　アヴァ　場所　生きる　（アヴァの低木が在る場所だ）

♪ジャンル ハワイ島 神話

'Ohelo Beauty
Composed by Kawaikapuokalani Hewett

E   A   D
Nani wale nō 'oe, e ka pua 'Ōhelo
美しい　[　とても　]　あなたは　よ　　花　　オーヘロ
あなたはとても美しい　オーヘロの花よ

E   B7
Kahiko lei 'ula o ka wahine Pele
装飾する　レイ　赤い　の　[　　火の女神ペレ　　]
火の女神ペレを飾る赤いレイ

E   A
Hiehie wale 'oe me ka Lehua
人を惹きつける　とても　あなたは　共に　　レフア
あなたはレフアと共に人々を惹きつけます

E   B7   E
Hōpoe i ka uka hāena'ena, ē
ホーポエ　に　　　高地　ホーポエがペレの溶岩で焼き殺された丘
ホーポエが溶岩に飲まれた熱い高地に

O

E   A   D
O ke 'ala kūpaoa honihoni i ka ihu
香気　充満する香気　キスする　に　鼻
キスする時、充満する香気

E   B7
Moaniani maila i ku'u poli
風に漂う香り　そこに　に　私の　胸
私の胸に風で漂う

E   A   D
Halihali 'ia mai e ka Pu'ulena
[　運ばれてくる　]　によって　　プウレナ風
プウレナ風に乗って運ばれてくる

E   B7   E
Polinahe 'ana mai ho'ola'ila'i
[　　快く静かな事　]　来る　気持ちを軽くさせる
快く静かに気持ちを軽くする香気

E   A   D
E ka 'Ōhelo beauty, e ku'u ipo ho'oheno
よ　　オーヘロ　　美しい　よ　私の　恋人　　愛する
美しいオーヘロの花、私の愛する恋人よ

E   B7
Pili 'ia maila me ke aloha
[寄り添わせる]　そこで　と　　　愛情
愛情と共にそこで寄り添う

E   A   D
E ku'u lei nani i poina 'ole 'ia
よ　私の　レイ　美しい　[　決して忘れられない　]
私の美しいレイよ　決して忘れることはない

E   B7   E
Hi'iakaikapoli a mau loa ē
ヒイアカイカポリ　[　永遠なれ　]　おー
ヒイアカイカポリ、あなたは永遠なれ

解説 ···
有名な火の女神ペレの愛したオーヘロの花。この歌には火の女神の物語の主役
二人の女神ペレ、末の妹女神ヒイアカ、そしてレフアの園を管理していた少女ホーポエが登場する。いずれも、Kawaikapuokalaniの沢山の
作品に登場するスターだ。
'Ōhelo　自生のツルコケモモ属の低木。赤又は黄色の水分の多い小さな果実で女神ペレの好物。ハワイ人はもしも見つければ、一粒を先ず
ペレに捧げる。

♪ジャンル ハパハオレ

'Ōkole Ma Luna
Composed by Harry Owens

Bottoms up ! to the land [F]	乾杯！ 乾杯！
Where the lazy days roll along [F] [B♭] [F]	のんびりした日は、どこに走って行こうかな
Raise and cheer ! lend an ear ! [F]	元気はハツラツ 聞いてください
To an old Hawaiian drinking song [C7] [F]	古いハワイの乾杯の歌を
'Ōkole ma luna, 'Ōkole ma luna [F] [C7]	乾杯 乾杯 （ お尻を 上に ）
Let's raise the cup, and bottoms up ! [F] [B♭] [F] [B♭]	カップを上げて 底を上げよう
To the paradise we love [F] [G7] [C7]	私達の好きなパラダイスへ
'Ōkole ma luna, 'Ōkole ma luna [F] [C7]	乾杯 乾杯
With spirits high, Let's drink the cup dry [F] [B♭] [F] [B♭]	気分はハイ さあ飲んで空にしよう
To the stars above ! 'Ōkole ma luna [F] [C7] [F]	大空の星に 乾杯
I'll drink to the hula ladies [B♭] [F]	フラ・ガールに乾杯
Dancing along the shore [B♭] [F]	浜辺を踊りながら
And to you sweet-heart, aloha ! [B♭] [E7] [F]	あなたにアロハを
I'll love you forevermore [G7] [C7]	何時迄もあなたを愛します
'Ōkole ma luna, 'Ōkole ma luna [F] [C7]	乾杯 乾杯
May the ships at sea, never be bottoms up ! [F] [B♭] [F] [B♭] [F]	海の船はボトム・アップしてはダメ
'Ōkole ma luna [C7] [F]	乾杯

     F   C7   F
And now it's time to drink !　　　　　　さあ　飲む時間です

       F   C7   F
Come on, Let have a drink !　　　　　さあいらっしゃい、飲もう

 F   C7   F
How about a little drink !　　　　　　チョット一杯いかが?

 F   C7   F
How about another drink !　　　　　　もう一つの飲み物はいかが?

         F   C7
'Ōkole ma luna, 'Ōkole ma luna　　　　乾杯　乾杯

         F   B♭   F   B♭   F
May the ships at sea, never be bottoms up !　海の船はボトム・アップしてはダメ

C7   F
'Ōkole ma luna　　　　　　　　　　　乾杯

解 説 ···

1935年、ハリー・オーエンスが書いた乾杯の歌。ハリーは、「Hawaiian Paradise」「Sweet Lei Iani」「To you sweet heart aloha」等、数々
の名曲を世に送り出した作曲家であり、Royal Hawaiian bandのリーダー。 'Ōkole ma luna は、伝統的なハワイ語の乾杯ではなく、尻を上
げるという意味でハワイ語を当て字にしたもの。本来の乾杯は、ハワイ語で、Kāmau kī'aha（グラスを斜めに傾ける）という。

© Copyright 1935&1938 by SHAPIRO,BERNSTEIN & CO.,INC.,New York,N.Y., USA.
Rights for Japan controlled by Shinko Music Entertainment Co.,Ltd.
Authorized for sale in Japan only

♪ジャンル ハワイ島

Olehaleha Ku'u Maka I Ke Ahi Pele
Composed by Johnny Lum Ho

C
Aia lā 'O Pele
いる　　おー　ペレ　　　　　　　　　　　　　火の女神ペレはいる

F　　　　　　C
I Hawai'i 'eā
に　　ハワイ　エアー　　　　　　　　　　　ハワイ島に　エアー

C　　　　　　　　　G7 C
Ke ha'a mai lā i Puna
[　膝を曲げて踊っている　]　で　ブナ　　ブナで腰を低くして踊っている

C
Pahū aku ka lua Pele
[　爆発する　]　　　火口　ペレ　　　　　　ペレの火口は噴火する

F　　　　　　　　C
I luna o ka pu'u 'eā
[　上に　]　の　　　山頂　　　　　　　　　ハレマウマウ火山の山頂で

C　　　　　　　　　G7　　　C
O pu'u 'ō'ō mālamalama
の　山頂　オーオー溶岩　光る　　　　　　輝く山頂のオーオー溶岩の

C
Mai ke kuahiwi a Hilo
から　　　　　山　　の　ヒロ　　　　　　ハワイ島ヒロの山から

F　　　　　　　C
I lalo i ke kai 'eā
[　下の方に　]　に　　海　　　　　　　　　下方の海に

C　　　　　　G7　　　C
Lehaleha i ku'u maka
目を向ける　　を　私の　　目　　　　　　　私の目を向ける

C
O ka pā kōnane
[　　輝く月の光　　　]　　　　　　　　　輝く月の光

F　　　　　C
A ka mahina 'eā
そして　　お月様　　　　　　　　　　　　そしてお月様　おー

C　　　　　　　　　G7　　C
ka nani 'ulalena pōuliuli
美しい　　赤黄色　夜の濃い青　　　　　　青暗い夜空に赤黄色の美しい月

C
Ua hanu ka uahi 'eā
[　動作をした　]　　　煙　　　　　　　　噴煙が漂う

F　　　　　　　　　　C
'O ka Wahine Pele 'eā
です　　[　　女神ペレ　]　　　　　　　　女神ペレです

C　　　　　　　　G7　　　C
Kū mai ka makani, pō niu niu
[　現れる　]　　　風　夜　回転する　　風が吹いてくる　夜は更ける

C
Ua hele ʻaoʻao
[　行った　]　境界を示す物

F　　　C
ka luahine ʻeā
　　老女

C　　　　　　G7　　C
ʻAuana i waho, i ka nāhele
さまよう　[　外へ　]　へ　　森林

境界を超えて行く

老女の姿をした女神ペレ

放浪する　森林へ

C
Ka naʻe a ka lua
　風上　　の　　噴火口

F　　　　C
Mai e ka Pele ʻeā
来る　よ　　ペレ　おー

C　　　　　　　　G　　　C
Moku pāhoehoe, me ka ʻaʻā
一気に解き放された　パーホエホエ溶岩　　アアー溶岩

噴火口の風上

来る　火の女神ペレよ　おー

一気に解き放たれる
パーホエホエ溶岩とアアー溶岩

C
E ō mai e Pele
[　答えてください　]　よ　火の女神ペレ

F　　　　　C
E ola mau loa ʻeā
よ　[　永遠の生命　]　エアー

C　　　　　　　　　　G7　　　　　　　　　C
E noho i ka lua, O Halemaʻumaʻu
[　住む　]　に　噴火口　の　ハレマウマウ火山

答えてください　火の女神ペレ

永遠の生命よ　エアー

ハレマウマウ火山の噴火口に住む

解説‥‥

題名「Olehaleha (圧倒される／目がくらむ) Kuʻu Maka　(私の目) I Ke Ahi Pele (女神ペレの火で)」、「女神ペレの火で私の目はくらむ／
圧倒される」というタイトル。パーホエホエはドロドロと流れ下る溶岩、アアーは吹き上げるゴツゴツした溶岩。2016年のメリー・モナーク・
フェスティバルで優勝したジョニー・ラム・ホーの作品。火の女神ペレの神秘的な力を表現した踊りはどんな振り付けだったろう。想像する
だけでも楽しくなってくる。

♪ジャンル　オリ

Oli Mahalo
Traditional

'Uhola 'ia ka makaloa lā
[　広げられる　]　　　マカロア・マット

マカロア・マットを広げて

Pū 'ai 　　i ke aloha lā
[僅かな食物を分かち合う]　　　愛情

アロハを込めて僅かな食べ物を分かち合います

Kū ka'i 'ia ka hā loa lā
[　挨拶を取り交わす　]　[　深呼吸　]

大きな呼吸で挨拶は取り交わされました

Pāwehi mai nā lehua
[　美しくなる／飾られる　]　　レフア

レフアの花は美しく彩られています

Mai ka ho'oku'i a ka hālāwai lā
から　　　　　天頂　　そして　　　　　出会い

天頂から地平線まで（熟語）

Mahalo e Nā Akua
有り難う　よ　[　神々　]

私達の神様に感謝します

Mahalo e nā kūpuna lā, 'eā
有り難う　よ　[　祖先達　]

私達の祖先に感謝します

Mahalo me ke aloha lā
有り難う　共に　　　愛情

感謝、尊敬、ありがとう　愛を込めて

Mahalo me ke aloha lā
有り難う　共に　　　愛情

全ての人に、出会った人、見知らぬ人に
感謝しましょう

解説・・
Oli Mahaloには、色々な歌詞がある。しかしどの歌詞でも神様、先祖、両親等日常生活で感謝の対象となるべき存在に捧げられている。従っ
てどの歌詞が正しいとか誤りだとかいう話ではない。ここに書いた歌詞はカメハメハ・スクールで唱えられているオリだ。Makaloaマットは通
常植物繊維で織られたマットで、ニイハウ島特産のPāwehe matは有名だ。

♪ジャンル　オリ

'Ōmata Pahe'e Te Aloha
Words by Keali'i Reichel   Arrangement by Kekuhi Keali'ikanaka'oleohaililani

No ta 'ōmata pahe'e te aloha
[　　Slippery Nipple カクテルの名前　　]

オーマタ・パヘエ・カクテル、私は大好きだ

Halalē le'a i ke tulu aumoe
音を立てて飲む　楽しく　[　　夜更け／真夜中　　]

夜、楽しみながら音をたてて飲みます

Tito'o ālelo, pu'u tō nutu
いっぱい伸ばす　舌　　出っ張る　　唇

舌は突進して、唇は突き出ます

Tīti'i walawala te momoni atu
後ろに反らす　傾く　[　　ぐっと飲む　　]

ぐっと飲み込む時、頭は後ろに傾きます

Hūtā !

ワーイ

Hui:

E hūtā a e inu tēnā lā
[　飲んだくれる　]　[　　飲む　　]　それ

それを飲んで飲んで飲み干して

Tītala 'ōniu, ihu talatala
お尻　　ぐるぐる回す　鼻　　　いかつい

お尻はもがいて、鼻はいかつく

Talala'a tō waha te 'ite atu lā !
悲鳴をあげる　[　あなたの口　]　[　見て　]

あなたは、それを見て悲鳴をあげます

'Ōmata tūlewa i te alo
乳首　空間をゆっくり動く　　正面

あなたの前をゆっくり動く乳首を

Pīhole tō lima i ta pātete
もじもじする　[　あなたの手　]　で　　ポケット

あなたの手は、ポケットで手探りします

'Eke pu'upu'u, piha teniteni
ポケット　　積み重ねた　　一杯の　小銭／10セント

積み重なったコインでいっぱいの

Utu 'oe na'u, a na'u e inu
支払う　あなたは　私のために　[　　飲む　　]

あなたは私に支払います、
そして、私はお酒を飲みます

Cheering ho'i kāua ... den jus hele atu !
喝采する　本当に　　私達　[　　出て行く　　]

活発に喝采する私達 .... そしてすぐに、離れて

Mai hoʻotē ʻoe iaʻu, e te hoa
［押し合って入らないで］ あなた　私に，　よ　［ 私の友人 ］

私の上で押し合わないで、私の友人よ

O hōʻā, hōʻeha ʻia tō lima
火をつける　［ 苦痛を科される ］ ［ あなたの手 ］

あなたの手がとても痛い火傷をしないように

Na te ālelo luhi e puana atu
の為の　　舌　疲労した ［　テーマを告げる　］

テーマを告げる疲れた舌の為に

I te aloha o ta ʻōmata paheʻe
で　　　愛情　　の ［ Slippery Nipple カクテルの名前 ］

スリッパー・ニップルの愛情で

解説 ･･･
ハワイの典型的なカオナ。ʻōmata paheʻe（ʻōmata＝乳首、Paheʻe＝つるつるした）は、Slippery Nipple（つるつるした乳首）と呼ばれる甘味のあるバターとスコッチ・ウイスキーを混ぜたカクテルのこと。友人と飲んで楽しもう。この歌はベロベロになってどうなったのだろう。
Kāmau kiʻaha　乾杯しよう。
Ōmata＝ʻōata tītī, ʻōata ū（タヒチ語辞書 乳首）ʻEke＝ポケット（陰嚢）
この曲の場合、T を K に置き換えれば、全てハワイ語になる。

© PUNAHELE PRODUCTIONS,INC.
The rights for Japan assigned to FUJIPACIFIC MUSIC INC.

'Ōpelu

Composed by Lizzie Alohikea

G C   G
'Ōpelu lomi lima ia
サバ 揉む 手

    G   A7
A he 'ono a he 'ono
[そして] 美味しい

D7
A he 'ono ke moni
[そして] 美味しい ぐっと飲むめば

サバを手で揉み揉みして

そして　美味しいよ　美味しいよ

美味しいよ　ぐっと飲み込めば

    G   C   G
'Ama'ama kāwalu ia
ボラ   ティーリーフで巻き焼いて食べる

    G   A7
A he 'ono he 'ono

D7   G
A he ono ke moni

ボラはティーリーフで巻いて焼いて食べます

そして　美味しいよ　美味しいよ

そして　美味しいよ　美味しいよ

    G C   G
Ha'ina ana ka puana

    G   A7
A he 'ono he 'ono

D7   G
A he ono ke moni

物語は終わります

そして　美味しいよ　美味しいよ

そして　美味しいよ　美味しいよ

解説・・

この曲を演奏してハワイ音楽の楽しさを世に知らしめた演奏家の名前はSolomon Ka'aiai Ho'opi'i、1902年ホノルルで生まれ53年に病死。
ハワイ音楽界の鬼才と言えるスチール・ギターの名手で1935年の演奏で知られるようになった。お酒を飲んで魚を食べてと楽しいハワイ人
の生活を想像させる。

Pa'ani Kanali'i
Composed by Eleanor Ahuna & J.J.Ahuna

G
Pehea kou mana'o, 'eā 'eā
如何ですか　貴方の　　願望　　ランラン

C　　　　　　　　G
Kou wā Kamali'i, 'eā 'eā
貴方の　時代　子供　　ランラン

G　　　　　　　A7
Pa'ani kamali'i, 'eā 'eā
遊び　　子供　　　ランラン

D7　　　　　　G
Pa'ani le'a le'a, 'eā 'eā
遊び　楽しい　楽しい　ランラン

貴方の願いは何ですか　ランラン

貴方の子供時代の　ランラン

子供の遊びです　ランラン

楽しい楽しい遊びです　ランラン

G
Pa'ani mapala, 'eā 'eā
遊び　　大理石　　ランラン

C　　　　　　　　　　G
Mai pauka a ka puka, 'eā 'eā
から　外との境界　の　　門

G　　　　　　　　　A7
Momona ma ka circle, 'eā 'eā
よく肥えた　で　　丸く　ランラン

D7　　　　　　　G
Kou kini kalaka, 'eā 'eā
貴方の　大きな　標的　　ランラン

大理石の様に素晴らしい遊び　ランラン

門を通り抜けてから始まります　ランラン

よく肥えたまん丸な体　ランラン

貴方は大きな標的です　ランラン

G
Kiloi kou kini pōpō, 'eā 'eā
じっと見る　貴方の　大きい　丸い　ランラン

C　　　　　　　　　　　G
We go play dodgeball, 'eā 'eā
私達　[　　ドッジ・ボールをする　]　ランラン

Auwee! Ua 'eha ko'u kino, 'eā 'eā
アウウェー　[痛んだ／苦しんだ]　私の　　体　　ランラン

貴方の大きい丸い体を見て　ランラン

私達はドッジ・ボールを楽しみます　ランラン

アーアー　僕の体は痛かった　ランラン

G
Holo ou kou e pe'e, 'eā 'eā
走る　　貴方の　よ　隠れる

C　　　　　　　　　　　G
Helu ana au i 'umi, 'eā 'eā
[　数える　]　私は　を　10

G　　　　　　　　A7
'Auhea ou kou, 'eā 'eā
どこに　　　貴方　ランラン

D7　　　　　　　　　　　　　　　　G
Aha! I spak you owah deah, 'eā 'eā
オー　私は　見つける　貴方　　私は　　親しい

貴方は走って　逃げましょう　ランラン

私は10数えます　ランラン

どこに貴方はいるのかな

オー　私は見つけました　私の貴方　ランラン

(owah、deah 共に Pigin Hawaiian／混成語)

G
E lele kowali, ʻeā ʻeā
[縄跳びをしよう] ランラン

縄跳びをしましょう　ランラン

C　　　　　　　　　　　　G
Kowali hoʻokahi, ʻeā ʻeā
ぐるぐる回る　　1回　　　ランラン

ぐるぐる回して1回飛んで　ランラン

G　　　　　　　　　A7
Kowali ʻelua, ʻeā ʻeā
ぐるぐる回る　2回　ランラン

ぐるぐる回して2回飛んで　ランラン

D7　　　　　　　　　　　G
Paʻani leʻa leʻa, ʻeā ʻeā
遊び　楽しい　楽しい　ランラン

楽しい楽しい遊び　ランラン

G
Haʻina ka puana, ʻeā ʻeā

物語は終わります

C　　　　　　　　　　　G
Ua ala kou manaʻo, ʻeā ʻeā
[目覚めた]　貴方の　　心　　　ランラン

貴方は思い出しましたか？

G　　　　　　　　　　A7
Paʻani kamaliʻi, ʻeā ʻeā
遊び　　子供　　ランラン

子供の遊びです　ランラン

D7　　　　　　　　　G
Paʻani leʻa leʻa, ʻeā ʻeā
遊び　楽しい　楽しい　ランラン

楽しい楽しい遊びです　ランラン

解説··

この歌を多くの人々、そして祖父母達に捧げます。私達は子供時代の楽しかった日々を思い出します。この歌が貴方の心に子供時代の喜びを
運んでくれたら嬉しい、と作者は語っている。

Pakalana

Composed by 'Ihilani Miller

G   Am   D7   G
Pakalana na'u ho'okahi 'oe
パカラナの花 　　私のもの 　　唯一つの 　　貴女

私のパカラナの花　貴女は唯一人の人

E7   A7   D7   G
Kou hanu ka u'i li'a nei lā
貴女の 　　呼吸 　　若々しい美 憧れ 　　今

貴女の吐息　憧れの若々しい美しさ

Hui:

Cm   G
E maliu mai, ku'u ipo
[　心に留める 　] 　私の 　　恋人

聞いて下さい　恋人よ

Cm   G
E maliu mai, ku'u ipo

聞いて下さい　恋人よ

D7   G
E maliu mai

聞いて下さい

G   Am   D7   G
Ha'ina mai po'ina 'ole
[　告げる 　] [　忘れ得ぬ 　]

私は貴女を忘れられません

E7   A7   D7
Ku'u pua Pakalana
私の 　　花 　　パカラナ

私のパカラナの花

           D7   G
Ku'u pua ea mai nei
私の 　　花 　[　上昇してくる 　]

私の花　天国に約束されている住処

G   Am   D7   G
Ha'ina mai ana ka puana

物語は終わります

E7   A7   D7   G
Ku'u pua ku'u lei Pakalana
私の 　　花 　　私の 　　レイ 　　パカラナ

私の花　私のパカラナのレイ

解説 ・・・

パカラナの花の美しさを恋人に例えた愛の歌。ライアテア・ヘルム2004年のCDで歌われている古いハワイ民謡だが、歌詞が無いので踊ら
れていないようだ。歌詞の内容も優しく踊り易い名曲だ。彼女の他に、SP盤時代にハワイのカナリアと呼ばれたLinda Dela Cruz、1995年
にハワイ島の男性ファルセット・シンガー、Kalei Bridgesがレコーディングしている。パカラナは1800年代に中国から渡布した花だ。

Pakalana Sweet

Composed by Amy Hānaialiʻi Gilliom

      C   Dm
Eia kō anuhea sweet
ここある 貴女の　涼しい香り　甘い/心地よい

          C   G7
He hāliʻa nō kuʻu wā liʻiliʻi
だ 突然思い出す愛の想い　私の　[幼い時代]

                F
E hoʻohiwahiwa i ka poli
[可愛がられる] 中に 胸

      Dm   G7   Dm   G   C
E Pakalana Sweet, ʻo ʻoe i hāʻupu...
よ　パカラナ　甘い　です 貴女は に 想い出/追憶

ここに貴女の心地よい甘い香りがあります

私の幼い時代の愛の想いが突然浮かびます

貴女は胸に抱かれています

甘いパカラナの花よ　思い出すのは貴女です

        C   Dm
E hoʻohaili ke ʻala
よ　蘇る愛の想い出　香気

       C   G7
ʻO ʻoe kuʻu maka, e Pakalana Sweet
です 貴女 私の　最愛の人　よ　パカラナ　甘い

              F   Em
Eia ke ʻala i ka wanaʻao
ある　香気　に　夜明け

           Dm   G7 Dm C
E hū aʻe ke aloha
感情が波のように押し寄せる　愛

蘇る香り高い愛の想い出

私の最愛の人は貴女です　甘いパカラナの花よ

夜明けに香気に満たされて

愛しい想いが波のように押し寄せます

        C   Dm
He pua a ka puʻuwai
です　花　の　心

       C   G7
Māpu i ke ʻala anuhea
風に吹かれて漂う香り　香気　涼しく心地よい香り

         F   Em
I kuʻu ola ʻana
に　私の　生きる 名詞化する言葉

      Dm   G7   Dm   G7   C
E Pakalana Sweet, ʻo ʻoe i hāʻupu...
よ　パカラナ　甘い　です 貴女は に 想い出/追憶

貴女は私の心の花です

風に吹かれて涼しい心地よい香りが漂います

私の生きる全ての中で

甘いパカラナの花　思い出すのは貴女です

解説

人気歌手エイミーの甘い愛の歌。Pakalanaはハワイ民謡で度々歌われる金香木のこと。金香木は東南アジアが原産地だがハワイで繁殖している大木。葉は針型の明るい緑、春になると芳香あるオレンジ色から淡黄白色の花を咲かせる。

♪ジャンル マウイ島

Palauea
Composed by Leiʻohu Ryder

　　　　　A　　　　　　　　E7
ʻO Palauea i ka puʻuhonua
です　　パラウエア　が　　隠れ場で快適な場所

　　　　　D　　　　　　　　A
Me nā waiwai nui o ke kai
共に　[贅沢な／金持ちの] とても　の　　海

　　　　　A　　　　　　　D
Ke kali loa o ka paʻa laʻa
[　長い事待つ　] の　　保持する　神聖な

　　　　E7　　　　　　　D A
Ka manaʻo pono o ke aupuni
　　心　　善良な　の　　ハワイ王国

パラウエアは、ひっそりと快適に過ごすのに
最高の場所です

美しく輝く贅沢な海と共に

埋もれている古代の遺物をのんびりと待ちます
（解説参照）

ハワイ王国の善良な心の為に

Hui:

　　E7　　　D　　　　A
Kūʻēkūʻē Alapaʻinui
　立ち上がる　　アラパイヌイ首長

　　　　F#m7　　　　E7
Pono ia nā makana
　正義　この [　数々の贈り物　]

　D　　　　A
Kūʻekūʻē Alapaʻinui
　立ち上がる　　アラパイヌイ首長

　　　E7　　　　　　A
Hoʻolohe i ka leo
　従う／応じる　に　　声

立ち上がれアラパイヌイ首長

数々の贈り物は正当です

立ち上がれアラパイヌイ首長

声を聞きましょう

　　　　A　　　　　　　　E7
ʻO Palauea kuʻu home nani
です　　パラウエア　私の　　家　　美しい

　　　D　　　　　　　A
Ka iʻa lele o ke kai
　魚　跳ねる　の　　海

　　　　A　　　　　　　D
Ka Honuʻea pili paʻa pono
　ホヌエア　寄り添う　保持する　正しく

　　　E7　　　　　　　　D A
Ke kohola kanu o ke kai
　砂州　[　　海藻　　]

パラウエアは私の家です

海で魚は跳ね上がる

ホヌエア亀は確実に住み着いています

海藻が生える砂州

	A				E7	

'O Paliea pili i ka lani
です　　バリエア　寄り添う　に　　　　　天国

天国に寄り添うパリエアです

		D					A	

E ola mau nā keiki o ke kai
よ　生命　永遠　[　子供達　]　の　　海

海の子供達に永遠の生命を与えてください

		A					D	

E ola mau nā keiki o ka 'āina
よ　生命　永遠　[　子供達　]　の　　土地

土地の子供達に永遠の生命を与えてください

		E7			D	A

'O Palauea ihu wale nō
キッス　[　沢山の　]

パラウエアに沢山の愛情のキッスを

P

解説 ･･
マウイ島マーケナ地区、人気のない美しいハワイの自然が残るエリア。古代の遺跡が発掘され、ビショップ博物館の考古学者は、古代遺物の
発掘を行った。
「Holoholo mai Maui」というCDには、マウイで音楽活動をする人々の素敵な作品が収録されている。隠れたマウイを知るのに最高の作品だ。

♪ジャンル　オアフ島

Pana
Composed by Chad Takatsugi

G　　　C　　　D7　　　G
Aloha Waikīkī ku'u hoa lā
大好き　　ワイキキ　　私の　　親友
　　　　　　　　　　　　　　　　　　　愛するワイキキは私の親友

G　　　C　　　　　　D7　　　G
I ka nalu ha'i mai o Kalehuawehe lā
で　　波　[　砕ける　]　の　　カレフアウェへ
　　　　　　　　　　　　　　　　　　　カレフアウェへの砕ける波で

G　　　C　　　　　　D7　　　G
Maika'i nō ka 'ehu ho'oma'ema'e lā
[　素晴らしい　]　波しぶき　　綺麗にする
　　　　　　　　　　　　　　　　　　　綺麗な波しぶきが素晴らしい

G　　　C　　　D7　　　G
He 'ehu 'olu'olu i ka 'ili lā
だ　波しぶき　爽やかな　に　　肌
　　　　　　　　　　　　　　　　　　　肌に爽やかな波飛沫だ

G　　　C　　　D7　　　G
Mālama 'o Mānoa ku'u hoa lā
保護する　は　マーノア　私の　　親友
　　　　　　　　　　　　　　　　　　　マーノアは保護する私の親友

G　　　C　　　D7　　　G
I ka ua noe mai 'o Tuahine lā
で　[　霧雨が降る　]　は　　トゥアヒネ
　　　　　　　　　　　　　　　　　　　トゥアヒネの霧雨が降る

G　　　C　　　D7　　　G
Maika'i nō ka 'ikena ānuenue lā
[　素晴らしい　]　　景色　　虹
　　　　　　　　　　　　　　　　　　　素晴らしい虹の架かる景色

G　　　C　　　D7　　　G
'O kahaukani ke kapa maluhia lā
です　カハウカニ風　　タパ布　平穏／無事
　　　　　　　　　　　　　　　　　　　穏やかにタパ布を敷く様なカハウカニ風

G　　　C　　　D7　　　G
Welina Wai'alae ku'u hoa lā
愛のこもった挨拶　ワイアラエ　私の　親友
　　　　　　　　　　　　　　　　　　　ワイアラエは愛のこもったご挨拶をする私の親友

G　　　C　　　D7　　　G
I ka nae pā mai i ke kōnane lā
で　甘く香る　[　風が吹く　]　に　　輝く月光
　　　　　　　　　　　　　　　　　　　輝く月光に甘く香る風が吹く

G　　　C　　　D7　　　G
Maika'i nō ka moani o nā pua lā
[　素晴らしい　]　香りを運ぶ風　の　[　花々　]
　　　　　　　　　　　　　　　　　　　素晴らしい花々の香りを運ぶ風

G　　　C　　　D7　　　G
I ka malu nui a'o Mau'umae lā
に　陰になった場所　広大な　の　　マウウマエ
　　　　　　　　　　　　　　　　　　　マウウマエの広大な陰の土地に

G　　　C　　　D7　　　G
Ha'ina 'ia mai ka puana lā
　　　　　　　　　　　　　　　　　　　物語は終わります

G　　　C　　　D7　　　G
No nā pana pili pa'a i ka poli lā
に関して[　場所　]　一緒に　確り　中で　　心
　　　　　　　　　　　　　　　　　　　心の中で大切に一緒に守りたい場所について

G　　　C　　　D7　　　G
'O Waikīkī, Mānoa, Wai'alae lā
です　ワイキキ　マーノア　ワイアラエ
　　　　　　　　　　　　　　　　　　　ワイキキ、マーノア、ワイアラエ

G　　　C　　　D7　　　G
Ku'u mau hoa i ke ko'eko'e lā
私の　永遠の　友人　の中で　　寒さ
　　　　　　　　　　　　　　　　　　　(これらの場所は) 寒さの中で私の永遠の友人です

解説・・
タイトルのPanaは、「名高い場所」という意味。歌手／作曲家のChad Takatsugiは、愛するハワイの自然の美しさを大切にしようと作曲したのだろう。ホノルル・エリアは開発が進み、ワイキキの浜辺だけが昔を語っている。この歌で取り上げているワイキキの海、マーノアの自然の緑、ハワイ人の故郷ワイアラエでは古いハワイの吐息が聞こえる。大切に自然環境を維持してもらいたい。

♪ジャンル　ハワイ島

Paniau
Composed by Helen Desha Beamer

C　　　　G7
Ua nani Paniau
[　美しい　]　パニアウ
　　　　　　　　　　　　　　　　　　　　　　パニアウは美しい

G7　　　　C
I ka'u 'ike
　　私の　見る／知る
　　　　　　　　　　　　　　　　　　　　　　私が眺めると

C　　　　　　　G7
Ka waiho kāhelahela
　　場所　　　一面に広がっている
　　　　　　　　　　　　　　　　　　　　　　パノラマの様に広がる景色

G7　　　C
I ka la'i
　　静寂／閑静
　　　　　　　　　　　　　　　　　　　　　　静けさの中に

C　　　　　　　　　　G7
Ahuwale　　ka moana Pakipika
人目にさらす／ハッキリ見える [　　　　太平洋　　　]
　　　　　　　　　　　　　　　　　　　　　　太平洋の中にハッキリ見える浜辺

G7　　　　C
I kaulana i ka mālie
　　有名　　で　　　穏やか
　　　　　　　　　　　　　　　　　　　　　　その穏やかさは有名です

C　　　　　　　G7
Nānā e hi'ipoi nei Hawai'i
〜大事にする [　可愛がる／育てる　]　ハワイ
　　　　　　　　　　　　　　　　　　　　　　ハワイは可愛がり大切にする

G7　　　　C
Ku'u one hānau
　私の　[　生まれ故郷　]
　　　　　　　　　　　　　　　　　　　　　　私の生まれ故郷

C　　　　　　　　G7
Ka i'a e holoholo ana i ka nalu
　魚　[　　泳いでいる　　]　で　　波
　　　　　　　　　　　　　　　　　　　　　　波の中で魚は泳ぎ

G7　　　　C
Ha'i mai i ka hāpapa
[　話す　] に　　岩層に覆われた陸地
　　　　　　　　　　　　　　　　　　　　　　岩礁に波は砕ける

C　　　　　　　　G7
Me ke kai pumehana hone i ke kino
共に　　海　　思いやりある　甘い　に　　体
　　　　　　　　　　　　　　　　　　　　　　体に優しい思いやりある海と一緒で

G7　　　　C
He nanea mai ho'i kau
だ　　寛ぐ　[　最高だ　]
　　　　　　　　　　　　　　　　　　　　　　最高の寛ぎです

C　　　　　　　G7
Aia ma mua pono
ある　[　先に／正面]　正に
　　　　　　　　　　　　　　　　　　　　　　真正面で

G7　　　　　　　C
'Au mai ana i ke kai
[　泳ぐ／船で前に進む]　を　　海
　　　　　　　　　　　　　　　　　　　　　　海を真っすぐ眺めれば

C　　　　　　　G7
Kēlā kuahiwi nani o Maui
あの　　山　　美しい　の　マウイ島
　　　　　　　　　　　　　　　　　　　　　　あのマウイ島の美しい山

G7　　　　C
Haleakalā he inoa
ハレアカラー火山　だ　名前
　　　　　　　　　　　　　　　　　　　　　　ハレアカラー火山だ

C ... **G7**
Iā ‘oe e Kohala e pāhola nei
［ あなたに ］［ コハラよ ］［ 周りに広がっていく ］
G7 ... **C**
Mai uka a ke kai
から 高地 の 海
C ... **G7**
‘Āina ho‘ohihi a ka wahine
土地 絡み合わせる の 女性
G7 ... **C**
‘O ‘oe nō e ka ‘oi
［ あなたこそ ］［ 一番だ ］

あなたに
コハラ地区よ　広大に広がっていく

高地から海まで

女性の心を魅了する土地

あなたは最高です

C ... **G7**
Na ke ahe lau makani i ho‘opā mai
為に そよ風 葉 風 に ［ 風が吹いて来る ］
G7 ... **C**
‘Ike ana au i ka nani
見る 私は を 美しさ
C ... **G7**
Mauna loa, Mauna kea, Hualalai
マウナ・ロア マウナ・ケア フアラライ
G7 ... **C**
Nā kia‘i o ka home
［ 見張り達 ］ の 家

風は吹き寄せ，そよ風が葉を揺らす

私はその美しさを眺めます

マウナ・ロア山　マウナ・ケア山　フアララ イ山

家の見張人の様だ

C ... **G7**
Ka wai ‘au‘au o ka wahine
水 泳ぐ の 女性
G7 ... **C**
Aia i ka ‘olu
ある 爽やか
C ... **G7**
‘O ke Kiawe, ‘o ka Milo, ‘o ke kou, ‘o ka Hau
です キアヴェ ミロ コウ ハウ
G7 ... **C**
Me ka niu ha‘a i ke one
共に 椰子 低い で 砂浜

女性の泳ぐ水（女性が濡れて輝く水）

爽やかな避難所

それはキアヴェ、ミロ、コウ、ハウの木です

浜辺で低い椰子と共に

C ... **G7**
Eia ka puana e lohe ‘ia
ある テーマ ［ 語る ］
G7 ... **C**
Na Ko‘olaniohakau
為に コオラニオハカウ
C ... **G7**
E mau ka maika‘i me ka maluhia
永遠に 美しい 共に 平穏／穏やかさ
G7 ... **C**
Ua nani Paniau
［ 美しい ］ パニアウ

ここに歌のテーマがあります

コオラニオハカウの為に

美しさと平穏が永遠に続きますように

美しいパニアウ

解説 ···
ハワイ島の住人、Albert & Ruddleは、Puakouの海辺に素晴らしい家を持っていた。今のハプナ・ビーチ・リゾートのすぐ南側だ。作者の
Helen Desha BeamerとKu‘uipo Kumukahiと母親は度々この海辺の家Paniauに招待され、昼は魚釣り、水泳、夜は皆で輪になって一緒に
楽しんだ。Paniauはその楽しさを語る曲だ。

♪ジャンル [オアフ島]

Paumalū

Composed by Robert Cazimero

　　　D　　　　　　　　　　　　G　　　　D
'O wai lā ke moe nei Paumalu? (×3)　　　　　　パウマルで寝ているのは誰ですか？
　　[　誰ですか 　] 　[　寝ている 　] 　　パウマル
D　　　　　　　　　　　　　G　　　D
Nanea i ka malu o Kahikilani　　　　　　　　カヒキラニの隠れ場で寛いで
　寛いで 　で 　　隠れ場 　の 　　カヒキラニ
D7　　　　　　　　　　G　　　　　　E7
He hoa paha 'oe o ke 'a'ali'i　　　　　　　　多分貴方は王様の友達だ
　だ 　友人 　多分 　貴方は 　の 　　王様
D　　　　　　　　　　　　　　　　　　　　　　D
Helele'i i ke kai　　noa , ke kai ola ē Ola !　タブーから解放された海　命の海　　命
　撒き散らす 　で 　　海 タブーから解放された 　　海 生命

　　D　　　　　　　　　　G　　　D
Lele ka manu, lele ho'okahi (×3)　　　　　　鳥は飛び上がり　唯一羽で舞い
　飛び上がる 　　鳥 　　　　ただ一人
D　　　　　　　　　　　G　　　D
A　pi'i　ka pali kaulana nō　　　　　　　　　そして有名な崖の内陸へ飛んでいく
そして 　内陸へ進む 　　崖 　[　とても有名な 　]
D7　　　　　　　　　　　　　　G　　　　E7
'Auhea e ka lei Maile ho'okahi?　　　　　　どこにいるの　唯一つのマイレ・レイ
どこにいるの? 　レイ 　マイレ 　ただ一つの
D　　　　　A7　　　　　C　　　　　　D
Lei aloha wili Hinahina, aloha ē　　　　　　ヒナヒナを巻きつけて愛のレイを編む　愛よ
レイを編む 　愛情 　巻きつける 　ヒナヒナ 　　　愛 　よ

　D　　　　　　　G　　　D
Ke moe nei ka 'Ilima (×2)　　　　　　　　　イリマの花が寝ています
　[　寝ている 　] 　　イリマ
D　　　　　　　　　G D
Kau i ka wēkiu lani　　　　　　　　　　　　天国の最高位で
　置く 　に 　　最高位 　天国
D7　　　　　　　　　G
Mai ha'i iā ha'i　　　　　　　　　　　　　　誰も話すな
　[　　話すな！ 　]
G　　　　　　　E7
Hāmau ka leo　　　　　　　　　　　　　　　沈黙　静かに
　音のしない 　　声
D　　　　　A7　　　　　D
'Ami a 'oni i ke kai　　　　　　　　　　　　海が渦巻いて揺れ動く
　[　渦巻いて揺れ動く 　] 　で 　　海

解 説 ‥‥‥
首長は毎年、自然の資源を守るためにイカの捕獲量を決定しカプを布告した。しかし掟を破って必要以上のイカを捉えた女性は、罰としてサ
メに足を切り落とさせたと伝えられる。
The Brothers Cazimero「DESTINY」に収録されている。

© MOUNTAIN APPLE COMPANY INC
All rights reserved. Used by permission.
Rights for Japan administered by HOTWIRE K.K.

Pau'ole Ka 'I'ini
Traditional

D   Em   A7   D
'I'ini ka na'au. He pa'uhia aloha
憧れる   精神/心   です   欲望に圧倒される   愛

貴方は私の心の憧れ　　愛情で圧倒されます

D   Em   A7   D
La'i 'ole ka 'ano'i. He 'ano'i e pili
穏やかさ   ない   欲望/愛情   だ   欲望/愛情 [ピッタリくっ付きたい]

この愛情は決して鎮まりません
ピッタリ寄り添いたい愛情です

         D   Em   A7   D
'Eha koni e 'apo mai. I ka uka nolu pē
苦痛   心が鼓動する [捉える/取り押さえる] で   高地 [びしょ濡れになる]

愛に捕えられた心の痛み
高地でびしょ濡れになったように

        D   Em   A7   D
Wao kele anuhea. Puīa ke 'ala aloha
[降雨地帯   ] 涼しく心地よい香り   甘い香りがする   香気   愛情

涼しく心地よく香る降雨地帯
愛の香気は甘く香ります

Hui:

      G   E7   D
'Alawa mai kou maka 'ōlino
[ちらりと見る   ] 貴方の   目   煌めく

貴方はきらめく瞳でチラリと見ます

B7   Em   A7   D
'O 'oe nō ku'u aloha
です   貴方   強意   私の   愛情

貴方は私の愛するただ一人の人

      D   Em   A7   D
Ha'ina 'ia mai ana ka puana
[告げます   ]   主題

物語は告げます

       D   Em   A7   D
Puana pau'ole ka 'i'ini
主題   忘れ得ぬ   憧れ/欲望

忘れ得ぬ憧れがテーマです
（愛に終わりはありません）

解説

HAPAの1999年のアルバム「NAMAHANA」に収録されている。ゆっくりしたテンポで愛の歌を演奏している。当時のメンバーは、Barry FlanaganとKeli'i Ho'omalu Kāneali'iだ。Barryは2～3年ごとにDuoの相棒を替えて、常に新鮮な雰囲気を楽しんでいるが、アメリカ大陸からハワイに渡ってきたBarryは、新しい音楽の世界をパラダイス・ハワイに発見したのかもしれない。この曲も同じテーマを延々と奏で自分の世界を楽しんでいるようだ。

© by OLINDA ROAD PUBLISHING
All rights reserved. Rights for Japan controlled by Little Star Copyright Management

Pehea Lā

Composed by Eric Lee

C
Hūi E ke aloha, i hea ana ʻoe ?
おーい！よ　　　愛しい人　［　どこへ行く　］　貴方は

おーい、愛しい貴方　どこに行くの？

C
He aha kāu e hana aʻe nei ?
［　何故なの］　貴方の［　　何をする？　　］

何故なの貴方　何をしに？

G7
He wahi hoapili paha e holo aku ai
です　　場所　　親友　　多分　［　いつ行くのですか　］

きっと親友のところですね　いつ行くの？

G7　　　　　　　　　C
(So) Pehea ʻoe mi nei
だから　［　いかがですか　］　［ねえ、貴方］

だから　どうなの？　ねえ貴方

Hui:

C
Ua ʻike anei ? Ua ʻike nō wau !
［　知っていた　］質問への答え　［　知った　］　私は

知りたかったの？
でも（貴方について）私は知っていました！

C7　　　　　　　　　　F
ʻEiʻa kō kuleana nei
ここで！貴方の［　権利／資格　］

ここで！　貴方の情報を

F　　　　　F#dim　　　　　C　　　　　A7
He aloha kou i neʻi maka e ʻimo aku nei
です　愛情　貴方の［ここに］　目　［　煌めいている　］

貴方の煌めいている目に愛情があります

D7　　　　　G7　　　C
(So) Pehea lā ʻo mi nei ?
だから　［　いかがですか　］　［　ねえ、貴方　］

だから　どうなの？　チャンスだ！

C
He aloha nō, aloha nō
です　　愛　　　　好き

愛です　好きです

C　　　　　　　　　　G7
My darling, kuʻu puʻuwai !
　　　　　　　私の　　心

私の恋人　私の心の

G7
Your eyes, kō maka palupalu
　　　　　貴方の　　目　　柔らかい

貴方の目　貴方の優しい目

G7　　　　　　　　　C
Hypnoize, e lana ka manaʻo
催眠術　［　浮かぶ　］　心

催眠術なの　私の心に浮かびます

G7　　　　　　C
So darling, pehea lā ?
だから　恋人よ　　いかがですか

だから　恋人よ　ご機嫌いかが　？

C
He aloha nō, aloha nō
　　　　　愛です　好きです

愛です　好きです

C　　　　　　G7
Sweet baby, uʻi wale ʻoe
可愛い　　ベイビー　［若々しく美しい］　貴方

可愛いベイビーちゃん
貴方は若々しくて美しい

G7
Come and hold me, e neʻe mai ʻoe
来て　　　　抱いて　私を　［　ゆっくりいで　］　貴方

来て、私を抱いて、貴方はゆっくりいらっしゃい

G7
And then we honi, ua sila a paʻa
　　　　　　キスする　［　封印した　］　しっかりと

そして私たちはキスするの、しっかりと

G7   C
So laila, ua sure kēlā !
だから　そこに　[　確かに　]　あれ

     だからね　そういう事になっているの!

    A7
Das da how !

     なんということ

D7 G7   C
So laila us sure kēlā !

     だからね　そういう事になっているのさ!

   A7
Pēlā nō !

     その通り!

D7   G7 C
So baby pehea ʻoe ?

     だからね　ベイビー　貴方ご機嫌いかが?

P

解説・・
このユーモラスな物語は、実は、夢の男の子の後を追う女の子についてのお話。　彼女は、この男の子についてすべてを知っています。彼が
行くところから、何から何まで、そして彼が着るものさえ。彼は、彼女が存在するということさえ知らなかったのですが、いつの間にか恋に落
ちて大成功というお話。

Pillow Talk Hula

Words by Amy Hānaialiʻi Gilliom, Adrian Kamaliʻi　Music by Willie K

C　　　　　　G
E maka kiʻi　akula
[　浮ついた目をする　] 話し手から離れた方向を表す
　　　　　　　　　　　　　　　　　浮ついた目で見つめて

D7　　　　　　　　G
E nānā a e ʻapo ʻia
[　気にかけて　] そして　[　捕らえられ　]
　　　　　　　　　　　　　　　　　気にかけて捕まって

C　　　　　　G　E7
Ā kono paha
そして　　誘う　事によると／多分
　　　　　　　　　　　　　　　　　そして多分誘われて

A7　　　　　　　　D7
I ka luakaha o ka pō
に　　　楽しい場所　の　　暗闇／夜
　　　　　　　　　　　　　　　　　暗闇の楽しい場所に

C　　　G　　D7　　　G
I ke aumoe a honi aku
に　　　真夜中　の　[　キスする　]
　　　　　　　　　　　　　　　　　真夜中にキスして

C　　　　　　　　G　E7
No ka Pillow Talk Hula
為に　[　　　睦言フラ　　　　]
　　　　　　　　　　　　　　　　　睦言のためのフラ

A7　　　　　　D7　　　　　　G
A kekahi mea ā　kali
そして [　もう一つのこと　] そして　待っている
　　　　　　　　　　　　　　　　　そして、もう一つのことが待っている

C　　　　　　G
Aia i ka lihi kai
ある　に　[　　海辺　　]
　　　　　　　　　　　　　　　　　海辺に長居して

D7　　　　　　　　　G
E ʻimi nō ka ʻai
[　探す　]　　食べ物
　　　　　　　　　　　　　　　　　食べ物を探して

C　　　　　G　　E7
A hoʻi i Waiʻanae
そして　帰る　に　ワイアナエ
　　　　　　　　　　　　　　　　　そしてワイアナエに帰ります

A7
I ka malu ulu niu
で　　　隠れ場　[　ヤシの並木　]
　　　　　　　　　　　　　　　　　ココヤシの並木の隠れ場で

C　　G　　D7　　　　　G
Ka ʻiʻini e hoʻoipoipo
　　欲望　[　　セックスしよう　]
　　　　　　　　　　　　　　　　　愛撫される欲望

C　　　　　　　　　G　E7
No Ka Pillow Talk Hula
為に　[　　　睦言フラ　　　　]
　　　　　　　　　　　　　　　　　睦言のためのフラ

A7　　　　　　　D7　　　　　G
Auē, kona maka kiʻihele
あー　　彼の　　　目　　ふらつく
　　　　　　　　　　　　　　　　　あー　彼の目はふらつきます

C   G
Eia nō ka puana
　ある　　　　　　　主題　　　　　　　　　　　　　　主題があります

D7   G
E ao i ka maka nui
[注意しなさい] に　　目　 大きな　　　　　　　　　大きな目に注意してください

C G E7 A7   D7
Lina ka lehe me nā lima wiki
柔らかい　　　唇　　と　[　両手　]　素早い　　　柔らかい唇と素早い両手に

C G D7 G
E ka ʻeha a ke aloha
　よ　　痛みの　　　　愛　　　　　　　　　　　愛の痛みが引き起こす

C   G E7
No ka Pillow Talk Hula !
　　　　　　　　　　　　　　　　　　　　　睦言のためのフラ

A7   D7   G
Auē e ka maka nui ē
あー　よ　　　目　　大きな　　　　　　　　　あー、大きなお目々

解説‥‥‥
かなり楽しい曲だ。2014年12月に発売された「Amy & Willie K Reunion」で歌われる。アルバムの前半はかなり難解な曲だが、この1曲で
救われる。神の世界から自由の世界に舞い戻った感じがする。ハワイ人らしい恋に生きる若者の楽しさが歌われている。

Pō Mahina

Composed by Charles E.King

```
    C            G7              C
Kāua i ka holoholo pō mahina
私達二人         歩く       [   月夜   ]
         C           G7          C
I ka uwapo holuholu i ka muliwai
を      桟橋     さざ波が立つ  [  河口／川  ]
```
あなたと私は、月の光を浴びて歩きました

河口のさざ波が立つ桟橋を

```
    C          G7          C
A loa‘a ‘oe ia‘u i ka pō nei
そして 捉える 貴女は 私に [  昨夜  ]
          C        G7        C
I ka muliwai a‘o hanahana pono
で [ 河口／川 ] の    行為／行動  正しい／幸福
```
私は、昨晩、貴女を見初めました

幸せの思いを込めて河口で

```
    C          G7            C
‘O ka pā kōnane a ka mahina
です   月が輝く 輝く月光  の    月
       C        G7         C
‘O ‘oe a ‘o wau i kahi mehameha
は    貴女 そして は   私   に   場所   寂しい／静かな
```
月は煌々と輝き

貴女と私は、寂しい静かな場所にいました

```
    C          G7         C
‘Elua wale iho nō kāua
二人    だけ  [ たった ] 私達二人
    C         G7            C
‘Ekolu i ke aka o ka mahina
三人         物蔭  の     月
```
私達二人だけ

月影を入れて三人です

```
    C        G7            C
Ha‘ina ‘ia mai ana ka puana
         C          G7          C
Ka uwapo holuholu i ka muliwai
```
物語は終わります

河口のさざ波が立つ桟橋で

解 説・・

1942年、Charles E.Kingの作曲だが、2013年に発売されたシリル・パヒヌイのCD「Kani Kolu」で、素晴らしい演奏と歌声を聞かせてくれる。歌は勿論シリル・パヒヌイだ。更にウクレレの名手ピーター・ムーンの息子、Peter Wook Moon のウクレレ・ソロ、若手スティール・ギター奏者、Jeff Au Hoyのソロを交え、昔懐かしい演奏スタイルでレコーディングしている。優しい歌詞だしレパートリーに取り入れてもらいたい曲だ。

♪ジャンル ニイハウ島

Polehoonalani
Composed by Kuana Torres Kahele

F
He aloha ku'u lei pūpū lā
です　愛　私の　レイ　貝

私のレイ・ププ（貝）は、私の愛です

B♭
Ku'u lei Pōleho o nā lani lā
私の　レイ　ポーレホ　の　［　天国　］

私の天国のレイ・ポーレホ

F　　　　　　　　　**C7**　　　　**F**
A pili pa'a 'oe i loko o tu'u pu'uwai
そして 一緒に しっかり 貴女は ［ 中に ］ の 私の 心

貴女は私の心の中にしっかり留まります

F
Onaona wale i tu'u mata lā
魅惑的な　とても　に　私の　目

私の目は誘惑されます

B♭
I ka nani a o ia lei lā
が　美しさ ［の］ この レイ

このレイの美しさに

F　　　　　　　**C7**　　　**F**
Tui 'ia i ka lei kūkaulani hiehie
［ 編まれる ］ を　レイ　とても注意深く　人を引付ける

魅惑的なレイに注意して糸で編み上げます

F
Mahalo ke Akua mana loa lā
有り難う　神様　［　全能の　］

全能の神様に感謝します

B♭
No nā u'i o kēia 'āina lā
為に ［全ての美しさ］ の この 土地

この大地の全ての美しさに

F　　　　　　　　　　　**C7**　　　　　**F**
He lei nene hiwa na ka po'e o Kahelelani
です レイ 魅せられる 最愛の の　　人々 の カヘレラニ

カヘレラニを愛し魅せられた人々によって
大切にされるレイです

F
Ha'ina 'ia mai ka puana lā

物語は終わります

B♭
'O ku'u lei a'o Ni'ihau lā
です 私の　レイ　の　ニイハウ島

ニイハウ島の私のレイの為に

F　　　　　　　　　　　**C7**　　　　　　　**F**
Aloha i ku'u lei. Ku'u lei Pōleho o nā lani
愛する を 私の レイ 私の レイ ポーレホ の ［ 天国 ］

私のレイへの愛情、私の天国のレイ・ポーレホ

解説
ニイハウ・シェルのレイを愛する歌手、作詞作曲のKuana Torres Kaheleらしい素敵な作品だ。古いハワイ語が使われるニイハウ島の為に、古いハワイ語が使われているのもアイディアものだ。Kuanaの才能を改めて見直させる作品と言っても良いだろう。因にニイハウ・シェルで検索すると、この曲で歌われるPōlehoの写真が捜せるから参考まで。

♪ジャンル ハワイ諸島

Pololei ʻOʻiaʻio / Nā Moku ʻEhā
Composed by Johnny K.Almeida / Kealoha

P

Pololei ʻOʻiaʻio

G
A he nani a he shua mai hoʻi kau
です 美しい そして 確かに だ　[　驚異を表す　]
美しいです、そして確かに本当に美しい

A7
ʻO ka lei liko Lehua
です　　　レイ　[　リコ・レフア　]
レフアの蕾のレイです

D7
A he lei hoʻohihi na ka malihini
そして だ　レイ　可愛らしい 為に　　旅人
そして旅人の為に可愛らしいレイです

D#7　　　　　　　　D7
ʻO Hawaiʻi nui o Keawe
です　ハワイ島　偉大な　の　ケアヴェ首長
ケアヴェ首長の偉大なハワイ島

G
Shua haʻaheo ʻo Maui nō ka ʻoi
確かに　　誇り高い　は　マウイ島　[　ナンバー・ワン　]
ナンバー・ワンのマウイ島は本当に誇り高い

A7
I ka liko pua Lokelani
で　　蕾　花　　ロケラニ
ロケラニ（野バラ）の蕾で

D7
Me ka wai kaulana aʻo ʻIao
共に　　水　　有名な　　の イアオ渓谷
イアオ渓谷の有名な水と共に

D#7　　　　D7　　　G
Kilakila ʻo Haleakalā
威厳ある　です　ハレアカラー火山
威厳あるハレアカラー火山

Nā Moku ʻEhā

G　　　　　C　G E7　A7
Hanohano Hawaiʻi ʻeā ʻeā
誇り高い　　ハワイ島　[　それ、それ　]
誇り高いハワイ島　それぞれ

D7　　　　　　　　G
Lei ana i ka Lehua
[　レイです　]　を　　レフア
レフアのレイで飾ります

E7　　　　　　　　　　A7
Kilakila ʻo Maui lā lei ka roselani
威厳ある　は　マウイ島　　レイ　　ロゼラニ
威厳あるマウイ島はロゼラニのレイ

D7　　　　　　　　　G
Kuahiwi nani lā ʻo Haleakalā
山　　美しい　は　　ハレアカラー火山
ハレアカラー火山は美しい山

G　　　　　C　G　E7　A7
Haʻaheo Oʻahu ʻeā ʻeā
誇り高い　オアフ島
誇り高いオアフ島

D7　　　　　G
Lei ana i ka ʻIlima
[　レイです　]　が　　イリマ
イリマのレイで飾ります

E7   A7
Kaulana Kaua'i lā lei ka Mokihana
　　有名な　　　カウアイ島　　　レイ　　　　モキハナ
D7   G
Kuahiwi nani lā 'o Wai'ale'ale
　　　山　　　美しい　　は　　　ワイアレアレ

有名なカウアイ島はモキハナのレイ

ワイアレアレは美しい山

Pololei 'O'ia'io (に戻る)

G
Uluwehi 'Oahu lei ka 'Ilima
緑の草木が青々と茂る　オアフ島　レイ　　　イリマ
　　　　　C
Ke kapitala o Hawai'i nei
　　首都　　の　　ハワイ州　　ここは
D#7
Kaua'i Mokihana Wai'ale'ale
　カウアイ島　　モキハナ　　　ワイアレアレ
D7   D#7 D7
Kelā i ka lani kilakila
　あそこ　が　　天国　　神々しい

緑の草木が青々と茂るオアフ島のレイはイリマです

ここはハワイ州の首都があります

カウアイ島はモキハナのレイとワイアレアレ山です

神々しい天国の様な山

G
Ha'ina ka puana me ke aloha
　　告げる　　　　主題　　　が　　　アロハ／愛
　　　　　　　A7
E mau ke ea o ka 'āina i ka pono
[　永遠なれ　]　　主権　の　　　土地　に　　　正しい
D7
Moloka'i, Lānai, me Ni'ihau
　モロカイ島　　　ラナイ島　　と　　ニイハウ島
D#7   D7 G
A he shua maoli nō
そして　だ　　確かに　[　本当に　]

愛と共に主題を告げます

正しい土地の主権は永遠なれ

モロカイ島　ラナイ島　そしてニイハウ島

それは確かに本当、本当です

Ending:

G   CG E7 A7
Ha'ina ka puana 'eā 'eā

D7   G
A he shua maoli nō !

物語は終わります

正に確かに本当だね！

解説 ···
2016年に結成された若手コーラス・グループ、ケアウホウのアルバム「KEAUHOU」から選曲した。「Nā Moku 'Ehā」の歌詞の中で、1番の
2フレーズ目の歌詞「Kuahiwi nani lā 'o Mauna Kea」、更に3番も同様で、歌詞に「Kuahiwi nani lā 'o Ka'ala」が省略されているが、見
事にアレンジされ不自然さを感じない。2曲ともハワイ諸島の島々の花と山や自然が賛歌されている歌だ。

♪ジャンル カウアイ島

Pua Hahani
Composed by Kuana Torres Kahele

B♭
He aloha nō, he aloha
です　愛　　　です　愛
愛です　貴女は愛です

B♭
Ku'u pua Hahani lā
私の　花　　ハハニ
僕の花　ハハニ

F7
Ka pulakaumaka lā
　　絶えず考える人
何時も愛する人

F7　　　　　　B♭
A ka pu'uwai lā eā
そして　　心
僕の心の中で

B♭
Ku'u pa'ipunahele lā
　私の　敬意を表するお気に入り
僕の最愛の人

B♭
Nou, e ka pua pe'e poli lā
貴女のもの　　花　[心の中の秘密]
貴女のもの　僕の心の中の秘密の花よ

F7
Ho'okahi nō kāua lā
[一つの]　　私達二人
私達二人は一つです

F7　　　　　　　　　　F
E luana i ka nani o Kapa'a lā
[仲間と気楽に楽しむ]　美しい　の　カパア
美しいカパア海岸で楽しみましょう

B♭
Mai huli aku 'oe lā
[向きを変えるな]　貴方は
貴女は私から離れないで

B♭
E ku'u lei 'oe 'a'ala onaona lā
よ　私のレイ　貴女は [甘い香りを漂わす]
甘い香りを漂わす貴女は私のレイです

F7
'O 'oe nō ka mea nui lā
です　貴女 [最愛の人／大切な人]
最愛の人は貴女です

F7　　　　　　　　　　F
I loko o ku'u mana'o lā 'eā
[中の] の　私の　　心
何時も私の心の中で

B♭
Ha'ina mai ka puana lā
物語を語ります

B♭
O ku'u lei, ku'u pua Hahani lā
の　私のレイ　私の　花ハハニ
私のレイの　私の花ハハニ

F7
Forever pa'a i ka poli lā
永遠に　しっかり　に　心
貴女は永遠に私の心を飾ります

F7　　　　　　　　B♭
No nā kau a kau lā 'eā
[季節から季節へ／永遠に]
季節から季節へ　永遠に

解説 ···
この歌は仲の良い二人の愛の物語。舞台はお馴染みの古典フラ「Hula o Makee」でマキー号が座礁したカウアイ島カパアの海岸でのお話。
私の愛する貴女への思いは永遠だと歌います。

Pua Kiele

Composed by Josh Tatofi

  E   E7   A
Mohala mai ka pua i ka lā   太陽を浴びて花は満開だ
[満開になってくる]   花 で 太陽

  E   E7   A
Ola nō ka ʻāina i ka ua   雨が大地に生命を与える
生きる   土地 で   雨

  E   G#m   A
E kuʻu pua kiele nani ē   私のキエレの花　美しい
よ 私の   花   キエレ 美しい おー

  F#m   G#m   A
Kou ʻala onaona e māpu nei   貴方の甘い香気が漂っています
貴方の 香気 甘く香る [香気が漂っている]

  E   E7   A
He pua hoʻoheno a i luna   空に咲く愛する花
です 花   愛する   [上に]

  E   E7   A
He hiwahiwa na ka puʻuwai   心に抱きしめる愛する花
だ 可愛がる   によって   心

  E   G#m   A
E kuʻu pua kiele nani ē   私のキエレの花よ　美しい
よ 私の   花   キエレ 美しい おー

  F#m   G#m   B7
He nani lua ʻole e ʻalohi nei   キラキラ照り映えて比べようもない美しさ
だ 美しい [無比の] [キラキラ照り映えている]

Vers:

  A   G#7   C#m   F#7
E pā aheahe ka makani i ka honua   大地を風が引き寄せる
よ [引き寄せる風]   風 を   大地／地球

          F#m
E kuʻu ipo   恋人よ
よ 私の 恋人

  A   B7   A
E lei nō au i kou aloha   貴方の愛は私のレイ
よ レイ   私   貴方の   愛

Ending:

          F#m
E kuʻu ipo   恋人よ
よ [恋人]

  A   B7   A
E lei nō au i kou aloha   貴方の愛は私のレイ
よ レイ   私   貴方の   愛

解説

20世紀から活躍を続けているハワイの音楽家の二世達が、親の血筋を受け継いで活躍する時代になってきた。この曲も、ハワイでレゲエが流行してジャワイアンと呼ばれた時代のグループ、カペナの2世が突如 iTunes で登場したもの。CD時代を脱皮して、好きな曲をチョイスして買う時代に移り変わるように、音楽世代も変わってきたようだ。

© ROBERT STERLING MUSIC NEW YORK
All rights reserved. Used by permission.
Rights for Japan administered by NICHION, INC.

♪ジャンル　カウアイ島

Pua Kiele
Composed by Al Makahinu Barcarse

G　　　　　　　　　C　　　G
No ka pua Kiele ke aloha
為に　　　　　花　ガーデニア　　　愛する

愛するガーデニアの花の為に

G　　　　　　　D7　　　　　G
Ka pua ‘a‘ala i ke kīhāpai
花　　風に香る　　に　　　小さな農地／庭

庭で風に香る花

G　　　　　　　　C　　　G
U‘i nō ka pua ke ‘ike aku
美しい　とても　　花　　[　眺めれば　]

眺めればとても美しい花

G　　　　　　　D7　　　　　G
Hula ana i ke ahe a ke Ala‘oli
[　踊っている　]　で　　風　　の　　アラオリ

アラオリ風で踊っている

G　　　　　　　　C　　　G
Nani nō ka lei ke pili ‘ia
美しい　とても　　レイ　[くっついて離れない]

レイに編まれ寄り添い、とても美しい

G　　　　　　　D7　　　　　G
Me ka Maile lauli‘i o Wai‘ale‘ale
共に　　マイレ　　小さな葉　の　　ワイアレアレ

ワイアレアレの小さな葉のマイレと共に

G　　　　　　　　C　　　G
Kaulana ka inoa o ke Kiele
有名な　　　名前　の　　キエレ

キエレの名前は有名

G　　　　　D7　　　　　G
He pua ‘upalu i mahalo ‘ia
です　花　穏やかな　で　[　賞賛される　]

賞賛される穏やかな花です

G　　　　　　　　C　　　G
Mahalo aku au i kou nani
[　　ありがとう　]　私は　に　貴方の　美しさに

ありがとう　貴方の美しさに

G　　　　　　D7　　　　　G
Hula ha‘aheo ana me ke aloha
踊る　　誇り高く　　　共に　　愛

愛と共に誇り高く踊ります

G　　　　　　　　C　　　G
He mele ho‘ohanohano kēia
です　歌　　賞賛する　　これは

これは賞賛する歌です

G　　　　　　　D7　　　　　G
No ka pua Kiele, he pua makamae
為に　　花　キエレ　です　花　　最愛の

キエレの花の為に　最愛の花です

解説 ・・・
カネオヘに教室を持ち、地元の高校で長年フラを教えていたKumu hula Al Makahinu Barcarseの作品。2016年にヒットした同タイトルの曲とは異なる。Kumuは足を患い4年前に引退宣言し、多くの人たちがカネオヘを訪れ、盛大な引退ホーイケが開かれた。音楽を愛し、ホノルル港からの観光船で毎夜行われる素敵なディナー・ショーの音楽監督も務めていた。日本にも牧師として滞在し、日本語は堪能だ。彼の作曲でヒットした「Ka Ua Kilihune」は有名だ。

Pua Mōhala I Ka Wēkiu

Words by Frank Palani Kahala   Music by Irmgard 'Aluli

          F   D7   Gm
Ma'ema'e ke kino o ka pala'ā　　　　　　魅惑的なパライシダの茂み
純粋な／魅惑的な　　外見／体　の　　シダの一種
                 C7   B♭ F
Uluwehi i ka uka a'o Maunawili　　　　マウナヴィリの高地に青々と緑に茂る
青々と緑に茂る　　　　高地　の　　マウナヴィリ
           F   D7   Gm
Hali'a mai ana ka desire o loko　　　　心に突然浮かぶ恋の想い出
[　突然思い出す恋の想い出　]　　欲望　の　中の
           F   G7   C7 F
Ka 'i'ini nō ka pua mōhala i laila　　そこにある満開の花を心から憧れる
憧れ／欲望　　　　　花　　満開の　[　そこに　]
B♭   F   G7   C7 F
Ka 'i'ini nō ka pua mōhala i laila　　そこにある満開の花を心から憧れる

           F   D7   Gm
Pulupē ko kāua 'ili me ke kēhau　　　霧の雫で私達二人の肌はずぶ濡れです
ずぶ濡れになる　[　私達二人の　]　肌　で　　霧／露の雫
               C7   B♭ F
'O ku'u pua mōhala eia i ka pu'uwai　私の満開の花は、私の心の中にあります
です　私の　花　満開の　　ある　中に　　心
            F   D7   Gm
Precious 'ala kūpaoa 'olu'olu a ka beauty　爽やかに強く充満する誇り高い香気　そして美しく
誇り高い　　香気　強く充満する香気　爽やかな　そして　　美しい
           F   G7 C7 F
Na ka lani punahele e   milimili　　　大好きな天国（首長）の為に　抱きしめましょう
為に　　首長／天国　お気に入り　[愛撫しよう／抱きしめよう]
B♭   F   G   C7 F
Na ka lani punahele e milimili　　　　大好きな天国（首長）の為に　愛撫しましょう

          F   D7   Gm
Ua 'ike iho au i ke aloha　　　　　　　私は愛を知りました（見ました）
[　知った／見た　]　方向詞　私は　を　　愛
                  C7   B♭ F
'O kou poli pumehana nanea i ku'u maka　私の目を魅惑した貴方の暖かい心
です　貴方の　　心　　暖かい　　魅惑的　に　私の　　目
            F   D7   Gm
'Olu'olu to mine heart e ha'eha'e nei　爽やかさの中で私の心は強い愛情と願望で
爽やかな　　に　私のもの　　心　　[　強い愛情と願望で慕っている　]　　慕っています
            F   G7   C7 F
Pili pa'a kāua i ka ua mālie　　　　　穏やかな雨の中で私達二人はぴったり寄り添います
寄り添う　しっかり　私達二人　中で　　雨　　穏やかな
B♭   F   G7   C7 F
Pili pa'a kāua i ka ua mālie　　　　　穏やかな雨の中で私達二人はぴったり寄り添います

             F   D7   Gm

E ka noe o ka lani e maliu mai
よ　　　霧　の　　　　　　　　天国　[　　聞いてください　　　]

            C7   Bb F

Eia ka 'ano'i a ka love ma 'ane'i
ある　　　憧れ　そして　　　愛情　[　ここ　]

おー　天国の霧よ　聞いてください

ここに憧れと愛情があります

               F   D7   Gm

Hea aku nō wau e ō mai 'oe
[　呼びかける　]　私は　[　答えて　]　貴方は

私は呼びかけます　貴方は答えてください

                     F   G7 C7 F

Pua mōhala kau mai luna i ka wēkiu
花　　満開の花　[　高く聳える　]　[　　最高位に　　]

 Bb   F   G7 C7 F

Pua mōhala kau mai luna i ka wēkiu

頂上に高く聳える満開の花

頂上に高く聳える満開の花

解説 ・・

恋人・友人、年長者、数え切れない人々。しかし歌詞は特別な関係について書かれている。クムフラで作詞家のFrank Palani Kahalaは、彼の弟に対する特別な愛情を4番のE ka noe o ka lani e maliu mai のフレーズで書いている、と解説されている。2017年メリー・モナークのミス・アロハ・フラに輝いたケリナが踊った曲。

♪ジャンル 王族

Pua Nani A'o Hawai'i
Composed by Kamaka Kukona

F
'Auhea wale ana 'oe
［　　　何処にいるの　　　］ 貴女は
B♭
Pua nani a'o Hawai'i
花　美しい　の　　ハワイ
F
Nani wale ku'u 'Ike ana
美しい　本当に　私の　［　眺め　］
B♭　　　　　　C7　　F
I nā Lehua o Līhau
に［ レフアの花々 ］の　リーハウ

貴女は何処にいるのですか

ハワイ王国の美しい花は

私が眺める貴女はとても魅惑的です

リーハウに咲くレフアの花々の様です

F
Ke 'ala ka'u i honi
香気　私の　　　匂い
B♭　　　　　　　　F
O ka li'a aia i loko
の　　憧れ　ある［ 中に ］
F
Po'ai i nā mokupuni
取り囲む　を［　島々　］
B♭　　　　C7　　　　F
Onaona ka māpuna wai
魅惑的な　［　湧き水　　　］

私に甘い香り

心の底からの憧れです

ハワイの島々を取り囲む

甘い爽やかな湧き水

F
Wehiwehi wale ia uka
青々と緑に茂る　とても　この　高地
B♭
I ka liko a'o ka Palai
中に　芽生え　の　　パライシダ
F
Iwili 'ia me ke 'ala
［ 織り交ぜる ］　と　　香気
B♭　　　　C7　　　F
Kīnohi 'iwa i ke anu
装飾した　イヴァイヴァ　　寒さ

高地は緑に覆われて

パライシダの芽生えで青々と覆われています

芽生える香りを織り交ぜて

寒さの中でイヴァイヴァ（クジャクソウ等のシダ類）
の飾り付け

F
No ku'u pua laha'ole
為に　　私の　　　花　　決して色あせない

私の決して色あせない花の為に

B♭　　　　　　　　　　　**F**
Ke aloha mau loa e
　　　　　愛　[　永遠の　]　よ

永遠の愛よ

F
Ha'ina mai ka puana
[　　告げる　　]　　　　　主題

物語は終わります

B♭　　　　　　**C7**　　　**F**
No Lili'u lani he inoa
　の　[　リリウオカラニ　]　　です　名前歌

リリウオカラニは貴女の名前です

He inoa no Lili'uokalani

リリウオカラニ王女の名前歌

P

解説 ···

Līhau 1278m　　Lahainaに聳える山

作者 Kamaka Kukonaは、2014年度 Nā Hōkū Hanohano Awardsでグラフィック賞、男性ボーカリスト賞 (マーク・ヤマナカと同点受賞)、
将来期待される歌手賞を受けた。

Pua Nā'ū

Composed by Anthony Tony K.Conjugacion

F   C7
Auhea wale 'oe na'u 'oe e pua   Nā'ū
[聞いてください] 貴女 私の   貴女 よ 花 ナーウー（ガーデニア）

貴女、聞いてください　私の貴女
ナーウーの花よ

B♭   B♭m   B♭   B♭m   F   D7
Nou ku'u poli mehana, mahana i piha hau'oli
貴女のための 私の 胸   温かい 温かく感じられる   多分   楽しい

貴女の為の私の温かい心
きっと楽しく温かく感じるでしょう

G7   C7
Ku'u pua onaona
私の   花   甘く香る

私の甘く香る花

        F   C7
Ke 'ala onaona kō hanu i ka ihu
香気   魅惑的な   貴女の   吐息 に   鼻

貴女の吐息の魅惑的な香り

B♭   B♭m   F   B♭   B♭m   F   D7
Honi aku lā honi mai, māpu ke 'ala ho'oheno
[キッスする] [キッスされる] 香気が漂う   香気   可愛い／愛する

キッスしてキッスされる
可愛い香気が漂います

G7   C7   C7
Kauhihi ka mana'o ia nei
もつれさせる   心   ここに

今、絡み合う二人の心

Hui:

        B♭   F   C7   F
E ku'u lei e ku'u sweet no nā kau a kau
よ   私の   レイ よ   私の   甘い   [永遠に   ]

私のレイよ　私の永遠に愛しい人

        B♭   F   G7   C7
Eia no au ke kali nei ku'u ipo o ke aumoe
ある   私は [待っている] 私の   恋人   の   真夜中の

ここで私は待っています
私の真夜中の恋人

     F   C7
He pua laha'ole o nā pua o ka 'āina
だ   花   比べるものが無い [花々   ] の   土地

この大地の花々の中で、
貴女は比べるものがない美しさだ

B♭   B♭m   F   B♭   B♭m   F   D7
'Imi ana ho'i au i laila, kī'ei hālō i 'ane'i
[探し求める] 本当に   私は [そこで] [手をかざしてじっと見る] ここで

手をかざして貴女をじっと見つめて

G7   C7   C7
'Ike i ka nani o ia pua
知る を   美しい の   この   花

この花の美しさを知りました

F   C7

Puana ka inoa e lovely pua Nāʻū
主題　　　　　　名前　　よ　愛らしい　　花　　ナーウー

愛らしい花　ナーウー

B♭   B♭m   F   B♭   B♭m   F   D7

Nau e kuʻu aloha, he aloha pili paʻa nō ia
貴女のための　　私の　　　愛　　だ　愛情　　［　しっかり寄り添う　　　］

貴女の為の私の愛
しっかり寄り添う愛です

G7   C7   F

Kāua a mau loa
私達二人　［　　永遠に　　］

私達二人は永遠です

解　説 ･･･

ナーウー（ガーデニア）の花に例えた愛らしい貴女への愛の讃歌。トニー・コンジュケーションがライアテア・ヘルムの為に書いた新曲だろう。2016年5月に発売されたライアテアのCD「He Leo Huali」で聴けるラブ・ソング。

© MOUNTAIN APPLE COMPANY INC
All rights reserved.　Used by permission.
Rights for Japan administered by HOTWIRE K.K.

Pua Tulipa
Composed by Kawaikapuokalani Hewett

F   B♭   F
He aloha nō ʻoe, e kuʻu ipo
　だ　　　愛　　　貴女は　よ　私の　恋人

貴女は可愛らしい　私の恋人よ

F   C7   F
Ē ka pua Tulipa, e kuʻu milimili
よ　　花　チューリップ　よ　私の　最愛の人／お気に入り

おー　チューリップの花よ　私のお気に入り

F   B♭   F
He milimili ʻoe na ka lāhui
です　お気に入り　貴女は　～属して　　　国民

貴女は全ての人の憧れです

F   C7
Pili mau a mau ma kuʻu poli
寄り添う［　　永遠に　　］　に　私の　胸   F

貴女は永遠に私の心の中に寄り添います

F   B♭   F
Ma kuʻu poli ʻoe e hoʻopumehana
　で　私の　　胸　貴女は　［　　暖かくする　　　］

私の心の中で貴女の温もりを感じます

F   C7   F
Ē ka ipo hoʻoheno o Hunakalia
よ　　恋人　　愛する　　の　　ハンガリー

私の愛するハンガリーの恋人

F   B♭   F
Hunāhunā ʻole ia ke aloha iā ʻoe
［　　隠さない　　　］この　　愛情　　［　貴女への　］

貴女への愛情は秘密ではありません

F   C7   F
Ē ka nani kaulana o nēia ʻāina
よ　　美しい　　有名な　　の　この　　土地

おー　この土地の有名な美しさ

F   B♭   F
Haʻina ʻia mai ana ka puana

物語は終わります

F   C7   F
E ka pua Tulipa, e kuʻu milimili
よ　　花　チューリップ　よ　私の　最愛の人／お気に入り

おー　チューリップの花よ　私のお気に入り

解説 ･･･

2016年に発売されたHōkū ZuttermeisterのCD「Kuʻu pua Sakura」で歌っているKawaikapuokalani Hewettの作品。Hewettの作品とし
ては、旧作に属する曲のようだ。しかし、易しい言葉の積み重ねは今と全く同じで、親しみを感じる曲作りだ。

Pualani

Composed by John H. B. Enos

G   Em   Am   D7
'O Pualani, he nani nō
さん　プアラニ　だ　美しい　とても

Am   D7   G
He u'i hia'ai ka mana'o
だ　美しい　好きにされる　意向／願望

G   Em   Am D7
Me kona pu'uwai hāmama
共に　彼女の　心　開かれている

Am   D7   G
Ke aloha   ka i   hiki mai
[　愛　]　[Ka mea i ＝〜した人]　[　戻って来る　]

C   Am   D7 Bm E7
A he milimili 'oe na'u
そして　だ　最愛の　貴方は　私のもの

Am C   D7 G
Ka'u i ka wekiu
私のもの　[　最高の　]

C   Am   D7   Bm E7
Nou e Pualani ka nohea
貴方に　よ　プアラニ　容姿端麗な

Am   C D7 G
Ka 'i'ini o mī nei, ka 'i'ini o mī nei
欲望　の　私の　今

プアラニちゃん（英訳　大空の花）　とても美しいよ

若々しく美しい純粋な願いです

開かれている貴女の心と共に

愛が戻る事を望んでいます

貴女は最愛の人　貴女は私のもの

最高に愛している私の貴女
（英訳　山の頂上の最高位に）

貴女に、　容姿端麗なプアラニちゃん
（英訳　愛しい大空の花）

私の心からの憧れです

解説

Pualani　天国の花という名前を持った美女に恋をした物語だろう。
CDに作曲者自身の英訳が添付されているのでカッコで添え書きしたが、何とも色気がないと感じる。作者が純粋に天国の花を歌っているなら筆者の訳詞は誤訳になるが、ここはロマンチックな愛の物語と考えたい。歌詞の最後がMī nei というハワイ語で結ばれているが、これは1948年チャールズ・E・キングの作品「Mī nei」から引用した語句と考えられ、有名なキングス・ブックでは「How about me」と訳されている。

© MOUNTAIN APPLE COMPANY INC
All rights reserved. Used by permission.
Rights for Japan administered by HOTWIRE K.K.

♪ジャンル　カヒコ

Puka Mai Ana Ka Lā Ma Puna
Traditional

Puka mai ana ka lā ma Puna
[太陽が上がる] 太陽 に ブナ

太陽がブナに上がる

Ea mai ana ma Haʻehaʻe,
[昇った] で ハエハエ

それはハエハエから昇った

Ma luna mai o Kūkiʻi
に 上 の クーキイ

クーキイの上に

Ua hiki ka lā, aia i Hawaiʻi,
[来た] 太陽 そこ に ハワイ

太陽が昇った　ハワイに

He ʻawamea ua na Pele, na Hiʻiaka
だ 明るくする ために ベレ ために ヒイアカ

女神ベレの家を明るくする　ヒイアカの家も

Ke kakali lā i loko o ke kai
[時の経過を待つ] [中で] の 海

ka ʻalā kuʻi o Kaueleau
[斧を持って石を打つ事] の カウエレアウ

カウエレアウの海で波に強打される岩は、時の過ぎるのを待っている

Hoʻolono ka luahine i ula o ka lua,
耳を傾ける 老婦人 燃え上がる の 穴

老婦人（ベレ）はそれを聞き火口から燃え上がる

Kiaʻi wai o Puʻulena, ʻŪlili, Kōlea,
水の番人 の プレナ鳥 ウリリ鳥 コーレア鳥

プレナ鳥　ウリリ鳥　コーレア鳥の水の監視者

He kanaka laʻilaʻi ia ka lā,
だ ハワイ人 穏やかな その その人

その人は穏やかな人だ (Mary Kawena Pukui 英訳　誰かが近づいて温まりますか？)

He kua ʻo Hiʻiaka paha ia e hele aʻela lā ē,
だ 背中 は ヒイアカ 多分 この [近くを通りかかる]

おそらく、山の背を通りかかっている女神ヒイアカだ

ʻO Hiʻiaka, ʻo Hiʻiala
です ヒイアカ です ヒイアカ

ʻo ka wahine hele mauna,
です 女性 [山を旅する]

ヒイアカです　ヒイアカです
山を旅しているヒイアカだ

Nāna i hehi ke poʻo o Huʻehuʻe,
彼女ために 踏みつける 頂上 の フエフエ

彼女はフエフエの頂上を踏む

ʻO Huʻehuʻe-a-e
です フエフエ、アーエー

フエフエです

解説

Kahikoの導入部分に使われる曲と言われる。
Huʻehuʻe　ハワイ島Pua kō地区にある550m程の山。火の女神ベレはHuʻehuʻe山のパンの実と、下方に見えるKiholoとKaupulehu海のアク魚を食べたくて溶岩になって流れ落ちて行った。更にカメハメハ大王の富と栄誉を妬んだ為だと言われる。カメハメハ大王は預言者（Kāula）のアドバイスを受け、女神ベレに生贄を捧げ流れを止めたと伝わる。HiʻiakaがHuʻehuʻeの頂上に立ちたかった思いが偲ばれる伝説。

♪ジャンル オアフ島

Rose Onaona
Composed by Chad Takatsugi

```
G          C        D7              G
'Auhea 'oe e ka rose onaona
聞いてください   貴女  よ       バラ   甘く香る
G          C        D7              G
Onaona lei i sa 'ohu kuahiwi
[  甘い香りのレイ  ]          霧深い     山
G          C        D7              G
'Ōiwi nani ku'u rose ku'u lani
土地っ子  美しい  私の   バラ   私の   天国
G          C        D7              G
He lani nui 'oe na'u e ku'u ipo
です  [ 偉大な天国 ] 貴女は  私の    よ  [  恋人  ]
G          C        D7              G
'Ea lā, 'ea lā, 'ea lā ē
```

貴女聞いてください、甘く香るバラの花よ

霧深い山に甘く香るレイ

美しい土地っ子　私のバラ　私の愛しい人

貴女は僕の素晴らしい天国　恋人よ

エアラー　エアラー　エアラー　エ

```
G          C          D7            G
Ho'oipo ē ke 'ala me ka ua noe
[  愛撫する  ]  よ   香気  共に  [    霧雨   ]
G          C        D7              G
Noenoe mai i ka 'Āpuakea
[  霧が掛かってくる  ]  に     アーブアケア
G          C        D7              G
Pua a'e mana'o my beloved
現れる   方向語   心    私の      最愛の人
G          C        D7              G
Ua lawa ku'u lei, he wehi nō ia
[ 十分に満足する ]  私の   レイ  です [  飾り付ける ] この
G          C        D7              G
'Ea lā, 'ea lā, 'ea lā ē
```

貴女の甘い香りと共に霧雨(の様な貴女)の愛撫

アーブアケアに霧が舞い降りて

私の最愛の人が心に浮かぶ

私のレイ（愛する人）は楽しむ　この飾り付けだ

エアラー　エアラー　エアラー　エ

```
G   C        D7              G
Eia ke aloha no ku'u rose
ある     愛    の   私の    バラ
G          C        D7              G
Onaona lei i sa 'ohu kuahiwi
[  甘い香りのレイ  ]          霧深い     山
G          C        D7              G
Puana nei mele no ku'u lani
[  主題を告げた ]  歌  為の   私の  天国（愛する人）
G          C        D7              G
No ka pua rose onaona ke aloha
為に   花   バラ  甘い香りの          愛情
G          C        D7              G
'Ea lā, 'ea lā, 'ea lā ē
```

ここに私のバラへの愛がある

霧深い山に甘いレイの香り

私の天国の歌のテーマを告げる

愛情は甘い香りのバラの花の為に

エアラー　エアラー　エアラー　エ

解説 ‥‥
作曲者の解説は、「この愛の歌は、夫と妻の間の生涯の結びつきを賛美するために作曲した」と書かれている。甘い香りは当然、愛する妻のことだ。霧雨に愛され、甘い香りが漂う霧深い山がご主人なのだろう。'Āpuakeaはオアフ島のカネオヘ地区にある地名だ。仲睦まじい夫婦の姿が感じられる優しい作品だ。

♪ジャンル　オアフ島

Shower Tree
Composed by Kīhei Nahale-a & Natalie Ai Kamauu

La la la la, la la la la　　　　　　　　ラ　ラ　ラ　ラ、ラ　ラ　ラ　ラ

A　　　F#m　　　　A　　　F#m
A ka uka 'oe noho i ka lā　　　　　　貴方は高地で太陽を浴びて育つ
　高地　貴方は　　住む　の中で　　太陽

A　　　　　　F#m　　　　　A　F#m
Ho'opumehana 'ia e ka lā　　　　　　太陽で暖められ
[　　暖かくされる　　]　によって　太陽

A　　F#m　　　　A　　　F#m
'O ka mālamalama 'oi kelakela　　　活気に溢れています
です　　物事の理解を解明する光　　鋭い　見せびらかす

A　　　F#m　　　　A　　F#m
Ke kumu kuāua a'o 'Ewa　　　　　　エヴァのシャワー・ツリー
[　　シャワー・ツリー　]　の　　エヴァ

A　　　　F　　　D　　　　A
Shower tree rain down on me　　　　シャワー・ツリーの雨が私に降り注ぐ

La la la la, la la la la　　　　　　　　ラ　ラ　ラ　ラ、ラ　ラ　ラ　ラ

A　　　　F#m　　　A　　　F#m
Kāhili milimili o ka Moa'e kū　　　激しいモアエ風の愛するカーヒリ・ジンジャー
カーヒリジンジャー　最愛の　　の　[　激しい貿易風　]　　（英訳　慌ただしい飾り付け）

A　　　　F#m　　　　A　　　F#m
He ho'ohiwahiwa a ka mau'u　　　　貿易風はいろいろな草木の飾り付けです
です　　　装飾する　　　の　　　草の総称　　　　（英訳　優しく貿易風で装飾されます）

A　　F#m　　　A　　　F#m
Aia lā ka Lehua o Kualaka'i　　　クアラカイの有名なレフアがそこにあります
そこにある　　レフア　の　　クアラカイ

A　　　F#m　　　A　　F#m
Kahi lei 'ā'ī o Hoakalei　　　　　ホアカレイの首にかける唯一つのレイ
[　一つのレイ　]　首　の　ホアカレイ　　　　（後記、神話参照）

A　　　　F　　　D　　　　A
Shower tree rain down on me　　　　シャワー・ツリーの雨が私に降り注ぐ

568

La la la la, la la la la　　　　　　　　　ララ ラ ラ、ラ ラ ラ ラ

A　F#m　　　　　A　　　F#m
Pūhano ʻia nō e ka lā　　　　　　　　　太陽は美しくします
[　賞賛される／美しくされる　] によって　　太陽

A　　　　　　　F#m　　　A　　F#m
ʻO ke kumu Kuāua aʻo ʻEwa　　　　　エヴァのシャワー・ツリーです
です [　　シャワー・ツリー　] の　　エヴァ

A　F#m　　　A　　F#m
Pūhano ʻia nō mākou　　　　　　　　私達は貴方に賞賛されます
[賞賛される／美しくされる]　　私達は

A　　F#m　　　A　　F#m
ʻO ʻIolani nō kou inoa　　　　　　　貴方の名前はイオラニです
です　イオラニ　の　貴方の　名前

A　　　　　F　　D　　　　A
Shower tree rain down on me　　　　シャワー・ツリーの雨が私に降り注ぐ

La la la la, la la la la　　　　　　　　　ララ ラ ラ、ラ ラ ラ ラ

解説‥‥‥

CDの解説には、息子の大好きな花「シャワー・ツリー」を題材に息子のために歌を作ろうと思ったができず、それを聞いた友人が息子のため
にこの曲をプレゼントしてくれたのだという。そしてナタリーは息子のために、自分の大好きなパカラナを題材に「Kuʻu Pua Pakalana」を
作ったのだ。

Kualakaʻi はオアフ島の西南にあるBarbers Point (米軍キャンプ、軍の飛行場がある) は、珊瑚礁が多く、1796年、Henry Barger (有名な
王室音楽教師) がヨットで遭難した場所。この地の春は、Hoaka-Lei (輝くレイ) と呼ばれている。火の女神ペレ最愛の妹、女神ヒイアカは、
この地でレフアを摘み『Hoaka-Lei (輝くレイ)』を編み、レイをかけて水に映る姿を楽しんだ場所と言われている。

♪ジャンル 子供向け

Small Girl Hula
Composed by Alden Levi

D   G   D
He mele ē, no ku'u kama ē
　　　だ　歌　　　の　私の　　子供
　　　　　　　　　　　　　歌です　私の子供の為の

D   A7
Ka mea hula ē, le'ale'a nō
[　　フラ・ダンサー　]　　楽しいね　とても
　　　　　　　　　　　　　フラ・ダンサーだ　とても楽しいね

D   G   D
Kou mino'aka i ka 'oni ē
貴女の　　　微笑み　で　　動き
　　　　　　　　　　　　　踊りながら貴女は微笑む

D   A7 G A7   D
Ku'u wehi ē, e aloha mai
私の　　飾り物　　[　　アロハが来る　　]
　　　　　　　　　　　　　私の飾り物　大好きだ

Hui:

D7   G   D
Small girl hula, the way you dip and sway
[　少女　]　　　　フラ　　方法　　　下げて　　揺れて
　　　　　　　　　　　　　少女のフラ　腰を下げて揺らして踊る

                     A7   D
Hula 'oe, In your special way
踊る　貴女は　で　貴女の　[　特別な方法　]
　　　　　　　　　　　　　貴女は踊る　貴女の踊り方で

D7   G   D
As you dance, my heart fills with joy
～すれば　貴女　　ダンス　私の　心　溢れる　で　楽しみ
　　　　　　　　　　　　　貴女が踊れば　私の心は幸せで一杯だ

                        A7
Ku'u kamaiki
私の　　少女
　　　　　　　　　　　　　私の娘

G   A7   D
Small Girl hula for me
[　少女　]
　　　　　　　　　　　　　私の為の少女のフラ

D   G   D
Kou u'i ē, ua laha 'ole ē
貴女の　若々しい美しさ　[　　比べる物が無い　　]
　　　　　　　　　　　　　貴女の若々しい美しさ　比べる物はありません

D   A7
Ua 'ike ē, Kou lima nani ē
[　見た　]　　貴女の　腕　　美しい
　　　　　　　　　　　　　見ました　貴女の美しい腕の動きを

A7   D   G   D
Ha'ina mai ana ka puana
　　　　　　　　　　　　　物語は終わります

D   A7 G A7   D
Ku'u wehi ē, e aloha mai
私の　　飾り物　[　　アロハが来る　　]
　　　　　　　　　　　　　私の飾り物　大好きだ

解説 ···
父親にとって可愛い娘は宝物だ。目の前で少女が踊っている。可愛いケイキ・フラは父親の宝物だ。
日本でもケイキ・フラは全盛だ。そしてとても上手だ。日本のケイキ・フラも、子供だから可愛い踊りという時代は去り、可愛くて巧みな技を駆
使しなくては通用しない時代になった。

Sweet Lei Mamo

Traditional

C
Wehiwehi ka uka i ka nahele
飾り付ける　　　　高地　で　　森

F　　　　　　　　　C
Ka popohe lau o ka Palai
丸い／形良い　葉　の　　パライシダ

G7　　　　　　　　C
Hau lipolipo i ke onaona
高地の低木　暗青色　に　　　甘い香り

F　　　　　G7　C
Hoa pili o ke ‘A‘ali‘i
[　親友　]　の　　　アアリイ

美しいのは高地の森

パライシダの形良い葉

暗青色の低木の甘い香り

アアリイの親友です

Hui:

C　　　　　　　G7
Sweet lei mamo
優しい　レイ　マモ鳥

G7　　　　　　C
Lei o ke aloha
レイ　の　　　愛

C　　　　　　F D7
Kāhiko nani o‘u
装飾する　美しく　私の為に

G7　　　　　　C
Sweet lei mamo
優しい　レイ　マモ鳥

マモ鳥の優しいレイ

愛のレイ

私を美しく飾ります

優しいマモ鳥のレイ

C
Ka uhi pa‘a a ka noe
カバー　確実に　の　　霧

F
Ka luna ‘olu o Kilohana
高い　涼しい　の　キロハナ高地

G7　　　　　　　　C
I laila ho‘i au i like ai
[　そこに　]　まさに　私は　に　同様に　そこで

F　　　　　G7　C
Kahi wai hu‘i o Leialoha
一つの　水　冷たい　の　　レイアロハ

霧が全てを覆い

キロハナ高地を涼しく

私はそこにいます　私はそこが好きです

レイアロハのリフレッシュする水

I laila ho‘i au i like ai
[　そこに　]　正に　私は　[　似ている　]

私はそこにいます　私はそこが好きです

      C

Honehone leo o ke kāhuli
優しい／甘い　　声　の　　　ランド・シェル
    F   C

Leo le'a o ka wao kele
声　楽しい　の　［　　降雨地帯　　　］
  G7

I laila ho'i au I like ai
        F   G7 C

My sweet lei mamo
私の　　優しい　　レイ　マモ鳥

Ka 'i'iwi ka hoa e like ai
ハワイ蜜吸鳥　　　友人　［　似ている　］

陸貝の優しい鳴き声

降雨地帯の楽しい鳴き声

私はそこにいます　私はそこが好きです

優しいマモ鳥のレイ

私の好きなイイヴィ鳥と比べれば

S

解説・・・

高地に生息する美しいマモ鳥の黄色い羽を賞賛すると同時に、ハワイの自然の素晴らしさも讃えている。作者は霧に覆われる自然の美しさと
マモ鳥の鮮やかな黄色い羽を対比して作詞したのだろう。作曲年代は不明だが古典と言える曲だ。古い「Nā Mele Paniolo」から紹介した。
'A'ali'i 自生の堅い潅木。30cm~10m程度に成長し小さな花をつける。

572

Sweet Wehi O Sāmoa

Words by Kealoha'āina Simeona Music by Kamakele "Bulla" Kailiwai

Bb   F
Hanohano wale ku'i lei
誉れ高い   とても   [編まれたレイ]

私の編まれたレイはとても誉れ高い

C7   F
My sweet wehi Sāmoa
私   甘い   飾る   サーモア

私の甘いサモアの飾り付け

Bb   F
Ua hilo 'ia ke aho
[編まれた]   紐

紐で編まれた

G7   F
A ke aloha
の   愛

愛の贈り物

Bb   F
'Ohu'ohu wau i ka nani
飾り付ける   私は   で   美しさ

私は美しさで飾られています

C7   F
O ku'u lei aloha mae 'ole
の   私の   レイ   愛   [枯れない]

枯れることのない愛の私のレイ

Bb   F
Lau 'ole a pili i ka poli
[並ぶものがない] 寄り添う に   胸

私の胸に寄り添い比べるものはありません

G7   F
Forever more

何時までも永遠に

Bb   F
Ha'ale'ale i ka pu'uwai
感情が溢れ出る   に   心

心は感情が溢れ出そうです

C7   F
Ke hanu lipo i kō 'ala
[匂いを嗅げば] 深く   を 貴方の   香気

どこで私が貴方の香りを深く吸い込んでも

Bb   F
Kilihea i ke onaona
びしょ濡れになる   甘い香り

甘い香りでびしょ濡れになっても

G7   F
So pleasant indeed

本当にとても嬉しい

Bb   F
Puana 'ia me ke aloha

愛と共に告げます

C7   F
My sweet wehi Sāmoa

私の甘いサモアの飾り付け

Bb   F
Ua hilo 'ia i ke aho

紐で編まれた

G7   F
A ke aloha

愛の贈り物

S

解説 ···

フラのインストラクターのケアロハ・アイナ・シメオナはクムフラ、ジョニー・ラム・ホーのハーラウのインストラクターをしていた。この曲は彼女が1998年ミス・アロハ・フラに出場した時演奏されたという。

♪ジャンル　オアフ島

Swish Sway Hula
Words by Amy Hānaiali'i Gilliom, Adrian Kamali'i　Music by Willie K

G7
Ke 'imo mai nei ia'u
[　ピカピカ光っている　]私の為に／私に　　　　　　　私の為に 輝いている
C7
Ke kāne nohea mai Nānākuli
　　　男　ハンサムな　から　　　ナナクリ　　　　　　　ナナクリからハンサムな男が
F
Kona oho uli me ka maka nani
　彼の　頭髪 黒色　と　　目　美しい　　　　　　　　黒い髪と美しい目
　　　　　　　　　　　C7　　　　　　　F
E hana i ka...Swish and Sway Hula
[　～しよう　]を　　　振り回して　　揺れて　フラ　　　私はシューと音を立て、腰を揺らせて踊ります

G7
Ua 'ike i kona maka ki'i
[　見た　]を　彼の　　目　ふらつく　　　　　　　　私は彼のじろじろする目を見ました
C7
Nānā 'o ia ma kekahi wahi
　見る　[　彼は　]を　[　他の場所　](kekahi lā 他の日)　彼はどこか他の場所を見て
F
Hāwana 'ana i kekahi mea
[　囁いている　]に　[　他の人　]　　　　　　　　　他の人に囁いています
　　　　　　　　　　　C7　　　　　　　F
E hana i ka...Swish and Sway Hula
　　　　　　　　　　　　　　　　　　　　　　　　　私はシューと音を立て、腰を揺らせて踊ります

G7
Ke nānā mai kekahi kāne
[　見つめている　]　[　他の男　]　　　　　　　　　ここで見つめている一人の男
C7
Nohea loa me ka hana 'ili. E lili paha 'o ia
　ハンサムな　とても　で　[　仕事の肌　][やきもち焼く]　多分　[　彼は　]　黒い肌でとてもハンサムな
　　　　　　　　　　　　　　　　　　　　　　　　　多分彼はやきもち焼きかな
F
Ke kāne nohea mai Nānākuli　　　　　　　　　ナナクリから来たハンサムな男
　　　　　　　　　　　C7　　　　　　　F
E hana i ka...Swish and Sway Hula
　　　　　　　　　　　　　　　　　　　　　　　　　私はシューと音を立て腰を揺らせて踊ります

解 説··········
2014年12月に発売された「Amy & Willie K Reunion」で歌われているオアフ島ナナクリ海岸エリアの物語。この一帯はハワイ人の土地だ。
2013年に立ち寄った時には、昔パイナップルを運んだ鉄道の線路がかなり撤去され綺麗な海岸になっていた。ここから、Waianae~Makaha
~Kaenaまで白人は殆どいない地帯。昔、ハワイ人に農地解放のため王様から与えられたエリアだ。

© by HANAIALI'I RECORDS INC
All rights reserved. Rights for Japan controlled by Little Star Copyright Management

♪ジャンル ニイハウ島

Ta Pua Elama
Composed by Chucky Boy Chock

A
Ta pua a'o Ni'ihau
です 花 の ニイハウ島
E7
Onaona me ta ho'ohihi
心地よい香気 共に うっとりさせられる／魅せられる
F#m C#m
I ta nui lehulehu
を [沢山の人々]
Bm E7 A
Ta pua Elama
です 花 エラマ

ニイハウ島の花です

うっとりさせる心地よい香気

沢山の人々を

エラマの花です

A
Ta pua o tou lei
です 花 の 貴方の レイ
E7
E mohala mau loa ana
よ 花盛り [永遠に]
F#m C#m
I pūlama 'ia e ta lehulehu
に [大切にされる]によって 大勢の人々
Bm E7 A
Ta pua Elama

貴方を飾るレイの花です

永遠に咲き誇ろう

大勢の人々に大切にされて

エラマの花です

A
Mahalo a nui loa
ありがとう の [たくさん]
E7
Mai to'u pu'uwai
から 私の 心
F#m C#m
He mele tēia nou
です 歌 これは 貴方の為に
Bm E7 A
E ta pua Elama

沢山のありがとう

私の心から

これは貴方の為の歌です

エラマの花です

解 説‥‥
歌詞を見るとタヒチの曲だと考えるが、作詞作曲のChucky Boy Chockが親友のElamaとIsaacに捧げた曲。「The Music of Chucky Boy
Chock Vol.1」に収録されている。1996年、2010年にレコーディングされている。可愛いらしいメロディーで覚えやすい曲だ。ニイハウ島の
花、Elama を讃えているので、古いハワイ語が使われるニイハウ島の人々に敬意を表して作詞したのだろう。
TをKに置き換えれば、通常のハワイ語になる。

© MOUNTAIN APPLE COMPANY INC
All rights reserved. Used by permission.
Rights for Japan administered by HOTWIRE K.K.

Tahitian Lullaby

Composed by Augie Goupil

C   F   G7
Repose and close your eyes, Dear
横たわって貴女は目を閉じて

        F   G7   C
Tahitian lullaby will tell you I love you
タヒチの子守り歌は、
私は貴女を愛すと話します

       F   C   G7
Dream on 'til dawn has gone, Dear
夜明けまでの夢はすぎ去りました　愛しい人

        F   G7   C
Awaken with the sun. My lovely one is you
朝の光で目を覚まして。
私の愛する人は貴女です

F   G7   C
Arms are the cradle of love,
腕は愛の揺り籠

F   G7   C
Stars are a blanket above,
星は天空の毛布

E   Am
Moonbeams and stardust for sweethearts,
貴女の為のムーン・ライトとスター・ダスト

   Dm   G7
The night and the place invites an embrace
夜とここが抱擁しろと招いています

C   F   G7
Repose and close your eyes, Dear
横たわって貴女は目を閉じて

       F   G7   C
Tahitian lullaby, My sweetheart, I love you
タヒチの子守り歌、私の恋人
私は貴女を愛します

       F   G7   C
Tahitian lullaby, My darling, I love you
タヒチの子守り歌、私の恋人、
私は貴女を愛します

解説

1930年代の曲。アメリカ大陸の作曲家Augie Goupilが作詞作曲し、ハワイから大陸に渡り活躍していたRey Kineyの持ち歌となった。同様に大陸に渡りピアノを加えたグループでハワイ音楽活動していたKalima Brothersもレコーディングしてヒットした。当時、モダンなコード進行は、従来ないハワイ音楽として話題を呼んだと言われる。

Telephone Hula

Composed by Hatte K. Hiram

D   **G**   **D**
Aloha ka wahine, ai a ka manuahi,
アロハ　　　女性　　内縁の　　　　不貞の
A7   **D**
Ko'u kīhei pili ho'opumehana
私の　ベッド・カバー　寄り添う　　暖かくする

軽率な女性への愛

とても暖かく寄りそう僕のベッド・カバー

D   **G**   **D**
Ai 'auhea, ai iho 'oe, ai a ka pō nei
どこに　　　　貴女は　　[　　昨夜　　]
A7   **D**
Ai a ka tele, ai a ka fona, ai e 'uhene ana
電話　　　　　　電話　　　[軽快な音を響している]

貴女は昨晩どこにいましたか？

電話がなっていた時

D   **G**   **D**
Ai i laila, ai aku wau lā, ai kou wahi,
[そこで]　話し手から離れた方向　私　　　貴女の　　場所
A7   **D**
Ai a ka pa'a, ai a ka puka, ai a aka laka 'ia
閉じた　　　　　　ドア　　　　　映像　[錠を下された]

私は貴女のところにいました

そして、しっかりドアが閉められているのを
見ました

D   **G**   **D**
'O ka 'ā mai nō a ke kukui,
です　[　灯りをともす　]　　ランプ
A7   **D**
Ai 'a'ole ka'u mea e mana'o ai
ない　　私の　　人　[　強烈な願望　]

でも、貴女の明かりは点いていたけど

私の望んだ人はそこにいません

D   **G**   **D**
Ai ma kai, ai a'e au lā, ai a'o ka uwapo,
に　　海　　接近する　私は　　試みる　　埠頭
A7   **D**
Ka 'Ulua e mā 'alo, hukihuki mai
ウルア魚　[　一緒にいる　]　[　引き上げる　]

私は埠頭に行きました

ウルア魚は引き上げられていました

D   **G**   **D**
Ai mai pi'ikoi 'oe, ai a ke Akule,
するな　一番良いものに憧れる　　　アクレ魚
A7   **D**
Ai a ka i'a noho mai i ke kai hohonu
魚　[　居住する　]　に　　海　　深い

アクレ魚をさがさないでください

それは手の届かない深海にいる魚です

Telephone Hula

D G D
Ai haʻina, ai ʻia mai, ai ana ka puana,   お話を繰り返します

A7 D
Ai a ka tele, ai a ka fona, ai e ʻuhene   電話がなっていた時
　　　　電話　　　　　　電話　　［軽快な音を響している］

解 説・・
この曲のベースは "Aia a home ana"という民謡。歌詞を書き換えてカオナの曲になっている。歌詞の出だしが全てAiで始まっているが、強い
て訳す必要はない。この訳詞は著名なKumu Hula Kimo Alama Keaulanaの訳詞を参照にしたが、Aiを無視して訳している。表の意味では
Aia (そこで) の短縮形、裏の意味では性的関係を持つ。さらに最後によく知られるウルア (Ulua) 魚とアクレ(Akule)魚も、この曲では男性の
シンボルの俗語だという。

♪ジャンル 日本

The Bullet Train Song (Liko Pua Hau)
Composed by Kamaka Kukona

C
Nani ka ʻikena o ka ʻāina ē
美しい　　　光景　の　　土地　　　　　　　　　　美しい土地の光景
F　　　　　　　　　　　　G7　　　　C
I ka holo wiki a ka bullet train
が　　走行　早く　の　［　特急電車　　］　　　　上越新幹線が素早く走っていく
F　　C
He loa hoʻi no ke ana ia lae
です　広い　［　本当に　］　沢山　この　ラエー　　大きく広がる大地は
　　　　　　　F　　　　G7　　C
ʻO nā lōʻī laiki kaulana
です　［　田んぼ　］　稲　　有名な　　　　　　　　有名な稲作の田んぼ地帯だ

C
Liko pua hau lani, Mōhala lae
芽を出す　［　白い天国の花　］　満開　ラエー　　　白い天国の花の芽　満開だ
C　　　　　　　　　　　　　　G7
(Liko pua hau lani ē)
C
Liko pua hau lani, ʻŌhelo lae
　　　　　　　　　　　女神ペレに捧げた赤色の小さな果実　　　白い天国の花の芽　女神ペレに捧げるオヘロの実
C　　　G7　　　　C
Liko kapalili puʻuwai
［　　　胸のときめき　　　］　　　　　　　　　　開花は私の胸をときめかせる

C
Anu maʻeʻele nō ke kino lae
寒い　［　寒さでかじかんだ　］　　体　　　　　　寒い　私の体はかじかむ
　　　　　　F　　　　　　G7　　　C
I ka pā mai a ke kēhau
で　［　吹き寄せる風　］　の　　霧　　　　　　　霧と吹き寄せる風で
F　　　　C
Me ka ua huʻi koni ka ʻili lae
共に　　　雨　寒い　動悸する　　肌　　　　　　　肌を打ち付ける冷たい雨で
　　　F　　　　　　G7　　　　　C
Hoʻopulu ʻo Takada i ka laʻī
濡らされる　は　高田市　中で　静けさ　　　　　　静寂な高田市は雨に濡れる

T

解説 ···
作者のKumu hula Kamaka Kukonaは、新潟県高田市を訪れた時に作曲したのだろう。上越新幹線の車窓には果てしなく広がる稲畑が展
開していたのだろう。そして上越市に行けば桜の花が優しく迎えてくれた。桜の季節といえばまだ寒い新潟の気候、しかし美しい桜をLiko
Sakura blossomsと讃えている。歌詞の語尾に付くLaeは、lae a lae（音楽の軽快さを表現する）の短縮形と推測する。

♪ジャンル ハパハオレ

The Palm Trees Sing Aloha
Composed by Andy Iona Long

E   E7
The palm trees sing aloha   ヤシの木はアロハと歌う

A   F#7
All along Kahana Bay   カハナ湾の浜辺で

B7
When Hawaiian breezes whisper   ハワイのそよ風がささやく

F#m B7   E
On a golden summer day   黄金色の夏の日に

E   E7
The palm trees sing aloha   ヤシの木はアロハと歌う

A   F#7
On the beach and in the town   浜辺で、そして街で

B7
When it's nighttime in Hawaii   ハワイに夜が来ても

F#m   B7   E
And the moon is shining down   そしてお月様が光り輝いている時も

Verse:

A   Am
And if it's in November or   そしてそれが 11 月でも

E
If the spring is near   冬の終わりでも

Gm
It's love time in the islands or   島には愛が溢れた時間が流れている

F#7   B7
Any time of year   どんな時でも

E   E7
The palm trees sing aloha   ヤシの木はアロハと歌う

A   F#7
When Hawaiian stars peep through   ハワイの星が覗き見する時に

B7
For the stars and trees all know   全てを知っている星々と木々の為に

F#m   B7   E
When I'm so much in love with you 私が貴方に恋をしている時に

解説
この曲を歌っていたAlfred Apakaは、ハワイのビング・クロスビーと呼ばれたクルーナー歌手。1919年4月生まれ、1960年1月30日突然他界した。まだ40歳の若さだった。天性の美声はハワイ音楽界の宝と呼ばれ、ハワイ・コールズ・ショーで毎週多くのハワイ音楽愛好家を楽しませていた。ハワイ人歌手だが、持ち歌はハパハオレ・ソング（英語で歌うハワイアン・ソング）だった。未だに彼を凌ぐハパハオレ・ソングの歌手は誕生しない。

♪ ジャンル ハパハオレ

This Is Hawai'i
Composed by Maddy K. Lam

C
In the moonlight near the waterfalls

滝に近い月光の中で

F
Fragrant ginger blossoms bloom

香り高いジンジャーの花は、
山裾で花を咲かせています

G7
by the mountain walls

C
This is Hawai'i it's my paradise

これがハワイです　私のパラダイス

F
Misty rains caress the rainbow 'way up

霧のような雨は空の遥か彼方に架かる虹を
愛撫しています

G7
in the skies

C
This is Hawai'i

これがハワイです

E♭   D♭
Legends say that the gods gave us

伝説は神々が私達に我々の土地を与えたと言います

Cm
our lands

Cm   D♭   Cm
From the heavens down to the golden sands

空から黄金色の砂浜まで

G7   C
These are my people from the land of love

愛する土地から私の家族まで

F   G7
Sharing all their beauties and His blessings

それ等の美しさと天空からの神の祝福を
共有しましょう

from above

C
This is Hawai'i

これがハワイです

C
My own Hawai'i

私自身のハワイ

C
This is Hawai'i

これがハワイです

T

解説 ・・
　「Ke aloha」、「Pō la'ila'i」など、軽快で楽しい曲が作詞作曲者Mady K.Lamの得意技だと思っていたが、Marlene Saiの持ち歌「This is Hawai'i」を聞いて、この様な曲も書く事があるのだと、素敵な才能に改めて感服させられた。Mary Kawena Pukuiとの名コンビで数々の作品を残し、沢山のフラ・ガールや歌手に踊り歌われているが、機会があったら是非この曲もトライしてもらいたい。

Toad Song
Composed by Puakea Nogelmeier

G
He kani kapalili i ka pōuliuli
だ　音　胸がときめく　で　　　暗闇

D7　　　　　　　　　　　　**G**
o ‘ike mele aloha a Poloka
の　知る　歌　愛　の　　カエル

カエルの愛の鳴き声が聞こえる暗闇の中で
胸がときめきます

G
E konikoni ana ke ki‘owai lepo
[　　ドキドキしている　　]　　溜池　　地面

D7
me ka leo heahea i ka ipo
に　　声　好意を持って迎える　　　恋人

恋人が好意を持って迎える声に溜池の脇で
ドキドキしています

C　　　　　　　　　　　　　　　**G**
‘O ka hōkū ‘imo‘imo o ka lani lipolipo
です　　星　ピカピカ光る　の　空　暗闇

D7　　　　　　　**G**
ke kukui e hō‘ike mai nei
灯火　[　　見せている　　]

灯火のように見えるのは暗闇の空にピカピカ光る星

G
He mana‘olana kona i ka ho‘oniponipo
です　希望／確信　彼／彼女　で　　　求愛すること

D7　　　　　　　　　**G**
me ka ipo ho‘ohenoheno ana
共に　　恋人　愛撫する／優美に振る舞う

優美に振る舞う恋人に求愛するカエルちゃんの
憧れです

G
Ua ‘oli‘oli ‘o ia a ka pā ‘olu‘olu
[　楽しんだ　]　彼／彼女は　の　　囲い池　爽やかな／涼しい

D7　　　　　　　　　　**G**
o ke kilikilihune o ka ua
の　微かな霧雨　の　　雨

霧雨が降る囲い池の中で
カエルちゃん達は楽しんだ

G
I ho‘olalilali i ka ‘ili pu‘upu‘u
気持ちを軽くさせる　で　皮膚　コブだらけの

D7　　　　　　　　　**G**
ma ke kua ‘ōma‘oma‘o ona
で　　背中　緑色　彼／彼女の

カエルちゃんの緑色のコブだらけの背中で
爽快だった

C　　　　　　　　　　　　　　**G**
He kakali wale kona i ka lohe ‘ia aku
だ　[とても待つ／手間取る]　彼／彼女　で　[　　応じられるのに　　]

D7　　　　　　　　　　**G**
o kāna mele o ke aumoe
の　彼／彼女の　歌　の　真夜中の

真夜中のカエルちゃんは
歌声に応じるのにとても手間取った

G
A ‘ume‘ume ‘ia kahi hoa kikiko‘ele
そして[　うっとりさせる様な　]　場所　友人　完全な

D7　　　　　**G**
e ka leo mikololohua
によって　声　魅力的な声

魅惑的な鳴き声で完全に友人を
うっとりさせる様な場所で

G
Mai kinohi loa mai a i kēia pō
から　発端　長い　から　[　今夜　]

今夜は宵の口から夜中まで
彼／彼女の歌声を聞いた

D7　　　　　　　　　　　　　G
ua lohe mau 'ia kana mele
[　聞いた　]　[　続けられる　]　彼／彼女　歌

G
Ma nā ki'owai lepo o nā 'āina like 'ole
で　[　溜池　]　地面　の　[　土地　]　[　幾多の／種々の　]

彼方此方の場所の溜池で
そして間もなく帰ります

D7　　　　　　　　　　G
a hiki 'auane'i i 'ane'i
そして　戻る　間もなく　[　ここ　]

C
Ma waho iki aku o ka lumi moe o'u
で　場所　[　わずかに・　]　の　部屋　寝る　私の

真夜中の雫が垂れる私の寝る小さな部屋へ

D7　　　　　　　　　　G
i ke kulukulu o ke aumoe
で　雫が垂れる　の　真夜中

G
Ha'ina ka puana no ka maka pu'upu'u
告げます　主題　　光景　コブだらけの

コブだらけの光景が主題です
無邪気な愛情で寄り添う
コブだらけのカエルちゃんがテーマです

D7　　　　　　　　　　G
i pili hala 'ole ke aloha
寄り添う　[　罪のない　]　　愛情

解説・・・

1996年、Keali'i Reichel のCD 「Lei Hali'a」に収録されている愉快なカエルの曲。
作詞作曲はPuakea NogelmeierでKeali'i Reichelが歌っている。添付されていた英訳を無視、自分なりの訳詞をしたら、とても楽しい曲に
なった。多分ハワイ人にとって、あの大きさと鳴き声は耐えられないのだろう。日本公演でKeali'i Reichelが、楽しそうに歌い踊る姿を見た方
も多いと思う。

© by PUAKEA NOGELMEIER MUSIC
All rights reserved. Rights for Japan controlled by Little Star Copyright Management
© PUNAHELE PRODUCTIONS,INC.
The rights for Japan assigned to FUJIPACIFIC MUSIC INC.

♪ジャンル ハパハオレ

Tropical Baby
Composed by Noland Conjugacion

C   F   Fm
My tropical baby, my little beachboy down
      C
at Waikiki

私のトロピカル・ベイビー
ワイキキの可愛いビーチ・ボーイ

A7   D7
I watch you surf from neath the coconut

trees

私はヤシの木陰で貴男のサーフィンを見ているの

G7   C
You're such a sweetheart to me

貴男は私の恋人みたいです

C   F   Fm
My tropical baby, your hair, your body
        C
always tickles me

私のトロピカル・ベイビー、貴男の髪の毛、
体は何時も私を楽しませるの

A7   D7
To see you dancing right in front of me

貴男が私の正面で踊っているのを見ると

G7   C
It's always more than what the people see

何時も人々が眺めるより、何かを感じちゃう

Bridge:

Am   A♭
The way you wink your eyes at me 貴男の私にウインクするしぐさ

Am   A♭
It blows my senses like the Kona breeze 私はコナ・ウィンドが吹きつけるように感じるの

Am   A♭
Oh darling open your eyes and see おー 恋人よ 目を開いて見つめて頂戴

    D7   G7
That I want you to belong to me 私は貴男を私のものにしたいのよ

C   F   Fm
My tropical baby, my little beachboy 私のトロピカル・ベイビー
                   ワイキキの可愛いビーチ・ボーイ

     C
down at Waikīkī

A7   D7
I'm your Hawaiian girl waiting patiently 私は辛抱強く貴男を待つハワイの少女

G7   C   D7
For you to marry me, for you to marry 貴男が私と結婚するように 結婚するように

  D7 G7 C
For you to marry me 貴男が私と結婚するように

T

解説 ・・

最初に歌ったのはTony ConjugacionとBrother Nolandのデュオ、そして若い時代のBrothers Cazimero。これは1995年に発売された「The best of Brothers Cazimero」に収録されている。YouTubeで若い時代の姿を見ることができる。

一般には1999年に発売された「Na Leo Pilimehana」のコーラスで知られるようになったが、とても楽しい曲だ。ワイキキ・ビーチの可愛い少女の物語。

© MOUNTAIN APPLE COMPANY INC
All rights reserved. Used by permission.
Rights for Japan administered by HOTWIRE K.K.

♪ジャンル　カウアイ島

Tūtū Aloha
Composed by G.Kalehua Krug

E   A
I ka nani uluwehiwehi
で   美しい   青々とした緑の茂み
B7   E
O ka wao nahelehele
の   森林に覆われた地区   森林
E   A
Hā'upu ho'i ka mana'o
ハーウプ   本当に   心
      F#7   B7
No kou aloha palena 'ole
為の   貴方の   愛情 [境界はない   ]

美しい青々とした緑の茂みで

平坦な森林地帯

ハーウプ地区は心だ

貴方の愛情に境界はありません

Hui:

E   Am   E   B7
Tūtū aloha, Ku'u pua Lehua
祖父母   愛する   私の   花   レフア
      Am   E   B7   E
'O kou aloha, ka'u e 'a'ahu mau ai
です 貴方の   愛情   私の [毛布なので体を覆う   ]

愛する祖父母　私のレフアの花

貴方の愛情は　私を覆う柔らかい毛布のようです

E   A
Kani a'e ka 'apapane
音   アパパネ鳥
B7   E
ka 'ōuli lani o kahiko
兆し   天国 の   古代
E   A
Kāhiko 'ia i ka Lehua
[着飾った   ] で   レフア
      F#7   B7
ka Lehua mamo o uka
[黄色いレフアの花   ] の 高地

アパパネ鳥の鳴き声

古代の天国のようだ

レフアの花で着飾った

高地の黄色いレフアの花

E   A
Puana 'ia nei mele
[主題を告げた   ]   歌
B7   E
No ka pua i hi'ipoi 'ia
為の   花 [可愛がられる   ]
E   A
Kupu a'e nā pulapula
ハワイ人   [子孫たち   ]
      F#7   B7
I ka meheu o Tūtū
を   足跡 の   祖父母

歌の主題を告げます

可愛がられる花（子供）の為に

ハワイ人の子孫たち

祖父母の足跡を讃えよう

解説 ・・・
Kalehua Krug, Kamuela Kimokeo, Blake Leoiki-Haili 3人のコーラス・グループHi'ikuaの演奏から紹介しよう。彼らは2011年にグループ
を結成しデビューした。この曲は祖父母の愛に感謝を捧げた心安らぐ曲だ。

586

Ua Lilo I Kō Aloha
Composed by Pali T.W.Ka'aihue

E
'O ke aumoe nō ia
です   真夜中   真夜中です
E
Pania mai kou maka
[終わりが来る   ] 貴方の   目   貴方の目が閉じる時間
A   E
Ma ka lauele ho'i kāua
で   [あれこれ想像する事   ] 私達二人   私達二人あれこれ考えながら
B7
E pili hanu ai
[ぴったり寄り添う   ] 呼吸   ピッタリ寄り添って息をして
A
E pili mai nō
[ぴったり寄り添う   ]   抱き合って離れない
B7
E pū kāua
一緒   私達二人   私達二人だけ
A   E
Ua lilo i kō aloha
[夢中になった] で [貴方の愛   ]   貴方の愛で夢中になっちゃった

E
Ahi wela mai nei loko
[熱く燃え上がってくる   ]   中に   燃え上がる思い
E
'O ka hā'ena ho'owela
です   真っ赤に焼けた   感情を刺激する   思いを高める真っ赤な炎
A   E
'O 'oe nō ka'ena aloha
です 貴方   躍動している   愛   愛しさで躍動する貴方
B7
I ka honi pili pa'a
で   キッス 寄り添う 確り   抱き合ってキッスして
A
E lālau 'ia ku'u kino
[捕まえられる   ] 私の   体   私の体は捕まった
B7
He lama ahi nō
だ   灯火   火   燃える灯火だ
A   E
Ua Lilo I Kō Aloha
[夢中になった] で [貴方の愛   ]   貴方の愛で夢中です

解 説··

若手のグループPaliが演奏している。Pali T.W.Ka'aihueが作詞作曲。全く説明不要なハッピー・ソング。青春を楽しもう。

'Uhe'uhene

Composed by Charles E. King

C   D7
Ho'ohihi 'oe ke 'ike
もつれ合わせる　貴方が　　理解する

判れば貴方が好きになります

G7   C   G7
'Olu nō hoe 'oe ke lilo iā 'oe
[　快活に　]　活動する　貴方　夢中させる　が　あなた

快活に活動する貴方　貴方が夢中にさせた時

C   D7
A he mea nui na ka makua i milimili
そして　だ　[　大切な物　]　の　　親　　　最愛の

そして彼女は両親の最愛のペットです

G7   C   G7
Pūlama 'ia ua hi'ipoi 'ia ua makamae
[　大事にされる　]　[　可愛がられた　]　[　最も愛した　]

宝の様に大事にされ愛されています

C
'A'ole nō he hewa
[続く文を否定する]　だ　誤り

それは間違いではありません

G7   E7
I laila 'oe e lawai'a ai 'a'ohe hewa 'oia
[　そこに　] あなたは [　釣りをする　]　～でない　誤り　その通り

貴方が間違いなく　そこに釣りに行くのなら

A7
'O ka maunu nō ka mea nui
です　　釣りの餌　　[　充分な　]

餌が充分ならばよいでしょう

D7
A i hei nō ho'i i kau makau
そして　罠にかける [　強める言葉　]　貴方の　釣り針

貴方は釣り針で彼女を捉えます

G7   C
'Uhe'uhene 'uhe'uhene la

ウヘウヘネ　大笑い

G7
Kani e ko 'aka
歓喜の声　おー [貴方の笑うこと]

陽気に貴方は笑います

G7   C
'Uhe'uhene 'uhe'uhene la

ウヘウヘネ　大笑い

U

解説 ···
チャールズ・E・キング、1930年の作品。N.Mさんに捧げた曲といわれるがN.Mは誰の事でしょう。ハワイの歓声の歌と呼ばれている。軽快なメロディーは古き良き時代のハワイをしのばせる。

Uluhia Nā Pua

Composed by Puakea Nogelmeier

F   Bb
Ha'alulu 'o uka lā
揺れる／身震いする 高地

高地は揺れている

C7   F
Kū uluulu ka nahele
立つ 成長する 森

森の木々は成長し

F   Bb
Kukupu maila ka hoi
急成長する そこで 喜び

喜びはそこで急に成長する

C7   F
Kēwā i ka 'ō'ili mai
予測する [出現]

誕生する期待で

Hui:

 Bb
'O Kūka'ohi'alaka
です クーカオヒアラカ

クーカオヒアラカです

F
Ke ho'omalu iho
  留意して

守って保護して

C7   F
I nā 'ōpu'u nani nei
を [未成熟な人／子供] 美しい 今

この美しい未成熟な子供（芽）を

     Bb
'O Kūka'ohi'alaka
です クーカオヒアラカ

クーカオヒアラカです

F
Ke uluhia mai
[成長すれば]

成長すれば

C7
Nā pua hiwa
[花々] 可愛い／最愛の

最愛の花々に

C7   F
O ne'i lei aloha ē
[この場所] レイ／子供 愛する

私達が分け合う愛のレイです

F   Bb
Mōhāhā ka Lehua
完全に発育した木／花 レフア

レフアの木は完全に発育し

C7   F
I ka mole kūpa'a mau
主根／祖先 ぐらつかない 常に

永遠に揺るぎないその主根（祖先）

F   Bb
Ona 'ia mai e nā manu
[夢中にさせる] によって [鳥達]

小鳥達は夢中になり

C7   F
Kakani le'a 'o Waolani
鳴り響く 楽しく は ワオラニ

ワオラニは楽しく鳴り響く

F   B♭
'Oai maila ka Maile
絡まった ここに   マイレ

C7   F
Lau makali'i aloha
葉が出る とても小さな 愛

F   B♭
I pili kōko'olua
ぴったりと 二人の仲間

C7   F
Pūia i ke onaona
甘い香りがする   魅惑的な

マイレはここに青々と茂り絡まり

愛情の小さな小さな葉が芽生える

最愛の二人の仲間はピッタリ寄り添い

魅惑的な甘い香りがします

F   B♭
Hiki 'ē maila ke 'ala
到着する あちら ここ   香気

C7   F
O nā pua kaulua lā
の [花々] 双胴船(双子)

F   B♭
He puana o ke aloha
だ 主題 の   愛情

C7   F
Ka lei pāpahi o ke ao
レイ 飾る の 世界

香気はあちらこちらに流れて行く

一組の花々（双子）から

愛情が主題です

世界を飾るレイです

U

解説‥‥‥‥‥‥‥‥‥‥‥‥‥‥‥‥‥‥‥‥‥‥‥‥‥‥‥‥‥‥‥‥‥‥

2008年、ドワインとジャメル・スティール夫妻の養子夫妻、アイトフェレとジャミーは双子の子供を授かった。作曲家のプアケア・ノゲルメイヤーはお祝いにこの美しい幻想的な曲を贈る。歌詞のHu'iの部分で歌われるkū-ka-'ohi'a-laka は推測すると「女神ラカ（繁殖とフラの女神）のオヒアの立ち木」となるが、赤い花と黄色い花を併せ持つ神木の事で、二人の大切な赤ちゃんを保護し導く様、願いを込めて作曲したという。

Waolaniは地名と推測するが、名詞として解釈すると「waoは地形は険しくないが、森林に覆われた地域の名称」で、歌詞の流れから考えて「青々と茂った森の中で楽しげに小鳥は歌う」と訳した方がロマンチックかもしれない。

Ⓒ by PUAKEA NOGELMEIER MUSIC
All rights reserved. Rights for Japan controlled by Little Star Copyright Management

'Umia Ka Hanu I Ka La'i A Ke Aloha
Composed by Kaumakaiwa Kanaka'ole

Into:

'Umia ka hanu i ka la'i a ke aloha
〜の息を止める　　呼吸　の中で　　心の安らぎ　の　　　　愛

愛の心の安らぎの中で息を止めましょう

D   A7   D
He 'i'ini nō ka'u e li'a 'ia ai
です　好み　　　　私の　［　　強く憧れる　　］

私の強い憧れ、私の好みです

D   A7   D
E kahi hoa Lehua a'o uka ē
よ　［　一人の友人　］　　レフア　　の　　　丘

丘のレフアは一人のお友達

F#7   Bm   F#7   Bm
Eia au ka 'i'iwi e 'upa'i mai nei
ある　私は　　イイヴィ鳥　［　　鳥が羽ばたいて来る　　］

羽ばたいて来るイイヴィ鳥と私はここにいます

G   D   A7   D
E kāhili ana i ka lihi lau Lehua
［　　撫でている　　］を　　縁　葉　　レフア

レフアの葉の縁を（鳥の羽が）撫でています

D   A7   D
'O ka'u nō ia koi'i nei
です　私の　　　この　　願望　　ここ

この願望は私のもの

D   A7   D
No kahi ulu Palai e wālea ai
の　　場所　［パライシダの茂み］[気楽に過ごす／楽しんでいる]

パライシダの茂みで気楽に過ごしています

F#7   Bm   F#m
Eia mai au ke Kīhenelehua
［　ここにいる　］　私は　　　　キーヘネレフア風

私はここです　キーヘネレフア風よ

G   D   A7   D
E hamo 'olu ana I kou nui kino
［　愛撫する　］　優しく　　を　貴方の　大きな　体

貴方の大きな体（レフアの木、オヒア）を
優しく愛撫します

D   A7   D
Ma 'ane'i 'oe ku'u alo kuahiwi
［　ここに　］　貴方は　私の　　正面の　　山

貴方はここに　私の正面の山に

D   A7   D
I nonoho 'ia e ka lei 'ohu
に　［　留まっている　］によって　レイ　霧

霧のレイになって留まっています

F#7   Bm   F#7   Bm
Anuhea 'oe i ka pilina a ka ihu
涼しく心地よい香り　貴方は　で　　接合　の　　鼻

鼻を近づければ貴方は涼しげな心地よい香り

G   D   A7   D
E kuko ana i 'olu a'e ai
［　強く欲望する　］を　楽しむ　　そこで

そこで楽しみたい強い欲望が起こります

U

Ending:

'O lohe 'ia ua lei ku'i e ka lono
[　　感知する　　]　[広められた情報]　[　　広められるニュース　　]

広められていく噂に気がつきました

'Umia ka hanu i ka la'i a ke aloha
〜の息を止める　　　呼吸　の中で　心の安らぎ　の　　　　愛

愛の心の安らぎの中で息を止めましょう

解説‥‥

自然の美しさの中の愛の物語。Kaumakaiwa Kanaka'oleはこの曲に関して、愛を見つけるために彷徨う人々に曲を書いたと言っている。人それぞれ自分なりの強さと弱点を持っている。私達は自身でその時折、新しく学び疑問を感じる。忍耐は愛に関しては美徳だと歌う。かなり強烈なカオナの曲なので、辞書片手に調べては如何？

© MOUNTAIN APPLE COMPANY INC
All rights reserved. Used by permission.
Rights for Japan administered by HOTWIRE K.K.

Wahi Mahalo
Composed by Kamakakēhau Fernandez

A	D A	

Mahalo iā 'oe
感謝します　に　あなた

あなたに感謝します

A　　　　　E7　　　　　　　　D A
E ka haku, ke ali'i o ka lani (×2)
よ　　　創造　　　王　の　　天国

天国の王　創造の神

D　　　　　　　Dm　　　　　A
Mana'olana au ha'ahe'o 'o ia
期待する　　私は　　誇り高い　　[彼/彼女]

私は期待します　創造の神は誇り高い

D　　　　　　　Dm　　　　　　A　　E7 A
He makana 'ia mai ka pu'uwai ē
です　[　贈られた物　]　からの　　　心

それは真心の贈り物です

A　　　　　D　A
Mahalo iā 'oe
有り難う　に　あなた

あなたに感謝します

A　　　　　E7　　　　　　　　D A
E ka wahine i piha ke aloha (×2)
よ　　　女性　　満ちた　　　愛情

愛に満ち溢れた女性

D　　　　　　　Dm　　　　　A
Mana'olana au ha'ahe'o 'oe
期待する　　私は　　誇り高い　あなた

私は期待します　あなたは誇り高い

D　　　　Dm　　　　　　　　A　　　E7 A
Hānai 'ia au me ke aloha pau'ole, e eō
[　育まれた　]　私　共に　　愛情　[　永遠の　]　[答えなさい]

永遠の愛情で私を育てくれた愛情に　答えなさい

A　　　　　D　　A
Mahalo iā 'oukou
有り難う　に　あなた方

有り難う　皆さん

A　　　　　E7　　　　　　　　D A
E nā po'e o ka lehulehu (×2)
よ　[　人々　]　の　　大勢の

有り難う　全ての国の人々

D
Mahalo ē ke Akua
有り難う　よ　　神様

有り難う　神様

D
Mahalo ē nā Kupuna
有り難う　よ　[　ご先祖さま　]

有り難う　ご先祖さま

D
Mahalo ē nā Mākua ē
有り難う　よ　[　両親　]　よ

有り難う　お父さん　お母さん

解説・・・
ライアン・カマカケーハウ・フェルナンデスはアメリカ本土リトル・ロック（アーカンソー州）で生まれたアフリカ系アメリカ人だ。ハワイ音楽の演奏家で黒人歌手が登場したのは史上初の出来事。面白い曲構成は生まれつきの天性の物だろう。家族と共に少年時代マウイ島に転居、キング・ケカウリケ・ハイスクールを卒業した。美しいファルセット・ボイスの持ち主だ。2013年ナー・ホークー・ハノハノ・アワードでCD「WAHI MAHALO」がExtended Play賞（45回転[EP]賞）を受賞した。

♪ジャンル 神話

Wahineko'olau
Composed by Kainani Kahaunaele

C   C7 F   C
Wahineko'olau, aia i hea lā 'oe
ワヒネコオラウ　　ある［　どこに　］あなたは

C   G7
E pa'u aku nei i Ko'olaupoko?
［ 骨折り仕事をする（未来形）］で　コオラウポコ

F   Fm   C   C7
Aia paha i ka 'Āpuakea ma ka ulu kenikeni?
ある　多分　で［ アープアケア雨 ］で［ プアケニケニの茂み ］

F   Fm D7   G7
'Oni ana i He'eia, loko i'a no Menehune ?
［ 移動する事 ］で　ヘエイア　［組み合わせた Fishpond］　メネフネ

F   Fm   C   C7
Kū mai Mā'eli'eli me nā pali hāuliuli Mā'eli'eli
［ 立つ ］で　　　崖々　　　　黒色した

F   D7   G7
He 'āina wai no Kāne, Kāneikawaiola
です　土地　水　の　男神カーネ　　カーネイカワイオラ

F   Fm
Kānehoalani, Kāneho'ālani
カーネホアラニ　　　　カーネホアーラニ

C   C7
Kapu Kualoa, 'o Palikū
神聖　　クアロア　　は　　パリクー

F   Fm
Ho'okele mai iā Kānehunamoku
［ 航海してくる ］を　　カーネフナモク

D7   G7
No Ahuaalaka
方向に　アフアアラカ

C   F   C
He nani Kapapa me Mōkapu i ka 'ehukai
だ　美しい　カパパ　と　モーカプ　の中の　海しぶき

C   G7
Ua pulu kāua i ka ua Pō'aihale
［ずぶ濡れになった］ 私達　で［ ポーアイハレ雨 ］

F   Fm   C   C7
Pō'ai 'ia e ka 'āhui manu, Wahineko'olau
［ 囲まれた ］よって　ふさ　　鳥　　ワヒネコオラウ鳥

F   Fm
Pae i Ka'alaea i ka malu hau
上陸する　に　カアラエア　で［ ハウの木陰 ］

D7   G7
He kupa no ka 'āina
だ　精通した原住民　の　　土地

ワヒネコオラウ　あなたはどこにいるの

（男達は）コオラウポコで
今日も骨折り仕事をするのですか?

多分プアケニケニの茂るアープアケア雨
（God Hi'iaka の化身）の中で

移動してメネフネのヘエイア養魚場ですか?

マーエリエリ崖は黒々とした緑で高く聳える

生命の水の神カーネの水の大地です

カーネ神は天国の友人
カーネ神は空を燃え立たせる

クアロアとパリクーは神聖です

カヌー、カーネフナモク号を漕いで

アフアアラカの方に

海しぶきでカパパとモーカプが美しい

あなたと私はポーアイハレ雨で
ずぶ濡れになりました

鳥の群れで囲まれます　ワヒネコオラウ鳥

カアラエアに上陸
ハウ（ハイビスカスの一種）の木陰で

あなたは自分の土地が最高だと
知っています

解説・・・
作者は原住民を正しく働かせるコオラウポコに住む女性（Wahineko'olau）の事を知っていた。女性達は臨機応変に土地の男達に仕事を与えたという。彼等は働くことを約束し、女性達は男達に文化と教養と忍耐を教えていたと伝わる。
オアフ島コオラウ山脈は、Ko'olau Poko（コオラウ山脈の南風が吹く側）と Ko'olau Loa（コオラウ山脈の北風が吹く側）に分けて考えられる。Ko'olau Poko サイドは現在、Kualoa Ranch があるエリアだ。歌詞の中の Kapu Kualoa, 'o Palikū は、Kualoa エリアの事。
He nani Kapapa me Mōkapu i ka 'ehukai　Kapapa は、沖合に浮かぶ島。Mōkapu は、カイルア海岸にある島で、古代は Moku-Kapu と呼ばれていた。カメハメハ大王が島の首長を訪問した事に由来するという。
Ka'alaea　オアフ島山岳地帯の綺麗な川が流れる Wai-kāne 地区にある地名。

594

♪ジャンル　カウアイ島

Wai Pālua

Composed by Kuana Torres Kahele

C7　　　　　　　　B♭　F
Aia i ka nupa aʻo Minehaha
　ある　に　　生い茂った　の　　ミネハハ

C7　　　　　　　B♭　　F
Ka wai kaulana o Kanāueue
　　水　　有名な　　の　　カナーウエウエ

ミネハハの滝は美しい緑の生い茂った中にあります

カナーウエウエの有名な池

C7　　　　　　B♭　　　　F
ʻIke aku i ka nani o ke ao ʻōpua
[　眺める　]を　　美しい　の　　雲/空　雲

C7　　　　B♭　　　F
Me ka wai pālua i ke alo pali
共に　水　　二倍の　で　　正面　崖

雲のうねりの美しさを眺めます

そして崖の表面に2本の滝も

C7　　　　　　B♭　　　F
I laila kuʻu ʻupu, kuʻu liʻa ʻana
[　そこに　]　私の　欲望　私の　憧れ[動詞を名詞にする]

C7　　　　　　B♭　　　　F
No ka wailele aʻo Manawaiopuna
為に　　滝　　の　　マナワイオプナ

そこに私の欲望と憧れがあります

マナワイオプナの滝の為に

C7　　　　　　B♭　　　F
Pulu au i ka huna wai o Mōpua
濡れる　私は　で　　飛沫　水　の　モープア

C7　　　　　B♭　　　F
Wai huʻi ʻīnikiniki i ka ʻili
　水　冷たい　ゾクゾクする　が　　肌

モープアの水しぶきで私は濡れます

肌がゾクゾクする冷たい水

C7　　　　　B♭　　　　F
Eia ka haʻina no ka wai pālua
　ある　　主題　為の　　水　2倍の

C7　　　　　　B♭　　　F
Ka wai lomi mai i kuʻu nui kino
　　水　[　揉む　]を　私の　[　全身　]

2本の滝が主題です

私の全身をマッサージする水です

W

解　説・・・

この曲はカウアイ島にある2本の滝が流れ落ちるミネハハの為に書かれた。カナーウエウエの有名な池を作る崖の上から流れ落ちる滝の流れ。
青々とした山肌を流れる不思議な水の旅だ。マナワイオプナそしてモープアはヘリコプターに乗らないと眺められないカウアイ島最高の美し
い場所だ。因みにアメリカ本土で1930年代に活躍していたハワイアン・バンド「Andy Iona and his Islanders」の名演奏で「Minehaha」を
讃歌した名演奏（1932年録音）がある。

♪ジャンル ニイハウ島

Waiakanaio

Composed by David Waili‘ula & George Huddy

G   C   G
Kilakila Waiakanaio kau mai luna
荘厳な　　ワイアカナイオ　[　　聳えている　　]

D7   G
Me sweet onaona a‘o ia uka
共に　心地よさ　魅惑的な　の　この　高地

荘厳なワイアカナイオ崖が聳えている

高地の魅惑的な心地良さと共に

G   C   G
Uluwehi ia uka lā i ka nani
青々した緑が茂る　高地　中で　美しい

D7   G
Me ka wai māpuna hone i ka ili
共に　[　　湧き水　　]　優しい　に　肌

美しさの中で高地の青々と茂る緑の草木

肌に優しい湧き水と共に

G   C   G
Ka wai kaulana a‘o ia uka
[　水　]　有名な　の　この　高地

D7   G
Ho‘opulu i ka ili o ke kama‘āina
濡らす　を　肌　の　土地っ子

この高地の有名な湧き水

土地っ子の肌を濡らします

G   C   G
He kama‘āina au no Kahelelalni
だ　土地っ子　私は　の　カヘレラ二貝

D7   G
Ke kupa no kalawelo i Lehua
原住民　の　カラウェロ　中の　レフア

カヘレラ二貝の島の私は土地っ子だ

レフアが咲くカラウェロの土地っ子だ

W

G   C   G
A‘o kahainu no ka‘u i aloha
の　水を与えること　　私の　で　愛情

D7   G
Ka home i ka wehi a‘o ke kiawe
家　中で　装飾　の　キアヴェ

飲み水を与えることは私の愛情です

キアヴェの木が茂る我が家で

G   C   G
Puana a‘e au i nā Manalani
主題を告げる　私　で　[　力強いパワー　]

D7   G
Nana i ki‘ai me ke aloha
見る　で　見張り　で　　愛情

力強く私は主題を告げます

私は愛とともに見張り守ります

G   C   G
Ha‘ina ia mai ana ka puana　　　　　　　　　主題を告げます

D7　　　　　　　　　　　　　G
‘Eono nō pua lawa ku‘u lei　　　　　　　　　6番で歌った私の愛の見張りです
　6番目　　　　花　充分な　私の　レイ

G   C   G
Ha‘ina hou ia mai ana ka puana　　　　　　　再び物語について告げます

D7　　　　　　　　　　　　　G
Ka ohu ka uka o Waiakanaio　　　　　　　　ワイアカナイオ高地の霧の為の歌
　　霧　　　　高地　の　　ワイアカナイオ

解 説・・・
作詞したのはDavid Waili‘ulaで、この詩をGeorge Huddyにプレゼントした。後に有名なHui Ohana達がレコーディングしてヒットした。しか
し、その際彼らはHuiの部分を省いたとのこと。2014年、Kuana Torres Kaheleがこの曲をアルバム「Kahelelani」で取り上げ、初めてHuiの
部分を歌い、曲全体を紹介したと説明されている。歌詞の中のWaiakanaioは、ニイハウ島の険しい崖で、ニイハウ島北西部にある最高峰の
山 Paniau（390m）の上部にある。

♪ジャンル オアフ島

Waiakeakua
Composed by Manu Boyd

G   D7   G
Waiakeakua uka 'iu'iu
ワイアケアクア　　　高地　神々しい／パラダイス
D7   C   G
Honi 'Awapuhi 'ala anuhea
キス　　ジンジャー　　香気　甘く涼しげな香り

ワイアケアクア　高地のパラダイス

ジンジャーのキス　甘く涼しげな香り

G   D7   G
'Ānuenue pi'o i luna
虹　　　　弓形の　に　空
D7   C   G
Na ka ua noe me ka makani
によって［　霧雨　］と　　　風

空高く弓形の虹が懸かる

冷たい霧雨と風で

G   D7   G
Kani leo hone o ke Kamalei
音がする　声　甘い　の　　　　最愛の
D7   C   G
Hua 'a'ali'i hāli'ali'a
〜を生む　アアリイの大木　突然思い出す

霧雨と風の甘い声が聞こえてくる

美しい思い出を引き起こすアアリイの大木の繁み

G   D7   G
Li'a i ka ulu o Kawehewehe
強烈に望む　を　木立　の　　カヴェヘヴェへ
D7   C   G
Niu kilakila o Helumoa
椰子　雄大な　の　　ヘルモア

カヴェヘヴェへへの木立を眺めたい

ヘルモアの雄大な椰子

G   D7   G
Moaniani kahi polo Hīnano
漂う香り　　一つ　膨よかな　　ヒーナノ
D7   C   G
Makani 'elua ua ahiahi
風が吹く　二つ　［　夕暮れになる　］

魅惑的なヒーナノの香りはそよ風に漂い続け

夕暮れに二番目の風が吹く

G   D7   G
A hiki mai nei e ka 'Elepaio
そして［　到着する　　］よ　　エレパイオ
D7   C   G
Hoahānau o Kahalaopuna
いとこ　　　の　　カハラオプナ

エレパイオはすぐにやってくる

虹の女神カハラオプナのいとこ

G   **D7**   **G**
Ka puana ia no ka lei maile
主題   為に   レイ マイレ

マイレ・レイに捧げるテーマです

D7   **C**   **G**
Waiakeakua uka ‘iu‘iu
ワイケアクア   高地   神々しい

神々しいワイケアクア高地

Ending:

D7   **C**   **G**
Honi ‘Awapuhi ‘ala anuhea
キス   ジンジャー   香気 甘く涼しげな香り

ジンジャーのキス　甘く涼しげな香り

D7   **C**   **G**
Kau ka hali‘a no Mānoa
置く   思い出 為の マーノア

マーノア渓谷への想い出です

W

解 説・・
ワイアケアクアは、オアフ島マノア渓谷の西側にある山。神話では、水の神様カーネとカナロアは平地のプナホウに湧き水を噴出させた後、
この地に池を作ったという。カハラオプナは山嶺の雨カアウクアヒネとマーノアの風カハウカニの娘。カハラオプナの神話、女神を歌った曲
「カハラオプナ」もヒット曲だ。

© 2012 by TuneCore Publishing.
All rights reserved. Used by permission.
Print rights for Japan administered by TuneCore Japan KK

Waiānuenue

unknown

B♭   E♭

Nani Waiānuenue, Kilihune mai lā i uka
美しい　　　　虹の水　　　　キリフネ雨　　くる　　に　高地

美しいワイアーヌエヌエ
高地にキリフネ雨と共に

E♭   F7   B♭

Ia wai māka'ika'i, A Po'omaikelani
あの　水　　見物に行く　　　の　　ポオマイケラニ

あの水を訪れる　ポオマイケラニの

Hui:

B♭   E♭

Lei aloha, lei Lehua lipo i ka wao
レイ　愛　　レイ　レフア　黒色　に　　平坦な森林

愛らしいレイ
平坦な高地の森林に暗いレフアのレイ

E♭   F7   B♭

Onaona oia uka anuhea i ke 'ala
甘い香りが漂う　この　高地　涼しく心地よい香り　　香気

香気が高地の涼しさの中を甘く漂う

B♭

He māpu 'ala hu'ihu'i, ho'ala hiamoe
だ　香気　香気　涼しい　　　かきたてる　　　眠気

眠気のある目も覚まさせる
心地よい涼しい香り

E♭   F7   B♭

E 'iniki mai ana ia'u, ina kāua e ke hoa
[　苦痛を生じる（恋の痛み）　]　私に　もしも～なら　二人　よ　　友人

私に恋の痛みを感じさせます
もしも二人なら　友達よ

B♭   E♭

Nani Lanikealani hale, Wehi i ka Lehua
美しい　　ラニケアラニ　　家　　飾る　で　　レフア

美しいラニケアラニの家
レフアで飾られています

E♭

Uluwehiwehi i nā pua, Onaona 'oia home
青々と緑の草木が茂る　中に[　花々　]　心地良く香り良い　この　　家

花々の中に青々と茂る緑の草木
心地よいこの家

B♭   E♭

Hanohano kilohana i ka uka, Wehi i ka Lehua
誉れ高い　　キロハナ　　中に　高地　飾る　で　　レフア

高地のチャーミングなキロハナ布のように
レフアの花で飾る

E♭   F7   B♭

I lei kahiko ia, No Po'omaikelani
で　レイ　飾り付ける　この　為に　ポオマイケラニ

飾り付ける美しいレイ
ポオマイケラニの為に

解説・・・
軽快なワルツで歌われるハワイ民謡。ほのぼのした温かみを感じさせるのは歌詞が自然の温かみを伝えている為か。昔のハワイの日常生活は、美しい空と青い空、気まぐれなシャワー、緑の草木、風に漂う花の香りの中に存在したのだろう。日本でいう田園牧歌調だ。

♪ジャンル [モロカイ島]

Waikolu

Words by Amy Hānaialiʻi Gilliom, Adrian Kamaliʻi   Music by Willie K

G
Ke ʻupu nei ka puʻuwai no Waikolu
[繰り返さる思い] 心／感情 の ワイコル

ワイコルへの私の思い

D7   G
Ka ʻāina hānau o kuʻu kupuna
[生まれ故郷] の 私の おばあちゃん

私のおばあちゃんの生まれ故郷

G
Ke kono mai iaʻu ke ahe i ke awāwa
[招く] 私を そよ風 谷間

私を呼ぶのは谷間の風です

D7   G
Na kuʻu ʻohana e pūlama mau
ために 私の 家族 世話をする 永遠

私の家族は永遠に育ちます

G
Nā hīhīwai i nā kahawai aloha
[巻貝] 小川 愛する

愛される小川の流れにヒーヒーヴァイ達

D7
Na Tūtū Kaʻahanui i kanu kalo
～によって[カアハヌイおばあちゃん] 植える タロ芋

カアハヌイおばあちゃんはタロ芋を植え

G
ʻOluʻolu i ka nani o Waikolu
穏やかな 美しい の ワイコル

穏やかなワイコルの美しさ

D7   G
Ka pilina i kuʻu mau kūpuna
繋がり と 私の [祖先達]

私の祖先達との繋がり

Hui:

C   G
E ʻaʻahu i ke anu i ola mau kona mana
[衣服を着よう] で 寒さ [永遠の生命] 彼女 マナ

寒さで服を着ます　彼女のマナは永遠

D7   G
Ke ʻupu nei au no Waikolu
[繰り返さる思い] 私は の ワイコル

私の繰り返されるワイコルへの思い

Ending:

D7   G
Ke aloha i kuʻu mau kūpuna......kūpuna
愛情 へ 私の [祖先たち]

私の思いは祖先達へ　ご先祖様

解説
2014年12月に発売された「Amy & Willie K Reunion」で歌われているエイミーの生まれ故郷、モロカイ島カマロウ地区ワイコルの小川とおばあちゃん、祖先達の物語。カウナカカイ地区の北側は1000Mクラスの山が連なり、西方にドライブすると海側がKamalou、山側はKamakouが聳える景勝の地がある。山から美しい小川が流れ、浜辺の石を積み重ねた小さな船着場が印象的だ。

♪ジャンル カウアイ島

Waikū'auhoe
Composed by Kainani Kahaunaele

B♭   F
E ake nō au e inu
[とても望む] 私は [飲む]　　私はとても飲みたかった

   C7   E   F7
I ka wai o Kū'auhoe
を　水　の　クーアウホエ　　クーアウホエの水を

    B♭
A kena ka pu'u
そして 癒した　喉　　喉の渇きを癒しました

     F   D7
Ma'ū ke momoni
湿っぽい　　ごくごく飲む　　ごくごく飲んでリフレッシュしました

   G7   C7   F
Ke aloha, ke aloha nō
愛情です　　ありがとう　　愛情です　ありがとう！

  C   G7   Dm   G7
Māhanahana ke one o Polihale
温まる　　浜辺　の　ポリハレ　　ポリハレの浜辺で温まり
（ナ・パリ・コーストに向かいます）

F   G7   C G7
Kai kāhilihili i ka 'ili
海　フェザー・スタンド　　表面　　海の表面は王様のカーヒリの様です

  C   G7   Dm   G7
Ilihia i ke alo o Makua-iki
畏敬の念に打たれる　　正面　の　マクアイキ (ナ・パリ・コースト)　　マクアイキの正面で畏敬の念に打たれます

      F   G7   F
Wai ehu o Honopū
水　飛沫　の　ホノプー　　そしてホノプーの水の飛沫

C   G7   Dm   G7
Puīa i ke 'ala o ka mokihana
香気が充満する　　香気　の　モキハナ　　モキハナの香気が漂います

F   G7   C G7
I ka noe o Alaka'i
で　霧　の　アラカイ湿地帯　　アラカイ湿地帯の霧を通して

      C   G7   Dm   G7
I ka wai kanawao e inu ai
を　　蜜　カナワオの花　[　飲んで]　　カナワオの花の蜜を飲んで

       F   G7   F
Ku'u manu hulu 'ula lā
私の　　鳥　羽　赤い　　私の赤い羽の鳥が吸う蜜です

解説・・・・・・・・・

Ka Wai-kū'au-hoeは、漁師たちがカヌーの櫓を操る事。カウアイ島のナ・パリ・コーストの無数の滝が流れ落ちている (Wai hi)。昔、島の漁師たちはPaddle handles(Kū'au hoe)でカヌーを操り滝の下に入り、Paddleを滝の下に差し入れ、流れ落ちる水を飲んだと言う。昔々のドライブ・スルーと言えるかもしれないと作者は書いている。Makua-iki はカウアイ島北海岸の崖が連なる絶景の名所、Nā Pali Coast の事。最初に出てくるPolihaleだけ西海岸で、ここからカヌーは北に向かう。Mākaha sonsの演奏、Nohili E で歌われる鳴き砂の浜辺だ。

© by MAHUAHUA MUSIC
All rights reserved. Rights for Japan controlled by Little Star Copyright Management

♪ジャンル ハワイ島

Waimea I Ka La'i
Composed by Natalie Ai Kamauu

     F   Gm
Ho'oheno nei ke aloha
[愛撫される／可愛がる]   愛／親切

          C7   Bᵇ F
No ka ua 'Uhiwai
から   雨   ウヒヴァイ

       Dm   G7
Ho'oma'u 'ia nō mi nei
[濡らされる   ] [How about me]

          Gm   C7
E hani mai, e hani nei
[軽く触れてくる] [軽く触れている]

     F   Gm
Akahi ho'i au a 'ike
[初めてです] 私は そして 見る

          C7   Bᵇ F
A hiki mai ka wana'ao
そして [くる]   夜明け

       Dm   G7
Ho'ohiwahiwa 'ia Mauna kea
[飾られる   ]   マウナ・ケア山

     Gm   C7
Nāu, no 'oe
あなたによって [あなたの為に]

             F   C7 F
Waimea i ka la'i
ワイメア の中の   静けさ／穏やかさ

Hui:

    Bᵇ   F
Pulu'elo i ka ilihia
  ずぶ濡れになる   畏敬の念に打たれ

    Bᵇ   F
Pulupe ka lei hulu   mamo
  濡らす   レイ   羽   マモ鳥 (キゴシクロハワイ蜜吸鳥)

    Bᵇ   F
Palena 'ole kou nani
[無限の、制限なし] あなたの   美しさ

    G7   C7
Ka noe hāli'i i ka nahele
  霧   シーツ を   森

優しく愛を込めて可愛がられています

ウヒヴァイの雨に

私は（おばあちゃんの愛情の）雨に濡れています

軽く触れてくる　軽く触れています

私は初めてです　眺めるのは

夜明けが訪れて

マウナ・ケア山が飾られていきます

あなたによって　あなたの為に

静かなワイメア

畏敬の念に打たれます

マモ鳥の羽のレイを濡らします

あなたの限りない美しさ

森をシーツのように覆う霧

W

　　　　　F　　　　　Gm
Puana ʻia mele
[　テーマを言う 　]　　歌

　　　　C7　　　　　　　　　　B♭　F
E aloha aʻe ana no wau
[　　　好きです　　　]　強意　私は

　　　　　Dm　　　　　　　　　　　　G7
E hoʻi mai no kāua lā e pili
[　一緒に帰ろう　]　為に　私達二人 [ぴったり寄り添おう]

　　　　　　　　Gm　　　　C7
ʻO ʻoe, aʻo wau
[　　　あなたと私　　　　　]

　　　　　　　　B♭　　　C7　　F
Waimea i ka laʻi
　ワイメア　の中の　　静けさ／穏やかさ

歌の主題を告げます

私はあなたが（おばあちゃん）が大好きです

ぴったり寄り添って私達二人は帰りましょう

あなたと私

静かなワイメア

W

解説 ....
クムフラ、オラナ・アイのお嬢さんがナタリー・アイ・カマウウ。彼女のおばあちゃんのハワイアン・ネームはKa ʻUhiwaiという。おばあちゃんと一緒に訪れるハワイ島のワイメアは想い出の地。ワイメアに降るʻUhiwaiの雨のように、おばあちゃんは何時も愛情を注いでくれている。

♪ジャンル カウアイ島

Wainiha
Composed by Kuana Torres Kahele

D   G   D
Kauaheahe ku'u maka
眺める/見つめる　私の　目

私の瞳は見つめています

D   G   D
I ke kuauli o Wainiha
を　緑に覆われた地帯 の　ワイニハ

ワイニハの緑に覆われた地帯を

A7   D
Kau heha 'o Hinalele
置く　不活発な　は　ヒナレレ滝

ヒナレレ滝はゆっくり流れ落ち

A7   G   A7   D
Wehiwehi i nā pali halehale
飾りつける　を ［ 多くの崖 ］　高い崖/高い

高い崖を飾っています

D   G   D
'A'ala ka lau i uhea
香り良い　葉　下げる/うなだれる

香り高く垂れ下がる緑の葉

D   G   D
I ka makani Lūpua
中で　風　ルーブア

ループア風に吹かれ

A7   D
Ku'u lei hili Laua'e
私の　レイ　編む　ラウアエ

私のラウアエで編んだレイは

A7   G   A7   D
Pō i ke 'ala o ke awāwa
濃厚な　中に　香気　の　渓谷

渓谷の香気が深まる中に

D   G   D
Kani mai ka leo honehone
［ 音が聞こえる ］　声　甘い

甘い鳴き声が聞こえます

D   G   D
A ka manu 'āpekepeke
の　鳥　アーペケペケ

アーペケペケ鳥の

A7   D   A7
I lalo iho o ka pali kapu
［ 下に ］　方向語 の　崖　神聖な

神聖な崖の下で

D   A7   D
O kē'ē i Hā'ena
の　ケーエー の中の　ハーエナ

ハーエナのケーエーの

605

Wainiha

D   **G**   **D**
Kū ka nani o kēia ʻāina
立つ   美しく の この   土地

この土地の美しさは何時までも残ります

D   **G**   **D**
ʻO Wainiha i ka mālie
です   ワイニハ   中に   穏やかさ／静けさ

静けさの中のワイニハ

A7
Haʻina mai ka puana
[告げる   ]   主題

物語は終わります

A7   **D**   **A7**   **D**
Me ke aloha no Wainiha
共に   愛情   為の   ワイニハ

ワイニハへの愛と共に

解説‥‥‥

Wainiha	カウアイ島ハナレイ地区にある陸地帯で渓谷、湾、川があるエリア
Hinalele	カウアイ島ハナレイ地区、緑の渓谷にある280フィートの滝
Lūpua	カウアイ島ワイニハ地区に吹く風の名前
ʻĀpekepeke	カウアイ島に住むエレパイオ鳥。この鳥はカヌー作りの女神と言われ、カヌーに適した木を嘴で叩いて教えたと言われる。
Hāʻena	カウアイ島ハナレイ地区にありヘイアウで有名。ここで道はなくなる。
kēʻē	カウアイ島ハナレイ地区西側にあり、火の女神ペレの物語で有名なロヒアウ王子の亡骸がこの地に聳える崖の洞窟に隠されたと伝わる。

♪ジャンル ハワイ島

Waipi'o Pāeaea

Composed by Kuana Torres Kahele

G
Aia i ka nupa o Waipi'o
ある に 深い洞窟 の ワイピオ

ワイピオには緑に覆われた茂みがあります

C
Pua'i nā wai
流れ出る [水]

水は流れ出て

C   D7   G
E hānai mai i ka honua
[生命を維持する]   土地／地球

土地を育てます

G
I laila ho'i au e 'ike ai
[そこに] 正に 私は [眺めている]

正にそこで 私は眺めています

C
I nā wai māhana
を [水] 熱意／熱情

勢いある水の流れを

C   D7 G
'O Hakalaoa me Hi'ilawe
です ハカラオア そして ヒイラヴェ

ハカラオア そしてヒイラヴェの滝です

Hui:

C   Am
He aloha lā, he aloha
です 愛情 です 愛情

愛情です 愛情です

D7   Bm   Em
Ka 'āina o Umialiloa
大地 の ウーミアリロア

ウーミアリロア王の大地

Am   D7   G
He aloha Waipi'o pāeaea
です 愛 ワイピオ 海の様な静けさ

海の静けさのようなワイピオは正に愛です

G
E kahe ana, kāhele ana
[流れて行く] 陸地や海に広がっていく

流れ行く 陸地や海に広がり流れ行く

G
Nā wai i Wailoa
[水] に ワイロア

水はワイロアへ流れ行く

C   D7   C   D7   G
'O Waimā, Kawainui, Ko'iawe me Alakahi
ワイマー カワイヌイ コイアヴェ そして アラカヒ

ワイマー、カワイヌイ、コイアヴェ、そしてアラカヒ

G
E 'au mai ana i Lālākea
[泳いでくる] に ラーラーケアの池 (プール)

ラーラーケアの池で泳ぐ

C   D7   C   D7   G
Mā'e'ele ku'u kino i ka wai 'olu'olu
感覚を失った 私の 体 で 水 冷たい／涼しい

私の体は冷たい水で感覚を失った

解説 ···
クアナは語っています。私はワイピオ渓谷に戻るとその静けさに圧倒され、私の心はリフレッシュされます。この曲は子供の頃よく遊びに行っ
た土地の名を紡ぎ合わせて、何時も私の心を慰めてくれるように、2004年に作詞作曲した。

HULA Leʻa

HAWAIIAN MELE

ジャンル別 曲目一覧

ここでは「ハワイアン・メレ1001曲全集」で紹介した曲、ならびに「ハワイアン・メレ ミニ全集 プラス301曲」、「ハワイアン・メレ298曲」に掲載している曲を合わせてジャンル別に並べました。

◇ マークのあるものは「ハワイアン・メレ1001曲全集」、
● マークのあるものは「ハワイアン・メレ ミニ全集 プラス301曲」、
★ マークのあるものは「ハワイアン・メレ298曲」、での掲載曲です。

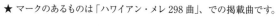

カヒコ

* A Hilo Au
* A Ka Luna O Puʻuonioni
◇ A Kona Hema O Kalani
◇ A Koʻolau Au
* A Luna Wau Aʻo
* Ahia
  Ahuwale Lanihuli
  Aia I Kauaʻi Kō Lei Aliʻi
◇ Aia I Nuʻuanu Ō Lei Nani
* Aia Lā ʻO Pele
◇ Aia Niʻihau E Kuʻu Pāwehe
* Aloha Hōnaunau
◇ Aloha ʻIa Hawaiʻi E Ke Aliʻi Nui
  Aloha Kekaha
* ʻAuʻa ʻIa E Kama Ē Kona Moku
* Auhea ʻIā ʻOe Ka Lani
* Auhea ʻOe Maui O Papa
* Auhea ʻO Ka Lani (Where Is The Royal Chief)
  ʻAuhea Wale ʻOe E Ka ʻŌʻō
* E Ala E
◇ E Hiaʻai I Ka Nani O Hōpoe
◇ E Hoʻi Ka Nani I Mokuʻula
◇ E Hoʻi Ka Nani I Paʻupaʻu
◇ E Hoʻi ke Aloha I Niʻihau
* E Manono
* E Pele, E Pele
  E Piʻi I Ka Nahele
  Eia ʻO Keʻanae
  ʻEliʻeli Ke Kumu ʻŌhiʻa

Eō E Wailuanuiahoʻāno
* Hālau Waiʻanae
  Halehale Ke Aloha I Haʻikū
◇ Halemaʻumaʻu
◇ Halepiʻowai
* Hāna Noho I Ka Mālie
* Hana Waimea I Ka ʻUpena A Ka Makani
  Hāʻupu
* He Aloha Nihoa
* He Aloha Nō Kaʻuiki
* He Inoa No Kalanianaʻole
◇ He Inoa Nō Kīnau
* He Inoa No Likelike
* He Inoa No Liliʻuokalani
  He Lei No Kalanikuhihewa
◇ He Maʻi No Kalani (Haʻuhaʻu e)
* He Mele Inoa O Kalākaua
* He Mele Maʻi No ʻIolani
* He Mele No Kahoʻolawe
  He Mele No Kāne
* He Mele No Kanaloa
  He Nani Hāʻupu
◇ Heʻeia
◇ Hoʻi E
◇ Hole Waimea
◇ Holo Ana ʻO Kalākaua
* Holo Mai Pele
◇ Hoʻi (Exit Chant)
◇ Hoʻopuka E Ka Lā
◇ Hoʻopuka Ē Ka Lā I Ka O Unulu
* I Aloha ʻIa ʻO Kīlauea

- ⋆ I Mauna Lahilahi
- ⋆ Iā 'Oe Ē Ka Lā E 'Alohi Nei
- ⋆ 'Ike I Ke One Kani A'o Nohili
- • Ka Huaka'i A Pele
- Ka Huaka'i Pele
- • Ka 'Oi O Nā Pua
- • Ka 'Opihi O Kanapou
- Ka Pua Hīnano
- ◇ Kai A'o Māmala
- ◇ Kakuhihewa
- ◇ Kaleleonālani
- ◇ Kamali'i O Ka Pō
- ◇ Kau A Hi'iaka I Pana'ewa
- • Kāua I Ka Nani O Hilo
- . Kaua'i 'Āina Uluwehi
- • Kaulana I Ke Anu O Waiki'i
- ◇ Kaulilua
- ◇ Kāwika
- ◇ Ka'iulani
- ⋆ Kapi'olani
- ◇ Ke Ao Nani
- ◇ Ke Ha'a Lā Puna I Ka Makani
- ⋆ Ke Ha'a Lā Puna I Ke Ahi 'Ena'ena
- Ke Kaua A Kūkauakahi
- ◇ Ke Pohā Nei
- Ke Welina Mai Nei
- ◇ Keawe 'O'opa
- Keka'a
- ⋆ Ki'ina 'Ia Aku Nā Pae Moku
- ◇ Kīlauea
- ◇ Kō Ma'i Hō'eu'eu

- ⋆ Kona Kai 'Ōpua
- • Kū Au E Hele
- ◇ Kumukahi
- ◇ Kūnihi Ka Mauna I Ka La'i Ē
- ◇ Ku'i Molokai
- Kuko E Ka Manawa
- ⋆ Ku'u Aloha Kea'au I Ka Nāhelehele
- ◇ Lanakila Ke Ka'aahi Ali'i
- ◇ La'au O Ka Wa Kahiko
- ◇ Lei Hāna i ka Makani Ualau'awa
- ◇ Lei No Kapi'olani
- ◇ Lele Ana o Ka'ena
- ⋆ Liko Pua
- ◇ Mai Kahiki Pele Nokenoke
- • Mai Puna Ka Wahine Pele
- ◇ Mai 'Italia Kō Lei Nani
- • Maika'i Ka 'Ōiwi O Ka'ala
- Maika'i Ka Ua I Nu'uanu
- • Maika'i Kaua'i Hemolele I Ka Malie
- ◇ Maika'i Ke Anu o Waimea
- ◇ Maunalei
- ◇ Ma'i No Iolani
- ◇ Mele Aloha
- Mele Aloha
- • Mele Aloha No Kamehameha
- ◇ Mele E Komo
- ◇ Mele Hōpoe
- ◇ Mele Inoa No Kalākaua
- • Mele Iubilē No Kalākaua
- ◇ Mele Ma'i No Kamehameha
- ◇ Mitake

- Mokauea Ku'u Moku
◇ Nā Hana Nui Māui
  Nā Kolokolo Ka Lani
- Na Kua A Hina I Ke Kapa
- Nā Uwē O Nā Manu
★ Nani Kīlauea
  Nani Ni'ihau
◇ Nani Wale Ku'u 'Ike O Hāena
- Nani Wale Ku'u 'Ike O Nā Lehua O Kā'ana
◇ Nani Wale No 'O Pele i ka Lua
◇ Nani 'O Hilo
◇ No Ka Moku Kiakahi Ke Aloha
◇ No Luna I Ka Hale Kai O Kama'alewa
◇ No Luna Ka Hala
◇ Noho Ana Laka I Ka Uluwehiwehi
◇ Nou Paha E
◇ O Ka Wai Mūkīkī
◇ O Ke Mele Mua Kēia O Ka Hula Pele
  Ō Mai 'O 'Emalani
  'O Pele Ko'u Akua
◇ O Pele, O Pele
◇ 'Oaka Ē Ka Lani
- 'Ohu'ohu O'ahu I Ka La'i
◇ Oli Lei
★ Pā Ka Makani
◇ Pō Puna I Ka Uahi E
◇ Pōhaku Naha
  Puka Mai Ana Ka Lā Ma Puna
◇ Pu'u 'Oni'oni
- Ua Nani Hā'ena I Ka 'Ehukai
★ Ua Nani Waimea I Ka Wai Kea

◇ 'Ulei Pahu I Ta Motu
◇ Wahine Hololio
◇ Wai 'Ena'ena A Wai Pa'a
◇ Waipahe'e
◇ Waipi'o Paka'alana
◇ Wai'oli
- Welina Mānoa

ハパハオレ

◇ A Million Moons Over Hawaii
◇ A Song Of Old Hawaii
◇ A 'Oia
  A Place Called Home
◇ Adventures In Paradise
  'Āina Hānau
- Aloha I love you
◇ Aloha Nui Ku'u Ipo
◇ Aloha Wau Iā 'Oe
◇ Aloha Week Hula
- Alone Once More
◇ Along the Slopes of Mauna Kea
- An Old Hawaiian Custom
◇ At Manele
- Beach at Balibali
◇ Beautiful Kaua'i
◇ Behold Lai'e
◇ Beyond the Reef
◇ Blue Hawaii
◇ Blue Hawaiian Moonlight
◇ Blue Lei

- ◇ Blue Muʻumuʻu
- ◇ Chotto Matte Kudasai
- ◇ Christmas Island
- ◇ Christmas Luau
- • Church In An Old Hawaiian Town
- ◇ Coconuts
- ◇ Dancing Under the Stars
- ◇ Do the Hula
- ◇ Dolly's Lullaby
- • E Huli Hoʻi Mai (by John K Almeida)
- • E Mau Ke Aloha
- ◇ E Naughty Naughty Mai Nei
- • E Pualani E
- ◇ Ei Nei
- ◇ Fair Hawaiʻi
- ★ Farewell For Just Awhile
- Farewell For Just A While
- Fish And Poi
- ◇ Flower of Paradise
- ◇ For You a Lei
- ◇ From Hawaii to You
- ◇ Get Hep to Swing
- • Going To Hana Maui
- • Haleakalā
- ◇ Haleʻiwa Maid (My Lovely Hawaiian Maid)
- ◇ Hanalei Moon
- ◇ Haole Hula
- ◇ Hapa Haole Hula Girl
- Harvest Of Rainbows
- Hauʻoli Makahiki Hou
- ◇ Hawaii Calls

- ◇ Hawaiian Hospitality
- ◇ Hawaiian Hula Eyes
- ◇ Hawaiian Lullaby
- ◇ Hawaiian One to Ten
- ◇ Hawaiian Soul
- ◇ Hawaiian Souvenirs
- ◇ Hawaiian Sunset
- ◇ Hawaiian Vamp
- ◇ Hawaiian Wedding Song
- ◇ Hawaiʻi Nei
- ◇ Haʻa Hula
- ◇ He Aloha Mele
- ◇ Hearts Are Never Blue in Blue Kalua
- ◇ Hele on to Kauaʻi
- ★ Here (In This Enchanted Place)
- Hilahila ʻOle ʻOe
- ◇ Hilo Hattie does the Hilo Hop
- Hilo My Home Town
- Hoʻāla Hou Hawaiʻi
- ◇ Honolulu
- ◇ Honolulu City Light
- Honolulu How Do You Do
- ◇ Honolulu I am Coming Back Again
- • Hoʻomalimali E
- Hula Baby
- ◇ Hula Blues
- ◇ Hula Breeze
- ◇ Hula Eyes
- • Hula Lady
- ◇ Hula Lolo
- ◇ Hula Onioni E

◇ Hush My Darling

◇ I am Hawaiʻi

◇ I Hear Hawaii Calling

◇ I Like You

● I Miss You, My Hawaii

◇ I Wish They Didn't Mean Good-Bye

◇ I'll Remember You

◇ I'll See You in Hawaii

◇ I'll Weave a Lei of Stars for You

◇ I'm Going to Teach You to Do the Hula

◇ I'm-a-livin'-on-a-easy

Imua Kākou

◇ In a Little Hula Heaven

◇ In My Heart

● In Spite of All

◇ In Your Hawaiian Way

◇ Island of Love

◇ It's Just an Old Hawaiian Custom

● Jungle Rain

Ka Lae O Kaʻena

◇ Ka Lei Lehua

◇ Ka Pua Ē

◇ Kahealani (Call of Heaven)

◇ Kāholo Hula

◇ Kaiona

Kalaupapa

◇ Keep Your Eyes on the Hands

◇ Keʻanae

● Kūhio Beach

Kūlia I Ka Nuʻu Fuji-san

Kuʻuipo, Aloha Wau Iā ʻOe

◇ Lahaina

● Lanikūhonua (by Muriel M. Fladers)

◇ Laʻe Laʻe

◇ Lehua Nani

Legend Of The Rain

◇ Lei of Love

Leialoha

◇ Leimomi

◇ Little Brown Gal

Love And Honesty

◇ Love song of Kalua

● Lovely Honolulu Moon

◇ Lovely Hula Girl

◇ Lovely Hula Hands

Lovely Sapphire Of The Tropics

● Magic Islands

◇ Maile Lei

◇ Maile Lei

◇ Maile Lei for Your Hair

● Makaʻalae

Mākua

◇ Malihini Mele

★ Manuela Boy

★ Manuela Girl

◇ Maori Brown Eyes

◇ Mapuana

● Maui Boy

● Maui Girl

Maui Under The Moonlight

◇ May Day is Lei Day in Hawaii

◇ Mele Kalikimaka

- ◇ Mele of My Tutu
- ● Misty Rains and Lehua
- ◇ Moana
- ◇ Molokai Sweet Home
- Moonlight Swim
- ◇ Mother of the Sea
- My Dede
- ● My Hawaii
- ◇ My Hawaiian Christmas
- ◇ My Hawaiian Song of Love
- ● My Hawaiiana
- ◇ My Island Love Song
- ● My Island Love Song
- ◇ My Isle of Golden Dreams
- ◇ My Little Chikadee
- ◇ My Little Grass Shack in Kealakekua in Hawaii
- ◇ My Maui
- ◇ My sweet Gardenia Lei
- ◇ Nā Hōkū o ka Lani
- ◇ Not Pau
- ‘O Kēia ‘Āina
- ◇ Oh Akua!
- ‘Ōkole Ma Luna
- ◇ On a Coconut Island
- ◇ On a Little Bamboo Bridge
- ◇ On a Ukulele Island
- ◇ On the Beach at Waikiki
- ◇ One Paddle, Two Paddle
- ◇ Pearly Shells
- ◇ Pi-a-pa
- ◇ Pineapple Princess

- ● Precious Moments
- ● Pretty Red Hibiscus
- ★ Princess Poopooly
- ● Puna I Ka Ulu Aloha
- ◇ Rhythm of the Islands
- ★ Sands Of Waikiki
- ◇ Shores of Haleiwa
- ◇ Show Me How to Do the Hula
- ◇ Silhouette Hula
- ◇ Sing Me a Song of the Island
- ◇ Singing Bamboo
- ◇ Soft Green Seas
- ● Some Hawaiian Is Lying
- ◇ Sophisticated Hula
- ◇ Sunset of Kalaupapa
- ◇ Suzie Anna E
- ◇ Sway it Hula Girl
- ● Sweet Lei Lehua
- ★ Sweet Memory
- ◇ That's the Hawaiian in Me
- ◇ The Cockeyed Mayor of Kaunakakai
- ◇ The First Hawaiian 5
- ◇ The Hukilau Song
- ◇ The Light at Waikiki
- ◇ The Moon of Manakoora
- The Palm Trees Sing Aloha
- ◇ The Pidgin English Hula
- ◇ The Wonderful World of Aloha
- ◇ These Islands
- This Is Hawai‘i
- ◇ Tiny Bubbles

◇ To You Sweetheart Aloha

　Tropical Baby

◇ Tropical Swing

● Twilight in Hawaii

● Two Shadows On The Sand

● Ukulele Lady

◇ Waikiki

● Waikiki Is Good Enough For Me

◇ Walking in the Queen's Garden

◇ Walking in the Sand

★ When You're Down In Honolulu

◇ Where My Little Hula Girl Has Gone

◇ White Ginger Blossoms

◇ White Sandy Beach

◇ Wikiwiki Mai

ハワイ諸島

◇ Aloha Hawai'i Ku'u One Hānau

● Hanohano Hawai'i

◇ Hawai'i Pono'ī

◇ He Aloha Nō 'O Honolulu

★ He Lei Kaulana

◇ He Mana'o Ko'u Iā 'Oe

● He Mele Lāhui Hawai'i

◇ He Pua Maoli Nō

◇ Ka Lei E

◇ Ka Mele O Ku'u Pu'uwai

◇ Ka Momi O Ka Pakipika

◇ Ka Na'i Aupuni

★ Ka Wehi O Nā Mokupuni

◇ Kaulana Nā Pua

◇ Lei 'Ohu

● My Hawaii

　Me Ke Aloha Pumehana

◇ Nā Lei o Hawai'i

● Nā Moku Kaulana (The Famous Islands)

◇ Nā Moku 'Ehā

● Nā Pua

　Pololei 'O'ia'io / Nā Moku 'Ehā

★ Pololei 'Oia'i'o Sure! (That's right!)

◇ Pua Ke Aloha

◇ These Islands

オアフ島

◇ A Ko'olau Au

　A Luna I Ka Pali

◇ Ahe Lau Makani

　'Āhihi Nani

　Ahuwale Lanihuli

◇ Aia I Nu'uanu Kō Lei Nani

　'Āina Wehi O Mā'ili

　'Āinamalu (Shady Land)

★ Ala Moana Paka

◇ Āliamanu Hula

　Aloali'i Street

◇ Aloha Ko'olau

◇ Aloha Ku'u Home

◇ Aloha Ku'u Home A I Ke'alohi

◇ Aloha Nanakuli

● Aloha Nu'uanu

◇ Aloha Oʻahu

◇ Aloha Oʻahu

◇ Aloha Tower

◇ Aloha ʻIa ʻO Waiʻanae

◇ Beautiful Kahana

◇ Behold Laiʻe

◇ Blossom Nani Hoʻi Ē

★ E Hoʻi Ke Aloha I Maunawili

E Kipimana Kāne

E Maʻalili Aʻe Nei

● E Ola Nuʻuanu

◇ E Waiʻanae

◇ Green Lantern Hula

★ Hālau Waiʻanae

● Hale A Laka

● Halekūlani

◇ Haleʻiwa Hula

◇ Haleʻiwa Maid (My Lovely Hawaiian Maid)

◇ Haleʻiwa Pāka

Hāmama I Ka ʻIu

◇ Hanauma

★ Hanauma Bay

Hanohano Haʻikū

Hanohano Haleʻiwa(Haleʻiwa Hotel)

Hanohano Hauʻula

● Hanohano Helumoa

Hanohano Nō ʻO Kailua

Hanohano Nō ʻO Waimanālo

◇ Hanohano Wailea

Hanu ʻAʻala

◇ Hawaiʻi Kamahaʻo

◇ Haʻaheo Kaimanahila

He Aloha Awaiāulu

◇ He Aloha Nō 'O Wai'anae

He Aloha Nuʻuanu

He Lei No Kalanikuhihewa

◇ He Mele No Kahikuonalani

He Nani Kū Kiʻekiʻe

He Wehi Aloha

◇ Henehene Kou ʻAka

◇ Heʻeia

★ Heʻeia I Ka Nani

Hihia Ke Aloha

Hoʻi Mai Kāua E Pili

★ Hōlau

◇ Home Kapaka

Home Paumalu

◇ Honolulu

◇ Honolulu City Light

◇ Honolulu Harbor

Honolulu How Do You Do

◇ Hula Breeze

◇ I Lanikai

● I Miss You, My Hawaii

◇ Ka Beauty Aʻo Mānoa

◇ Ka Ipo Peʻe Poli

◇ Ka Lae ʻO Makahonu

◇ Ka Leo O Nānākuli

◇ Ka Lihi Kai ʻO Kaʻena

◇ Ka Loke Polena

◇ Ka Manu Kikaha ʻOlu

★ Ka Nani Aʻo Lanihuli

* Ka Nani O Ka'ala
  Ka Pua Hīnano
  Ka Pua Kiele
* Ka Pua O Ku'u 'I'ini
◇ Ka Ua Kilihune
● Ka Ua Ma'ema'e
◇ Ka Ua O Nu'uanu
◇ Ka Wai'lele O Nu'uanu
◇ Ka 'Īloli Hāku'iku'i Pu'uwai
◇ Ka 'Upu Aloha
◇ Kahalaopuna
* Kahana
  Kahokulani
◇ Kaimana Hila
◇ Kaimana Hila
◇ Kaimuki Hula
◇ Kakuhihewa
◇ Kalapawai, Ku'u Home Aloha
◇ Kalena ('O Kalena Kai)
◇ Kaloaloa
  Kāmakahala
● Kāne'ohe (by Nethan Aweau)
◇ Kāne-'ohe
  Kāne'ohe
◇ Kapilimehana
  Kapi'olani Paka
◇ Kauhale O Kamapua'a
  Kaulana Kāne'ohe
◇ Kaulana 'Oahu
◇ Ka'ena
● Ka'ena

  Ke 'Ala A'o Ka Hīnano
◇ Ke 'Ala Ka'u i Honi
  Ke Alanui Liliha
◇ Ko'olau
● Kūhio Beach
◇ Ku'u Home (Old Plantation)
● Ku'u Home Aloha
◇ Ku'u Home i Kāne'ohe
◇ Ku'u Home 'O Waikane
◇ Ku'u Lei Hōkū
◇ Lanikai
● Lanikūhonua (by Muriel M. Fladers)
● Lanikūhonua (by O'Brian Eselu)
◇ Laua'e O Nu'uanu
◇ La'e La'e
◇ Lei Aloha
◇ Lei Ana 'o Mānoa i ka Nani O Nā Pua
● Lei Kakuhihewa
◇ Lei Mānoa
◇ Lē'ahi
◇ Mahalo ē Mānoa
* Ma'i Ho'eu'eu Mai 'Oe
● Maika'i Ka 'Ōiwi O Ka'ala
◇ Maile Kaluhea
  Makakilo
◇ Makakilo 'Olu'olu
◇ Makalapua
◇ Makee 'Ailana
  Mākua
● Manoa
* Mānoa I Ke Ko'i'ula

Mānoa Wai Kamahaʻo

* Mauna ʻIhi
◇ Mauna Lahilahi
◇ Maunalahilahi
Maunalua He Inoa
● Me Kuʻu One Hānau Ē
Mea Pāʻani Kinipōpō
◇ Miliʻōpua
Mōkapu I Ka Mālie
● Mokauea Kuʻu Moku
* Mokulua
◇ Muliwai
Na Nalu Kua Loa
◇ Nānākuli
* Nānākuli Hula
◇ Nani Kaʻala
◇ Nani Koʻolau
◇ Nani Mānoa
● Nani Nā Pali Hāuliuli O Nā Koʻolau
◇ Nani Nō ke Koʻolau
Nani ʻOahu
* Nani ʻO Waiʻanae
Nani Waiʻanae
Nani Wale Mānoa
* Nani Wale Oʻahu
◇ Neneʻu
* Noho ʻOlu
● Nuku O Nuʻuanu
◇ O Koʻolau Kū I Ka Lani
◇ O Nuʻuanu
◇ O Waiʻanae, Kuʻu ʻĀina Aloha

◇ Oʻahu
◇ On the Beach at Waikiki
● ʻOhuʻohu Oʻahu I Ka Laʻi
◇ Pālehua
◇ Palolo
Pana
● Papa Sia
◇ Papakōlea
◇ Pauoa Ka Liko Ka Lehua
◇ Paʻahana
◇ Paʻauʻau Waltz
Paumalū
* Pili O Ke Ao
◇ Pua Hīnano
◇ Pua Melia ʻAla Onaona
◇ Pūpū Aʻo Ewa
◇ Puʻuhonua Nani
* Rain Tuahine O Mānoa
Rose Onaona
◇ Royal Hawaiʻian Hotel
* Sands Of Waikiki
◇ Sassy
◇ Shores of Haleiwa
Shower Tree
● Sweet Ka Makani, Ke Kaiāulu
Swish Sway Hula
◇ The Hukilau Song
◇ The Light at Waikiki
* Tuahine
◇ Ua Lanipili I Ka Nani O Papakolea
◇ Ua Nani o Nuʻuanu

◇ Uluhua Wale Au
● Uluhua Wale ʻAu
◇ Uluwehi ʻO Kaʻala
◇ Wahine Hele Lā
　Waiakeakua
● Waikiki Is Good Enough For Me
◇ Waikiki Hula
◇ Waikiki Hula
◇ Waimanalo
◇ Waipiʻo
◇ Waiʻanae Hula
◇ Welina Oʻahu
◇ White Sandy Beach
◇ Wikiwiki Mai
● Welina Mānoa

ハワイ島

★ ʻAʻaliʻi Kūmakani O Kaʻū
★ A Hilo Au
★ A Ka Luna I Kīlauea
　A Kē-ō-kea Pāka
◇ A Kona Hema O Kalani
★ A Luna Wau Aʻo
◇ Aia Lā ʻO Pele
★ Aia Lā ʻO Pele
★ Aia O Waipiʻo
◇ ʻĀina Kaulana
★ ʻĀina O Miloliʻi
◇ ʻAkaka Falls
● Akāhikuleanaakapiko

◇ Aleamai
● Aliʻiʻaimokuokaʻu
◇ Aloha E Kohala
　Aloha Kaimū
◇ Aloha Kona Hema
　Aloha Nō Kona
● Aloha o Kaʻū
◇ Along the Slopes of Mauna Kea
◇ Anoʻai Kuʻu Wehi La
★ Auhea ʻO Ka Lani (Where Is The Royal Chief)
　Awalau Hula
　Be Still ʻOe
　E Aloha Mai E Pele
◇ E Hiaʻai I Ka Nani O Hōpoe
　E ʻIke I Ka Nani Aʻo Hāʻena Ē
★ E ʻIke I Ka Nani A O Hōpoe
★ E ʻIke I Ka Nani AʻO Poliʻahu
◇ E Kau, E Kau
★ Eia Kāua I Kīlauea
★ Eia Ke Aloha
　Eō Mai ʻOe, E Poliʻahu
● Hāili
　Haili Pō I Ka Lehua
　Halehuki
◇ Halemaʻumaʻu
◇ Halemaʻumaʻu
◇ Halepiʻowai
◇ Haliʻilua
　Hāmākua Kihi Loa
★ Hana Waimea I Ka ʻUpena A Ka Makani
★ Hanohano Nō ʻO Hawaiʻi

Hawai'i Keawe

◇ Hawai'i Nō E Ka 'Oi

★ He Aloha Ka Lehua A O Hōpoe

★ He Aloha Ka'ūpūlehu

He Aloha Nō Ka Lehua

★ He Aloha Nō 'O Waimea

He Lei Aloha

◇ He Lei No Kamaile

◇ He Makana

● He Mele Aloha Nō Puna

He Mele I Ka Pu'uwai

● He Nani Kekaha

◇ He 'Āina Kona

★ He 'Olu

◇ Heha Waipi'o

★ Hilo Bay

◇ Hilo Ē

◇ Hilo Hanakahi

◇ Hilo Hula

Hilo My Home Town

◇ Hilo Nani Ē

◇ Hilo One

◇ Hi'ilawe (Hali'a Lau Lani)

◇ Hole Waimea

◇ Hōlei

● Holo Mai Pele

★ Home Ho'okipa o Kaimū

◇ Hōnaunau Paka

◇ Hōpoe

◇ Ho'okena

● Ho'okipa Hawai'i

◇ Ho'opuka Ē Ka Lā I Ka O Unulu

◇ Hualālai

◇ I Kona

I Lā'ieikawai

● Iā 'Oe Hawai'i Moku O Keawe

★ 'I'iwi A'o Hilo

★ 'Ike I Ka Nani A O Pele

★ 'Ino 'Ino Mai Nei

★ Ipo Lei 'Ānuenue

★ Ka 'Āpi'i O Waipi'o

◇ Ka Hinano O Puna

◇ Ka Huila Wai

★ Ka Lehua O Kilauea

● Ka Meheu O Ke Ahi Lapalapa

● Ka Nae Pakalana

◇ Ka Nani A'o Ka'u

Ka Nani A'o Ke'ei

◇ Ka Nani A'o Kīlauea

Ka Nani O Ka Pali

Ka Nani O Pele

★ Ka 'Ohaohala

Ka 'Ohaohala

◇ Ka Poli O Waimea

● Ka Pua O Kina

◇ Ka Pu'ulena

★ Ka Ua A'o Hilo

● Ka Ua Kīpu'upu'u

★ Ka Ua Pō Aihale O Kahalu'u

Ka Uluwehi O Hilo

◇ Ka Uluwehi O Ke Kai

◇ Ka Wahine Lewa I Ke Kai

- ◇ Ka Wahine O Ka Lua
- ◇ Ka Wai Mukīkī
- ★ Ka Wai ʻOluʻolu O Waipio
- ◇ Ka ʻOlua Aloha
- Kahua O Maliʻo
- Kahulilau
- ★ Kaimū
- ★ Kalaekilohana
- Kalaekilohana Kīnohinohi
- Kalapana I Ka Wā Kahiko
- ◇ Kaleohano
- ◇ Kamalani O Keaukaha
- ● Kānaenae A Ke Aloha
- Kanaka Mahiʻai
- Kanaka Waiolina
- Kanipoaokalani
- ◇ Kapunahou
- ◇ Kau A Hiʻiaka I Panaʻewa
- ★ Kāua I Hilo One
- ★ Kāua I Ka Holo
- ● Kaulana I Ke Anu O Waikiʻi
- ◇ Kaulana Kawaihae
- ◇ Kaulana Nā Kona
- ◇ Kaulana Uapo O Hilo
- ● Kaulana ʻO Hilo-Hanakahi
- ◇ Kawaihae
- Kawaihae
- ★ Kawaihae Hula
- ◇ Kāʻū Nui
- ● Ke Ala A Ka Jeep
- ◇ Ke Aliʻi Hulu Mamo

- ◇ Ke Aliʻi O Nā Lani
- ● Ke Aloha Poina ʻOle
- ◇ Ke Anu O Waimea
- ◇ Ke Haʻa Lā Puna I Ka Makani
- ★ Ke Haʻa Lā Puna I Ke Ahi ʻEnaʻena
- Ke Kula Lehuʻula
- ● Ke One Kaulana O Hawaiʻi
- ◇ Ke ʻAla Beauty
- Keanakolu
- ◇ Keawe ʻOʻopa
- ◇ Kekahaoʻiolani
- ◇ Keʻei
- ◇ KHBC
- ◇ Kīlauea
- ◇ Kimo (Henderson) Hula
- ◇ Kinuē
- Kīpuka
- ◇ Kona Kai ʻŌpua
- ★ Kona Kai ʻŌpua
- ◇ Kū Au E Hele
- ● Kū Au E Hele
- ◇ Kuhiō Bay
- ◇ Kumukahi
- ◇ Kumukāhi
- ◇ Kupa Landing
- ★ Kuʻu Aloha Keaʻau I Ka Nāhelehele
- ◇ Kuʻu Home I Kaʻilima
- ◇ Kuʻu Ipo I Ka Heʻe Puʻe One
- Kuʻu Lei Hulili
- ◇ Kuʻu Lei Poina ʻOle
- ◇ Kuʻu Lei Poina ʻOle

- Ku'u Li'a Pua Ka Hīnano

  Ku'u Manu Hoa Aloha

  Ku'u Pua Gardenia

◇ Ku'u Pua Lehua

◇ Lā 'Elima

◇ Laimana

◇ Laupāhoehoe Hula

⋆ Lehua Beauty

  Lehua Beauty

⋆ Lehua Mamo

  Lei Ana 'O Kohala

◇ Lei Hiwahiwa I Ke Anu

◇ Lei Ho'oheno

  Lei Lihilihi Lehua

  Lei Liko Ka Lehua

  Lei O Hā'ena

◇ Lepe 'Ula'ula

⋆ Mahai'ula

◇ Mahalo E Hilo-Hanakahi

⋆ Mahinakauahiahi

◇ Māhukona

- Mai Puna Ka Wahine Pele

◇ Maika'i Ka Makani o Kohala

- Maika'i Waimea

- Maika'i Waipi'o

◇ Makahehi No Ke Kuahiwi

◇ Malihini O Waimea

◇ Malua Ki'i Wai Ke Aloha

  Māluaki'iwai Ke Aloha

◇ Manu 'Ō'ō

- Mauna Kea

- Mele Aloha No Kamehameha

  Mele Kōkī

◇ Moani Ke 'Ala

◇ Moani Ke 'Ala

◇ Mōhala Ka Hīnano

  Moku Ola

  Mokuhulu

◇ Morning Dew (E Ku'u Morning Dew)

◇ Nā Hilo

◇ Nā Kuahiwi 'Elima

  Nā Manu 'Ia

⋆ Nā Pali Alo Lua

  Nā Pana Kaulana A'o Hilo

◇ Na Pua Nani Like 'Ole

- Na Pu'u 'Ehā

⋆ Nani A'o Kona

⋆ Nani Hala'ula

◇ Nani Hāmākua

- Nani Hulihe'e

⋆ Nani Ka Honua

⋆ Nani Kīlauea

  Nani Koleka

◇ Nani Waimea

  Nani Waimea I Ka 'Uhiwai Lā

◇ Nani Wale Ia'u 'O Waimea

◇ Nani 'O Hilo

- Ninipo Ho'onipo

◇ No Kohala Ka Makani 'Āpa'apa'a

  No Luna

◇ No Luna Ka Hala

◇ O Ka Pō

◇ O Ka Wai Mūkīkī

'O Kea'au I Ka 'Ehu O Ke Kai

'Ō Kīlauea

◇ O Pele, O Pele

◇ 'O 'Violeka

◇ 'O Waikulumea

◇ 'O Wau Iho Nō

'Ohelo Beauty

★ 'Ōlehaleha Ku'u Maka I Ke Ahi Pele

Olehaleha Ku'u Maka I Ke Ahi Pele

◇ Oli Lei

◇ Pā Mai Ana Ka Makani

Paniau

◇ Papahi Ke Ki'i o Kamehameha

★ Pihanakalani

◇ Pili Mai Nō i Ka Ihu

◇ Pili Me 'Oe

◇ Pō Puna I Ka Uahi E

★ Poliahu I Ke Kapu

◇ Pōhakuloa

◇ Pua Be-Still

◇ Pua Li'lia o Honomaka'u

◇ Pua 'A'ali'i

● Puna I Ka Ulu Aloha

◇ Puna Ku'u Aloha

◇ Punaiki 'Ēa

★ This Is The Rain

★ Waimanu I Ka Lauoha

Waimea I Ka La'i

Waipi'o Pāeaea

マウイ島

◇ Ahulili

Aia I Lahaina

Aia I Lanipō

● Aia I Līhau Ko Lei Nani

★ Aia Ka La'i I Ka'uiki

● Aloha 'Ia No 'O Maui

★ Aloha Nō 'O Hāna

◇ Awapuhi Puakea

◇ E Ho'i Ka Nani I Moku'ula

◇ E Ho'i Ka Nani I Pa'upa'u

● E Kama'ole Paka

◇ Earl Finch Hula

Eia 'O Ke'anae

'Eli'eli Ke Kumu 'Ōhi'a

Eō Hāna

● Going To Hana Maui

◇ Haelā'au

◇ Haleakalā

◇ Haleakalā

● Haleakalā

◇ Haleakalā Hula

◇ Haleakalā Kū Hanohano

◇ Hālona

◇ Hāna

◇ Hāna Chant

◇ Hana Nō E Ka 'Oi

★ Hāna Noho I Ka Mālie

◇ Hanohano Olinda

◇ Hanohano 'O Maui

- ★ Hanohano Waiehu
- ★ He Aloha Nō Ka‘uiki
- He Aloha Nō Ka ‘Ūkiu
- He Aloha Nō Ku‘u ‘Āina
- ★ He Hali‘a Aloha
- ◇ He Wehi Ke Ao No Kaua‘ula
- Helani Falls
- ◇ Honokahua Nani E
- ◇ Ho‘oheno A‘o Pi‘ilani
- ◇ Ho‘okipa Paka
- Ho‘ole‘ale‘a
- ◇ Huelo
- ◇ I Aloha No ‘O Kanaio
- • I Aloha ‘Ia Nō ‘O Kanaio
- • I Ka La‘i O Lāhainā
- ◇ I ka ‘Aina Kaulana
- I Ka La‘i O Kahakuloa
- I Waikapū Ke Aloha
- ‘Ihikapalamaewa
- • I'm going to Maui Tomorrow
- • Ka ‘Āina Kaulana ‘O Hana Nei
- ★ Ka Loke O Maui
- ◇ Ka Makani Kā‘ili Aloha
- ◇ Ka Nohona Pili Kai
- ◇ Ka Piko O Ka Hālāwai
- ◇ Ka Ua Kea
- • Ka Uka Pali Halehale
- ◇ Ka‘a Ahi Kahului
- • Ka‘ahumanu
- ◇ Kahakuloa
- ◇ Kahukia‘ialo

- ◇ Kaleleonālani
- ◇ Kananaka
- ◇ Kananaka
- ★ Kapalua
- ◇ Kauanoeanuhea
- ★ Kaulana Ke Kuahiwi A‘o Haleakalā
- Kaulana ‘O Honokalani
- Kaupō
- Kawaiokalena
- ◇ Kawaipunahele
- • Ke Aloha Kalikimaka
- • Ke ‘Ala O Ka Maile
- • Ke‘anae (by Robert Lopaka Ho‘opi‘i)
- ◇ Ke‘anae
- Keka‘a
- ★ Kīhei
- Kīhei
- ★ Kilakila A‘o Ke‘anae
- ★ Kilakila ‘O Hana
- • Kilakila O Maui
- ◇ Kilakila ‘O Haleakalā
- ◇ Kīpahulu
- • Kowali
- ★ Kualepa
- ★ Kula Morning
- Ku‘u Home
- • Ku‘u Home Alokele
- • Ku‘u Home O Maui Nō Ka ‘Oi
- ◇ Ku‘u ‘Āina Ho‘oheno
- ◇ Lahaina
- ◇ Lāhaina Ku‘u Home

⋆ Lāhainā Luna
◇ Lahainaluna
● Lani Haʻahaʻa
● Lani Kau Keha
◇ Lei Ana o Maui
  Lei Ana ʻO Maui
◇ Lei Lokelani
  Lei Niolopua
  Lei O Piʻilani
⋆ Lovely Sunrise Haleakalā
  Mahalo Iā ʻOe, E Maui
● Makaʻalae
  Makawao
● Maui Boy
● Maui Girl
  Maui Kamahaʻo
⋆ Maui Loa
  Maui Nani
  Maui Under The Moonlight
  Mauinuiakama
  Mauna Alani(Orange Mountain)
  Mauna Kahālāwai O Maui
◇ Maunaleo
  Maunaʻolu
◇ Me Ka Nani Aʻo Kaupō
● Mele Iubilē No Kalākaua
  Mele No Kahului
  Moku O Ka Rose
◇ My Maui
⋆ Nā Aliʻi Puolani
● Na Wai Kaulana

  Nā Wai Kaulana
  Nā Wehi ʻO Wailuku
  Nāhiku
⋆ Nani Wale Kaʻuiki
⋆ Nani Wale Keʻanae
  No Uka Ke Aloha
◇ Noe Noe Ua Kea o Hana
  Palauea
● Pōpōʻalaea
⋆ Pua Lawena
◇ Puamana
◇ Roselani Blossoms
◇ Sassy
◇ Sweet Lāhaina Night
◇ Ulupalakua
◇ Waiakoa
◇ Waikaloa
◇ Waiʻānapanapa

カウアイ島

● A He Nani Kauaʻi
  Aia I Kauaʻi Kō Lei Aliʻi
● Aliʻipoe
● Alo ʻEhukai
◇ Aloha Kauaʻi
◇ Anahola
  ʻAuhea Wale ʻOe E Ka ʻŌʻō
◇ Beautiful Kauaʻi
◇ E Aloha Nō Kauaʻi
◇ E Kalalau

◇ E Ku'u Aloha

Eō E Wailuanuiaho'āno

● Hā'ena I Ka 'Ehukai

★ Hanalei Bay

Hanalei I Ka Pilimoe

★ Hanalei In The Moonlight

◇ Hanalei Moon

◇ Hanohano Hanalei

Hanohano Kekaha

◇ Hanohano Nō Kalihi

◇ Hanohano Pihanakalani

● Hā'upu

Hā'upu

He Mele No Kaua'i Kuapapa

He Nani Hā'upu

◇ He Nani Mokihana

Heha Lumaha'i

◇ Hele on to Kaua'i

● Ho'i Ke Aloha No Kawika

★ 'Ike I Ke One Kani A'o Nohili

◇ Island of Love

◇ Ka 'Ano'i (Aia i Alaka'i)

◇ Ka Hanu Pua Mokihana

◇ Ka 'Ililauokekoa

◇ Ka Ipo Lei Manu

● Ka Lehua A'o Waimea

Ka Lei Aloha

◇ Ka Manokalanipō

★ Ka Nani O Kōke'e

★ Ka 'Ōahi Nowelo

Ka 'Ōahi Nowelo

◇ Ka Pua Kiele

◇ Ka Pua Loke Mae'ole

◇ Ka Ua Loku

★ Ka Ulu Niu O Waipouli

★ Ka Wahine U'i

◇ Ka Wai A'o Nāmolokama

◇ Kāhili Na'i

★ Ka'ililauokekoa

● Kalalea

◇ Kalapaki

◇ Kalihiwai Ē

Kamakahikilani

Kamanookalanipō

● Kamawaelualani

Kaua'i 'Āina Uluwehi

◇ Kaua'i Beauty

◇ Kaua'i Hemolele I Ka Māile

◇ Kaua'i Hula

◇ Kaua'i I Ka Malie

◇ Kaua'i Nani Ē

Kaua'i Nani Lā

◇ Kaua'i Song

◇ Kaulana Ka Inoa A'o Hanalei

◇ Kaulana Ka Inoa O Kaua'i

★ Kaulana Kaua'i

◇ Kaulilua

● Ke 'Ala Laua'e

Ke Ho'olono Nei

★ Kinoiki

◇ Kīpū-kai

● Koamalu

◇ Koke'e

  Koke'e Me Kalalau

  Kōke'e I Ka La'i

◇ Kō'ula (Manowaiopuna)

◇ Kūnihi Ka Mauna I Ka La'i Ē

  Ku'u Lei Mokihana

◇ Lei Ana Kaua'i

  Lei Mo'aulahiwa

● Lei Pīkake Lei Makamae

◇ Lei Wainiha

  Lei Wili A Ke Aloha

★ Lihu'e

◇ Lumaha'i

◇ Lu'ulu'u I Nā Ua Nui o Hanalei

◇ Maika'i Kaua'i

● Maika'i Kaua'i Hemolele I Ka Malie

● Maika'i Kaua'i 'Awaiāulu Ke Aloha

◇ Mana'o Pili

◇ Me Kou Nani E

◇ Mokihana Lullaby

  Nāmolokama Medley

◇ Nā U'i o Kaua'i

◇ Na Wahine U'i o Kaua'i

◇ Nāmolokama Lā

◇ Nani Hanalei

◇ Nani Kaua'i

● Nani Kaua'i

  Nani Kōloa

◇ Nani Lāwa'i

  Nani O Kīpūkai

◇ Nani Wai'ale'ale

◇ Nani Wale e Pakala

◇ Nani Wale Ku'u 'Ike o Hāena

◇ Nawiliwili

◇ Nohili

◇ Nohili E

● No'eno'e Maika'i Ke Aloha

◇ O Kalalau

◇ O Kamawailualani

★ O Koke'e

◇ Pili Aloha

  Pua Hahani

  Pua Kiele

◇ Pua Mamane

★ Pulupē Ka 'Ili

★ Rain Li'ili'i

◇ Sweet Lei Mokihana

  Tūtū Aloha

● Ua Nani Hā'ena I Ka 'Ehukai

★ Ua Nani Waimea I Ka Wai Kea

  Wai Pālua

◇ Waikapu

  Waikū'auhoe

  Wainiha

◇ Waipahe'e

◇ Wai'ale'ale

◇ Wai'oli

● Wai'pouli

★ Welina Mai

◇ 'O Waipā Ke Mālama Mau Ai

◇ 'Ula Nōweo Lā

モロカイ島

- ★ A Hilo Au
- ◇ ʻĀina O Molokai
- Aia I Molokaʻi Kuʻu ʻIwa
- ● Aia I Molokai Kuʻu Lei Nani
- ★ Aloha Koʻolau
- Aloha Koʻolau
- Anahaki
- ★ Beauty Aʻo Molokaʻi
- ◇ E Hīhīwai
- ★ E Ola E Molokaʻi
- ★ Eia Aʻe O Damiana, Ka Makua O Kākou
- ◇ Hālawa
- ● Hanohano Wale Nō
- He Aloha Nō O Hālawa
- He Mele No Hina
- ◇ He Nani Molokaʻi
- ★ He Nani No Kalaupapa
- ◇ Honomuni
- ◇ Hoʻolehua
- ◇ Ka Manaʻo No Ia
- Ka ʻOli O Lanikaula
- ◇ Ka Paniolo Nui O Molokaʻi
- ● Ka Wai Nā Kolokolo
- ◇ Ka Wai O Puʻuhonua
- ★ Ka Wailele
- ◇ Ka ʻŌpae
- ◇ Kalamaʻula
- Kalaupapa
- ★ Kamalō

- ◇ Kaulana Molokai
- ◇ Kaulana Waialua Aʻo Molokaʻi
- ★ Kīkānia
- ◇ Kuʻi Molokai
- ◇ Kuʻu Aloha Nō Molokai
- ◇ Kuʻu Pua Kukui O Kamakou
- ◇ Lei Ana Molokaʻi
- ◇ Lei Hālawa
- Maʻemaʻe Molokaʻi(Molokaʻi Jam)
- Makawalu Ke Ānuenue
- Me Molokaʻi(Ka Manaʻo Nō Iā)
- ★ Molokaʻi
- Molokaʻi ʻĀina Kaulana(Hālawa)
- ◇ Molokai Nui A Hina
- ◇ Molokai Sweet Home
- ◇ Molokaʻi Waltz
- Nā Makani ʻEhā
- ◇ Nā Pua
- ◇ Nani Kaluakoʻi
- ● Nani Wale Kuʻu ʻIke O Nā Lehua O Kāʻana
- ◇ Pua Kukui O Molokaʻi
- ◇ Sunset of Kalaupapa
- ◇ The Cockeyed Mayor of Kaunakakai
- ◇ Ua Nani Molokaʻi
- ◇ Wāhine ʻIlikea
- Waikolu
- ★ Waimaka Helelei
- ★ Wehiwehi Hina

ラナイ島

- ◇ ʻĀina O Lanai
- ◇ At Manele
- ★ Lānaʻi I Ka Hanohano
-   Lānaʻikaula
- ★ Lei Kaunaʻoa
- ◇ Lei Kōʻele
- ◇ Maunalei
- ● Mele O Lanaʻi

ニイハウ島

- ★ A He Nani Niʻihau
-   Aia I Niʻihau Kuʻu Pāwehe
- ◇ Aia Niʻihau E Kuʻu Pāwehe
- ◇ Aloha Kaʻeo
- ◇ E Hoʻi ke Aloha I Niʻihau
- ● Hoʻi Ke Aloha No Kawika
- ◇ Ka Lei Niʻihau
-   Ka Makualani
-   Ka Poʻokela Aʻo Niʻihau
-   Kaeo Hula
- ◇ Kahelelani
- ◇ Kanaio
- ★ Kaulana Niʻihau
-   Kawaihoa
- ◇ Lei Ana Niʻihau
- ◇ Nā Ale O Niʻihau
-   Nani Niʻihau
- ● Niʻihau

- ● Niʻihau (by John K. Almeida)
- ◇ Niʻihau Ka Heke La Ea
- ◇ Niʻihau O Kahelelani
- ★ Poʻe Koa Aʻo Niʻihau
-   Polehoonalani
- ◇ Pupu O Niʻihau
-   Ta Pua Elama
-   Waiakanaio

カホオラヴェ島

- ● Aloha Kahoʻolawe
- ★ He Mele No Kahoʻolawe
- ◇ Ka ʻOpihi O Kanapou
- ◇ Kahoʻolawe
- ◇ Mele O Kahoʻolawe

ニホア島

- ★ Nihoa

王族

- ★ A Hilo Au
- ◇ A Kona Hema O Kalani
- ◇ Ahe Lau Makani
- ◇ ʻĀina-Hau
- ◇ Aliʻi ʻIolani
- ● Aliʻiʻaimokuokaʻu
-   Aloha Kalanianaʻole
- ◇ Aloha Nō Kalākaua

◇ Aloha ʻIa Hawaiʻi E Ke Aliʻi Nui

◇ Anapau

★ Auhea ʻIā ʻOe Ka Lani

★ Auhea ʻO Ka Lani (Where Is The Royal Chief)

  ʻAuhea Wale ʻOe E Ka ʻŌʻō

◇ Beautiful ʻIlima

◇ Crown Flower

◇ E Hoʻi ke Aloha I Niʻihau

◇ E Kau, E Kau

◇ E Liliʻu E

★ E Manono

◇ E Nihi Ka Hele

• E Pua Ana Ka Makani

◇ Hale Aliʻi O Waimaka

◇ Haʻaheo

★ Haʻuhaʻu E

• He Aloha Nihoa

◇ He Inoa No Kaiʻulani

★ He Inoa No Kalanianaʻole

◇ He Inoa Nō Kīnau

★ He Inoa No Likelike

• He Inoa No Liliʻuokalani

• He Inoa No Pauahi

◇ He Maʻi No Kalani (Haʻuhaʻu e)

★ He Mele Inoa Nō E Liliʻu

★ He Mele Maʻi No ʻIolani

• He Mele Inoa O Kalākaua

• He Mele Lāhui Hawaiʻi

  He Wehi No Pauahi

◇ Heʻeia

◇ Holo Ana ʻO Kalākaua

• Hulu Manu

• I Aloha ʻIa ʻO Kīlauea

★ I Mauna Lahilahi

★ Iā ʻOe Ē Ka Lā E ʻAlohi Nei

◇ Ka ʻIlilauokekoa

◇ Ka Ipo Lei Manu

• Ka ʻOi O Nā Pua

★ Ka Wahine Uʻi

• Ka Wohi Kū I Ka Moku

  Kaʻiulani

• Kalākaua

◇ Kaleleonālani

★ Kamehameha

• Kāua I Ka Nani O Hilo

• Kaulana I Ke Anu O Waikiʻi

◇ Kāwika

◇ Kaʻahumanu (by Helen Desha Beamer)

• Kaʻahumanu (by Alice Nāmakelua)

◇ Kaʻiulani

★ Kapiʻolani

◇ Ke Aliʻi Hulu Mamo

• Ke Aloha O Ka Haku

◇ Keawe ʻOʻopa

★ Kiʻina ʻIa Aku Nā Pae Moku

★ King Kamehameha

◇ Kō Maʻi Hōʻeuʻeu

  Komo Pono

★ Kona Kai ʻŌpua

◇ Koni Au I Ka Wai

• Kū Ka ʻOliʻoli I Nā Moku

◇ Kuhihewa

Kuko E Ka Manawa

◇ Lanakila Kawaihau

◇ Lanakila Ke Kaʻaahi Aliʻi

● Lei Kakuhihewa

◇ Lei No Kapiʻolani

⋆ Lei No Kapiʻolani

◇ Lei No Kaʻiulani

⋆ Liko Pua

◇ Mai ʻItalia Kō Lei Nani

● Maikaʻi Ka ʻŌiwi O Kaʻala

● Maikaʻi Kauaʻi Hemolele I Ka Malie

◇ Maikaʻi Ke Anu o Waimea

◇ Makalapua

◇ Maʻi No Iolani

● Mele Aloha No Kamehameha

◇ Mele Inoa No Kalākaua

● Mele Iubilē No Kalākaua

◇ Mele Maʻi No Kamehameha

◇ Mele O Ke Keʻena Kalaunu

● Mōʻī ʻO Liliʻu

◇ Na Hala O Naue

Nā Kolokolo Ka Lani

⋆ Nānākuli Hula

● No Ke Ano Ahiahi

● Noʻenoʻe Maikaʻi Ke Aloha

● Nohea I Muʻolaulani

Ō Mai ʻO ʻEmalani

◇ ʻOnipaʻa Ka Pua O Ka Hala

◇ Papahi Ke Kiʻi o Kamehameha

◇ Pōhaku Naha

Pua Nani Aʻo Hawaiʻi

⋆ Pualeilani

◇ Puʻuhonua Nani

◇ Queen's Jubilee

◇ Sanoe

◇ Ua Nani o Nuʻuanu

⋆ Ua Nani Waimea I Ka Wai Kea

● Wahiikaʻahuʻula

◇ Wahine Hele Lā

◇ Wahine Hololio

◇ Waiʻoli

神話

⋆ A Ka Luna I Kīlauea

● A Ka Luna O Puʻuonioni

◇ Aia Lā I Paliuli

◇ Aia Lā ʻO Pele

⋆ Aia Lā ʻO Pele

◇ Aloha E Pele

⋆ E ʻIke I Ka Nani A O Hōpoe

⋆ E ʻIke I Ka Nani AʻO Poliʻahu

● E Ke Aloha E Hoʻi Mai

⋆ Ē Kū

⋆ E Laka Ē

E Maʻalili Aʻe Nei

Eō Mai ʻOe, E Poliʻahu

● E Pele, E Pele

● Hale A Laka

⋆ He Aloha Ka Lehua A O Hōpoe

◇ He Inoa No Piʻilani

◇ Hinalē

- ◇ Ho'i E
- • Holo Mai Pele
- ◇ Hōpoe
- ◇ Ho'opuka E Ka Lā
- ◇ Ho'opuka Ē Ka Lā I Ka O Unulu
- ★ 'Ike I Ka Nani A O Pele
- ◇ Ilihia I Ka Nani
- ★ Ipo Lei 'Ānuenue
- ◇ Ipo Poli Anuanu
- ◇ Ka 'Eha Ke Aloha
- • Ka Huaka'i A Pele
- Ka Huaka'i Pele
- • Ka Lei Lehua Ho'oheno I Ka Poli
- Ka Nani O Pele
- ◇ Ka Pilina
- ◇ Ka Pu'ulena
- ◇ Ka Wahine O Ka Lua
- ◇ Ka Wai O Kāne
- Ke Welina Mai Nei
- ◇ Kaha Ka Manu
- ◇ Kahalaopuna
- ★ Ka'ililauokekoa
- ◇ Kainoa
- ◇ Kamali'i O Ka Pō
- ◇ Kapunahou
- ◇ Kau A Hi'iaka I Pana'ewa
- ★ Ke Ha'a Lā Puna I Ke Ahi 'Ena'ena
- ◇ Ke Pohā Nei
- • Keiki O Ka 'Āina
- ◇ Kū Au E Hele
- • Kū Au E Hele

- • Kumulipo
- ◇ Kūnihi Ka Mauna I Ka La'i Ē
- Lehua Beauty
- ◇ Laie-i-ka-wai
- ◇ Lei Ana o Maui
- ◇ Lei Ana 'o Mānoa i ka Nani O Nā Pua
- ◇ Lele Ana o Ka'ena
- ◇ Mai Kahiki Pele Nokenoke
- • Mai Puna Ka Wahine Pele
- • Manu Halihali Ipo
- ◇ Mele Hōpoe
- ◇ Molokai Nui A Hina
- ◇ Nā Hana Nui Māui
- ★ Nani Kīlauea
- ◇ Nani Wale Ku'u 'Ike o Hāena
- ◇ Nani Wale No 'o Pele I Ka Lua
- ◇ No Luna I ka Hale Kai O Kama'alewa
- ◇ No Luna Ka Hala
- ◇ Noho Ana Laka I Ka Uluwehiwehi
- ◇ Nou Paha E
- ◇ O Ke Mele Mua Kēia O Ka Hula Pele
- 'O Pele Ko'u Akua
- ◇ O Pele, O Pele
- 'Ohelo Beauty
- ★ 'Ōlehaleha Ku'u Maka I Ke Ahi Pele
- ◇ Oli Lei
- ◇ Pele A Me Lohiau
- ◇ Poliahu
- • Poli'ahu
- ★ Poliahu I Ke Kapu
- ◇ Pu'u 'Oni'oni

◇ Wai ʻEnaʻena A Wai Paʻa

Wahinekoʻolau

オリ

★ A Ka Luna I Kīlauea

◇ Aloha Chant (Oli Aloha)

◇ E Kau, E Kau

★ Ē kū

★ E Laka Ē

★ He Mele Inoa Nō E Liliʻu

◇ He Mele No Kahikuonalani

◇ Kūnihi Ka Mauna I Ka Laʻi Ē

Maikaʻi Ka Ua I Nuʻuanu

◇ Mele E Komo

★ Noho Ana Ke Akua

◇ Oli Alohoa

◇ Oli Komo

★ Oli Komo No Pā Hoaka

◇ Oli Lei

Oli Mahalo

ʻŌmata Paheʻe Te Aloha

子供向け

★ Aloha

Aloha Māmā

◇ C-A-T

◇ Dolly's Lullaby

◇ E Koaʻe e

◇ He Mapala Uʻi Kaʻu

★ He Mele No Lilo

● Humuhumunukunukuapuaʻa

Hoapili

Hoʻomākeʻaka

Ka Hana Kamanā

◇ Ka Leo O Nānākuli

● Ka Mele Hulihuli

Ka Mele Kuhikuhi

Kahi Pā Waiho Wale

◇ Kāholo Hula

◇ Kamaʻa Hou

◇ Kau ʻElemakule

★ Ke Aloha O Ka Tūtū

Ke Mele Mauʻu

● Keiki O Ka ʻĀina

Kuʻu Iʻa

◇ Kuʻu Kumu

◇ Kuʻu Lupe

Kuʻu Māla

◇ Kuʻu Manu

Kuʻu Olakino Maikaʻi

◇ Kuʻu Pʻapale Uʻi

◇ Kuʻu Pūpū Kau Pōhaku

◇ Kuʻu Waʻa

◇ Lele Kowali

◇ Let's Learn to Count in Hawaiʻian

★ Mālama I Ka ʻĀina

◇ Me Ke Aloha Nui

Mele Hoʻokipa

Mele No Nā Kamaliʻi

◇ Moa

Nā Hana A Ka Lāʻī

◇ Na Hoe Waʻa

Nā Manu O Ke Kaona

◇ Nā iʻa ʻono ē

Naue I Ka Pule

◇ No Tutu

◇ Pāka Kahakai

◇ Pi-a-pa

◇ Pūpū Hinuhinu

Small Girl Hula

◇ The First Hawaiian 5

◇ Ukulele Kani

乗り物

◇ Aia I Ka Mauʻi

◇ ʻĀlika

◇ E Aloha E

◇ Haleakalā Hula

⋆ He Inoa No Kalanianaʻole

◇ Hoe Hoe Nā Waʻa

◇ Holo Waʻapā

◇ Holoholo Kaʻa

● Hualālai

⋆ Hualālai

◇ Hula O Makee

● I Aloha ʻIa ʻO Kīlauea

◇ Kaʻa Ahi Kahului

⋆ Ka Hui Holo Pāʻū

⋆ Ka Maui

⋆ Kāua I Ka Holo

◇ Kawaihae

● Ke Ala A Ka Jeep

◇ Kīlauea

● Kuhiau

◇ Lanakila Ke Kaʻaahi Aliʻi

◇ Māhukona

Matsonia

◇ Mauna Loa

◇ Moku Kia Kahi

◇ Nanea Holo Malie

◇ Neki Hula

◇ No Ka Pueo-Kāhi

◇ Waʻa Hōkūleʻa

讃美歌

◇ Aloha Mai E Ka Haku

● Aloha ʻĀina

E Ke Keiki, E Iesu

◇ Ekolu Mea Nui

◇ He Nonoi I Ka Haku

● How Great Thou Art

◇ Hoʻonani I Ka Makua Mau

◇ I Ke Aʻo O Iesu

◇ Ka Pule A Ke Haku (The Lord's Prayer)

◇ Kanaka Waiwai

⋆ Ke Akua Mana Ē

◇ Ke Kuʻulani

● Kīkau

● Niʻihau

◇ Nū ʻOli

'O 'Oe Kahi Mea Nui

• Precious Moments

◇ Promises of God's Love

• The Prayer

クリスマス

◇ Christmas Island

◇ Christmas Luau

⋆ E Apo Mai

E Ke Keiki, E Iesu

He Makana A Ka Pu'uwai

◇ Kana Kaloka

⋆ Kani Nā Pele

◇ Kani Kani Pele

• Ke Aloha Kalikimaka

◇ Me Ke Aloha Nona

◇ Mele Kalikimaka

⋆ Mele Kalikimaka iā 'oe

⋆ Mele Kalikimaka Iā Kākou

◇ My Hawaiian Christmas

• Pō La'i Ē

◇ Santa's Gone Hawaiian

◇ Santa's Hula

⋆ Twelve Days Of Christmas

日本

◇ Aloha Nō Au i Ko Maka

Ka Leimomi

◇ Ka Pua O Nīpoa

Ka'a Nā 'Ale

Kūlia I Ka Nu'u Fuji-san

Ku'u Pua Sakura

Nā Pua Mōhala

◇ Nani Iapana

• Nani Kamakura

Nani Noe 'Ailana

⋆ Nani Wale Kēia 'Āina 'O 'Iapana

◇ Sakura

The Bullet Train Song(Liko Pua Hau)

参考文献

Na Mele O Hawai'i Nei 101 HAWAIIAN SONGS	Samuel H. Elbert and Noelani Mahoe
Johnny Noble's Royal Collection of Hawaiian Songs	Miller music corporation
Johnny Noble's Book of Hawaiian Melodies	Miller music corporation
Johnny Noble's Collection of Ancient & Modern Hulas	Miller music corporation
Ray Kiney's Collection of Popular Hawaiian Songs	Miller music corporation
King's Book of Hawaiian Melodies (Blue Book)	Charles E. King
King's Songs of Hawaii (Green Book)	Charles E. King
Song of Helen Desha Beamer	Marminett M. Ka'aihue
Aloha Collection of Hawaiian Songs	Center Brook Publishing
10 Favorite Hawaiian Songs For Ukulele	Hedat S Ukulele Publications
The La'i Patch (Nathan Liberato KahikouKahapea Kalama)	Kahikolu Productions
The Book of Golden Hawaiian Song	CCP/Belwin, Inc.
Na Mele Hula, A Collection of Hawaiian Hula Chants (Green Book)	Nona Kapuailohia Desha Beamer
Na Mele Hula, A Collection of Hawaiian Hula Chants (Volume 2)	Nona Kapuailohia Desha Beamer
Song of Hawaii	Miller Music Corporation
Song of Polynesia	Criterion Music Corp.
South Sea Songs from Hawaii, Tahiti and Samoa	Criterion Music Corp.
Romantic Island	Criterion Music Corp.
Pacific Isles	Criterion Music Corp.
Puke Mele; A Book of Hawaiian Songs 1	Kimo Alama Keaulana
Puke Mele; A Book of Hawaiian Songs 2	Kimo Alama Keaulana
Pai ka leo (A Collection of Original Hawaiian Songs)	Bess Press
Songs Of Paradise	Criterion Music Corp.
Tunes From The Tropics	Criterion Music Corp.
Island Songs	Criterion Music Corp.
Hits From Hawaii for Ukulele No.1	Miller Music Copration
Hits From Hawaii for Ukulele No.2	Miller Music Copration
Music of New Hawaii, The Extraordinary Kui Lee	Valando Music Corp.
R. Alex Anderson's Famous Songs of Hawaii	Alex Anderson Music
The Complete Hawaiian Music Collection	Waner Bros. Publications
Hawaiian Dictionary	Mary Kawena Pukui and Samuel H. Elbert
Hawaiian-Japanese Dictionary	Mary Kawena Pukui, Samuel H. Elbert, Esther T. Mookini　西沢　佑・訳
HUAPALA	Hawaiian Music and Hula Archives (Web sites)
The Echo of Our Song	Mary Kawena Pukui, Alfons L. Korn
Lena Machado, Songbird of Hawai'i My Memories of Aunty Lena	Piolani Motta, Kihei De Silva
Songs of Helen Desha Beamer	Marionett M. Ka'aihue
Pai Ka Leo (A Collection of Original Hawaiian Song for Children)	Aha Pūnana Leo
Learn Hawaiian at Home	Kahikāhealani Wight

Liner Notes
Hula Records, The Mountain Apple Company, Bluewater Records, Tropical Music Inc, Kaleolani Records, Capital Records, Makuakāne Music Corporation, Leilani Records, Keko Records, Cord International, etc.

文踊社 出版ラインナップ

ハワイアン・メレ シリーズ！！

鳥山 親雄

歌の意味をより深く理解してフラが踊れたら、もっとフラが楽しくなる！ そんなフラダンサーの望みを叶えてくれる「ハワイアン・メレ」シリーズ。トラディショナルソングから最近の曲まで、フラソングの歌詞、語訳、対訳、解説をご紹介。ウクレレコードも一部の除き掲載されています。また、巻末にはジャンル別一覧も（「ハワイアン・メレ1001曲ミニ全集」は除く）！ ハワイアンソングのバイブルとして定評のあるロングセラー本「ハワイアン・メレ」シリーズです。

ハワイアン・メレ 1001曲 ミニ全集

A5版／8,023円（税込）
ISBN978-4-904076-10-1 ／ 1,296ページ

🐢 **文踊社** 出版ラインナップ

ハワイアン・メレ +301曲

A5版／3,292円（税込）
ISBN978-4-904076-15-6／448ページ

ハワイアン・メレ 298曲

A5版／3,240円（税込）
ISBN978-4-904076-36-1／472ページ

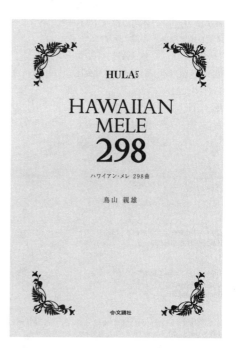

鳥山　親雄 （とりやま　ちかお）

1948年、19才の時今は亡き寺部頼幸とココナッツ・アイランダースにギタリストとして入団。立教大学卒業後、実業界に入るが、傍らラジオ関東でハワイ音楽のDJを担当。以来、ハワイ関連のラジオDJや各種イベントMCを務める。1996年に「Musical Images of Hawaii」をハワイで出版。ハワイ大学等の蔵書になっている。2009年「ハワイアン・メレ 1001曲全集 上・下巻」、2011年「ハワイアン・メレ ミニ全集 プラス301曲」、2013年「ハワイアン・メレ 298曲」（文踊社）を出版。その他「Hulaハワイのそよ風」（勉誠出版社）、「とりさんが教えてくれる 誰でもわかるハワイ語の本」（文踊社）を出版。季刊誌「フラレア」には「歌詞に込められた本当の意味」を連載。現在もハワイ音楽関係の司会、カルチャー講師、執筆にと多彩な活動を行っている。

HAWAIIAN MELE 400
ハワイアン・メレ **400曲**

2017年9月17日　第1刷発行

著　　　　　者	：	鳥山　親雄
校　　　　　正	：	橘田　みどり、市川　佐和子
装丁デザイン	：	木村　貴一（株式会社アドウエーブ）
本文レイアウト	：	中澤　明子
		株式会社アドウエーブ
印　刷・製　本	：	図書印刷株式会社

発　行　人	：	平井　幸二
発　売　元	：	株式会社文踊社

〒 220-0011
神奈川県横浜市西区高島 2-3-21
ABEビル 4F
TEL 045-450-6011
http://www.bunyosha.com/

日本音楽著作権協会（出）許諾第 1709342-701 号
ISBN 978-4-904076-65-1

価格はカバーに表示してあります。
©BUNYOSHA 2017
Printed in Japan

本書の全部または一部を無断で複写、複製、転載することは、著作権法上の例外を除き、禁じられています。乱丁、落丁本はお取り替えいたします。